29.3.19

Lieber Herr Kronawinter,

wie besprochen hier unsere Übersicht zur NFK – das erste umfassende Werk.

Beste Grüsse

NOMOSPRAXIS

Dr. Christian Nordholtz, M.Jur. (Oxford) |
Dr. Martin Mekat, M.Jur. (Oxford) [Hrsg.]

Musterfeststellungsklage

Einführung | Beratung | Gestaltung

Dr. Eike Bleckwenn, LL.M. (Georgetown), Rechtsanwalt in Hannover | **Dr. Stephan Boese**, LL.M. oec., Rechtsanwalt und Notar in Braunschweig | **Dr. Martina de Lind van Wijngaarden**, LL.M. (Columbia), Rechtsanwältin in Frankfurt am Main | **Dr. Ilka Heigl**, Rechtsanwältin und Notarin in Frankfurt am Main | **Dr. Roman Mallmann**, Rechtsanwalt in Düsseldorf | **Dr. Martin Mekat**, M.Jur. (Oxford), Rechtsanwalt in Frankfurt am Main | **Dr. Christian Nordholtz**, M.Jur. (Oxford), Rechtsanwalt in Hannover | **Larissa Normann**, Rechtsanwältin in Frankfurt am Main; **Dr. Michael Rohls**, LL.M. (Berkeley), Rechtsanwalt in München | **Dr. Bettina Schmaltz**, Rechtsanwältin in Frankfurt am Main | **Dr. Hans-Patrick Schroeder**, M.L.E., Rechtsanwalt in Hamburg

Die Deutsche Nationalbibliothek verzeichnet diese Publikation in
der Deutschen Nationalbibliografie; detaillierte bibliografische
Daten sind im Internet über http://dnb.d-nb.de abrufbar.

ISBN 978-3-8487-5255-3

1. Auflage 2019
© Nomos Verlagsgesellschaft, Baden-Baden 2019. Gedruckt in Deutschland. Alle
Rechte, auch die des Nachdrucks von Auszügen, der fotomechanischen Wiedergabe
und der Übersetzung, vorbehalten.

Vorwort

Zum 1. November 2018 ist das Gesetz zur Einführung einer zivilprozessualen Musterfeststellungsklage in Kraft getreten. Sie verfolgt das Ziel, Verbraucherinnen und Verbrauchern die Rechtsdurchsetzung bei Massenschädigungen zu erleichtern und Prozesskosten zu vermeiden. Die Verabschiedung durch den Bundestag erfolgte allerdings unter Zeitdruck und wurde sehr unterschiedlich aufgenommen: Als *„Meilenstein für Verbraucherrechte"* wird die Musterfeststellungsklage bezeichnet, aber auch als *„Placebo-Gesetz [...], dessen Effektivität nahezu gleich null sein wird"*. Gerade aufgrund der hitzigen Diskussion, die der Einführung voranging, ist es nun umso wichtiger, mit der Musterfeststellungsklage fachlich sicher umgehen zu können.

Mit diesem Handbuch soll Praktikern daher ein Wegweiser zur Hand gegeben werden, der eine effektive und effiziente Handhabung ermöglicht und auf den jederzeit zurückgegriffen werden kann. Das Werk beleuchtet – aus der Perspektive eines Praktikers – das gesamte Musterfeststellungsverfahren sowie dessen Auswirkungen auf Folgeprozesse. Beispiele, Praxistipps und Musterformulierungen runden die Darstellung ab, so dass eine umfassende Übersicht zur Anwendung des noch jungen Gesetzes bereitgestellt wird.

Die Aufnahme eines Musterverfahrens in die eigentlich auf Einzelpersonen abstellende deutsche Zivilprozessordnung ist neu. Zwar existieren mit dem KapMuG und dem UKlaG bereits Muster- bzw. Verbandsverfahren außerhalb der Zivilprozessordnung, die eine kollektive Rechtsdurchsetzung erleichtern. Diese sind aber nur in besonderen Konstellationen anwendbar. Die Musterfeststellungsklage ist nun erstmalig als eigenständige Klageart in die Zivilprozessordnung eingebettet und ermöglicht es Verbraucherinnen und Verbrauchern, individuelle Ansprüche auch ohne Spezialgebietsbezug vereinfacht durchzusetzen.

Doch dieses Grundkonzept wirft eine Reihe von Rechtsfragen auf: In welchem Verhältnis steht das Musterfeststellungsverfahren zu bereits initiierten Individualprozessen? Unter welchen Voraussetzungen tritt die Bindungswirkung ein? Kann ein Unternehmen Rechtsschutz gegen die Bekanntmachung der Musterfeststellungsklage einlegen? Dass dabei nicht nur die Eigenheiten des neuen Rechtsschutzinstruments selbst, sondern auch dessen Wechselwirkungen mit den sonstigen allgemeinen Bestimmungen der Zivilprozessordnung im Fokus stehen, leuchtet ein. Es sollen daher diese praxisrelevanten Besonderheiten im vorliegenden Werk aufgeschlüsselt und betrachtet werden.

Unentbehrlich für ein Praxishandbuch sind naturgemäß die Erfahrungen aus der Praxis – erst recht, wenn sich die praktische Handhabung des noch jungen Gesetzes durch die Gerichte erst noch entwickeln muss. Maßgebende Rolle dürfte dabei die bisherige Verfahrensweise mit den anderen Instrumenten des kollektiven Rechtsschutzes spielen, welche die Autoren dieses Handbuchs während ihrer langjährigen und intensiven Beschäftigung im Bereich der Prozessführung im In- und Ausland kennenlernen konnten. Insbesondere die Erfahrung aus solchen Verfahren stellt eine wichtige Grundlage für die sich erst noch entwickelnde Praxis der zivilprozessualen Musterfeststellungsklage dar.

Oktober 2018   Die Herausgeber

Inhaltsverzeichnis

Vorwort 5

§ 1 Einleitung *(Nordholtz)* 19
    I. Einleitung 20
    II. Zwecksetzung des Gesetzgebers und Gesetzgebungsentwicklung 21
        1. Gesetzgeberische Intention 21
        2. Ausdrücklich benannte Zwecksetzung des Gesetzgebers 22
            a) Überwindung rationalen Desinteresses 22
            b) Verbraucherschutz 25
            c) Auflösung einer Wettbewerbsverzerrung 26
            d) Verminderung des Prozessrisikos 27
            e) Vertretung durch qualifizierte Verbraucherschutzorganisationen 28
            f) Verfahrensbeschleunigung bei verbraucherrechtlichen Streitigkeiten 28
            g) Entlastung der Gerichte 28
            h) Stärkung außergerichtlicher Streitschlichtung 29
            i) Weitere Allgemeinanliegen 29
    III. Weitere Anwendungsmöglichkeiten der Musterfeststellungsklage 29
    IV. Historie des europäischen kollektiven Verbraucherschutzes 30
    V. Richtlinienvorschlag der EU-Kommission zur EU-Verbrauchersammelklage 31
    VI. Historie des kollektiven Rechtsschutzes in Deutschland 33
    VII. Das Gesetz zur Einführung einer zivilprozessualen Musterfeststellungsklage 36
    VIII. Abgrenzung zu US-amerikanischen Class Actions 38
    IX. Abgrenzung zu anderen Prozessinstrumenten 39
        1. Verfahrensverbindung 39
        2. Aussetzung wegen Vorgreiflichkeit 40
        3. Streitgenossenschaft 40
        4. Nebenintervention 41
        5. Einziehungsklage nach § 79 Abs. 2 Satz 2 Nr. 3 ZPO 41
        6. Freiwilliger Musterprozess 41
        7. Inkassozession 42

§ 2 Anwendungsbereich *(Heigl/Normann)* 43
    I. Persönlicher Anwendungsbereich / Verfahrensbeteiligte 44
        1. Bestimmung des Musterklägers 44
            a) Qualifizierte Einrichtung 44
            b) Gefahr der Entstehung eines Wettlaufs qualifizierter Einrichtungen 46

	2.	Stellung des Verbrauchers	47
		a) Angemeldeter Verbraucher	48
		aa) Definition des Verbrauchers	48
		bb) Voraussetzungen der Anmeldung	48
		cc) Rechtsfolgen der Anmeldung	49
		b) Nicht angemeldete oder schon klagende Verbraucher	50
		c) Keine Anmeldemöglichkeit für Unternehmer	50
	3.	Ausländische qualifizierte Einrichtungen und Verbraucher	51
	4.	Musterbeklagte...	52
II.	Sachlicher Anwendungsbereich		53
	1.	„Feststellungsziele" iSd § 606 Abs. 1 S. 1 ZPO	53
		a) Bestimmung der Feststellungsziele	54
		b) Möglichkeit der Antragshäufung	54
		c) Einwendungen	55
		d) Bedeutung der Feststellungsziele	55
		aa) Bestimmung des Streitgegenstands und der Reichweite der späteren Bindungswirkung	55
		bb) Sperrwirkung für weitere Musterfeststellungsklagen	56
		cc) Glaubhaftmachung und Anmeldung von Verbraucheransprüchen..	56
	2.	Tatsachenfeststellung	57
	3.	Klärung von Rechtsfragen	57
	4.	Nichtfeststellungsfähige Fragen (Kausalität, Schaden)	58
	5.	Keine Feststellung der Rechtsfolgen im Einzelfall	58
	6.	Abgrenzung zum Anwendungsbereich weiterer Verbandsklagen ...	59
III.	Temporaler Anwendungsbereich		63

§ 3 Verfahrenseinleitung *(Rohls)*... 64

I.	Gerichtliche Zuständigkeit		65
	1.	Sachliche Zuständigkeit der Oberlandesgerichte (§ 119 Abs. 3 GVG)	65
	2.	Örtliche Zuständigkeit bei reinen Inlandssachverhalten (§ 32 c ZPO)	67
	3.	Sachverhalte im Anwendungsbereich der EuGVVO	67
	4.	Auslandssachverhalte außerhalb des Anwendungsbereichs der EuGVVO	71
II.	Zulässigkeit der Musterfeststellungklage		72
	1.	Klagebefugnis der qualifizierten Einrichtungen	72
	2.	Internationale Sachverhalte	74
	3.	Zwingende Angaben der Klageschrift nach § 606 Abs. 2 ZPO	76
	4.	Besondere Zulässigkeitsvoraussetzungen gemäß § 606 Abs. 3 ZPO	77

III.	Feststellungsziele	77
	1. Gesetzliche Vorgaben	78
	2. Beispiele	79
	3. Beschränkung der Feststellungsziele nach Art des Anspruchs und zugrundeliegendem Recht	81
IV.	Wirkung einer rechtshängigen Musterfeststellungsklage	82
	1. Sperrwirkung eines Antrages („Windhundprinzip", § 610 Abs. 1 ZPO)	83
	2. Verbindung nach § 147 ZPO bei Anträgen am selben Tag (§ 610 Abs. 2 ZPO)	86
	3. Verjährung, Ausschluss der Individualklage (§ 610 Abs. 3 ZPO) und Aussetzung von laufenden Prozessen bei Anmeldung des Klägers (§ 613 Abs. 2 ZPO)	89
	4. Mögliche Aussetzung einer Individualklage eines Unternehmers bei Vorgreiflichkeit des Musterfeststellungsantrages (§ 148 Abs. 2 ZPO)	90
V.	Die Haftung im Rechtsverhältnis zwischen der qualifizierten Einrichtung und dem Verbraucher	92
	1. Art des Rechtsverhältnisses zwischen der qualifizierten Einrichtung und den angemeldeten Verbrauchern	92
	a) Einordnung als Auftrag	92
	b) Einordnung als reines Prozessrechtsverhältnis	93
	c) Einordnung als echte, berechtigte Geschäftsführung ohne Auftrag, §§ 677 ff. BGB	93
	2. Haftungsfälle	94
	3. Haftungsprivilegierung	94
§ 4	**Bekanntmachung** *(Boese/Bleckwenn)*	**96**
I.	Errichtung des Klageregisters	97
	1. Zweck der öffentlichen Bekanntmachungen	97
	2. Eintragungen, Auskunft und Auszugsgewährung	98
	3. Führung des Klageregisters	99
	4. Verordnungsermächtigung	99
II.	Voraussetzungen der Bekanntmachung der Musterfeststellungsklage	100
	1. Angaben und Nachweise zum Kläger als qualifizierte Einrichtung	100
	2. Angaben zur Breitenwirkung; Darlegung der Abhängigkeit der Verbraucheransprüche von den Feststellungszielen	101
	3. Prüfung durch das Gericht	103
	a) Prüfungsmaßstab	103
	b) Prüfung der Klagebefugnis	104
	c) Schlüssigkeits- und Zulässigkeitsprüfung	105

III. Inhalt und Zeitpunkt der Bekanntmachung 106
    1. Öffentliche Bekanntmachung der Musterfeststellungsklage 106
    2. Weitere verfahrensrelevante Bekanntmachungen 107
    3. Bekanntmachung der Verfahrensbeendigung 108
IV. Wirkung der Bekanntmachung 109
    1. Beginn der Zweimonatsfrist 109
    2. Aussetzung von Verbraucherklagen 109
    3. Aussetzung von Unternehmerklagen 109
        a) Sinn und Zweck der Regelung 110
        b) Antragserfordernis, Voraussetzungen und gerichtliches Ermessen 110
V. Aufbewahrungsfrist im Klageregister 111
VI. Einsicht ins Klageregister 111
    1. Unentgeltliches Einsichtsrecht für jedermann 111
    2. Auskunftsanspruch der angemeldeten Verbraucher 112
    3. Anspruch des Gerichts auf Auszugserteilung 112
    4. Anspruch der Parteien auf Auszugserteilung 112
VII. Rechtsschutz gegen die Bekanntmachung 112

§ 5 **Anmeldung** *(Boese/Bleckwenn)* 115
I. Überblick 116
II. Anmeldebefugnis: Verbraucher 117
III. Gegenstand der Anmeldung 118
    1. Ansprüche oder Rechtsverhältnisse 118
    2. Abhängigkeit der anzumeldenden Ansprüche von den Feststellungszielen 118
IV. Formelle und inhaltliche Anforderungen 119
    1. Adressat, Form und Frist 119
    2. Beteiligtendaten 119
    3. Angabe von Gegenstand und Grund des Anspruchs oder des Rechtsverhältnisses 120
    4. Keine Pflicht zur Angabe der Anspruchshöhe 121
    5. Versicherung der Richtigkeit und Vollständigkeit der Angaben 122
    6. Kein Anwaltszwang 123
    7. Eintragung in das Klageregister 123
        a) Eintragung ohne inhaltliche Prüfung 123
        b) Umgang mit formal fehlerhaften Anmeldungen 124
V. Wirkungen der Anspruchsanmeldung 125
    1. Keine Beteiligung des Verbrauchers am Musterverfahren 125
    2. Bindungswirkung des Urteils und Kollektivwirkung des Vergleichs 125
    3. Verjährungshemmung 126
        a) Voraussetzungen und Umfang der Hemmung 126
        b) Rückwirkung der Hemmung 126

c) Ende der Verjährungshemmung		128
4. Aussetzung anhängiger Verfahren		129
a) Anwendungsbereich		129
b) Sachliche Voraussetzung: Vorgreiflichkeit		129
c) Verbraucherwahlrecht		130
5. Sperrwirkung der Anmeldung für einen Individualprozess		131
6. Wirkung einer fehlerhaften Anmeldung bei Aufnahme in das Klageregister		132
VI. Rücknahme		132
VII. Information der Verbraucher, Auskunfts- und Auszugserteilung aus dem Klageregister		133
1. Information der Verbraucher		133
2. Auskunftsanspruch der Parteien		134
3. Datenübermittlung an das Gericht zwecks Zulässigkeitsprüfung		134

§ 6 Durchführung des Musterverfahrens *(de Lind van Wijngaarden)* 135

I. Allgemeine Verfahrensregeln und modifizierte Anwendung der ZPO .. 136
  1. Anzuwendende Verfahrensregeln 137
  2. Ausdrücklich ausgeschlossene Vorschriften 138
     a) Kein obligatorisches Güteverfahren 138
     b) Kein Klageverzicht 138
     c) Keine Übertragung auf den Einzelrichter 139
     d) Keine Entscheidung im schriftlichen Verfahren 139
     e) Keine Nebenintervention und Streitverkündung im Verhältnis zu Verbrauchern 140
II. Verfahren unter Berücksichtigung der besonderen Struktur der Musterfeststellungsklage 141
  1. Verfahrensgestaltung 141
  2. Ausschluss und Ablehnung von Richtern 143
  3. Öffentliche Bekanntmachungen zum Verfahren 144
  4. Eingeschränkte Prozessakteneinsicht durch angemeldete Verbraucher 145
  5. Elektronischer Rechtsverkehr 146
  6. Streitgenossenschaft 147
     a) Aktive Streitgenossenschaft 147
     b) Passive Streitgenossenschaft 148
  7. Einbeziehung Dritter ins Verfahren 148
  8. Verfahrenstrennung / Verfahrensverbindung 149
  9. Klagerücknahme / übereinstimmende Erledigungserklärung 149
  10. Antragsänderung, -erweiterung und Widerklage 150
     a) Objektive Antragsänderung 150
     b) Subjektive Antragsänderung 152
     c) Widerklage 153

11. Darlegung und Beweisführung ... 154
   a) Strengbeweis und Freibeweis ... 154
   b) Allgemeine Darlegungs- und Beweislast ... 155
   c) Sekundäre Darlegungslast ... 155
   d) Sonderregelungen zur Darlegungs- und Beweislast ... 156
   e) Beweismittel ... 156
      aa) Zeugenbeweis ... 156
      bb) Urkundenvorlage ... 156
      cc) Sachverständigenbeweis ... 157
12. Mündliche Verhandlung ... 157
13. Rügeobliegenheit und Verspätung ... 157
   a) Verfahrensrügen im Sinne des § 295 ZPO ... 158
   b) Zurückweisung verspäteten Vorbringens nach § 296 ZPO ... 158
   c) Vorbringen nach Schluss der mündlichen Verhandlung nach § 296 a ZPO ... 159
14. Unterbrechung und Aussetzung ... 159
   a) Aussetzung der Individualklagen ... 160
      aa) Angemeldete Verbraucher ... 160
      bb) Unternehmer ... 161
      cc) Nicht angemeldete Verbraucher ... 161
   b) Unterbrechung der Musterfeststellungsklage ... 161
      aa) Tod einer Partei oder ihres Rechtsbeistands ... 162
      bb) Unterbrechungsgründe in der Person der angemeldeten Verbraucher ... 162
15. Säumnisverfahren ... 162
16. Anerkenntnis ... 163
III. Vorgreiflichkeit – EU-Vorlageverfahren nach Art. 267 AEUV ... 164

§ 7 Verfahrensbeendigung durch Vergleich *(Mekat)* ... 166
I. Normzweck ... 167
II. Formelle Anforderungen an das Zustandekommen des Vergleichs ... 167
   1. Kein Vergleich vor dem ersten Termin ... 168
   2. Keine Durchführung einer Güteverhandlung ... 168
III. Inhalt des Vergleichs ... 169
   1. Grundsätze zur Ausgestaltung des Vergleichsinhalts ... 169
   2. Bedeutung der einzelnen fakultativen Vergleichsinhalte nach § 611 Abs. 2 ZPO („Soll-Inhalte") ... 170
   3. Auf die angemeldeten Verbraucher entfallende Leistungen ... 170
      a) Bestimmung etwaiger Leistungen ... 171
      b) Ausgestaltung der Leistungspflicht des Musterbeklagten ... 171
   4. Benötigte Nachweise über die Leistungsberechtigung ... 171
      a) Nachweise über das Bestehen der angemeldeten Forderung ... 172
      b) Nachweise über Bindung des Verbrauchers ... 172

Inhaltsverzeichnis

	c) Fälligkeit der Leistungen	172
5.	Verteilung der Vergleichskosten	173
6.	Sonstige mögliche Inhalte	173
7.	Teilvergleich	174
IV.	Genehmigungsbedürftigkeit	174
1.	Grundsätze der Genehmigungsbedürftigkeit	175
2.	Angemessenheitsprüfung	175
	a) Prüfungsumfang	176
	b) Angemessene Kompensation der angemeldeten Verbraucher	177
	c) Sonstige berücksichtigungsfähige und -würdige Umstände	178
3.	Rechtsfolgen der Genehmigung	178
V.	Belehrungserfordernis	179
VI.	Austrittsrecht der angemeldeten Verbraucher	179
1.	Austrittserklärung (Opt-Out)	180
	a) Fehlender Anwaltszwang	180
	b) Wirkungen der Austrittserklärung	180
2.	Form und Frist der Austrittserklärung	181
3.	Widerruflichkeit der Austrittserklärung?	181
4.	Gesetzliches Quorum zur Annahme der Wirksamkeit des Vergleichs	181
VII.	Feststellung der Wirksamkeit durch gerichtlichen Beschluss	182
VIII.	Vergleichsvorschläge durch das Gericht	182
1.	Gerichtlicher Vergleichsvorschlag und Verfahren	183
2.	Änderungen und Abweichungen des gerichtlichen Vergleichsvorschlags	183
3.	Abstimmung mit Parteien	183
IX.	Wirkung des Vergleichs	184
1.	Beendigung des Musterverfahrens	184
	a) Verfahrensbeendigung durch Wirksamkeitsbeschluss	184
	b) Wiedereröffnung ausgesetzter Verfahren	184
	c) Beendigung der Verjährungshemmung	185
2.	Persönliche Reichweite	185
3.	Vergleichswirkungen	185
X.	Nichterfüllung des Vergleichs und Konsequenzen	186
1.	Vollstreckbarkeit des Vergleichs	186
	a) Mustervergleich als Vollstreckungstitel?	186
	b) Vollstreckung in Mitgliedsstaaten der EU	186
2.	Individualverfahren aus in dem Vergleich enthaltenen Ansprüchen	187

Inhaltsverzeichnis

§ 8 Verfahrensbeendigung durch Urteil *(Mekat)*	188
I. Verfahrensbeendigung durch Musterfeststellungsurteil	189
1. Gegenstand der Entscheidung	189
2. Bestandteile des Musterfeststellungsurteils	190
a) Rubrum	190
b) Tenor	190
c) Tatbestand	191
d) Entscheidungsgründe	191
e) Unterschriften	192
3. Verkündung und Bekanntmachung	192
II. Zwischenurteil über die Zulässigkeit der Musterfeststellungsklage	193
1. Anwendungsbereich eines Zwischenurteils	193
2. Zulässigkeitsvoraussetzungen	194
a) Klagebefugnis einer qualifizierten Einrichtung	194
b) Glaubhaftmachung der Betroffenheit von mindestens zehn Verbrauchern	195
c) Wirksame Anmeldung von mindestens 50 Verbrauchern im Klageregister	195
d) Musterverfahrensfähigkeit der Feststellungsziele	195
aa) Fehlende Musterverfahrensfähigkeit aufgrund individueller Typizität	196
bb) Fehlende Musterverfahrensfähigkeit von Feststellungen zu Kausalität und Schaden	196
cc) Fehlende Musterverfahrensfähigkeit von Feststellungen zu Verjährung und Verwirkung	197
dd) Musterverfahrensfähigkeit von Rechtsfragen?	197
III. Wirkungen des Musterfeststellungsurteils	198
1. Rechtskraftwirkung des Musterfeststellungsurteils	198
a) Allgemeine zivilprozessuale Grundsätze	198
b) Sachliche und persönliche Reichweite	199
c) Sperrwirkung eines rechtskräftigen Musterfeststellungsurteils gegen spätere Klagen durch qualifizierte Einrichtungen	199
2. Bindungswirkung für angemeldete Verbraucher	201
a) Persönliche Reichweite der Bindungswirkung	201
b) Sachliche Reichweite der Bindungswirkung	202
aa) Feststellungsziele	203
bb) Feststellungsanträge des beklagten Unternehmens?	203
cc) Lebenssachverhalt	204
dd) Umfang und Grenzen der Bindungswirkung	205
c) Rechtsnatur der Bindungswirkung	206
aa) Keine lediglich innerprozessuale Bindungswirkung	206
bb) Unterschiede zur Interventionswirkung nach §§ 74, 68 ZPO	206
cc) Unterschiede zur Rechtskraft	207

		dd) Bindungswirkung eigener Art (sui generis)	207
	3.	Grenzen der Bindungswirkung	207
		a) Abweichender Sachverhalt des Individualprozesses	208
		b) Unzulässige Feststellungsziele	208
		c) Entfallen, Veränderung oder Hinzutreten entscheidungsrelevanter Tatsachen	209
		d) Verzicht auf die Bindungswirkung der Feststellungen durch den Verbraucher?	209
	4.	Faktische Bedeutung des Musterfeststellungsurteils	210
IV.	Anerkennungsfähigkeit und Vollstreckbarkeit		211
	1.	Anerkennungsfähigkeit nach europäischem Recht	211
	2.	Anerkennungsfähigkeit nach internationalem Recht	212
		a) Bilaterale oder multilaterale Anerkennungs- und Vollstreckungsverträge	212
		b) USA	212
	3.	Vollstreckbarkeit nach nationalem, europäischem und internationalem Recht	213
		a) Deutsches Recht	213
		b) EuGVVO	213
		c) Völkerrechtliche Verträge	214

§ 9 Rechtsmittel *(Mekat)* ... 216

I.	Revision gegen das Musterfeststellungsurteil, § 614 ZPO		216
	1.	Einführung	217
	2.	Zulässigkeit der Revision	217
		a) Statthaftigkeit der Revision	217
		b) Form	218
		c) Frist	218
		d) Beschwer des Revisionsklägers	219
		aa) Beteiligte und Betroffene im Revisionsverfahren	219
		bb) Beschwer und Beschwerdewert	219
		e) Zulassung des Rechtsmittels	220
		f) Zuständiges Rechtsmittelgericht und Postulationsfähigkeit	220
	3.	Begründetheit der Revision	221
		a) Abgrenzung von Rechtsfragen und Tatfragen	221
		b) Verfahrensmängel	222
		aa) Verfahrensmängel und neue, streitige Tatsachen	222
		(1) Von Amts wegen zu berücksichtigende Verfahrensmängel	223
		(2) Rügepflichtige Verfahrensmängel	223
		bb) Ursächlichkeit der Verfahrensmängel für das Musterfeststellungsurteil	224
		cc) Gegenrügen des Revisionsbeklagten	225
		dd) Präklusion, § 296 ZPO	225

15

c) Sachliche Richtigkeit des angefochtenen Urteils 225
    aa) Verletzung revisiblen Rechts durch das Urteil des
        Oberlandesgerichts 225
    bb) Ursächlichkeit der Rechtsverletzung für die angefochtene
        Entscheidung 226
    cc) Umfassende Prüfung sachlicher Richtigkeit innerhalb der
        Anträge 226
II. Berichtigungsanträge 227
  1. Tatbestandsberichtigung, § 320 Abs. 1 ZPO 227
    a) Bedeutung und Voraussetzungen des
       Tatbestandsberichtigungsantrags 227
    b) Anfechtung der Zurückweisung oder des Antrags auf
       Tatbestandsberichtigung 228
  2. Protokollberichtigung, § 164 Abs. 1 ZPO 228
  3. Urteilsberichtigung, § 319 Abs. 1 ZPO 229
  4. Urteilsergänzung, § 321 Abs. 1 ZPO 229

§ 10 Kosten *(Schmaltz)* 230

I. Kosten im Musterfeststellungsverfahren 230
II. Gerichtskosten 231
  1. Streitwertbemessung 231
  2. Wertobergrenze 232
  3. Keine Härtefallregelung in Form einer Streitwertminderung 232
III. Anwaltliche Vergütung im Musterverfahren 232
  1. Anwaltliche Vertretung der klagebefugten Einrichtung 233
  2. Anwaltliche Vertretung der Beklagten 233
  3. Anwaltliche Vertretung von Verbrauchern 234
IV. Kostenerstattung 236
V. Fragen der Prozessfinanzierung 237
  1. Rechtsschutzversicherung 237
  2. Prozessfinanzierung 237

§ 11 Folgeverfahren *(Schroeder)* 239

I. Grundsätzliches zum Folgeverfahren 240
  1. Notwendigkeit von Folgeverfahren aufgrund des
    Zweiphasenmodells 240
  2. Eigenschaften des Folgeverfahrens 241
II. Folgeverfahren und Bindungswirkung 241
  1. Bindungswirkung eines Musterfeststellungsurteils 242
    a) Bindungswirkung und Rechtskraft 242
    b) Wirkung für und gegen den Verbraucher 242
    c) Sachlicher und persönlicher Geltungsbereich 244
    d) Parallelen zum KapMuG 244

	2. Bindungswirkung eines Vergleichs	245
	a) Rechtsnatur der Bindungswirkung nach § 611 ZPO	245
	b) Sachliche Reichweite der Bindungswirkung	245
	c) Persönliche Reichweite der Bindungswirkung	246
	d) Vergleich mit den Regelungen des KapMuG	246
	3. Geltendmachung der Bindungswirkung im Folgeverfahren	247
	4. Zusammenfassung	247
III.	Berücksichtigung von individuellen Verteidigungsmitteln	248
	1. Grundsatz	248
	2. Diskussion einzelner Verteidigungsmittel	249
	3. Präklusion von Verteidigungsmitteln?	250
IV.	Szenarioanalyse	251
	1. Folgeverfahren nach Musterfeststellungsurteil	251
	a) Angemeldeter Verbraucher mit ausgesetztem Verfahren	251
	b) Angemeldeter Verbraucher ohne vorher eingeleitetes Verfahren	251
	c) Verbraucher mit zurückgenommener Anmeldung	252
	d) Dritte: Nicht angemeldeter Verbraucher und Unternehmer	253
	2. Folgeverfahren nach Vergleich im Musterfeststellungsverfahren	254
	a) Angemeldeter Verbraucher mit ausgesetztem Verfahren	255
	b) Angemeldeter Verbraucher ohne vorher eingeleitetes Verfahren	255
	c) Verbraucher mit zurückgenommener Anmeldung	256
	d) Aus dem Vergleich ausgetretener Verbraucher	257
	e) Dritte: Unbeteiligte Verbraucher und Unternehmer	257
	3. Grafische Übersicht: Folgeverfahren und Bindungswirkung	257
V.	Einsatz von Legal Tech?	258
VI.	Vorläufiges Fazit und Ausblick	259

§ 12 Formulare – Musterfeststellungsklage *(Mallmann)* 261

I.	Formular – Musterfeststellungsklage	262
	1. Formular	262
	2. Erläuterungen	263
II.	Formular – Musterfeststellungsklageerwiderung	268
	1. Formular	268
	2. Erläuterungen	269
III.	Formular – Gerichtliche Entscheidung	269
	1. Formular	269
	2. Erläuterung	271
	3. Weitere Hinweise	273

IV. Formular – Gerichtlicher Vergleich 273
   1. Formular 273
   2. Erläuterung 274
V. Checklisten 275
   1. Checkliste: Ist die Musterfeststellungsklage sinnvoll für den Streitgegenstand? 275
   2. Checkliste: Anforderungen an den Kläger 276
   3. Checkliste: Wesentliche Prüfungspunkte des Oberlandesgerichts .. 277
   4. Checkliste: Wesentliche Prüfungspunkte für das mit nachgeschalteten Individualklagen der angemeldeten Verbraucher befasste Gericht 278

Anhang: Materialien 279

Stichwortverzeichnis 297

§ 1 Einleitung

Schrifttum: *Alexander*, Neue Aufgaben des Bundeskartellamtes bei Verstößen gegen Verbraucherschutzbestimmungen, NZKart 2017, 391; *ders.*, Kollektiver Rechtsschutz im Zivilrecht und Zivilprozessrecht, JuS 2009, 590; *Basedow*, Trippelschritte zum kollektiven Rechtsschutz, EuZW 2018, 609; *Balke/Liebscher/Steinbrück*, Der Gesetzentwurf zur Einführung einer Musterfeststellungsklage – ein zivilprozessualer Irrweg, ZIP 2018, 1321; *Basedow*, Trippelschritte zum kollektiven Rechtsschutz, EuZW 2018, 609; *Beck*, Musterfeststellungsklageverfahren und einheitliche Tatsachenfeststellung, ZIP 2018, 1915; *Becker*, Befugnisse und Praxis des Bundeskartellamts im Verbraucherschutz nach der 9. GWB-Novelle, ZWeR 2017, 317; *Bellinghausen/Erb*, Kollektiver Rechtsschutz in Deutschland – neue Instrumente nötig? – Juristentag diskutiert über Musterfeststellungs-, Verbraucherverbands- und Sammelklagen, Anwaltsblatt 2018, 698; *Berlin*, Alternative Streitbeilegung in Verbraucherkonflikten – Qualitätskriterien, Interessen, Best Practice, 1. Auflage 2014; *Bitter/Rauhut*, Grundzüge zivilrechtlicher Methodik – Schlüssel zu einer gelungenen Fallbearbeitung, JuS 2009, 289; *Brand*, Grenzen zivilprozessualer Wahrheit und Gerechtigkeit – Disclosure- und Discovery-Elemente im deutschen Zivilverfahrensrecht, NJW 2017, 3558; *Brömmelmeyer*, Kollektiver Rechtsschutz im Kartellrecht – Sammelklagen auf Schadensersatz?, S. 57, in: Christoph Brömmelmeyer (Hrsg.), Die EU-Sammelklage, 1. Auflage 2013; *ders.*, Kollektiver Rechtsschutz? – Das Konsultationsverfahren der Europäischen Union, VuR 2011, 161; *Bruns*, Instrumentalisierung des Zivilprozesses im Kollektivinteresse durch Gruppenklagen, NJW 2018, 2753; *Eidenmüller/Engel*, Die Schlichtungsfalle: Verbraucherrechtsdurchsetzung nach der ADR-Richtlinie und der ODR-Verordnung der EU, ZIP 2013, 1704; *Fiebig*, The Reality of U.S. Class Actions, GRUR Int. 2016, 313; *Fries*, Verbraucherrechtsdurchsetzung, 1. Auflage 2016; *Gansel/Gängel*, Erste Hilfe zur Musterfeststellungsklage – Rechtzeitig Ansprüche anmelden und effektiv durchsetzen, 1. Auflage 2018; *Geissler*, Die geplante (deutsche) Musterfeststellungsklage und die (europäische) Sammelklage: Fluch oder Segen für die deutsche Industrie?, GWR 2018, 189; *Habbe/Gieseler*, Der Vorschlag der EU-Kommission zur Einführung von Musterklagen aus deutscher Perspektive, GWR 2018, 227; *dies.*, Einführung einer Musterfeststellungsklage – Kompatibilität mit zivilprozessualen Grundlagen, BB 2017, 2188; *Gsell*, Kollektive Klagerechte und ihre Bedeutung im Mietrecht, WuM 2018, 537; *Halfmeier*, Das VSBG verstärkt die Anreize zum Rechtsbruch, S. 17, in: Brönneke/Rott/Tamm/Tonner, VuR-Sonderheft 2016; *Jünemann*, Ubi ius ibi remedium: Ein richtiges Postulat auch für den Ersatz von Kleinst- und Massenschäden?, S. 9, in: Christoph Brömmelmeyer (Hrsg.), Die EU-Sammelklage, 1. Auflage 2013; *Kohte*, Mehr Rechtsdurchsetzung – auch im Verbraucherrecht, VuR 2018, 321; *Krausbeck*, Kollektiver Rechtsschutz im Zivilprozess – Zusammenfassung und Bewertung des Gutachtens für den Deutschen Juristentag 2018 vor dem Hintergrund von Musterfeststellungsklage und „New Deal", VuR 2018, 287; *Krüger/Rauscher (Hrsg.)*, Münchener Kommentar zur Zivilprozessordnung: ZPO, Band 1: §§ 1-354, 5. Auflage 2016; *Lange*, Das begrenzte Gruppenverfahren – Konzeption eines Verfahrens zur Bewältigung von Großschäden auf der Basis des Kapitalanleger-Musterverfahrensgesetzes, 1. Auflage 2011; *Lemmel*, Der Referentenentwurf des BMJV zur Umsetzung der ADR-Richtlinie, ZKM 2015, 22; *Leupold*, Tauwetter im kollektiven Rechtsschutz, VuR 2018, 201; *Meller-Hannich*, Effektivität kollektiver Rechtsschutzinstrumente, S. 33, in: Christoph Brömmelmeyer (Hrsg.), Die EU-Sammelklage, 1. Auflage 2013; *dies.*, Kollektiver Rechtsschutz in der „Dieselaffaire", BRJ 2017, 119; *dies.*, Sammelklagen, Gruppenklagen, Verbandsklagen – Bedarf es neuer Instrumente des kollektiven Rechtsschutzes im Zivilprozess?, in: Verhandlungen des 72. Deutschen Juristentages, Leipzig 2018, Band I: Gutachten/Teil A, 2018; *dies.*, Kollektiver Rechtsschutz – Neue Instrumente im Zivilprozess, DRiZ 2018, 298; *Mengden*, David gegen Goliath im Kartell-

§ 1 Einleitung

schadensersatzrecht – Lassen sich Musterfeststellungsklage bzw. EU-Verbandsklage als kollektive Folgeklage einsetzen?, NZKart 2018, 398; *Merkt/Zimmermann*, Die neue Musterfeststellungsklage: Eine erste Bewertung, VuR 2018, 363; *Metz*, Musterfeststellungsklage: Endlich!, VuR 2018, 281; *Musielak/Voit (Hrsg.)*, Zivilprozessordnung, 15. Auflage 2018; *Pfarr/Kocher*, Kollektivverfahren im Arbeitsrecht – Arbeitnehmerschutz und Gleichberechtigung durch Verfahren, NZA 1999, 358; *Podszun*, Institutionen im Wandel: Die 9. GWB-Novelle und das Bundeskartellamt, WuW 2017, 266; *Podzun/Busch/Henning-Bodewig*, Die Durchsetzung des Verbraucherrechts: Das BKartA als UWG-Behörde? - Ergebnisse des Professorengutachtens für das Bundesministerium für Wirtschaft und Energie, GRUR 2018, 1004; *Röthemeyer*, Musterfeststellungsklage, Spezialkommentar zu den §§ 606-614 ZPO, 1. Auflage 2018; *Saenger (Hrsg.)*, Zivilprozessordnung: ZPO, 7. Auflage 2017; *Schneider*, Die zivilprozessuale Musterfeststellungsklage, BB 2018, 1986; *Stadler*, Musterfeststellungsklagen im deutschen Verbraucherrecht?, VuR 2018, 83; *dies.*, Kollektiver Rechtsschutz quo vadis?, JZ 2018, 793; *Tilp/Schiefer*, VW Dieselgate – die Notwendigkeit zur Einführung einer zivilrechtlichen Sammelklage, NZV 2017, 14; *Toussaint*, Anfechtung des Musterfeststellungsurteils nach dem neuen § 614 ZPO, FD-ZVR 2018, 408457; *Vorwerk/Wolf (Hrsg.)*, BeckOK ZPO, 29. Edition, Stand 1.6.2018; *Waßmuth/Asmus*, Der Diskussionsentwurf des BMJV zur Einführung einer Musterfeststellungsklage, ZIP 2018, 657; *Weinland*, Die neue Musterfeststellungsklage, 1. Auflage 2018; *Wolf/Freudenberg*, Die Schlüssel zu einem effizienten Zivilprozessrecht, ZRP 2018, 183; *Woopen*, Kollektiver Rechtsschutz – Ziele und Wege, NJW 2018, 133; *Zöller*, Zivilprozessordnung, 32. Auflage 2018.

I. Einleitung 1	IV. Historie des europäischen kollektiven Verbraucherschutzes 33
II. Zwecksetzung des Gesetzgebers und Gesetzgebungsentwicklung 3	V. Richtlinienvorschlag der EU-Kommission zur EU-Verbrauchersammelklage 37
1. Gesetzgeberische Intention 3	VI. Historie des kollektiven Rechtsschutzes in Deutschland 44
2. Ausdrücklich benannte Zwecksetzung des Gesetzgebers 7	VII. Das Gesetz zur Einführung einer zivilprozessualen Musterfeststellungsklage 54
a) Überwindung rationalen Desinteresses 8	
b) Verbraucherschutz 16	VIII. Abgrenzung zu US-amerikanischen Class Actions 60
c) Auflösung einer Wettbewerbsverzerrung 18	IX. Abgrenzung zu anderen Prozessinstrumenten 64
d) Verminderung des Prozessrisikos 20	1. Verfahrensverbindung 66
e) Vertretung durch qualifizierte Verbraucherschutzorganisationen 23	2. Aussetzung wegen Vorgreiflichkeit 67
	3. Streitgenossenschaft 68
f) Verfahrensbeschleunigung bei verbraucherrechtlichen Streitigkeiten 24	4. Nebenintervention 70
	5. Einziehungsklage nach § 79 Abs. 2 Satz 2 Nr. 3 ZPO 71
g) Entlastung der Gerichte 25	6. Freiwilliger Musterprozess 73
h) Stärkung außergerichtlicher Streitschlichtung 26	7. Inkassozession 75
i) Weitere Allgemeinanliegen 27	
III. Weitere Anwendungsmöglichkeiten der Musterfeststellungsklage 29	

I. Einleitung

1 Die vielfältigen Reformanstrengungen und die vergangenen sowie aktuellen Diskussionen zeigen, dass der kollektive Rechtsschutz ein rechtspolitischer Dauerbrenner[1]

---

[1] Ebenso *Bruns* NJW 2018, 2753; so auch *Alexander* JuS 2009, 590 (594); aufgegriffen wurde der kollektive Rechtsschutz jüngst im Gutachten A zum 72. Deutschen Juristentag 2018 in Leipzig. *Meller-Hannich* plädiert

ist. Mit der Einführung der zivilprozessualen Musterfeststellungsklage hat sich der Gesetzgeber nun bewusst gegen eine Gruppen-/Sammelklage mit einem direkten Leistungsanspruch entschieden. ² Stattdessen wird in den §§ 606 bis 614 ZPO nunmehr ein Musterfeststellungsverfahren in Form der Verbandsklage zugunsten von Verbrauchern bereitgestellt.

Ob von der deutschen Musterfeststellungsklage zukünftig häufig Gebrauch gemacht wird, ist ungewiss. Der Gesetzgeber geht von 450 Verfahren pro Jahr aus. In Anbetracht diverser bekannter Massenverfahren und zahlreicher Akteure mit starken Eigeninteressen auf Klägerseite ist es wahrscheinlich, dass die ersten Musterfeststellungsklagen bereits kurz nach dem Inkrafttreten des Gesetzes zur Einführung der Musterfeststellungsklage erhoben werden und das Instrument die vom Gesetzgeber gewünschte Praxisbedeutung erhält.³ 2

II. Zwecksetzung des Gesetzgebers und Gesetzgebungsentwicklung

1. Gesetzgeberische Intention

Bei dem Gesetz zur Einführung der Musterfeststellungsklage geben die Materialien nur eingeschränkt Auskunft über die mit den einzelnen Regelungen verfolgte Zwecksetzung. 3

Zwar werden einige Zwecke und Ziele der Gesetzesänderung in den Materialien mehrmals und an verschiedenen Stellen genannt sowie vereinzelt besonders hervorgehoben. Es gibt aber keine klare Aufzählung und es mangelt an einer abschließenden Darstellung in der Begründung zum Gesetzentwurf.⁴ Zweifellos spielen auch bei der zivilprozessualen Musterfeststellungsklage die häufig angestrebten Gesetzeszwecke im Bereich des Verbraucherrechts (zB Verbraucherschutz, Überwindung eines rationalen Desinteresses) und allgemeine gesetzgeberische Anliegen (zB Effektivität, Praktikabilität, Kostenersparnis oder Gerechtigkeit) eine bedeutsame Rolle. 4

Angesichts des Eiltempos des Gesetzgebungsverfahrens und der zur Musterfeststellungsklage letztlich gefundenen politischen Kompromisslösung ist es nicht verwunderlich, dass sich die Gesetzesbegründung an zahlreichen Stellen auf allgemeine Gesetzeszwecke bezieht, ohne diese im Detail auszuführen. Die Folge sind zahlreiche Unklarheiten, Auslegungsprobleme und Systemlücken.⁵ Ebenfalls bedauerlich ist, dass Beratung und Einführung in Rekordzeit fast keine ausreichende Berücksichtigung der in der Sachverständigenanhörung genannten Anmerkungen zuließen.⁶ 5

Das nachfolgende Kapitel systematisiert die erwähnten Gesetzgebungszwecke und unterzieht diese einer kritischen Würdigung. Überprüft wurden insbesondere die Ge- 6

---

darin unter anderem für eine erneute Reform in Gestalt der Einführung einer sog Opt-In-Gruppenklage für Massenschäden, *Meller-Hannich* Verhandlungen des 72. Deutschen Juristentages, Band I, Teil A; ähnlich *Stadler* JZ 2018, 793; ablehnend *Bruns* NJW 2018, 2753.
2 *Bruns* NJW 2018, 2753.
3 Ähnliche Prognose *Waßmuth/Asmus* ZIP 2018, 657; zurückhaltender *Krausbeck* VuR 2018, 287 (292); kritisch siehe Kleine Anfrage vom 10. Oktober 2018 der Abgeordneten und der Fraktion Die Linke, BT-Drs. 19/4891, 1 ff.
4 S. mit einer kompakten Darstellung *Röthemeyer* HK-MFK Einführung Rn. 2.
5 Ähnlich *Röthemeyer* HK-MFK Vorwort Rn. 5.
6 *Röthemeyer* HK-MFK Einführung Rn. 82 aE; ebenso *Schneider* BB 2018, 1986 (1987).

§ 1 Einleitung

setzentwürfe der Bundesregierung und der Fraktionen und deren Begründungen, Beschlussempfehlungen der Ausschüsse im Bundestag und Bundesrat sowie Protokolle der Plenarsitzungen. Diese Dokumente geben Aufschluss darüber, welchen Zweck der Gesetzgeber mit den Regelungen verfolgt. Anhand dieses Befundes sollen drei Vorhaben erleichtert werden: *Erstens* gibt der Befund in der Verfahrensbearbeitung eine Orientierungshilfe bei der Gesetzesauslegung. *Zweitens* wird es ermöglicht, den Maßstab für die vom Gesetzgeber frühestens für das Jahr 2023 angestrebte Evaluierung zu setzen.[7] *Drittens* soll ermöglicht werden, Abgrenzungsfragen anhand der Gesetzgebungszwecke zu Alternativ- und Parallelvorschlägen zu erleichtern, wie beispielsweise die im Gesetzgebungsprozess vorgeschlagene Gruppenklage[8] und die Initiativen für eine Verbandsklage auf EU-Ebene.[9]

2. Ausdrücklich benannte Zwecksetzung des Gesetzgebers

7   Folgende Zwecke lassen sich den Materialien zur Entstehungsgeschichte an mehreren Stellen entnehmen.

a) Überwindung rationalen Desinteresses

8   In der Gesetzesbegründung[10] wird mehrmals das sogenannte „rationale Desinteresse" der Verbraucher an der Durchsetzung von Ansprüchen angeführt. Diese Thematik scheint das Herzstück der Begründung zu sein. Worum geht es dabei? Nach der gesetzgeberischen Intention[11] soll mit der Einführung eines Systems des kollektiven Rechtsschutzes in Deutschland eine prozessuale Lösung dafür bereit gestellt werden, um einzelnen Verbrauchern ungeachtet eines etwaigen rationalen Desinteresses[12] die Rechtsdurchsetzung zu ermöglichen.[13] Ein rationales Desinteresse an der Anspruchsdurchsetzung kann bestehen, wenn der erlittene Nachteil im Einzelfall lediglich gering ist und eine Rechtsverfolgung, im Wege des Individualrechtsschutzes, deshalb unverhältnismäßig und für eine Person als mit zu großem Aufwand verbunden erscheint.[14]

---

7   Begründung des Gesetzentwurfs der Bundesregierung vom 4.6.2018, BT-Drs. 19/2439, 19.
8   Gesetzentwurf einzelner Abgeordneten und der Fraktion Bündnis 90/Die Grünen vom 21.5.2014, BT-Drs. 18/1464; Gesetzentwurf einzelner Abgeordneten und der Fraktion Bündnis 90/Die Grünen vom 28.8.2017, BT-Drs. 18/13426; Gesetzentwurf der Fraktion Bündnis 90/Die Grünen vom 12.12.2017, BT-Drs. 19/243.
9   Empfehlung der EU Kommission vom 11.6.2013, Gemeinsame Grundsätze für kollektive Unterlassungs- und Schadensersatzverfahren in den Mitgliedstaaten bei Verletzung von durch Unionsrecht garantierten Rechten (2013/396/EU); Vorschlag für eine Richtlinie des Europäischen Parlaments und des Rates über Verbandsklagen zum Schutz der Kollektivinteressen der Verbraucher und zur Aufhebung der Richtlinie 2009/22/EG („New Deal for Consumers"), COM(2018) 184 final, 11. April 2018, abrufbar unter: https://ec.europa.eu/info/law/better-regulation/initiatives/ares-2017-5324969_de (zuletzt aufgerufen: 19.10.2018).
10 Begründung des Gesetzentwurfs der Fraktionen CDU/CSU und SPD vom 5.6.2018, BT-Drs. 19/2507, 1, 13, 14, 15, 24; Begr. GesE BReg., BT-Drs. 19/2439, 21.
11 BT-Drs. 19/2507, 1, 13.
12 Vgl. *Röthemeyer* HK-MFK Einführung Rn. 4; Der Begriff des rationalen Desinteresses ist in der Literatur seit vielen Jahren geläufig; so auch *Berlin* Alternative Streitbeilegung in Verbraucherkonflikten – Qualitätskriterien, Interessen, Best Practice, 53; *Lemmel* ZKM 2015, 22 (26); vgl. BT-Drs. 18/1464, 12.
13 So auch *Waßmuth/Asmus* ZIP 2018, 657: „*Die Musterfeststellungsklage soll ein Instrument der kollektiven Rechtsverfolgung ohne Prozesskostenrisiko für den Verbraucher schaffen, um so dem „rationalen Desinteresse" zu begegnen, das sonst die Verfolgung von Kleinschäden hindere*". Zur Definition, vgl. Antwort der Bundesregierung auf eine kleine Anfrage vom 10.10.2018, BT-Drs. 19/4891, 5; siehe auch *Meller-Hannich* DRiZ 2018, 198; *Weinland* Musterfeststellungsklage, 8.
14 BT-Drs. 19/2439, 14: „*Gerade wenn der erlittene Nachteil im Einzelfall gering ist, werden Schadensersatz- oder Erstattungsansprüche oft nicht individuell verfolgt, da der erforderliche Aufwand aus Sicht des Ge-*

II. Zwecksetzung des Gesetzgebers und Gesetzgebungsentwicklung

Der Gesetzgeber erkennt in dem rationalen Desinteresse einen Nachteil im deutschen Zivilprozessrecht für den Wettbewerb zwischen Unternehmen. Sehe eine Person bei geringem Schadenseinschlag von einer Geltendmachung ihrer möglichen Ansprüche ab und verbleibe der Gewinn daraus bei dem zuwiderhandelnden Unternehmen, würden keine Anreize zur Korrektur oder Abschaffung für zuwiderhandelnde Unternehmen geschaffen. Vielmehr verbleibe dem zuwiderhandelnden Unternehmen der hierdurch erreichte Gewinn und der dadurch erzielte Wettbewerbsvorteil gegenüber rechtskonformen Konkurrenzunternehmen.[15] Es drohe ein kalkulierter Rechtsbruch.[16] Demgemäß stelle – so die Argumentation mancher Verbraucherschützer – ein unrechtmäßig handelnder Unternehmer den angenommenen Ertrag aus der von Kundenseite hingenommenen Rechtsverletzung den prognostizierten Kosten des wahrscheinlichen Widerstands gegenüber und entscheide sich dann für den Rechtsbruch, wenn der Ertrag ökonomisch überwiegt.[17] Ein solches Verhalten widerspricht nach Auffassung des Gesetzgebers nicht nur der Gerechtigkeit, sondern vor allem auch dem Gerechtigkeitsempfinden der Bevölkerung.[18]   9

Ausgehend von der Gesetzesbegründung, sämtlichen Unternehmern generell ein bewusstes Abrücken von der Rechtstreue aufgrund kalkulatorischen Verhaltens zur Gewinnoptimierung vorzuwerfen, ist überzogen. Dagegen sprechen nicht nur Aspekte der Unternehmensreputation[19] und wettbewerbsrechtliche Risiken,[20] sondern auch die nachfolgend aufgeführten Gründe.   10

Das rationale Desinteresse wird sowohl in der internationalen[21] als auch der nationalen[22] Diskussion um den kollektiven Rechtsschutz angeführt. Typischerweise wird ein Desinteresse an der Anspruchsgeltendmachung bei im Kartell- und Verbraucherschutzrecht auftretenden Bagatell- und Streuschäden ausgemacht.[23] Der jeweils entstandene Schaden ist in der Regel für den einzelnen Verbraucher so gering, dass sich der Aufwand nicht lohnt, sich zu einem Klageregister anzumelden.[24] Beispiele für einen lediglich geringen persönlichen Schadenseinschlag sind etwa Füllmengenunterschreitungen im Lebensmittel- und Getränkebereich oder Abo-Fallen im Internet.[25] Ob die Musterfeststellungsklage geeignet ist, in diesen Fällen das rationale Desinteresse der betroffenen Verbraucher zu überwinden, bleibt abzuwarten.   11

---

schädigten unverhältnismäßig erscheint („rationales Desinteresse")"; so auch *Röthemeyer* HK-MFK Einführung Rn. 4.
15 BT-Drs. 19/2439, 14: „*Der in der Summe mitunter erhebliche Gewinn verbleibt in diesem Fall – soweit nicht eine Rückerstattung etwa im Rahmen der außergerichtlichen Streitschlichtung erfolgt – bei dem Anbieter, der hierdurch einen Wettbewerbsvorteil gegenüber rechtstreuen Anbietern erzielt*".
16 *Eidenmüller/Engel* ZIP 2013, 1704 (1709).
17 *Röthemeyer* HK-MFK Einführung Rn. 5.
18 BT-Drs. 19/2439, 1.
19 Vgl. *Halfmeier* VuR-Sonderheft 2016, 17 (18).
20 *Röthemeyer* HK-MFK Einführung Rn. 6.
21 *Brömmelmeyer* VuR 2011, 161.
22 *Brömmelmeyer/Meller-Hannich* Die EU-Sammelklage, 39.
23 *Stadler* VuR 2018, 83 (84).
24 Hierzu *Stadler* VuR 2018, 83 (85), dabei ausführend, dass dies auch dann fortgelte, wenn die Anmeldung beim Klageregister nicht mit Kosten verbunden ist.
25 *Stadler* VuR 2018, 83 (85). Hier liegt weniger ein Problem darin, im Prozess zu obsiegen, als vielmehr im Nachhinein Schadensersatz und Kosten bei den oft betrügerisch agierenden Anbietern zu vollstrecken.

12 Das rationale Desinteresse wird in den Materialien zur Entstehungsgeschichte zumeist mit dem Verbraucherschutz verknüpft, indem eine Vielzahl gleichartig geschädigter Verbraucherinnen und Verbraucher erwähnt wird oder explizit von dem „rationalen Desinteresse von Verbrauchern" gesprochen wird.[26] Als typisches Opfer des rationalen Desinteresses wird in den Materialien[27] zur Entstehungsgeschichte vor allem der Verbraucher genannt, wenngleich auch Unternehmer ein rationales Desinteresse in vergleichbaren Situationen aufweisen können. Hier sei beispielsweise an Handwerksbetriebe gedacht, welche zwar keine Verbraucher sind, jedoch in ihren Handlungsmöglichkeiten in zahlreichen Fallkonstellationen eher Verbrauchern als großen Unternehmen gleichzustellen sein dürften.

13 Auch aus der Perspektive von Unternehmern lässt sich ein rationales Desinteresse gegenüber Verbrauchern feststellen, welches in der Gesetzesbegründung zur Musterfeststellungsklage jedoch nicht aufgeführt wird. Ein solches tritt häufig in Fällen des Verbraucherwiderrufs bei geringwertigen Verkaufsgegenständen (zB Gegenstandswert < EUR10), vor allem im Onlineversandhandel, auf. Hier ist es oft weniger aufwändig, den vom Widerruf des Verbrauchers betroffenen Artikel bei diesem zu belassen und dem widerrufenden Verbraucher zu schenken, als den Artikel zurückzufordern und dafür die Versand- und Rückabwicklungskosten tragen zu müssen. Zudem ist es häufig der Fall, dass Artikel, welche an den Verbraucher versandt wurden, von diesem über die Maßen „ausprobiert", also verwendet werden, und der Unternehmer dafür faktisch keine Entschädigung verlangen kann. Auch in solchen Fällen lohnt es sich für Unternehmen häufig nicht, einen Prozess oder auch nur außergerichtliche Maßnahmen gegen den Verbraucher anzustrengen.[28] In der Gesetzesbegründung wird dieses rationale Desinteresse der Unternehmer bedauerlicherweise nicht aufgegriffen.

14 Die jetzige Beschränkung des rationalen Desinteresses auf die Verbraucherperspektive in der deutschen Gesetzgebung zur Musterfeststellungsklage lässt sich historisch durch den Gesetzgebungsprozess erklären, in dem anfangs eine Musterfeststellungsklage für Unternehmer angedacht war. Dieses Vorhaben wurde jedoch bewusst aufgegeben.[29] Stattdessen wird betroffenen Unternehmen (meist KMU) nun gemäß § 148 Abs. 2 ZPO[30] die Möglichkeit eingeräumt, bei Anhängigkeit einer Musterfeststellungsklage eine Prozessaussetzung bis zur Erledigung des Musterfeststellungsverfahrens zu erwirken (siehe zu § 148 Abs. 2 ZPO → § 6 Rn. 95, → § 2 Rn. 22 und → § 3 Rn. 91 ff.).[31] Es bleibt abzuwarten, ob und in welchem Umfang hierdurch auch das

---

26 BT-Drs. 19/2439, 12 und 23, jedoch ohne Bezug zum Verbraucher auf S. 13 f.
27 Diskussionsentwurf des BMJV zur Einführung einer Musterfeststellungsklage vom 31.7.2017, 9 ff.
28 Bezüglich dieser Widerrufsproblematiken sollen von EU-Seite grundlegende Änderungen erfolgen. Ein entsprechendes Ungleichgewicht wurde auch bereits auf EU-Ebene erkannt. Beispielhaft für unternehmensfeindliche Widerrufssituationen und entsprechende Lösungsvorschläge, vgl. Vorschlag für eine Richtlinie des Europäischen Parlaments und des Rates zur Änderung der Richtlinie 93/13/EWG des Rates vom 5. April 1993, der Richtlinie 98/6/EG des Europäischen Parlaments und des Rates, der Richtlinie 2005/29/EG des Europäischen Parlaments und des Rates sowie der Richtlinie 2011/83/EU des Europäischen Parlaments und des Rates zur besseren Durchsetzung und Modernisierung der EU-Verbraucherschutzvorschriften, COM(2018) 185 final, 11. April 2018, abrufbar unter: https://ec.europa.eu/transparency/regdoc/rep/1/2018/DE/COM-2018-185-F1-DE-MAIN-PART-1.PDF, S. 4 (zuletzt aufgerufen: 19. Oktober 2018).
29 Plenarprotokoll des Bundestages vom 14.06.18 (19/39), 4744(B); für eine Ausweitung auf Unternehmer, vgl. nur *Mengden* NZKart 2018, 398 (405).
30 BGBl. 2018 I 1151.
31 Plenarprotokoll des Bundestages (19/39), 4744(B).

rationale Desinteresse der Unternehmensseite kompensiert und in welchem Umfang eine Aussetzung nach § 148 Abs. 2 ZPO praktisch relevant werden wird.[32]

Nach Auffassung des Gesetzgebers[33] eignet sich die Musterfeststellungsklage, das rationale Desinteresse der Verbraucher zu überwinden. Dabei wird diese Feststellung mit der Aussage verbunden, dass die Überwindung des rationalen Desinteresses nicht berechtigten Interessen der Wirtschaft zuwiderlaufe. Die Eignung des kollektiven Rechtsschutzes[34] und insbesondere der Musterfeststellungsklage zur Überwindung des rationalen Desinteresses ist aber keineswegs unumstritten.[35] Angeführt wird, dass Bagatell-, Massen- oder Streuschäden weiterhin zu gering seien, als dass sich Verbraucher oder Verbraucherschutzorganisationen damit befassen wollten.[36] Stimmen gegen die Eignung von Musterfeststellungsklagen zur Überwindung des rationalen Desinteresses häufen sich sowohl in der Literatur, als auch im zuständigen Rechtsausschuss.[37] Es ist auch bemerkenswert, dass die „Überwindung des rationalen Desinteresses" von Verbrauchern an mehreren Stellen der Gesetzesbegründung[38] als das einzige Kriterium genannt wird, um die Tauglichkeit etwaiger Alternativen oder Anpassungen zu bewerten. In jedem Fall ist eine differenzierte Betrachtung empfehlenswert. Während beispielsweise die Durchführung einer Musterfeststellungsklage im Massenverfahren teilweise für sinnvoll gehalten wird, um das rationale Desinteresse zu überwinden, wird ein Musterfeststellungsverfahren hinsichtlich etwaiger Bagatell- und Kleinstschäden auch aus Sicht der Praxis für ungeeignet gehalten.[39]

b) Verbraucherschutz

Die Einführung der Musterfeststellungsklage wurde im Koalitionsvertrag vom 7. Februar 2018 zwischen den Koalitionsparteien vereinbart.[40]

Der Gesetzgeber sieht einen generellen Bedarf, den Verbraucherschutz in einem durch standardisierte Massengeschäfte geprägten Wirtschaftsleben zu stärken.[41] Durch kollektiven Rechtsschutz in Form einer zivilprozessualen Musterfeststellungsklage soll daher der Verbraucherschutz generell gestärkt werden.[42]

Neben dem Verbraucherschutz im Allgemeinen soll die Musterfeststellungsklage aber insbesondere Verbrauchern, die von der sog NOx-Thematik betroffen sind, weitere Rechtsschutzmöglichkeiten eröffnen. Im Koalitionsvertrag wurde ausdrücklich vorgesehen, dass das Gesetz zum 1. November 2018 in Kraft treten solle, so dass Ansprü-

---

32 Bereits vor dem Inkrafttreten des § 148 Abs. 2 ZPO hat diese neue Prozessaussetzung die zivilprozessuale Auslegung der Gerichte beeinflusst, siehe OLG Köln BeckRS 2018, 22209 – Postbank/DB.
33 BT-Drs. 19/2507, 14.
34 Vgl. Brömmelmeyer/*Jünemann* Die EU-Sammelklage, 13.
35 Vgl. *Stadler* VuR 2018, 83 (84); kritisch auch *Balke/Liebscher/Steinbrück* ZIP 2018, 1321.
36 Dahingehend Brömmelmeyer/*Jünemann* Die EU-Sammelklage, 13.
37 MwN *Stadler* VuR 2018, 83 (84); *Podszun/Busch/Henning-Bodewig* GRUR 2018, 1004 (1007); vgl. auch Plenarprotokoll des Bundestages (19/39), 3745(B), 3745(C), 3747(B), 3748(B), 3749(C) – Beck-aktuell vom 12.6.2018.
38 So beispielsweise BT-Drs. 19/2439, 15.
39 *Balke/Liebscher/Steinbrück* ZIP 2018, 1321 (1321 f.).
40 Koalitionsvertrag zwischen CDU, CSU und SPD vom 7.2.2018 zur 19. Legislaturperiode, S. 124 f., abrufbar unter https://www.bundesregierung.de/resource/blob/975226/847984/5b8bc23590d4cb2892b31c987ad672 b7/2018-03-14-koalitionsvertrag-data.pdf?download=1 (zuletzt aufgerufen am: 17. Oktober 2018).
41 BT-Drs. 19/2439, 1, 14, 19.
42 BT-Drs. 19/2439, 1; BT-Drs. 19/2507, 13.

che, die zum Jahresende 2018 verjähren, noch mittels der Musterfeststellungsklage verjährungshemmend geltend gemacht werden können.[43]

17 Die generelle Stärkung des Verbraucherschutzes erfolgte in Deutschland jüngst auch an anderen Stellen, zB im Zuge der Umsetzung der Kartellschadensersatzrichtlinie 2014/104/EU durch die 9. GWB-Novelle 2017.[44] Hierbei hat der deutsche Gesetzgeber dem Bundeskartellamt Ermittlungsbefugnisse im Verbraucherrecht verliehen.[45] Der deutsche Gesetzgeber führte auch hier gegen Ende des Gesetzgebungsverfahrens buchstäblich auf den letzten Metern und ohne vorherige intensive Konsultation den § 32 e Abs. 5 GWB nF ein. Diese Norm eröffnet **sektorspefizische Ermittlungsbefugnisse** des Bundeskartellamts im Bereich des Verbraucherrechts. Danach kann das Bundeskartellamt nunmehr Untersuchungen einleiten, wenn der begründete Verdacht besteht, dass erhebliche, dauerhafte oder wiederholte Verstöße gegen verbraucherrechtliche Vorschriften vorliegen, die nach ihrer Art oder ihrem Umfang die Interessen einer Vielzahl von Verbraucherinnen und Verbrauchern beeinträchtigen.

c) Auflösung einer Wettbewerbsverzerrung

18 An recht prominenter Stelle beschreibt der Gesetzgeber in der Gesetzesbegründung[46] als Ausgangsproblem, dass ein unrechtmäßig erlangter Gewinn in Massengeschäften bei einem Unternehmer verbleibe, wenn Verbraucher aufgrund des rationalen Desinteresses von einer Klage absähen. Infolgedessen erziele der unrechtmäßig handelnde Unternehmer gegenüber anderen rechtstreuen Wettbewerbern einen Wettbewerbsvorteil.[47] Damit präsentiert der Gesetzgeber die Musterfeststellungsklage als ein Instrument zur Sicherstellung eines fairen Wettbewerbs.

19 Hierbei wird – soweit ersichtlich – auch in der Literatur[48] zumeist davon ausgegangen, dass ein Rechtsbruch durch einen rechtsuntreuen Wettbewerber stets kalkuliert oder rational durchdacht sei. Wenig oder kaum Beachtung wird dabei den Situationen geschenkt, die für Unternehmer von Gesetzes wegen unklar sind, wie beispielsweise die mitunter nahezu praktische Unmöglichkeit, unangreifbare Widerrufsbelehrungen oder Pflichtangaben bei bestimmten Verbraucherdarlehensverträgen zu entwerfen. Insofern drängt sich der Verdacht auf, dass die Materialien der Gesetzesbegründung regelmäßig von einem rechtstreuen Verbraucher ausgehen, aber im Fall von Unternehmern hingegen stets von einem kalkulierten und gewollten Rechtsbruch. Dies entspricht jedoch keineswegs der Rechtspraxis. Gerade bei unklarer Rechtslage oder aufgrund fehlender Ressourcen bei kleinen Unternehmen für Rechtsberatung können Unternehmern Rechtsfehler unterlaufen, die keineswegs kalkuliert oder gewollt waren.[49]

---

43 Bgl. *Merkt/Zimmermann* VuR 2018, 563; zur Verjährungshemmung, vgl. *Weinland* Musterfeststellungsklage, 51. Nach *Weinland* ist für eine Hemmung der Verjährung „kein Raum mehr", wenn der Anspruch des Verbrauchers bereits bei Anhängigkeit der Klage (§ 167 ZPO) verjährt ist.
44 Siehe hierzu *Mengden* NZKart 2018, 398.
45 Siehe dazu *Alexander* NZKart 2017, 391 (391 f.).
46 BT-Drs. 19/2439, 1 und 14.
47 BT-Drs. 19/2439, 1 und 14.
48 Siehe dahingehend nur *Röthemeyer* HK-MFK Einführung Rn. 5.
49 Andeutend *Röthemeyer* HK-MFK Einführung Rn. 5.

d) Verminderung des Prozessrisikos

Auslöser des rationalen Desinteresses ist nach Auffassung des Gesetzgebers ein für Einzelpersonen zu hohes Prozessrisiko, um einen mitunter geringen Einzelschaden in Verfahren individuellen Rechtsschutzes durchzusetzen.[50] Der Gesetzgeber legt in diesem Zusammenhang dar, dass bei einem durchschnittlichen Streitwert von 10.000 Euro ein Prozess- und Kostenrisiko von rund 4.000 Euro je Fall bestehe.[51] 20

Für den Gesetzgeber ist die Musterfeststellungsklage geeignet, das Prozessrisiko in der Durchsetzung von Kleinstschäden zu verringern. Dem Verbraucher entstehen durch die Anmeldung zum Klageregister keine Kosten.[52] Auch der weitere Gang des Verfahrens ist bis zur Verkündung eines Musterurteils oder zum Abschluss eines Vergleiches gemäß § 611 ZPO für den Verbraucher nicht mit Kosten verbunden. Darüber hinaus soll die Anmeldung selbst möglichst einfach gehalten werden. Eine Anmeldung soll zudem zukünftig elektronisch erfolgen.[53] Außerdem wird ihm die Teilnahme dadurch erleichtert, dass er selbst nicht vor Gericht auftreten muss, sondern er durch eine qualifizierte Verbraucherorganisation vertreten wird.[54] Hiergegen wendet sich Kritik, die teilweise bereits jetzt kein Prozessrisiko für Verbraucher in Deutschland sieht[55] und/oder keine Notwendigkeit der kostenseitigen Privilegierung zur Teilnahme an kollektiven Rechtsschutzverfahren, sondern die Grundregel des § 91 ZPO weiterhin für passend hält.[56] *Beck* führt an, dass eine Musterfeststellungsklage einen Verbraucher im Hinblick auf die Beweisführung sogar einem „größeren Risiko aussetzen" kann als ihm im Individualprozess droht.[57] *Gansel/Gängel* führen an, dass ein Verbraucher in einem Musterfeststellungsverfahren keinen Einfluss auf den klagenden Verbraucherschutzverband und dessen Anwälte sowie auf die Qualität und die Dauer des Verfahrens hat.[58] 21

Auch wenn das Prozessrisiko bei einer Musterfeststellungsklage für Verbraucher gering erscheint, wurde das damit verbundene Prozessrisiko für Unternehmer und auch für die klagebefugten Verbraucherschutzorganisationen in der Gesetzesbegründung nur ungenügend aufgearbeitet. Durch die Musterfeststellungsklage droht ein sog „Klumpenrisiko" zu entstehen, welches aufgrund der Verfahrensdauer, der Haftungsrisiken, des Betreuungsaufwandes und der Kosten nicht nur für Unternehmer, son- 22

---

50 BT-Drs. 19/2507, 1, 13, 14, 16, 24; so auch *Waßmuth/Asmus* ZIP 2018, 657.
51 BT-Drs. 19/2507, 31.
52 BT-Drs. 19/2439, 16: „*Die Musterfeststellungsklage bietet mit der Möglichkeit der kostenfreien Anmeldung von Ansprüchen oder Rechtsverhältnissen einen einfachen Weg der kollektiven Rechtsverfolgung, mit dem für den einzelnen Betroffenen kein Prozesskostenrisiko verbunden ist*".
53 BT-Drs. 19/2439, 17: „*Im Vergleich zu einer Klage ist der Aufwand eines Betroffenen bei der Anmeldung deutlich reduziert: Neben dem Namen, den Namen der Parteien, dem Gericht und dem Aktenzeichen der Musterfeststellungsklage muss der Verbraucher lediglich den Gegenstand und den Grund des Anspruchs oder Rechtsverhältnisses, den Betrag der Forderung sowie eine Versicherung der Richtigkeit und Vollständigkeit der Angaben angeben (§ 608 Absatz 2 ZPO-E). Die Anmeldung soll auch elektronisch erfolgen können*". Vgl. auch Antwort der BReg auf die Kleine Anfrage ua der Fraktion Die Linke, BT-Drs. 19/4891, 2.
54 BT-Drs. 19/2439, 16: „*Klagebefugt sollen die in § 3 Absatz 1 Nr. 1 UKlaG genannten qualifizierten Einrichtungen sein (§ 606 Absatz 1 ZPO-E)*".
55 *Brömmelmeyer/Jünemann* Die EU-Sammelklage, 16.
56 Vgl. *Brömmelmeyer/Jünemann* Die EU-Sammelklage, 16.
57 *Beck* ZIP 2018, 1915 (1918).
58 *Gansel/Gängel* Erste Hilfe zur Musterfeststellungsklage, 13.

dern auch für qualifizierte Einrichtungen existenzvernichtende Auswirkungen nach sich ziehen kann.

e) Vertretung durch qualifizierte Verbraucherschutzorganisationen

23 Die Vertretung der Verbraucher obliegt ausschließlich den klageberechtigten Einrichtungen gemäß § 606 Abs. 1 ZPO. Diese Verbraucherorganisationen müssen bestimmte Anforderungen erfüllen. Dadurch soll sichergestellt werden, dass Musterfeststellungsklagen ohne Gewinnerzielungsabsicht und nur im Interesse betroffener Verbraucher und nur von Organisationen erhoben werden können, welche aufgrund ihrer bisherigen Tätigkeit und der Herkunft ihrer finanziellen Mittel die Gewähr für eine sachgerechte Aufgabenerfüllung und keine Anhaltspunkte für Missbrauch bieten.[59] In diesen gesetzgeberischen Anliegen zur Einführung einer Verbandsklage konkretisiert sich die Intention, die Entstehung von US-amerikanischen Verhältnissen in Form einer sog Klageindustrie zu vermeiden. Bereits jetzt lassen sich aber Tendenzen dahingehend beobachten, dass die klagebefugten Verbraucherschutzorganisationen mit bekannten Kläger-Kanzleien kooperieren werden.

f) Verfahrensbeschleunigung bei verbraucherrechtlichen Streitigkeiten

24 Zudem soll die Musterfeststellungsklage eine schnelle Befriedung verbraucherrechtlicher Streitigkeiten gewährleisten. Zu diesem Zweck ist ein Kollektivvergleich in § 611 ZPO vorgesehen, welchen die betraute Organisation als Vertreterin der angemeldeten Verbraucher zu schließen berechtigt ist. Dies soll den Parteien eine auf die zentralen Streitfragen zugeschnittene einvernehmliche Gesamtlösung ermöglichen, die der einfachen Befriedung in gleichgelagerten Streitigkeiten dient.[60] Treten allerdings mehr als 30% der zum Klageregister angemeldeten Verbraucher aus dem zwischen Verbraucherorganisation und Unternehmer geschlossenen Vergleich aus, so entfaltet dieser keine Wirkung[61] (im Einzelnen → § 7).

g) Entlastung der Gerichte

25 Weiterhin soll die Einführung einer Musterfeststellungsklage für Entlastung bei den Gerichten sorgen.[62] Dies wird sogar als einer von zwei Evaluierungsmaßstäben angegeben.[63] Zwar kommen bei den Oberlandesgerichten, welche erstinstanzlich ausschließlich für die Verfahren der Musterfeststellungsklage zuständig sind, nach Schätzungen jährlich ca. 450 Verfahren hinzu.[64] Auf der anderen Seite stünde nach Ansicht des Gesetzgebers jedoch eine Entlastung der Amtsgerichte um geschätzt 11.250 Individualverfahren pro Jahr.[65] Ob diese Annahme zutrifft, darf bezweifelt werden.

---

59 BT-Drs. 19/2439, 16.
60 BT-Drs. 19/2439, 17.
61 *Röthemeyer* HK-MFK Einführung Rn. 15.
62 BT-Drs. 19/2439, 19; dies führen auch an *Waßmuth/Asmus* ZIP 2018, 657.
63 BT-Drs. 19/2439, 21.
64 BT-Drs. 19/2439, 19: „Dem stehen voraussichtlich jährlich 450 neue Musterfeststellungsklagen mit geschätzt im Schnitt 75 Anmeldern und einem Streitwert von geschätzt durchschnittlich 10 000 Euro gegenüber"; nach *Weinland* lasse es sich nicht vorhersagen wie häufig und wie effektiv die Musterfeststellungsklage sein wird, *Weinland* Musterfeststellungsklage, Vorwort.
65 BT-Drs. 19/2439, 19: „Die Einführung einer Musterfeststellungsklage wird schätzungsweise zu einer Reduzierung erstinstanzlicher Individualprozesse mit einem Streitwert-Median von 600 Euro um 11 250 pro Jahr führen".

Verbraucher mit Rechtsschutzversicherungen und Klägerkanzleien dürften ein Interesse an der Fortführung der Individualverfahren haben.

h) Stärkung außergerichtlicher Streitschlichtung

Zudem soll hierdurch auch die außergerichtliche Streitbeilegung gefördert werden.[66] Konkret erwartet die Bundesregierung, dass die Wahrscheinlichkeit einer einvernehmlichen Regelung zwischen den Prozessparteien aufgrund eines erfolgreichen Musterentscheides steigt.[67] Durch die Bindungswirkung des Musterfeststellungsurteils gemäß § 613 Abs. 1 ZPO oder die kollektive Bindung durch einen Vergleich gemäß § 611 Abs. 1 ZPO[68] für die Individualverfahren, zielt der Gesetzgeber darauf ab, dass die Parteien sich insgesamt schneller und außergerichtlich einigen. Mit anderen Worten soll eine einheitliche Entscheidung von zentralen Streitfragen mit Breitenwirkung erzielt werden.[69] Inwiefern dies die außergerichtliche Streitschlichtung fördern soll, ist allerdings nicht konkret erkennbar.

i) Weitere Allgemeinanliegen

Weiteres Ziel des Musterverfahrens ist eine möglichst hohe **Transparenz** und eine umfassende Information der Verbraucher in jeder Phase des Verfahrens. Dies soll durch eine ständige und elektronisch wahrzunehmende Einsichtnahmemöglichkeit in das Klageregister gewährleistet werden.[70]

Allgemein verfolgt der Gesetzgeber auch die Intention, durch die Bereitstellung effektiver Mittel der Rechtsverfolgung für Verbraucher den sozialen Zusammenhalt innerhalb der Bevölkerung zu stärken. Durch die zu erwartenden außergerichtlichen Einigungen im Nachgang des Musterfeststellungsverfahrens sollen zudem der **Rechtsfrieden** sowie die **Rechtsakzeptanz** gestärkt werden.[71]

III. Weitere Anwendungsmöglichkeiten der Musterfeststellungsklage

Die Musterfeststellungsklage ist auf die ordentliche Gerichtsbarkeit begrenzt. Weshalb eine solche Begrenzung gewählt wurde, geht auch aus der Gesetzesbegründung nicht im Detail hervor. Die Antwort der Bundesregierung auf eine kleine Anfrage der Fraktion Bündnis 90/Die Grünen gibt an, dass das Modell sich „*nicht ohne Weiteres auf andere Gerichtsbarkeiten übertragen*" lasse.[72] Jedoch ist es durchaus vorstellbar, dass die Musterfeststellungsklage auch in anderen Bereichen Anwendung finden könnte.

---

66 BT-Drs. 19/2439, 16.
67 So Antwort der BReg auf die Kleine Anfrage vom 10.10.2018, vgl. BT-Drs. 19/4891, 3.
68 BT-Drs. 19/2439, 17.
69 BT-Drs. 19/2439, 16.
70 BT-Drs. 19/2439, 24.
71 BT-Drs. 19/2439, 21 und 19: „*Denn der soziale Zusammenhalt wird zum einen dadurch gestärkt, dass effektive Mittel zur Rechtsverfolgung bestehen und zur Verfügung gestellt werden. Zum anderen wird durch die zu erwartenden außergerichtlichen Einigungen im Nachgang zu einem Musterfeststellungsurteil der Rechtsfrieden und die Rechtsakzeptanz gestärkt*".
72 Antwort der Bundesregierung auf die Kleine Anfrage der Abgeordneten Dr. Manuela Rottmann, Renate Künast, Tabea Rößner, weiterer Abgeordneter und der Fraktion Bündnis 90/Die Grünen- Drucksache 19/2294 – Wirkungen und Nutzen der Musterfeststellungsklage im Dieselskandal und für den kollektiven Rechtsschutz insgesamt BT-Drs. 19/2710 (zu Nr. 33).

30 Durch § 46 Abs. 2 S. 2 ArbGG wird klargestellt, dass das Musterfeststellungsverfahren im arbeitsgerichtlichen Verfahren keine Anwendung findet. Gleichwohl können auch im arbeitsgerichtlichen Verfahren gleichgelagerte Interessen beobachtet werden, wenn geltend gemacht wird, dass Arbeitnehmer betriebs- oder konzernweit unter Mindestlohn oder Tarif vergütet werden. Zudem hätte das Musterfeststellungsverfahren mit dem Unterschied, dass anstelle von Verbraucherschutzorganisationen Gewerkschaften klagebefugt sind und anstatt Verbraucher sich Arbeitnehmer zum Klageregister anmelden können, in das Arbeitsgerichtsgesetz übernommen werden können.[73]

31 Ebenso wie im Arbeitsrecht ist auch eine Anwendbarkeit der Musterfeststellungsklage im Bereich des öffentlichen Rechts, hier insbesondere gegen die öffentliche Hand oder Unternehmen der öffentlichen Hand sowie auch bei nicht gewerblichen Organisationen, Idealvereinen und Stiftungen gemäß § 606 Abs. 1 ZPO nicht vorgesehen.[74] Dies ist insbesondere deshalb von Relevanz, da es in der Folge wohl eher vom Zufall abhängt, ob beispielsweise eine Konzerthalle im Eigentum einer Kommune oder eines privaten Unternehmens steht und sich dadurch entscheidet, ob der Geschädigte bei Einsturz einer Konzerthalle seine Rechte im Wege der Musterfeststellungsklage geltend machen kann oder nicht.[75] Vor allem aufgrund der Zufälligkeit, ob die Musterfeststellungsklage einschlägig ist oder nicht, scheint der Anwendungsbereich willkürlich und als Gesamtkonzept nicht vollständig durchdacht.

32 Eine Nichtbeachtung weiterer Anwendungsmöglichkeiten in anderen Rechtsbereichen ist wohl dem großen Zeitdruck, unter welchem das vorliegende Gesetz auf den Weg gebracht wurde, und dem möglicherweise nicht gerade geringen Abstimmungsaufwand mit den anderen für die verschiedenen Verfahrensordnungen zuständigen Bundesministerien geschuldet.[76] Fraglich und abzuwarten bleibt, wie der Anwendungsbereich nach der ersten Evaluation nach fünf Jahren im Jahre 2023[77] konkret ausgestaltet werden wird.

IV. Historie des europäischen kollektiven Verbraucherschutzes

33 Bereits seit über 30 Jahren beschäftigt sich die Kommission der Europäischen Union (damals noch Europäische Gemeinschaft) mit dem Zugang zum Recht speziell für Verbraucher.

34 Alle Bemühungen der Kommission sind jedoch bis jetzt nur von mäßigem Erfolg geprägt gewesen. Am 14.2.1996 veröffentlichte die Kommission der EG in einer Mitteilung einen „Aktionsplan für den Zugang der Verbraucher zum Recht und die Beilegung von Rechtsstreitigkeiten der Verbraucher im Binnenmarkt".[78] Dieser ist eine

---

73 So auch *Röthemeyer* HK-MFK Einführung Rn. 17.
74 *Schneider* BB 2018, 1986 (1989).
75 Vgl. hierzu *Schneider* BB 2018, 1986 (1989) mwN und Beispielen.
76 *Röthemeyer* HK-MFK Einführung Rn. 17.
77 BT-Drs. 19/2439, 19.
78 Mitteilung der Kommission der EG vom 14.2.1996, „AKTIONSPLAN für den Zugang der Verbraucher zum Recht und die Beilegung von Rechtsstreitigkeiten der Verbraucher im Binnenmarkt", KOM(96) 13 endg.

Folgemaßnahme zum gleichnamigen Grünbuch vom 16.11.1993.[79] Hier wurden in der Problemstellung zum einen Verbraucherstreitsachen im Generellen, weiterhin außergerichtliche Verfahren in den Mitgliedstaaten und zuletzt nationale Initiativen betreffend außergerichtlicher Verfahren thematisiert. Ziel war es auch hier, dem Verbraucher mittels einer auf lokaler, nationaler und europäischer Ebene abgestimmten Reaktion eine einfache und kostengünstige Möglichkeit zu bieten, erlittene Schäden gerichtlich oder außergerichtlich geltend zu machen. Zahlreiche EU-Mitgliedstaaten wandten sich gegen diese EU-Initiativen, vor allem um jedwede Annährung an das US-Rechtssystem mit sog Class Actions und Erfolgshonoraren abzuwehren.[80]

Nachdem dieser Aktionsplan weitestgehend ohne Folgen blieb, veröffentlichte die Kommission am 11.6.2013 eine Empfehlung,[81] welche die Mitgliedstaaten dazu aufrief, ihrerseits ein innerstaatliches System des kollektiven Rechtsschutzes im Sinne des Verbraucherschutzes zu entwickeln. Die Kommission vermerkte hierzu erneut: *„Die Möglichkeit, Ansprüche zu bündeln und kollektiv zu verfolgen, kann insbesondere dann ein geeignetes Mittel sein, um Rechtsschutz zu erhalten, wenn bei Individualklagen die Verfahrenskosten die Geschädigten davon abhalten, vor Gericht zu gehen"*.[82] 35

Zunächst sollten die Mitgliedstaaten zwei Jahre zur Umsetzung erhalten, bevor, sollte diese nicht zufriedenstellend sein, sich die Kommission nach zwei weiteren Jahren eine weitere Prüfung von Maßnahmen, auch legislativer Natur, vorbehielt, welche die Mitgliedstaaten zur Umsetzung bewegen könnte. Die Fraktion Bündnis 90/Die Grünen brachten daraufhin am 21.5.2014 einen Gesetzentwurf[83] über die Einführung von Gruppenverfahren in den Bundestag ein. Der Bundestag lehnte diesen Gesetzentwurf am 5.11.2015 mit den Stimmen der Koalitionsfraktionen ab und begründete dies in Teilen mit fehlender Verhältnismäßigkeit und Verfassungskonformität.[84] 36

V. Richtlinienvorschlag der EU-Kommission zur EU-Verbrauchersammelklage

Die EU-Kommissarin für Justiz, Verbraucherschutz und Gleichstellung, *Verá Jourová*, legte mit dem sog „New Deal for Consumers" am 11. April 2018 einen Vorschlag für eine EU-Richtlinie vor.[85] Dieser EU-Richtlinienentwurf enthält den Vorschlag zur Einführung einer sog EU-Verbrauchersammelklage.[86] Neben der Änderung von vier älteren EU-Richtlinien zum Schutz der wirtschaftlichen Interessen von Verbrauchern 37

---

79 Grünbuch der Kommission über den Zugang der Verbraucher zum Recht und Beilegung von Rechtsstreitigkeiten der Verbraucher im Binnenmarkt, 16. November 1993, KOM(93) 576.
80 Vgl. *Röthemeyer* HK-MFK Einführung Rn. 60.
81 Empfehlung der Kommission (2013/396/EU), abrufbar unter https://eur-lex.europa.eu/legal-content/DE/TXT/?uri=CELEX:32013H0396 (zuletzt aufgerufen am: 17.10.2018).
82 Empfehlung der Kommission (2013/396/EU), Rn. 9.
83 BT-Drs. 18/1464.
84 Plenarprotokoll des Bundestages vom 5.11.2015 (18/133), 12954 ff.; kritisch *Kohte* VuR 2018, 321 (322).
85 COM(2018) 184 final; im Rahmen des „New Deals for Consumers" soll nach einem weiteren Entwurf der UGP-Richtlinie auf Rechtsfolgenseite derart geändert werden, dass das deutsche Lauterkeitsrecht neu geordnet und bislang nicht vorhandene Rechtsfolgen eingeführt werden sollen; hierzu auch *Basedow* EuZW 2018, 609; *Bellinghaus/Erb* AnwBl 2018, 698 (702); *Weinland* Musterfeststellungsklage, 14.
86 Die Bezeichnung der vorgeschlagenen Instrumentes variiert: der Entwurf der EU-Richtlinie führt im Titel die Bezeichnung „Verbandsklage"; bezeichnet als „Repräsentantenklage", *Schneider* BB 2018, 1986 (1996); „Musterleistungsklage" bzw. „Sammelklage" nach *Habbe/Gieseler* GWR 2018, 227; „Europäische Sammelklage", siehe *Geissler* GWR 2018, 189 (190).

verfolgt dieser Vorschlag nach Ansicht der EU-Kommission, den Verbraucherschutz besser durchzusetzen. Dies soll insbesondere dadurch erreicht werden, dass es qualifizierten Einrichtungen ermöglicht wird, repräsentative Klagen im Namen der Verbraucher durchzuführen und die Sanktionsbefugnisse der Verbraucherbehörden der Mitgliedstaaten erweitert werden. Insbesondere steht der Schutz der Verbraucher im Bereich des Onlinehandels im Fokus, um irreführende Praktiken von Providern, E-Commerce-Betreibern und Anbietern von digitalen Service-Leistungen zu verhindern und zu sanktionieren. Ob und inwieweit die EU eine Kompetenz zur Einführung einer solchen Richtlinie hat, ist umstritten.

38 Verbrauchern soll ein Instrument an die Hand gegeben werden, um ihre Rechte kostengünstig und mit geringem bzw. verhältnismäßigem Aufwand durchzusetzen und gegebenenfalls eine Entschädigung zu erhalten.[87] Auch mit dieser Initiative soll das rationale Desinteresse von Verbrauchern an einer Rechtsverfolgung überwunden werden. Weiterhin soll dieses Modell starke Schutzvorkehrungen, zum einen gegen missbräuchliche Klagen, zum anderen gegen Zuwiderhandlungen durch Unternehmer enthalten.

39 Nach dem EU-Richtlinienentwurf soll die EU-Verbrauchersammelklage bestimmten qualifizierten Einrichtungen die Möglichkeit zur Durchsetzung von Unterlassungs-, Folgenbeseitigungs- und Schadensersatzansprüchen geben.[88] Damit geht die EU-Verbrauchersammelklage über die Musterfeststellungsklage hinaus.[89]

40 Der sachliche Anwendungsbereich im Richtlinien-Entwurf zur EU-Verbrauchersammelklage ist beschränkt auf die Geltendmachung von Verletzungen bestimmter EU-Verbrauchervorschriften.[90] Die EU-Verbrauchersammelklage sieht hierfür eine Aufzählung bestimmter Rechtsgebiete in Form einer Positivliste vor und grenzt sich damit von dem sachlichen Anwendungsbereich der deutschen Musterfeststellungsklage ab, welche generell zur „*Feststellung aller tatsächlichen und rechtlichen Voraussetzungen für das Bestehen oder Nichtbestehen von Ansprüchen oder Rechtsverhältnissen zwischen Verbrauchern und einem Unternehmer*" angestrengt werden kann und nur bestimmte Rechtsgebiete in Sondervorschriften ausnimmt. Gleichwohl soll auch die EU-Verbrauchersammelklage in vielfältigen Konstellationen anwendbar sein. Der Anwendungsbereich soll horizontale und sektorspezifische EU-Instrumente erfassen, die für den Schutz der Kollektivinteressen der Verbraucher in Wirtschaftsbereichen wie Finanzdienstleistungen, Energie, Telekommunikation, Gesundheit und Umwelt relevant sind.[91] Hierbei umfasst der Anwendungsbereich insbesondere die Unionsvorschriften, die unter die geltende Richtlinie über Unterlassungsklagen fallen, und ist an dem Geltungsbereich der überarbeiteten Verordnung (EU) 2017/2394 über die Zusammenarbeit im Verbraucherschutz ausgerichtet.[92]

---

87 Pressemitteilung der EU Kommission, Neue Rahmenbedingungen für die Verbraucher: Kommission stärkt Verbraucherrechte in der EU und ihre Durchsetzung, vom 11.4.2018.
88 Hierzu *Schneider* BB 2018, 1986 (1996); *Geissler* GWR 2018, 189 (190).
89 Ebenso *Schneider* BB 2018, 1986 (1996).
90 Vgl. *Schneider* BB 2018, 1986 (1996).
91 COM(2018) 184 final, 3.
92 COM(2018) 184 final, 16.

Auch die EU-Verbrauchersammelklage soll ausschließlich durch qualifizierte Einrichtungen erhoben werden können.⁹³ Damit baut der Vorschlag auf dem Ansatz der geltenden Richtlinie über Unterlassungsklagen auf, die es von den Mitgliedstaaten bestimmten „qualifizierten Einrichtungen" ermöglicht, eine Verbandsklage anzustrengen.⁹⁴ Nach dem Entwurf für die EU-Verbrauchersammelklage müssen auch diese Einrichtungen bestimmte Mindestkriterien erfüllen. Sie sollen ordnungsgemäß niedergelassen sein, gemeinnützig arbeiten und ein legitimes Interesse an der Einhaltung der einschlägigen EU-Rechtsvorschriften haben. Zudem sollen die qualifizierten Einrichtungen verpflichtet sein, bei den Gerichten oder Verwaltungsbehörden ihre finanzielle Ausstattung und die Herkunft der Mittel zur Finanzierung ihres Vorgehens offenzulegen.⁹⁵ Mit der Einführung einer Verbandsklage beabsichtigt der Entwurf auch das Entstehen einer Klageindustrie wie nach US-Vorbild zu unterbinden,⁹⁶ eine Intention, die auch der Gesetzesbegründung zur Musterfeststellungsklage zugrunde liegt. 41

Letztlich gehen die Reformvorschläge für eine neue EU-Richtlinie deutlich weiter als erwartet und sie gehen an einigen Stellen vor allem über die jüngst eingeführte Musterfeststellungsklage weit hinaus.⁹⁷ Der deutsche Bundesrat lehnt den Richtlinienvorschlag daher auch mit ungewöhnlich scharfen Worten ab.⁹⁸ Die Frage, ob und in welcher Form eine Harmonisierung dieses mitunter weitergehenden EU-Vorhabens mit der in Deutschland eingeführten Musterfeststellungsklage zu erreichen sein wird, steht noch aus.⁹⁹ Die Gesetzesberatung zur Musterfeststellungsklage hat der EU-Vorschlag jedenfalls nicht mehr maßgeblich beeinflusst.¹⁰⁰ Sollte der EU-Richtlinienentwurf umgesetzt werden, so wäre er vermutlich innerhalb von 2-3 Jahren in deutsches Recht umzusetzen.¹⁰¹ Vor einer etwaigen Umsetzung in deutsches Recht dürften noch zahlreiche Fragen zu klären sein.¹⁰² 42

Für Verbraucher dürfte sich schließlich auch die Frage stellen, ob und in welchem Umfang die Einführung einer EU-Verbrauchersammelklage eine bereits rechtshängige deutsche Musterfeststellungsklage beeinflussen würde.¹⁰³ 43

VI. Historie des kollektiven Rechtsschutzes in Deutschland

Die Idee des kollektiven Rechtsschutzes ist in Deutschland nicht vollkommen neu.¹⁰⁴ Bereits am 16.8.2005 hat der Bundestag ein Gesetz über Musterverfahren in kapitalmarktrechtlichen Streitigkeiten (Kapitalanleger-Musterverfahrens-Gesetz, kurz 44

---

93 *Schneider* BB 2018, 1986 (1996).
94 Vgl. COM(2018) 184 final, 3.
95 COM(2018) 184 final, 3.
96 Ebenso *Habbe/Gieseler* GWR 2018, 227 (228).
97 Ebenso *Leupold* VuR 2018, 201 (202).
98 *Röthemeyer* HK-MFK Einführung Rn. 63, mit Hinweis auf BR-Drs. 155/18; vgl. auch das Interview *Wolf/ Freudenberg* ZRP 2018, 183 (185).
99 Ebenso BT-Drs. 19/2710, 8 zu Nr. 20.
100 So *Röthemeyer* HK-MFK Einführung Rn. 64.
101 COM(2018) 184 final, 38 (Artikel 19); ähnlich *Schneider* BB 2018, 1986.
102 Ebenso *Habbe/Gieseler* GWR 2018, 227 (230); kritisch hierzu *Basedow* EuZW 2018, 609 (614); die Auswirkung auf das Mietrecht untersucht *Gsell* WuM 2018, 537 (542).
103 Diese Frage auch aufwerfend *Habbe/Gieseler* GWR 2018, 227 (230).
104 *Weinland* Musterfeststellungsklage, 7.

KapMuG) beschlossen,[105] welches es geschädigten Anlegern vereinfachen soll, Schadensersatzansprüche aufgrund falscher, irreführender oder unterlassener öffentlicher Kapitalmarktinformationen, beispielsweise in Jahresabschlüssen oder Börsenprospekten, durchzusetzen. Anlass für die Einführung des KapMuG waren viele gleichartig gelagerte Fälle in Bezug auf Schadensersatzansprüche von Anlegern gegen die Deutsche Telekom aufgrund von beanstandeten Angaben in einem Verkaufsprospekt aus dem Jahr 2001. Dieses Instrument kollektiven Rechtsschutzes wurde jedoch häufig wegen seiner mangelnden Durchschlagskraft und fehlenden Rechtswirkungen kritisiert, vermutlich auch, weil der oben genannte Telekom-Komplex nach nunmehr 17 Jahren noch immer keinen Abschluss gefunden hat.

45 Hauptargument der Kritiker ist jedoch der Umstand, dass sich die Rechtswirkungen des Musterentscheids bezüglich gemeinsamer anspruchsbegründender und anspruchshemmender Voraussetzungen oder zu klärender Rechtsfragen, insbesondere die Feststellungsziele des § 2 Abs. 1 KapMuG, nur auf bereits individuell klageweise geltend gemachte Ansprüche auswirken. Zudem führt eine Anmeldung zum Musterverfahren gemäß § 10 Abs. 2 bis 4 KapMuG lediglich zu einer Verjährungshemmung im Sinne des § 204 Abs. 1 Nr. 6 a BGB.

46 Nachdem nun diese Form des kollektiven Rechtsschutzes nur sektorspezifische Wirkung in einem Teilbereich des Kapitalmarktrechts entfaltet und die EU weiterhin ein europaweites, umfassendes System des Kollektivrechtsschutzes für Verbraucher anstrebt, erging 2013 die oben angesprochene Empfehlung seitens der EU-Kommission an die Mitgliedstaaten. Diese hatte ihrem Inhalt nach zum Zweck, den Zugang von Verbrauchern zur Justiz zu erleichtern, rechtswidrige Verhaltensweisen zu unterbinden und bei einem Massenschadensereignis, das auf eine Verletzung von durch Unionsrecht garantierten Rechten zurückzuführen ist, den Geschädigten Schadensersatz zu ermöglichen, gleichzeitig aber auch dafür zu sorgen, dass angemessene Verfahrensgarantien vorhanden sind, um eine missbräuchliche Rechtsverfolgung zu verhindern.[106] Bereits in dieser Empfehlung war es angelegt, dass sich Verbraucher im Fall einer Rechtsverletzung von Vertreterorganisationen, die gewisse Grundvoraussetzungen erfüllen, vertreten lassen.

47 Die Kommission wollte den Mitgliedstaaten zunächst zwei Jahre, also bis 2015, Zeit geben, um entsprechende Maßnahmen umzusetzen. Bei absehbar unzureichender Umsetzung der Ziele der Kommission behielt sich diese vor, in einem Zeitrahmen von weiteren zwei Jahren (bis 2017) zu überprüfen, ob weitere Maßnahmen, auch legislativer Art, ergriffen werden müssen, um die Mitgliedstaaten zur Umsetzung zu bewegen.

48 Im Gegensatz zu vielen anderen EU Mitgliedstaaten (→ § 3 Rn. 38 f.) lehnte Deutschland vehement die Einführung einer solchen Gruppenklage ab. Nur die Fraktion Bündnis 90/Die Grünen brachte am 21. Mai 2014 einen Gesetzentwurf[107] über die Einführung von Gruppenverfahren in den Bundestag ein, welcher insgesamt drei Zie-

---

105 BGBl. 2005 I 2437.
106 Empfehlung der Kommission (2013/396/EU), 62.
107 BT-Drs. 18/1464.

le verfolgen sollte: „*Erstens soll die mit dem Kapitalanleger-Musterverfahrensgesetz (KapMuG) geschaffene Möglichkeit der Bündelung individueller Ansprüche, durch die Einführung eines Gruppenverfahrens, verallgemeinert und in die Zivilprozessordnung integriert werden. Zweitens sollen die Zugangsschranken zum Gruppenverfahren gegenüber dem KapMuG abgesenkt werden, um eine stärkere Rechtsdurchsetzungswirkung zu erreichen. Drittens soll ein angemessener Rahmen geschaffen werden, in dem die Zivilgerichte bei massenhaften Schadensfällen zu einer angemessenen Konfliktlösung beitragen können*".[108]

Der Bundestag lehnte diesen Gesetzentwurf am 5. November 2015 mit den Stimmen der Koalitionsfraktionen ab und begründete dies in Teilen mit fehlender Verhältnismäßigkeit und Verfassungskonformität.[109] Auch zwei weitere Gesetzentwürfe der Fraktion Bündnis 90/Die Grünen vom 28. August 2017[110] und 12. Dezember 2017[111] zur Einführung einer Gruppenklage mit ähnlichem und nur leicht abgewandeltem Inhalt zur Vorlage von 2014 wurden durch den Bundestag abgelehnt.

Seit 2015 wurde in der Fachöffentlichkeit ein erstes Konzept für eine Musterfeststellungsklage präsentiert, diskutiert und konkret als solches vorbereitet. Da sich der Ruf nach einem kollektiven Rechtsschutzinstrument jedoch verstärkte, legte das Bundesministerium der Justiz und für Verbraucherschutz (BMJV) am 31. Juli 2017 einen Diskussionsentwurf[112] eines Gesetzes zur Einführung einer Musterfeststellungsklage vor. Dieser beinhaltet neben Änderungen des Gerichtsverfassungsgesetzes und des Bürgerlichen Gesetzbuches insbesondere die Einführung einer Musterfeststellungsklage in die Zivilprozessordnung. Somit reagierte der Gesetzgeber zum einen auf das bereits im Koalitionsvertrag der 18. Legislaturperiode gefasste Vorhaben, im Interesse eines besseren Verbraucherschutzes darauf hinzuwirken, dass das Verbrauchervertragsrecht effektiver durchgesetzt werden kann, zum anderen auf die in der Justizministerkonferenz vom 21./22.6. und der Verbraucherschutzministerkonferenz vom 28. Juni 2017 gefassten Beschlüsse, zeitnah für eine Stärkung des kollektiven Rechtsschutzes für Verbraucher zu sorgen.[113] Entgegen ersten Ansätzen sah dieser Entwurf bereits eine Beschränkung auf das Verhältnis zwischen Verbraucher und Unternehmer vor.

Das im dargestellten Diskussionsentwurf enthaltene Vorhaben fand dann auch in dieser Form Eingang in den Koalitionsvertrag[114] der 19. Legislaturperiode zwischen CDU, CSU und SPD vom 7. Februar 2018. Hierin wurde unter der Überschrift „Pakt

---

108 BT-Drs. 18/1464, 2.
109 Plenarprotokoll des Bundestages (18/133), 12954 ff.
110 BT-Drs. 18/13426.
111 BT-Drs. 19/243.
112 DiskE des BMJV zur Einführung einer Musterfeststellungsklage, abrufbar unter https://www.bmjv.de/SharedDocs/Gesetzgebungsverfahren/Dokumente/DiskE_Musterfeststellungsklage.pdf;jsessionid=15E38EFA99DF44110F3E7B17FE863ABE.1_cid297?__blob=publicationFile&v=3 (zuletzt abgerufen am 19.10.2018)
113 DiskE des BMJV zur Einführung einer Musterfeststellungsklage, 9, abrufbar unter https://www.bmjv.de/SharedDocs/Gesetzgebungsverfahren/Dokumente/DiskE_Musterfeststellungsklage.pdf;jsessionid=15E38EFA99DF44110F3E7B17FE863ABE.1_cid297?__blob=publicationFile&v=3 (zuletzt abgerufen am 19.10.2018).
114 Koalitionsvertrag zwischen CDU, CSU und SPD vom 7.2.2018 zur 19. Legislaturperiode, S. 17, abrufbar unter https://www.bundesregierung.de/resource/blob/975226/847984/5b8bc23590d4cb2892b31c987ad67 2b7/2018-03-14-koalitionsvertrag-data.pdf?download=1 (zuletzt aufgerufen: 17.10.2018).

für den Rechtsstaat" dem Verbraucherschutz unter Einführung einer zivilprozessualen Musterfeststellungsklage Rechnung getragen, wobei die einzelnen Eckpfeiler der geplanten Klage bereits sehr detailliert ausgeführt wurden. Bereits hier ist die Klagebefugnis auf festgelegte, qualifizierte Einrichtungen beschränkt.[115] Die Einführung eines Klageregisters wurde vorgesehen. Auch eine Mindestanzahl betroffener Verbraucher wurde festgelegt, erstens für die schlüssige Darlegung und Glaubhaftmachung (zehn Anmelderinnen oder Anmelder) und zweitens für die Durchführung des Verfahrens (50 Anmelderinnen und Anmelder zum Klageregister innerhalb von zwei Monaten nach Eröffnung).

52 Weiterhin wurde auch eine Bindungswirkung für zum Klageregister angemeldete Verbraucher sowie die Möglichkeit, die Anmeldung zum Klageregister bis zum Zeitpunkt des Beginns der ersten mündlichen Verhandlung zurückzunehmen zwischen den Koalitionären vereinbart. Besonders hervorzuheben ist in diesem Zusammenhang die Übereinkunft, das geplante Gesetz bis spätestens zum 1. November 2018 in Kraft treten zu lassen, um den drohenden Ablauf der Verjährungsfrist zum Jahresende 2018 in Zusammenhang mit der NOx-Thematik zu verhindern.[116]

53 Das Kabinett beschloss dann am 9. Mai 2018 die Einführung eines kollektiven Rechtsschutzinstrumentes auf der Grundlage des von der Bundesministerin der Justiz und für Verbraucherschutz vorgelegten Entwurfs eines Gesetzes zur Einführung einer zivilprozessualen Musterfeststellungsklage. Nach Ablauf des ordentlichen Gesetzgebungsverfahrens wurde dann der Gesetzentwurf vom 4. Juni 2018 mit kleinen Änderungen verabschiedet. Rechtstechnisch wurde der mit dem Regierungsentwurf wortgleiche Fraktionsentwurf angenommen, wobei die Hintergründe für die Auswahl zwischen den (ohnehin wortgleichen) Entwürfen nicht offengelegt wurden. Hervorzuheben ist im Rahmen der finalen Änderungen insbesondere noch die Änderung des neuen § 608 Abs. 3 ZPO, welcher eine Rücknahme der Anmeldung zunächst nur bis zum Ablauf des Tages vor Beginn der mündlichen Verhandlung erlaubte. Diese Option ist nun bis zum Ablauf des Tages des Beginns der mündlichen Verhandlung in erster Instanz möglich. Damit wird dem Verbraucher die Möglichkeit eröffnet, nach Anmeldung im Klageregister den Verlauf der ersten mündlichen Verhandlung abzuwarten, um dann über ein entsprechendes Vorgehen entscheiden zu können.

VII. Das Gesetz zur Einführung einer zivilprozessualen Musterfeststellungsklage

54 Das am 12. Juli 2018 beschlossene und am 1. November 2018 in Kraft getretene Gesetz beinhaltet die Änderung mehrerer Gesetze wie beispielsweise des Bürgerlichen Gesetzbuches (§ 204 Abs. 1 Nr. 1a BGB, Hemmung der Verjährung durch Eintragung in das Klageregister),[117] des Gerichtsverfassungsgesetzes (§ 119 Abs. 3 GVG,

---

115 Kritisch gegenüber der Einschränkung der Klagebefugnis hinsichtlich der Praxis Zöller/*Althammer* ZPO vor § 50 Rn. 58.
116 Koalitionsvertrag zwischen CDU, CSU und SPD vom 7.2.18 zur 19. Legislaturperiode, S. 124 f., abrufbar unter https://www.bundesregierung.de/resource/blob/975226/847984/5b8bc23590d4cb2892b31c987ad67 2b7/2018-03-14-koalitionsvertrag-data.pdf?download=1(zuletzt aufgerufen am: 17.10.2018).
117 BGBl. 2018 I 1154.

VII. Das Gesetz zur Einführung einer zivilprozessualen Musterfeststellungsklage

erstinstanzliche Zuständigkeit des Oberlandesgerichts) oder des Gerichtskostengesetzes.[118]

Kern des neuen Gesetzes ist die Einführung von Neuerungen in die Zivilprozessordnung, genauer die Einführung der neuen und zwischenzeitlich unbesetzten §§ 606-614 ZPO.[119] Hier wird im Einzelnen das zivilprozessuale Musterfeststellungsverfahren geregelt. So sieht § 606 ZPO vor, dass qualifizierte Einrichtungen klagebefugt sind und regelt ferner die Mindestanforderungen an diese Einrichtungen.[120] § 607 ZPO regelt die Bekanntmachung der Musterfeststellungsklage im Klageregister, welches nach § 609 ZPO durch das Bundesamt für Justiz elektronisch einzurichten ist und in das sich ein betroffener Verbraucher dann unter den Voraussetzungen des § 608 ZPO anmelden kann.[121] Der § 610 ZPO regelt Besonderheiten des Musterfeststellungsverfahrens, beispielsweise, dass ab dem Tag der Rechtshängigkeit keine weitere Musterfeststellungsklage mit gleichem Feststellungsziel gegen den Beklagten anhängig gemacht werden kann (§ 610 Abs. 1 ZPO).[122] Gemäß § 613 ZPO hat ein Musterfeststellungsurteil des zur Entscheidung berufenen Gerichts zwischen allen zum Klageregister wirksam angemeldeten Verbrauchern und dem beklagten Unternehmen Bindungswirkung.[123] Auch ein ebenfalls möglicher Vergleich (§ 611 ZPO) entfaltet Kollektivwirkung.[124]

55

Bislang ist nicht bekannt, wann mit der dringend erforderlichen Durchführungsverordnung gemäß § 609 Abs. 7 ZPO zu rechnen ist, die nähere Bestimmungen über Inhalt, Aufbau und Führung des Klageregisters, die Einreichung, Eintragung, Änderung und Vernichtung der im Klageregister erfassten Angaben, die Erteilung von Auszügen aus dem Klageregister sowie die Datensicherheit und Barrierefreiheit enthält. Ursprünglich war sogar geplant, zwei Jahre Zeit für den Aufbau eines elektronischen Klageregisters einzuplanen. Die im Eiltempo eingeführte Musterfeststellungsklage ließ hierfür keine Zeit mehr, so dass das Klageregister nur rudimentär in der ZPO vorgegeben ist und zunächst wohl nur manuell geführt wird.[125] Nach der Bundesregierung sollte die Verordnung zum 1. November 2019 in Kraft treten.[126]

56

Mit Spannung darf erwartet werden, ob und in welchem Umfang die Bundesländer von der Konzentrationsermächtigung nach § 119 Abs. 3 S. 2 und S. 3 GVG Gebrauch machen, wonach ein Bundesland, in dem mehrere Oberlandesgerichte errichtet sind, durch Rechtsverordnung der Landesregierung einem einzigen Oberlandesgericht die Entscheidung und Verhandlung für die Bezirke mehrerer Oberlandesgerichte zugewiesen werden kann, sofern eine Zuweisung für eine sachdienliche Förderung oder schnellere Erledigung der Verfahren zweckmäßig ist (→ § 3 Rn. 7).

57

---

118 BGBl. 2018 I 1151.
119 Hierzu auch *Basedow* EuZW 2018, 609 (611).
120 BGBl. 2018 I 1151.
121 BGBl. 2018 I 1152.
122 BGBl. 2018 I 1153.
123 BGBl. 2018 I 1154.
124 BGBl. 2018 I 1153.
125 Dazu *Röthemeyer* HK-MFK Einführung Rn. 79.
126 Hierzu Antwort BReg auf eine Kleine Anfrage vom 10.10.2018, BT-Drs. 19/4831, 5.

58 Eine Konzentration kann vor dem Hintergrund sinnvoll sein, dass mit einem Massenverfahren nicht nur die Individualverfahren und eben ein oder mehrere Musterfeststellungsverfahren zu führen sind, sondern für eine vollumfassende Entscheidung auch Kenntnisse der betroffenen Branche, der handelnden Akteure und der strategischen Intentionen der Parteien sinnvoll sind.

59 Zudem dürfte sich eine besondere Infrastruktur für die zuständigen Gerichte anbieten, um Musterfeststellungsverfahren zu führen. So zeigen erste Erfahrungen von laufenden KapMuG-Verfahren, dass für Gerichte keineswegs nur die juristischen Fragen, sondern auch die organisatorischen Anforderungen von komplexen Massenverfahren eine Herausforderung darstellen. Insofern ist zu hoffen, dass die Bundesländer diese Konzentrationsoption nutzen werden.

VIII. Abgrenzung zu US-amerikanischen Class Actions

60 Vor der Einführung der Musterfeststellungsklage wurde im Gesetzgebungsverfahren an vielen Stellen die Sorge vor US-amerikanischen Verhältnissen und den Auswüchsen von Class Actions nach US-amerikanischem Vorbild geäußert.[127] Solche sollten nach nahezu einhelliger Auffassung unbedingt vermieden werden.[128] Die diesbezüglich festzustellende Besorgnis rührt insbesondere daher, dass die US-Sammelklage dort seit Jahrzehnten etabliert ist,[129] zuweilen aus zumindest europäischer Sicht bedenkliche Ergebnisse hervorbringt und eine zweifelhafte Klage- und Prozessfinanzierungsindustrie geschaffen hat.[130]

61 Es werden aber auch grundlegende Unterschiede in den Wirtschafts- und Gesellschaftssystemen zwischen Deutschland und den USA angeführt, um gegen die Einführung von Class Actions bzw. Sammel-/Gruppenklagen in Deutschland zu argumentieren.[131] So argumentiert beispielsweise *Alexander Bruns*[132] mit unterschiedlichen verfassungsrechtlichen und marktwirtschaftlichen Ausgangsgrundlagen.[133]

62 Im Rahmen einer US Class Action findet üblicherweise eine sogenannte *pre-trial-discovery* statt. Das beklagte Unternehmen unterliegt umfangreichen prozessualen Offenlegungspflichten.[134] Es muss für den Rechtsstreit unter anderem sämtliche relevanten Dokumente vorlegen, über die es Kontrolle hat, auch wenn diese das Unternehmen belasten.

---

127 Vgl. *Schmidt-Kessel*, Stellungnahme zum Entwurf eines Gesetzes zur Einführung einer zivilprozessualen Musterfeststellungsklage zur Anhörung im Rechtsausschuss am 8.6.2018, 4; *Schneider* BB 2018, 1986 (1987); bezeichnet als „*German Distaste for US Class Actions*", vgl. *Fiebig* GRUR Int. 2016, 313 (315); hingegen für eine sog Opt-out Class Action, *Basedow* EuZW 2018, 609 (614).
128 Vgl. *Schneider* BB 2018, 1986 (1987); hierzu vgl. auch *Schmidt-Kessel*, Stellungnahme zum Entwurf eines Gesetzes zur Einführung einer zivilprozessualen Musterfeststellungsklage zur Anhörung im Rechtsausschuss am 8.6.2018, 4.
129 *Schneider* BB 2018, 1986 (1987).
130 Vgl. *Schneider* BB 2018, 1986 (1987); so auch *Woopen* NJW 2018, 133.
131 Hierzu ausführlich *Bruns* NJW 2018, 2753 ff.
132 *Bruns* NJW 2018, 2753 (2754), auch im Vergleich zu anderen EU-Mitgliedstaaten, *ders.* NJW 2018, 2753 (2756).
133 *Bruns* NJW 2018, 2753 (2754).
134 *Bruns* NJW 2018, 2753 (2754); *Schneider* BB 2018, 1986 (1987); untersuchend, ob und in welchem Umfang die US Discovery- bzw. Disclosure-Elemente mit den Grundsätzen des deutschen Zivilverfahrensrechts vereinbar sind, vgl. *Brand* NJW 2017, 3558.

Weiterhin sind an US Class Actions oft hochspezialisierte Anwaltskanzleien und Prozessfinanzierer (inzwischen auch Hedge-Fonds)[135] beteiligt.[136] Die Kanzleien arbeiten auf einer Erfolgshonorarbasis. Die laufenden Kosten werden von den Prozessfinanzierern gegen eine Beteiligung am Gewinn vorgestreckt.[137] Aufgrund der Möglichkeit von *punitive damages* (Strafschadensersatz) innerhalb des US-amerikanischen Rechtssystems können die zu erzielenden Schadensersatzsummen ein Mehrfaches über dem tatsächlich eingetretenen Schaden liegen. Wegen der potentiell sehr hohen Urteilssummen enden US Class Actions oftmals mit einem Vergleich. Es wird häufig angemerkt, dass durch die Vereinbarung von Erfolgshonoraren und der Einbindung von Prozessfinanzierern die Kompensation der Geschädigten überproportional geschmälert wird.[138]

63

IX. Abgrenzung zu anderen Prozessinstrumenten

Die ZPO ist ausgelegt auf einen Zivilprozess mit zwei Personen, dh ein Verfahren zwischen einem Kläger und einem Beklagten.[139] Gleichwohl sieht das deutsche Prozessrecht Bündelungsmöglichkeiten vor.[140] Sofern es zivilprozessuale Institute zur Einbindung Dritter in Individualverfahren gibt, bleibt gleichwohl mindestens ein Individualverfahren Voraussetzung. Erst dann kann mit einer Streitgenossenschaft, einer Nebenintervention, einer Verfahrensverbindung oder einer Aussetzung wegen Vorgreiflichkeit die Einbindung eines Dritten in einen Individualprozess vorgesehen werden.[141]

64

Ein Dritter muss sich dann jedoch immer noch mit eigenem Zeitaufwand und Kostenrisiko an diesem Individualverfahren beteiligen. Nach Ansicht des Gesetzgebers[142] habe sich gezeigt, dass diese zivilprozessualen Institute daher nicht geeignet seien, das rationale Desinteresse der Geschädigten zu überwinden. Nachfolgend werden die alternativen Prozessinstrumente zur Abgrenzung und zum besseren Überblick kurz dargestellt.

65

1. Verfahrensverbindung

Die Verfahrensverbindung gemäß § 147 ZPO dient der Prozessökonomie, indem sie dem Gericht die Möglichkeit eröffnet, in Ausübung pflichtgemäßen Ermessens mehrere in Zusammenhang stehende Prozesse derselben Prozessart miteinander zu verbinden, soweit dies zweckmäßig ist.[143] Erforderlich ist dafür die Anhängigkeit in derselben Instanz bei demselben Gericht.[144] Eine solche Maßnahme, die ausschließlich das Gericht anordnen kann, wenn sie nicht ohnehin kraft Gesetzes angeordnet oder

66

---

135 Siehe *Woopen* NJW 2018, 133.
136 *Schneider* BB 2018, 1986 (1987).
137 Zu Schadensersatzklagen in den USA, vgl. *v. Jeinsen* IWRZ 2018, 51.
138 *Schneider* BB 2018, 1986 (1987); Erfolgshonorare für die deutsche Musterfeststellungsklage vgl. *Merkt/Zimmermann* VuR 2018, 363 (369).
139 Ebenso BT-Drs. 19/2439, 15.
140 Dazu auch *Röthemeyer* HK-MFK Einführung Rn. 41 ff.
141 BT-Drs. 19/2439, 15.
142 BT-Drs. 19/2439, 15.
143 BeckOK ZPO/*Wendtland* ZPO § 147 Rn. 1.
144 Siehe Saenger/*Wöstmann* ZPO § 147 Rn. 2.

stattdessen sogar ausgeschlossen ist, fördert zwar möglicherweise in einer begrenzten Zahl von Fällen die Prozessökonomie, ist aber mit einem Instrument des kollektiven Rechtsschutzes, insbesondere bei einer Vielzahl von Geschädigten aus unterschiedlichen Regionen der Bundesrepublik oder des europäischen Raumes, nur schwer vergleichbar.[145]

2. Aussetzung wegen Vorgreiflichkeit

67 Eine weitere prozessuale Möglichkeit, zunächst den Ausgang eines anderen Verfahrens abzuwarten, ist die Aussetzung gemäß § 148 Abs. 1 ZPO. Die Vorschrift ermöglicht dem befassten Gericht die Aussetzung des Rechtsstreits, wenn die Entscheidung ganz oder zum Teil vom Bestehen oder Nichtbestehen eines Rechtsverhältnisses abhängt, das den Gegenstand auch eines anderen Verfahrens bildet.[146] Die Aussetzung ist nur zulässig bei sog „Vorgreiflichkeit" im Sinne einer präjudiziellen Bedeutung, dh die Entscheidung im ausgesetzten Verfahren muss zum Teil vom Bestehen oder Nichtbestehen eines anderen Rechtsverhältnisses abhängen.[147] Da hierdurch die doppelte Befassung mit derselben Streitfrage vermieden werden kann, dient die Aussetzung, neben der Vermeidung divergierender Entscheidungen, vor allem der Prozessökonomie.[148]

3. Streitgenossenschaft

68 Die Streitgenossenschaft (subjektive Klagehäufung) ist in Deutschland praktisch das Grundmodell kollektiver Rechtsdurchsetzungsinstrumente und in den §§ 59 bis 63 ZPO geregelt.[149] Eine Streitgenossenschaft liegt vor, wenn auf mindestens einer Parteiseite mehrere Personen (Streitgenossen) stehen[150] und ist immer dann zulässig, wenn eine gemeinsame Verhandlung und Entscheidung zweckmäßig ist, weil eine Abgrenzung der Einzelfälle der §§ 50, 60 ZPO kaum durchführbar erscheint.[151] Sie entsteht in der Regel bei Einleitung des Verfahrens durch gemeinschaftliche Klageerhebung/Antragstellung mehrerer Kläger und/oder gegen mehrere Beklagte.[152]

69 In Fällen der Streitgenossenschaft ist es gemäß § 32 GKG geregelt, dass jeder Streitgenosse für die eventuell entstehenden Kosten des Verfahrens gesamtschuldnerisch haftet,[153] so dass auch der Streitgenossenschaft ein gewisses Prozessrisiko innewohnt, welches insbesondere bei Verfahren mit geringem Streitwert und geringem persönlichen Schadenseinschlag nicht dazu in der Lage scheint, ein rationales Desinteresse, insbesondere von Verbrauchern, zu überwinden.[154]

---

145 BeckOK ZPO/*Wendtland* ZPO § 147 Rn. 5.
146 So OLG Dresden NJW 1994, 139.
147 Musielak/Voit/*Stadler* ZPO § 148 Rn. 5.
148 Zu diesem Ergebnis kommend BeckOK ZPO/*Wendtland* ZPO § 148 Rn. 1.
149 Siehe nur Brömmelmeyer/*Jünemann* Die EU-Sammelklage, 14.
150 Musielak/Voit/*Weth* ZPO § 60 Rn. 3.
151 Insoweit siehe Musielak/Voit/*Weth* ZPO § 60 Rn. 7.
152 MüKoZPO/*Schultes* § 59 Rn. 15.
153 Maßgeblich darstellend Musielak/Voit/*Weth* ZPO § 60 Rn. 15.
154 Zu diesem Ergebnis gelangend *Röthemeyer* HK-MFK Einführung Rn. 42.

4. Nebenintervention

Wer ein rechtliches Interesse daran hat, dass in einem zwischen anderen Personen anhängigen Rechtsstreit die eine Partei obsiege, kann dieser Partei zum Zwecke ihrer Unterstützung beitreten, vgl. § 66 ZPO. Zweck einer Nebenintervention ist es, einem Dritten die Einflussnahme auf einen zwischen anderen Parteien anhängigen Prozess durch Beistand einer Partei zu ermöglichen, wenn sich die Entscheidung des Prozesses auf seine eigene Rechtsstellung negativ auswirken kann.[155] Auch bei diesem Instrument muss sich ein Dritter als Partei an dem Prozess beteiligen und trägt damit den Zeitaufwand und die Kosten.

70

5. Einziehungsklage nach § 79 Abs. 2 Satz 2 Nr. 3 ZPO

Eine weitere Möglichkeit, Ansprüche vieler potentiell Geschädigter zu bündeln und die Durchsetzung einem Dritten zu übertragen, ist die Einziehungsklage nach § 79 Abs. 2 S. 2 Nr. 3 ZPO.[156] Gemäß dieser Vorschrift sind Verbraucherorganisationen, insbesondere die Verbraucherzentralen, befugt, Verbraucheransprüche in deren Namen geltend zu machen. Der Vorteil für einen Verbraucher ist, dass er nicht selbst vor Gericht auftreten oder einen Anwalt mandatieren muss.[157] Das Verfahren gestaltet sich in der Regel so, dass der Verbraucher einen ihm zustehenden Anspruch an die legitimierte Organisation fiduziarisch abtritt oder diese zur Einziehung ermächtigt.[158]

71

Der Gesetzgeber sieht es daher grundsätzlich als taugliches Mittel an, um das rationale Desinteresse der Geschädigten zu überwinden.[159] Da diese Art von Verfahren jedoch einen erheblichen Koordinierungsaufwand und keine finanziellen Anreize für den Verband mit sich bringt,[160] hat sich eine solche Vorgehensweise in der Praxis von Massenverfahren bei den Verbraucherverbänden nicht durchsetzen können.[161]

72

6. Freiwilliger Musterprozess

Denkbar ist, dass die handelnden Parteien sich darauf einigen, ein Verfahren mit Vorbildfunktion im Vorfeld bzw. primär für weitere Verfahren zu führen und sie damit ein Pilotverfahren aus ihrer eigenen Entscheidungsfreiheit zu einem Musterprozess erklären.[162] Jedoch erstreckt sich durch eine solche Musterprozessabrede keine Rechtskraft auf weitere Verfahren.[163] Es darf bezweifelt werden, dass ein solches Verfahren tatsächlich in kritischen Konstellationen mit hohen Streitwerten zur Anwendung kommt. Musterprozessvereinbarungen kommen regelmäßig auch nur in Betracht, wenn dieselben Parteien über gleichartige Sachverhalte und Rechtsfragen streiten.

73

---

155 MüKoZPO/*Schultes* § 66 Rn. 1.
156 Vgl. hierzu auch BT-Drs. 19/2439, 15; dazu auch *Röthemeyer* HK-MFK Einführung Rn. 35; *Bruns* NJW 2018, 2753 (2755); *Weinland* Musterfeststellungsklage, 1.
157 BT-Drs. 19/2439, 15.
158 *Röthemeyer* HK-MFK Einführung Rn. 35.
159 BT-Drs. 19/2439, 15.
160 Vgl. *Halfmeier* VuR 2015, 441 (441 f.).
161 BT-Drs. 19/2439, 15; vgl. auch *Röthemeyer* HK-MFK Einführung Rn. 35; *Bruns* NJW 2018, 2753 (2755); bezeichnet als „harmlos", *Metz* VuR 2018, 281.
162 *Alexander* JuS 2009, 590 (591).
163 Dies aufzeigend Zöller/*Althammer* ZPO vor § 50 Rn. 58.

74 Des Weiteren setzen Musterprozessvereinbarungen voraus, dass die Parteien über die Einzelheiten des Musterprozesses Einigkeit erzielen.[164] Ferner sind als Musterprozesse solche Verfahren bekannt, bei denen Kläger und Beklagter ein gemeinsames Interesse, um in unklaren Rechtssituationen eine erste Rechtsprechungsindikation zu erhalten.

7. Inkassozession

75 Seit einigen Jahren bieten verschiedene Inkassodienstleister in Zusammenarbeit mit darauf spezialisierten Rechtsanwaltskanzleien die Geltendmachung von Ansprüchen gegen Gewährung einer Provision von teils 29% oder 35% im Erfolgsfall an.[165] Hierzu lassen sich die Anbieter die Ansprüche abtreten. Unter den Anbietern sind neuerdings auch vermehrt aus den USA bekannte Klägerkanzleien und Prozessfinanzierer anzutreffen.[166] Zahlreiche Anbieter werben dafür im Internet.[167]

76 Wie sich dieser Markt nach Inkrafttreten des Gesetzes zur Einführung einer zivilprozessualen Musterfeststellungsklage am 1. November 2018 entwickeln wird, bleibt abzuwarten. Es spricht viel dafür, dass die kommerziellen Anbieter nach einer Kooperation mit den für eine Musterfeststellungsklage Klageberechtigten suchen werden. Deren Kenntnis der Daten des Klageregisters würde den Anbietern Zugang zu einer Vielzahl von potentiellen Kunden ermöglichen, deren Massen- oder Streuschädenverfahren sie im Nachgang zu der Musterfeststellungsklage in der Regel durch Einsatz von Legal Tech standardisiert und damit skalierbar bearbeiten können.[168]

---

164 *Alexander* JuS 2009, 590 (592).
165 Vgl. *Röthemeyer* HK-MFK Einführung Rn. 46 ff.
166 Vgl. *Woopen* NJW 2018, 133.
167 Beispielsweise siehe: www.myright.de; www.verbraucherritter.de; www.vw-verhandlung.de. (zuletzt aufgerufen: 19.10.2018.).
168 *Habbe/Gieseler* BB 2017, 2188 (2190).

§ 2 Anwendungsbereich

Schrifttum: *Balke/Liebscher/Steinbrück*, Der Gesetzentwurf zur Einführung einer Musterfeststellungsklage – ein zivilprozessualer Irrweg, ZIP 2018, 1321.; *Beck'scher Online-Kommentar ZPO*, 28. Ed. 1.3.2018; *BRAK*, Stellungnahme zum Diskussionsentwurf der Musterfeststellungsklage, Nr. 32, Oktober 2017; *DAV*, Stellungnahme Nr. 14, 2017, S. 1 ff.; *Ehmann/Selmayr*, Datenschutz-Grundverordnung: DS-GVO, 2. Aufl. 2018; *Habbe/Gieseler*, Einführung einer Musterfeststellungsklage – Kompatibilität mit zivilprozessualen Grundlagen, BB 2017, 2188; *Halfmeier*, Musterfeststellungsklage: Nicht gut, aber besser als nichts, ZRP 2017, 201; *Hess/Reuschle/Rimmelspacher*, Kölner Kommentar zum KapMuG, 2. Aufl. 2014; *Köhler/Bornkamm/Feddersen*, Gesetz gegen den unlauteren Wettbewerb: UWG mit PAngV, UKlaG, DL-InfoV, 36. Auflage 2018; *Kutschaty/Freudenberg/Gerhardt*, Wir brauchen eine verbraucherrechtliche Musterfeststellungsklage, ZRP 2017, 127; *Palandt*, Bürgerliches Gesetzbuch: BGB, 77. Aufl. 2018; *Schäfer* (Hrsg.), Der Gesetzesentwurf zur „Musterfeststellungsklage", KAS 2018; *Schmidt-Kessel*, Stellungnahme zum Entwurf eines Gesetzes zur Einführung einer zivilprozessualen Musterfeststellungsklage zur Anhörung im Rechtsausschuss am 8.6.2018; *Schweiger/Meißner*, Praktische Aspekte der Rechtsentwicklung bei Unterlassungs- und Musterfeststellungsklagen in Verbrauchersachen – Teil 1, CB 2018, 240; *Vorwerk/Wolf*, Kapitalanleger-Musterverfahrensgesetz: KapMuG, München 2007; *Waßmuth/Asmus*, Der Diskussionsentwurf des BMJV zur Einführung einer Musterfeststellungsklage, ZIP 2018, 657; *Weber/van Boom*, Neue Entwicklungen in puncto Sammelklagen – in Deutschland, in den Niederlanden und an der Grenze, VuR 2017, 290; *Würtenberger/Freischem*, Stellungnahme der GRUR zum Diskussionsentwurf eines Gesetzes zur Einführung einer Musterfeststellungsklage, GRUR 2017, 1101.

I. Persönlicher Anwendungsbereich / Verfahrensbeteiligte	1
1. Bestimmung des Musterklägers	1
a) Qualifizierte Einrichtung	2
b) Gefahr der Entstehung eines Wettlaufs qualifizierter Einrichtungen	9
2. Stellung des Verbrauchers	12
a) Angemeldeter Verbraucher	14
aa) Definition des Verbrauchers	15
bb) Voraussetzungen der Anmeldung	16
cc) Rechtsfolgen der Anmeldung	18
b) Nicht angemeldete oder schon klagende Verbraucher	20
c) Keine Anmeldemöglichkeit für Unternehmer	22
3. Ausländische qualifizierte Einrichtungen und Verbraucher	23
4. Musterbeklagte	29
II. Sachlicher Anwendungsbereich	32
1. „Feststellungsziele" iSd § 606 Abs. 1 S. 1 ZPO	32
a) Bestimmung der Feststellungsziele	34
b) Möglichkeit der Antragshäufung	35
c) Einwendungen	36
d) Bedeutung der Feststellungsziele	38
aa) Bestimmung des Streitgegenstands und der Reichweite der späteren Bindungswirkung	38
bb) Sperrwirkung für weitere Musterfeststellungsklagen	39
cc) Glaubhaftmachung und Anmeldung von Verbraucheransprüchen	40
2. Tatsachenfeststellung	41
3. Klärung von Rechtsfragen	44
4. Nichtfeststellungsfähige Fragen (Kausalität, Schaden)	45
5. Keine Feststellung der Rechtsfolgen im Einzelfall	47
6. Abgrenzung zum Anwendungsbereich weiterer Verbandsklagen	48
III. Temporaler Anwendungsbereich	66

§ 2 Anwendungsbereich

I. Persönlicher Anwendungsbereich / Verfahrensbeteiligte

1. Bestimmung des Musterklägers

1 Gemäß § 606 Abs. 1 S. 1 ZPO können ausschließlich **qualifizierte Einrichtungen** iSd § 606 Abs. 1 S. 2 ZPO Feststellungsziele geltend machen. Die Klagebefugnis unterliegt strengen Voraussetzungen und ist bewusst auf bestimmte Einrichtungen beschränkt worden. Dadurch soll die Zielsetzung der Musterfeststellungsklage, eine einheitliche Entscheidung über zentrale Streitfragen mit Breitenwirkung zu erreichen, gefördert werden.[169] Zudem soll gewährleistet werden, dass die Musterfeststellungsklage ausschließlich zur Klärung der Feststellungsziele eingesetzt und nicht missbräuchlich eingereicht wird.[170] Eine Regelung wie im KapMuG-Verfahren, nach der eine Bestimmung des Musterklägers ausdrücklich vorgesehen ist, enthält das Gesetz zur Musterfeststellungsklage nicht.

a) Qualifizierte Einrichtung

2 Qualifizierte Einrichtungen sind nach **§ 606 Abs. 1 S. 2 ZPO** die in § 3 Abs. 1 S. 1 Nr. 1 UKlaG bezeichneten Stellen, die

1. als Mitglieder mindestens zehn Verbände, die im gleichen Aufgabenbereich tätig sind, oder mindestens 350 natürliche Personen haben,
2. mindestens vier Jahre in der Liste nach § 4 UKlaG oder dem Verzeichnis der Europäischen Kommission nach Artikel 4 der Richtlinie 2009/22/EG des Europäischen Parlaments und des Rates vom 23. April 2009 über Unterlassungsklagen zum Schutz der Verbraucherinteressen (ABl. L 110 vom 1.5.2009, S. 30) eingetragen sind,
3. in Erfüllung ihrer satzungsmäßigen Aufgaben Verbraucherinteressen weitgehend durch nicht gewerbsmäßige aufklärende oder beratende Tätigkeiten wahrnehmen,
4. Musterfeststellungsklagen nicht zum Zwecke der Gewinnerzielung erheben und
5. nicht mehr als fünf Prozent ihrer finanziellen Mittel durch Zuwendungen von Unternehmen beziehen.

3 Die **Anforderungen** an die qualifizierte Einrichtung iSd § 606 Abs. 1 S. 2 ZPO sind im Vergleich zu den grundsätzlichen Eintragungsvoraussetzungen der qualifizierten Einrichtung iSd § 4 UKlaG verschärft worden. Denn zusätzlich zu den Voraussetzungen des § 4 UKlaG müssen die weiteren Voraussetzungen des § 606 ZPO erfüllt sein, damit die qualifizierte Einrichtung eine Musterfeststellungklage erheben kann. Der Versuch der Verhinderung einer Klageindustrie ist durchaus kritisch gesehen worden, weil der Eindruck entstehe, bestimmte Verbraucherverbände von einer Klage abhalten zu wollen.[171]

4 Die **Liste der qualifizierten Einrichtungen** nach § 4 UKlaG wird durch das Bundesamt für Justiz halbjährlich von Amts wegen überprüft und entsprechend aktualisiert. Gemäß § 4 Abs. 1 S. 1 UKlaG ist die Liste auf der Internetseite des Bundesamts für Jus-

---

169 *Kutschaty/Freudenberg/Gerhard* ZRP 2017, 27 (29).
170 BT-Drs. 19/2507, 15.
171 BT-Drs. 19/2742, 3.

tiz[172] öffentlich einsehbar und wird aktuell gehalten.[173] Entsprechende Hinweise, dass ein eingetragener Verband möglicherweise unseriös handelt, können beim Bundesamt für Justiz vorgetragen werden.[174] Bestätigt sich nach Prüfung der Hinweise der Verdacht, dass die Eintragungsvoraussetzungen nicht vorliegen, wird die Eintragung der Einrichtung gemäß § 4 Abs. 2 S. 4 UKlaG aufgehoben. Bei begründeten Zweifeln an dem Vorliegen der Klagebefugnis besteht auch die Möglichkeit, eine außerordentliche Überprüfung der Eintragung anzustoßen.[175]

Bei den qualifizierten Einrichtungen nach § 4 UKlaG handelt es sich um rechtsfähige Vereine, zu deren satzungsmäßigen Aufgaben es gehört, **Interessen der Verbraucherinnen und Verbraucher** durch nicht gewerbsmäßige Aufklärung und Beratung wahrzunehmen. Ausdrücklich von der Klagebefugnis umfasst sind qualifizierte Einrichtungen aus anderen Mitgliedstaaten der Europäischen Union, die in das bei der Europäischen Kommission geführte Verzeichnis eingetragen sind. Mit dem Verweis auf § 3 Abs. 1 S. 1 Nr. 1 UKlaG sind die Industrie- und Handelskammern sowie die Handwerkskammern als mögliche klagende Verbände von der Klagebefugnis ausgeschlossen.

5

Wie eingangs erwähnt, müssen darüber hinaus die qualifizierten Einrichtungen die Voraussetzungen des § 606 Abs. 1 S. 2 Nr. 1 bis 5 ZPO erfüllen. Der Gesetzgeber hat sich unter anderem dazu entschlossen, die **Mindesteintragungsdauer** in der Liste nach § 4 UKlaG bei der Musterfeststellungsklage im Vergleich zum Gesetz über Unterlassungsklagen auf **vier Jahre** anzuheben.[176] Dadurch soll mit Blick auf die regelmäßigen Verjährungsfristen zusätzlich ausgeschlossen werden, dass sich die Einrichtungen aus verbraucherschutzfremden Motiven gründen, um kurzfristig für Einzelfälle die Klagebefugnis zu erlangen.[177] Nach § 606 Abs. 1 S. 2 Nr. 3 ZPO hat der Verband darüber hinaus zu gewährleisten, dass er primär aufklärend und/oder beratend tätig ist. Die gerichtliche Geltendmachung von Verbraucherinteressen darf für den Verband nur eine untergeordnete Rolle spielen.[178] § 606 Abs. 1 S. 2 Nr. 4 ZPO soll als zusätzliche Voraussetzung sicherstellen, dass keine kommerzielle Klageindustrie entsteht und missbräuchliche Musterfeststellungsklagen allein zur Gewinnerzielung verhindert werden.[179] Mit der Regelung in Nr. 5 wird zudem verhindert, dass Unternehmen durch finanzielle Mittel auf den Verband Einfluss nehmen und damit die Klagebefugnis nicht zur Klärung von Verbraucherinteressen eingesetzt wird, sondern zB zur alleinigen Schädigung anderer Unternehmen. Die Voraussetzungen nach den Nr. 4 und Nr. 5 werden durch die Regelung in § 606 Abs. 1 S. 3 ZPO überprüft, indem bei ernsthaften Zweifeln die Einrichtung ihre Mittel transparent zu machen hat. Damit sollen auch die finanziellen Mittel ausländischer qualifizierter Einrichtungen aus EU-Mitgliedsstaaten überprüft werden können. Gemäß § 606 Abs. 2 Nr. 1 ZPO muss der

6

---

172 https://www.bundesjustizamt.de/DE/Themen/Buergerdienste/qualifizierte_Einrichtungen/Liste_node.html (zuletzt aufgerufen: 19.10.2018).
173 BT-Drs. 19/2507, 21.
174 BT-Drs. 19/2507, 21.
175 Vgl. § 4 Abs. 4 UKlaG; BT-Drs. 19/2507, 21.
176 BT-Drs. 19/2507, 21.
177 BT-Drs. 19/2507, 22.
178 BT-Drs. 19/2507, 24.
179 BT-Drs. 19/2507, 22.

klagende Verband mit der Klageschrift Angaben und Nachweise darlegen, dass die in § 606 Abs. 1 S. 2 ZPO genannten Voraussetzungen auch tatsächlich vorliegen.

7 § 606 Abs. 1 S. 4 ZPO stellt nach dem Vorbild des § 4 Abs. 2 S. 2 UKlaG für Verbraucherzentralen und andere Verbraucherverbände, die überwiegend mit **öffentlichen Mitteln** gefördert werden, die unwiderlegliche Vermutung auf, dass diese die Voraussetzungen des Satz 2 erfüllen.[180] Eine Überprüfung des Vorliegens dieser Voraussetzungen findet nicht statt, sondern allein die Frage der überwiegenden Förderung durch öffentliche Mittel. Aus welchem Haushaltsbudget die Fördermittel konkret stammen, dürfte unerheblich sein.[181]

8 Die **Frage der Haftung des klagenden Verbands** ist ein Fall der fehlerhaften Prozessführung, welche durch das neue Gesetz allerdings nicht geregelt wird. Anders als im KapMuG-Verfahren[182] dürfte der Musterkläger vorliegend gewisse Treue- und Fürsorgepflichten gegenüber den angemeldeten Verbrauchern zu tragen haben.[183] Im Gegensatz zum KapMuG-Verfahren haben die angemeldeten Verbraucher schließlich keine Möglichkeit, auf den Prozess als Beigeladene Einfluss zu nehmen. Da dem Musterfeststellungsurteil in den Folgeverfahren der angemeldeten Verbraucher unmittelbar Bindungswirkung zukommt und die Verbraucher auf den Musterprozess keinen Einfluss nehmen können, trägt der klagende Verband eine Verantwortung für die angemeldeten Verbraucher. Da die Verbraucher in einem solchen Abhängigkeitsverhältnis zu der Entscheidung im Musterfeststellungsverfahren stehen und damit auf eine gute Prozessführung des Verbandes angewiesen sind, spricht viel für die Bejahung von Regressansprüchen gegenüber dem Verband (Haftung des klagenden Verbandes → § 3 Rn. 95).[184]

b) Gefahr der Entstehung eines Wettlaufs qualifizierter Einrichtungen

9 Eine Auswahlentscheidung unter mehreren Musterklägern durch das Gericht nach dem Vorbild des § 9 Abs. 2 KapMuG sehen die §§ 606 ff. ZPO nicht vor. Eine Qualitätskontrolle, welche unter mehreren Musterklägern besonders sinnvoll ist, findet nach dem Gesetz nicht statt.[185] Da im Zeitpunkt der Rechtshängigkeit der Musterfeststellungsklage die Sperrwirkung nach § 610 Abs. 1 ZPO eintritt und andere klagebefugte Verbände keine Musterfeststellungsklage mit den gleichen Feststellungszielen mehr einreichen können, besteht die Gefahr eines Wettlaufs qualifizierter Einrichtungen. Die individuelle Eignung, das Verfahren im konkreten Einzelfall unter Berücksichtigung der Interessen der angemeldeten Geschädigten angemessen zu führen, ist bei der Musterfeststellungsklage nicht berücksichtigt worden.[186] Damit besteht die **Gefahr, dass Verbände auf unseriöse Weise Klage erheben**, mit dem Ziel, eine Führungsrolle zu beanspruchen.[187] Der klagende Verband, der zwar eine Klage einreicht, aber aufgrund der Sperrwirkung durch eine bereits zugestellte Klage von der Muster-

---

180 BT-Drs. 19/2741, 24.
181 Vgl. hierzu Köhler/Bornkamm/Feddersen/*Köhler* UKlaG § 4 Rn. 10.
182 Vgl. *Balke/Liebscher/Steinbrück* ZIP 2018, 1321 (1326); *Halfmeier* ZIP 2016, 1705 (1710).
183 S. auch *Schmidt-Kessel*, Stellungnahme im Rechtsausschuss, 16.
184 S. auch *Halfmeier* ZRP 2017, 201 (204); aA *Röthemeyer* HK-MFK § 608 Rn. 27 ff.
185 *Balke/Liebscher/Steinbrück* ZIP 2018, 1321 (1327).
186 *Balke/Liebscher/Steinbrück* ZIP 2018, 1321 (1327).
187 *Würtenberger/Freischem* GRUR 2017, 1101 (1102).

feststellungsklage ausgeschlossen ist, erhält keine weiteren prozessualen Möglichkeiten. Er kann auch nicht, wie im KapMuG-Verfahren nach § 9 Abs. 3 KapMuG vorgesehen, zu dem Verfahren als Beigeladener vortragen oder sich auf entsprechende Befugnisse berufen.

Der Vorteil dieser Regelung liegt im **Ausschluss von Verzögerungen durch den Vortrag von Beigeladenen** bei der Musterfeststellungsklage, da keine weiteren Verbände beigeladen werden können. Andererseits zeigt das Beispiel des Telekom-Verfahrens nach dem KapMuG, dass die Beigeladenen auch wesentliche Tatsachen- und Rechtsansichten in den Prozess einführen können[188] und damit zu einer besseren Aufklärung des Sach- und Streitstands und einer höheren Rechtssicherheit beitragen könnten. 10

§ 610 Abs. 2 ZPO regelt ausdrücklich, dass mehrere am selben Tag eingereichte gleichgerichtete Musterfeststellungsklagen, die den gleichen Streitgegenstand betreffen, nach **§ 147 ZPO** zur gemeinsamen Verhandlung und Entscheidung verbunden werden können.[189] § 147 ZPO findet nur Anwendung, wenn mehrere Prozesse derselben Prozessart in derselben Instanz bei demselben Gericht anhängig sind.[190] Eine am gleichen Tag eingereichte, zeitlich spätere Musterfeststellungsklage durch eine qualifizierte Einrichtung kann somit noch an dem Musterfeststellungsprozess teilhaben. Die Regelungen der Streitgenossenschaft nach §§ 59, 60 ZPO sind in dem Gesetz zur Musterfeststellungsklage nicht ausgeschlossen, so dass zumindest nach § 610 Abs. 2 ZPO eine Streitgenossenschaft auf Seiten der Kläger möglich ist (Streitgenossenschaft → § 6 Rn. 40 ff.). 11

2. Stellung des Verbrauchers

Der angemeldete Verbraucher nimmt bei der Musterfeststellungsklage **keine aktive Rolle im Prozess** wahr. Unmittelbar kann er auch **keine eigenen Angriffs- oder Verteidigungsmittel einlegen** oder Ansprüche bei der Musterfeststellungsklage geltend machen. Parteien sind nur die klagende qualifizierte Einrichtung und das Unternehmen, gegen das sich die Musterfeststellungsklage richtet. Da die qualifizierte Einrichtung als Klägerin auftritt, wird der angemeldete Verbraucher auch nicht unmittelbar Prozessbeteiligter im Musterfeststellungsverfahren und kann selbst auch keine Prozesshandlungen vornehmen.[191] Im Gegenzug trägt der Verbraucher selbst kein Prozesskostenrisiko. 12

Gemäß § 610 Abs. 4 Nr. 1 und 2 ZPO finden darüber hinaus die Regelungen zur Nebenintervention wie auch zur Streitverkündung **nach §§ 66 bis 74 ZPO keine Anwendung** im Verhältnis zwischen den Parteien der Musterfeststellungsklage und Verbrauchern, die einen Anspruch oder ein Rechtsverhältnis bereits angemeldet haben oder behaupten, einen Anspruch gegen den Beklagten zu haben oder in einem Rechtsverhältnis zum Beklagten zu stehen. Da der Anmelder nicht Streitbeteiligter ist, kann er allerdings als **Zeuge** vernommen werden, was grundsätzlich im Hinblick auf den Ver- 13

---

188 *Halfmeier* ZIP 2016, 1705 (1711).
189 *Balke/Liebscher/Steinbrück* ZIP 2018, 1321 (1327).
190 BeckOK ZPO/*Wendtland* § 147 Rn. 2.
191 BT-Drs. 19/2507, 16.

fahrensausgang von Vorteil sein dürfte (zu den beschränkten Möglichkeiten der Nebenintervention im Rahmen der Verfahrensdurchführung → § 6 Rn. 14 ff.).[192]

a) Angemeldeter Verbraucher

14 Damit der Verbraucher die Vorteile einer Musterfeststellungsklage nutzen und sich auf das Musterfeststellungsurteil berufen kann, muss er sich im Klageregister anmelden.

aa) Definition des Verbrauchers

15 Hierbei ist besonders zu beachten, dass § 29 c Abs. 2 ZPO den Verbraucherbegriff im Vergleich zu § 13 BGB ausweitet. Danach ist Verbraucher *„jede natürliche Person, die bei dem Erwerb des Anspruchs oder der Begründung des Rechtsverhältnisses nicht überwiegend im Rahmen ihrer gewerblichen oder selbstständigen beruflichen Tätigkeit handelt"*. Erfasst ist von dieser Definition im Unterschied zu § 13 BGB nicht nur der Erwerb vertraglicher, sondern auch deliktischer Ansprüche. Zur Bestimmung der Verbrauchereigenschaft kommt es bei Verträgen, die sowohl zu gewerblichen als auch zu privaten Zwecken geschlossen werden, sog Dual-use-Verträgen, auf den überwiegenden Zweck an.[193] Rechtsgeschäfte, die zB im Rahmen des Urlaubs, der Freizeit, des Sports, der Gesundheitsvorsorge und der Vorsorge vorgenommen werden, werden auch der privaten Sphäre zugeordnet.[194]

bb) Voraussetzungen der Anmeldung

16 Gemäß § 608 Abs. 1 ZPO können Verbraucher ihre Ansprüche oder Rechtsverhältnisse, die von den Feststellungszielen abhängen, bis zum Ablauf des Tages vor Beginn des ersten Termins (§ 220 Abs. 1 ZPO) zur Eintragung in das **Klageregister** anmelden. Für die Wirksamkeit der Anmeldung sind die materiellen Voraussetzungen nach § 608 Abs. 2 Nr. 1 bis Nr. 6 ZPO zu erfüllen. Danach hat die Anmeldung Name und Anschrift des Verbrauchers, Bezeichnung des Gerichts und Aktenzeichen der Musterfeststellungsklage, Bezeichnung des Beklagten der Musterfeststellungsklage, Gegenstand und Grund des Anspruchs oder des Rechtsverhältnisses des Verbrauchers und Versicherung der Richtigkeit und Vollständigkeit der Angaben zu enthalten. Gemäß § 608 Abs. 2 S. 2 ZPO sollen ferner Angaben zum Betrag der Forderung gemacht werden. Die Angaben werden sodann ohne inhaltliche Prüfung in das Klageregister eingetragen (→ § 5 Rn. 38 f.).

17 Nach § 608 Abs. 3 ZPO ist auch eine **Rücknahme der Anmeldung** bis zum Ablauf des Tages des Beginns der ersten mündlichen Verhandlung möglich. Gemäß § 608 Abs. 4 ZPO sind Anmeldung und Rücknahme in Textform gegenüber dem Bundesamt für Justiz zu erklären. Nach § 126 b S. 1 BGB ist es für die Textform ausreichend, wenn der Verbraucher eine lesbare Erklärung, in der die Person des Erklärenden genannt ist, auf einem dauerhaften Datenträger abgibt. Damit sind gemäß § 126 b BGB grundsätzlich sowohl Papierdokumente (Kopie, Fax, Telegramm, Fernschreiben) wie auch elektronische Dokumente (Diskette, CD-ROM, DVD, USB-Stick,

---

192 Schäfer/*Dietsche* KAS 2018, 81.
193 Palandt/*Ellenberger* BGB § 13 Rn. 1, 4.
194 Palandt/*Ellenberger* BGB § 13 Rn. 2.

Speicherkarte, Niederlegung im Festplattenspeicher eines Rechners) erfasst,[195] wobei es diesbezüglich im Rahmen der Durchführungsverordnung noch Präzisierungen geben dürfte (Anmeldungsmodalitäten → § 5 Rn. 14 f.). Für die Anmeldung entstehen dem Verbraucher keine Kosten und er muss sich auch nicht durch einen Anwalt vertreten lassen. Mangels entsprechender Regelung hindert die Rücknahme der Anmeldung auch nicht eine erneute Anmeldung (→ § 5 Rn. 78 f.).[196]

cc) Rechtsfolgen der Anmeldung

Mit der Anmeldung im Klageregister kommt dem rechtskräftigen Musterfeststellungsurteil in einem Gerichtsverfahren zwischen dem Verbraucher und dem Unternehmen gemäß § 613 Abs. 1 ZPO **Bindungswirkung** zu, soweit die Streitigkeiten von den Feststellungszielen und dem Lebenssachverhalt abhängen. Die Anspruchsanmeldung bietet dem Verbraucher eine weitere Rechtsschutzmöglichkeit gerade in den Fällen, in denen der Verbraucher aufgrund des Prozesskostenrisikos zunächst von der gerichtlichen Durchsetzung seiner Ansprüche absieht („Streu- und Massenschäden").[197] Des Weiteren soll die Anmeldung der Stärkung der Rechtsdurchsetzung dienen, indem das „rationale Desinteresse" (→ § 1 Rn. 8) von Verbraucherinnen und Verbrauchern überwunden werden soll.[198] Die Anmeldung hat zudem den Vorteil, dass die Verjährung von Ansprüchen gemäß dem neu eingeführten § 204 Abs. 1 Nr. 1 a BGB durch die Erhebung der Musterfeststellungsklage gehemmt wird, soweit diesen der gleiche Lebenssachverhalt zugrunde liegt wie den Feststellungszielen der Musterfeststellungsklage. Gemäß § 610 Abs. 3 ZPO kann der angemeldete Verbraucher während der Rechtshängigkeit der Musterfeststellungsklage keine neue Individualklage gegen die Beklagte erheben, soweit diese dieselben Feststellungsziele und denselben Lebenssachverhalt betrifft (→ § 3 Rn. 65 ff.; 83 ff.).

18

Den angemeldeten Verbrauchern stehen im Übrigen nach § 609 Abs. 4 und § 611 Abs. 4 ZPO **besondere Rechte** zu. Gemäß § 609 Abs. 4 ZPO haben angemeldete Verbraucher einen **Auskunftsanspruch** gegenüber dem Bundesamt für Justiz (→ § 6 Rn. 30 ff.). Sie können Auskunft über die zu ihrer Anmeldung im Klageregister erfassten Angaben verlangen und bei einem vorgeschlagenen Vergleich gemäß § 611 Abs. 4 S. 1 ZPO Informationen über dessen Inhalt erfahren. Der Vergleich wird dem angemeldeten Verbraucher zusammen mit der Belehrung über dessen Wirkung, über sein Recht zum Austritt aus dem Vergleich sowie über die einzuhaltende Form und Frist zugestellt. Zudem können angemeldete Verbraucher bei einer Verfahrensbeendigung durch Vergleich nach § 611 Abs. 4 S. 2 ZPO jeweils ihren Austritt aus dem Vergleich erklären (→ § 7 Rn. 54 ff.). Grundsätzlich hat der angemeldete Verbraucher keinen Einblick in den Prozessstoff und damit keine Informationsgrundlage, da er selbst in keiner Weise unmittelbar am Verfahren beteiligt ist. Dies kann ihn möglicherweise in seiner Entscheidung hindern, ob eine Rücknahme der Anmeldung bis

19

---

195 HK-BGB/*Dörner* § 126 b Rn. 4.
196 *Röthemeyer* HK-MFK § 608 Rn. 44.
197 BT-Drs. 19/2507, 24.
198 BT-Drs. 19/2507, 24.

zum Schluss der ersten mündlichen Verhandlung sinnvoll oder ein Vergleich angemessen ist.[199]

Die wirksame Anmeldung hat somit unterschiedliche Rechtsfolgen für den Verbraucher. Dabei wird auf die Wirksamkeit der Anmeldung und nicht auf die bloße Eintragung im Klageregister abgestellt. Zudem kann der Verbraucher weiter über den Anspruch verfügen und zB den Anspruch abtreten oder in einem anderen Verfahren die Aufrechnung erklären.[200]

b) Nicht angemeldete oder schon klagende Verbraucher

20 Nicht angemeldete Verbraucher **profitieren nicht von der Bindungswirkung** eines Musterfeststellungsurteils, soweit der Rechtsstreit von dessen Feststellungszielen abhängt. Ferner können sich die nicht angemeldeten Verbraucher auch nicht auf die Verjährungshemmung nach § 204 Abs. 1 Nr. 1 a BGB berufen. Sie müssen ihre Ansprüche individuell klageweise geltend machen und können sich nicht auf die Bindungswirkung des Musterfeststellungsurteils berufen. Im Gegenzug ist das Gericht, vor dem sie Individualklage erhoben haben, auch bei einer für sie negativen Entscheidung nicht an das Musterfeststellungsurteil gebunden. In der Praxis bleibt abzuwarten, ob die Gerichte in Fällen, in denen Verbraucher sich nicht im Klageregister angemeldet haben, in ihren Entscheidungen völlig unbeeinflusst von Musterfeststellungsurteilen sein werden.

21 Auch wenn der angemeldete Verbraucher vor Bekanntmachung der Musterfeststellungsklage **bereits Individualklage erhoben** hat, tritt eine Bindungswirkung ein. Gemäß § 613 Abs. 2 ZPO setzt das Gericht den Rechtsstreit bis zur rechtskräftigen Entscheidung oder anderweitigen Erledigung der Musterfeststellungsklage oder der wirksamen Rücknahme der Anmeldung aus. Sobald eine der vorgenannten Fälle eingetreten ist, wird das Individualklageverfahren fortgesetzt. Wenn der klagende Verbraucher seine Anmeldung nicht wirksam zurückgenommen hat, ist das Gericht an die Feststellungen aus dem Musterfeststellungsverfahren gebunden.

c) Keine Anmeldemöglichkeit für Unternehmer

22 Unternehmer haben keine Möglichkeit, ihre Ansprüche zum Klageregister anzumelden und von der Bindungswirkung eines Musterfeststellungsurteils unmittelbar zu profitieren.[201] Sie können allerdings nach der Regelung des § 148 Abs. 2 ZPO auf eine **Aussetzung ihres Verfahrens gegen den Beklagten** hinwirken, wenn die Feststellungsziele des Musterverfahrens auch für ihren Rechtsstreit entscheidungserheblich sind. Die Verjährung der Ansprüche des Unternehmers wird durch die Erhebung der Musterfeststellungsklage gemäß § 204 Abs. 1 Nr. 1 a BGB nicht gehemmt. Dies hat wiederum zur Folge, dass Unternehmer anders als Verbraucher in der Regel eine Klage einreichen müssen, um ihre Rechte durchzusetzen.[202] Die Beschränkung des persönlichen Anwendungsbereichs nur auf Verbraucher ist teilweise kritisiert worden.[203]

---

199 *Halfmeier* ZRP 2017, 201 (203).
200 *Röthemeyer* HK-MFK § 608 Rn. 16.
201 *Balke/Liebscher/Steinbrück* ZIP 2018, 1321 (1327).
202 *Balke/Liebscher/Steinbrück* ZIP 2018, 1321 (1327).
203 *Halfmeier* ZRP 2017, 201 (202).

3. Ausländische qualifizierte Einrichtungen und Verbraucher

Der Wortlaut des Gesetzes schränkt den persönlichen Anwendungsbereich bzw. die Möglichkeit einer Anmeldung für ausländische Verbraucher nicht ein. Allerdings scheint der Gesetzgeber die Vielzahl von komplexen Folgefragen, die sich daraus ergeben, nicht bedacht zu haben. Der Effizienz und Beschleunigung des Verfahrens dient es jedenfalls nicht, wenn Feststellungsziele abhängig vom jeweils anwendbaren Recht unterschiedlich formuliert und beurteilt werden (Internationale Sachverhalte → § 3 Rn. 12 ff.; 28). 23

Da § 606 Abs. 1 S. 2 Nr. 2 ZPO die ausdrücklich qualifizierten Einrichtungen, welche in dem Verzeichnis der Europäischen Kommission nach Art. 4 Abs. 3 der Richtlinie 2009/22/EG des Europäischen Parlaments und des Rates vom 23. April 2009 über Unterlassungsklagen zum Schutz der Verbraucherinteressen (ABl. L 110 vom 1.5.2009, S. 30) eingetragen sind, mit einschließt, sind **auch qualifizierte Einrichtungen eines anderen Mitgliedstaats klagebefugt** und klageberechtigt, wenn sie nachweisen, dass sie in der vorbezeichneten Liste eingetragen sind und die sonstigen Voraussetzungen des § 606 Abs. 1 S. 2 ZPO erfüllen. 24

Mit Blick auf den **Anwendungsvorrang des Unionsrechts** hinsichtlich der internationalen Zuständigkeit nach EuGVVO und des anwendbaren Rechts gemäß der Rom I- und Rom II-Verordnung können erhebliche Schwierigkeiten entstehen.[204] Der DAV hat daher vorgeschlagen, dass entsprechend § 4a UKlaG klargestellt werden sollte, dass auch die im EU-Verzeichnis aufgenommenen ausländischen Einrichtungen nur für grenzüberschreitende Sachverhalte mit Bezug zu ihrer Rechtsordnung klagebefugt sind.[205] Ferner hat er vorgeschlagen, dass die kollisionsrechtliche Anwendbarkeit deutschen Rechts auf den Sachverhalt eine Zulässigkeitsvoraussetzung der Musterfeststellungsklage sein sollte.[206] 25

Nach der Gesetzesbegründung werden vorrangige Bestimmungen des Unionsrechts zum anwendbaren Recht, die in der Verordnung EG Nr. 593/2008 (sog Rom-I-Verordnung) niedergelegt sind, von dem Gesetz nicht berührt.[207] 26

Ziel der Musterfeststellungsklage ist auch die **Stärkung des Gerichtsstandortes der Bundesrepublik Deutschland**.[208] Die klageberechtigten Verbraucher können in der Bundesrepublik Deutschland nur klagen, wenn deutsche Gerichte nach der EU-Verordnung Nr. 1215/2012 (Brüssel-Ia-Verordnung) auch international zuständig sind. Ebenso werden die vorrangigen Regelungen des Unionsrechts zur Anerkennung und Vollstreckung von Gerichtsentscheidungen durch die Musterfeststellungsklage nicht geändert, so dass die deutsche Gerichtsentscheidung im Musterverfahren im etwaigen individuellen Folgeverfahren vor dem Gericht eines anderen Mitgliedsstaates nur Wirkung entfalten kann, wenn sie nach dessen Bestimmungen vorher dort anerkannt wurde. Eine besondere Bedeutung könnte daher der Wirkungserstreckung auch zukommen, wenn sich angemeldete Verbraucher mit Wohnsitz in einem anderen Mit- 27

---

204 *DAV* Stellungnahme zum Gesetzentwurf der Bundesregierung, Mai 2018, 14.
205 *DAV* Stellungnahme zum Gesetzentwurf der Bundesregierung, Mai 2018, 14.
206 *DAV* Stellungnahme zum Gesetzentwurf der Bundesregierung, Mai 2018, 14.
207 BT-Drs. 19/2507, 17.
208 BT-Drs. 19/2439, 15.

gliedstaat vor Gerichten dieses Mitgliedstaats auf ein deutsches Musterfeststellungsurteil berufen.[209] Wegen der Klagebefugnis von Einrichtungen, die im Verzeichnis der Europäischen Kommission nach Art. 4 der Richtlinie 2009/22/EG eingetragen sind, sind im Falle mehrerer Klagen die Art. 29 ff. der EU-Verordnung Nr. 1215/2012 zu prüfen (Zuständigkeit deutscher Gerichte bei Sachverhalten mit Auslandsbezug, auch im Verhältnis zu Drittstaaten → 3 Rn. 12 ff.; 28).

28 Gleiches gilt für den Anwendungsbereich außerhalb der EU-Verordnung für nationale Vorschriften, die im **Verhältnis zu Drittstaaten** anzuwenden sind. Auch hier ist maßgeblich, ob deutsche Gerichte für eine Musterfeststellungsklage nach völkerrechtlichen oder nach dem autonomen deutschen Recht international zuständig sind.[210] Ob das Urteil zu einer Musterfeststellungsklage eines deutschen Gerichts auch im Ausland Wirkung entfaltet, hängt letztendlich von einer Anerkennung der deutschen Gerichtsentscheidung im Ausland ab. Diese kann völkervertraglich festgelegt sein oder sich aus dem autonomen Recht des Anerkennungsstaates ergeben (Anerkennungsfähigkeit eines Musterfeststellungsurteils → § 8 Rn. 87 ff.).[211]

4. Musterbeklagte

29 Gemäß § 606 Abs. 1 S. 1 ZPO kommt **als Musterbeklagte nur das Unternehmen** in Betracht, gegen das der klagende Verband seine Feststellungsziele geltend macht. Grundsätzlich sehen die neuen Regelungen zur Musterfeststellungsklage keine gesonderten Vorschriften zum Musterbeklagten vor, so dass auf die allgemeinen Regelungen zurückgegriffen werden kann. Die gesetzliche Definition eines Unternehmers richtet sich nach § 14 Abs. 1 BGB. Danach ist ein Unternehmer eine natürliche oder juristische Person oder eine rechtsfähige Personengesellschaft, die bei Abschluss eines Rechtsgeschäfts in Ausübung ihrer gewerblichen oder selbstständigen beruflichen Tätigkeit handelt. Da auch der „zivilprozessuale" Unternehmer im neuen Gesetz nicht definiert wird, sollte dieser ebenfalls vor dem Hintergrund des korrespondierenden zivilprozessualen Verbraucherbegriffs im Regierungsentwurf ausgelegt werden.[212] Der Begriff sollte über den Bezug zum Abschluss von Rechtsgeschäften hinausgehen. Unternehmer sollte danach eine natürliche oder juristische Person oder eine rechtsfähige Personengesellschaft, die bei Begründung des Anspruchs oder der Begründung des Rechtsverhältnisses überwiegend in Ausübung ihrer gewerblichen oder selbstständigen beruflichen Tätigkeit handelt, sein.[213]

Der Beklagten sollte die Möglichkeit offenstehen, die Aussetzung der öffentlichen Bekanntmachung im Klageregister zu verlangen, wenn deren Voraussetzungen nicht vorliegen.[214] Zwar betreffen die Voraussetzungen der Bekanntmachung nur die Vorgaben der Klageschrift, jedoch spricht viel dafür, dass von einer öffentlichen Bekanntmachung wegen der erhöhten Publizität auch im Falle anderer erheblicher Mängel

---

209 *Schweiger/Meißner* CB 2018, 240 (244).
210 BT-Drs. 19/2439, 17.
211 BT-Drs. 19/2439, 17 f.; BT-Drs. 19/2507, 17.
212 Vgl. § 29 c Abs. 2 ZPO; *Schweiger/Meißner* CB 2018, 240 (242).
213 *Röthemeyer* HK MFK § 606 Rn. 49; *Schweiger/Meißner* CB 2018, 240 (242); vgl. *Waßmuth/Asmus* ZIP 2018, 657 (658).
214 *Schweiger/Meißner* CB 2018, 240 (244).

der Musterfeststellungklage abzusehen ist (Rechtsschutzmöglichkeiten → § 4 Rn. 71 ff.).[215]

Des Weiteren kann die Beklagte ein **Interesse an der Streitverkündung gegenüber Dritten** haben. ZB kann die Feststellung des Vorliegens oder Nichtvorliegens einer tatsächlichen oder rechtlichen Voraussetzung für einen Anspruch der Verbraucher für einen Regressanspruch des beklagten Unternehmers bedeutend sein.[216] § 610 Abs. 4 ZPO schließt ausdrücklich nur die Streitverkündung gegenüber den darin bezeichneten Verbrauchern aus, so dass sie gegenüber Dritten in Frage kommt. Die Wirkung des Musterfeststellungsurteils würde dadurch gegenüber Dritten erweitert werden. Eine Nebenintervention wäre ebenso nicht auszuschließen (→ § 6 Rn. 44 ff.).[217]

§ 610 Abs. 1 S. 1 ZPO ordnet lediglich an, dass gegen die Beklagte keine andere Musterfeststellungsklage erhoben werden kann, soweit deren Feststellungsziele denselben zugrunde liegenden Sachverhalt betreffen. Daraus geht hervor, dass die Sperrwirkung nur bei dem gleichen Streitgegenstand gegen denselben Beklagten eintritt. Eine Regelung, die einen Lebenssachverhalt gegen **mehrere Beklagte** bündelt, sieht das Gesetz zur Musterfeststellungsklage nicht vor.[218] Es schließt aber eine solche Bündelung auch nicht aus. 30

Mehrere Musterbeklagte kommen dann in Betracht, wenn es um die gleichen Feststellungsziele, den gleichen Lebenssachverhalt und das gleiche Prüfprogramm geht. Im Fall der **Parteienhäufung auf Beklagtenseite** ist es zumindest nicht ausgeschlossen, dass die Regelungen der Streitgenossenschaft der §§ 59, 60 ZPO Anwendung finden. Da für jeden Beklagten die Voraussetzungen erfüllt sein müssen, müsste der klagende Verband glaubhaft machen, dass gegen jeden Beklagten von den Feststellungszielen die Ansprüche oder Rechtsverhältnisse von mindestens zehn Verbrauchern abhängen (→ § 3 Rn. 41 ff.). 31

II. Sachlicher Anwendungsbereich

1. „Feststellungsziele" isd § 606 Abs. 1 S. 1 ZPO

Die **Feststellungsziele** der Musterfeststellungsklage werden zu Beginn des sechsten Buches der ZPO in § 606 Abs. 1 S. 1 ZPO definiert. Danach soll durch die Musterfeststellungsklage die „*Feststellung des Vorliegens oder Nichtvorliegens von tatsächlichen und rechtlichen Voraussetzungen für das Bestehen oder Nichtbestehen von Ansprüchen oder Rechtsverhältnissen (Feststellungsziele) zwischen Verbrauchern und einem Unternehmer*" getroffen werden. Ziel der Musterfeststellungsklage ist es, das **Vorliegen oder Nichtvorliegen zentraler anspruchsbegründender beziehungsweise anspruchsausschließender Voraussetzungen** feststellen zu lassen. Danach können insbesondere einzelne Elemente oder Vorfragen für die Ansprüche bzw. Rechtsverhältnisse der Verbraucher festgestellt werden.[219] Durch die ausdrückliche Erwähnung der „*Rechtsverhältnisse*" in § 606 Abs. 1 S. 1 ZPO ist die Musterfeststellungsklage be- 32

---

215 *Schweiger/Meißner* CB 2018, 240 (244).
216 *Schweiger/Meißner* CB 2018, 240 (246).
217 *Schweiger/Meißner* CB 2018, 240 (246).
218 *Balke/Liebscher/Steinbrück* ZIP 2018, 1321 (1329).
219 *Waßmuth/Asmus* ZIP 2018, 657 (658).

reits möglich, wenn die Klageforderung selbst noch nicht konkret beziffert werden kann.[220] Auch entscheidungserhebliche Rechtsfragen, die für eine Vielzahl von betroffenen Rechtsverhältnissen Bedeutung haben, können durch die Musterfeststellungsklage geklärt werden (→ § 3 Rn. 47 und → § 8 Rn. 85 f.).[221]

33 Zweck der Musterfeststellungsklage ist es, **einheitliche Entscheidungen über zentrale Streitfragen mit Breitenwirkung** herzustellen.[222] Die Konzentration auf bestimmte Feststellungsziele soll dabei zu einer zügigen Klärung der wesentlichen Tatsachen- und Rechtsfragen führen.[223]

a) Bestimmung der Feststellungsziele

34 Eine Hilfestellung für die Bestimmung der Feststellungsziele bietet aufgrund des vergleichbaren Wortlauts § 2 Abs. 1 S. 1 Kapitalanleger-Musterverfahrensgesetz (KapMuG): *„Durch [den] Musterverfahrensantrag kann im ersten Rechtszug die Feststellung des Vorliegens oder Nichtvorliegens anspruchsbegründender oder anspruchsausschließender Voraussetzungen oder die Klärung von Rechtsfragen (Feststellungsziele) begehrt werden"*. Wie im KapMuG-Verfahren dient daher auch die Musterfeststellungsklage der Klärung der tatsächlichen Umstände, soweit diese nicht individuelle Umstände der Verbraucher betreffen. Neben der Klärung der Anspruchsvoraussetzungen selbst können etwa auch die Klärung der Frage, ob der Beklagte schuldhaft gehandelt hat, welcher Verschuldensgrad in Betracht kommt oder ob die Rechtswidrigkeit des Handelns ausnahmsweise ausgeschlossen ist, festgestellt werden.[224] Das Feststellungsziel bestimmt sich ebenso anhand der Tatsachen, deren Vorliegen die anspruchsbegründende Norm voraussetzt, und des Lebenssachverhalts, der entsprechend der Behauptungen der Kläger der jeweiligen Ausgangsverfahren dem Anspruch zugrunde liegt.[225]

Feststellungsziele bei der Musterfeststellungsklage sind verallgemeinerungsfähige Tatbestandsmerkmale einzelner oder auch mehrerer parallel einschlägiger Haftungsnormen.

b) Möglichkeit der Antragshäufung

35 Nach dem Wortlaut des § 606 Abs. 1 S. 1 ZPO besteht die Möglichkeit, **mehrere Feststellungsziele** in einer Musterfeststellungsklage geltend zu machen. § 606 Abs. 1 S. 1 ZPO spricht in diesem Zusammenhang ausdrücklich von *„Feststellungziele"* im Plural.[226] Die Antragshäufung wird in der Praxis genutzt werden, um eine Mehrzahl von anspruchsbegründenden oder anspruchsvernichtenden Voraussetzungen des jeweiligen Anspruches oder von ihm abhängende Rechtsfragen klären zu lassen.[227] Jeder der in diesem Sinne abtrennbare Teil der Anspruchsvoraussetzungen kann ein ei-

---

220 https://www.brak.de/zur-rechtspolitik/stellungnahmen-pdf/stellungnahmen-deutschland/2018/juni/stellungnahme-der-brak-2018-21.pdf (zuletzt aufgerufen: 19.10.2018).
221 Sa BT-Drs. 19/2439, 22.
222 Vgl. BT-Drs. 19/2439, 16, 22.
223 Vgl. BT-Drs. 19/2439, 22; *Kutschaty/Freudenberg/Gerhard* ZRP 2017, 27 (29).
224 So zum KapMuG-Verfahren: Vorwerk/Wolf/*Vorwerk* KapMuG § 1 Rn. 22.
225 Vgl. zum KapMuG-Verfahren: Vorwerk/Wolf/*Vorwerk* KapMuG § 1 Rn. 28.
226 So zum KapMuG-Verfahren: Vorwerk/Wolf/*Vorwerk* KapMuG § 1 Rn. 32; Kölner Komm KapMuG/*Kruis* § 2 Rn. 27.
227 So zum KapMuG-Verfahren: Vorwerk/Wolf/*Vorwerk* KapMuG § 1 Rn. 32.

genständiges Feststellungsziel darstellen. Auf diese Weise erhöht sich die Chance, dass ein Feststellungsziel den Anspruch des jeweiligen Verbrauchers betrifft und sich dieser in das Klageregister anmeldet. Zu berücksichtigen ist hierbei, dass das Feststellungsziel eng mit dem Lebenssachverhalt verknüpft ist. Wenn zB die Voraussetzung der Haftung auf verschiedene Zeitpunkte gestützt wird, handelt es sich gleichzeitig um mehrere Lebenssachverhalte und damit um unterschiedliche Feststellungsziele. Aufgrund der Regelung des § 613 Abs. 1 S. 1 ZPO, wonach das Urteil Bindungswirkung zwischen einem angemeldeten Verbraucher und dem Beklagten entfaltet, „soweit" es die Feststellungsziele und den Lebenssachverhalt der Klage betrifft, ist eine klare Abgrenzung der einzelnen Ziele notwendig.[228]

c) Einwendungen

Auch Einwendungen können Gegenstand einer Musterfeststellungsklage sein. So kann der Kläger nach § 606 Abs. 1 S. 1 ZPO zB das **Nichtvorliegen der die Einwendung begründenden Voraussetzungen** oder auch **die Einwendung selbst** zum eigenen Feststellungsziel erheben.[229] Dies erscheint allerdings nur sinnvoll, wenn der Kläger sich sicher ist, dass die anspruchsbegründenden Voraussetzungen für sein Feststellungsziel unstreitig vorliegen und es ihm nur aufgrund der zu befürchtenden unterschiedlichen Beurteilungen der Gerichte daran gelegen ist, das Nichtvorliegen der Voraussetzungen der Einwendungen klären zu lassen.[230] Beachtlich ist an dieser Stelle, dass die Neuregelung keine ausdrückliche Regelung dazu enthält, ob dieses Antragsrecht auch dem Beklagten zusteht.[231] Relevanz könnte allerdings die Möglichkeit zur negativen Feststellung für den Beklagten im Rahmen einer möglichen Widerklage bzw. eines Gegenantrags erlangen (zur Widerklage → § 6 Rn. 65 ff.). 36

Da das Gesetz die Anwendung der allgemeinen Vorschriften der Zivilprozessordnung nicht ausschließt, dürfte nach den Regelungen der §§ 606 ff. ZPO auch eine **Änderung der Feststellungsziele** nach § 263 ZPO oder auch eine **Klageänderung oder -erweiterung** zumindest bis zum Beginn des Verfahrens[232] möglich sein (zu den Grenzen der Antragsänderung → § 6 Rn. 52 ff.). 37

d) Bedeutung der Feststellungsziele

aa) Bestimmung des Streitgegenstands und der Reichweite der späteren Bindungswirkung

Der Kläger bestimmt durch die Benennung der Feststellungsziele und des Lebenssachverhaltes den **Streitgegenstand**.[233] Den Feststellungszielen kommt daher erst gemeinsam mit dem Lebenssachverhalt wesentliche Bedeutung zu. Dabei ist der Gegenstand enger gefasst als bei einer Leistungsklage, da lediglich die Feststellung einzelner Tat- 38

---

228 Vgl. zum Verfahren nach dem KapMuG: Kölner Komm KapMuG/*Hess* Einl. Rn. 71.
229 So zum KapMuG-Verfahren: Vorwerk/Wolf/*Vorwerk* KapMuG § 1 Rn. 33; s. auch Kölner Komm KapMuG/*Kruis* § 2 Rn. 34.
230 So zum KapMuG-Verfahren: Vorwerk/Wolf/*Vorwerk* KapMuG § 1 Rn. 33.
231 *Balke/Liebscher/Steinbrück* ZIP 2018, 1321 (1328).
232 Sa *Röthemeyer* HK-MFK § 610 Rn. 62.
233 BT-Drs. 19/2439, 22.

bestandsmerkmale streitgegenständlich ist und keine Klärung der Haftung insgesamt im Prozess vorgenommen wird.[234]

Schließlich kommt dem Musterfeststellungsurteil in einem individuellen Verfahren zwischen dem angemeldeten Verbraucher und dem beklagten Unternehmer gemäß § 613 Abs. 1 S. 1 ZPO nur **Bindungswirkung** zu, *„soweit dessen Entscheidung die Feststellungsziele und den Lebenssachverhalt der Musterfeststellungsklage betrifft"*. Von der Festlegung der Feststellungsziele und dem Lebenssachverhalt hängt daher auch ab, inwieweit das zur Entscheidung des Rechtsstreits zwischen dem einzelnen Verbraucher und dem Beklagten berufene Gericht an die Entscheidung aus der Musterfeststellungsklage gebunden ist (Bindungswirkung → § 8 Rn. 46 ff.).

bb) Sperrwirkung für weitere Musterfeststellungsklagen

39 Die Bestimmung des Streitgegenstandes hat zudem Bedeutung für weitere Musterfeststellungsklagen, soweit diese denselben Lebenssachverhalt und dieselben Feststellungsziele betreffen, da gemäß § 610 Abs. 1 ZPO ab Rechtshängigkeit einer Musterfeststellungsklage die sog **Sperrwirkung** eintritt.

Das heißt, dass ab dem Zeitpunkt der Rechtshängigkeit einer Musterfeststellungsklage keine andere Musterfeststellungsklage mit demselben Streitgegenstand erhoben werden kann. Somit bestimmt das Feststellungsziel nicht nur den **Umfang der Klage**, sondern auch die Möglichkeit für andere potentielle Kläger, gegen den Beklagten in dieser Sache gerichtlich vorzugehen. § 610 Abs. 1 ZPO spricht im Hinblick auf die Sperrwirkung, anders als § 204 Abs. 1 Nr. 6 a BGB, von *„denselben"* Lebenssachverhalten und nicht von *„gleichen Lebenssachverhalten"*.[235] Die schon in der Vergangenheit umfangreiche Diskussion über die Frage der Identität von Streitgegenständen dürfte daher mit dem neuen Gesetz nicht weniger werden. Von der Sperrwirkung nicht erfasst sind allerdings Klagen, die zwar denselben Lebenssachverhalt betreffen, jedoch andere Feststellungsziele verfolgen (→ § 3 Rn. 63 ff.).[236]

cc) Glaubhaftmachung und Anmeldung von Verbraucheransprüchen

40 Des Weiteren ist die Musterfeststellungsklage unter anderem nur zulässig, wenn der Kläger nach § 606 Abs. 3 Nr. 2 ZPO glaubhaft macht, dass von den Feststellungszielen die Ansprüche oder Rechtsverhältnisse von mindestens zehn Verbrauchern abhängen. Ferner müssen nach § 606 Abs. 3 Nr. 3 ZPO für die Zulässigkeit der Klage mindestens 50 Verbraucher zwei Monate nach Bekanntmachung der Klage ihre Ansprüche oder Rechtsverhältnisse zur Eintragung angemeldet haben. Da die Verbraucher ihre Ansprüche nur anmelden, wenn sie von den Feststellungszielen auch abhängen, wird deutlich, dass bereits **im Rahmen der Zulässigkeit der Klage** die entscheidende Bedeutung der Bestimmung und Festlegung der Feststellungsziele zum Tragen kommt (→ § 3 Rn. 45 ff.).

---

234 So zum KapMuG-Verfahren: Kölner Komm KapMuG/*Hess* Einl. Rn. 71.
235 Stellungnahme des DAV Nr. 20/2018, S. 12; *Balke/Liebscher/Steinbrück* ZIP 2018, 1321 (1329).
236 *Röthemeyer* HK-MFK § 610 Rn. 7.

2. Tatsachenfeststellung

Die Musterfeststellungsklage dient insbesondere der **Klärung von tatsächlichen Umständen**. § 606 Abs. 1 S. 1 ZPO regelt ausdrücklich, dass die Feststellung des Vorliegens oder Nichtvorliegens von tatsächlichen und rechtlichen Voraussetzungen für das Bestehen oder Nichtbestehen von Ansprüchen oder Rechtsverhältnissen begehrt werden kann. Damit ist die Feststellung von Tatsachen ausdrücklich gesetzlich vorgesehen. 41

Anspruchsbegründende bzw. anspruchsausschließende Voraussetzungen sind zunächst die Tatsachen, deren Vorliegen die Norm als solche voraussetzt, um die Rechtsfolge herbeizuführen. Zudem ist die Kenntnis der rechtlichen Umstände erforderlich, um die Erheblichkeit der über das Feststellungsziel zu klärenden tatsächlichen Umstände und Rechtsfragen prüfen zu können.[237] Auch der Bundesgerichtshof sprach bereits in den KapMuG-Verfahren von anspruchsbegründenden oder anspruchsausschließenden Tatsachen, die den Gegenstand eines Feststellungszieles bilden können.[238] 42

Da eine Tatsachenfeststellung unabhängig von einem bestimmten Tatbestandsmerkmal in den meisten Fällen wenig Aussagekraft hat und keine Bindungswirkung erzeugen kann, sollte sich die Tatsachenfrage auch auf ein Tatbestandsmerkmal beziehen.[239] Die Konkretisierung der tatsächlichen Voraussetzung auf einen Anspruch oder ein Rechtsverhältnis führt dazu, dass im Fall einer Verneinung der Tatsache diese – je nach Formulierung – nicht allgemein festgestellt wird, sondern zB immer nur bezogen auf ein Merkmal eines bestimmten Anspruches.[240] Insofern lassen sich die sachlich relevanten Feststellungsziele und die Wirkung in der Entscheidung schon im Rahmen der Antragsformulierung bestimmen. 43

3. Klärung von Rechtsfragen

Nach der Begründung des Gesetzesentwurfes können auch **reine Rechtsfragen** Feststellungsziel der Musterfeststellungsklage sein, soweit diese entscheidungserheblich sind.[241] Dies soll der Fortentwicklung des Rechts dienen.[242] Die Begründung des Gesetzesentwurfes stellt darauf ab, dass durch die Musterfeststellungsklage die außergerichtliche Streitschlichtung gestärkt werden soll, indem sie durch die Entscheidung zentraler Tatsachen- und Rechtsfragen die Grundlagen für eine einvernehmliche Lösung der Parteien schafft.[243] Ob diese Einschätzung aufgrund der geringen Kenntnis von den Einzelheiten der angemeldeten Ansprüche tatsächlich realistisch ist, erscheint fraglich.[244] 44

---

237 Vgl. zum KapMuG-Verfahren: Vorwerk/Wolf/*Vorwerk* KapMuG § 1 Rn. 24.
238 Vgl. zum KapMuG-Verfahren: BGH BeckRS 2008, 13087 Rn. 27; Kölner Komm KapMuG/*Hess* § 2 Rn. 41.
239 Vgl. zum KapMuG-Verfahren: Kölner Komm KapMuG/*Kruis* § 2 Rn. 46 u. 47.
240 Vgl. zum KapMuG-Verfahren: Kölner Komm KapMuG/*Kruis* § 2 Rn. 49.
241 BT-Drs. 19/2439, 16; BT-Drs. 19/2507, 16.
242 BT-Drs. 19/2439, 22; BT-Drs. 19/2507, 22.
243 BT-Drs. 19/2439, 15; BT-Drs. 19/2507, 15.
244 *Balke/Liebscher/Steinbrück* ZIP 2018, 1321 (1325).

4. Nichtfeststellungsfähige Fragen (Kausalität, Schaden)

45 Entsprechend des Gesetzeszwecks soll die Musterfeststellungsklage dazu dienen, durch die Bündelung gleichartiger Interessen in einem Verfahren das Kostenrisiko für den einzelnen Verbraucher zu reduzieren und die Gerichte zu entlasten.[245] Nicht feststellungsfähig durch die Musterfeststellungsklage ist aber regelmäßig die **Kausalität** zwischen der Rechtsgutverletzung und dem Schaden, der **Schaden im Einzelfall**[246] sowie Fragen der **Verjährung** und **Verwirkung**.[247] Denn bindende Feststellungen zu diesen Anspruchselementen hätten die beabsichtigte Breitenwirkung nicht (→ § 8 Rn. 73 ff.). Die Fragen der Kausalität, des Schadens und der Schadenshöhe sind naturgemäß nur individuell bestimmbar und somit nicht musterverfahrensfähig.[248] Diese Fragen müssen somit in einem von jedem einzelnen Verbraucher zu führenden Anschlussprozess beantwortet werden (→ § 11 Rn. 8 ff.). Eine solche Beschränkung ergibt sich nicht aus dem Wortlaut der Norm selbst, sondern lediglich aus dem Umstand, dass es dem Musterkläger in der Regel nicht möglich sein wird, darzulegen, warum die Feststellung zu einer dieser Fragen überhaupt über den einzelnen Rechtsstreit hinaus Bedeutung zukommen sollte.[249] Dieses Erfordernis einer Breitenwirkung wird auch durch die Zulässigkeitsvorschrift des § 606 Abs. 2 S. 1 Nr. 2 ZPO belegt. Hiernach ist die Musterfeststellungsklage nur zulässig, wenn glaubhaft gemacht wird, dass von den Feststellungszielen die Ansprüche oder Rechtsverhältnisse von mindestens zehn Verbrauchern abhängen.

46 Zwar sind mit der Musterfeststellungsklage nicht der individuelle Schaden und die Kausalität feststellbar, jedoch kann zB allgemein die **Art und Weise der Schadensberechnung** oder die **Anforderung an den Nachweis der Kausalität** festgestellt werden.[250] Ebenso nicht von der Musterfeststellungsklage umfasst ist die Klärung individueller Streitfragen, wie etwa individueller Einwendungen des einzelnen Verbrauchers.[251]

5. Keine Feststellung der Rechtsfolgen im Einzelfall

47 Da im Rahmen der Musterfeststellungsklage weder die individuelle Kausalität noch der individuelle Schaden für den einzelnen Verbraucher festgestellt werden, können auch im Grundsatz keine individuellen Rechtsfolgen festgestellt werden.[252] Dies hat zur Konsequenz, dass der Verbraucher selbst seine **individuellen Ansprüche im Anschluss** an das Musterfeststellungsverfahren **durchsetzen** muss (→ § 11 Rn. 2 ff.).[253]

---

245 BT-Drs. 19/2439, 17.
246 Vgl. zum KapMuG-Verfahren: OLG München NJW-RR 2008, 130 (131); BGH BeckRS 2008, 13087 Rn. 27.
247 Vgl. zum KapMuG-Verfahren: BGH BeckRS 2008, 13087 Rn. 25; Kölner Komm KapMuG/*Kruis* § 2 Rn. 32.
248 *Habbe/Gieseler* BB 2017, 2188 (2189).
249 Vgl. zum KapMuG-Verfahren: Kölner Komm KapMuG/*Kruis* § 2 Rn. 32.
250 Vgl. zum KapMuG-Verfahren: Kölner Komm KapMuG/*Kruis* § 2 Rn. 35.
251 BT-Drs. 19/2507, 16.
252 Vgl. zum KapMuG-Verfahren: BGH BeckRS 2009, 00071, Rn. 11.
253 Kritik an dieser Vorgehensweise übt auch die 70. Jahrestagung der Präsidentinnen und Präsidenten der Oberlandesgerichte, des Kammergerichts und des Bundesgerichtshofs vom 28. bis 30. Mai 2018 in Stuttgart (http://www.olg-stuttgart.de/pb/,Lde/Startseite/Medien/Ergebnisse+der+70_+Jahrestagung+der+Praesidentinnen+und+Praesidenten+der+Oberlandesgerichte_+des+Kammergerichts+und+des+Bundesgerichtshofs+vom+28_+bis+30_+Mai+2018+in+Stuttgart/?LISTPAGE=1178276) (zuletzt aufgerufen: 19.10.2018).

6. Abgrenzung zum Anwendungsbereich weiterer Verbandsklagen

Das deutsche Zivilprozessrecht kennt außerhalb der ZPO bereits **Sonderformen des** 48 **kollektiven Rechtsschutzes**. So gewährt das Gesetz über Unterlassungsklagen bei Verbraucherrechts- und anderen Verstößen (UKlaG) eine entsprechende Verbandsklagemöglichkeit, insbesondere wegen der Verwendung von nach §§ 307 bis 309 BGB unwirksamen AGB und wegen verbraucherschutzgesetzwidriger Praktiken (insbesondere Unwirksamkeit bestimmter Vertragsklauseln nach § 3 UKlaG). Die Möglichkeit einer Verbandsklage bietet ebenfalls das **Gesetz gegen unlauteren Wettbewerb**, wonach gemäß § 8 Abs. 1, Abs. 3 Nr. 3 UWG auch qualifizierte Einrichtungen einen Anspruch auf Beseitigung und Unterlassung geltend machen können.

Allen bereits existierenden Arten des kollektiven Rechtsschutzes und auch der neuen 49 Musterfeststellungsklage ist gemein, dass die **Betroffenen selbst nicht direkt am Rechtsstreit beteiligt** sind und individuelle Ansprüche selbst nicht verfolgt werden können, sondern letztendlich im Vor- oder Nachgang an den kollektiven Rechtsschutz individuell durch den Einzelnen eingeklagt werden müssen.

Die Unterlassungsklage dient dazu einen **Rechtsbruch für die Zukunft zu unterbinden**, 50 indem sie eine Unterlassungsverpflichtung des Beklagten gegenüber dem klagenden Verband als Folge hat. Allerdings erfolgt auch die Klage nach dem UKlaG ohne Beteiligung der Betroffenen. Im Gegensatz zur Musterfeststellungsklage entfaltet sie aber auch keine prozessuale Wirkung zugunsten der Verbraucher, die durch einen etwaigen Rechtsbruch in der Vergangenheit geschädigt wurden. Ebenso können auch individuelle Ansprüche und Rechtsverhältnisse nicht verfolgt werden. Allerdings hemmt eine Klage nach dem Unterlassungsklagengesetz auch nicht die Verjährung der individuellen Ansprüche der Verbraucher. Dies hat oftmals zur Folge, dass zum Zeitpunkt der endgültigen gerichtlichen Klärung bereits die regelmäßige Verjährungsfrist von drei Jahren ab Anspruchsentstehung und Kenntnis abgelaufen ist.[254]

Im Gegensatz zu der Musterfeststellungsklage kann der Unterlassungsanspruch nach 51 dem UKlaG mit einem Folgenbeseitigungsanspruch kombiniert werden.

Eine mit dem UKlaG vergleichbare Sachlage ergibt sich hinsichtlich der Ansprüche 52 auf **Beseitigung und Unterlassung unlauterer geschäftlicher Handlungen** aus § 8 Abs. 1 UWG sowie des **Anspruchs auf Gewinnabschöpfung** aus § 10 Abs. 1 UWG. Nach Angabe der Gesetzesbegründung können auch insoweit Ansprüche einzelner Betroffener bislang nicht verfolgt werden.[255] Nach § 10 UWG können qualifizierte Einrichtungen nach § 4 UKlaG Klage auf Abschöpfung von Unrechtsgewinnen aufgrund von Verstößen gegen das Lauterkeitsgebot erheben. Gleiches gilt nach § 34a GWB seit dem Jahr 2013 auch für das Kartellrecht. Hat die Klage Erfolg, muss der abgeschöpfte Gewinn jedoch an den Bundeshaushalt abgeführt werden. Dem potentiell geschädigten Verbraucher kommt dies also regelmäßig nicht direkt zugute. Um seinen Anteil an der Gewinnabschöpfung zu erlangen, muss der betroffene Verbraucher auch hier selbstständig klagen.

---

254 Schäfer/*Gurkmann* KAS 2018, 56.
255 BT-Drs. 19/2439, 15; BT-Drs. 19/2507, 14.

§ 2 Anwendungsbereich

53 Zu beachten ist, dass Verbände bereits vor der Musterfeststellungsklage nach den Regelungen des UWG neben den Unterlassungsansprüchen **auch Beseitigungsansprüche** geltend machen konnten. Eine Form der Beseitigung kann danach auch eine Rückzahlung zu Unrecht vereinnahmter Gelder darstellen.[256]

54 Insgesamt zeigt sich jetzt schon in der deutschen Rechtsprechung ein **deutlicher Trend**, den Beseitigungsanspruch bei der Verbandsklage auch zur Korrektur bereits verursachter Störungen zu nutzen. Das entspricht dem schon in § 1004 BGB und dessen römisch-rechtlichen Wurzeln verankerten Prinzip, dass der Verursacher einer rechtswidrigen Störung sowohl die Beseitigung dieser Störung als auch deren Unterlassung für die Zukunft schuldet.

55 Der Anwendungsbereich des KapMuG ist schließlich auf den Anspruch **auf Schadensersatz wegen falscher, irreführender oder unterlassener öffentlicher Kapitalmarktinformation** und wegen Verwendung einer falschen oder irreführenden öffentlichen Kapitalmarktinformation oder wegen Unterlassung der gebotenen Aufklärung darüber, dass eine öffentliche Kapitalmarktinformation falsch oder irreführend ist, bzw. ein Erfüllungsanspruch aus einem Vertrag, der auf einem Angebot nach dem Wertpapiererwerbs- und Übernahmegesetz beruht, beschränkt (§ 1 Abs. 1 KapMuG).[257]

56 Das Kapitalanleger-Musterverfahrensgesetz dient dazu, Anleger unter bestimmten Voraussetzungen in verschiedenen rechtshängigen Prozessen gestellte, tatsächliche und rechtliche Fragen einheitlich und verbindlich klären zu lassen. Im Unterschied zur Musterfeststellungsklage muss bei dem Verfahren nach dem KapMuG die Musterfrage allerdings bereits in mindestens zehn rechtshängigen Prozessen entscheidungserheblich sein und eine der Parteien muss einen Musterverfahrensantrag gestellt haben. Der Betroffene müsste danach seinen Anspruch somit zunächst selbst klageweise verfolgt haben.[258] Nach der KapMuG-Reform reicht es allerdings aus, dass bereits zehn Klagen anhängig sind. Nicht jeder Verbraucher, der sich später dem Musterverfahren anschließt, muss tatsächlich selbst geklagt haben. Zudem reicht es nach § 10 Abs. 2 KapMuG nunmehr aus, wenn der Anspruch lediglich angemeldet wird. Darüber hinaus wird in einem KapMuG-Verfahren ein Musterkläger bestimmt, der selbst schon Klage eingereicht hat. Er handelt damit im eigenen Interesse an dem Ausgang des Verfahrens und wird nicht, wie bei der Musterfeststellungsklage, durch einen Verbraucherverband vertreten.

Im KapMuG-Verfahren ist die Streitverkündung ausgeschlossen. Im zivilprozessualen Musterfeststellungsverfahren hingegen ist die **Streitverkündung an einen Nicht-Verbraucher**, zB den Hersteller oder Zulieferer, zulässig (→ § 6 Rn. 44 ff.).[259] § 610 Abs. 6 ZPO erfasst diese Konstellation nach seinem Wortlaut nicht. Ebenfalls erfordern Sinn und Zweck der Musterfeststellungsklage einen Ausschluss dieser Möglich-

---

256 OLG Dresden VuR 2018, 266.
257 *Balke/Liebscher/Steinbrück* ZIP 2018, 1321 (1324).
258 *Weber/van Boom* VuR 2017, 290 (292).
259 *Waßmuth/Asmus* ZIP 2018, 657 (663).

keit nicht. Lediglich der Verbraucher soll durch die Nichteinbeziehung in den Prozess geschützt werden.[260]

Das Musterverfahren nach dem KapMuG wird darüber hinaus nicht durch eine Klagepartei eingeleitet, sondern durch einen Vorlagebeschluss eines erstinstanzlichen Gerichts. Durch die Bindungswirkung des Musterentscheids für alle ausgesetzten Verfahren, müssen die einzelnen Kläger die Möglichkeit haben, sich an dem Musterverfahren zu beteiligen, damit ihr Recht auf rechtliches Gehör gewahrt wird.[261] Im Rahmen des KapMuG-Verfahrens kann der Kläger des ausgesetzten Verfahrens **sich daher als Beigeladener** am Verfahren beteiligen und unmittelbar **Angriffs- und Verteidigungsmittel** geltend machen. Dementsprechend können in einem KapMuG-Verfahren auch die Musterbeklagten eigene Musterverfahrensanträge stellen.[262] Dies sichert wiederum die prozessuale Waffengleichheit der Parteien.[263] Es ist zweifelhaft und bleibt abzuwarten, ob und inwieweit die allgemeine zivilprozessuale Musterfeststellungsklage im besonderen Anwendungsbereich des KapMuG nach dem lex specialis-Grundsatz überhaupt zulässig ist.

Mit der Einführung der DSGVO wurden spezialgesetzliche Regelungen geschaffen, um Datenschutzverstöße zu sanktionieren. Darunter findet sich in Art. 80 Abs. 2 DSGVO auch die Möglichkeit einer **originären datenschutzrechtlichen Verbandsklage**.[264]

57

Nach Art. 80 Abs. 2 DSGVO können Mitgliedstaaten vorsehen, *„dass jede der in Absatz 1 des vorliegenden Artikels genannten Einrichtungen, Organisationen oder Vereinigungen unabhängig von einem Auftrag der betroffenen Person in diesem Mitgliedstaat das Recht hat, bei der gemäß Artikel 77 zuständigen Aufsichtsbehörde eine Beschwerde einzulegen und die in den Artikeln 78 und 79 aufgeführten Rechte in Anspruch zu nehmen, wenn ihres Erachtens die Rechte einer betroffenen Person gemäß dieser Verordnung infolge einer Verarbeitung verletzt worden sind"*.

58

In Deutschland findet eine solche Umsetzung in § 2 Abs. 2 Nr. 11 UKlaG statt. Durch die Ergänzung des § 2 UKlaG können Verbände im Sinne des Art. 80 Abs. 1 DSGVO nunmehr direkt, unabhängig von einem Auftrag der betroffenen Person deren Rechte aus Art. 78 und 79 DSGVO geltend machen.[265] Inhalt dieser originären Verbandsklage kann ein **Unterlassungsanspruch** gegen die verordnungswidrige Verarbeitung personenbezogener Daten sein. Die Möglichkeit, einen Schadensersatzanspruch unabhängig von einer Beauftragung für betroffene Personen im Wege der Verbandsklage geltend zu machen, besteht nach der DSGVO nicht.[266]

Einer qualifizierten Einrichtung steht es hingegen frei, mit einer Musterfeststellungsklage die Feststellung des Vorliegens von tatsächlichen und rechtlichen Voraussetzungen für das Bestehen von Schadensersatzansprüchen aufgrund von Verstößen gegen

59

---

260 BT-Drs. 19/2439, 1.
261 *Balke/Liebscher/Steinbrück* ZIP 2018, 1321 (1329).
262 Vgl. § 2 Abs. 1 S. 2 KapMuG.
263 Kölner Komm KapMuG/*Kruis* § 2 Rn. 13.
264 Ehmann/Selmayr/*Nemitz* DSGVO Art. 80 Rn. 12.
265 Köhler/Bornkamm/Feddersen/*Köhler* UKlaG § 2 Rn. 29 a.
266 Erwägungsgrund 142 letzter Satz DSGVO.

die DSGVO zwischen Verbrauchern und einem Unternehmer gemäß § 606 Abs. 1 ZPO zu begehren. In Betracht kommt insoweit, dass eine qualifizierte Einrichtung erst eine Musterfeststellungsklage erhebt und im Anschluss nach Vorliegen eines Musterfeststellungsurteils und Beauftragung durch die entsprechenden Verbraucher nach Art. 80 Abs. 2 DSGVO Schadensersatz für die angemeldeten Verbraucher klageweise geltend macht.

60 Auch nach dem **UWG** besteht aus § 8 Abs. 3 Nr. 3 die Berechtigung für qualifizierte Einrichtungen nach § 4 UKlaG oder die in dem Verzeichnis der Europäischen Union nach Art. 4 Abs. 3 der Richtlinie 2009/22/EG des Europäischen Parlamentes und des Rates vom 23. April 2009 über Unterlassungsklagen zum Schutz von Verbraucherinteressen eingetragen sind, Ansprüche aus Art. 80 Abs. 1 DSGVO geltend zu machen.

61 Grundsätzlich ist die **Klage nach dem Unterlassungsklagegesetz** (UKlaG) bei Verstößen durch Verwendung von unwirksamen Allgemeinen Geschäftsbedingungen vorgesehen. Nach § 1 UKlaG kann die Verwendung unzulässiger AGB untersagt werden. Klagebefugt ist eine qualifizierte Einrichtung nach § 4 UKlaG. Im Verbandsklageverfahren gilt für die Beurteilung der Unwirksamkeit der AGB in Umkehrung zu § 305 c Abs. 2 BGB der Grundsatz der kundenfeindlichsten Auslegung. Danach scheiden nur Auslegungsmöglichkeiten aus, die für die an solchen Geschäften typischerweise Beteiligten ernsthaft nicht in Betracht kommen. Eine ergänzende Vertragsauslegung ist ausgeschlossen.[267]

62 Ebenso kann die Verwendung unwirksamer AGB zugleich einen **Unterlassungsanspruch der Mitbewerber nach §§ 3, 8 Abs. 1 S. 1 UWG** begründen. Dieser Anspruch kann nach § 8 Abs. 3 Nr. 1 UWG auch von Mitbewerbern geltend gemacht werden.[268]

63 Das Gesetz zur Einführung der zivilprozessualen **Musterfeststellungsklage** enthält – ungeachtet entsprechender Hinweise durch die BRAK in ihrer Stellungnahme vom Oktober 2017[269] – **keinerlei Kollisionsregelungen.** Da es entgegen den Erwartungen keine weitere Erläuterung zum Anwendungsvorrang eines der Gesetze gibt, wird bisweilen davon ausgegangen, dass das KapMuG-Verfahren aufgrund seines engeren Anwendungsbereichs der Musterfeststellungsklage vorgehen könnte.[270] Die Gefahr divergierender Entscheidungen würde dadurch vermieden werden. So könnte beispielsweise ein behaupteter Fehler in einem Emissionsprospekt Gegenstand eines KapMuG-Verfahrens und einer Musterfeststellungsklage sein, und – weil die Verfahren nicht aufeinander abgestimmt sind – die Beurteilung unterschiedlich ausfallen.[271] Es bleibt abzuwarten, wie die Gerichte das kritische Spezialitätsverhältnis des KapMuG gegenüber der allgemeinen zivilprozessualen Musterfeststellungsklage auf-

---

267 Köhler/Bornkamm/Feddersen/*Köhler* UKlaG § 1 Rn. 4.
268 Köhler/Bornkamm/Feddersen/*Köhler* UKlaG § 1 Rn. 14.
269 *BRAK* Stellungnahme Nr. 32 vom Oktober 2017 zum Diskussionsentwurf eines Gesetzes zur Einführung einer Musterfeststellungsklage, zu Ziff. 1.
270 S. auch *Waßmuth/Asmus* ZIP 2018, 657 (659).
271 *Waßmuth/Asmus* ZIP 2018, 657 (659).

lösen werden. Die besseren Gründe streiten zur Vermeidung von Überschneidungen für die Spezialität des KapMuG.

Auch bei der Überprüfung von AGB könnte das Urteil des Musterfeststellungsverfahrens zu dem Ergebnis kommen, die AGB seien wirksam, wohingegen eine Klage nach dem UWG oder UKlaG erfolgreich ist, da die AGB in diesem Verfahren für unwirksam erachtet werden.[272] Es könnte daher auch bei der Musterfeststellungsklage und der Klage nach dem UKlaG zu **unterschiedlichen Entscheidungen** kommen. Da die Voraussetzungen gegenüber denjenigen, die die qualifizierte Einrichtung nach dem Gesetz zur Musterfeststellungsklage zu erfüllen hat, wesentlich strenger sind als bei einer Klage nach dem UKlaG, dürfte allein aus der Praxis heraus das UKlaG gegenüber der Musterfeststellungsklage den Vorzug finden. 64

Das Verhältnis von UWG zur Musterfeststellungsklage ist ebenfalls **nicht geklärt.** § 10 UWG betrifft jedoch keine individuellen Ansprüche von Verbrauchern, so dass die Musterfeststellungsklage dort irrelevant ist.[273] Das UWG ist im Übrigen nicht auf die Feststellung ausgerichtet, die Betroffenheit individueller Verbraucher oder sonstiger Marktteilnehmer zu ermitteln.[274] Nach dem UWG steht dem einzelnen Verbraucher schon kein Anspruch zu, so dass die Musterfeststellungsklage dort gar nicht zur Anwendung kommen kann. 65

III. Temporaler Anwendungsbereich

Die Geltung der §§ 606 ff. ZPO unterliegt **keiner zeitlichen Beschränkung.** Der Anwendungsbereich der Musterfeststellungsklage ist auf unbestimmte Zeit eröffnet. Die Vorschriften zum Musterfeststellungsverfahren sind als „Buch 6" integraler Bestandteil der Zivilprozessordnung. Auch mit Blick auf die Tatsache, dass die Einführung einer Musterfeststellungsklage für Verbraucherangelegenheiten (zumindest im Ansatz) der Empfehlung der EU-Kommission aus dem Jahr 2013[275] folgt, ergibt sich keine zeitliche Beschränkung. Sie ist weder dem Gesetz noch der Gesetzesbegründung und auch nicht der Kommissionsempfehlung zu entnehmen. Anders war dies etwa bei Einführung des Kapitalanleger-Musterverfahrensgesetzes, das einer zeitlichen Begrenzung bis zum Jahr 2010 unterlag,[276] bevor der Geltungszeitraum verlängert wurde.[277] 66

---

272 Nach § 6 UKlaG ist für Klagen nach dem UKlaG grundsätzlich (mit Ausnahme von Auskunftsansprüchen nach § 13 UKlaG) das Landgericht, in dessen Bezirk der Beklagte seine gewerbliche Niederlassung hat, zuständig. Nach §§ 13, 14 Abs. 1 UWG gilt Entsprechendes, welches durch einen Gerichtsstand am Begehungsort ergänzt wird, § 14 Abs. 2 UWG; vgl. Köhler/Bornkamm/Feddersen/*Köhler/Feddersen* UWG § 14 Rn. 1 ff.; Harte-Bavendamm/Henning-Bodewig/*Retzer/Tolkmitt* UWG § 14 Rn. 14 ff.
273 S. auch *Würtenberger/Freischem* GRUR 2017, 1101 (1103).
274 *Würtenberger/Freischem* GRUR 2017, 1101 (1103).
275 Empfehlung der Kommission vom 11. Juni 2013, Gemeinsame Grundsätze für kollektive Unterlassungs- und Schadensersatzverfahren in den Mitgliedstaaten bei Verletzung von durch Unionsrecht garantierten Rechten, 2013/396/EU.
276 Art. 9 Abs. 2 S. 1 des Gesetzes zur Einführung von Kapitalanleger-Musterverfahren vom 16.8.2005, BGBl. I S. 2437: *„Das Kapitalanleger-Musterverfahrensgesetz (Artikel 1 dieses Gesetzes) tritt am 1. November 2010 außer Kraft. [...] eingefügte oder angehängte Regelungen treten zu diesem Zeitpunkt außer Kraft".*
277 Erst wurde das KapMuG mit Art. 5 des Gesetzes zur Einführung einer Musterwiderrufsinformation für Verbraucherdarlehensverträge, zur Änderung der Vorschriften über das Widerrufsrecht bei Verbraucherdarlehensverträgen und zur Änderung des Darlehensvermittlungsrechts vom 24. Juli 2010 um zwei Jahre und anschließend mit Art. 10 Abs. 1 des Gesetzes zur Reform des Kapitalanleger-Musterverfahrensgesetzes und zur Änderung anderer Vorschriften vom 19. Oktober 2012 auf unbegrenzte Zeit verlängert.

§ 3 Verfahrenseinleitung

Schrifttum: *Augenhofer*, Stellungnahme zum Entwurf eines Gesetzes zur Einführung der Musterfeststellungsklage (BT-Drucksache 19/2439 und 19/2507) sowie zum Entwurf eines Gesetzes zur Einführung von Gruppenverfahren (BT-Drucksache 19/243) v. 12.6.2018; *Geiger*, Kollektiver Rechtsschutz im Zivilprozess – Die Gruppenklage zur Durchsetzung von Massenschäden und ihre Auswirkungen, 1.Aufl. 2015; *Halfmeier*, Musterfeststellungsklage: Nicht gut, aber besser als nichts, ZRP 2017, 201; *Hess/Reuschle/Rimmelspacher*, Kölner Kommentar zum KapMuG, 2. Aufl. 2014; *Kilian*, Musterfeststellungsklage – Meinungsbild der Anwaltschaft, ZRP 2018, 72; *Lange*, Das begrenzte Gruppenverfahren – Konzeption eines Verfahrens zur Bewältigung von Großschäden auf der Basis des Kapitalanleger-Musterverfahrensgesetzes, 1. Aufl. 2011; *Meller-Hannich*, Sammelklagen, Gruppenklagen, Verbandsklagen – bedarf es neuer Instrumente des kollektiven Rechtsschutzes im Zivilprozess? – Gutachten A zum 72. Deutschen Juristentag 2018; *Michailidou*, Prozessuale Fragen des Kollektivrechtsschutzes im europäischen Justizraum, 1. Aufl. 2007; *Musielak/Voit*, ZPO Kommentar, 15. Aufl. 2018; *Palandt*, Bürgerliches Gesetzbuch: BGB, 77. Aufl. 2018; *Rauscher/Krüger*, Münchener Kommentar zur Zivilprozessordnung mit Gerichtsverfassungsgesetz und Nebengesetzen, 5. Aufl. 2016; *Säcker/Rixecker/Oetcker/Limperg*, Münchener Kommentar zum Bürgerlichen Gesetzbuch, 7. Aufl. 2018; *Schmidt-Kessel*, Stellungnahme zum Entwurf eines Gesetzes zur Einführung einer zivilprozessualen Musterfeststellungsklage zur Anhörung im Rechtsausschuss am 8.6.2018; *Vorwerk/Wolf*, Kapitalanleger-Musterverfahrensgesetz Kommentar, 1. Aufl. 2007; *Zöller*, Zivilprozessordnung, 32. Aufl. 2018.

I. Gerichtliche Zuständigkeit 4
  1. Sachliche Zuständigkeit der Oberlandesgerichte
     (§ 119 Abs. 3 GVG) 5
  2. Örtliche Zuständigkeit bei reinen Inlandssachverhalten
     (§ 32 c ZPO) 9
  3. Sachverhalte im Anwendungsbereich der EuGVVO 12
  4. Auslandssachverhalte außerhalb des Anwendungsbereichs der EuGVVO 28
II. Zulässigkeit der Musterfeststellungsklage 29
  1. Klagebefugnis der qualifizierten Einrichtungen 32
  2. Internationale Sachverhalte 37
  3. Zwingende Angaben der Klageschrift nach § 606 Abs. 2 ZPO ... 41
  4. Besondere Zulässigkeitsvoraussetzungen gemäß § 606 Abs. 3 ZPO 44
III. Feststellungsziele 45
  1. Gesetzliche Vorgaben 46
  2. Beispiele 51
  3. Beschränkung der Feststellungsziele nach Art des Anspruchs und zugrundeliegendem Recht 60
IV. Wirkung einer rechtshängigen Musterfeststellungsklage 63
  1. Sperrwirkung eines Antrages ("Windhundprinzip",
     § 610 Abs. 1 ZPO) 65

  2. Verbindung nach § 147 ZPO bei Anträgen am selben Tag
     (§ 610 Abs. 2 ZPO) 75
  3. Verjährung, Ausschluss der Individualklage (§ 610 Abs. 3 ZPO) und Aussetzung von laufenden Prozessen bei Anmeldung des Klägers (§ 613 Abs. 2 ZPO) 83
  4. Mögliche Aussetzung einer Individualklage eines Unternehmers bei Vorgreiflichkeit des Musterfeststellungsantrages
     (§ 148 Abs. 2 ZPO) 91
V. Die Haftung im Rechtsverhältnis zwischen der qualifizierten Einrichtung und dem Verbraucher 95
  1. Art des Rechtsverhältnisses zwischen der qualifizierten Einrichtung und den angemeldeten Verbrauchern 96
     a) Einordnung als Auftrag 97
     b) Einordnung als reines Prozessrechtsverhältnis 99
     c) Einordnung als echte, berechtigte Geschäftsführung ohne Auftrag, §§ 677 ff. BGB 100
  2. Haftungsfälle 101
  3. Haftungsprivilegierung 102

I. Gerichtliche Zuständigkeit

Das Musterfeststellungsverfahren beginnt, wie auch eine herkömmliche Klage, mit der Einreichung einer Klageschrift beim zuständigen Gericht. Das Verfahren richtet sich im Wesentlichen nach den allgemeinen Vorschriften der ZPO, in die die neue Musterfeststellungsklage eingebettet wurde.[278] Neben der Einführung besonderer gerichtlicher Zuständigkeiten wurden für die Musterfeststellungsklage noch weitere zusätzliche Zulässigkeitsvoraussetzungen aufgestellt. Musterfeststellungsklagen können nur von im Gesetz abschließend festgelegten qualifizierten Einrichtungen ohne eigenes Gewinninteresse erhoben werden. Dadurch soll verhindert werden, dass in Deutschland eine Klageindustrie nach angelsächsischem Vorbild entsteht. Ob die vornehmlich auf Verbraucherverbände bezogene Einschränkung der Musterfeststellungsklage ihre befürchtete Schlagkraft nehmen wird, wird die Praxis zeigen müssen.

1

Bei der Erstellung einer Musterfeststellungsklage muss im Hinblick auf die Formulierung der Feststellungsziele mit erheblicher Präzision vorgegangen werden, da das Gesetz hieran eine Vielzahl von Rechtsfolgen knüpft. Die Feststellungsziele sind das wesentliche Merkmal für die Frage nach der Übereinstimmung der Musterfeststellungsklage mit den zugrundeliegenden Individualansprüchen der Verbraucher. Ein betroffener Verbraucher wird sich der Musterfeststellungsklage nur dann anschließen, wenn die Feststellungsziele einen Mehrwert für seine Individualklage bieten. Auch für die Frage der Sperrwirkung von später eingereichten Musterfeststellungsklagen kommt es erheblich auf die Formulierung der Feststellungsziele an.

2

Bevor eine qualifizierte Einrichtung eine Musterfeststellungsklage erhebt, sollte sie sich auch Gedanken über die möglichen Folgen machen. Insbesondere bei einem Unterliegen im Klageverfahren kann sich die qualifizierte Einrichtung möglichen Schadensersatzansprüchen der Verbraucher gegenüber sehen. Eine entsprechende Haftungsbeschränkung wurde in das Gesetz gerade nicht aufgenommen.

3

I. Gerichtliche Zuständigkeit

Die gerichtliche Zuständigkeit für Musterfeststellungsklagen richtet sich bei reinen Inlandssachverhalten nach den neuen ausschließlichen Zuständigkeitsregeln der ZPO und des GVG. Dabei wurde neben einer Regelung zur sachlichen Zuständigkeit auch ein neuer **ausschließlicher örtlicher Gerichtsstand** geschaffen, vgl. § 32 c ZPO. Bei Sachverhalten mit Beteiligung von in anderen Mitgliedstaaten der Europäischen Union ansässigen Gesellschaften richtet sich die gerichtliche Zuständigkeit nach der EuGVVO, bei der insbesondere der Gerichtsstand für nicht-vertragliche Ansprüche eine besondere Rolle spielen könnte.

4

1. Sachliche Zuständigkeit der Oberlandesgerichte (§ 119 Abs. 3 GVG)

Für die Entscheidung über Musterfeststellungsklagen sind **in erster Instanz die Oberlandesgerichte** zuständig.[279] Bestehen in einem Bundesland mehrere Oberlandesgerichte, so kann die jeweilige Landesregierung bei Sachdienlichkeit oder zur Beschleunigung des Verfahrens durch Rechtsverordnung die Entscheidung und Verhandlung

5

---

278 Vgl. § 610 Abs. 5 S. 1 ZPO.
279 § 119 Abs. 3 S. 1 GVG.

§ 3 Verfahrenseinleitung

einem Oberlandesgericht oder dem Obersten Landesgericht zuweisen.[280] Diese Ermächtigung kann durch Rechtsverordnung auch an die Landesjustizverwaltung übertragen werden.[281] Die Konzentration bei einem Gericht dient einer effizienteren und zügigeren Verfahrenserledigung durch eine entsprechende Spezialisierung der Gerichte.[282]

6 Diese Regelung ist § 118 GVG und § 6 KapMuG nachempfunden, welche die erstinstanzliche Zuständigkeit der Oberlandesgerichte für Musterverfahren nach dem KapMuG regeln. Sie war im ersten Gesetzesentwurf, der die erstinstanzliche Zuständigkeit der Landgerichte vorsah, nicht enthalten, sondern wurde auf Anregung des Bundesrates und des Ausschusses für Recht und Verbraucherschutz aufgenommen.[283] Teilweise wurde die Änderung als Verkürzung des Rechtsweges kritisiert.[284] Die praktischen Erfahrungen mit Verfahren vor Land- und Oberlandesgerichten sprechen jedoch gegen diese Kritik. Ein Musterfeststellungsverfahren vor einem Landgericht wäre tendenziell nur ein „Durchlauftermin", da in Verfahren von derartiger Bedeutung ohnehin davon auszugehen ist, dass die unterliegende Partei Berufung einlegen würde. Die erstinstanzliche Befassung der Oberlandesgerichte erhöht somit die Verfahrenseffizienz (→ § 1 Rn. 58 f.).[285]

7 Eine **Konzentration auf bestimmte Oberlandesgerichte** käme in den Bundesländern Baden-Württemberg, Bayern, Niedersachsen, Nordrhein-Westfahlen und Rheinland-Pfalz in Betracht, da diese Länder mehrere Oberlandesgerichte eingerichtet haben. Im Rahmen des KapMuG sind für Bayern das Oberlandesgericht München[286] und für Nordrhein-Westfalen das Oberlandesgericht Köln[287] zuständig. Die übrigen genannten Bundesländer haben von der Ermächtigung keinen Gebrauch gemacht. Es bleibt abzuwarten, ob und wie die Landesgesetzgeber auch für die Musterfeststellungsklage etwaige Zuweisungen vornehmen werden.

8 Die Bundesregierung geht nach der Gesetzesbegründung von 450 Musterverfahren pro Jahr aus,[288] so dass bei gleichmäßiger Verteilung auf alle 24 Oberlandesgerichte etwa 19 Verfahren pro Jahr je Gericht eingeleitet würden. Sofern in einigen Ländern eine Konzentration der Verfahren auf bestimmte Oberlandesgerichte erfolgt, läge die Zahl je Gericht dementsprechend höher.

---

280 § 119 Abs. 3 S. 2 GVG.
281 § 119 Abs. 3 S. 3 GVG.
282 BT-Drs. 19/2741, 24; BT-Drs. 19/2507, 17.
283 BR-Drs. 176/18, 1; BT-Drs. 19/2741, 24.
284 *Hettenbach/Schläfke*, Recht und Kapitalmarkt: Kläger ohne Einfluss auf Verfahren – Bundestag beschließt Musterfeststellungsklage mit wesentlichen Änderungen – Negative Konsequenzen für Unternehmen, Börsen-Zeitung vom 21.7.2018; *Schmidt-Kessel*, Stellungnahme zum Entwurf eines Gesetzes zur Einführung einer zivilprozessualen Musterfeststellungsklage zur Anhörung im Rechtsausschuss am 8.6.2018, 22.
285 *Meller-Hannich*, Sammelklagen, Gruppenklagen, Verbandsklagen – bedarf es neuerer Instrumente des kollektiven Rechtsschutzes im Zivilprozess? – Gutachten A zum 72. Deutschen Juristentag 2018, A 49.
286 § 8 der Verordnung über gerichtliche Zuständigkeiten im Bereich des Staatsministeriums der Justiz vom 16.11.2004, GVBl. 2004, 471, in der Fassung vom 11.6.2012, GVBl. 2012, 295.
287 § 2 der Verordnung über die Konzentration der Verfahren nach dem Gesetz zur Einführung von Kapitalanleger-Musterverfahren vom 23.11.2005, GV.NRW 2005, 920, geändert durch Verordnung vom 13.11.2017, GV.NRW 2017, 847, in Kraft getreten am 25. November 2017.
288 BT-Drs. 19/2507, 18.

2. Örtliche Zuständigkeit bei reinen Inlandssachverhalten (§ 32 c ZPO)

Für die Musterfeststellungsklage ist gemäß § 32 c ZPO das Gericht am allgemeinen Gerichtsstand des Beklagten **ausschließlich örtlich zuständig**. Da es sich bei den im Rahmen der Musterfeststellungsklage Beklagten regelmäßig um juristische Personen handeln wird, befindet sich dieser an deren Sitz, § 17 Abs. 1 ZPO. Eine ähnliche Regelung wie in § 32 c ZPO findet sich bereits in § 32 b Abs. 1 ZPO für die Zuständigkeit in KapMuG-Verfahren.[289]

Der Gerichtsstand aus § 32 c ZPO gilt allerdings nur im Rahmen des Anwendungsbereichs der Zuständigkeitsvorschriften der ZPO, also nicht, wenn der Anwendungsbereich vorrangiger Regelungen wie etwa der EuGVVO oder des Luganer Übereinkommens eröffnet ist. Dabei handelt es sich insbesondere um Fälle mit **Auslandsbezug**.

Das wäre beispielsweise der Fall, wenn eine nicht in Deutschland, aber in der Europäischen Union ansässige qualifizierte Einrichtung Klage gegen einen deutschen Beklagten erhebt. Einem solchen Kläger stünden die Gerichtsstände der EuGVVO zur Verfügung, die in Einzelfällen auch eine örtliche Zuständigkeit regeln. Gleiches würde auch im umgekehrten Fall gelten, in dem ein nicht in Deutschland, aber in der Europäischen Union ansässiges Unternehmen von einer deutschen qualifizierten Einrichtung in Deutschland verklagt wird.

3. Sachverhalte im Anwendungsbereich der EuGVVO

Der Anwendungsbereich der EuGVVO ist grundsätzlich eröffnet, wenn der Beklagte seinen Sitz in einem anderen Mitgliedsstaat der EU hat als der oder die Kläger. Im Verhältnis zu Beklagten aus Island, Norwegen und der Schweiz gilt das Luganer Übereinkommen, das mit der EuGVVO inhaltlich (wenngleich in der überholten Fassung von 2002) weitgehend übereinstimmt.[290]

Einen besonderen Gerichtsstand für den kollektiven Rechtsschutz als solchen – gleich welcher Art, ob Sammelklage, Gruppenklage oder Verbandsklage – gibt es **in der EuGVVO nicht**. Mögliche Klagen könnten daher nur am allgemeinen Gerichtsstand des Sitzes beziehungsweise Wohnortes des Beklagten sowie den besonderen Gerichtsständen des Erfüllungsortes, des Delikts, der Niederlassung oder der Beklagten-Streitgenossenschaft erhoben werden. Es eignen sich jedoch nicht alle in gleichem Maße für eine Musterfeststellungsklage.

Möglich ist eine Musterfeststellungsklage in jedem Fall am **allgemeinen Gerichtsstand des Sitzes** beziehungsweise Wohnortes des beklagten Unternehmers gemäß Art. 4 EuGVVO in Verbindung mit Art. 63 EuGVVO, wenn sich dieser in Deutschland be-

---

[289] § 32 c ZPO lautet: „*Für Klagen in Musterfeststellungsverfahren nach Buch 6 ist das Gericht des allgemeinen Gerichtsstands des Beklagten ausschließlich zuständig, sofern sich dieser im Inland befindet*".

[290] Das Luganer Übereinkommen soll die wirtschaftliche Zusammenarbeit auf rechtlicher Ebene ergänzen, die durch den weitgehend freien Markt zwischen EU- und EFTA-Staaten erreicht worden ist, vgl. MüKoZPO/*Gottwald* LugÜ Präambel Rn. 2. Das Ziel war die weitgehende Erstreckung der EuGVVO auf die EFTA-Staaten, die der Verordnung nicht direkt beitreten können. Die einheitliche Auslegung der beiden Abkommen wird durch das Protokoll Nr. 2 zum LugÜ 2007 sichergestellt, MüKoZPO/*Gottwald* LugÜ Präambel Rn. 3.

findet. Art. 4 EuGVVO regelt dabei nur die internationale Zuständigkeit, die örtliche Zuständigkeit richtet sich nach den Vorschriften der ZPO.[291]

15 In ähnlicher Weise wie am allgemeinen Gerichtsstand könnte nach Art. 7 Nr. 5 EuGVVO ein Unternehmen in Deutschland verklagt werden, wenn es zwar keinen Sitz in Deutschland hat, es aber eine Niederlassung in Deutschland gibt und die Streitigkeit *„aus dem Betrieb der Niederlassung"* folgt. Letzteres liegt beispielsweise vor, wenn die streitgegenständlichen Verträge mit den Verbrauchern von der Niederlassung abgeschlossen wurden.[292]

16 Der **Gerichtsstand für Versicherungssachen** kommt für eine Musterfeststellungsklage gemäß Art. 11 EuGVVO nicht in Betracht. Der Wortlaut der Verordnung erfordert eindeutig, dass die Klage von einem Versicherungsnehmer, Versicherten oder Begünstigten einer Versicherung gemäß Art. 11 Abs. 1 lit. b EuGVVO erhoben wird. Eine qualifizierte Einrichtung, auch wenn sie eine Klage im Zusammenhang mit versicherungsrechtlichen Ansprüchen geltend machen würde, fällt in keine dieser drei begünstigten Gruppen. Diese Klägergerichtsstände werden eng ausgelegt, dementsprechend kann sich beispielsweise auch ein Dritter, an den ein Anspruch aus einer Lebensversicherung abgetreten wurde, nicht auf diese Klägergerichtsstände berufen.[293]

17 Gleiches gilt für den **Verbrauchergerichtsstand** nach Art. 17 ff. EuGVVO. Eine Klage einer qualifizierten Einrichtung ist eben keine *„Klage eines Verbrauchers"*, so wie es der eindeutige Wortlaut von Art. 18 Abs. 1 EuGVVO erfordert. Die Zuständigkeit deutscher Gerichte aufgrund dieser Vorschrift kommt nicht in Betracht.

18 Soweit die qualifizierte Einrichtung keinen allgemeinen Gerichtsstand in Deutschland hat und Feststellungen im Zusammenhang mit vertraglichen Ansprüchen geltend macht, kommt der **Gerichtsstand des Erfüllungsortes** nach Art. 7 Nr. 1 EuGVVO in Betracht. Der Gerichtsstand gilt grundsätzlich – anders als die Verbraucher- und Versichertengerichtsstände – nicht nur im Verhältnis der eigentlichen Vertragspartner.[294] Auch bei einer Musterfeststellungsklage könnte *„ein Vertrag oder Ansprüche aus einem Vertrag"* Gegenstand der Streitigkeit sein. Die Musterfeststellungsklage bezieht sich auf Anspruchsvoraussetzungen und Rechtsfragen im Zusammenhang mit vertraglichen Ansprüchen, wenn auch nicht aus einem Vertrag, den die qualifizierte Einrichtung selbst abgeschlossen hat.

19 Die qualifizierte Einrichtung klagt im Rahmen der Musterfeststellungsklage nicht auf Feststellung im Zusammenhang mit eigenen materiellen Ansprüchen, sondern im eigenen Namen auf die Feststellung rechtlicher oder tatsächlicher Aspekte fremder Ansprüche der Verbraucher. Gegenstand der Musterfeststellung sind *„Ansprüche oder Rechtsverhältnisse zwischen Verbrauchern und einem Unternehmer"*. Von eigenen Ansprüchen des Verbandes ist im Gesetz keine Rede – im Gegensatz zu § 3 UKlaG, welcher den *„anspruchsberechtigten Stellen"* die vorher im Gesetz definierten *„Ansprüche auf Unterlassung"* zuweist. Eine solche Zuweisung einer materiellen Berech-

---

291 MüKoZPO/*Gottwald* EuGVVO Art. 4 Rn. 3.
292 EuGH BeckRS 2004, 70835; OLG Düsseldorf NJW-RR 2004, 1720.
293 EuGH IPRax 2011, 255; Zöller/*Geimer* Brüssel Ia-VO Art. 11 Rn. 3 f.
294 MüKoZPO/*Gottwald* Brüssel Ia-VO Art. 7 Rn. 11; Zöller/*Geimer* Brüssel Ia-VO Art. 5 Rn. 8.

tigung gibt es in § 606 ZPO eben nicht. Vielmehr klagt die qualifizierte Einrichtung im Wege der teilweise **gesetzlichen, teilweise gewillkürten Prozessstandschaft sui generis** im Interesse der Verbraucher.[295] Daher kann der Gerichtsstand des Erfüllungsortes nach Art. 7 Nr. 1 EuGVVO für eine Musterfeststellungsklage einschlägig sein, wenn der Erfüllungsort in Deutschland liegt.

Gewillkürt ist die Prozessstandschaft hier insofern, als es sich um eine Klage handeln soll, bei der das einzelne Mitglied zwar nicht selbst klagt, sich jedoch durch einen formalen Anmeldeakt an der Musterfeststellungsklage beteiligt. Gesetzlich angeordnet ist die Prozessstandschaft insofern, als mit dem formalen Anmeldungsakt die Prozessführungsbefugnis von Gesetzes wegen auf den Verband übergehen soll. Das für eine Prozessstandschaft erforderliche Interesse an der Prozessführung durch den Prozessstandschafter ergibt sich bei den durch das Gesetz aufgeführten qualifizierten Einrichtungen bereits aus dem Gesetz selbst. Der Gesetzgeber hat diesen Verbänden durch ihre enumerative Aufzählung das Recht zur Klage im Namen der Verbraucher eingeräumt. Ein zusätzliches Interesse ist demnach nicht mehr erforderlich. 20

Die für die Praxis relevanten Fragen (Wer wird Partei des Rechtsstreits? Wer ist an die Entscheidung gebunden?) werden für die Musterfeststellungsklage vom Gesetz selbst ausdrücklich geregelt. In der Literatur werden dagegen unterschiedliche Versuche unternommen, Gruppen- bzw. Verbandsklagen dogmatisch in das bestehende Zivilprozessrecht einzuordnen. Problematisch ist dabei insbesondere, dass der Kläger fremde Rechte geltend macht. Das deutsche Zivilprozessrecht geht hingegen von dem Grundsatz aus, dass ein Kläger ein eigenes Recht geltend macht. Macht ein Kläger ein fremdes Recht im eigenen Namen geltend, kann er dies nur, wenn er dazu ausdrücklich ermächtigt wurde, also eine Prozessstandschaft vorliegt.[296] Nur dann ist der tatsächliche Rechteinhaber auch an eine durch den Prozessstandschafter erwirkte Entscheidung gebunden.[297] Die Prozessführungsbefugnis kann entweder durch Gesetz oder gewillkürt, kraft Privatautonomie, erteilt werden. *Lange* hält für Fälle der Verbandsklagen eine gewillkürte Prozessstandschaft für erforderlich, die eine Rechtskrafterstreckung der gerichtlichen Entscheidungen im Rahmen der Verbandsklage auf die beteiligten Verbraucher ermöglicht.[298] Auch nach *Michailidou* soll es sich bei Klagen von Verbraucherverbänden um Fälle der gewillkürten Prozessstandschaft handeln.[299] Für die Beteiligung von Mitgliedern soll bereits eine entsprechende Satzungsregelung ausreichen. Für die Beteiligung von Nichtmitgliedern soll eine ausdrückliche Ermächtigung erforderlich sein. Das Erfordernis der Ermächtigung soll jedoch insbesondere bei echten Bagatellschäden zur Unpraktikabilität führen. Die Verbandsklagekompetenz wird dann als eine gesetzlich geregelte prozessuale Initiativberechtigung zur Klageerhebung im öffentlichen Interesse angesehen.[300] Die Eintragung der Ver- 21

---

295 Dazu *Meller-Hannich*, Sammelklagen, Gruppenklagen, Verbandsklagen – bedarf es neuer Instrumente des kollektiven Rechtsschutzes im Zivilprozess? – Gutachten A zum 72. Deutschen Juristentag 2018, A 81 f.
296 *Zöller/Vollkommer* ZPO vor §§ 50 Rn. 20.
297 BGH NJW 1980, 2461.
298 *Lange*, Das begrenzte Gruppenverfahren – Konzeption eines Verfahrens zur Bewältigung von Großschäden auf der Basis des Kapitalanleger-Musterverfahrensgesetzes, 2011, 152.
299 *Michailidou*, Prozessuale Fragen des Kollektivrechtsschutzes im europäischen Justizraum, 2007, 263.
300 *Schlacke*, Überindividueller Rechtsschutz – Phänomenologie und Systematik überindividueller Klagebefugnisse im Verwaltungs- und Gemeinschaftsrecht, insbesondere am Beispiel des Umweltrechts, 2008, 362 ff.

braucher in das Klageregister wäre demnach nur ein reiner Hilfsmechanismus, um die Verbandsklage in das zivilrechtliche Individualrechtsschutzsystem einzubinden.

22 Zu beachten ist des Weiteren, dass der Begriff Vertrag in diesem Kontext (in Abgrenzung zu Ansprüchen wegen unerlaubter Handlung gemäß Art. 7 Nr. 2 EuGVVO) **europarechtlich autonom** – und nicht etwa beschränkt auf das deutsche Verständnis eines „Vertrages" – auszulegen ist. Hinreichend ist es für einen Vertrag im Sinne der EuGVVO, dass eine Partei gegenüber einer anderen Partei freiwillig eine Verpflichtung eingegangen ist.[301]

23 Art. 7 Nr. 2 EuGVVO regelt den **Gerichtsstand des Deliktes** beziehungsweise der unerlaubten Handlung. Die Regelung ist gleichzeitig weit und eng. Sie ist weit, da Ansprüche aus einer unerlaubten Handlung im europarechtlichen Sinne alle Ansprüche aus einer nicht-vertraglichen Schadenshaftung sind.[302] Es muss sich also nicht um deliktsrechtliche Ansprüche im Sinne des BGB handeln. Die Regelung ist eng, da nach der Rechtsprechung des EuGH der Deliktsgerichtsstand auf Ansprüche aus unerlaubten Handlungen im Sinne der EuGVVO beschränkt ist. Ein Gericht kann eine Klage am Deliktsgerichtsstand nicht unter vertraglichen Gesichtspunkten im Sinne der EuGVVO entscheiden.[303] Zudem kann beim Zusammentreffen vertraglicher und deliktischer Ansprüche nach dem EuGH eine Sperrwirkung der Art eintreten, dass nur das mitgliedstaatliche Gericht am Erfüllungsort nach Art. 7 Nr. 1 EuGVVO zuständig ist. Der Gerichtsstand nach Art. 7 Nr. 2 EuGVVO ist dann nicht eröffnet.[304] Das Zusammenwirken von **Spaltungswirkung und Sperrwirkung** kann im Einzelfall dazu führen, dass kein besonderer Gerichtsstand in Deutschland eröffnet ist und damit die Möglichkeit einer Musterfeststellungsklage ausscheidet, so insbesondere wenn Erfüllungsort und Ort der unerlaubten Handlung in unterschiedlichen Staaten liegen. Hinzu tritt, dass es in einem solchen Einzelfall ex ante schwer einzuschätzen sein kann, ob der Einzelfall im Lichte der Rechtsprechung des EuGH innerhalb oder außerhalb des Anwendungsbereichs von Art. 7 Nr. 2 EuGVVO liegt.

24 Der Deliktsgerichtsstand besteht sowohl am **Handlungsort** (dem Ort des dem Schaden zugrunde liegenden ursprünglichen Geschehens, also dem Ort, an dem die schädigende Handlung ausgeführt wurde)[305] als auch am Erfolgsort (Ort, an dem der Primärschaden tatsächlich eintritt,[306] nicht aber der Ort des reinen Vermögensschadens).[307] Falls diese Orte auseinanderfallen, hat der Kläger die Wahl. Art. 7 Nr. 2 EuGVVO bestimmt – wie auch Art. 7 Nr. 1 EuGVVO – nicht nur die internationale, sondern auch die örtliche Zuständigkeit, so dass ein Rückgriff auf Zuständigkeitsvorschriften der ZPO nicht möglich ist.

25 Das UKlaG verleiht qualifizierten Einrichtungen eigene materiell-rechtliche **Ansprüche auf Unterlassung**, die den Einrichtungen durch Gesetz vom Staat verliehen wur-

---

301 *Geiger*, Kollektiver Rechtsschutz im Zivilprozess – die Gruppenklage zur Durchsetzung von Massenschäden und ihre Auswirkungen, 2015, 261 mwN; Zöller/*Geimer* Brüssel Ia-VO Art. 5 Rn. 3 f.
302 EuGH EuZW 2005, 177 Rn. 29.
303 EuGH NJW 1988, 3088; BGH NJW 2003, 828; BGH IPRax 2006, 40.
304 EuGH EuZW 2014, 383.
305 Zöller/*Geimer* Brüssel Ia-VO Art. 7 Rn. 3; MüKoZPO/*Gottwald* Brüssel Ia-VO Art. 7 Rn. 56.
306 BGH WM 2015, 819.
307 EuGH BeckRS 2004, 77522.

den. Dementsprechend hat der EuGH entschieden, dass diese – im Sinne der EuGVVO nichtvertraglichen – Ansprüche am Gerichtsstand des Art. 7 Nr. 2 EuGVVO geltend machen können.[308] Diese Rechtsprechung ist nicht auf die Musterfeststellungskläger übertragbar, da diese Kläger nach dem eindeutigen Wortlaut des Gesetzes keine Feststellung im Zusammenhang mit eigenen Ansprüchen, sondern mit fremden Ansprüchen geltend machen. Es ist also nicht so, dass für jede Musterfeststellungsklage per se das Gericht am Deliktsgerichtsstand zuständig wäre, da die qualifizierten Einrichtungen stets Feststellungen im Zusammenhang mit außervertraglichen Ansprüchen geltend machen. Es kommt vielmehr entscheidend darauf an, welche Art von Ansprüchen den Verbrauchern zustehen, in deren Interesse die qualifizierte Einrichtung tätig wird.

Schließlich bleibt noch der **Gerichtsstand der passiven Streitgenossenschaft** nach Art. 8 Nr. 1 EuGVVO. Nach dieser Vorschrift können mehrere Beklagte gemeinsam am allgemeinen Gerichtsstand eines Beklagten verklagt werden, soweit eine Konnexität der Klagen besteht. Es stellt sich die Vorfrage, ob sich eine Musterfeststellungsklage überhaupt gegen zwei oder mehrere Unternehmen gleichzeitig richten kann. Das ist der Fall, denn § 610 Abs. 6 ZPO schließt für das Musterfeststellungsverfahren nur die Anwendung von §§ 66 ff. ZPO aus, nicht aber die Vorschriften der §§ 59, 60 ZPO zur aktiven und passiven Streitgenossenschaft.

26

Die für die Zulässigkeit einer solchen Streitgenossenschaft erforderliche **Konnexität**[309] der Klagen liegt vor, wenn verschiedene Ansprüche bei einem einheitlichen Lebenssachverhalt auf das gleiche Interesse zielen.[310] Die Verknüpfung muss dabei so eng sein, dass eine gemeinsame Entscheidung zur Vermeidung widersprüchlicher Entscheidungen geboten erscheint,[311] und den Ansprüchen muss dieselbe Sach- und Rechtslage,[312] nicht aber dieselbe Rechtsgrundlage[313] zugrunde liegen. Dann kann der Kläger am Wohnsitz eines Beklagten klagen, jedoch nicht an einem besonderen Gerichtsstand gemäß Art. 7 ff. EuGVVO.[314] Der Sitz des Streitgenossen muss außerhalb des Wohnsitzstaates des einen Beklagten,[315] aber innerhalb des Anwendungsbereichs der EuGVVO liegen.[316]

27

4. Auslandssachverhalte außerhalb des Anwendungsbereichs der EuGVVO

Die **internationale Zuständigkeit** für die Musterfeststellungsklage bestimmt sich bei Auslandsfällen außerhalb des Anwendungsbereichs der EuGVVO und des Luganer Übereinkommens nach völkerrechtlichen Verträgen oder, falls keine solchen einschlägig sind, nach den Vorschriften der ZPO.[317]

28

---

308 EuGH BeckRS 2004, 74611; BGH NJW 2010, 1958; Zöller/*Geimer* Brüssel Ia-VO Art. 7 Rn. 35.
309 EuGH EuZW 2006, 667.
310 EuGH NJW 2013, 1661.
311 Zöller/*Geimer* Brüssel Ia-VO Art. 8 Rn. 5; MüKoZPO/*Gottwald* Brüssel Ia-VO Art. 8 Rn. 9.
312 EuGH EuZW 2006, 573.
313 EuGH EuZW 1999, 59.
314 BGH NJW 2015, 2429.
315 Zöller/*Geimer* Brüssel Ia-VO Art. 8 Rn. 2 mwN; MüKoZPO/*Gottwald* Brüssel Ia-VO Art. 8 Rn. 16.
316 EuGH NJW 2013, 1661.
317 BT-Drs. 19/2507, 17.

II. Zulässigkeit der Musterfeststellungklage

29 Der Gesetzgeber hat mit der Einführung der Musterfeststellungsklage einige besondere Zulässigkeitsvoraussetzungen aufgestellt. Musterfeststellungsklagen dürfen nur von einer klar festgelegten und dadurch begrenzten Anzahl von qualifizierten Einrichtungen erhoben werden. Bei der Bestimmung dieser Einrichtungen hat sich der Gesetzgeber an den Regelungen zum Unterlassungsklageverfahren orientiert. Beachtenswert ist dabei, dass der Gesetzgeber nicht nur ausdrücklich auch in anderen Mitgliedstaaten der Europäischen Union ansässige qualifizierte Einrichtungen als Kläger zugelassen, sondern auch die **Beteiligung von ausländischen Verbrauchern offen** gelassen hat. Der Gesetzgeber hat gerade nicht, wie in anderen Ländern, einen konkreten Inlandsbezug der Verbraucher, die sich für das Verfahren anmelden können, gefordert.

30 Die **Formalia** für die Erhebung einer Musterfeststellungsklage orientieren sich an den in der ZPO hergebrachten Kriterien. Besonderheiten ergeben sich hierbei im Rahmen der korrekten Antragstellung. Zusätzlich muss die Klageschrift noch einige Angaben zur qualifizierten Einrichtung selbst und zu den am Verfahren beteiligten Verbrauchern enthalten (Formulare → § 12 Rn. 4 f.).

31 Im Übrigen ist die Musterfeststellungsklage nur dann zulässig, wenn sich eine ausreichende Zahl an Verbrauchern im Klageregister wirksam angemeldet hat.

1. Klagebefugnis der qualifizierten Einrichtungen

32 Klagebefugt sind nur qualifizierte Einrichtungen, die nachweisen, dass sie in der Liste qualifizierter Einrichtungen nach § 4 UKlaG oder in dem Verzeichnis der Europäischen Kommission nach Art. 4 Abs. 3 der Richtlinie 2009/22/EG[318] eingetragen sind, und kumulativ folgende **Voraussetzungen** erfüllen: Mitgliedschaft von mindestens zehn Verbänden im gleichen Aufgabenbereich oder 350 natürlichen Personen (Nr. 1), Eintragung auf einer der oben genannten Listen für mindestens vier Jahre (Nr. 2), Wahrnehmung von Verbraucherinteressen weitestgehend durch nicht gewerbsmäßige aufklärende oder beratende Tätigkeiten als satzungsmäßige Aufgaben (Nr. 3), Erhebung der Musterfeststellungsklage ohne Gewinnerzielungsabsicht (Nr. 4) und Bezug der finanziellen Mittel von Unternehmen in einem Umfang von maximal fünf Prozent (Nr. 5).[319] Hierbei handelt es sich um eine echte Zulässigkeitsvoraussetzung der Musterfeststellungsklage, vgl. § 606 Abs. 3 Nr. 1 ZPO.

33 Die bestehende Liste qualifizierter Einrichtungen wird ständig geprüft und unterliegt vollständiger Transparenz, um Klagen von unseriösen Verbänden zu verhindern.[320] Bei Verbraucherzentralen und anderen Verbraucherverbänden, die überwiegend mit öffentlichen Mitteln gefördert werden, besteht parallel zu § 4 Abs. 2 S. 2 UKlaG eine unwiderlegliche gesetzliche Vermutung für das Vorliegen der Voraussetzungen des S. 2.[321]

---

318 Richtlinie 2009/22/EG des Europäischen Parlaments und des Rates vom 23. April 2009 über Unterlassungsklagen zum Schutz der Verbraucherinteressen, ABl. 2009 L 110/30.
319 § 606 Abs. 1 S. 2 ZPO iVm § 3 Abs. 1 S. 1 Nr. 1 UKlaG.
320 BT-Drs. 19/2507, 19.
321 § 606 Abs. 1 S. 4 ZPO.

II. Zulässigkeit der Musterfeststellungklage

Bei ernsthaften **Zweifeln an der Erfüllung** der in § 606 Abs. 1 S. 2 Nr. 4 und 5 ZPO genannten Voraussetzungen verlangt das Gericht von der klagenden Einrichtung die Offenlegung ihrer finanziellen Mittel.[322] Dies ermöglicht den Gerichten gerade bei ausländischen Einrichtungen eine Überprüfung der Herkunft von finanziellen Mitteln und schafft Transparenz.[323] Diese hohen Anforderungen dienen der Vorbeugung des Missbrauchs der Musterfeststellungsklage.[324] Dasselbe Ziel verfolgt die zeitliche Regelung der Nr. 2 (Listeneintragung des Verbands seit mindestens vier Jahren), die mit Blick auf die regelmäßigen Verjährungsfristen solche Verbände ausschließt, die sich kurzfristig zur Erlangung einer Klagebefugnis gründen und aus verbraucherschutzfremden Motiven handeln.[325] Das Erfordernis der Nr. 3 (satzungsmäßige Erfüllung bestimmter Verbraucherinteressen) beschränkt den Kreis zulässiger Kläger auf Verbände, die laut Satzung im Verbraucherinteresse nicht gewerbsmäßig tätig sind und ihren Schwerpunkt in der Aufklärung und Beratung haben, also nicht vordringlich die gerichtliche Geltendmachung von Verbraucherinteressen verfolgen.[326] Einer kommerziellen Ausnutzung der Klagemöglichkeit wird durch das Erfordernis der Nr. 4 (kein Gewinnerzielungszweck) vorgebeugt.[327] Die Voraussetzung der Nr. 5 (nicht mehr als fünf Prozent der Finanzmittel aus Unternehmenszuwendungen) schließt die Kollision von Verbraucher- und Unternehmensinteressen in der Weise aus, dass ein Einfluss von Unternehmen auf den klagenden Verband und eine daraus folgende Schädigung eines Wettbewerbers oder Unternehmens verhindert wird.[328]

34

Die Beschränkung der Klagebefugnis auf qualifizierte Einrichtungen wurde stark kritisiert. Grundsätzlich wird der Ansatz der Einschränkung der Klagebefugnis beziehungsweise der Verleihung der Klagebefugnis an Verbraucherverbände zwar befürwortet, da so eine Klageindustrie und missbräuchliche Klagen verhindert würden.[329] Die Umsetzung, insbesondere die **Beschränkung auf die qualifizierten Einrichtungen** mit den gesetzlich normierten Voraussetzungen, stößt jedoch vermehrt auf **Kritik**. Sie wird schon deshalb als nicht sachgerecht angesehen, da aufgrund des erheblichen Kostenrisikos für die qualifizierten Einrichtungen die Missbrauchsgefahr gering[330] und daher die Beschränkung nicht erforderlich sei. Die Regelung verlagere letztlich bestimmte Risiken auf die betroffenen Verbraucher, da diese keinen Einfluss darauf hätten, welcher Verband die Klage einreichen und betreiben würde.[331] Der Verbraucher sei aufgrund seiner Stellung dem tätig werdenden Verband hilflos ausgeliefert[332] und auf dessen Tätigwerden angewiesen, was auch die Verbraucherverbände entspre-

35

---

322 § 606 Abs. 1 S. 3 ZPO.
323 BT-Drs. 19/2507, 19.
324 BT-Drs. 19/2507, 13, 20.
325 BT-Drs. 19/2507, 19.
326 BT-Drs. 19/2507, 19.
327 BT-Drs. 19/2507, 19.
328 BT-Drs. 19/2507, 19.
329 *Augenhofer*, Stellungnahme zum Entwurf eines Gesetzes zur Einführung der Musterfeststellungsklage (BT-Drs. 19/2439 und 19/2507) sowie zum Entwurf eines Gesetzes zur Einführung von Gruppenverfahren (BT-Drs. 19/243) v. 12.6.2018, 7; *Schmidt-Kessel*, Stellungnahme zum Entwurf eines Gesetzes zur Einführung zivilprozessualer Musterfeststellungsklage zur Anhörung im Rechtsausschuss am 8.6.2018, 4.
330 *Kilian* ZRP 2018, 72 (73).
331 Plenarprotokoll 19/37, 3598.
332 *Kilian* ZRP 2018, 72 (73).

chend unter Druck setze.³³³ Die Musterfeststellungsklage würde zur Rechtsverfolgung durch Verbraucher ungeeignet, wenn sich kein klagender Verband findet.³³⁴ Insbesondere bleibe abzuwarten, ob die klagebefugten Verbände über die erforderliche finanzielle und/oder personelle Ausstattung verfügen, um tatsächlich ein solches Musterverfahren durchzuführen.³³⁵ Bisherige Erfahrungen zeigen jedenfalls, dass die qualifizierten Einrichtungen nur beschränkt von ihrer Befugnis Gebrauch machen,³³⁶ ganz im Gegensatz zu rechtsfähigen Verbänden zur Förderung gewerblicher oder selbstständiger beruflicher Interessen.³³⁷ Letztere seien vor allem auf dem Gebiet des Wettbewerbsrechts aktiv, dessen Verletzung in der Regel bei einem Verstoß gegen Verbraucherrecht ebenfalls vorliege.³³⁸ Sie können jedoch keine Musterfeststellungsklage erheben.

36 Die im Gesetzesentwurf zunächst angedachte Klagebefugnis für Industrie- und Handelskammern wurde gestrichen.³³⁹ Zumindest als kurios mutet es an, dass in der Folge eine slowenische oder griechische Industrie- und Handelskammer, die nach ihrem nationalen Recht zur Durchsetzung von Verbraucherrechten berechtigt und folglich in der Liste der Europäischen Kommission nach Art. 4 der Richtlinie 2009/22/EG³⁴⁰ eingetragen ist, klagen kann, wohingegen das deutsche Pendant mangels Zuständigkeit für Verbraucherverbandsklagen und Eintragung in der Liste der Kommission nicht klagebefugt ist.³⁴¹

2. Internationale Sachverhalte

37 Im Rahmen des Gesetzgebungsverfahrens zur Musterfeststellungsklage wurde bezüglich der gerichtlichen Zuständigkeit bei nicht rein innerdeutschen Sachverhalten lediglich auf den europarechtlichen **Vorrang der EuGVVO** verwiesen.³⁴² Ob eine Musterfeststellungsklage nur von Klägern mit Wohnsitz in Deutschland oder nur gegen Unternehmen mit Sitz in Deutschland erhoben werden kann, wurde im Gesetzgebungsverfahren nicht eingehend erörtert. Das hätte zivilprozessual eine weitere ausdrückliche Zulässigkeitsvoraussetzung der Musterfeststellungsklage sein können, wie

---

333 *Schmidt-Kessel*, Stellungnahme zum Entwurf eines Gesetzes zur Einführung einer zivilprozessualen Musterfeststellungsklage zur Anhörung im Rechtsausschuss am 8.6.2018, 7.
334 *Schmidt-Kessel*, Stellungnahme zum Entwurf eines Gesetzes zur Einführung einer zivilprozessualen Musterfeststellungsklage zur Anhörung im Rechtsausschuss am 8.6.2018, 7.
335 *Augenhofer*, Stellungnahme zum Entwurf eines Gesetzes zur Einführung der Musterfeststellungsklage (BT-Drs. 19/2439 und 19/2507) sowie zum Entwurf eines Gesetzes zur Einführung von Gruppenverfahren (BT-Drs. 19/243) v. 12.6.2018, 5; Stellungnahme des DAV Nr. 14/2017, 5; *Geissler* GWR 2018, 189 (191); *Halfmeier* ZRP 2017, 201 (202); *Kilian* ZRP 2018, 72 (73); *Kranz* NGZ 2017, 1099 (1202); *Meller-Hannich*, Sammelklagen, Gruppenklagen, Verbandsklagen – bedarf es neuer Instrumente des kollektiven Rechtsschutzes im Zivilprozess? – Gutachten A zum 72. Deutschen Juristentag 2018, A 77.
336 Stellungnahme des DAV Nr. 14/2017, 4.
337 *Meller-Hannich*, Sammelklagen, Gruppenklagen, Verbandsklagen – bedarf es neuer Instrumente des kollektiven Rechtsschutzes im Zivilprozess? – Gutachten A zum 72. Deutschen Juristentag 2018, A 49.
338 *Meller-Hannich*, Sammelklagen, Gruppenklagen, Verbandsklagen – bedarf es neuer Instrumente des kollektiven Rechtsschutzes im Zivilprozess? – Gutachten A zum 72. Deutschen Juristentag 2018, A 50.
339 *Meller-Hannich*, Sammelklagen, Gruppenklagen, Verbandsklagen – bedarf es neuer Instrumente des kollektiven Rechtsschutzes im Zivilprozess? – Gutachten A zum 72. Deutschen Juristentag 2018, A 49.
340 Richtlinie 2009/22/EG des Europäischen Parlaments und des Rates vom 23. April 2009 über Unterlassungsklagen zum Schutz der Verbraucherinteressen, ABl. 2009 L 110/30.
341 *Meller-Hannich*, Sammelklagen, Gruppenklagen, Verbandsklagen – bedarf es neuer Instrumente des kollektiven Rechtsschutzes im Zivilprozess? – Gutachten A zum 72. Deutschen Juristentag 2018, A 49.
342 BT-Drs. 19/2507, 26.

II. Zulässigkeit der Musterfeststellungklage

der Vergleich mit dem kollektiven Rechtsschutz in anderen Staaten der Europäischen Union zeigt. Ein sinnvoller Anknüpfungspunkt wäre beispielsweise gewesen, dass Feststellungsziele einen hinreichenden Inlandsbezug aufweisen müssen.

Eine andere Einschränkung gibt es beispielsweise in **Großbritannien**. Nach § 47B(11) des Competition Act von 1998[343] müssen sich Kläger, die ihren Wohnsitz außerhalb von Großbritannien haben, für die kollektive Durchsetzung einer bestimmten Art von wettbewerbsrechtlichen Klagen ausdrücklich anmelden (Opt-in-Modell). Für Kläger mit Sitz in Großbritannien gilt hingegen eine automatische Beteiligung beziehungsweise Erstreckung (Opt-out-Modell).

38

Auch in **Österreich** gibt es derzeit Überlegungen zur Einführung von Mechanismen des kollektiven Rechtsschutzes. Hierbei wird zwischen einem Gruppenverfahren und einem Musterverfahren unterschieden. Beim Gruppenverfahren wird, ähnlich wie beim deutschen KapMuG-Verfahren, aus einer breiten Gruppe von Klägern ein Gruppenkläger ausgewählt, der einzelne Tatsachenfragen für die gesamte Gruppe feststellen lassen kann. Beim Musterverfahren kann ein Verbraucherverband für eine Vielzahl von Rechtsfällen bedeutende Rechtsfragen klären lassen.[344] Im Rahmen dieses Musterverfahrens sind nach § 634 Abs. 1 ö-ZPO-Entwurf[345] iVm § 29 öKSchG (*„Konsumentenschutzgesetz"*)[346] eine in § 29 Abs. 1 öKSchG enumerativ aufgezählte Anzahl an österreichischen Verbänden klagebefugt. Darüber hinaus sind nach Abs. 2 auch die in Art. 4 Abs. 3 der Richtlinie 98/27/EG (inzwischen ersetzt durch die Richtlinie 2009/22/EG)[347] veröffentlichten Stellen und Organisationen eines anderen Mit-

39

---

343 Mittlerweile Bestandteil des Consumer Rights Act 2015 c. 15 Part 3 Chapter 2 Sec. 81 iVm Schedule 8 Part 1. Die Regelung lautet: *"Opt-out collective proceedings' are collective proceedings which are brought on behalf of each class member except—*
(a) any class member who opts out by notifying the representative, in a manner and by a time specified, that the claim should not be included in the collective proceedings, and
(b) any class member who—
(i) is not domiciled in the United Kingdom at a time specified, and
(ii) does not, in a manner and by a time specified, opt in by notifying the representative that the claim should be included in the collective proceedings".
344 70/ME XXIII. GP – Ministerialentwurf – Gesetzestext: Entwurf eines Bundesgesetzes, mit dem die Zivilprozessordnung, das Gerichtsgebührenrecht und das Rechtsanwaltstarifgesetz geändert werden (Zivilverfahrens-Novelle 2007): § 634 Abs. 1 soll lauten: *„Macht ein in § 29 KSchG genannter Verband einen ihm zur Geltendmachung abgetretenen Anspruch klagsweise geltend, so kann er beantragen, dass dieses Verfahren als Musterklage behandelt wird. Voraussetzung ist, dass der geltend gemachte Anspruch Rechtsfragen aufwirft, die für eine große Anzahl von Ansprüchen gegen dieselbe beklagte Partei bedeutsam sein können und sich aus einem im Wesentlichen gleichartigen Sachverhalt ergeben".*
345 70/ME XXIII. GP – Ministerialentwurf – Gesetzestext: Entwurf eines Bundesgesetzes, mit dem die Zivilprozessordnung, das Gerichtsgebührenrecht und das Rechtsanwaltstarifgesetz geändert werden (Zivilverfahrens-Novelle 2007).
346 § 29 öKSchG lautet: *„(1) Der Anspruch kann von der Wirtschaftskammer Österreich, der Bundesarbeitskammer, dem Österreichischen Landarbeiterkammertag, der Präsidentenkonferenz der Landwirtschaftskammern Österreichs, dem Österreichischen Gewerkschaftsbund, dem Verein für Konsumenteninformation und dem Österreichischen Seniorenrat geltend gemacht werden. (2) Liegt der Ursprung des Verstoßes (§§ 28 Abs. 1 und 28 a Abs. 1) in Österreich, so kann der Anspruch auch von jeder der im Amtsblatt der Europäischen Gemeinschaften von der Kommission gemäß Artikel 4 Abs. 3 der Richtlinie 98/27/EG über Unterlassungsklagen zum Schutz der Verbraucherinteressen. ABl. Nr. L 166 vom 11. Juni 1998, S 51, veröffentlichten Stellen und Organisationen eines anderen Mitgliedstaates der Europäischen Union gemacht werden, sofern 1. die von dieser Einrichtung geschützten Interessen in diesem Mitgliedstaat beeinträchtigt werden und 2. der in der Veröffentlichung angegebene Zweck der Einrichtung diese Klagsführung rechtfertigt".*
347 Richtlinie 98/27/EG über Unterlassungsklagen zum Schutz der Verbraucherinteressen, ABl. 1998 L 166, mittlerweile abgelöst durch die Richtlinie 2009/22/EG des Europäischen Parlaments und des Rates vom 23. April 2009 über Unterlassungsklagen zum Schutz der Verbraucherinteressen, ABl. 2009 L 110/30.

gliedstaates der Europäischen Union klagebefugt, sofern der Ursprung des Verstoßes in Österreich liegt, die von dieser Einrichtung geschützten Interessen in diesem Mitgliedsstaat beeinträchtigt werden und der in der Veröffentlichung angegebene Zweck der Einrichtung diese Klage rechtfertigt.

40 Die Öffnung der Musterfeststellungsklage für sämtliche in der Europäischen Union ansässigen ausländischen qualifizierten Einrichtungen und Verbraucher erscheint damit nicht zwingend. Unabhängig davon, ob eine wünschenswerte Anknüpfung an den Wohnsitz der beteiligten Verbraucher eine unzulässige verdeckte Diskriminierung nach der EuGH-Rechtsprechung darstellen würde, hätte der Gesetzgeber einen engeren Bezug der Kläger zu Deutschland verlangen können. Spätestens im Bereich der Feststellungsziele hätte es sich angeboten, einen deutsch-rechtlichen Bezug zu erfordern. So hätte der Gesetzgeber vermeiden können, dass vor dem Oberlandesgericht möglicherweise über unterschiedliche Rechtsordnungen und deren Rechtsbehelfe gestritten wird. Es wird sich zeigen, wie die gerichtliche Praxis mit derartigen Schwierigkeiten umgehen wird.

3. Zwingende Angaben der Klageschrift nach § 606 Abs. 2 ZPO

41 Zur Gewährleistung der Transparenz über das Vorliegen der Voraussetzungen der Klagebefugnis fordert § 606 Abs. 2 S. 1 ZPO Angaben und Nachweise zur **Klagebefugnis** des Klägers (Nr. 1)[348] und der **Abhängigkeit der Ansprüche oder Rechtsverhältnisse** von mindestens zehn Verbrauchern von den Ergebnissen des Musterfeststellungsverfahrens (Nr. 2).[349] Zum Zwecke der Bekanntmachung soll die Klageschrift daneben den vorgetragenen **Lebenssachverhalt zusammenfassen**, § 606 Abs. 2 S. 2 ZPO.[350] Dies soll im Interesse der Verbraucher die einfache und verständliche Übermittlung an das Klageregister erleichtern.[351] Aus der Formulierung „soll" im Umkehrschluss zu dem „muss" in Abs. 2 S. 1 lässt sich ableiten, dass die kurze Zusammenfassung des Lebenssachverhaltes keine zwingende Voraussetzung für die Zulässigkeit der Klage darstellt. Insoweit passt der Gesetzgeber den Wortlaut an die Regelungen zur Klageschrift in § 253 ZPO an, auf die zum Teil auch verwiesen wird. Hierbei wird die Praxis zeigen, ob ein mit der Sache befasstes Gericht selbst eine kurze Darstellung des vorgetragenen Lebenssachverhaltes erstellt oder im Wege der Verfügung eine Ergänzung der Angaben verlangt, wie es im Rahmen der Angaben nach § 253 Abs. 3 ZPO die Regel ist.

42 Im Übrigen bleiben nach § 606 Abs. 2 S. 3 ZPO die **Anforderungen des § 253 Abs. 2 ZPO** unberührt. Somit sind auch im Rahmen der Musterfeststellungsklage die allgemeinen Anforderungen an eine Klageschrift einzuhalten.[352] Selbstverständlich muss auch eine Musterfeststellungsklage die Parteien und das angerufene Gericht bezeichnen (§ 253 Abs. 2 Nr. 1 ZPO) und die bestimmte Angabe des Gegenstandes und des

---

348 § 606 Abs. 2 S. 1 Nr. 1 ZPO.
349 § 606 Abs. 2 S. 1 Nr. 2 ZPO.
350 § 606 Abs. 2 S. 2 ZPO.
351 BT-Drs. 19/2507, 20.
352 § 606 Abs. 2 S. 3 ZPO.

Grundes der begehrten Feststellungen sowie einen bestimmten Antrag enthalten (§ 253 Abs. 2 Nr. 2 ZPO).

Bezüglich der Angabe des Gegenstands und des Grundes des erhobenen Anspruchs bestehen kaum Besonderheiten gegenüber einer isolierten Feststellungsklage.[353] In den KapMuG-Verfahren werden die Feststellungsziele häufig bereits als konkrete Feststellungsanträge formuliert.[354] Im Rahmen der Musterfeststellungsklage stellt die Formulierung der Feststellungsziele als Klageanträge eine Zulässigkeitsvoraussetzung dar, vgl § 253 Abs. 2 Nr. 2 ZPO. Dieser doch sehr erhebliche Unterschied zwischen beiden Verfahren resultiert daraus, dass das KapMuG-Verfahren als Vorlageverfahren an das Oberlandesgericht ausgestaltet ist. Die konkreten Feststellungsziele werden dabei erst durch das Landgericht dem Oberlandesgericht vorgelegt, vgl § 6 KapMuG. Im Rahmen der Musterfeststellungsklage entscheidet das angerufene Gericht jedoch konkret über die in der Klageschrift als Klageanträge gestellten Feststellungsziele.

43

4. Besondere Zulässigkeitsvoraussetzungen gemäß § 606 Abs. 3 ZPO

Der Gesetzgeber hat in § 606 Abs. 3 ZPO besondere Zulässigkeitsvoraussetzungen für die Musterfeststellungsklage geregelt. Neben der Klageerhebung nur durch qualifizierte Einrichtungen ist dies gemäß § 294 ZPO zum einen die Glaubhaftmachung der **Abhängigkeit der Ansprüche oder Rechtsverhältnisse** von mindestens zehn Verbrauchern von den Ergebnissen des Musterfeststellungsverfahrens (Nr. 2). Den Umfang der Darlegungslast hinsichtlich der Glaubhaftmachung soll die Rechtsprechung im Einzelfall bestimmen.[355] Zum anderen muss die wirksame Anmeldung der Ansprüche oder Rechtsverhältnisse von mindestens **50 Verbrauchern** zur Eintragung in das Klageregister im Zeitraum von zwei Monaten nach öffentlicher Bekanntmachung der Musterfeststellungsklage (entsprechend § 607 ZPO) (Nr. 3) dargelegt werden. Das Erfordernis von mindestens 50 betroffenen Verbrauchern binnen zwei Monaten soll Verfahren von lediglich individueller Bedeutung verhindern.[356] Insoweit ist umstritten, ab welcher Schwelle das Verfahren durch fehlende Breitenwirkung unzulässig wird (Verfahrensdurchführung → § 6 Rn. 22).

44

III. Feststellungsziele

Eine besondere Herausforderung im Rahmen der Erstellung einer Musterfeststellungsklage stellen die Feststellungsziele und deren Formulierung dar. Diese definieren als Anträge grundsätzlich den möglichen Umfang der Klage und damit **in wesentlichen Punkten den Streitgegenstand**. Ausgehend von diesem Streitgegenstand haben die Feststellungsziele auch einen wesentlichen Einfluss auf die Wirkung der Musterfeststellungsklage, sei es als Sperrwirkung gegenüber später erhobenen Musterfeststellungsklagen bei Rechtshängigkeit oder auf die Bindungswirkung in den späteren

45

---

353 Vgl. hierzu ausführlich MüKoZPO/*Becker-Eberhard* § 253 Rn. 45 ff.
354 Als aktuelle Beispiele zu den Feststellungszielen in KapMuG-Verfahren siehe nur: LG Frankfurt am Main 3.7.2018, 2-23 O 236/17 – juris; 6.7.2018, 2-12 O 234/17 – juris; LG Hamburg 30.5.2018 – 322 OH 2/17 – juris; LG Saarbrücken 18.5.2018 – 1 O 318/17 – juris.
355 BT-Drs. 19/2507, 20.
356 BT-Drs. 19/2507, 20.

Individualverfahren der einzelnen Verbraucher. Aus diesem Grund kommt es in der Praxis wesentlich auf eine konkrete und den gesamten Fall erfassende Formulierung der Feststellungsziele an.

1. Gesetzliche Vorgaben

46 Der Musterfeststellungsantrag ist statthaft, wenn eine qualifizierte Einrichtung die Feststellung des Vorliegens oder Nichtvorliegens von tatsächlichen und rechtlichen Voraussetzungen für das Bestehen oder Nichtbestehen von Ansprüchen oder Rechtsverhältnissen zwischen Verbrauchern und einem Unternehmer begehrt.[357] Dies dient über die Möglichkeiten des § 256 ZPO hinaus der **Feststellung einzelner Elemente oder Vorfragen eines Rechtsverhältnisses oder einer Anspruchsgrundlage**.[358] Die Klärung einer Rechtsfrage mit Breitenwirkung, soweit sie einen Bezug zum Musterfeststellungsverfahren aufweist, dient zusätzlich auch der Fortentwicklung des Rechts.[359] Die Ausrichtung auf Feststellungsziele erfolgt dabei in Anlehnung an § 2 Abs. 1 KapMuG zur Ermöglichung der Klärung grundsätzlicher, in einer Vielzahl von Fällen wiederkehrender **Fragen mit Breitenwirkung**.[360] Genauso wie im Rahmen von § 2 Abs. 1 KapMuG kann im Rahmen der Musterfeststellungsklage nicht das Bestehen eines Anspruches insgesamt festgestellt werden. Das Gesetz spricht ausdrücklich von Voraussetzungen für das Bestehen oder Nichtbestehen von Ansprüchen als Minus zum Anspruch selbst.[361]

47 Zulässige Feststellungsziele können sich auf rein **tatsächliche, wie auch auf rechtliche Fragestellungen** beziehen. Da es sich bei der Musterfeststellungsklage um ein Verfahren des kollektiven Rechtsschutzes handelt, muss sich die Feststellung auf Fragen beschränken, die für eine Vielzahl von Fällen von Bedeutung sind (**Breitenwirkung**). Von vornherein ausgeschlossen ist demnach die Feststellung solcher tatsächlichen oder rechtlichen Voraussetzungen, die nur für die Anspruchsverfolgung einzelner Verbraucher von Bedeutung sind. Diese Fragen müssen im Anschlussprozess des betroffenen Verbrauchers geklärt werden. Aus dem Wortlaut lässt sich jedoch nicht ableiten, wann eine solche Vielzahl von Fällen vorliegt. Dass alle Feststellungsziele für die Ansprüche oder Rechtsverhältnisse aller im Klageregister eingetragenen Verbraucher von Bedeutung sein müssen, kann jedoch nicht gemeint sein.[362] Ansonsten droht, dass für jede Sachverhaltsabweichung, die nur bestimmte Verbraucher betrifft, eigene Musterfeststellungsklagen erhoben werden müssten. Ausgehend von der Gesetzessystematik bietet es sich an, ab 50 betroffenen Verbrauchern von einer Vielzahl von Fällen zu sprechen.[363]

48 Feststellungsfähig sind im Grundsatz einzelne Tatbestandsmerkmale der in Frage kommenden Ansprüche und Rechtsverhältnisse. Anders sind die *„tatsächlichen und*

---

357 § 606 Abs. 1 S. 1 ZPO.
358 BT-Drs. 19/2507, 21.
359 BT-Drs. 19/2507, 21.
360 BT-Drs. 19/2507, 21.
361 Kölner Komm KapMuG/*Kruis* § 2 Rn. 31.
362 Vgl. *Waßmuth/Asmus* ZIP 2018, 657 (659).
363 § 606 Abs. 2 Nr. 2 ZPO.

rechtlichen Voraussetzungen" nicht zu verstehen.[364] Durch diese sehr weitgehende Formulierung hat der Gesetzgeber seinen Willen zum Ausdruck gebracht, dass er im Rahmen der Musterfeststellungsklage eine möglichst weitgehende Feststellungswirkung möchte. Neben den Tatbestandsmerkmalen können demnach **auch rein tatsächliche Umstände, die Voraussetzungen für einzelne Tatbestandsmerkmale darstellen,** festgestellt werden.[365]

Daneben können auch reine Rechtsfragen geklärt werden, solange diese eine Bedeutung für eine Vielzahl von Fällen haben.[366] Mit Ausnahme von Fragen zur Musterfeststellungsklage selbst sind hier neben rein materiell-rechtlichen **Fragen** auch solche **zum Verfahrensrecht** zulässig, solange diese entscheidungserheblich sind und sich auf eine Vielzahl von Fällen beziehen. Als einschränkendes Merkmal für die Tauglichkeit von reinen Rechtsfragen als Feststellungsziele kommt es jedoch auf eine gewisse Klärungsbedürftigkeit der Rechtsfrage an. Diese wird in der Regel bereits dann zu bejahen sein, wenn zu dieser Frage keine, beziehungsweise nur eine uneinheitliche obergerichtliche Rechtsprechung existiert, beziehungsweise eine möglicherweise vorhandene einheitliche Rechtsprechung in der rechtswissenschaftlichen Literatur in erheblichem Maße angegriffen wird.[367] 49

Bezüglich individueller Anspruchsvoraussetzungen wird man differenziert vorgehen müssen. Ein vollständiger Ausschluss sämtlicher individueller Anspruchsvoraussetzungen als taugliche Feststellungsziele ergibt sich weder aus dem Wortlaut noch aus dem systematischen Zusammenhang der Norm. Vielmehr wird man sich für jede Konstellation die Frage stellen müssen, ob die jeweilige Anspruchsvoraussetzung nicht doch eine über den Einzelfall hinausgehende Bedeutung erlangt. Insoweit ist im Rahmen der Entscheidungsfindung durch das Gericht die Breitenwirkung jeweils im Einzelnen zu prüfen (→ § 8 Rn. 61 ff.). 50

2. Beispiele

In der Regel wird es sich hier um vom beklagten Unternehmen begründete Umstände beziehungsweise Umstände, die sich im Wesentlichen auf das beklagte Unternehmen beziehen, handeln. 51

Die **objektive Auslegung einer Klausel oder einer Erklärung** kann bei entsprechender Fallgestaltung ein taugliches Feststellungsziel sein, nicht hingegen die subjektive Auslegung, da es hierbei maßgeblich auf das individuelle Verständnis des konkreten Empfängers ankommt. Umstände, die sich auf das beklagte Unternehmen beziehen, sind beispielsweise tatsächliche Feststellungen zur Pflichtverletzung. Danach kann auch das Vorliegen eines Mangels nach dem **objektiven Fehlerbegriff** nach § 434 Abs. 1 S. 2 Nr. 2 BGB ein taugliches Feststellungsziel sein, sofern der Fehler des Produktes für eine Vielzahl von Fällen festgestellt werden kann. Die **subjektiven Mangelbegriffe** des § 434 Abs. 1 S. 1 und S. 2 Nr. 1 BGB eignen sich hingegen weniger, da es 52

---

364 So auch für das KapMuG, Kölner Komm KapMuG/*Kruis* § 2 Rn. 40; Vorwerk/Wolf/*Vorwerk* KapMuG § 1 Rn. 24.
365 So auch für das KapMuG, Kölner Komm KapMuG/*Kruis* § 2 Rn. 46; Vorwerk/Wolf/*Vorwerk* KapMuG § 1 Rn. 24.
366 BT-Drs. 19/2507, 21.
367 So auch für das KapMuG, Kölner Komm KapMuG/*Kruis* § 2 Rn. 71.

hier auf die Umstände des jeweiligen Einzelfalls ankommt (nämlich die konkrete vertragliche Vereinbarung beziehungsweise vertraglich vorausgesetzte Verwendung). Hierbei könnte lediglich die konkrete Beschaffenheit der Sache festgestellt werden. Dies gilt wohl auch für das subjektive Element der Frage der Erheblichkeit eines Mangels.

53 Ein zulässiges Feststellungsziel könnte diesbezüglich lauten: *„Es wird festgestellt, dass sämtliche von der Beklagten im Jahr 2017 verkauften Bügeleisen nach § 434 Abs. 1 S. 2 Nr. 2 BGB mangelhaft sind".* In diesem Fall wird beispielsweise die Feststellung des Vorliegens eines Tatbestandsmerkmals des Nachlieferungsanspruchs nach § 439 Abs. 1 BGB begehrt. Das Feststellungsziel könnte sich jedoch auch rein auf die tatsächlichen Voraussetzungen dieses Tatbestandsmerkmals beziehen: *„Es wird festgestellt, dass der Bügelschuh des von der Beklagten im Jahr 2017 verkauften Bügeleisen-Modells ‚Bügelflott 123' nur bis zu einer Temperatur von 30°C verwendet werden kann."* Unzulässig wäre hingegen wohl folgendes Feststellungsziel: *„Es wird festgestellt, dass sich die Bügeleisen des Modells ‚Bügelflott 123', die von der Beklagten im Jahr 2017 verkauft wurden, nicht für die im Vertrag vorausgesetzte Verwendung eignen und damit nach § 434 Abs. 1 S. 2 Nr. 1 BGB mangelhaft sind".* Die nach dem Vertrag vorausgesetzte Verwendung kann nicht für eine Vielzahl von Fällen festgestellt werden, da sie sich nach dem konkreten Einzelfall richtet. Diese Art des Mangels ist nur einschlägig, wenn die Sache gerade für eine andere als die gewöhnliche Verwendung erworben wurde.

54 Bezüglich des ähnlich formulierten § 2 Abs. 1 KapMuG wird in der Literatur vertreten, dass die Fragen, ob der **Beklagte schuldhaft gehandelt** hat und welcher **Verschuldensgrad** – Vorsatz, grobe Fahrlässigkeit, einfache Fahrlässigkeit – in Betracht kommt, oder ob die **Rechtswidrigkeit** des Handelns ausnahmsweise ausgeschlossen ist, feststellungsfähig sein soll.[368] Aufgrund der ähnlichen Zielsetzung beider Verfahren – der Feststellung von tatsächlichen und rechtlichen Voraussetzungen von Individualansprüchen mit Breitenwirkung – sprechen gute Gründe für eine Übertragung dieser Ansicht auf die Musterfeststellungsklage.

55 Der Eintritt eines Schadens wird wiederum von vom Einzelfall abhängigen Faktoren bestimmt (Merkmale individueller Typizität im Kontext des Musterfeststellungsurteils → § 8 Rn. 33).[369]

56 Für das Kapitalanlegermusterverfahren wird zudem vertreten, dass die **Kenntnis** des Käufers einer Kapitalanlage von einem potentiellen Fehler im Prospekt nicht feststellungsfähig ist.[370] Hieran anknüpfend stellt sich die Frage, wie es sich mit Fällen von **Falschbezeichnungen** verhält, in denen zB beide Parteien übereinstimmend von einer bestimmten Bedeutung einer Klausel ausgehen, diese Bedeutung objektiv jedoch nicht vorliegt, die sog *falsa demonstratio*-Fälle. Die Kenntnis der jeweiligen Käufer ist auch im Musterfeststellungsverfahren nicht feststellungsfähig, da es bei der *falsa demonstratio* nach der Rechtsprechung des Bundesgerichtshofes allein auf das individuelle

---

368 Vorwerk/Wolf/*Vorwerk* KapMuG § 1 Rn. 22.
369 So der BGH in einem KapMuG Verfahren, BGH 3. 12. 2008 – III ZB 97/07 – juris.
370 *Kilian*, Ausgewählte Probleme des Musterverfahrens nach dem KapMuG, 42.

Verständnis der Parteien ankommt und dieses nicht allgemein für eine Vielzahl von Fällen festgestellt werden kann, sondern lediglich für jeden Einzelfall individuell. Diese Frage ist daher in den Anschlussverfahren zu klären. Als taugliches Feststellungsziel eignet sich jedoch die Kenntnis beziehungsweise das Verständnis des Beklagten.

Ebenfalls nicht feststellungsfähig ist das etwaige **Mitverschulden** nach § 254 BGB, da es auch hier maßgeblich auf die individuellen Umstände ankommt. 57

Bezüglich der **Verjährung** ist zu differenzieren: Hinsichtlich der kenntnisabhängigen Verjährung (§ 199 Abs. 1 BGB) kann lediglich der **Zeitpunkt der Entstehung des Anspruchs** festgestellt werden, sofern es sich dabei um ein gegenüber allen Verbrauchern einheitliches Ereignis handelt, woran es häufig fehlen dürfte. Die subjektive Kenntnis des Verbrauchers kann wiederum erst im Folgeverfahren festgestellt werden.[371] Aufgrund der objektiven Anknüpfung ist auch die Unklarheit der Rechtslage zu einem bestimmten Zeitpunkt (beispielsweise aufgrund mangelnder oder erheblich divergierender obergerichtlicher Rechtsprechung) feststellungsfähig. Ob die Rechtslage von einer bestimmten Person tatsächlich als richtig erkannt wurde, kann wiederum nicht festgestellt werden. Die Voraussetzungen der kenntnisunabhängigen Verjährung (§ 199 Abs. 2 bis 4 BGB) eignen sich als Feststellungsziel, sofern diese unabhängig von individuellen Voraussetzungen festgestellt werden können. Die abstrakte Feststellung, dass die Verjährung eingetreten ist, kann hingegen wieder nicht getroffen werden, da eine etwaige Hemmung oder Unterbrechung der Verjährung von individuellen Umständen abhängt, die kein zulässiges Feststellungsziel darstellen. 58

Ähnlich wie die Verjährung kann auch die **Verwirkung** eines Anspruchs als solches nicht mit der Musterfeststellungsklage geltend gemacht werden, da es für das erforderliche Umstandsmoment auf ein schutzwürdiges Vertrauen der konkreten Gegenpartei ankommt. Jedoch können auch hier einzelne Voraussetzungen einer Verwirkung festgestellt werden. ZB könnte die abstrakte, für eine Vielzahl von Fällen geltende Feststellung, ob bestimmte Umstände überhaupt für eine Verwirkung geeignet sind oder wann der Beklagte vertrauen durfte, ein taugliches Feststellungsziel sein. 59

3. Beschränkung der Feststellungsziele nach Art des Anspruchs und zugrundeliegendem Recht

Der Wortlaut lässt offen, ob mit einer Musterfeststellungsklage die Feststellung der Voraussetzungen mehrerer **Ansprüche unterschiedlicher Art** verfolgt werden kann. Hierunter fallen beispielsweise Fälle, in denen eine Handlung eine vertragliche (Neben-)Pflicht verletzt und neben einem vertraglichen auch einen deliktischen Schadensersatzanspruch begründet, sowie Fälle, in denen Ansprüche unter verschiedenen Rechtsordnungen denkbar sind. Vom Wortlaut wird eine solche Auslegung der Norm nicht ausgeschlossen. § 606 Abs. 1 ZPO spricht von *„Ansprüchen und Rechtsverhältnissen"* und *„Feststellungszielen"*, und geht demnach von einem Plural aus. Für § 2 Abs. 1 KapMuG ist anerkannt, dass eine **Mehrheit von Feststellungszielen** inner- 60

---

[371] So der BGH in einem KapMuG Verfahren, BGH NZG 2008, 592 (594); OLG München BeckRS 2011, 00542.

halb eines Musterantrages zulässig ist und kein besonderer Zusammenhang zwischen den einzelnen Feststellungszielen bestehen muss.[372]

61 Unter Berücksichtigung des Zwecks der Musterfeststellungsklage spricht zumindest in Fällen, in denen gleichzeitig vertragliche und deliktische Ansprüche verfolgt werden, viel für die Möglichkeit der einheitlichen Geltendmachung von Ansprüchen. Ob dies insbesondere im Hinblick auf die Prozessführung praktisch sinnvoll ist, ist dagegen eine andere Frage.

62 Unklar ist, ob die qualifizierte Einrichtung die Feststellung auf eine oder **mehrere Rechtsordnungen beschränken** kann. Diese Frage ist praktisch bedeutsam, da die qualifizierte Einrichtung keinen Einfluss darauf hat, welche Verbraucher sich zur Musterfeststellungsklage anmelden und welchem Recht deren Rechtsverhältnisse im Einzelnen unterliegen. Unklar ist auch, ob das Außerachtlassen des für einen Verbraucher bedeutsamen (ausländischen) Rechts zur Haftung wegen mangelhafter Prozessführung führen kann. Fraglich ist auch, für wie viele Verbraucher die konkrete Rechtsordnung Bedeutung haben muss, um die qualifizierte Einrichtung zur Beachtung einer ausländischen Rechtsordnung zu verpflichten. Aus Sicht der qualifizierten Einrichtung wird es praktischerweise zielführend sein, die Ansprüche auf eine oder einzeln ausgewählte zugrunde liegende **materielle Rechtsordnungen** zu beschränken. Dies dient neben der Begrenzung des Haftungsrisikos vor allem dem Ziel der Schaffung einer Rechtslage mit Breitenwirkung. Es würde das Verfahren unnötig verlängern sowie die Kosten des Rechtsstreits durch die erforderlichen Gutachten zum ausländischen Recht erheblich erhöhen, wenn die qualifizierte Einrichtung das Feststellungsziel unter jedem materiellen Recht argumentieren müsste, dass auf den anschließenden Individualprozess eines angemeldeten Verbrauchers Anwendung finden könnte. Auch müsste die Einrichtung bereits im Vorhinein prüfen, welche materiellen Rechtsordnungen im Individualprozess des einzelnen Verbrauchers in Betracht kommen, um diese zu vertreten. Die vorgenannten Schwierigkeiten machen deutlich, dass eine Musterfeststellungsklage bei Anmeldung von Verbrauchern mit Wohnsitz außerhalb Deutschlands eine Vielzahl von Problemen aufweist. Insoweit wäre es auch gut denkbar, für solche Auslandsrechtsachverhalte den Anwendungsbereich der Musterfeststellungsklage zu verneinen oder zumindest hinsichtlich der deutschen Rechtsordnung fremder Feststellungsziele teleologisch zu reduzieren.

IV. Wirkung einer rechtshängigen Musterfeststellungsklage

63 Die Wirkung der Rechtshängigkeit einer Musterfeststellungsklage geht über die Wirkung der Rechtshängigkeit einer Individualklage hinaus. Der Gesetzgeber hat sich hier für die Einführung eines vielfach kritisierten Systems entschieden, indem er für rechtshängige Musterfeststellungsklagen eine **Sperrwirkung gegenüber allen später eingereichten Musterfeststellungsklagen über denselben Streitgegenstand** angeordnet hat. Um diese Wirkung etwas abzumildern, wurde gleichzeitig eingeführt, dass am selben Tag erhobene Musterfeststellungsklagen über denselben Streitgegenstand verbunden und gemeinsam verhandelt werden können, vgl. § 610 Abs. 2 ZPO iVm

---

372 Kölner Komm KapMuG/*Kruis* § 2 Rn. 28.

§ 147 ZPO. Beides kann in der Praxis zu erheblichen **Abgrenzungsschwierigkeiten** führen, da der herkömmliche Streitgegenstandsbegriff für die Musterfeststellungsklage nicht ohne Weiteres übernommen werden kann und eine eigenständige Definition des Gesetzgebers nicht erfolgt ist.

Neben dieser Sperrwirkung führt eine rechtshängige Musterfeststellungsklage zur Hemmung der Verjährung von Ansprüchen der wirksam für die Musterfeststellungsklage angemeldeten Verbraucher, deren Streitgegenstand sich auf die Feststellungsziele der Musterfeststellungsklage bezieht. Diesbezüglich sind bereits **anhängige Individualklagen von Verbrauchern** mit der Anmeldung der Verbraucher zur Musterfeststellungsklage vom Gericht von Amts wegen auszusetzen, § 613 Abs. 2 ZPO. **Nicht-Verbraucher**, denen Ansprüche zustehen, die von den Feststellungszielen der Musterfeststellungsklage erfasst sind, werden hiervon nicht erfasst. Diesen steht lediglich die Möglichkeit zu, ihr eigenes Verfahren auf Antrag aussetzen zu lassen. Hierdurch durchbricht der Gesetzgeber den Grundsatz der Verfahrensneutralität (dazu auch → Rn. 92). 64

1. Sperrwirkung eines Antrages („Windhundprinzip", § 610 Abs. 1 ZPO)

Eine rechtshängige Musterfeststellungsklage gegen einen Beklagten sperrt gemäß § 610 Abs. 1 ZPO andere Musterfeststellungsklagen gegen denselben Beklagten, sofern deren Streitgegenstand denselben zugrundeliegenden Lebenssachverhalt und dieselben Feststellungsziele betrifft.[373] Die Sperrwirkung besteht jedoch ausdrücklich nur, soweit **beide Musterfeststellungsklagen denselben Streitgegenstand** betreffen. 65

Zur Definition des Streitgegenstandsbegriffs der Musterfeststellungsklage kann wiederum auf die Erwägungen zum KapMuG zurückgegriffen werden. Das KapMuG dient der Feststellung des Vorliegens oder Nichtvorliegens anspruchsbegründender oder anspruchsausschließender Voraussetzungen oder der Klärung von Rechtsfragen (Feststellungsziele), § 2 Abs. 1 KapMuG. Die Musterfeststellungsklage dagegen ist auf die Feststellung des Vorliegens oder Nichtvorliegens von tatsächlichen und rechtlichen Voraussetzungen für das Bestehen oder Nichtbestehen von Ansprüchen oder Rechtsverhältnissen (Feststellungsziele) gerichtet, § 606 Abs. 1 ZPO. Trotz der leicht unterschiedlichen Formulierung der Feststellungsziele sind diese im Wesentlichen auf dasselbe Ziel gerichtet: die Feststellung von einzelnen Anspruchsvoraussetzungen mit Breitenwirkung. Folglich kann der dortige **Streitgegenstandsbegriff** zur Auslegung herangezogen werden. 66

Bezüglich der alten Fassung des KapMuG war der Streitgegenstandsbegriff umstritten: Nach einer Ansicht bestimmte sich der Streitgegenstand allein nach dem Feststellungsziel, eine andere Ansicht kombinierte das Feststellungsziel mit dem ebenso zentralen Begriff des Streitpunkts, also die zur Begründung des Feststellungsziels dienenden tatsächlichen und rechtlichen Umstände (§ 1 Abs. 2 S. 2 KapMuG aF).[374] Eine dritte Ansicht leitete den Streitgegenstand als Verfahrensgegenstand aus den konkre- 67

---

373 § 610 Abs. 1 S. 1 ZPO.
374 *Geiger*, Kollektiver Rechtsschutz im Zivilprozess – die Gruppenklage zur Durchsetzung von Massenschäden und ihre Auswirkungen, S. 260; *Lange*, Das begrenzte Gruppenverfahren – Konzeption eines Verfahrens zur Bewältigung von Großschäden auf der Basis des Kapitalanleger-Musterverfahrensgesetzes, 201.

ten einzelnen Anspruchsvoraussetzungen ab.[375] Denkbar ist auch, den Streitgegenstand durch den Bündelungsgrund, also den für die Übertragbarkeit der Ergebnisse relevanten Sachverhalt, und den zu klärenden Anspruchsvoraussetzungen zu bestimmen.[376] Vorteil dieser Methode soll die einfachere Grenzziehung gegenüber der Abgrenzung beim Abstellen auf die Feststellungsziele alleine sein.[377] Insgesamt lässt sich daraus ableiten, dass für den **Streitgegenstand in KapMuG-Verfahren** den Feststellungszielen eine wesentliche Bedeutung zukommt, diese jedoch nicht isoliert vom jeweiligen Lebenssachverhalt betrachtet werden dürfen.

68 Neben diesen Erwägungen zum KapMuG liefern auch die Gesetzesbegründung und die Stellungnahme des Bundesrates wichtige Indizien für die **Bestimmung des Streitgegenstandes**. In der Gesetzesbegründung heißt es: *„Durch die Benennung der Feststellungsziele und des Lebenssachverhalts bestimmt der Kläger den Streitgegenstand [sic] der Musterfeststellungsklage."*[378] Der Gesetzgeber ging demnach von einem zweigliedrigen Streitgegenstandsbegriff aus. Auch die Stellungnahme des Bundesrates, durch die der Wortlaut des § 610 Abs. 1 ZPO in seine finale Fassung geändert wurde, geht in diese Richtung: Dieser empfahl die Abänderung des Wortlauts von *„Musterfeststellungsklagen [...], soweit deren Feststellungsziele denselben zugrunde liegenden Lebenssachverhalt betreffen"* in *„Musterfeststellungsklagen [...], soweit der Streitgegenstand denselben Lebenssachverhalt und dieselben Feststellungsziele betreffen".*[379] Als Begründung für die Änderung wurde angeführt, dass das Abstellen alleine auf den Lebenssachverhalt schwierige Abgrenzungsprobleme liefern könnte, aber auch, dass der Vortrag eines umfassenden Lebenssachverhalts weitere Musterfeststellungsklagen unnötig blockieren würde, wenn der Feststellungsantrag eng gefasst ist.[380] Eine sachgerechte Abgrenzung erfordere die Einbeziehung der Klageziele. Daneben führe die Umformulierung zu einem Gleichlauf mit § 610 Abs. 2 ZPO. Neben diesen gesetzgeberischen Motiven sprechen auch systematische Argumente für einen derartigen Streitgegenstandsbegriff. Der Ansatz passt in das System der ZPO[381] und fügt sich nahtlos an den herrschenden **zweigliedrigen Streitgegenstandsbegriff**[382] im Individualverfahren an. Auch trägt er den Verfahrenszielen der Musterfeststellungsklage, nämlich Effektivität, Vermeidung von Parallelprozessen und Verfahrensökonomie Rechnung, da er den Streitgegenstand hinreichend abgrenzt, ohne weiteren verfahrensökonomischen Musterfeststellungsklagen unnötig den Raum zu nehmen. Eine Begrenzung des Streitgegenstands allein auf das Feststellungsziel scheint auch deshalb

---

375 *Geiger*, Kollektiver Rechtsschutz im Zivilprozess – die Gruppenklage zur Durchsetzung von Massenschäden und ihre Auswirkungen, S. 260; *Lange*, Das begrenzte Gruppenverfahren – Konzeption eines Verfahrens zur Bewältigung von Großschäden auf der Basis des Kapitalanleger-Musterverfahrensgesetzes, 201.
376 *Geiger*, Kollektiver Rechtsschutz im Zivilprozess – die Gruppenklage zur Durchsetzung von Massenschäden und ihre Auswirkungen, 261.
377 *Lange*, Das begrenzte Gruppenverfahren – Konzeption eines Verfahrens zur Bewältigung von Großschäden auf der Basis des Kapitalanleger-Musterverfahrensgesetzes, S. 202.
378 BT-Drs. 19/2507, 21.
379 BR-Drs. 176/18, 9.
380 BR-Drs. 176/18, 10.
381 Gefordert zB von *Lange*, Das begrenzte Gruppenverfahren – Konzeption eines Verfahrens zur Bewältigung von Großschäden auf der Basis des Kapitalanleger-Musterverfahrensgesetzes, 202.
382 *Zöller/Vollkommer* ZPO Einl. Rn. 82 f.; *MüKoZPO/Becker-Eberhard* § 253 Rn. 32.

nicht sinnvoll, da dadurch eine sehr weit reichende Bindungswirkung verursacht werden könnte.³⁸³

Dieselben Feststellungsziele liegen vor, wenn sich die Klageanträge auf dieselben rein tatsächlichen oder rechtlichen Fragestellungen beziehen, die für eine Vielzahl von Fällen von Bedeutung sind (Feststellungsziel → § 3 Rn. 45 ff.). Der Lebenssachverhalt beschreibt den dem Feststellungsziel zugrunde liegenden relevanten Sachverhalt. Derselbe **Lebenssachverhalt** ist dann gegeben, wenn es sich nicht um einen seinem Wesen nach anderen Sachverhalt handelt.³⁸⁴ Dabei geht das Gericht von einer natürlichen Betrachtungsweise aus, die nach der Verkehrsanschauung vorzunehmen ist.³⁸⁵ Im Einzelfall verbleiben aus der ex ante-Sicht nicht ganz einfache Abgrenzungsprobleme. Ein sorgfältiges und umfassendes Abfassen der Klageschrift und der Anträge kann dieses (potentielle) Problem erheblich verringern. 69

Mit der Verknüpfung von Lebenssachverhalt und Feststellungsziel in § 610 Abs. 1 ZPO soll verhindert werden, dass der Vortrag eines umfassenden Lebenssachverhaltes trotz engen Feststellungsziels weitere Musterfeststellungsklagen sperrt. Die Sperrwirkung endet, wenn die Musterfeststellungsklage ohne Entscheidung in der Sache beendet wird,³⁸⁶ nicht aber bei einer Beendigung durch rechtskräftige Entscheidung.³⁸⁷ Das bedeutet, dass die spätere, gleichgerichtete Musterfeststellungsklage im Fall einer rechtskräftigen Entscheidung für oder gegen den ersten Musterfeststellungskläger als unzulässig abzuweisen ist.³⁸⁸ Wird die frühere Musterfeststellungsklage jedoch als unzulässig verworfen, erklärt der frühere Musterkläger die Klagerücknahme oder im Falle einer übereinstimmenden Erledigungserklärung der Parteien kann die spätere Musterfeststellungsklage hingegen weitergeführt werden (siehe zur Sperrwirkung im Verhältnis zur Rechtskraft → § 8 Rn. 43 f.).³⁸⁹ 70

Die Regelung erweitert den Anwendungsbereich der entgegenstehenden Rechtshängigkeit nach § 261 Abs. 3 Nr. 1 ZPO, der mangels Parteiidentität nicht gilt, und dient der Verhinderung mehrerer gleichgerichteter Musterfeststellungsklagen.³⁹⁰ 71

Eine nach Rechtshängigkeit einer Musterfeststellungsklage gegen denselben Beklagten eingereichte Musterfeststellungsklage, deren Feststellungsziele sich mit einem Teil der **Feststellungsziele** der bereits rechtshängigen Musterfeststellungsklage **überschneidet**, ist nach § 610 Abs. 1 ZPO teilweise unzulässig. Dies folgt aus dem Wortlaut des Abs. 1, der im Gegensatz zu Abs. 2 nur eingreift, *„soweit"* derselbe Streitgegenstand betroffen ist. Der Teil des Streitgegenstands der später eingereichten Musterfeststellungsklage, der nicht mit dem Streitgegenstand der früher eingereichten Klage identisch ist, ist von der Sperrwirkung demnach nicht betroffen. Bei der Frage nach identischen Feststellungszielen wird jedoch nicht allein deren Wortlaut ausschlaggebend 72

---

383 Vgl. *Geiger*, Kollektiver Rechtsschutz im Zivilprozess – Die Gruppenklage zur Durchsetzung von Massenschäden und ihre Auswirkungen, 263.
384 BGH NJW 1990, 1795 (1796).
385 BGH NJW 1995, 967 (968).
386 § 610 Abs. 1 S. 1 ZPO.
387 BT-Drs. 19/2507, 25; BT-Drs. 19/2741, 25.
388 BT-Drs. 19/2507, 25.
389 BT-Drs. 19/2507, 26.
390 BT-Drs. 19/2507, 23.

sein. Die Musterfeststellungsklage soll eine Vielzahl gleichgelagerter Fälle abdecken und aus Gründen der Prozessökonomie und Prozessbeschleunigung gleichartige tatsächliche und rechtliche Fragen einheitlich klären. Diesem Ziel wird man nur dann gerecht, wenn man die Feststellungsanträge für die Bestimmung der Feststellungsziele auslegt. Praktisch wird man eine Gesamtbetrachtung vornehmen, auf was der Antrag letztlich abzielt. Keine Identität liegt zum Beispiel vor, wenn ein Antrag auf Feststellung einer Pflichtverletzung aufgrund von Mangelhaftigkeit, der andere auf eine Pflichtverletzung auf Basis einer Aufklärungspflicht gerichtet ist.

73 Mit diesem in § 610 Abs. 1 ZPO normierten **Windhundprinzip** beziehungsweise dem „*race to the courthouse*" hat der deutsche Gesetzgeber ein Prinzip im Gesetz verankert, welches kritisch bewertet wird. So wurde in den USA bei der Class Action diese Regel wieder abgeschafft und durch die Auswahl des geeignetsten Klägers durch das Gericht ersetzt.[391] Auch unter dem KapMuG trifft das Gericht eine Auswahl unter den Klägern. Praktisch dürften die Auswirkungen des Windhundprinzips für die Musterfeststellungsklage eher gering sein, da die Anzahl der möglichen Kläger durch die erhöhten Anforderungen an die qualifizierten Einrichtungen tatsächlich beschränkt ist. Folglich wird es nur wenige Kläger geben, die sich an dem „Rennen zum Gericht" beteiligen können.

74 Als vorbeugende Maßnahme **zur Vermeidung der Sperrwirkung** nach § 610 Abs. 1 ZPO wäre eine mögliche **Streitgenossenschaft** auf Seiten der Musterfeststellungskläger denkbar. Entsprechende ausdrückliche Regelungen gibt es in Italien und Griechenland.[392] Die Musterfeststellungsklage enthält dazu keine ausdrückliche gesetzliche Regelung. Die Verbindung nach § 610 Abs. 2 ZPO in Verbindung mit § 147 ZPO, die ebenfalls zu einer Streitgenossenschaft nach § 59 ZPO führt, bezieht sich nur auf gleichzeitig eingereichte Musterfeststellungsklagen. Aus dem Umkehrschluss zu § 610 Abs. 6 ZPO, der die §§ 66 bis 74 ZPO ausdrücklich ausschließt, lässt sich jedoch entnehmen, dass der Gesetzgeber das Problem von mehreren Parteien auf einer Seite gesehen hat, jedoch bewusst nur den Verfahrensbeitritt des Verbrauchers als Streithelfer oder Nebenintervenient, nicht aber die Streitgenossenschaft zweier klagebefugter Einrichtungen ausschließen wollte. Es erscheint systemgerecht, dass sich die qualifizierten Einrichtungen freiwillig zu einer Streitgenossenschaft zusammenschließen können, wenn schon das Gericht die beiden Kläger durch Verbindungsbeschluss nach § 147 ZPO unabhängig von deren Willen zu Streitgenossen machen kann. Ein Verbot der Bündelung von finanziellen und personellen Ressourcen durch mehrere qualifizierte Einrichtungen dürfte sich auch nur schwerlich mit dem Ziel des Gesetzgebers zur effektiven Rechtsdurchsetzung vereinbaren lassen.

2. Verbindung nach § 147 ZPO bei Anträgen am selben Tag (§ 610 Abs. 2 ZPO)

75 Werden mehrere Musterfeststellungsklagen, deren Streitgegenstand denselben Lebenssachverhalt und dieselben Feststellungsziele betreffen, am selben Tag anhängig,

---

391 *Geiger*, Kollektiver Rechtsschutz im Zivilprozess – die Gruppenklage zur Durchsetzung von Massenschäden und ihre Auswirkungen, 214 mwN.
392 *Michailidou*, Prozessuale Fragen des Kollektivrechtsschutzes im europäischen Justizraum, 120.

IV. Wirkung einer rechtshängigen Musterfeststellungsklage

sind diese **parallel zulässig**,[393] können aber nach § 147 ZPO **verbunden** werden.[394] Bei nahezu identischen Klagen, die am selben Tag bei Gericht eingereicht werden, soll nicht der Zufall entscheiden, welche Klage zuerst rechtshängig wird und folglich die andere sperrt.[395] Entschieden werden kann diese Frage jedoch erst bei Rechtshängigkeit beider Musterfeststellungsklagen, denn erst dann tritt die Sperrwirkung des § 610 Abs. 1 ZPO ein. Für die Frage, wann die jeweiligen Musterfeststellungsklagen eingereicht wurden, kommt es jedoch ausdrücklich auf die Anhängigkeit der Musterfeststellungsklagen (*„bei Gericht eingereicht"*) an, nicht auf deren Rechtshängigkeit. Folglich kommt es auch auf den Zeitpunkt der Zustellung und das Prinzip der Demnächst-Zustellung nach § 167 ZPO nur mittelbar an. Aufgrund der schwerwiegenden Rechtsfolge der Sperrwirkung anderer Musterfeststellungsklagen, die erst später bei Gericht eingehen, spricht hier viel dafür, Musterfeststellungsklagen, die nicht demnächst im Sinne von § 167 ZPO dem Beklagten zugestellt werden, von der Wirkung des § 610 Abs. 2 ZPO auszunehmen. Wenn die qualifizierte Einrichtung aufgrund eigenen Verschuldens die Zustellung der Klage unnötig verzögert, soll ihr diese Privilegierung nicht zukommen.

Zwar überlassen es der Wortlaut von § 147 ZPO und die Gesetzesbegründung[396] dem Gericht, ob tatsächlich verbunden wird oder nicht. Jedoch wird es, wenn zwei am selben Tag bei demselben Gericht eingereichte Musterfeststellungsklagen denselben Streitgegenstand betreffen, kaum Gründe geben, die für eine getrennte Verhandlung sprechen.

Bei **zwei gleichzeitig anhängigen Musterfeststellungsklagen** stellt sich die Frage, wie der Verbraucher darauf reagieren sollte. Eine Anmeldung des Verbrauchers ist grundsätzlich nur zu einem Klageregister notwendig, um die Bindungswirkung der Entscheidung nach § 613 Abs. 1 ZPO herbeizuführen. Für den Verbraucher birgt die Möglichkeit von zwei verbundenen Verfahren mit identischem Streitgegenstand die Gefahr, dass sich nicht hinreichend viele Verbraucher im Klageregister für die jeweilige Klage registrieren. Das kann dazu führen, dass sich Verbraucher für beide Musterfeststellungsklagen registrieren. Der Gesetzgeber hat diese Möglichkeit nicht ausdrücklich ausgeschlossen. Vielmehr erfolgt die Anmeldung der Verbraucher ohne jegliche inhaltliche Prüfung.[397] Die Relevanz des Musterfeststellungsurteils für das jeweilige Verfahren des Verbrauchers wird erst im Individualprozess geklärt.[398] Problematisch sind die **Folgen der Anmeldung zu beiden parallel zulässigen Musterfeststellungsklagen,** wenn diese nicht verbunden worden sind und (zB auf Grundlage unterschiedlicher vorgelegter Beweismittel) unterschiedliche Urteile ergehen, die jeweils für sich die Bindungswirkung nach § 613 Abs. 1 ZPO entfalten. Da der Senat bzw. (bei Auseinanderfallen der Zuständigkeiten) die Senate auf Basis der jeweiligen Ergebnisse der Schriftsätze und der mündlichen Verhandlung entscheiden, die nicht inhaltsgleich sein müssen, ist dies zumindest nicht ausgeschlossen. Sofern sich ein Verbraucher im

---

393 BT-Drs. 19/2741, 25.
394 § 610 Abs. 2 ZPO.
395 BT-Drs. 19/2741, 25.
396 BT-Drs. 19/2741, 25.
397 § 608 Abs. 2 S. 3 ZPO.
398 § 613 Abs. 1 S. 1 ZPO.

Klageregister für zwei Musterfeststellungsklagen mit identischem Streitgegenstand angemeldet hat und diese bezüglich einzelner Feststellungsziele tatsächlich gegensätzlich entscheiden würden, ist es unklar, wie ein mit dem anschließenden Individualprozess befasstes Gericht diesen Widerspruch auflösen würde. Aus diesem Grund ist die Verfahrensverbindung nach § 147 ZPO praktikabler.

78 Unklar ist die Möglichkeit der Verfahrensverbindung bei Teilidentität der Streitgegenstände. In Betracht kommt eine teilweise oder vollständige Verbindungsmöglichkeit, aber auch die separate Verhandlung der Musterfeststellungsklagen. In der Begründung zur Vorschrift stellt der Ausschuss auf „nahezu identische oder sehr ähnliche"[399] Klagen ab, die verbunden werden können. Dem kann man entnehmen, dass es **nicht auf vollständige Identität ankommt**. Eine solche dürfte auch in der Praxis kaum vorkommen, weswegen an die Identität nicht zu hohe Anforderungen gestellt werden dürfen, da die Vorschrift sonst inhaltlich ausgehöhlt würde.

79 Hat das Gericht nach § 147 ZPO die Verbindung beider Musterfeststellungsklagen angeordnet, führt dies bezüglich der Kläger untereinander zu einer Streitgenossenschaft nach §§ 59, 60 ZPO und zu einer objektiven Klagehäufung nach § 260 ZPO. Die Entscheidung des Gerichts zur Verbindung ist grundsätzlich unanfechtbar.[400] Erst das Musterfeststellungsurteil kann mit dem Rechtsmittel der Revision angefochten werden (→ § 9 Rn. 2 ff.).

80 Nach der Verbindung verlieren die Prozesse ihre Selbstständigkeit und werden zu einem einzigen Verfahren mit einheitlicher Verhandlung, Beweisaufnahme und Entscheidung zusammengefasst.[401]

81 Die jeweilige anwaltliche Vertretung bleibt dem jeweiligen Streitgenossen zugeordnet. Jedoch könnten die beiden qualifizierten Einrichtungen auch vom selben Anwalt vertreten werden.[402] Für die Anwälte der qualifizierten Einrichtungen als Kläger ändert sich durch die Verbindung nur wenig. Wurden die Anwälte nur von einer qualifizierten Einrichtung mandatiert, haben sie auch nur für diese den Prozess zu führen. Sie müssen dabei jedoch das prozessuale Verhalten und den Vortrag der Streitgenossen im Blick behalten. Im Hinblick auf die anwaltlichen Gebühren ist Ziffer 1008 Anlage 1 zum RVG zu berücksichtigen (→ § 10 Rn. 10 ff.).

82 Vom Gesetz in § 610 Abs. 1 und 2 ZPO nicht ausdrücklich geregelt ist der Fall, dass nach dem Tag des Eingangs der ersten Musterfeststellungsklage(n) vor deren Zustellung an den Beklagten noch weitere Musterfeststellungsklagen eingehen. Die Behandlung des Zeitraums zwischen dem Tag nach Anhängigkeit der ersten Klage und deren Rechtshängigkeit ist nicht eindeutig. Die Sperrwirkung nach § 610 Abs. 1 setzt die Rechtshängigkeit voraus. § 610 Abs. 2 ZPO hingegen erfasst nach dem Wortlaut der Vorschrift nur den kalendertaggenauen Eingang am Tag der Einreichung der ersten Musterfeststellungsklage.[403] Zweckmäßig dürfte es zu einer Vermeidung einer Vielzahl von Verbandsklägern sein, die Ausnahmevorschrift zur Verfahrensverbindung

---

399 BT-Drs. 19/2741, 25.
400 OLG München BeckRS 2015, 19160.
401 § 61 ZPO; MüKoZPO/*Fritsche* § 147 Rn. 9; Musielak/Voit/*Stadler* ZPO § 147 Rn. 4.
402 Schneider/Wolf/*Volpert* RVG § 7 Rn. 70 ff.
403 Vgl. hierzu sowie zu den verschiedenen Lösungsmöglichkeiten *Röthemeyer* HK-MFK § 610 Rn. 11 ff., 24.

nach § 610 Abs. 2 ZPO eng auszulegen. Damit scheidet eine Verfahrensverbindung von nach dem Tag der Anhängigkeit der ersten Musterfeststellungsklage eingegangenen Klagen aus, soweit diese denselben Streitgegenstand betreffen. Folge einer solchen Sichtweise wäre, dass die verspätet eingegangenen Klagen mit Eintritt der Rechtshängigkeit nach § 610 Abs. 1 ZPO entsprechend gesperrt würden.[404]

3. Verjährung, Ausschluss der Individualklage (§ 610 Abs. 3 ZPO) und Aussetzung von laufenden Prozessen bei Anmeldung des Klägers (§ 613 Abs. 2 ZPO)

Die Rechtshängigkeit der Musterfeststellungsklage schließt nach § 610 Abs. 3 ZPO Individualklagen eines angemeldeten Verbrauchers gegen denselben Beklagten aus, wenn deren Streitgegenstand denselben Lebenssachverhalt und dieselben Feststellungsziele betrifft (Streitgegenstand → § 3 Rn. 63 ff.). 83

Eine solche **Individualklage** ist in diesem Fall auch nicht notwendig und angezeigt. Für einen Anspruch, den ein Gläubiger wirksam zum Klageregister angemeldet hat, führt die Erhebung der Musterfeststellungsklage gemäß § 204 Abs. 1 Nr. 1 a BGB zur Hemmung der Verjährung. Dies gilt nach allgemeinen Grundsätzen selbst dann, wenn die Klage unzulässig ist.[405] Von der **Hemmung** erfasst sind alle Ansprüche der Verbraucher, denen derselbe Lebenssachverhalt zugrunde liegt wie den Feststellungszielen der Musterfeststellungsklage. Der Verbraucher kann dann nach Abschluss des Musterfeststellungsverfahrens seine konkreten Ansprüche im Rahmen eines Individualverfahrens geltend machen (dazu → § 11 Rn. 2 ff.). 84

Nach der Lesart der Bundesregierung soll die verjährungshemmende Wirkung mit Erhebung der Klage für alle Verbraucher eintreten. Solange der Verbraucher dann bis zum Tag vor der ersten mündlichen Verhandlung seinen Anspruch wirksam zum Klageregister anmeldet, soll er von der verjährungshemmenden Wirkung der Musterfeststellungsklage profitieren, selbst wenn die eigentliche Verjährungsfrist für seinen Anspruch bereits kurz zuvor nach Erhebung der Musterfeststellungsklage abgelaufen wäre. Diese Lesart des § 204 Abs. 1 Nr. 1 a BGB läuft darauf hinaus, solchen Verbrauchern einen Vorteil zu verschaffen, die im Lauf der regulären Verjährungsfrist kein Interesse an der Realisierung ihres Anspruchs gezeigt haben. Zugleich belastet sie die beklagten Unternehmer, für die sich derjenige Zeitpunkt ins Ungewisse verschiebt, zu dem sie nicht mehr mit einer Geltendmachung weiterer Ansprüche rechnen müssen. Dieses Ungleichgewicht sowie die rückwirkende Anknüpfung der neuen Verjährungshemmungsregelungen an bereits in der Vergangenheit entstandene Ansprüche wirft die Frage nach der Verfassungsmäßigkeit der Regelung auf. 85

Außerhalb des Streitgegenstands tritt **keine Hemmung der Verjährung** ein.[406] Die Verjährung kann dann nur durch Erhebung einer Individualklage gehemmt werden. Daher kann es bei Unsicherheit über den Umfang des Streitgegenstands bei drohender Verjährung aus Sicht des Verbrauchers sinnvoll sein, eine Individualklage zu erheben. 86

---

404 Vgl. *Röthemeyer* HK-MFK § 610 Rn. 24.
405 BGH NJW 2004, 3772; Palandt/*Ellenberger* BGB § 204 Rn. 5.
406 BGH NJW 2005, 2004; Palandt/*Ellenberger* BGB § 204 Rn. 13.

87 Im Fall einer bereits vor Bekanntmachung der Musterfeststellungsklage erhobenen Individualklage eines Verbrauchers, die die Feststellungsziele und den Lebenssachverhalt der Musterfeststellungsklage betrifft, setzt das Gericht bei Anmeldung des Verbrauchers zum Klageregister das Verfahren bis zur rechtskräftigen Entscheidung oder sonstigen Erledigung der Musterfeststellungsklage oder bis zur wirksamen Rücknahme der Anmeldung aus, § 613 Abs. 2 ZPO. Gegen die Aussetzung nach § 613 Abs. 2 ZPO ist gemäß § 252 ZPO das Rechtsmittel der **sofortigen Beschwerde** statthaft.[407]

88 Das zur Entscheidung eines Rechtsstreits zwischen dem angemeldeten Verbraucher und dem Beklagten angerufene Gericht ist an das Ergebnis der Musterfeststellungsklage gebunden, soweit derselbe Streitgegenstand betroffen ist, § 613 Abs. 2 ZPO. Die Nichtbeachtung stellt einen revisiblen Rechtsfehler dar. Im Prozess eines Unternehmers gegen den Beklagten tritt dagegen keine Bindungswirkung ein, das Urteil hat allenfalls eine Leitbildfunktion, von der der **Unternehmer-Kläger im Individualprozess** profitieren kann. Eine abweichende Entscheidung des Gerichts vom Urteil der Musterfeststellungsklage ist damit nicht per se rechtsfehlerhaft.

89 Im Umkehrschluss aus § 610 Abs. 3 ZPO ergibt sich, dass eine Musterfeststellungsklage keine Sperrwirkung gegen eine Individualklage eines nicht im Klageregister angemeldeten Verbrauchers hat. Begründet wird dies damit, dass es in Deutschland einen verfassungsrechtlichen Vorrang des Individualrechtsschutzes vor dem kollektiven Rechtsschutz gebe.[408] In einem solchen Fall ist es denkbar, dass es beispielsweise aufgrund unterschiedlicher Prozessführung zu gegenläufigen Entscheidungen kommt.

90 Die Verjährung des Individualanspruchs des Verbrauchers, der sich im entsprechenden Klageregister angemeldet hat, läuft sechs Monate nach rechtskräftiger Entscheidung oder anderweitiger Beendigung (Prozessvergleich, übereinstimmende Erledigterklärung oder Klagerücknahme) der Musterfeststellungsklage wieder an, § 204 Abs. 2 S. 1 BGB. Im Falle der wirksamen Rücknahme der Anmeldung zum Klageregister nach § 608 Abs. 3 ZPO endet die Hemmung sechs Monate nach Rücknahme der Anmeldung, § 204 Abs. 2 S. 4 BGB. In diesem Zeitraum muss eine Individualklage erhoben oder eine andere Maßnahme ergriffen werden, um die Verjährung des Anspruchs zu vermeiden. Die durch die Erhebung der Individualklage gehemmte Verjährung des Anspruchs des Verbrauchers bleibt bei Aussetzung bestehen und wirkt nach Ende des Musterfeststellungsverfahrens fort, solange die Individualklage fortgeführt wird.

4. Mögliche Aussetzung einer Individualklage eines Unternehmers bei Vorgreiflichkeit des Musterfeststellungsantrages (§ 148 Abs. 2 ZPO)

91 Bei Abhängigkeit der Entscheidung eines Rechtsstreits von Feststellungszielen, die Gegenstand eines anhängigen Musterfeststellungsverfahrens bilden, kann das Gericht die Verhandlung bis zur Erledigung des Musterfeststellungsverfahrens auf Antrag des

---

407 BeckOK ZPO/*Jaspersen* § 252 Rn. 2; Musielak/Voit/*Stadler* ZPO § 252 Rn. 1; Saenger/*Woestmann* ZPO § 252 Rn. 1; MüKoZPO/*Stackmann* ZPO § 252 Rn. 9 f.
408 *Geiger*, Kollektiver Rechtsschutz im Zivilprozess – Die Gruppenklage zur Durchsetzung von Massenschäden und ihre Auswirkungen, 261 mwN; *Lange*, Das begrenzte Gruppenverfahren – Konzeption eines Verfahrens zur Bewältigung von Großschäden auf der Basis des Kapitalanleger-Musterverfahrensgesetzes, 106 ff.

Klägers aussetzen, **sofern dieser kein Verbraucher ist**.[409] Diese Regelung war aus Sicht des Gesetzgebers erforderlich, da Gegenstand des Musterfeststellungsverfahrens **nur Ansprüche von Verbrauchern** sein können. Folglich können sich Unternehmer nicht anmelden und später auch nicht auf die Bindungswirkung des Musterfeststellungsurteils berufen.[410] Durch die Möglichkeit des Antrags auf Aussetzung sollen sie jedoch den Ausgang des Musterfeststellungsverfahrens abwarten und von dessen Ausgang profitieren können.[411]

Diese Ungleichbehandlung von Verbrauchern und Unternehmern stellt eine entscheidende Abweichung zum KapMuG dar.[412] Der Gesetzgeber begeht damit eine **Durchbrechung des Grundsatzes der Verfahrensneutralität**, also der verfahrensrechtlichen Gleichbehandlung von Verbrauchern und Unternehmern.[413] Hieran wurde bereits im Gesetzgebungsverfahren erhebliche Kritik geäußert, da Unternehmer oft genauso schutzwürdig sind.[414] Insbesondere **Einzelkaufleute und Klein- und mittelständische Unternehmen** werden aufgrund der Kosten und Prozessrisiken bei kleineren Schadensbeträgen auf eine gerichtliche Geltendmachung häufig verzichten. Hier wird die Praxis zeigen, ob die Möglichkeit der Aussetzung des Individualverfahrens nach § 148 Abs. 2 ZPO – wenn auch ohne gesetzliche Bindung des Gerichts an die Feststellungen des Musterverfahrens – zu einem gesteigerten Klageaufkommen führen wird.

92

Darüber hinaus droht dem Unternehmer-Kläger unabhängig von einem eigenen Aussetzungsantrag eine faktische Aussetzung seines Verfahrens, da aufgrund dieser mittelbaren Verknüpfung zu befürchten ist, dass die Gerichte diese Individualklagen nicht mit dem nötigen Engagement betreiben, solange ein Musterprozess vor dem Oberlandesgericht oder sogar dem Bundesgerichtshof anhängig ist.[415]

93

Die Aussetzung des Individualprozesses eines Unternehmers gegen den Musterfeststellungsbeklagten nach § 148 Abs. 2 ZPO ist vom Verweis des § 252 ZPO auf die sofortige Beschwerde erfasst und demnach mit dieser **anfechtbar**.

94

---

409 § 148 Abs. 2 ZPO.
410 BT-Drs. 19/2741, 24.
411 BT-Drs. 19/2741, 24 f.
412 *Hettenbach/ Schläfke*, Recht und Kapitalmarkt: Kläger ohne Einfluss auf Verfahren – Bundestag beschließt Musterfeststellungsklage mit wesentlichen Änderungen – Negative Konsequenzen für Unternehmen, Börsen-Zeitung vom 21.7.2018.
413 *Hettenbach/ Schläfke*, Recht und Kapitalmarkt: Kläger ohne Einfluss auf Verfahren – Bundestag beschließt Musterfeststellungsklage mit wesentlichen Änderungen – Negative Konsequenzen für Unternehmen, Börsen-Zeitung vom 21.7.2018.
414 Plenarprotokoll 19/37, 3600; Stellungnahme des Verbraucherzentrale Bundesverbands (vzbv) zum Diskussionsentwurf eines Gesetzes zur Einführung der Musterfeststellungsklage vom 27. Juli 2017, 11; kritisch auch *Halfmeier* ZRP 2017, 201 (202); kritisch auch *Hettenbach/ Schläfke*, Recht und Kapitalmarkt: Kläger ohne Einfluss auf Verfahren – Bundestag beschließt Musterfeststellungsklage mit wesentlichen Änderungen – Negative Konsequenzen für Unternehmen, Börsen-Zeitung vom 21.7.2018.
415 *Hettenbach/ Schläfke*, Recht und Kapitalmarkt: Kläger ohne Einfluss auf Verfahren – Bundestag beschließt Musterfeststellungsklage mit wesentlichen Änderungen – Negative Konsequenzen für Unternehmen, Börsen-Zeitung vom 21.7.2018.

V. Die Haftung im Rechtsverhältnis zwischen der qualifizierten Einrichtung und dem Verbraucher

95   Qualifizierte Einrichtungen dürfen zwar nicht aus gewerblich-kommerziellen Motiven Musterfeststellungsklagen betreiben. Ein Interesse am eigenen Fortbestand haben sie naturgemäß dennoch. Gerade Musterfeststellungsklagen, die eine **Vielzahl von beteiligten Verbrauchern** betreffen, bergen für die qualifizierte Einrichtung ein gewisses **Haftungsrisiko**. Demzufolge stellt sich für die qualifizierte Einrichtung vor der Erstellung der Musterfeststellungsklage und deren Einreichung die Frage nach ihrer eigenen Haftung. Verliert die qualifizierte Einrichtung das Musterfeststellungsverfahren, kann sie sich einer Vielzahl von Verbraucherklagen wegen mangelhafter Prozessführung gegenübersehen. Die Frage der Haftung hängt wiederum von der Frage ab, welche Art von Rechtsverhältnis zwischen der qualifizierten Einrichtung und den angemeldeten Verbrauchern besteht.

1. Art des Rechtsverhältnisses zwischen der qualifizierten Einrichtung und den angemeldeten Verbrauchern

96   Zur Einordnung des Rechtsverhältnisses zwischen der qualifizierten Einrichtung und den angemeldeten Verbrauchern hat sich der Gesetzgeber nicht geäußert. Der abweichende Gesetzentwurf der Fraktion Bündnis 90/Die Grünen hatte noch ausdrücklich vorgesehen, dass kein Schuldverhältnis zwischen den Parteien entsteht, § 619 Abs. 2 ZPO-E.[416] Die Regelung wurde vom Gesetzgeber jedoch nicht übernommen. Sie wäre rechtspolitisch zweifelhaft, da sie dem Verbraucher ohne Notwendigkeit vollständig jeglichen Einfluss entziehen würde. Im Raum steht insbesondere die Einordnung des Rechtsverhältnisses als Auftrag, als Prozessrechtsverhältnis oder als berechtigte Geschäftsführung ohne Auftrag.

a) Einordnung als Auftrag

97   Charakteristisch für das Vorliegen eines Auftrags nach § 662 BGB sind die Elemente der Fremdnützigkeit der Tätigkeit und deren Unentgeltlichkeit.[417] Diese Elemente liegen im Verhältnis zwischen dem Musterfeststellungskläger und den Verbrauchern vor: Die qualifizierte Einrichtung handelt rein im Interesse der Verbraucher, insbesondere darf sie weder aus gewerblich-kommerziellen noch aus anderen verbraucherschutzfremden Motiven handeln, vgl. § 606 Abs. 1 S. 2 Nr. 3 und 4 ZPO, da ihr sonst bereits die Klagebefugnis fehlt. Die Einrichtungen bekommen für ihre Klagen keine finanzielle Gegenleistung von den angemeldeten Verbrauchern. Die gezahlte Gerichtsgebühr erhält das jeweilige Gericht.

98   Ein mögliches **Angebot auf Vertragsschluss** seitens der qualifizierten Einrichtung könnte in der Veranlassung der Bekanntmachung der Musterfeststellungsklage liegen. Die **Annahme** durch den Verbraucher läge dann in der Eintragung ins Klageregister. Dies wäre jedenfalls nach dem Gedanken des § 663 BGB möglich.[418] Doch müsste

---

[416] Gesetzentwurf der Fraktion Bündnis 90/DIE GRÜNEN zur Einführung von Gruppenverfahren, zuletzt BT-Drs. 18/13426, 8.
[417] MüKoBGB/*Schäfer* § 662 Rn. 11; Palandt/*Sprau* BGB § 662 Rn. 7 und 8.
[418] *Schmidt-Kessel*, Stellungnahme zum Entwurf eines Gesetzes zur Einführung einer zivilprozessualen Musterfeststellungsklage zur Anhörung im Rechtsausschuss am 8.6.2018, 14.

hier bereits von einer bindenden Offerte *ad incertas personas* ausgegangen werden, da der Musterfeststellungskläger keine Möglichkeit hat und haben soll, die Vertretung eines Verbrauchers abzulehnen, wie das im Falle des Sicherbietens im Sinn des § 663 Alt. 3 BGB möglich wäre. Dies ist auch folgerichtig, da eine zweite Musterfeststellungsklage mit demselben Streitgegenstand, der sich ein abgelehnter Verbraucher anschließen könnte, gesperrt ist (§ 610 Abs. 1 ZPO).

b) Einordnung als reines Prozessrechtsverhältnis

Möglich erscheint auch die Einordnung als **reines Prozessrechtsverhältnis**, wie es ursprünglich im Gesetzentwurf der Fraktion Bündnis 90/Die Grünen vorgeschlagen wurde.[419] Dieser sah nämlich kein vertragliches Schuldverhältnis zwischen dem Musterfeststellungskläger und dem Verbraucher vor. Andere sehen ein besonderes Prozessrechtsverhältnis zwischen den genannten Personen, bei dem es sich zugleich „*um ein Schuldverhältnis mit Rechten und Pflichten*" handelt.[420] Die qualifizierte Einrichtung ist nach dieser Ansicht zum mangelfreien Betreiben des Prozesses gegenüber dem Verbraucher verpflichtet, da sie die Bereitschaft dazu durch die Klageerhebung bekundet hat und der angemeldete Verbraucher gemäß § 608 Abs. 3 ZPO nach dem Tag der ersten mündlichen Verhandlung an die Anmeldung gebunden, also vom Betreiben durch die Einrichtung abhängig ist.[421] Das wäre insoweit konsequent, als die qualifizierte Einrichtung ausschließlich fremdnützig tätig wird und nicht mit zu vielen Pflichten konfrontiert werden sollte, die die Bereitschaft zur Klageerhebung wohl senken würden. Andererseits regelt ein Prozessrechtsverhältnis die rechtlichen Beziehungen zwischen den am Gerichtsverfahren beteiligten Parteien, dem Gericht und den Beteiligten.[422] Der **Verbraucher** ist jedoch am Verfahren **nicht unmittelbar beteiligt**[423] und das Verhältnis zwischen dem Musterfeststellungskläger und dem Verbraucher ist in erster Linie **außerprozessual**, denn der Verbraucher nimmt allein an der Bindungswirkung des Urteils oder Vergleichs teil. Außerdem entsteht ein Prozessrechtsverhältnis generell bereits mit Rechtshängigkeit der Klage,[424] nicht erst durch (nachträgliche) Anmeldung zu einem Klageregister. Dies spricht eher für eine **materiell-rechtliche Einordnung** des Vertrags als Auftragsverhältnis.

99

c) Einordnung als echte, berechtigte Geschäftsführung ohne Auftrag, §§ 677 ff. BGB

Eine Geschäftsführung ohne Auftrag kommt von vornherein nur in Betracht, wenn **kein spezielleres bzw. abschließendes Rechtsverhältnis** die Rechtsbeziehung zwischen zwei Personen erfasst.[425] Insofern wäre die mögliche Einordnung der Rechtsbeziehung zwischen dem Musterfeststellungskläger und dem Verbraucher als Auftrag oder Prozessrechtsverhältnis vorrangig. Des Weiteren setzt die Geschäftsführung ohne

100

---

419 Gesetzentwurf der Fraktion Bündnis 90/DIE GRÜNEN zur Einführung von Gruppenverfahren, zuletzt BT-Drs. 18/13426, 8.
420 *Schmidt-Kessel*, Stellungnahme zum Entwurf eines Gesetzes zur Einführung einer zivilprozessualen Musterfeststellungsklage zur Anhörung im Rechtsausschuss am 8.6.2018, 15.
421 *Schmidt-Kessel*, Stellungnahme zum Entwurf eines Gesetzes zur Einführung einer zivilprozessualen Musterfeststellungsklage zur Anhörung im Rechtsausschuss am 8.6.2018, 15.
422 Musielak/Voit/*Musielak* ZPO Einl. Rn. 55.
423 Referentenentwurf des Bundesministeriums der Justiz und für Verbraucherschutz, Entwurf eines Gesetzes zur Einführung einer Musterfeststellungsklage v. 31.7.2017, 21.
424 BGH NJW 1992, 2575; MüKoZPO/*Rauscher* Einl. Rn. 32.
425 Saenger/*Schulze* BGB vor §§ 677–687 Rn. 1; MüKoBGB/*Schäfer* § 677 Rn. 66.

Auftrag voraus, dass der Geschäftsführer nicht in irgendeiner Weise zur Geschäftsführung berechtigt ist.[426] Jedoch ergibt sich die Berechtigung des Musterfeststellungsklägers gerade durch die **Anmeldung zum Klageregister**. Umgekehrt kann die qualifizierte Einrichtung nicht die Musterfeststellungsklage für einen Verbraucher betreiben, der sich nicht zum Klageregister angemeldet hat, da sonst dessen rechtliches Gehör verletzt wird. In dem Akt der Anmeldung liegt also die **Berechtigung**, die eine Geschäftsführung ohne Auftrag ausschließt.

2. Haftungsfälle

101 Ein Haftungsfall im Verhältnis Musterfeststellungskläger – Verbraucher kommt grundsätzlich in zwei Konstellationen in Betracht: durch mangelndes Betreiben des Verfahrens seitens der qualifizierten Einrichtung oder durch mangelhafte Führung des Rechtsstreits.[427] Ersteres kommt in Betracht, wenn die qualifizierte Einrichtung **politische Entscheidungen** trifft, die für die Verfahrensführung nicht zu erwarten sind und die der Verbraucher nicht akzeptieren muss, beispielsweise eine Klagerücknahme kurz vor Abschluss des Verfahrens bei Aussicht auf eine positive Entscheidung. Praktisch bedeutsam ist aber eher der zweite mögliche Haftungsfall. Eine Haftung richtet sich unabhängig von der Einordnung des Rechtsverhältnisses zwischen der qualifizierten Einrichtung und dem Verbraucher nach §§ 280, 276, 278 BGB. Der Ausnahmetatbestand des § 680 BGB für Gefahrensituationen beim Auftrag und der Geschäftsführung ohne Auftrag kommt bei der Musterfeststellungsklage denklogisch nicht zum Tragen und beeinflusst den Haftungsmaßstab daher nicht. In aller Regel wird sich die qualifizierte Einrichtung bei **mangelhafter Verfahrensführung** beim (berufsrechtlich versicherten) Anwalt schadlos halten können. Eine Haftung der qualifizierten Einrichtung dem Grunde nach kommt beispielsweise in Betracht, wenn sich die rechtlich voll aufgeklärte qualifizierte Einrichtung für eine **unnötig riskante Strategie** entscheidet oder wenn sie dem anwaltlichen Vertreter schuldhaft **wichtige Informationen vorenthält** oder **unrichtige Tatsachen weitergibt**, durch die eine Beratung *lege artis* nicht mehr möglich ist.

3. Haftungsprivilegierung

102 Im Gesetzgebungsverfahren wurde eine Haftungsprivilegierung bis hin zur Einschränkung der Haftung nur bei Vorsatz und grober Fahrlässigkeit diskutiert. Teils wurde eine Verbandshaftung als mit dem Konzept der Musterfeststellungsklage unvereinbar abgelehnt.[428] Jedenfalls müsse dem Haftungsrisiko im Rahmen der Finanzierung von qualifizierten Einrichtungen Rechnung getragen werden.[429]

103 Eine solche **Privilegierung erscheint jedoch unangemessen**, da die Haftung in erster Linie den (berufsrechtlich versicherten) Rechtsanwälten des Musterfeststellungspro-

---

426 MüKoBGB/*Schäfer* § 677 Rn. 67; BeckOK BGB/*Gehrlein* § 677 Rn. 18.
427 *Schmidt-Kessel*, Stellungnahme zum Entwurf eines Gesetzes zur Einführung einer zivilprozessualen Musterfeststellungsklage zur Anhörung im Rechtsausschuss am 8.6.2018, 16.
428 StN des Verbraucherzentrale Bundesverbands (vzbv) zum Diskussionsentwurf eines Gesetzes zur Einführung der Musterfeststellungsklage vom 27. Juli 2017, 18.
429 StN des Verbraucherzentrale Bundesverbands (vzbv) zum Diskussionsentwurf eines Gesetzes zur Einführung der Musterfeststellungsklage vom 27. Juli 2017, 18.

zesses zugute käme.[430] Daneben ist auch im Geschäftsbesorgungsrecht in der Regel keine Haftungserleichterung vorgesehen, wie auch der Umkehrschluss aus § 680 BGB zeigt. Auch die Haftungsprivilegierungen der §§ 31 a f. BGB gelten nur für Mitglieder und Organe, nicht für den Idealverein selbst. Eine abweichende Regelung aufgrund einer besonderen Härte für die die wirtschaftlichen Interessen schutzbedürftiger Verbraucher vertretende qualifizierte Einrichtung ist daher nicht angezeigt, im Gegenteil: Mangels öffentlich-rechtlicher Kontrolle der Prozessführung kann diese nur durch ein effektives Haftungsrisiko erfolgen.

Eine diskutierte Minimierung des Haftungsrisikos der klagebefugten Einrichtung durch die Einschränkung der Bindungswirkung des Urteils für den Verbraucher im Falle einer mangelhaften Prozessführung hat ebenfalls keinen Eingang ins Gesetz gefunden.

Tatsächlich hat die qualifizierte Einrichtung eine Reihe von (üblichen) Mitteln, **eine eigene Haftung auszuschließen oder zu begrenzen.** Im eigenen Interesse wird die qualifizierte Einrichtung ihre Prozessvertreter so aussuchen, dass sie einen etwaigen Schadensersatz nicht nur rechtlich schulden, sondern auch tatsächlich leisten können, etwa durch den Abschluss einer erhöhten Berufshaftpflichtversicherung. Die qualifizierte Einrichtung sollte zudem die Sachverhaltsermittlung, die Rechtsbewertung und etwaige Entscheidungen zwischen verschiedenen Handlungsmöglichkeiten im eigenen Interesse sorgfältig und nachhaltig dokumentieren.

---

430 *Schmidt-Kessel*, Stellungahme zum Entwurf eines Gesetzes zur Einführung einer zivilprozessualen Musterfeststellungsklage zur Anhörung im Rechtsausschuß am 8.6.2018, 16 f.

§ 4 Bekanntmachung

Schrifttum: *Balke/Liebscher/Steinbrück*, Der Gesetzentwurf zur Einführung einer Musterfeststellungsklage – ein zivilprozessualer Irrweg, ZIP 2018, 1321; Beck'scher Online-Kommentar ZPO, 28. Ed. 1.3.2018; *DAV*, Stellungnahme 14/2017; *DAV*, Stellungnahme 20/2018; *Halfmeier*, Musterfeststellungsklage: Nicht gut, aber besser als nichts, ZRP 2017, 201; *Hess/Reuschle/Rimmelspacher*, Kölner Kommentar zum KapMuG, 2. Aufl. 2014; *Kilian*, Musterfeststellungsklage – Meinungsbild der Anwaltschaft, ZRP 2018, 72; *Kranz*, Der Diskussionsentwurf zur Muster-Feststellungsklage – ein stumpfes Schwert?, NZG 2017, 1099; *Krüger/Rauscher*, Münchener Kommentar zur ZPO, Band 1, 5. Aufl. 2016; *Merkt/Zimmermann*, Die neue Musterfeststellungsklage: Eine erste Bewertung, VuR 2018, 363; *Röthemeyer*, Musterfeststellungsklage, Spezialkommentar zu den §§ 606–614 ZPO, 1. Aufl. 2018; *Schweiger/Meißner*, Praktische Aspekte der Rechtsentwicklung bei Unterlassungs- und Musterfeststellungsklagen in Verbrauchersachen – Teil 1, CB 2018, 240; *Stein/Jonas*, Kommentar zur Zivilprozessordnung, Band 1, Einleitung, §§ 1–77, 23. Aufl. 2014.; *Waßmuth/Asmus*, Der Diskussionsentwurf des BMJV zur Einführung einer Musterfeststellungsklage, ZIP 2018, 657; *Weinland*, Die neue Musterfeststellungsklage, 1. Aufl. 2019; *Wieczorek/Schütze*, ZPO, Bd. 13/1, KapMuG, 4. Aufl. 2018; *Würtenberger/Freischem*, Stellungnahme der GRUR zum Diskussionsentwurf eines Gesetzes zur Einführung einer Musterfeststellungsklage, GRUR 2017, 1101.

I. Errichtung des Klageregisters 2	3. Bekanntmachung der Verfahrensbeendigung 50
1. Zweck der öffentlichen Bekanntmachungen 2	IV. Wirkung der Bekanntmachung 54
2. Eintragungen, Auskunft und Auszugsgewährung 7	1. Beginn der Zweimonatsfrist 55
3. Führung des Klageregisters 11	2. Aussetzung von Verbraucherklagen 56
4. Verordnungsermächtigung 14	3. Aussetzung von Unternehmerklagen 57
II. Voraussetzungen der Bekanntmachung der Musterfeststellungsklage ... 18	a) Sinn und Zweck der Regelung 58
1. Angaben und Nachweise zum Kläger als qualifizierte Einrichtung 20	b) Antragserfordernis, Voraussetzungen und gerichtliches Ermessen 61
2. Angaben zur Breitenwirkung; Darlegung der Abhängigkeit der Verbraucheransprüche von den Feststellungszielen................. 23	V. Aufbewahrungsfrist im Klageregister 62
	VI. Einsicht ins Klageregister 63
3. Prüfung durch das Gericht 28	1. Unentgeltliches Einsichtsrecht für jedermann 64
a) Prüfungsmaßstab 29	2. Auskunftsanspruch der angemeldeten Verbraucher 68
b) Prüfung der Klagebefugnis ... 34	3. Anspruch des Gerichts auf Auszugserteilung 69
c) Schlüssigkeits- und Zulässigkeitsprüfung 36	4. Anspruch der Parteien auf Auszugserteilung 70
III. Inhalt und Zeitpunkt der Bekanntmachung 41	VII. Rechtsschutz gegen die Bekanntmachung 71
1. Öffentliche Bekanntmachung der Musterfeststellungsklage 42	
2. Weitere verfahrensrelevante Bekanntmachungen 45	

1 Eine Musterfeststellungsklage ist binnen 14 Tagen nach der Erhebung durch das Oberlandesgericht öffentlich bekanntzumachen.[431] Im weiteren Verfahrensablauf werden überdies Terminbestimmungen, Hinweise und Zwischenentscheidungen so-

---

431 Vgl. § 607 Abs. 1 iVm Abs. 2 ZPO.

wie jedwede Form der Verfahrensbeendigung veröffentlicht.[432] Die Bekanntmachungen erfolgen im Klageregister.

I. Errichtung des Klageregisters

1. Zweck der öffentlichen Bekanntmachungen

Aufgrund des Zuschnitts auf den Zweiparteienprozess sind öffentliche Bekanntmachungen in der ZPO bisher nur im Ausnahmefall vorgesehen.[433] In den Verfahren des kollektiven Rechtsschutzes sind öffentliche Bekanntmachungen dagegen unverzichtbar, denn die Teilhabe am kollektiven Rechtsschutz setzt Informationen voraus. 2

Als potentielle Anmelder müssen Verbraucher daher über die **Rechtshängigkeit** einer Musterfeststellungsklage sowie, nach späterer Anmeldung zum Klageregister, über deren **Fortentwicklung** bis zur **Verfahrensbeendigung in Kenntnis gesetzt** werden. Die Veröffentlichung einer Musterfeststellungsklage im Klageregister ermöglicht es den Verbrauchern, die eigene Situation zu evaluieren und zu entscheiden, ob eigene Ansprüche zum Klageregister angemeldet oder aber individuell verfolgt werden sollen. Die Anmeldung wiederum verzahnt die Musterfeststellungsklage mit den individuellen Ansprüchen.[434] Letztlich profitieren auch Unternehmer von der öffentlichen Bekanntmachung. Sie können zwar keine Ansprüche oder Rechtsverhältnisse zum Klageregister anmelden, wohl aber eine Aussetzung eigener Klagen beantragen. Hierdurch können auch sie in begrenztem Umfang von den Ergebnissen der Musterfeststellungsklage profitieren (→ § 4 Rn. 57 ff.). Das Klageregister dient somit als **zentrale Informationsquelle** für Betroffene und Interessierte jenseits der Prozessparteien. 3

Die öffentliche Bekanntmachung dient aber nicht nur der Information, sondern ist auch Durchführungsvoraussetzung: Die Zulässigkeit des Musterverfahrens hängt davon ab, ob binnen zwei Monaten nach der Bekanntmachung der Klageschrift ein Quorum von mindestens 50 Anmeldungen erreicht wird.[435] Anspruchsanmeldungen können erst nach Veröffentlichung der Klageschrift erfolgen. Aus diesem Grund kommt der öffentlichen Bekanntgabe der Musterfeststellungsklage eine **Initialwirkung** für die Durchführung des Verfahrens zu. 4

Bei der Musterfeststellungsklage erfolgen Bekanntmachungen im neu eingerichteten Klageregister. Darin werden sämtliche Musterfeststellungsklagen deutschlandweit ungeachtet des örtlich zuständigen Gerichts zentral erfasst. 5

Im Gesetzgebungsverfahren wurde angeregt, die Information über die Klageerhebung nicht nur im Klageregister, sondern auch **in geeigneten Medien** zu verbreiten.[436] Hierdurch sollte eine ausreichende Berichterstattung in Presse und Medien sichergestellt und die Werbebemühungen der öffentlichen Einrichtungen um die zur Verfahrensdurchführung erforderlichen 50 Verbraucher unterstützt werden. Um dies zu errei- 6

---

432 § 607 Abs. 3 ZPO.
433 § 185 ZPO.
434 *Halfmeier* ZRP 2017, 201 (202).
435 Vgl. § 606 Abs. 3 Nr. 3 ZPO.
436 Vgl. die Anregung des Bundesrates, BR-Drs. 176/1/18, 9.

chen, bedarf es einer zügigen und umfassenden Informationsverbreitung.[437] Regelungen zu einer über das Klageregister hinausgehenden medialen Verbreitung wurden im Gesetzgebungsverfahren indes zu Recht abgelehnt. Es ist nicht staatliche Aufgabe, über die Klage in den Medien zu informieren und für die Anmeldung zu werben.[438] Die klagende Einrichtung ist hierfür vielmehr selbst verantwortlich.

2. Eintragungen, Auskunft und Auszugsgewährung

7   Das Klageregister dient neben der öffentlichen Bekanntmachung von Verfahrensschritten auch als **zentrale Anlaufstelle für Anmeldungen von Verbrauchern**, deren Ansprüche und Rechtsverhältnisse von den Feststellungszielen der Musterfeststellungsklage betroffen sind. Diese werden zum Klageregister angemeldet und dort erfasst.

8   Die von den Verbrauchern im Zuge der Anmeldung übermittelten persönlichen Daten werden allerdings nicht öffentlich bekannt gemacht. Es handelt sich vielmehr um bloße **Eintragungen ins Klageregister**, die aufgrund der enthaltenen personenbezogenen Daten (Name, Anschrift etc) nicht jedermann zugänglich sind. Das Gesetz differenziert entsprechend zwischen öffentlichen Bekanntmachungen einerseits und Eintragungen andererseits.[439]

9   Dem **Grundsatz der Datensparsamkeit** folgend erhalten Gericht und Parteien nur im Rahmen des für eine sachgerechte Prozessführung erforderlichen Umfangs Auskünfte und Auszüge über die Eintragungen.[440] Die im Register erfassten Daten sind insbesondere für die Zulässigkeitsprüfung relevant.[441] Ferner wird es im Rahmen von Vergleichsverhandlungen regelmäßig notwendig sein, die vom Vergleich erfassten, angemeldeten Ansprüche zu prüfen.[442] Schließlich werden die Daten für die Zustellung eines etwaigen Vergleichs genutzt.[443]

10 Angemeldete Verbraucher können **Auskunft** über die zu ihrer Anmeldung erfassten Angaben verlangen, damit sie deren Richtigkeit prüfen können.[444] Nach rechtskräftigem Abschluss des Musterfeststellungsverfahrens besitzen die Verbraucher darüber hinaus einen Anspruch auf Erteilung eines schriftlichen **Auszugs** zu den zu ihrer Anmeldung erfassten Angaben.[445] Dies ermöglicht es den Verbrauchern, nach Abschluss der Musterfeststellungsklage die Wirksamkeit ihrer Anmeldung – als Voraussetzung für die Verjährungshemmung und Bindungswirkung in etwaigen Folgeprozessen – zu belegen.

---

437 BR-Drs. 176/1/18, 9, ferner 7, wo vor diesem Hintergrund für eine Verlängerung der Zwei-Monatsfrist geworben wurde.
438 Vgl. auch *Röthemeyer* HK-MFK § 607 Rn. 2 mit Verweis auf Ausführungen der Bundesregierung in BT-Drs. 19/2710, 5.
439 Vgl. etwa § 609 Abs. 2 S. 1 ZPO.
440 BT-Drs. 19/2439 26; DiskE des BMJV, 18.
441 Vgl. § 609 Abs. 5 S. 1 bzw. S. 2 ZPO.
442 *DAV* Stellungnahme Nr. 14/2017 12; siehe auch BT-Drs. 19/2439, 26; DiskE des BMJV, 18.
443 Vgl. § 611 Abs. 4 ZPO.
444 Vgl. § 609 Abs. 4 S. 1 ZPO.
445 Vgl. § 609 Abs. 4 S. 2 ZPO.

3. Führung des Klageregisters

Mit der Führung des Klageregisters ist das **Bundesamt für Justiz** mit Sitz in Bonn beauftragt worden. Hierdurch wird eine zusätzliche Belastung der für Musterfeststellungsklagen zuständigen Oberlandesgerichte vermieden. Weiter führt diese Aufgabenzuweisung zu einer sinnvollen Zentralisierung. 11

Das Bundesamt für Justiz ist eine Bundesoberbehörde, die als bundesweite Zentralstelle bereits eine Vielzahl weiterer Registeraufgaben wahrnimmt.[446] Das Klageregister wird zunächst manuell geführt,[447] ein **elektronischer Betrieb** ist jedoch bereits vorgesehen.[448] 12

Die **Vorteile** eines elektronisch geführten Registers werden mit Blick auf die erwartete Anzahl an Verfahren und Anmeldungen deutlich. Der Gesetzgeber geht von ca. 450 Musterfeststellungsklagen pro Jahr und im Schnitt 75 Anmeldern pro Verfahren aus.[449] Dies ergibt über 30.000 Anmeldungen pro Jahr. Berücksichtigt man ferner, dass Änderungen zu den Anmeldungen sowie Auskunfts- und Einsichtsgesuche zu bearbeiten sein werden, ist eine erhebliche Verwaltungstätigkeit zu erwarten, die durch elektronische Systeme nicht nur vereinfacht, sondern auch beschleunigt werden kann. Etwa mit Blick auf die Fristen zur An- und Abmeldung ist darauf zu achten, dass die Systeme den Zeitpunkt von An- bzw. Abmeldung exakt erfassen und speichern. 13

4. Verordnungsermächtigung

Das BMJV ist ermächtigt, durch Rechtsverordnung die Details zum Klageregister weiter auszugestalten.[450] Anders als noch im Diskussionsentwurf des BMJV vorgesehen, bedarf der Erlass der Rechtsverordnung keiner Zustimmung des Bundesrates.[451] Die Verordnung soll insbesondere die **Einzelheiten der Registerführung** regeln. Sie umfasst Regelungen zum Registerinhalt und dessen Aufbau sowie zur Führung des Klageregisters. Ferner kann die Einreichung, Eintragung, Änderung und Vernichtung der im Klageregister erfassten Angaben konkretisiert werden. Schließlich ist die Datensicherheit und Barrierefreiheit wie auch die Erteilung von Auszügen aus dem Klageregister vom Ausgestaltungsauftrag des BMJV erfasst. Sinnvoll wäre in diesem Zusammenhang eine Klarstellung durch den Verordnungsgeber, dass das Gericht über § 609 Abs. 5 ZPO hinaus einen Auszug über *alle* im Klageregister erfassten Personen erhalten kann (→ § 6 Rn. 29). 14

---

446 Es führt unter anderem die Liste der gemäß § 606 Abs. 1 S. 1 und 2 ZPO klagebefugten, qualifizierten Einrichtungen, vgl. § 4 Abs. 2 UKlaG, ferner auch das Bundeszentralregister, vgl. § 1 BZRG.
447 Gesetzesentwurf der Bundesregierung, BT-Drs. 19/2439, 2.
448 Vgl. § 609 Abs. 1 S. 2 ZPO.
449 BT-Drs. 19/2439, 19.
450 Vgl. § 609 Abs. 7 ZPO; die Verordnungsermächtigung tritt bereits am Tag nach der Verkündung des Gesetzes in Kraft, vgl. Art. 11 Abs. 2 Nr. 2 des Gesetzesbeschlusses (BR-Drs. 268/18, 8). Ursprünglich sollte dies zwei Jahre vor dem Inkrafttreten der übrigen Vorschriften erfolgen, um eine gründliche Ausgestaltung des Klageregisters zu ermöglichen. Durch das Vorziehen des Inkrafttretens des gesamten Gesetzes wird das Bundesamt für Justiz die anfänglich manuelle Registerführung selbst regeln müssen, bevor die nähere Ausgestaltung später durch die Rechtsverordnung spezifiziert wird. Denkbar ist angesichts des weiten Wortlauts in § 609 Abs. 7 ZPO auch, dass bereits die manuelle Registerführung per Rechtsverordnung vom BMJV geregelt wird.
451 DiskE des BMJV vom 31.7.2017, 4 (zu § 610 Abs. 4 ZPO-E).

15 Bei der Ausgestaltung der Rechtsverordnung ist die gesetzgeberische Intention zu beachten, das Klageregister als verfahrensbegleitendes Kommunikationsmedium und eine niederschwellige Informationsquelle zu nutzen.[452] Die Rechtsverordnung sollte insbesondere dazu genutzt werden, Verbrauchern die **Anmeldung zum Klageregister zu vereinfachen**. So ist denkbar, dass fakultativ nutzbare Anmeldeformulare bereitgestellt werden, die die Anspruchsanmeldung der Verbraucher erleichtern. Die gesetzlichen Anforderungen, die in § 608 Abs. 2 S. 1 ZPO an die Wirksamkeit einer Anmeldung gestellt werden, dürfen zwar nicht verringert werden. Es besteht aber Spielraum für den Verordnungsgeber, Hinweis- oder Prüfungspflichten des Registers zu statuieren, soweit sich diese Prüfung auf die Vollständigkeit der Anmeldung oder offensichtliche Mängel beschränkt.[453]

16 Eine Erweiterung der im Klageregister öffentlich bekannt zu machenden Umstände dürfte den Rahmen der Ermächtigung dagegen übersteigen.[454]

17 Die Verordnung dürfte sich deshalb letztlich an vergleichbaren Regelwerken wie zB den §§ 47 ff. Handelsregisterverordnung oder der Unternehmensregisterverordnung orientieren.

II. Voraussetzungen der Bekanntmachung der Musterfeststellungsklage

18 § 607 Abs. 2 ZPO sieht vor, dass das Gericht **binnen 14 Tagen nach Klageerhebung** die öffentliche Bekanntmachung der Klage veranlasst.[455] Klageerhebung meint gemäß § 253 Abs. 1 ZPO die Klagezustellung.

19 Nach dem Gesetzeswortlaut veranlasst das Gericht die Bekanntmachung nur dann, wenn die in § 606 Abs. 2 S. 1 ZPO genannten Anforderungen erfüllt sind. Diese Vorschrift **verlangt zweierlei**: Erstens muss die Klageschrift Angaben und Nachweise darüber enthalten, dass der Kläger die Voraussetzungen einer qualifizierten Einrichtung erfüllt.[456] Zweitens sind Angaben und Nachweise dazu erforderlich, dass die Ansprüche oder Rechtsverhältnisse von mindestens zehn Verbrauchern von den mit der Klage verfolgten Feststellungszielen abhängen.[457]

1. Angaben und Nachweise zum Kläger als qualifizierte Einrichtung

20 Zunächst muss die Klageschrift Angaben und Nachweise darüber enthalten, dass der Kläger die Kriterien einer qualifizierten Einrichtung iSv § 606 Abs. 1 S. 1 ZPO erfüllt.[458] Von Beginn an soll hierdurch **Transparenz** über das Vorliegen der Voraussetzungen für die Klagebefugnis der klagenden Einrichtung geschaffen werden.[459] Der Gesetzgeber sieht dies als wesentlichen **Missbrauchsfilter** an. Dies ist vor dem Hintergrund der Befürchtung zu sehen, es könne zu vorgeschobenen Verbandsgründungen

---
452 So bereits der DiskE des BMJV vom 31.7.2017, 17 f.
453 § 608 Abs. 2 S. 3 ZPO: Eintragung ohne inhaltliche Prüfung.
454 Vgl. die Ausführungen des Bundesrats in BT-Drs. 19/2701, 7.
455 Ausgeführt wird diese sodann vom BMJV durch Veröffentlichung im Klageregister, vgl. § 609 Abs. 2 S. 1 ZPO.
456 Vgl. § 606 Abs. 2 S. 1 Nr. 1 ZPO.
457 Vgl. § 606 Abs. 2 S. 1 Nr. 2 ZPO.
458 Vgl. § 606 Abs. 2. S. 1 Nr. 1 iVm § 606 Abs. 1 S. 2 ZPO.
459 BT-Drs. 19/2439, 23.

etwa durch Anwaltskanzleien kommen, die ein dem Gesetz fremdes wirtschaftliches Eigeninteresse an der Prozessführung verfolgen.[460]

Die Voraussetzungen für eine qualifizierte Einrichtung sind in § 606 Abs. 1 S. 2 ZPO aufgelistet. Eine solche liegt vor, wenn

- es sich um eine in § 3 Abs. 1 S. 1 Nr. 1 UKlaG bezeichnete Stelle handelt, die
- mindestens zehn im gleichen Aufgabenbereich tätige Verbände oder mindestens 350 natürliche Personen als Mitglieder hat,
- mindestens vier Jahre in der Liste nach § 4 UKlaG oder dem Verzeichnis der Europäischen Kommission nach Art. 4 RL 2009/22/EG[461] eingetragen ist,
- in Erfüllung ihrer satzungsmäßigen Aufgaben Verbraucherinteressen weitgehend durch nicht gewerbsmäßige aufklärende oder beratende Tätigkeiten wahrnimmt,
- Musterfeststellungsklagen nicht zum Zwecke der Gewinnerzielung erhebt und
- nicht mehr als fünf Prozent ihrer finanziellen Mittel durch Zuwendungen von Unternehmen bezieht (zu diesen Voraussetzungen im Einzelnen → § 2 Rn. 1).

Die von § 607 Abs. 2 ZPO geforderten Angaben und Nachweise müssen sich insbesondere auch detailliert auf die beiden in § 606 Abs. 1 S. 2 Nr. 3 und 4 ZPO genannten Voraussetzungen (keine gewerbsmäßige Verbraucherberatung; keine Gewinnerzielungsabsicht) beziehen. Bei der Darstellung der fehlenden Gewinnerzielungsabsicht wird ggf. auch glaubhaft zu machen sein, dass auch die Leitungspersonen der Verbraucherschutzorganisation keine verdeckten Interessen an einer Klageerhebung besitzen. Für Verbraucherzentralen und andere Verbraucherverbände, die überwiegend durch öffentliche Mittel gefördert werden, wird unwiderleglich vermutet, dass die Qualifizierungskriterien vorliegen (§ 606 Abs. 1 S. 4 ZPO).[462] Diese weitreichende Vermutung ist insbesondere mit Blick auf die Frage der Gewinnerzielungsabsicht sowie die finanziellen Zuwendungen von Unternehmen bedenklich.[463]

2. Angaben zur Breitenwirkung; Darlegung der Abhängigkeit der Verbraucheransprüche von den Feststellungszielen

Des Weiteren muss die Klageschrift gemäß § 606 Abs. 2 Nr. 2 ZPO Angaben und Nachweise darüber enthalten, dass Ansprüche oder Rechtsverhältnisse von mindestens zehn Verbrauchern von den Feststellungszielen abhängen.

Diese Vorschrift soll zunächst gewährleisten, dass **keine Musterfeststellungsklagen mit lediglich individueller Bedeutung** verhandelt werden.[464] Die Musterfeststellungsklage muss vielmehr Breitenwirkung besitzen. Bereits bei Klageerhebung ist daher die Vorlage entsprechender Unterlagen zur Glaubhaftmachung erforderlich.[465] § 606 Abs. 2 S. 1 Nr. 2 ZPO ist insofern anspruchsvoller als die Parallelregelung in § 2

---

460 Kilian ZRP 2018, 72 (73); Würtenberger/Freischem GRUR 2017, 1101 (1102); Balke/Liebscher/Steinbrück ZIP 2018, 1321 (1327).
461 Richtlinie des Europäischen Parlaments und des Rates vom 23.4.2009, ABl. L 110 vom 1.5.2009, 30.
462 Die Förderung muss jedoch substantiell und darf nicht nur projektbezogen sein, vgl. BT-Drs. 19/2439, 23; zur Frage, wann die Finanzierung durch öffentliche Mittel „überwiegt" vgl. Merkt/Zimmermann VuR 2018, 363 (366).
463 Merkt/Zimmermann VuR 2018, 363 (366).
464 BT-Drs. 19/2439, 24.
465 § 606 Abs. 3 Nr. 3 ZPO knüpft an diesen Gedanken an und stellt die Bedeutung für eine große Zahl von Verbrauchern im weiteren Verfahren sicher.

Abs. 3 S. 2 KapMuG, weil neben einer bloßen Darlegung auch **Nachweise** zur Betroffenheit von mindestens zehn Verbrauchern verlangt werden. Die im KapMuG als bloße Förmelei erachtete Darlegung einer Breitenwirkung[466] gewinnt im Bereich der Musterfeststellungsklage schon deshalb an Gewicht, weil Beweismittel – etwa Vertragsunterlagen oder schriftliche Sachverhaltsschilderungen von Verbrauchern – beizubringen sind.

25 Fraglich ist, in welchem Umfang der Musterkläger nach § 606 Abs. 2 S. 1 Nr. 2 ZPO über eine Breitenwirkung hinaus auch darzulegen hat, dass *überhaupt* Verbraucheransprüche von den Feststellungszielen abhängen können, und ob im Rahmen der Entscheidung über die Bekanntmachung (§ 607 Abs. 2 ZPO) eine Prüfung dieser Darlegungen zu erfolgen hat. Im Kapitalanlegermusterverfahren besitzt diese **Abhängigkeitsprüfung** eine bedeutsame Filterwirkung. Zuzulassen sind dort lediglich solche Feststellungsziele, die für die Entscheidung im Ausgangsverfahren erheblich sind;[467] die für die Entscheidung über Feststellungsziele erforderlichen Tatsachen und Beweismittel hat der Kläger zu bezeichnen.[468] Über diese Zulässigkeitsprüfung können tatsachen- oder rechtsbezogene Feststellungsziele aus dem Prozessstoff des Musterverfahrens ausgeschieden werden, die für die Entscheidung des Ausgangsverfahrens keine Bedeutung besitzen. Die Durchführung des Kapitalanlegermusterverfahrens kann so erheblich entlastet werden.[469] Unzulässig und zurückzuweisen sind deshalb beispielsweise tatsachenbezogene Feststellungsziele, die gerichtsbekannt sind, sowie Musterverfahrensanträge zu Rechtsfragen, die in ständiger Rechtsprechung höchstrichterlich geklärt sind.[470] Nach dem KapMuG sind Musterverfahrensanträge aber auch dann unzulässig, wenn die Ausgangsentscheidung aus anderen Gründen entscheidungsreif ist, so dass es auf die Klärung der Feststellungsziele nicht mehr ankommt. Dass kann zB der Fall sein, wenn etwaige Ansprüche unzweifelhaft verjährt sind.[471] Diese Überlegungen sind auch auf die zivilprozessuale Musterfeststellungsklage übertragbar.

26 Auch im Hinblick auf die allgemeine Musterfeststellungsklage gilt, dass der Musterkläger neben einer Breitenwirkung auch darzulegen hat, **warum** die von ihm zur Entscheidung gestellten **Feststellungsziele für die Verbraucheransprüche entscheidungserheblich** sind. Dies folgt bereits aus dem Wortlaut des § 606 Abs. 2 Nr. 2 ZPO. Wäre es dem Gesetzgeber lediglich um einen Nachweis der Breitenwirkung gegangen, hätte eine Formulierung genügt, nach welcher der Musterkläger die Betroffenheit von zehn Verbrauchern von dem der Klage zugrunde liegenden *Lebenssachverhalt* schildern muss. Indes fordert das Gesetz ausdrücklich eine Darlegung der *Abhängigkeit von den Feststellungszielen*. Ähnlich einer Berufungsbegründung (§ 520 Abs. 3 Nr. 2, 3 ZPO) erfordert eine Musterfeststellungsklage bereits auf Zulässigkeitsebene einen hö-

---

466 Vgl. Kölner Komm KapMuG /*Kruis* § 3 Rn. 89.
467 § 3 Abs. 1 KapMuG. Zu den Kriterien siehe Kölner Komm KapMuG/*Kruis* § 3 Rn. 37ff.; Wieczorek/Schütze/*Großerichter* ZPO Einf. zum KapMuG Rn. 8ff.
468 § 2 Abs. 3 S. 1 KapMuG.
469 Die Praxis zeigt, dass in einzelnen Kapitalanlegermusterverfahren teilweise mehr als 100 Feststellungsziele formuliert werden und das Verfahren insgesamt aufgebläht wird.
470 vgl. nur Kölner Komm KapMuG/*Kruis* § 3 Rn. 37ff.; Wieczorek/Schütze/*Großerichter* ZPO Einf. zum KapMuG Rn. 8ff.
471 BGH Beschl. vom 24.3.2016 – III ZB 75/15 – juris.

heren Begründungsaufwand. Denn eine Abhängigkeit der Verbraucheransprüche von den Feststellungszielen besteht nur dann, wenn die Klage nicht von vornherein unschlüssig ist.

Unzulässig ist demnach eine Musterfeststellungsklage, die sich lediglich auf die Mitteilung eines Lebenssachverhalts ohne jedwede **rechtliche Ausführung zur Vorgreiflichkeit** beschränkt (zum Erfordernis einer Schlüssigkeitsprüfung vor öffentlicher Bekanntmachung → § 4 Rn. 36 ff.). 27

3. Prüfung durch das Gericht

Unklar ist, mit welcher Intensität das Gericht die nach § 606 Abs. 2 S. 1 ZPO beizubringenden Angaben und Nachweise prüfen muss, bevor es die öffentliche Bekanntmachung der Klageschrift anordnet. Das Gesetz spricht lediglich davon, dass „*Angaben und Nachweise*" über die erforderlichen Punkte (qualifizierte Einrichtung; Breitenwirkung; Abhängigkeit von den Feststellungszielen) in der Klage enthalten sein müssen. Wie hoch die Anforderungen an die Darlegung sind und wie detailliert eine inhaltliche Prüfung der Angaben und Nachweise vor der Bekanntmachung erfolgt, ist nicht eindeutig geregelt. In der Gesetzesbegründung heißt es lediglich, dass der Umfang der Darlegungslast von der Rechtsprechung **im Einzelfall unter Berücksichtigung der jeweiligen Umstände** bestimmt wird.[472] 28

a) Prüfungsmaßstab

Offensichtlich ist zunächst, dass die vom Kläger geforderten Angaben und Nachweise nicht nur vorhanden sein, sondern auch einer inhaltlichen Nachprüfung standhalten müssen. Diese Nachprüfung steht allerdings in einem **Spannungsverhältnis** zwischen dem vom Gesetzgeber artikulierten **Beschleunigungsinteresse** einerseits und den **Verfahrensrechten** des Musterbeklagten anderseits. 29

Gemäß § 607 Abs. 2 ZPO veranlasst das Gericht binnen 14 Tagen nach der Erhebung einer zulässigen Musterfeststellungsklage die öffentliche Bekanntmachung der Klage. Ziel der kurzen Frist ist es, dass die potentiell betroffenen Verbraucher frühzeitig von der Musterfeststellungsklage erfahren.[473] Hierfür wurde nicht nur die im Diskussionsentwurf zunächst vorgesehene Bekanntmachungsfrist von zwei Monaten drastisch verkürzt, vielmehr wurde auch auf die zunächst vorgesehene Möglichkeit einer begründeten Fristverlängerung (vgl. dazu § 3 Abs. 3 S. 2 KapMuG) sowie auf die vorherige Anhörung des Beklagten verzichtet. Die nun vorgesehene, zügige Veröffentlichung ist aufgrund der damit einhergehenden **Prangerwirkung** bedenklich.[474] Beklagte Unternehmen werden durch die Bekanntmachung nicht selten erheblichem öffentlichen Druck ausgesetzt. 30

Auch im Vergleich zur deutlich längeren Frist im KapMuG, die sechs Monate beträgt,[475] ist die in § 607 Abs. 2 ZPO angeordnete eilige Veröffentlichung sehr kurz. Diese kann sogar erfolgen, ohne dass dem Beklagten zuvor rechtliches Gehör ge- 31

---

[472] BT-Drs. 19/2439, 24.
[473] BT-Drs. 19/2439, 24.
[474] Krit. auch DAV Stellungnahme Nr. 20/2018, 14, unter II.
[475] Zudem besteht auch die Möglichkeit einer Fristverlängerung, vgl. § 3 Abs. 2 S. 1 und 2 KapMuG.

währt wurde, äußerstenfalls sogar parallel zur Zustellung der Klageschrift.[476] Das BMJV selbst hat im Diskussionsentwurf noch ausgeführt, dass der Anspruch des Beklagten auf rechtliches Gehör eine Möglichkeit zur Stellungnahme vor öffentlicher Bekanntmachung gebietet.[477] Im späteren Gesetzesentwurf wurde dieser Verfahrensschritt wortlos gestrichen.

32 Die kurze Frist und die nur sehr eingeschränkt bestehende Möglichkeit zur Stellungnahme beklagtenseits dürfen nicht als Entscheidung des Gesetzgebers missverstanden werden, dass die Prüfung der Bekanntmachungsvoraussetzungen nur knapp und kursorisch erfolgen muss oder darf. Vielmehr ist gerade deshalb eine sorgfältige **gerichtliche Überprüfung vor der öffentlichen Bekanntmachung geboten**. Dem Grunde nach ist diese Prüfung in § 607 Abs. 2 ZPO auch verankert, weil die Bekanntmachung unter der Voraussetzung steht, dass die Klageschrift die nach § 606 Abs. 2 S. 1 ZPO vorgeschriebenen Anforderungen erfüllt. Mit Blick auf die von der Bekanntmachung ausgehende Prangerwirkung ist zu verlangen, dass die besonderen Zulässigkeitsvoraussetzungen der Musterfeststellungsklage noch vor der Bekanntmachung in der Weise überprüft werden, dass keine vernünftigen Zweifel verbleiben. Das Gericht muss daher die vorgelegten Unterlagen vertieft daraufhin prüfen, ob die der Klage beizufügenden Angaben und Nachweise das Vorliegen der in § 606 Abs. 2 S. 1 ZPO genannten Voraussetzungen schlüssig belegen.[478]

33 Ein solches Vorgehen des Gerichts kollidiert auch nicht mit der kurzen Frist von 14 Tagen nach Klagezustellung; denn diese Frist gilt nur für den Fall, dass die Klageschrift die nach § 606 Abs. 2 S. 1 ZPO vorgeschriebenen Anforderungen erfüllt, was im Falle begründeter Zweifel gerade nicht feststellbar ist. Eine spezielle zivilprozessuale Sanktion ist für die Fristüberschreitung zudem nicht vorgesehen.[479] Gibt es Anlass für Zweifel, hat das Gericht den Kläger noch vor Zustellung der Klage, und damit vor Beginn des Laufs der Frist, zu konsultieren.[480] Hinsichtlich der von Amts wegen zu prüfenden Prozessvoraussetzungen besteht dabei keine Bindung an die förmlichen Beweismittel der ZPO. Vielmehr steht dem Gericht der **Freibeweis** zur Verfügung,[481] so dass keine Beschränkung auf die Strengbeweismittel besteht, wobei das Beweismaß nicht reduziert ist.[482]

b) Prüfung der Klagebefugnis

34 Der unter lit. a) bezeichnete Prüfungsmaßstab gilt zunächst im Hinblick auf die Überprüfung der Klagebefugnis der qualifizierten Einrichtung. Der Gesetzgeber hat die mit der Musterfeststellungsklage einhergehende Missbrauchsgefahr gesehen und wollte ihr mit einer Beschränkung der Klagebefugnis auf qualifizierte Einrichtungen

---

476 Krit. auch *Waßmuth/Asmus* ZIP 2018, 660 zum früheren Entwurfsstand (Frist von 2 Monaten nebst Gehörsgewährung).
477 Vgl. den DiskE des BMJV vom 31.7.2017, 15 f.
478 Eine Prüfung durch das Gericht von Amts wegen befürwortet etwa der DAV (Stellungnahme Nr. 20/2018, 8 f.), freilich als vorgeschlagene Änderung zum damaligen Regierungsentwurf.
479 *Waßmuth/Asmus* ZIP 2018, 657 (660).
480 *Röthemeyer* HK-MFK § 607 Rn. 6.
481 BeckOK ZPO/*Bacher* § 253 Rn. 10.
482 BGH NJW 2003, 1123 (1124); NJW 2001, 2722.

begegnen.⁴⁸³ Die Eingrenzung der Klagebefugnis soll Gewähr dafür bieten, dass nicht leichtfertig Musterfeststellungsklagen erhoben werden, welche keine Aussicht auf Erfolg haben.⁴⁸⁴ Aus den vorgelegten Unterlagen müssen sich deshalb auch zweifelsfrei die Kriterien des § 606 Abs. 1 S. 2 Nr. 1 bis 5 ZPO bejahen lassen, soweit der Kläger nicht die unwiderlegliche Vermutung nach § 606 Abs. 1 S. 4 ZPO für sich in Anspruch nehmen kann. **Begründeten Zweifeln** muss das Gericht mit Blick auf die weitreichenden Konsequenzen der Veröffentlichung noch **vor der öffentlichen Bekanntmachung** nachgehen.

In diesem Zusammenhang stellt sich die Frage nach dem Verhältnis von §§ 607 Abs. 2, 606 Abs. 2 S. 1 Nr. 1 ZPO und § 606 Abs. 1 S. 3 ZPO. Die letztgenannte Norm sieht vor, dass das Gericht von dem Kläger eine Offenlegung der finanziellen Mittel verlangen kann, sofern ernsthafte Zweifel daran bestehen, dass die Musterfeststellungsklage nicht zum Zwecke der Gewinnerzielung erhoben wurde. Verbleiben nach dem Vortrag und den Belegen des Klägers Zweifel, muss das Gericht diesen nachgehen. Die 14-tägige Frist zur Bekanntmachung gilt dann nicht. Für die Zukunft ist allerdings zu erwarten, dass die Kläger häufig öffentlich geförderte Verbraucherverbände sein werden und deshalb die unwiderlegliche Vermutung für sich in Anspruch nehmen können, dass sie die Voraussetzungen des § 606 Abs. 1 S. 2 Nr. 4 und 5 ZPO erfüllen. Nachzuweisen ist dann lediglich der Umstand der überwiegenden Förderung mit öffentlichen Mitteln.⁴⁸⁵ 35

c) Schlüssigkeits- und Zulässigkeitsprüfung

Neben der Frage, ob die erforderliche Breitenwirkung gegeben ist, hat das Gericht vor der öffentlichen Bekanntmachung insbesondere auch zu überprüfen, ob Verbraucheransprüche oder Rechtsverhältnisse von Verbrauchern überhaupt von den Feststellungszielen der Musterfeststellungsklage abhängen (siehe § 606 Abs. 2 Nr. 2 ZPO sowie → § 4 Rn. 23 ff.). 36

Die Konsequenz dieser zusätzlichen Substantiierungsanforderungen ist, dass das Gericht vor der öffentlichen Bekanntgabe der Musterfeststellungsklage eine **Schlüssigkeitsprüfung** vorzunehmen hat.⁴⁸⁶ Ist die Musterfeststellungsklage insgesamt evident abweisungsreif, fehlt es an der nötigen Vorgreiflichkeit für sämtliche Feststellungsziele. Den Verbrauchern wäre nicht geholfen, wenn eine offensichtlich defizitäre Musterfeststellungsklage veröffentlicht werden würde. Beispiele hierfür sind, dass das falsche Konzernunternehmen verklagt wird oder dass die streitentscheidende Rechtsfrage in ständiger höchstrichterlicher Rechtsprechung anders entschieden wird. 37

Auch **unzulässige Musterfeststellungsklagen** dürfen nicht öffentlich bekannt gemacht werden. Da die Zulässigkeit einer Klage stets vor deren Begründetheit zu prüfen ist,⁴⁸⁷ ist eine inhaltliche Beantwortung der Feststellungsziele einer unzulässigen Mus- 38

---

483 Halfmeier ZRP 2017, 201 (202) mit Verweis auf das Schreiben des BMJV an die zu beteiligenden Verbände vom 27.7.2017.
484 BT-Drs. 19/2439, 23.
485 Krit. zur Vermutung Merkt/Zimmermann VuR 2018, 363 (366).
486 AA Röthemeyer HK-MFK § 606 Rn. 68.
487 BGH NJW 2000, 3718 (3719f.); FamRZ 2012, 525 (528); NJW 2000, 3718 (3720); MüKoZPO/Becker-Eberhard vor § 253 Rn. 3, 19; Stein/Jonas/Brehm ZPO vor § 1 Rn. 265.

terfeststellungsklage ausgeschlossen, so dass es an deren Vorgreiflichkeit mangelt. Bestehen Zweifel an der Zulässigkeit der Klage,[488] muss das Gericht diesen nachgehen, ehe es die öffentliche Bekanntmachung verfügt. Auch hier wäre es sachwidrig, würden Verbraucher qua öffentlicher Bekanntmachung veranlasst werden, Anspruchsanmeldungen auf eine defizitäre Klage vorzunehmen.

39 Anders als unter dem Regime des KapMuG[489] ist das Gericht dagegen nicht befugt, einzelne, ggf unzulässige Feststellungsziele, isoliert von der Bekanntmachung auszunehmen, denn § 607 Abs. 2 ZPO ordnet die öffentliche Bekanntgabe der gesamten Klageschrift an. Über einzelne Musterfeststellungsziele, denen es an Vorgreiflichkeit mangelt, muss das Gericht demzufolge im Laufe des Verfahrens (mit-)entscheiden.

40 Sofern begründete Zweifel bestehen, dass die der Klageschrift beigefügten Angaben und Nachweise eine Vorgreiflichkeit nicht für mindestens zehn Verbraucher belegen, muss das Gericht dem vor Veranlassung der öffentlichen Bekanntmachung nachgehen. Dazu sollte das Gericht mit Blick auf die weitreichenden Folgen der öffentlichen Bekanntmachung den Parteien **eine Frist zur Stellungnahme** binnen kurzer Frist setzen.[490]

III. Inhalt und Zeitpunkt der Bekanntmachung

41 Durch die öffentliche Bekanntmachung im Klageregister werden die betroffenen Verbraucher über die Rechtshängigkeit der Musterfeststellungsklage sowie über den Verlauf des Verfahrens in Kenntnis gesetzt.[491] Die Bekanntmachung im Klageregister erfolgt auf Veranlassung des Gerichts durch das Bundesamt für Justiz.[492]

1. Öffentliche Bekanntmachung der Musterfeststellungsklage

42 Die öffentliche Bekanntmachung der Musterfeststellungsklage umfasst gemäß § 607 Abs. 1 ZPO folgende Angaben:

- die Bezeichnung der Parteien,
- die Feststellungsziele,
- eine kurze Darstellung des vorgetragenen Lebenssachverhaltes,
- die Bezeichnung des Gerichts und des Aktenzeichens der Musterfeststellungsklage,
- den Zeitpunkt der Bekanntmachung im Klageregister,
- die Befugnis der Verbraucher, Ansprüche oder Rechtsverhältnisse, die von den Feststellungszielen abhängen, zur Eintragung in das Klageregister anzumelden, sowie Form, Frist und Wirkung der Anmeldung sowie der späteren Rücknahme der Anmeldung,

---

488 Beispiel: Entgegen § 32c ZPO wird der Musterbeklagte am Ort seiner Zweigniederlassung verklagt.
489 Dort § 3 Abs. 1 KapMuG.
490 Dies hat das BMJV mit Blick auf den Anspruch auf rechtliches Gehör stets als geboten angesehen, vgl. DiskE des BMJV vom 31.7.2017, 16.
491 Vgl. § 607 Abs. 1 ZPO.
492 Vgl. § 609 Abs. 2 S. 1 ZPO. Die Bekanntmachung selbst muss daher nicht binnen der 14-tägigen Frist erfolgen.

- die Wirkung eines Vergleichs, die Befugnis der angemeldeten Verbraucher zum Austritt aus dem Vergleich sowie Form, Frist und Wirkung des Austritts aus dem Vergleich und schließlich
- die Verpflichtung des Bundesamts für Justiz, nach rechtskräftigem Abschluss des Musterfeststellungsverfahrens jedem angemeldeten Verbraucher auf dessen Verlangen einen schriftlichen Auszug über die im Klageregister zu ihm und seiner Anmeldung erfassten Angaben zu überlassen.[493]

Diese Aufzählung ist nach dem Willen des Gesetzgebers **abschließend**.[494]

Besondere Aufmerksamkeit hat das Gericht der Darstellung des **Lebenssachverhalts** zu widmen. Bei der Formulierung hat es insbesondere jeglichen Eindruck bereits feststehender Tatsachen zu verhindern. Es hat deutlich zu machen, dass es sich um **bloße Behauptungen** des Klägers handelt, auf welche der Beklagte noch nicht erwidert hat.[495] 43

Das Gericht hat die öffentliche Bekanntmachung der Klage grundsätzlich binnen 14 Tagen nach Klageerhebung zu veranlassen. Die technische Umsetzung der Veröffentlichung erfolgt daraufhin durch das Bundesamt für Justiz. Dies kann insbesondere während des anfänglich manuellen Betriebs des Klageregisters mehr als einen Tag in Anspruch nehmen. Eine inhaltliche Kontrolle durch das Bundesamt für Justiz ist nicht vorgesehen. Eine Fehlerkorrektur erfolgt vielmehr durch das Oberlandesgericht entsprechend § 319 ZPO. 44

2. Weitere verfahrensrelevante Bekanntmachungen

Während der laufenden Musterfeststellungsklage hat das Gericht auch **Terminbestimmungen, Hinweise und Zwischenentscheidungen** im Klageregister bekannt zu machen (§ 607 Abs. 3 ZPO). 45

Verbraucher sind auf die Veröffentlichung von Verfahrensnachrichten ungeachtet einer etwaigen Anmeldung angewiesen, denn auch nach Anmeldung sind sie nicht selbst am Verfahren beteiligt. Durch die Bekanntmachung soll Verbrauchern eine informierte Entscheidung über das weitere Vorgehen ermöglicht werden.[496] Aber auch sonstige Interessierte werden auf dem Laufenden gehalten, insbesondere von den Feststellungszielen nicht unmittelbar betroffene Unternehmer. 46

Voraussetzung für die öffentliche Bekanntmachung ist, dass diese für die Information der Verbraucher über den Fortgang des Verfahrens erforderlich ist. Es ist zu fragen, ob die Information für die Entscheidung der Verbraucher zur Anmeldung, zur Rücknahme einer Anmeldung oder zur alternativ in Betracht kommenden individuellen Rechtsverfolgung von Relevanz sein kann. Eine solche Relevanz dürfte zB Hinweis- oder Beweisbeschlüssen zukommen. Bei der Frage der **Erforderlichkeit** ist **im Zweifel** 47

---

493 Dies dient dem Nachweis der wirksamen Anmeldung für etwaige Folgeprozesse. Einzelheiten können per Rechtsverordnung vom BMJV geregelt werden, § 609 Abs. 7 ZPO.
494 BT-Drs. 19/2439, 24: *„Die im Klageregister bekannt zu machenden Angaben beschränken sich auf die in Absatz 1 genannten Angaben"*.
495 Vgl. auch *Röthemeyer* HK-MFK § 607 Rn. 7, der vorschlägt, hierauf stets in einem allgemeinen Vorspann hinzuweisen.
496 § 608 Abs. 1, Abs. 3 ZPO, vgl. ferner BT-Drs. 19/2439, 24.

ein weiter **Maßstab** anzulegen,[497] schließlich dient das von den qualifizierten Einrichtungen betriebene Verfahren allein der Durchsetzung der Rechte von Verbrauchern.

48 Die öffentliche Bekanntmachung des ersten Verhandlungstermins ist besonders wichtig, weil eine Anspruchsanmeldung lediglich bis zum Ablauf des ersten Verhandlungstages erfolgen und zurückgenommen werden kann.[498] Die öffentliche Bekanntmachung von Terminen hat daher spätestens **eine Woche vor dem jeweiligen Termin** zu erfolgen und muss mit ausreichend Vorlauf veranlasst werden.[499]

49 Um den Verbrauchern rechtzeitig Kenntnis vom Ablauf der Frist zur Abmeldung ihrer Ansprüche und Rechtsverhältnisse zu verschaffen, wurden im Gesetzgebungsverfahren **automatisierte Benachrichtigungen über Bekanntmachungen** diskutiert. Diese könnten im Klageregister nach entsprechender Anmeldung per E-Mail oder Textnachricht verbreitet werden, was etwa vom BMJV per Rechtsverordnung vorgesehen und vom Bundesamt für Justiz im Rahmen der elektronischen Registerführung umgesetzt werden könnte. Das Klageregister würde damit dem Ziel einer niederschwelligen Informationsquelle näherkommen.[500]

3. Bekanntmachung der Verfahrensbeendigung

50 Schließlich bedarf auch jedwede Beendigung der Musterfeststellungsklage der öffentlichen Bekanntmachung. Eine Information der Verbraucher über die Verfahrensbeendigung ist schon deshalb unabdingbar, weil die durch die Klageerhebung bewirkte Verjährungshemmung für wirksam zum Klageregister angemeldete Ansprüche sechs Monate nach Verfahrensabschluss endet und die Verjährung ab diesem Zeitpunkt weiterläuft.[501] Die Veröffentlichung muss gemäß § 607 Abs. 3 S. 1 ZPO jeweils unverzüglich erfolgen.

51 Ausdrücklich vorgesehen ist die **Bekanntmachung von Urteilen**.[502] Sobald ein Urteil in **Rechtskraft** erwächst, ist dies erneut öffentlich bekannt zu machen.[503] Gleiches gilt für die Einlegung von **Rechtsmitteln**.[504]

52 Weiter ist auch der die Wirksamkeit eines **Vergleichs** feststellende Beschluss im Klageregister zu veröffentlichen, einschließlich des Vergleichsinhalts.[505] Zwar wird der Vergleich den angemeldeten Verbrauchern auch zugestellt. Die öffentliche Bekanntmachung des Vergleichsinhalts erlaubt es aber nicht angemeldeten Verbrauchern sowie Unternehmern, denen eine Anmeldung verwehrt ist, auf Basis des Vergleichs in eigene Verhandlungen zur Streitbeilegung einzutreten.[506]

53 Schließlich ist auch jede sonstige Beendigung des Musterfeststellungsverfahrens öffentlich bekannt zu machen (§ 607 Abs. 3 S. 3 ZPO). Hiervon erfasst sind insbeson-

---

497 *Weinland* MFK Rn. 158.
498 § 608 Abs. 1, Abs. 3 ZPO.
499 Vgl. § 607 Abs. 3 S. 2 ZPO.
500 Vgl. den DiskE des BMJV vom 31.7.2017, 17 f.
501 § 204 Abs. 2 BGB.
502 Vgl. § 612 Abs. 1 ZPO.
503 Vgl. § 612 Abs. 2 S. 1 ZPO.
504 Vgl. § 612 Abs. 2 S. 2 ZPO.
505 Vgl. § 611 Abs. 5 S. 3 ZPO. Abw. *Waßmuth/Asmus* ZIP 2018, 657 (664), die davon ausgehen, dass der Inhalt des Vergleichs nicht zwingend im Klageregister einsehbar ist.
506 Vgl. DiskE des BMJV vom 31.7.2017, 19 aE.

dere **Klagerücknahmen** sowie **übereinstimmende Erledigungserklärungen** (→ § 6 Rn. 50 f.). Die öffentliche Bekanntmachung sonstiger Verfahrensbeendigungen neben Urteil und Vergleich war zunächst nicht vorgesehen. § 607 Abs. 3 S. 3 ZPO wurde vielmehr erst auf die Stellungnahme des Bundesrates hin zu einem umfassenden Tatbestand der Information über alle Beendigungstatbestände ausgebaut.[507] Somit ist sichergestellt, dass aus dem Klageregister stets ersichtlich ist, ob es sich um ein abgeschlossenes oder noch laufendes Verfahren handelt. Weitere Angaben zum genauen Grund und den Umständen der sonstigen Verfahrensbeendigung sind nicht für eine Veröffentlichung vorgesehen.

IV. Wirkung der Bekanntmachung

Die Bekanntmachung hat Auswirkungen auf das Musterfeststellungsverfahren sowie auf parallel geführte Verfahren, welche von den Feststellungszielen abhängen. 54

1. Beginn der Zweimonatsfrist

Mit der öffentlichen Bekanntmachung der Musterfeststellungsklage beginnt die Zweimonatsfrist zu laufen, binnen welcher mindestens 50 Verbraucher ihre Ansprüche oder Rechtsverhältnisse zum Klageregister anmelden müssen.[508] Ob diese **besondere Zulässigkeitsvoraussetzung** der Musterfeststellungsklage erfüllt ist, kann damit frühestens zwei Monate nach der öffentlichen Bekanntmachung der Musterfeststellungsklage beurteilt werden (→ § 3 Rn. 29 ff.; → § 4 Rn. 36 ff.; → § 8 Rn. 20 ff.). 55

2. Aussetzung von Verbraucherklagen

Eine weitere Folge der öffentlichen Bekanntmachung ist die Aussetzung bereits anhängiger Klagen von Verbrauchern, § 613 Abs. 2 ZPO (siehe dazu im Einzelnen → § 5 Rn. 65 ff.). 56

3. Aussetzung von Unternehmerklagen

Von dem der Musterfeststellungsklage zugrundeliegenden Sachverhalt betroffene Unternehmer haben ungeachtet der Kritik im Gesetzgebungsverfahren[509] keine Möglichkeit, ihre Ansprüche und Rechtsverhältnisse zum Klageregister anzumelden. Sie können damit auch nicht von der nur für angemeldete Verbraucher vorgesehen Bindungswirkung profitieren.[510] Der neu in die ZPO eingefügte § 148 Abs. 2 ZPO eröffnet jedoch die Möglichkeit, ein individuelles Klageverfahren, dessen Entscheidung von den Feststellungszielen abhängig ist, die den Gegenstand eines anhängigen Musterfeststellungsverfahrens bilden, bis zur Erledigung der Musterfeststellungsklage auszusetzen. Der Preis dafür ist eine Verzögerung des eigenen Klageverfahrens (zur Aussetzung → § 6 Rn. 91 ff.).[511] Mit der Bekanntmachung der Musterfeststellungsklage 57

---

[507] BT-Drs. 19/2701, 7.
[508] Vgl. § 606 Abs. 3 Nr. 3 ZPO.
[509] Vgl. etwa die Stellungnahme des *DAV* Stellungnahme Nr. 20/2018, 9.
[510] Vgl. die auf Verbraucher begrenzte und eine Anmeldung erfordernde Regelung in § 613 Abs. 1 S. 1 ZPO.
[511] Dieser Preis kann durchaus hoch sein, da der Rechtsstreit, etwa mit einem Vorlageverfahren vor dem EuGH, lange dauern kann, vgl. *Kilian* ZRP 2018, 72 (73); *Kranz* NZG 2017, 1099 (1101); vgl. auch *DAV* Stellungnahme Nr. 14/2017, 8.

§ 4 Bekanntmachung

kann der klagende Unternehmer von der anhängigen Musterfeststellungsklage erfahren und dann einen Antrag gemäß § 148 Abs. 2 ZPO stellen.

a) Sinn und Zweck der Regelung

58 Diese im Laufe des Gesetzgebungsverfahrens ergänzte Regelung des § 148 Abs. 2 ZPO wurde vom Gesetzgeber als sinnvoll erachtet, weil Unternehmer mangels Möglichkeit der Anmeldung zum Klageregister auch nicht von der Verjährungshemmung gemäß § 204 Abs. 1 Nr. 1a BGB profitieren können. Sie sind daher zur Wahrung ihrer Rechte gezwungen, binnen der Verjährungsfrist selbst Klage zu erheben. Die nun in § 148 Abs. 2 ZPO geregelte Verfahrensaussetzung ermöglicht es ihnen jedoch, das Ergebnis der Musterfeststellungsklage abzuwarten und von diesem zu profitieren.[512]

59 So bietet die Möglichkeit zur Aussetzung dem Unternehmer-Kläger **taktische Vorteile**. Im Falle eines Erfolges der Musterfeststellungsklage kann der Unternehmer das Verfahren fortführen und von Erkenntnissen der Musterfeststellungsklage profitieren. Wird die Musterfeststellungsklage dagegen abgewiesen, könnte der Unternehmer seine individuelle Klage daraufhin kostengünstig und ohne Zustimmungserfordernis zurücknehmen.[513]

60 Einschränkungen ergeben sich freilich aus dem Umstand, dass bezogen auf das ausgesetzte Verfahren eines Unternehmers keine formelle Bindungswirkung besteht, denn § 613 Abs. 1 S. 1 ZPO bezieht sich nur auf angemeldete Verbraucher. Es bleibt somit bei dem Grundsatz der Bindungswirkung des Musterfeststellungsurteils nur für die angemeldeten Verbraucher.[514] Zu erwarten ist aber, dass Gerichte bei gleichem Lebenssachverhalt die Feststellungen im Musterfeststellungsverfahren nicht völlig außer Acht lassen werden. So sind auf Individualverfahren regelmäßig die Entscheidungen über Rechtsfragen übertragbar, welche bei Massenverfahren häufig eine zentrale Stellung einnehmen.[515] Denn auch wenn ein Urteil andere Gerichte nicht bindet, kommt rechtskräftigen Entscheidungen der Oberlandesgerichte sowie den Beschwerdeentscheidungen des BGH, wie sie bei der Musterfeststellungsklage vielfach zu erwarten sind, eine Leitbildfunktion zu (→ § 8 Rn. 85 ff.).[516]

b) Antragserfordernis, Voraussetzungen und gerichtliches Ermessen

61 Die Aussetzung erfolgt nur auf Antrag des Unternehmers. Sie erfordert, dass die Entscheidung des Rechtsstreits von Feststellungszielen abhängt, die den Gegenstand eines anhängigen Musterfeststellungsverfahrens bilden (→ § 6 Rn. 95).

Dem Gericht steht bei seiner Entscheidung ein Ermessen zu.

---

512 BT-Drs. 19/2741, 24.
513 Bei schon fortgeschrittenen Verfahren freilich ggf. nur mit Zustimmung des Beklagten, vgl. § 269 ZPO.
514 Vgl. § 323 Abs. 1 ZPO.
515 *Kranz* NZG 2017, 1099 (1100).
516 MüKoZPO/*Gottwald* § 322 Rn. 23.

V. Aufbewahrungsfrist im Klageregister

Die im Klageregister erfassten Angaben werden aufbewahrt. Dem Grundsatz der Datensparsamkeit entsprechend ist diese Speicherung jedoch zeitlich begrenzt.[517] Gemäß § 609 Abs. 2 S. 2 ZPO sind die zur Musterfeststellungsklage erfassten Angaben daher **bis zum Schluss des dritten Jahres nach rechtskräftigem Abschluss** des Verfahrens aufzubewahren. Details zu deren Änderung und Vernichtung können per Rechtsverordnung geregelt werden (→ § 4 Rn. 14 ff.). Zur Begründung der gewählten Dauer wurde auf einen Gleichlauf mit der regelmäßigen Verjährungsfrist verwiesen.[518] Verbrauchern soll, bezogen auf ihren Anspruch auf Auszugserteilung,[519] ausreichend Zeit gewährt werden, so dass diese die wirksame und rechtzeitige Anmeldung und damit die Voraussetzung für die Verjährungshemmung und die Bindungswirkung in späteren Verfahren belegen können. Da die Erhebung der Musterfeststellungsklage lediglich die Hemmung der Verjährung, nicht hingegen deren Neubeginn zur Folge hat, dürfte der gewährte Zeitraum ausreichend sein.

62

VI. Einsicht ins Klageregister

Für die verschiedenen Beteiligten sind unterschiedliche Auskunftsansprüche vorgesehen.[520] Die Einsicht ist grundsätzlich unentgeltlich und soll zukünftig elektronisch über die Internetseiten des Bundesamts für Justiz erfolgen.[521] Einzelheiten zur Erteilung von Auszügen aus dem Klageregister, zur Datensicherheit sowie Barrierefreiheit können per Rechtsverordnung geregelt werden (→ § 4 Rn. 14 ff.).

63

1. Unentgeltliches Einsichtsrecht für jedermann

Öffentliche Bekanntmachungen können gemäß § 609 Abs. 3 ZPO von jedermann unentgeltlich eingesehen werden. Potentielle Anmelder und sonstige Betroffene können hierdurch unkompliziert von der Erhebung einer Musterfeststellungsklage und deren Verlauf erfahren. Verbraucher werden so in die Lage versetzt, ihre Situation und die Sinnhaftigkeit der Anmeldung von Ansprüchen und Rechtsverhältnissen zu prüfen. Schließlich wird es auch jeder sonst interessierten Person ermöglicht, die Veröffentlichungen einzusehen, etwa der Presse oder Anlegern.

64

Einsehbar sind sämtliche öffentliche Bekanntmachungen. Dazu gehören insbesondere die Bekanntmachung der Musterfeststellungsklage gemäß § 607 Abs. 1 ZPO mit den Feststellungszielen und der Darstellung des Lebenssachverhalts (→ § 4 Rn. 42).

65

Über die Bekanntmachungen gemäß § 607 Abs. 1 ZPO hinaus sind vom Einsichtsrecht folgende, ggf. später im Verfahren vorgenommene Bekanntmachungen erfasst:

66

- Terminbestimmungen und Zwischenentscheidungen, § 607 Abs. 3 S. 1 ZPO,
- Gerichtsbeschlüsse zu Inhalt und Wirksamkeit eines Vergleichs, § 611 Abs. 5 S. 2 und S. 3 ZPO,

---

517 BT-Drs. 19/2439, 26; DiskE des BMJV vom 31.7.2017, 18.
518 BT-Drs. 19/2439, 26.
519 Vgl. § 609 Abs. 4 S. 2 ZPO.
520 BT-Drs. 19/2439, 26; DiskE des BMJV vom 31.7.2017, 18.
521 So bereits der DiskE des BMJV vom 31.7.2017, 17 f.

- das Musterfeststellungsurteil, die Einlegung von Rechtsmitteln sowie der Eintritt der Rechtskraft, § 612 ZPO, sowie
- jegliche sonstige Beendigung des Musterfeststellungsverfahrens, etwa durch Klagerücknahme oder übereinstimmende Erledigungserklärung, § 607 Abs. 3 S. 3 ZPO.

67 Nicht einsehbar sind hingegen die ebenfalls im Klageregister eingetragenen Daten angemeldeter Verbraucher (sog Eintragungen).[522]

2. Auskunftsanspruch der angemeldeten Verbraucher

68 Angemeldete Verbraucher erhalten während des Verfahrens Auskunft über ihre eigenen Angaben, um eine Kontrolle der zutreffenden Datenerfassung zu ermöglichen, § 609 Abs. 4 S. 1 ZPO. Nach rechtskräftigem Abschluss des Musterfeststellungsverfahrens besteht darüber hinaus ein Anspruch auf Auszugserteilung hinsichtlich sämtlicher im Klageregister zur Person und Anmeldung erfassten Angaben, § 609 Abs. 4 S. 2 ZPO (→ § 5 Rn. 80 ff.).

3. Anspruch des Gerichts auf Auszugserteilung

69 Die von Verbrauchern bis zum Ablauf der Zweimonatsfrist gemäß § 606 Abs. 3 Nr. 3 ZPO vorgenommenen Eintragungen werden auf Anforderung dem Gericht und sodann per Abschrift auch den Parteien zur Verfügung gestellt, § 609 Abs. 5 ZPO. Dies ermöglicht die Prüfung, ob das von § 606 Abs. 3 Nr. 3 ZPO geforderte Quorum von 50 wirksamen Anmeldungen binnen zwei Monaten erfüllt ist (ausführlich dazu → § 3 Rn. 44).[523]

4. Anspruch der Parteien auf Auszugserteilung

70 Schließlich steht auch den Parteien ein Auskunftsanspruch hinsichtlich der Eintragungen im Klageregister zu, § 609 Abs. 6 ZPO. Dieser bezieht sich auf die Eintragungen von Verbrauchern, die ihre Ansprüche bis zum Ablauf des Tages vor Beginn des ersten Termins angemeldet haben, mithin also binnen der für die Anspruchsanmeldung vorgesehenen Frist.[524] Die Parteien benötigen die Einsicht in die Eintragungen in erster Linie zur Nachprüfung des von § 606 Abs. 3 Nr. 3 ZPO statuierten Quorums sowie ferner im Rahmen etwaiger Vergleichsverhandlungen.[525] Der Musterbeklagte kann anhand der Eintragungsdaten seine Exposition abschätzen und ggf. auch die Erfüllung berechtigter Ansprüche administrieren (→ § 5 Rn. 20 ff.).

VII. Rechtsschutz gegen die Bekanntmachung

71 Die öffentliche Bekanntmachung einer Musterfeststellungsklage kann aufgrund der damit verbundenen Prangerwirkung weitreichende Konsequenzen für den Beklagten

---

522 Das Gesetz differenziert stets zwischen öffentlichen Bekanntmachungen einerseits und Eintragungen andererseits, vgl. etwa § 609 Abs. 2 S. 1 ZPO.
523 BT-Drs. 19/2439, 26.
524 Vgl. § 609 Abs. 6 ZPO.
525 *DAV* Stellungnahme Nr.: 14/2017, 12; BT-Drs. 19/2439, 26; DiskE des BMJV vom 31.7.2017, 18.

haben (→ § 4 Rn. 30 ff.). Dies gilt ungeachtet der Erfolgsaussichten der Klage, die von außen regelmäßig nicht sinnvoll eingeschätzt werden können.

Eine Rechtsschutzmöglichkeit gegen die Entscheidung zur öffentlichen Bekanntmachung hat der Gesetzgeber indes nicht vorgesehen, und zwar weder für den Musterkläger bei Zurückweisung noch für den Musterbeklagten bei Veranlassung der öffentlichen Bekanntgabe. Zwar ist gegen Beschlüsse eines Oberlandesgerichts das Rechtsmittel der **Rechtsbeschwerde** statthaft (§ 574 ZPO). Deren Voraussetzungen werden jedoch selten vorliegen: Zum einen erfordert jedenfalls die Veranlassung der öffentlichen Bekanntmachung nach dem Wortlaut des § 607 Abs. 2 ZPO schon gar keinen Beschluss,[526] zum anderen bedarf die Rechtsbeschwerde der ausdrücklichen Zulassung durch das Oberlandesgericht. 72

Allerdings wird das Oberlandesgericht im Einzelfall auf **Antrag einer Partei** hin[527] im Beschlusswege entscheiden und die Rechtsbeschwerde unter gleichzeitigem Zuwarten mit der Bekanntmachungsentscheidung[528] zulassen müssen. Dies kommt namentlich dann in Betracht, wenn der Prüfungsmaßstab für die Veröffentlichungsentscheidung im Streit steht (→ § 4 Rn. 41 ff.) und der Bekanntmachungsentscheidung deshalb aufgrund der bisher hierzu naturgemäß ausstehenden Rechtsprechung derzeit grundsätzliche Bedeutung im Sinne von § 574 Abs. 2 ZPO zukommt. 73

Ein verwaltungsrechtlicher bzw. **verwaltungsgerichtlicher (Eil-)Rechtsschutz** gegenüber dem Bundesamt für Justiz dürfte demgegenüber nur begrenzt zur Verfügung stehen.[529] Das Gesetz weist dem Bundesamt für Justiz lediglich die Ausführung der vom Gericht zuvor veranlassten öffentlichen Bekanntmachung zu. Eine eigene inhaltliche Prüfung ist nicht vorgesehen; sie würde zu einer zweiten Prüfung neben jener durch das Oberlandesgericht führen. Das Bundesamt hat eine gerichtlich veranlasste Bekanntmachung zudem qua Gesetz unverzüglich auszuführen (→ § 4 Rn. 41 ff., auch mit Hinweis auf die (wenigen) Fällen, in denen das Gesetz Unverzüglichkeit nicht ausdrücklich anordnet). Deshalb dürfte es nicht selten an den Voraussetzungen im einstweiligen Rechtsschutz fehlen. 74

Die **unzureichenden Rechtsschutzmöglichkeiten** springen deshalb ins Auge, weil der Gesetzgeber zugleich die Möglichkeiten zur Einflussnahme auf die Entscheidung über die öffentliche Bekanntmachung stark reduziert hat: Die im Diskussionsentwurf noch vorgesehene Frist von zwei Monaten zwischen Erhebung der Klage und Veranlassung der öffentlichen Bekanntmachung wurde auf 14 Tage verkürzt.[530] Auch das ursprünglich vorgesehene Ermessen – die öffentliche Bekanntmachung *sollte* nach dem Referentenentwurf binnen zwei Monaten nach Rechtshängigkeit erfolgen, begründete Überschreitungen dieser Frist wären aber möglich gewesen – wurde gestrichen.[531] 75

---

526 Anders § 3 Abs. 2 KapMuG: Bekanntmachung „*durch unanfechtbaren Beschluss*".
527 Vgl. auch *Schweiger/Meißner* CB 2018, 240 (244), welche jedoch bezogen auf den damaligen Gesetzesentwurf von einer sofortigen Beschwerde ausgehen. Diese ist jedoch gemäß § 567 Abs. 1 Nr. 2 ZPO nicht statthaft, da – anders als zunächst vorgesehen – nunmehr das OLG und nicht das LG in erster Instanz für Musterfeststellungsklagen zuständig ist.
528 Geboten aufgrund von Art. 19 Abs. 4 GG.
529 Offen gelassen bei *Schweiger/Meißner* CB 2018, 240 (244 f.).
530 Im DiskE des BMJV hieß es noch: „*Die öffentliche Bekanntmachung soll spätestens binnen zwei Monaten nach Eintritt der Rechtshängigkeit erfolgen*", vgl. Diskussionsentwurf des BMJV vom 31.7.2017, 3.
531 DiskE des BMJV vom 31.7.2017, 3.

§ 4 Bekanntmachung

Zudem wurde die vom BMJV noch für geboten erachtete Anhörung des Beklagten vor der Bekanntmachung gänzlich aus dem Gesetz genommen.[532] Die beschlossenen Regelungen sind auf eine schnelle öffentliche Bekanntmachung ausgerichtet, was wenig Zeit für eine vertiefte Überprüfung und ggf. Erörterung zweifelhafter Punkte lässt. In der Literatur werden daher anderweitige Möglichkeiten des Beklagten erwogen, sich gegen missbräuchliche und rufschädigende Klagen außerhalb des Verfahrens zu schützen.[533]

---

532 Vgl. DiskE des BMJV vom 31.7.2017, 16.
533 Vgl. etwa *Röthemeyer* HK-MFK § 607 Rn. 10, der ein Vorgehen gegen den Kläger im einstweiligen Rechtsschutz auf Unterlassen erwägt, gerichtet auf die Rücknahme der Klage zur Verhinderung deren Bekanntmachung; vgl. auch *Schweiger/Meißner* CB 2018, 240 (244).

§ 5 Anmeldung

Schrifttum: *Balke/Liebscher/Steinbrück*, Der Gesetzentwurf zur Einführung einer Musterfeststellungsklage – ein zivilprozessualer Irrweg, ZIP 2018, 1321; *Basedow*, Trippelschritte zum kollektiven Rechtsschutz, EuZW 2018, 609; *Bundesrechtsanwaltskammer*, Stellungnahme zum Diskussionsentwurf eines Gesetztes zur Einführung einer Musterfeststellungsklage Nr. 32, Oktober 2017; *Casper/Janssen/Pohlmann/Schulze*, Auf dem Weg zu einer europäischen Sammelklage?, 2009; *Deutscher Notarverein*, Diskussionsentwurf zur Einführung einer Musterfeststellungsklage, Stellungnahme vom 27.9.2017; *Fölsch*, Der Regierungsentwurf zur Einführung der Musterfeststellungsklage, DRiZ 2018, 214; *Halfmeier*, Musterfeststellungsklage: Nicht gut, aber besser als nichts, ZRP 2017, 201; *Hefendehl/Hohmann*, Münchener Kommentar zum Strafgesetzbuch, Band 5, §§ 263–358, 2. Aufl. 2014; *Hess/Reuschle/Rimmelspacher*, Kölner Kommentar zum KapMuG, 2. Aufl. 2014; *Krausbeck*, Der Diskussionsentwurf eines Gesetzes zur Einführung einer Musterfeststellungsklage für Verbraucherstreitigkeiten, DAR 2017, 567; *Krüger/Rauscher*, Münchener Kommentar zur Zivilprozessordnung, Band 1, 5. Aufl. 2016; *Meller-Hannich*, Sammelklagen, Gruppenklagen, Verbandsklagen – bedarf es neuer Instrumente des kollektiven Rechtsschutzes im Zivilprozess?, NJW-Beilage 2018, 29; *Merkt/Zimmermann*, Die neue Musterfeststellungsklage: Eine erste Bewertung, VuR 2018, 363; *Musielak/Voit*, ZPO Kommentar, 15. Aufl. 2018; *Röthemeyer*, Musterfeststellungsklage, Spezialkommentar zu den §§ 606–614 ZPO, 1. Aufl. 2018; *Schäfer*, Der Gesetzesentwurf zur „Musterfeststellungsklage", KAS 2018; *Schweiger/Meißner*, Praktische Aspekte der Rechtsentwicklung bei Unterlassungs- und Musterfeststellungsklagen in Verbrauchersachen – Teil 1, CB 2018, 240; *Stadler*, Kollektiver Rechtsschutz quo vadis?, JZ 2018, 793; *Verbraucherzentrale Bundesverband*, Eine für alle – Musterfeststellungsklage einführen, Stellungnahme vom 29.9.2017; *Waßmuth/Asmus*, Der Diskussionsentwurf des BMJV zur Einführung einer Musterfeststellungsklage, ZIP 2018, 657; *Weber/van Boom*, Neue Entwicklungen in puncto Sammelklagen – in Deutschland, in den Niederlanden und an der Grenze, VuR 2017, 290; *Wieczorek/Schütze*, ZPO, Bd. 13/1, KapMuG, 4. Aufl. 2018; *Zöller*, Zivilprozessordnung, 32. Aufl. 2018.

I. Überblick	1
II. Anmeldebefugnis: Verbraucher	7
III. Gegenstand der Anmeldung	9
1. Ansprüche oder Rechtsverhältnisse	9
2. Abhängigkeit der anzumeldenden Ansprüche von den Feststellungszielen	11
IV. Formelle und inhaltliche Anforderungen	14
1. Adressat, Form und Frist	15
2. Beteiligtendaten	18
3. Angabe von Gegenstand und Grund des Anspruchs oder des Rechtsverhältnisses	20
4. Keine Pflicht zur Angabe der Anspruchshöhe	24
5. Versicherung der Richtigkeit und Vollständigkeit der Angaben	29
6. Kein Anwaltszwang	33
7. Eintragung in das Klageregister	36
a) Eintragung ohne inhaltliche Prüfung	38
b) Umgang mit formal fehlerhaften Anmeldungen	40
V. Wirkungen der Anspruchsanmeldung	44
1. Keine Beteiligung des Verbrauchers am Musterverfahren	44
2. Bindungswirkung des Urteils und Kollektivwirkung des Vergleichs	46
3. Verjährungshemmung	50
a) Voraussetzungen und Umfang der Hemmung	52
b) Rückwirkung der Hemmung	56
c) Ende der Verjährungshemmung	63
4. Aussetzung anhängiger Verfahren	65
a) Anwendungsbereich	66
b) Sachliche Voraussetzung: Vorgreiflichkeit	69
c) Verbraucherwahlrecht	70
5. Sperrwirkung der Anmeldung für einen Individualprozess	75
6. Wirkung einer fehlerhaften Anmeldung bei Aufnahme in das Klageregister	76
VI. Rücknahme	78
VII. Information der Verbraucher, Auskunfts- und Auszugserteilung aus dem Klageregister	80

§ 5 Anmeldung

1. Information der Verbraucher 80
2. Auskunftsanspruch der Parteien .. 83
3. Datenübermittlung an das Gericht zwecks Zulässigkeitsprüfung 87

I. Überblick

1 § 608 Abs. 1 ZPO ermöglicht es den Verbrauchern, individuelle Ansprüche und Rechtsverhältnisse zur Eintragung in das Klageregister anzumelden.

2 Bei der Anmeldung handelt es sich um das zentrale Instrument der Gesetzesreform, mit dem die erstrebte **Breitenwirkung** der Musterfeststellungsklage erzielt wird. Die Anspruchsanmeldung „verklammert" die anmeldenden Verbraucher und den Musterbeklagten miteinander, weil das Endurteil der Musterfeststellungsklage sowie ein im Musterverfahren gegebenenfalls geschlossener Vergleich über die Prozessparteien hinaus auch für sie Bindungswirkung entfaltet, §§ 611 Abs. 1, 613 Abs. 1 ZPO. Auch materiell-rechtlich wirkt sich die Anspruchsanmeldung aus, denn die verjährungshemmende Wirkung einer Musterfeststellungsklage (§ 204 Abs. 1 Nr. 1a BGB) kommt nur denjenigen Verbrauchern zugute, die ihre Ansprüche wirksam zum Klageregister angemeldet haben. Anspruchsanmeldungen in ausreichender Anzahl sind schließlich Durchführungsvoraussetzung für das Musterverfahren. Zulässig ist die Musterfeststellungsklage gemäß § 606 Abs. 3 Nr. 3 ZPO nämlich nur dann, wenn binnen zwei Monaten nach Klagebekanntmachung 50 Anmeldungen wirksam im Klageregister eingetragen wurden, § 606 Abs. 3 Nr. 3 ZPO.

3 Welche Breitenwirkung eine Musterfeststellungsklage im Einzelfall erreicht, hängt maßgeblich davon ab, in welchem Maße Verbraucher das Instrument der Anmeldung tatsächlich nutzen. Die Erwartungen daran sollten nicht zu hoch gesetzt werden.[534] Denn in den Fällen der Streu- und Bagatellschäden, für die die Musterfeststellungsklage mitkonzipiert war,[535] dürften Verbraucher entgegen der gesetzgeberischen Erwartung auch weiterhin rational apathisch bleiben, weil die Rechtsdurchsetzung neben der Anmeldung auch noch eine zweite, individuelle Anspruchsverfolgung erfordert.[536] Bei niedrigpreisigen Produkten des täglichen Bedarfs werden Verbraucher deshalb zB auch zukünftig davon absehen, Kartellschadensersatz geltend zu machen, der ihnen durch die Überwälzung überteuerter Preise entstanden ist. Aber auch bei Massenschäden, die sich durch eine erhebliche individuelle Betroffenheit auszeichnen, wird es zukünftig nicht wenige Verbraucher geben, die eigene Rechtsverfolgungsmöglichkeiten nicht preisgeben und ihre Ansprüche gerade nicht der kollektiven Klärung durch eine Verbraucherschutzorganisation anheimgeben wollen. Diese werden dementsprechend von einer Anmeldung absehen.

4 Damit zeigt sich zugleich ein weiteres Charakteristikum der Anspruchsanmeldung nach § 608 ZPO: Der Verbraucher hat ein **Wahlrecht**, ob er seine Ansprüche eigen-

---

534 Die im Gesetzgebungsprozess geschätzte Zahl von 75 Anmeldern pro Verfahren ist kaum belastbar. Bei zu wenigen Anmeldern im Durchschnitt würden viele Verfahren schon an der Hürde des § 606 Abs. 3 Nr. 3 ZPO scheitern.
535 Gesetzentwurf der Bundesregierung, BT-Drs. 19/2439, 15.
536 *Stadler* JZ 2018, 793 (795); *Balke/Liebscher/Steinbrück* ZIP 2018, 1321 (1322 ff.), dort auch zu den verschiedenen Szenarien kollektiver Schadensphänomene, aufbauend auf Casper/Janssen/Pohlmann/Schulze/*Wagner* Auf dem Weg zu einer europäischen Sammelklage?, 41, 49 ff; optimistischer *Merk/Zimmermann* VuR 2018, 363 (368).

ständig durchsetzt oder ob er sie zum Klageregister anmeldet.[537] Dies gilt auch in bereits rechtshängigen Verfahren.

Ideengeber für die Musterfeststellungsklage war unter anderem das Kapitalanleger-Musterverfahrensgesetz (KapMuG) aus dem Jahr 2005.[538] Dieses war konzipiert worden, um Massenverfahren prozessökonomisch abzuwickeln. Allerdings lag der Fokus des KapMuG zunächst in der Bewältigung bereits rechtshängiger Verfahren und nicht in der Verfahrensvermeidung als solcher.[539] Um eine Bindungswirkung und überhaupt nur eine Verjährungshemmung zu erreichen, mussten Anleger deshalb mit vollem Kostenrisiko zunächst selbst Klage erheben. Zur Verbesserung der Teilhabemöglichkeiten des Anlegers wurde mit der KapMuG-Reform 2012 das Instrument der Anspruchsanmeldung eingeführt. Um die Verjährung zu hemmen, genügt es seither, wenn der Kapitalanleger seinen Anspruch zum Musterverfahren anmeldet.[540] Eine Bindung an den Musterentscheid bewirkt die Anspruchsanmeldung im KapMuG freilich nicht. Gegen eine Bindungswirkung sprach aus Sicht des Rechtsausschusses des Deutschen Bundestages seinerzeit, dass eine solche mangels ausreichender Beteiligungsrechte des Anlegers nicht mit dem Anspruch auf rechtliches Gehör vereinbar wäre; außerdem sollten „Trittbrettfahrer" abgehalten werden.[541]

Für die Musterfeststellungsklage hat der Gesetzgeber nunmehr entschieden, das Instrument der Anspruchsanmeldung fortzuentwickeln: Neben der Verjährungshemmung für alle Ansprüche, die wirksam zum Klageregister angemeldet sind, tritt nun auch eine Bindungswirkung ein.[542] Zum Ausgleich der fehlenden Teilhaberechte wurde dem Anspruchsanmelder die Möglichkeit eingeräumt, seine Anspruchsanmeldung bis zum Ablauf des Tages der ersten mündlichen Verhandlung zurückzunehmen.[543] Die Wirkung der Verjährungshemmung bleibt allerdings auch im Falle der Rücknahme der Anmeldung für sechs Monate erhalten.[544]

II. Anmeldebefugnis: Verbraucher

Die Anmeldung von Ansprüchen oder Rechtsverhältnissen zum Klageregister steht nach § 608 Abs. 1 ZPO nur Verbrauchern offen. Unternehmer können dagegen keine Anmeldungen zum Klageregister vornehmen.[545] Ihnen bleibt lediglich die Möglichkeit, eine Verfahrensaussetzung nach § 148 Abs. 2 ZPO zu beantragen (→ § 3 Rn. 83 ff. sowie → § 4 Rn. 57).

Der Gesetzgeber hat die Verbrauchereigenschaft in § 29 c Abs. 2 ZPO spezifisch für die Musterfeststellungsklage neu definiert. Verbraucher im prozessualen Sinn ist da-

---

537 *Schweiger/Meißner* CB 2018, 240 (241); *Weber/van Boom* VuR 2017, 290 (292); zur verfassungsrechtlichen Dimension der Wahlmöglichkeit *Merkt/Zimmermann* VuR 2018, 363 (364).
538 *Basedow* EuZW 2018, 609 (610).
539 Anlass waren die Klageverfahren im Zusammenhang mit dem Börsengang der Deutsche Telekom AG 1998, die freilich Stand 2018 noch immer nicht beendet sind.
540 Kölner Komm KapMuG/*Reuschle* § 10 Rn. 20; *Weber/van Boom* VuR 2017, 290 (293).
541 Entwurf eines Gesetzes zur Reform des Kapitalanleger-Musterverfahrensgesetzes – Beschlussempfehlung und Bericht des Rechtsausschusses, BT-Drs. 17/10160, 6.
542 *Halfmeier* ZRP 2017, 201 (203).
543 § 608 Abs. 3 ZPO iVm § 613 Abs. 1 S. 2 ZPO.
544 § 204 Abs. 2 S. 2 BGB.
545 *Balke/Liebscher/Steinbrück* ZIP 2018, 1321 (1327); *Krausbeck* DAR 2017, 567 (569).

nach jede natürliche Person, die bei dem Erwerb des Anspruchs oder bei der Begründung des Rechtsverhältnisses nicht überwiegend im Rahmen ihrer gewerblichen oder selbstständigen beruflichen Tätigkeit handelt. Anders als der materiellrechtliche Verbraucherbegriff des § 13 BGB knüpft die prozessuale Verbrauchereigenschaft nicht an die rechtsgeschäftliche Entstehung eines Anspruchs an. Vielmehr gelten auch diejenigen Anspruchsinhaber als Verbraucher (und sind somit anmeldebefugt), deren Ansprüche – konkurrierend oder isoliert – auf deliktischen Anspruchsgrundlagen oder anderer gesetzlicher Grundlage beruhen.[546] Eine vertragliche Rechtsbeziehung zwischen Verbraucher und Musterbeklagtem ist nicht erforderlich. Der prozessuale Verbraucherbegriff wurde mithin bewusst so definiert, um der Musterfeststellungsklage einen weiten Anwendungsbereich zu verschaffen.

III. Gegenstand der Anmeldung

1. Ansprüche oder Rechtsverhältnisse

9   Nach § 608 Abs. 1 ZPO können Verbraucher sowohl Ansprüche als auch Rechtsverhältnisse anmelden. Gemäß § 194 BGB bedeutet Anspruch das Recht, von einem anderen ein Tun oder Unterlassen verlangen zu können. Der Begriff des Rechtsverhältnisses bezeichnet – wie in § 256 ZPO – die aus einem vorgetragenen Sachverhalt abgeleitete rechtliche Beziehung einer Person zu einer anderen oder zu einem Gegenstand.[547]

10 Obwohl nur einzelne Voraussetzungen eines Rechtsverhältnisses oder Anspruchs Gegenstand einer Musterfeststellungsklage sein können, muss der anzumeldende Anspruch als Ganzer oder das anzumeldende Rechtsverhältnis als Ganzes klar benannt werden (§ 608 Abs. 2 S. 1 Nr. 4 ZPO, § 5 Rn. 20).[548]

2. Abhängigkeit der anzumeldenden Ansprüche von den Feststellungszielen

11 Nach dem Wortlaut von § 608 Abs. 1 ZPO können nur solche Ansprüche oder Rechtsverhältnisse angemeldet werden, die von den Feststellungszielen abhängen. Die sprachlich verkürzte Formulierung ist zunächst so zu verstehen, dass der Bestand oder Umfang der Ansprüche von der Entscheidung über die Feststellungsziele abhängen muss bzw. dass sich die Entscheidung über die Feststellungsziele auf die angemeldeten Rechtsverhältnisse auswirken kann.

12 Die Begrenzung der Anmeldung auf von den Feststellungszielen *abhängenden* Ansprüche und Rechtsverhältnisse ist ersichtlich den §§ 3 Abs. 1 Nr. 1, 8 Abs. 1 KapMuG entlehnt. Dort entscheidet das Kriterium der Abhängigkeit darüber, ob aus einem Individualprozess heraus ein Kapitalanleger-Musterverfahren begonnen oder ob ein Individualprozess auf ein Musterverfahren ausgesetzt werden kann. Abhängigkeit wird überwiegend dann angenommen, wenn die Entscheidung des Rechtsstreits bei einer abstrakten Beurteilung *auch* von dem zu klärenden Feststellungsziel abhän-

---

[546] BT-Drs. 19/2507, 20; *Schweiger/Meißner* CB 2018, 240 (242).
[547] MüKoZPO/*Becker-Eberhard* § 256 Rn. 10.
[548] *Waßmuth/Asmus* ZIP 2018, 657 (658).

gen kann, dieses also in einem Entscheidungsbaum an irgendeiner Stelle zu berücksichtigen ist.[549]

Der Nutzen des Abhängigkeitskriteriums für die Anspruchsanmeldung nach § 608 ZPO wird zu Recht in Frage gestellt. Es kommt nicht darauf an, ob die angemeldeten Ansprüche und Rechtsverhältnisse von den (etwa allen?) Feststellungszielen der Musterfeststellungsklage abhängen.[550] Die Formulierung des Hemmungstatbestandes in § 204 Nr. 1 a BGB deutet daraufhin, dass es ausreicht, wenn den angemeldeten Ansprüchen derselbe Lebenssachverhalt zugrunde liegt wie den Feststellungszielen der Musterfeststellungsklage. 13

IV. Formelle und inhaltliche Anforderungen

Inhalt und Form der Anmeldung sowie weitere Anmeldevoraussetzungen ergeben sich aus § 608 Abs. 2 ZPO. 14

1. Adressat, Form und Frist

Richtiger Adressat der Anmeldung ist gemäß § 608 Abs. 4 ZPO das Bundesamt für Justiz.[551] Die Anmeldung bedarf der Textform (§ 126 b BGB). 15

Die Anmeldung der Ansprüche oder Rechtsverhältnisse muss spätestens bis zum Ablauf des Tages vor Beginn des ersten Verhandlungstermins erfolgen.[552] Wird die rechtzeitige Anmeldung versäumt, kann der Verbraucher seinen Rechtsschutz nur noch individuell verfolgen. 16

Die Anmeldung kann frühestens erfolgen, sobald die Musterfeststellungsklage im Klageregister öffentlich bekannt gemacht wurde, was erst nach Klagezustellung möglich ist. Eine beim Bundesamt für Justiz verfrüht eingehende Anmeldung – etwa in Reaktion auf eine Pressemitteilung des Verbraucherverbandes – leidet formal an der fehlenden Mitteilung des Aktenzeichens der Musterfeststellungsklage[553] und wäre daher unwirksam. 17

2. Beteiligtendaten

Nach § 608 Abs. 2 S. 1 Nr. 1 bis 3 ZPO muss die Anmeldung folgende Angaben enthalten: Name und Anschrift des Verbrauchers, Bezeichnung des Gerichts, Aktenzeichen der Musterfeststellungsklage sowie die Bezeichnung des Beklagten der Musterfeststellungsklage. Diese Angabeerfordernisse sind § 10 Abs. 1, 3 KapMuG sowie § 253 ZPO entlehnt. Die Angaben sind nach den allgemeinen Grundsätzen auslegbar. 18

Die Mitteilung von Beteiligtendaten ist für die sichere Zuordnung der Anmeldung unerlässlich. Die Angabe der Anschrift des angemeldeten Verbrauchers ist zudem 19

---

549 Kölner Komm KapMuG/*Kruis* § 8 Rn. 28; Wieczorek/Schütze/*Großerichter* ZPO § 3 KapMuG Rn. 8; RegE KapMuG, BT-Drs. 17/8799, 20. Rückausnahmen werden insbesondere für den Fall gemacht, dass der Individualrechtsstreit entscheidungsreif oder nahezu entscheidungsreif ist.
550 *Röthemeyer* HK-MFK § 608 Rn. 10.
551 Demgegenüber ist die Anspruchsanmeldung nach § 10 Abs. 2 KapMuG gegenüber dem Oberlandesgericht zu erklären; vgl. auch *Waßmuth/Asmus* ZIP 2018, 657 (661).
552 Im Gegensatz dazu kann die Rücknahme der Anmeldung noch bis zum Schluss des ersten Verhandlungstages erklärt werden, § 608 Abs. 3 ZPO.
553 § 608 Abs. 2 Nr. 2 ZPO.

auch für die Zustellung eines gerichtlichen Vergleichs sowie die Übersendung etwaiger Auskünfte durch das Bundesamt für Justiz erforderlich.[554]

3. Angabe von Gegenstand und Grund des Anspruchs oder des Rechtsverhältnisses

20 Nach § 608 Abs. 2 S. 1 Nr. 4 ZPO müssen bei der Anmeldung der Gegenstand und der Grund des Anspruchs oder des Rechtsverhältnisses bezeichnet werden. Zum Verständnis dieser Bezeichnungserfordernisse kann teilweise auf § 253 Abs. 2 ZPO zurückgegriffen werden.[555] Vergleichbare Angabeerfordernisse finden sich zudem in § 10 Abs. 3 Nr. 4 KapMuG.

21 **Grund des Anspruchs oder des Rechtsverhältnisses** ist danach der Lebenssachverhalt, aus dem der Verbraucher seinen Anspruch herleitet oder aus dem heraus er ein Rechtsverhältnis festgestellt wissen will.[556] Die Tatsachenangaben müssen zwar nicht lückenlos sein, aber eine zweifelsfreie Individualisierung des Lebenssachverhalts ermöglichen.[557]

22 Der Angabe des **Gegenstands des Anspruchs** wird im Rahmen von § 253 ZPO häufig keine eigene Bedeutung beigemessen, da die Gegenstandsangabe regelmäßig mit dem Klageantrag gleichgesetzt wird.[558] Ähnlich tautologisch wie § 253 Abs. 2 Nr. 2 ZPO ist auch § 608 Abs. 2 Nr. 2 ZPO formuliert: *„Gegenstand des Anspruchs"* meint die Formulierung des Anspruchs (bzw. des Begehrens). *„Gegenstand eines Rechtsverhältnisses"* meint dessen Beschreibung.

23 Eine hinreichende Konkretisierung des Gegenstands des Anspruchs ist gleichwohl unverzichtbar, denn oft erfährt der Musterbeklagte erstmals aus der Anspruchsanmeldung von den etwaigen Ansprüchen des Verbrauchers. Um prüfen zu können, ob er sich verteidigt oder ob er den Anspruch erfüllt, muss er den genauen Umfang des jeweiligen Begehrens kennen. Diese Erwägungen wurden in der höchstrichterlichen Rechtsprechung zur Verjährungshemmung von Mahn- und Güteanträgen herausgearbeitet;[559] sie gelten für die Anmeldung zum Klageregister entsprechend.[560] Eine Verjährungshemmung besteht nämlich nicht für sämtliche aus dem Lebenssachverhalt erwachsenden Ansprüche, sondern lediglich für diejenigen Ansprüche, die der Verbraucher konkret geltend macht. Auch eine Bindungswirkung kann nur für solche Ansprüche und Rechtsverhältnisse eintreten, die der Verbraucher konkret bezeichnet hat. Der Verbraucher muss sein Begehren deshalb so umschreiben, dass dem Musterbeklagten ein Rückschluss auf Art und Umfang der verfolgten Forderung möglich ist.

---

554 BT-Drs. 19/2507, 24.
555 BT-Drs. 19/2507, 22, 24; *Krausbeck* DAR 2017, 557 (569).
556 BGH NJW 1957, 263 (263 f.); *Zöller/Greger* ZPO § 253 Rn. 10 f.; MüKoZPO/*Eberhard* § 253 Rn. 75.
557 Dazu MüKoZPO/*Eberhard* § 253 Rn. 80.
558 Musielak/Voit/*Foerste* ZPO § 253 Rn. 17; MüKoZPO/*Eberhard* § 253 Rn. 75.
559 Vgl. nur BGH NJW 2008, 1220 (Rn. 13); NJW-RR 2009, 544 Rn. 18; NJW 2011, 613 Rn. 9. (jeweils Mahnanträge); ZIP 2015, 51; OLG München, Urt. v. 19.2.2016 – 3 U 622/15 Rn. 20 – juris. Ein Güteantrag, mit dem die Verjährung in Kapitalanlagefällen gehemmt werden soll, ist danach nur dann hinreichend individualisiert, wenn er die nötige Kapitalanlage bezeichnet, die Zeichnungssumme sowie den (ungefähren) Beratungszeitraum angibt und den Hergang der Beratung mindestens im Groben umreißt.
560 So für die Hemmungswirkung von Anspruchsanmeldungen nach dem KapMuG auch Kölner Komm KapMuG/*Reuschle* § 10 Rn. 21; MüKoBGB/*Grothe* § 204 Rn. 43; aA Wieczorek/Schütze/*Kruis* ZPO § 10 KapMuG Rn. 69 ff.

Dies gilt ungeachtet des Umstands, dass eine Bezifferung der Forderung nach § 608 Abs. 2 S. 2 ZPO nicht zwingend erforderlich ist (→ § 5 Rn. 24).

4. Keine Pflicht zur Angabe der Anspruchshöhe

Nach § 608 Abs. 2 S. 2 ZPO soll die Anmeldung Angaben zum Betrag der Forderung enthalten. Da es sich um eine Soll-Vorschrift handelt, sind Angaben zur Anspruchshöhe voluntativ.[561] Die ursprünglich noch vorgesehene Pflicht zur Angabe des Forderungsbetrages wurde im Gesetzgebungsverfahren relativiert, um Lebenssachverhalte für das Musterverfahren zugänglich zu machen, in denen nicht um eine Geldleistung, sondern um die Rückabwicklung von Verträgen oder die Wirksamkeit einzelner Vertragsbestimmungen gestritten wird.[562] Auch wurden Schwierigkeiten bei der Formulierung der Anmeldung befürchtet, wenn Leistungen Zug-um-Zug auszutauschen sind. 24

Der Verzicht auf die Pflicht zur Mitteilung des Forderungsbetrages ist problematisch. Es trifft zu, dass der Anwendungsbereich des Musterverfahrens über die Feststellung von Zahlungsansprüchen hinausgeht und hinausgehen muss. 25

Der Dispens von der Betragsangabe führt allerdings zu Friktionen mit dem allgemeinen Verjährungsrecht. Üblicherweise vermag eine Zahlungsklage die Verjährung nämlich nur dann zu hemmen, wenn gemäß § 253 Abs. 2 ZPO ein bestimmter *bezifferter* Antrag gestellt wird.[563] Auf die Bezifferung kann nur ganz ausnahmsweise, etwa bei der Geltendmachung von Schmerzensgeldansprüchen, verzichtet werden. Selbst dann aber muss die Klageschrift eine genügende Grundlage für die Ausübung des richterlichen Ermessens bieten und es muss jedenfalls ein Betragsrahmen mitgeteilt werden.[564] Mit der Einfügung von § 204 Nr. 1 a BGB werden Bindungswirkung und Verjährungshemmung nunmehr für Ansprüche statuiert, bei denen zwar neben dem Lebenssachverhalt (Anspruchsgrund) auch das spezifische Begehren (Anspruchsgegenstand) mitgeteilt werden muss.[565] Auf die Mitteilung der für den Anspruchsgegenstand zentralen Information, die Betragsangabe, aber verzichtet werden kann. Die in der höchstgerichtlichen Rechtsprechung der vergangenen Jahre betonten Anforderungen an die Individualisierung eines Anspruchs[566] werden damit unterlaufen. In praktischer Hinsicht kommt hinzu, dass die Parteien der Musterfeststellungsklage kaum noch verlässlich beurteilen können, welches Volumen die behaupteten Verbraucheransprüche besitzen. Dies kann Vergleichsverhandlungen unter Umständen deutlich erschweren. 26

Es hätte deshalb nahegelegen, eine Betragsangabe immer dort zu verlangen, wo (auch) Zahlungsansprüche angemeldet werden. Zahlungsansprüche werden ohnehin den Regelfall bei den Anmeldungen bilden. Anderweitige Ansprüche, zum Beispiel 27

---

561 *Basedow* EuZW 2018, 609 (611).
562 BT-Drs. 19/2701, 9; BT-Drs. 19/2741, 25.
563 Eine unwirksame Klage hemmt die Verjährung nicht, vgl. nur BGH ZIP 2013, 680 Rn. 30; NJW-RR 1989, 508; MüKoBGB/*Grothe* § 204 Rn. 23.
564 RGZ 75, 302 (307); BGH VersR 1971, 1148 (1150); NJW 1974, 1551 Nr. 1; MüKoBGB/*Grothe* § 204 Rn. 23.
565 § 608 Abs. 2 Nr. 4 ZPO iVm § 204 Nr. 1 a BGB.
566 BGH ZIP 2015, 51.

auf Nachbesserung, dürften die Ausnahme bleiben. Auch Rechtsverhältnisse werden von den Verbrauchern wohl eher selten isoliert angemeldet werden, zumal die Verjährungshemmung gemäß § 204 Nr. 1 a BGB ausdrücklich nur für angemeldete Ansprüche vorgesehen ist und sich durch die Anmeldung von Rechtsverhältnissen nicht erreichen lässt.

28 Konsequenz der fehlenden Pflicht zur Betragsangabe ist es, dass der Verbraucher Grund und Gegenstand seines Anspruchs anderweitig so präzise beschreiben muss, dass eine hinreichende Individualisierung seines Begehrens gewährleistet ist. Will ein Verbraucher beispielsweise die Rückabwicklung seines Kaufvertrages erreichen, wird er mindestens sowohl dieses Begehren als auch den Kaufpreis mitteilen müssen.

5. Versicherung der Richtigkeit und Vollständigkeit der Angaben

29 Nach § 608 Abs. 2 S. 1 Nr. 5 ZPO muss der Verbraucher die Richtigkeit und Vollständigkeit seiner Angaben versichern.

30 Diese Versicherung soll verhindern, dass mit der Anmeldung unlautere Zwecke verfolgt werden,[567] denn die fehlende inhaltliche Prüfung und die kostenfreie Anmeldemöglichkeit bergen ein Missbrauchsrisiko. So ist denkbar, dass evident nicht bestehende Ansprüche angemeldet werden,[568] dass sich Personen unter mehreren Identitäten Ansprüche oder Rechtsverhältnisse registrieren oder dass Nicht-Verbraucher Ansprüche zum Klageregister anmelden.[569] Im Gesetzgebungsprozess wurde erörtert, den Anmeldern eine geringfügige Anmeldegebühr aufzuerlegen.[570] Davon wurde indes Abstand genommen.

31 Ob die nunmehr vorgeschriebene Versicherung der Vollständigkeit und Richtigkeit der Angaben (§ 608 Abs. 2 S. 1 Nr. 6 ZPO) weiterhilft, erscheint mangels greifbarer Sanktion allerdings fraglich. Die Versicherung ist weder eidlich noch erfolgt sie an Eides statt,[571] so dass die Straftatbestände der §§ 153 ff. StGB ausscheiden. Die Anmeldung falscher Angaben erfüllt auch nicht den Straftatbestand des § 271 StGB, da kein Bewirken einer Beurkundung vorliegen dürfte. Dazu müssten die veröffentlichten Angaben mit einer besonderen amtlichen Richtigkeitsbestätigung versehen werden,[572] woran es fehlt, weil das Bundesamt die angemeldeten Angaben ohne inhaltliche Prüfung im Klageregister einträgt. Strafbar unter dem Gesichtspunkt des (Prozess-)Betrugs wäre indes zB die individuelle Verfolgung eines inexistenten Anspruchs oder die wissentliche Behauptung einer nicht bestehenden Verjährungshemmung.

32 Die Bundesregierung hat im Gesetzgebungsverfahren auf Bitten des Bundesrates hin zugesagt, etwaige Missbrauchsfälle im Rahmen der Evaluierung des Gesetzes zu untersuchen.[573] Sollte sich danach Regelungsbedarf ergeben, kommt ggf. die Schaffung einer § 82 GmbHG vergleichbaren Strafnorm in Betracht.

---

567 BT-Drs. 19/2507, 24.
568 *Balke/Liebschr/Steinbrück* ZIP 2018, 1321 (1326).
569 BT-Drs. 19/2701, 4. Im DiskE des BMJW vom 31.7.2017, dort S. 7, war für die Eintragung in das Klageregister noch eine Gebühr in Höhe von 10,00 EUR vorgesehen.
570 Bundesrat, Ausschussempfehlung vom 25.5.2018, BR-Drs. 176/1/18, 9.
571 *Balke/Liebschr/Steinbrück* ZIP 2018, 1321 (1329).
572 MüKoStGB/*Freund* § 271 Rn. 19.
573 BT-Drs. 19/2701, 5, 13.

6. Kein Anwaltszwang

Eine anwaltliche Vertretung ist für die Anmeldung im Musterfeststellungsverfahren nicht erforderlich.[574] Hier weicht der Gesetzgeber vom Modell des KapMuG ab, wo die Anspruchsanmeldung verpflichtend durch einen Rechtsanwalt erfolgen muss.[575] 33

Ohne anwaltliche Vertretung trägt der Anmelder allerdings das Risiko, den Anforderungen an den notwendigen Inhalt aus § 609 Abs. 2 ZPO nicht gerecht zu werden, mit der Folge, dass die Wirkungen einer Anmeldung nicht eintreten.[576] 34

Wird ein Anwalt mit der Anmeldung beauftragt, dürfte dafür eine Geschäftsgebühr anfallen. Kommt es zu einem Klageverfahren, so werden Anmeldung und Klage gebührenrechtlich allerdings als eine Angelegenheit behandelt (§ 19 Abs. 1 S. 2 Nr. 1a RVG nF). Die Anmeldung gehört mithin zu dem Verfahren, für das der Rechtsanwalt einen Klageauftrag hat (→ § 10 Rn. 13 ff.).[577] 35

7. Eintragung in das Klageregister

Die Anmeldungen der Verbraucher werden vom Bundesamt für Justiz in das Klageregister eingetragen und dort dokumentiert.[578] Die individuellen Wirkungen der Anmeldung hängen allerdings nicht allein von der Eintragung ab, sondern setzen voraus, dass die Anmeldung insgesamt wirksam ist. Auch für die Prüfung des Quorums nach § 607 Abs. 2 Nr. 3 ZPO kommt es nicht auf die Eintragung der erforderlichen 50 Anmeldungen an, sondern auf deren Wirksamkeit. 36

Anmelder, Parteien und das Gericht besitzen Auskunfts- und Auszugsrechte (→ § 5 Rn. 80). 37

a) Eintragung ohne inhaltliche Prüfung

Gemäß § 608 Abs. 2 S. 3 ZPO werden die Angaben der Anmeldung ohne inhaltliche Prüfung in das Klageregister eingetragen. Ausgeschlossen ist insbesondere eine Prüfung, ob die angemeldeten Ansprüche von den Feststellungszielen abhängen oder dem Lebenssachverhalt der Musterfeststellungsklage unterfallen. Auch die Verbrauchereigenschaft des Anmelders kann das Bundesamt naturgemäß nicht nachprüfen, wenn dieser eine natürliche Person ist. 38

In nicht wenigen Fällen wird es zur Eintragung von Anmeldungen kommen, die entweder an formellen oder inhaltlichen Fehlern leiden. Die Eintragung einer solchermaßen fehlerhaften Anmeldung vermag deren Mängel nicht zu heilen. Die mit der Anmeldung erstrebten Wirkungen (Bindungswirkung und Verjährungshemmung) treten nach dem klaren Wortlaut von § 608 Abs. 2 ZPO vielmehr nur dann ein, wenn die Anmeldung wirksam war (im Einzelnen § 5 Rn. 76). Aufgrund der fehlenden inhaltlichen Prüfung wird gegenüber dem Anmelder erst im individuellen Klageverfahren im Anschluss an das Musterurteil entschieden, ob die Wirkungen der Anmeldung tat- 39

---

574 BT-Drs. 19/2507, 24; *Weber/van Boom* VuR 2017, 290 (292).
575 § 10 Abs. 2 S. 3 KapMuG.
576 *Waßmuth/Asmus* ZIP 2018, 657 (661 f.); *Schäfer/Gurkmann* KAS 2018, 68; *Schäfer/Dietsche*, KAS 2018, 84; *Verbraucherzentrale Bundesverband eV (vzbv)* Stellungnahme des vzbv zum Diskussionsentwurf eines Gesetzes zur Einführung der Musterfeststellungsklage vom 27. September 2017, 12.
577 BT-Drs. 19/2507, 28.
578 § 608 Abs. 2 S. 3 ZPO.

sächlich eingetreten sind.⁵⁷⁹ In welchem Umfang ein Musterentscheid oder ein Vergleich einmal bindet, können somit auch die Parteien der Musterfeststellungsklage im laufenden Musterfeststellungsverfahren meist nicht verlässlich beurteilen.⁵⁸⁰

b) Umgang mit formal fehlerhaften Anmeldungen

40 Es stellt sich weiter die Frage, wie das Bundesamt für Justiz mit fehlerhaften Anmeldungen umzugehen hat. Dabei handelt es sich um Anmeldungen, die verfristet vorgenommen wurden, bei denen die Angaben nach § 608 Abs. 2 ZPO unvollständig oder fehlerhaft sind oder bei der sich nach schneller Lektüre zeigt, dass die Angaben zu Gegenstand oder Grund des Anspruchs nicht ansatzweise dem Substantiierungserfordernis des § 608 Abs. 2 Nr. 4 ZPO genügen. Die Gesetzesmaterialien treffen hierzu keine Aussagen. Nähere Regelungen zum Umgang mit verfristeten oder evident unwirksamen Anmeldungen dürfte die derzeit noch ausstehende Rechtsverordnung enthalten. **Einstweilen** ist von Folgendem auszugehen:

41 **Verfristete Anmeldungen** sind zurückzuweisen, wenn das Bundesamt vom ersten Verhandlungstermin Kenntnis hat. Auch unvollständige oder offensichtlich unrichtige Anmeldungen darf das Bundesamt für Justiz nicht im Klageregister eintragen. Aus dem Gegenschluss zum Verbot der *inhaltlichen* Prüfung folgt, dass das Bundesamt jedenfalls eine Vollständigkeitskontrolle sowie eine Kontrolle auf offensichtliche Unrichtigkeiten vorzunehmen hat.⁵⁸¹ Eine solchermaßen fehlerhafte Anmeldung hat das Bundesamt vielmehr, nachdem dem Anmelder Gelegenheit zur Korrektur gegeben wurde, **zurückzuweisen**.

42 Eine Fehlerkorrektur von Amts wegen kommt, anders als für das Mahnverfahren diskutiert, nicht in Betracht. Ausgeschlossen ist es daher, dass das Bundesamt für Justiz selbstständig das fehlende Gerichtsaktenzeichen ergänzt oder eine fehlerhafte Bezeichnung der Musterbeklagten korrigiert (§ 608 Abs. 2 Nr. 2, 3 ZPO).⁵⁸² Denn während ein Mahnbescheid bei Zustellung mit seinem geänderten Inhalt verbindlich wird, hängen die individuellen Wirkungen der Anmeldung nicht von der Eintragung im Klageregister ab, sondern setzen eine komplett fehlerfreie Anmeldung voraus.⁵⁸³ Die Zurückweisung evident unzulässiger Anmeldungen liegt auch im Interesse des Verbrauchers, der nur auf diesem Wege von der Unwirksamkeit seiner Anmeldung erfährt.

43 Gegen die Zurückweisung einer Eintragung kann gerichtliche Entscheidung gemäß § 23 EGGVG beantragt werden.

---

579 Vgl. *Krausbeck* DAR 2017, 567 (569); *Schäfer/Gurkmann* KAS 2018, 68; *Verbraucherzentrale Bundesverband eV (vzbv)* Stellungnahme zum Diskussionsentwurf eines Gesetzes zur Einführung der Musterfeststellungsklage vom 27. September 2017, 12.
580 *Balke/Liebscher/Steinbrück* ZIP 2018, 1321 (1326).
581 So für das Mahnverfahren BGH NJW 1984, 223; vgl. auch *Zöller/Seibel* ZPO § 690 Rn. 25.
582 AA für § 10 Abs. 3 KapMuG: *Wieczorek/Schütze/Kruis* ZPO § 10 KapMuG Rn. 46.
583 Vgl. § 608 Abs. 2 ZPO: „*Die Anmeldung ist nur wirksam …*"; § 204 Nr. 1a BGB: „*Anspruch, den ein Gläubiger [...] wirksam angemeldet hat*".

V. Wirkungen der Anspruchsanmeldung

1. Keine Beteiligung des Verbrauchers am Musterverfahren

Die wirksame Anspruchsanmeldung bewirkt nach der Konzeption des Gesetzgebers eine umfassende Bindungswirkung und ist Voraussetzung für die Hemmung der Verjährung des angemeldeten Anspruchs. Sie gewährt den Verbrauchern aber formaljuristisch keinen Zugang zum Musterfeststellungsverfahren. Die angemeldeten Verbraucher nehmen nicht am Musterfeststellungsverfahren teil. Sie sind weder Partei noch sonstige Verfahrensbeteiligte.[584] Daraus folgt, dass sie keine Möglichkeit haben, auf die Gestaltung des Verfahrens oder auf die Rechtsfindung des Gerichts Einfluss zu nehmen (→ § 2 Rn. 12 ff.).[585] Die Verbraucher sind im Musterverfahren darauf beschränkt, sich über dessen Verlauf zu informieren. Allenfalls können sie das Musterverfahren wieder verlassen und so der Bindungswirkung entgehen, wenn sie die Anmeldung rechtzeitig zurücknehmen (→ § 5 Rn. 78). 44

Von der Terminologie des Gesetzes her werden Verbraucher, die ihre Ansprüche angemeldet haben, zu „Anmeldern".[586] 45

2. Bindungswirkung des Urteils und Kollektivwirkung des Vergleichs

Primärer Zweck der Anspruchsanmeldung ist die Herbeiführung einer Bindungswirkung. Nach § 613 Abs. 1 S. 1 ZPO bindet das rechtskräftige Musterfeststellungsurteil das zur Entscheidung eines Rechtsstreits zwischen einem angemeldeten Verbraucher und dem Musterbeklagten berufene Gericht, soweit dessen Entscheidung die Feststellungsziele und den Lebenssachverhalt der Musterfeststellungsklage betrifft (→ § 8 Rn. 38 ff.). In einem Folgeverfahren des Verbrauchers dürfen die verbindlich festgestellten Tatsachen und entschiedenen Rechtsfragen daher nicht erneut verhandelt werden (→ § 11 Rn. 7 ff.).[587] 46

Die Bindungswirkung nach § 613 ZPO tritt auch im Fall der Klageabweisung (bzw. präziser: bei Zurückweisung der beantragten Feststellungsziele) ein. Im Diskussionsentwurf des BMJV vom 31. Juli 2017 wurde als Alternative dazu zur Diskussion gestellt, die Bindungswirkung davon abhängig zu machen, ob sich der angemeldete Verbraucher auf die Bindungswirkung beruft oder nicht.[588] Faktisch wäre eine Bindungswirkung dann nur zugunsten des Verbrauchers eingetreten.[589] Diese jetzige Regelung ist im Hinblick auf den fair-trial-Gedanken vorzugswürdig. 47

Auch ein gerichtlicher Vergleich kann mit Wirkung für und gegen die angemeldeten Verbraucher geschlossen werden, § 613 Abs. 1 ZPO. 48

Die kollektive Bindungswirkung des Vergleichs tritt nicht ein, wenn der angemeldete Verbraucher seine Anmeldung wirksam zurückgenommen hat, § 613 Abs. 1 S. ZPO (zu den Einzelheiten → § 7 Rn. 54 ff.). 49

---

584 *Halfmeier* ZRP 2017, 201 (203); *Waßmuth/Asmus* ZIP 2018, 657 (659); *Schäfer/Dietsche* KAS 2018, 80; *Schweiger/Meißner* CB 2018, 240 (244).
585 *Fölsch* DRiZ 2016, 214 (215); *Balke/Liebscher/Steinbrück* ZIP 2018, 1321 (1325).
586 *Waßmuth/Asmus* ZIP 2018, 657 (662).
587 *Fölsch* DRiZ 2018, 214 (215).
588 DiskE des BMJV vom 31.7.2017, 20.
589 Vgl. auch *Halfmeier* ZRP 2017, 201 (203).

3. Verjährungshemmung

50 Das zweite wesentliche Charakteristikum der Anspruchsanmeldung ist die Verjährungshemmung. Mit § 204 Abs. 1 Nr. 1 a BGB wurde ein neuer Hemmungstatbestand geschaffen. Danach hemmt die Erhebung einer Musterfeststellungsklage die Verjährung eines Anspruchs, den ein Verbraucher zum Klageregister angemeldet hat, wenn die Anmeldung wirksam ist und wenn dem angemeldeten Anspruch derselbe Lebenssachverhalt wie den Feststellungszielen der Musterfeststellungsklage zugrunde liegt.

51 Mit dem Hemmungstatbestand des § 204 Abs. 1 Nr. 1 a BGB ist sichergestellt, dass angemeldete Verbraucher den Ausgang des Musterverfahrens abwarten können, ohne die zwischenzeitliche Verjährung ihrer Ansprüche befürchten zu müssen.[590]

a) Voraussetzungen und Umfang der Hemmung

52 Die Verjährungshemmung tritt nur hinsichtlich angemeldeter *Ansprüche* ein. Die Anmeldung von Rechtsverhältnissen führt nach dem eindeutigen Wortlaut von § 204 Nr. 1 a BGB nicht zur Hemmung der Verjährung der damit ggf. im Zusammenhang stehenden Ansprüche.

53 Die Erhebung der Musterfeststellungsklage hemmt die Verjährung für alle Ansprüche,
- die der Verbraucher wirksam angemeldet hat;
- die denselben Lebenssachverhalt betreffen, der auch den Feststellungszielen der Musterfeststellungsklage zugrunde liegt.

54 Wirksam ist eine Anspruchsanmeldung insbesondere dann, wenn sie fristgerecht erfolgt ist und wenn Gegenstand und Grund des Anspruchs in der Anmeldung hinreichend individualisiert werden (→ § 5 Rn. 15 ff.).

55 Für die Feststellung, ob derselbe Lebenssachverhalt zugrunde liegt, kann auf die zu den §§ 4 Abs. 1, 6 Abs. 3 Nr. 1 KapMuG geleisteten Vorarbeiten zurückgegriffen werden. Danach ist der Lebenssachverhalt in natürlicher Weise nach dem sachverhaltlichen Kern bzw. dem Tatsachenkern der zugrundeliegenden Rechtsstreitigkeiten zu bestimmen.[591]

b) Rückwirkung der Hemmung

56 Die Hemmung der Verjährung wird nach dem eindeutigen Wortlaut von § 204 Nr. 1 a BGB nicht durch die Anspruchsanmeldung des Verbrauchers ausgelöst, sondern durch die **Erhebung der Musterfeststellungsklage**.[592] Die wirksame Anspruchsanmeldung ist lediglich eine zusätzliche Bedingung. Wird die Anmeldung nicht fristgerecht oder aus sonstigem Grund nicht wirksam vorgenommen, entfällt die durch

---

[590] BT-Drs. 19/2507, 28.
[591] Kölner Komm KapMuG/*Vollkommer* § 6 Rn. 8; LG Hannover, Vorlagebeschluss vom 13.4.2016, Az. 21 OH 2/16 (abrufbar unter: https://www.bundesanzeiger.de/) (zuletzt aufgerufen: 19.10.2018). Die Gegenauffassung, wonach der Lebenssachverhalt nach dem „Informationsträger" der Kapitalmarktinformation abzugrenzen sei (Wieczorek/Schütze/*Reuschle* ZPO § 6 KapMuG Rn. 12), hat sich nicht durchgesetzt und wäre für die Musterfeststellungsklage auch unbrauchbar.
[592] Vgl. § 204 Nr. 1 a BGB: „*Die Verjährung wird gehemmt durch [...] 1 a die Erhebung einer Musterfeststellungsklage für einen Anspruch, den ein Gläubiger zu dem zu der Klage geführten Klageregister wirksam angemeldet hat [...]*".

die Erhebung der Musterfeststellungsklage initiierte Hemmung für die Ansprüche des Verbrauchers rückwirkend wieder.[593]

Dem Verbraucher kommt somit in verjährungsrechtlicher Sicht eine Klage zugute, die nicht er selbst, sondern eine Verbraucherschutzorganisation für ihn erhoben hat. Zwar muss der Verbraucher den Hemmungstatbestand noch durch ein eigenes Tätigwerden – die Anspruchsanmeldung – komplettieren. Die Hemmungswirkung tritt aber zeitlich nicht erst mit dem eigenen Tätigwerden des Verbrauchers ein, sondern schon zu einem Zeitpunkt, in dem der Verbraucher die eigenen Ansprüche möglicherweise nicht einmal kennt. 57

Von entscheidender Bedeutung ist, dass die Anspruchsanmeldung des Verbrauchers nicht – wie sonst üblich – in unverjährter Zeit erfolgen muss. Es reicht vielmehr aus, dass die Musterfeststellungsklage rechtzeitig erhoben wird.[594] Die Anspruchsanmeldung kann dagegen noch bis zum Tag vor Beginn der mündlichen Verhandlung der Musterfeststellungsklage erfolgen, damit sie rechtzeitig bewirkt ist. Man kann deshalb von einer *Rückwirkung der Verjährungshemmung* sprechen, um die Regelungstechnik der Gesetzesreform zu charakterisieren. 58

Die Auswirkungen auf die Systematik des Verjährungsrechts sind erheblich: Wird die Musterfeststellungsklage erst kurz vor Ablauf der Regelverjährung erhoben, so findet die erste mündliche Verhandlung in der Sache regelmäßig erst dann statt, wenn Ansprüche nach allgemeinen Grundsätzen bereits verjährt sind. Die Neukonzeption des Gesetzgebers hat daher, je nach Verlauf der Musterfeststellungsklage, eine deutliche Verlängerung des Verjährungszeitraums in Verbrauchersachen zur Folge.[595] 59

Von einem gesetzgeberischen Versehen ist nicht auszugehen. Die Konsequenzen waren der Regierungskoalition bewusst und wurden von ihr in Kauf genommen, um Verbraucheransprüche im Zusammenhang mit der VW-Dieselthematik vor der möglicherweise Ende 2018 eintretenden Verjährung zu bewahren.[596] Zwar wurde in den Fachausschüssen des Bundesrates ausdrücklich auf die Problematik hingewiesen und explizit um Prüfung gebeten, wie „*ausufernde Verjährungsläufe*" und die damit einhergehende Rechtsunsicherheit vermieden werden können.[597] Die Bundesregierung sah aber trotz dieser Bedenken keinen Änderungsbedarf und empfahl zukünftigen Musterbeklagten, sich bei einer fristgerecht erhobenen Musterfeststellungsklage auf eine zunächst eintretende Verjährungshemmung aller denkbaren potentiellen Ansprüche einzustellen, die erst bei nicht fristgerechter Anmeldung wieder entfallen könnte.[598] 60

In systematischer Hinsicht steht § 204 Nr. 1a BGB nahezu ohne Vorbild da. Der Bruch mit den sonstigen Hemmungstatbeständen der §§ 203 ff. BGB ist offensichtlich. Üblicherweise knüpfen diese Hemmungstatbestände an ein eigenes Tätigwerden 61

---
593 *Röthemeyer* HK-MFK BGB § 204 Rn. 2.
594 *Schweiger/Meißner* CB 2018, 240 (245).
595 *Schweiger/Meißner* CB 2018, 240 (245 f.).
596 Vgl. Koalitionsvertrag zwischen CDU/CSU und SPD für die 19. Legislaturperiode, S. 124: „*Wir werden drohende Verjährungen zum Jahresende 2018 verhindern*".
597 Bundesrat, Stellungnahme vom 25.5.2018, BR-Drs. 176/1/18, 16.
598 BT-Drs. 19/2701, 10.

des Anspruchsinhabers und nicht an externe Umstände an. So erfordert der Eintritt der Hemmungswirkung bei allen Hemmungstatbeständen des § 204 Abs. 1 BGB ein Handeln des Anspruchsinhabers. Nichts anderes gilt für den Hemmungstatbestand des § 203 BGB, wonach die Parteien über den Anspruch verhandeln müssen.[599] Ausnahmen von der Regel, wonach die Verjährungshemmung Eigeninitiative verlangt, enthalten lediglich die §§ 206 bis 208 BGB für Sonderkonstellationen. Dort ist die Verjährung bei Vorliegen höherer Gewalt, aus familiären Gründen oder bei Ansprüchen wegen Verletzung der sexuellen Selbstbestimmung auch ohne Zutun des Gläubigers gehemmt. Ein aktives Handeln des Gläubigers wird nicht verlangt, weil es ihm nicht möglich oder nicht zumutbar ist. Eine weitere Ausnahme von der Obliegenheit zur Eigeninitiative findet sich in § 33 Abs. 6 GWB, wonach auch die Untersuchung einer Kartellbehörde zur Verjährungshemmung führt. Allerdings zeichnen sich Kartellsachverhalte durch eine gesteigerte Sachverhaltsunkenntnis beim Geschädigten aus. An einer den §§ 206 bis 208 BGB vergleichbaren Schutzbedürftigkeit bzw. einer § 33 Abs. 6 GWB ähnlichen Sachverhaltsunkenntnis fehlt es in den Verbraucherfällen aber zumeist. Dem Verbraucher ist es ohne Weiteres zumutbar, die Verjährung seiner Ansprüche durch eigenes Handeln in unverjährter Zeit zu hemmen. Mit der Anknüpfung an die Klage einer Verbraucherschutzorganisation wird der Verbraucher ohne zwingenden Grund den Schutzbedürftigen der §§ 206 bis 208 BGB gleichgestellt, wofür eine sachliche Rechtfertigung jedenfalls bei wirtschaftlich bedeutenderen Ansprüchen nur schwer erkennbar ist.

62 Zwar mag es sein, dass Verbraucher bei Streu- oder Bagatellschäden von eigenen verjährungshemmenden Maßnahmen rational-apathisch absehen und sich erst aufgrund einer Musterfeststellungsklage zu einer Anspruchsverfolgung entschließen. Selbst dann erscheint es aber systematisch verfehlt, den Verbrauchern eine zusätzliche Überlegungsfrist bis zum Vortag des Beginns der mündlichen Verhandlung einzuräumen. Für den Fall, dass die Musterfeststellungsklage erst unmittelbar vor Verjährungsablauf erhoben wird und dem Verbraucher deshalb keine angemessene Reaktionszeit für eine sofortige Anspruchsanmeldung verbleibt, hätte es ausgereicht, als Bedingung für die Verjährungshemmung eine Anspruchsanmeldung innerhalb der Zwei-Monats-Frist des § 606 Abs. 3 Nr. 3 ZPO vorzusehen.

c) Ende der Verjährungshemmung

63 Die Hemmung der Verjährung endet entweder sechs Monate nach der rechtskräftigen Beendigung der Musterfeststellungsklage (§ 204 Abs. 2 S. 1 BGB) oder aber sechs Monate nach Rücknahme der Anspruchsanmeldung (§ 204 Abs. 2 S. 2 BGB).

64 Die Auslauffrist von sechs Monaten nach Verfahrensbeendigung oder Rücknahme der Anspruchsanmeldung ist für die Verbraucher komfortabler als die Drei-Monats-Frist des § 204 Abs. 1 Nr. 6a BGB, binnen der Kapitalanleger Klage erhoben haben müssen, um die Hemmungswirkung aufrecht zu erhalten.

---

[599] BGH NJW 2012, 3633 (3634).

4. Aussetzung anhängiger Verfahren

Gemäß § 613 Abs. 2 ZPO wird ein bereits anhängiges Verfahren bis zur rechtskräftigen Entscheidung oder sonstigen Erledigung der Musterfeststellungsklage ausgesetzt, wenn die Klage die Feststellungsziele und den Lebenssachverhalt der Musterfeststellungsklage betrifft und der Verbraucher seinen Anspruch oder sein Rechtsverhältnis zum Klageregister anmeldet. Die Aussetzung erfolgt von Amts wegen, sobald das Prozessgericht Kenntnis von der Rechtshängigkeit der Musterfeststellungsklage und der Anspruchsanmeldung erhält. Die Parteien sind vorher anzuhören.[600] 65

a) Anwendungsbereich

Auszusetzen sind alle Verfahren, die vor der öffentlichen Bekanntmachung der Klage rechtshängig waren. § 613 Abs. 2 ZPO spricht insofern von „vor der Bekanntmachung" erhobenen Klagen. 66

Darüber hinaus dürfte die Aussetzung auch bei Klagen erfolgen können, die im Zeitpunkt der öffentlichen Bekanntmachung der Musterfeststellungsklage lediglich *anhängig* waren. Denn ob die Individualklage des Verbrauchers noch vor oder erst nach der öffentlichen Bekanntmachung der Musterfeststellungsklage an den Beklagten zugestellt wird, kann der Verbraucher nicht beeinflussen. Eine Differenzierung nach dieser Zufälligkeit erscheint nicht sinnvoll. Ein Abgleich mit § 8 Abs. 1 KapMuG – wo ausdrücklich alle *anhängigen* Verfahren ausgesetzt werden – zeigt, dass die gesetzliche Formulierung in § 613 Abs. 2 ZPO ungenau ist und deshalb ein gesetzgeberisches Versehen vorliegt. 67

Macht der Verbraucher seine Klage dagegen erst *nach* der Bekanntmachung anhängig, scheidet eine Aussetzung nach dem Wortlaut von § 613 Abs. 2 ZPO aus, selbst wenn sich der Verbraucher später per Anspruchsanmeldung dem Musterverfahren unterwerfen will.[601] In diesem Fall dürfte wegen des widersprüchlichen Verbraucherverhaltens allerdings eher eine Klageabweisung analog § 610 Abs. 3 ZPO zu erwägen sein, wenn der Verbraucher bei Klageerhebung die öffentliche Bekanntmachung der Musterfeststellungsklage kannte;[602] ggfs. verbleibt noch die Möglichkeit, auf Antrag einer der beiden Parteien nach § 148 Abs. 1 ZPO auszusetzen, soweit man in einer solchen Konstellationen diesen Antrag als einschlägig erachtet. Hierfür ließe sich argumentieren, dass ein rechtskräftiges Musterfeststellungsurteil das Prozessgericht bindet und deshalb vorgreiflich ist, wenn der Verbraucher seine Ansprüche noch rechtzeitig anmeldet. 68

b) Sachliche Voraussetzung: Vorgreiflichkeit

Auszusetzen ist ein Individualverfahren dann, wenn es von den Feststellungszielen und vom Lebenssachverhalt der Musterfeststellungsklage betroffen ist. Für die Prüfung dieser Frage kann auf die Grundsätze zu § 8 Abs. 1 KapMuG zurückgegriffen 69

---

600 Vgl. auch § 8 Abs. 1 S. 3 KapMuG.
601 Hier ist die richtige Reihenfolge bedeutsam: Eine Klageerhebung *nach* Anspruchsanmeldung scheitert an der Sperrwirkung des § 610 Abs. 3 ZPO. Demgegenüber kann sich der Verbraucher nach Bekanntmachung der Musterfeststellungsklage zunächst für die Individualklage entscheiden, sich aber später gleichwohl per (rechtzeitiger) Anspruchsanmeldung noch der Musterfeststellungsklage unterwerfen.
602 Vgl. auch *Röthemeyer* HK-MFK § 610 Rn. 36 sowie unten → § 6 Rn. 94.

werden. Der Gesetzgeber hat dort eine „abstrakte Prüfung" befürwortet.[603] Nicht erforderlich ist nach allgemeiner Auffassung, dass alle individuellen Aspekte des Rechtsstreits vor der Aussetzung geklärt sind und der Rechtsstreit – von der Beantwortung der Feststellungsziele abgesehen – entscheidungsreif ist. Nach verbreiteter Auffassung soll es vielmehr genügen, dass die Feststellungsziele für die Entscheidung des Rechtsstreits in einem gedachten Entscheidungsbaum überhaupt von Bedeutung sein können.[604] Allerdings ist ein Rechtsstreit stets dann *nicht* auszusetzen, wenn die Klage entweder an Zulässigkeitsmängeln leidet oder aber das Gebot des effektiven Rechtsschutzes im Interesse einer Prozesspartei die sofortige Entscheidung des Ausgangsverfahrens erforderlich macht. Diese Grundsätze dürften auf § 613 Abs. 2 ZPO zu übertragen sein.

c) Verbraucherwahlrecht

70 Nach der gesetzlichen Konzeption findet die Aussetzung nach § 613 Abs. 2 ZPO nur bei einem ausdrücklichen „*opt in*" des Verbrauchers statt.[605] Anders als nach § 8 Abs. 1 KapMuG werden Verfahren also nicht zwangsweise ausgesetzt, wenn sie von den Feststellungszielen der Musterklage abhängen, sondern nur dann, wenn sich der Kläger für die Anspruchsanmeldung entscheidet.

71 Zur Anspruchsanmeldung wird der Verbraucher zumeist dann optieren, wenn sich sein Verfahren in einem frühen Stadium befindet und zusätzliche Verfahrenskosten (zB für Sachverständige oder Folgeinstanzen) erst noch anzufallen drohen. Aber auch in einem fortgeschrittenen Verfahren mit ungünstigen Erfolgsaussichten wird der Verbraucher geneigt sein, die **Flucht in die Anspruchsanmeldung** zu ergreifen. Nicht selten wird sich aber ein Verbraucher, der bereits Klage erhoben hat, auch bewusst gegen eine Anspruchsanmeldung entscheiden, da er damit seine Ansprüche der Verfolgung durch eine ihm unbekannte Verbraucherschutzorganisation anheimgeben würde. Zudem dürfte er mit einer Individualklage schneller zu einem finalen Leistungsurteil kommen.

72 In der Gewährung eines „**Verbraucherwahlrechts**" zeigt sich einmal mehr die deutliche Fokussierung des Gesetzgebers auf Verbraucherrechte, während die prozessualen Belange des Musterbeklagten bewusst oder unbewusst unbeachtet geblieben sind.[606] Zwar ist es in gewisser Weise folgerichtig, dem Kläger ein Wahlrecht zur Fortführung oder Aussetzung seines Prozesses zu gewähren, da ihm – anders als nach der zwangsweise erfolgenden Aussetzung im Kapitalanlegermusterverfahren[607] – keine Beteiligtenrechte bzw. Beigeladenenrechte wie nach der Regelung des § 14 KapMuG zuste-

---

603 Regierungsentwurf KapMuG 2012, BT-Drs. 17/8799, 20.
604 Kölner Komm KapMuG/*Kruis* § 8 Rn. 28; OLG München ZIP 2013, 2077; OLG Frankfurt BeckRS 2014, 04646; kritisch BGH NJW 2009, 2539; NJW-RR 2014, 758 (760); ausführlich zum Streitstand Wieczorek/Schütze/*Reuschle* ZPO § 8 KapMuG Rn. 7 ff.
605 *Geissler* GWR 2018, 189 (191); *Habe/Gieseler* BB 2017, 2188 (2189); BT-Drs. 19/2507, 16.
606 Kritisch auch *Deutscher Notarverein* Stellungnahme zum Diskussionsentwurf eines Gesetzes zur Einführung einer Musterfeststellungsklage v. 27.9.2017, 2, abrufbar unter https://www.dnotv.de/ stellungnahmen/ einfuehrung-einer-musterfeststellungsklage/; *BRAK* Stellungnahme Nr. 32/2017, 4, abrufbar unter https:// www.brak.de/zur-rechtspolitik/stellungnahmen-pdf/stellungnahmen-deutschland/2018/juni/stellungnahme-der-brak-2018-21.pdf (zuletzt aufgerufen: 19.10.2018).
607 § 8 Abs. 1 KapMuG.

hen.⁶⁰⁸ Indes erlaubt es das Wahlrecht dem Kläger, den bisherigen gesetzlichen Richter für alle wesentlichen Fragen des Rechtsstreits nach eigenem Ermessen auszutauschen, während die Musterbeklagte die Ausübung des Wahlrechts hinnehmen muss. Dies geht sogar so weit, dass sich ein Kläger, der sich *nach* öffentlicher Bekanntmachung der Musterfeststellungsklage zunächst für die Einzelrechtsverfolgung entscheidet, bei ungünstiger Prozessentwicklung doch noch in die Anspruchsanmeldung flüchten kann, solange im Musterverfahren noch nicht mündlich verhandelt wurde (die Klage könnte dann allerdings analog § 610 Abs. 3 ZPO als unzulässig abzuweisen sein, → § 6 Rn. 94).

Mit dem Grundrecht des Beklagten auf ein faires Verfahren ist dieses Verbraucherwahlrecht nur schwer in Einklang zu bringen, denn für den Musterbeklagten gibt es spiegelbildlich keine sichere Möglichkeit, Individualverfahren zu vermeiden. Ob ohne eine Anspruchsanmeldung des klagenden Verbrauchers eine für § 148 Abs. 1 ZPO grundsätzlich erforderliche Vorgreiflichkeit des Musterfeststellungsurteils vorliegt, ist fraglich. In der Praxis dürften Gerichte eine Aussetzung nach § 148 Abs. 1 ZPO erwägen und beklagte Unternehmen eine solche Aussetzung anregen. Ob sie in der Verfahrenspraxis eine Aussetzung nach dieser Vorschrift in dieser Konstellation erfolgreich herbeiführen können, bleibt abzuwarten (siehe gegen eine Anwendung der Aussetzung des § 148 Abs. 1 ZPO → § 11 Rn. 44). 73

Die Lösung der Wahlrechtsproblematik hätte darin bestanden, auf die Konstruktionsprinzipien des KapMuG zurückzugreifen.⁶⁰⁹ So hätte man Verbrauchern, deren Verfahren bei Bekanntmachung der Musterfeststellungsklage bereits rechtshängig war, **Beigeladenenrechte** gewähren können. Dies wiederum hätte eine automatische Verfahrensaussetzung nach dem Modell des § 8 KapMuG erlaubt. Mit der Gewährung von Beigeladenenrechten könnten auch die Klagen derjenigen Verbraucher ausgesetzt werden, die sich *nach* Bekanntmachung der Musterfeststellungsklage gegen eine Anmeldung und für eine neue Klage entscheiden. Ob es dann nicht sogar sinnvoll gewesen wäre, einen derjenigen Verbraucher zum Musterkläger zu bestimmen, deren Verfahren bei Bekanntmachung bereits rechtshängig waren, muss hier nicht entschieden werden. 74

5. Sperrwirkung der Anmeldung für einen Individualprozess

Der Verbraucher kann wählen, ob er seine vermeintlichen Ansprüche in einem Individualprozess geltend macht oder ob er sich zur Musterfeststellungsklage anmeldet (→ § 5 Rn. 70). Hat er sich für letzteres entschieden, so kann er nach § 610 Abs. 3 ZPO während der Rechtshängigkeit der Musterfeststellungsklage gegen den Beklagten keine Klage erheben, deren Streitgegenstand denselben Lebenssachverhalt und dieselben Feststellungsziele betrifft. Diese Regelung ist folgerichtig. Allerdings kann der Ver- 75

---

608 Schäfer/*Schäfer* KAS 2018, 80; *Meller-Hannich* NJW-Beilage 2018, 29 (30).
609 Vgl. OLG Köln, Beschl. v. 16.08.2018 – 4 W 34/18, Beck RS 2018, 22209. Eine Aussetzung analog § 148 Abs. 1 ZPO ist nach Auffassung des BGH nur ausnahmsweise möglich, wenn „*das Gericht mit einer schlechthin nicht zu bewältigenden Vielzahl von gleichgelagerten Verfahren befasst ist*", vgl. BGH NJW 2005, 1947, 1948; NJW-RR 2013, 575 Rn. 9.
gemein auch *Balke/Liebscher/Steinbrück* ZIP 2018, 1321 (1329).

braucher das Klagerecht wiederherstellen, indem er die Anspruchsanmeldung rechtzeitig zurücknimmt.[610]

6. Wirkung einer fehlerhaften Anmeldung bei Aufnahme in das Klageregister

76 Ob die Rechtsfolgen der Anmeldung eines Anspruchs oder Rechtsverhältnisses zum Klageregister tatsächlich eingetreten sind, wird erst im Folgeprozess entschieden. Aufgrund der fehlenden inhaltlichen Prüfung bei Eintragung in das Klageregister ist es möglich, dass Ansprüche und Rechtsverhältnisse angemeldet werden, die die Anforderungen des § 608 Abs. 2 ZPO nicht erfüllen. Die Konsequenzen sind dem Wortlaut des § 608 Abs. 2 ZPO eindeutig zu entnehmen: Die Anmeldung ist nur wirksam, wenn sie frist- und formgerecht erfolgt und die in Abs. 2 genannten Angaben enthält. Daraus folgt, dass Anmeldungen, welche diese Anforderungen nicht erfüllen, unwirksam sind. Folglich kann eine fehlerhafte Anmeldung auch deren Rechtsfolgen – Verjährungshemmung und Bindungswirkung – nicht herbeiführen.

77 Da das Bundesamt für Justiz keine inhaltliche Prüfung der Anmeldung vornimmt,[611] liegt es im Risikobereich des Verbrauchers, die Voraussetzungen einer wirksamen Anmeldung zu erfüllen.[612] Wird zB fälschlicherweise eine verfristete Anmeldung im Klageregister eingetragen, so ist der Beklagte im Folgeprozess nicht an das Musterfeststellungsurteil gebunden. Vielmehr kann er sich im Folgeprozess auf die Unwirksamkeit der Anmeldung berufen. Es gilt nichts anderes als bei verfristeten, gleichwohl aber zugestellten Anmeldungen nach § 10 Abs. 2 KapMuG.[613]

VI. Rücknahme

78 Nach § 608 Abs. 3 ZPO sind die angemeldeten Verbraucher berechtigt, ihre Anmeldung bis zum Ablauf des Tages des Beginns der mündlichen Verhandlung in der ersten Instanz zurückzunehmen. Die Rücknahme ist gegenüber dem Bundesamt für Justiz zu erklären und bedarf der Textform, § 608 Abs. 4 ZPO. Die Rücknahme der Anmeldung hat dabei vor allem zwei Wirkungen. Zum einen wird der Verbraucher von einer später eintretenden Bindungswirkung des Musterfeststellungsurteils ausgeschlossen. Zum anderen entfällt, wenngleich erst sechs Monate nach Rücknahme, die Verjährungshemmung für den wirksam angemeldeten Anspruch.[614]

79 Die Möglichkeit der Rücknahme verlängert die oben als „Verbraucherwahlrecht" gekennzeichnete Entscheidungsfreiheit des Verbrauchers, seine Rechte individuell oder kollektiv zu verfolgen, weit in das Musterverfahren hinein. Die Rücknahmemöglichkeit bis zum Schluss des ersten Verhandlungstages erlaubt es dem Kläger, auf die bisherige Verfahrensführung durch die Musterklägerin, die er nicht beeinflussen kann, gegebenenfalls noch in vorletzter Minute durch eine Rücknahme der Anmeldung zu reagieren. Die Regelung ermöglicht aber auch „cherry picking" durch Verbraucher sowie ein taktisch motiviertes Verhalten, da das Gericht in der Regel im ersten Ver-

---

610 Dies ist indes nur bis zum Ende des Tages des ersten Verhandlungstermins möglich, § 608 Abs. 1 ZPO.
611 § 608 Abs. 2 S. 3 ZPO.
612 So für § 10 Abs. 2 KapMuG ausdrücklich Wieczorek/Schütze/*Kruis* ZPO § 10 KapMuG Rn. 50.
613 Wieczorek/Schütze/*Kruis* ZPO § 10 KapMuG Rn. 40.
614 § 204 Abs. 2 S. 2 BGB.

handlungstermin eine Einschätzung der Sach- und Rechtslage abgibt. Lässt das Gericht erkennen, dass es die relevanten Feststellungsziele der Musterfeststellungsklage nicht treffen will, so könnte die erwünschte gütliche, kostensparende Erledigung der Verbraucherfälle durch Anmeldungsrücknahmen unterlaufen werden. Im Einzelfall kann die Rücknahme der Anspruchsanmeldung allerdings auch zur Unwirksamkeit der durch die Anmeldung zunächst ausgelösten Verjährungshemmung *ex tunc* führen, weil Anmeldung und Rücknahme rechtsmissbräuchlich erfolgten. Dies ist dann anzunehmen, wenn der Verbraucher seinen Anspruch erst *nach* Verjährungseintritt mit dem Ziel angemeldet hat, den für die bereits verjährte Individualklage benötigten Hemmungszeitraum zu generieren (zur Rückwirkung der Hemmung einer Anspruchsanmeldung auf den Zeitpunkt der Erhebung der Musterfeststellungsklage → § 5 Rn. 58). Der Verbraucher ist in diesem Fall also nicht an der Partizipation am kollektiven Rechtsschutz interessiert, sondern hat allein die individuelle Durchsetzung bereits verjährter Ansprüche im Blick. Der ohnehin systemwidrige Hemmungstatbestand des § 204 Nr. 1 a BGB würde bei einer solchen taktischen Rücknahme zweckentfremdet und bedarf deshalb einer einschränkenden Auslegung.

VII. Information der Verbraucher, Auskunfts- und Auszugserteilung aus dem Klageregister

1. Information der Verbraucher

Verbraucher besitzen nach der Konzeption des Gesetzgebers lediglich beschränkte Informationsrechte.[615] Frei einsehbar sind für die Verbraucher zunächst die öffentlichen Bekanntmachungen im Klageregister, wozu neben der Musterfeststellungsklage auch Urteile und Vergleiche gehören. Terminbestimmungen, Hinweise und Zwischenentscheidungen kann das Gericht öffentlich bekannt machen, wenn es dies für sachdienlich hält (§ 607 Abs. 3 ZPO).

Der weitere Schriftsatzwechsel im Musterverfahren ist für die angemeldeten Verbraucher dagegen nicht einsehbar. Auch zu etwa eingeholten Sachverständigengutachten haben angemeldete Verbraucher keinen direkten Zugang. Die Informationsversorgung der Verbraucher ist insofern schlechter ausgestaltet als die der Beigeladenen im Kapitalanleger-Musterverfahren.[616] Dies dürfte der bewussten Entscheidung des Gesetzgebers geschuldet sein, das Musterfeststellungsverfahren als Zweiparteienprozess auszugestalten (→ § 6 Rn. 14 ff.).

Hinsichtlich der zu ihrer eigenen Anmeldung im Klageregister erfassten Angaben können Verbraucher dagegen Auskunft verlangen.[617] Damit werden eine Kontrolle der eigenen Anmeldedaten sowie eine Kontrolle der Fehlerfreiheit der Eintragung ermöglicht. Weiterhin hat das Bundesamt für Justiz einem angemeldeten Verbraucher auf dessen Verlangen nach Abschluss des Musterfeststellungsverfahrens einen schriftlichen Auszug über die Angaben zu überlassen, die im Klageregister zu ihm und sei-

---

615 *Halfmeier* ZRP 2017, 201 (203).
616 Dort werden sämtliche Dokumente in einem Informationsportal veröffentlicht, auf das sämtliche Beigeladene Zugriff erhalten (https://www.kapitalanlegermusterverfahren.de).
617 § 609 Abs. 4 S. 1 ZPO.

ner Anmeldung erfasst sind.[618] Mit diesem Auszug kann der Verbraucher in seinem Individualprozess nachweisen, dass das Musterfeststellungsurteil für seinen Anspruch Bindungswirkung besitzt und dass die Verjährung seiner Ansprüche aufgrund der Anmeldung gehemmt war.[619]

2. Auskunftsanspruch der Parteien

83 Nach § 609 Abs. 6 ZPO haben auch die Parteien der Musterfeststellungsklage einen Anspruch auf Auszugserteilung aus dem Klageregister. Auf ihre Anforderung hin hat ihnen das Bundesamt für Justiz einen schriftlichen Auszug zu allen im Klageregister erfassten Angaben derjenigen Personen zu überlassen, die sich bis zum Ablauf des Tages vor Beginn des ersten Termins zur Eintragung in das Klageregister angemeldet haben.

84 Laut Gesetzesbegründung sollen die Parteien damit in die Lage versetzt werden, die gerichtlichen Feststellungen zur Zulässigkeit der Klage überprüfen zu können.[620]

85 Weiterhin können sich die Parteien auch einen Überblick über die mögliche Breitenwirkung und Folgewirkungen des Musterverfahrens verschaffen.[621]

86 Die Musterparteien haben daran insbesondere deshalb ein Interesse, um anhand des Umfangs der Anmeldungen die Sachgerechtigkeit einer vergleichsweisen Erledigung der Klage einschätzen zu können. Ob die Anmeldungen mangels inhaltlicher Prüfung durch das Bundesamt einen großen Erkenntnisgewinn versprechen, wird teilweise bezweifelt.[622] Der Informationsgehalt der Anmeldungen ist nicht zuletzt auch deshalb reduziert, weil Angaben zur Forderungshöhe für die Verbraucher voluntativ sind.

3. Datenübermittlung an das Gericht zwecks Zulässigkeitsprüfung

87 Nach § 609 Abs. 5 ZPO erhält das zuständige Gericht einen Auszug sämtlicher verfahrensrelevanter und im Klageregister gespeicherter Informationen, insbesondere auch die Angaben der angemeldeten Verbraucher. Benötigt werden diese Auszüge unter anderem, um prüfen zu können, ob das Quorum des § 606 Abs. 3 Nr. 3 ZPO (50 Anmeldungen binnen zwei Monaten nach Bekanntmachung) erfüllt und die Musterfeststellungsklage somit zulässig ist. Es muss daher aus dem Auszug insbesondere ersichtlich sein, wie viele Verbraucher welche Angaben bis zum Stichtag des § 606 Abs. 3 Nr. 3 ZPO zur Eintragung in das Klageregister eingereicht haben, ohne ihre Anmeldung zwischenzeitlich wieder zurückgenommen zu haben. Für die Erfüllung des Quorums kommt es dabei auf den fristgerechten Eingang der Anmeldungen beim Bundesamt für Justiz an und nicht auf die tatsächliche Eintragung durch das Bundesamt.[623] Die Angaben können für das Gericht auch im Hinblick auf weitere Fragen von Interesse sein. Die Gesetzesbegründung sieht deshalb vor, dass das Gericht einen Auszug sämtlicher verfahrensrelevanter und im Klageregister gespeicherter Informationen erhalten soll (Einsichtsrechte im laufenden Verfahren → § 5 Rn. 87 ff.).

---

618 § 609 Abs. 4 S. 2 ZPO.
619 BT-Drs. 19/2507, 25.
620 BT-Drs. 19/2507, 25.
621 *Schweiger/Meißner* CB 2018, 240 (245).
622 *Balke/Liebscher/Steinbrück* ZIP 2018, 1321 (1326).
623 BT-Drs. 19/2507, 25.

§ 6 Durchführung des Musterverfahrens

Schrifttum: *Balke/Liebscher/Steinbrück*, Der Gesetzentwurf zur Einführung einer Musterfeststellungsklage – ein zivilprozessualer Irrweg, ZIP 2018, 1321 ff.; Beck'scher Online-Kommentar ZPO, 28. Ed. 1.3.2018; *DAV*, Stellungnahme zum Gesetzesentwurf der Bundesregierung für ein Gesetz zur Einführung einer zivilprozessualen Musterfeststellungsklage (Stand 9.5.2018, BR-Drs. 176/18); *Fölsch*, Der Regierungsentwurf zur Einführung der Musterfeststellungsklage, DRiZ 2018, 214; *Halfmeier*, Musterfeststellungsklage: Nicht gut, aber besser als nichts, ZRP 2017, 201.; *Hess/Reuschle/Rimmelspacher* (Hrsg.), Kölner Kommentar zum KapMuG, 2. Aufl. 2014; JUVE Rechtsmarkt 06/18, Agenda Streitgespräch, S. 34 ff.; *Krüger/Rauscher* (Hrsg.), Münchener Kommentar Zivilprozessordnung, Band 1, 5. Aufl. 2016; *Lutz*, Stellungnahme für den Deutschen Bundestag – Ausschuss für Recht und Verbraucherschutz – zum Entwurf eines Gesetzes zur Einführung einer zivilprozessualen Musterfeststellungsklage BT-Drucksache 19/2439 und BT-Drucksache 19/2507 sowie zum Entwurf eines Gesetzes zur Einführung von Gruppenverfahren BT-Drucksache 19/243; *Musielak/Voit* (Hrsg.), Zivilprozessordnung, 15. Aufl. 2018; *Prütting/Gehrlein*, Zivilprozessordnung Kommentar, 9. Aufl. 2017; *Röthemeyer*, Musterfeststellungsklage, Spezialkommentar zu den §§ 606-614 ZPO, 1. Aufl. 2018; *Saenger*, Zivilprozessordnung, 7. Aufl. 2017; *Schäfer* (Hrsg.), Der Gesetzesentwurf zur „Musterfeststellungsklage"; *Schneider*, Die zivilprozessuale Musterfeststellungsklage, BB 2018, 1986; *Schweiger/Meißner*, Praktische Aspekte der Rechtsentwicklung bei Unterlassungs- und Musterfeststellungsklagen in Verbrauchersachen – Teil 1, Compliance Berater 2018, 240; *Tilp/Schiefer*, VW Dieselgate – die Notwendigkeit zur Einführung einer zivilrechtlichen Sammelklage, NZV 2017, 14.; *Trittmann*, FS 100 Jahre Rechtswissenschaft Frankfurt, 2014, 606; *Waßmuth/Asmus*, Der Diskussionsentwurf des BMJV zur Einführung einer Musterfeststellungsklage, ZIP 2018, 657; *Wieczorek/Schütze*, Zivilprozessordnung und Nebengesetze, Band 4, 4. Aufl. 2013; *Wieczorek/Schütze*, Zivilprozessordnung und Nebengesetze, Band 13/1 KapMuG, 4. Aufl. 2018; *Zöller*, Zivilprozessordnung, 32. Aufl. 2018.

I. Allgemeine Verfahrensregeln und modifizierte Anwendung der ZPO 1
  1. Anzuwendende Verfahrensregeln 5
  2. Ausdrücklich ausgeschlossene Vorschriften 8
    a) Kein obligatorisches Güteverfahren 8
    b) Kein Klageverzicht 9
    c) Keine Übertragung auf den Einzelrichter 12
    d) Keine Entscheidung im schriftlichen Verfahren 13
    e) Keine Nebenintervention und Streitverkündung im Verhältnis zu Verbrauchern 14
II. Verfahren unter Berücksichtigung der besonderen Struktur der Musterfeststellungsklage 17
  1. Verfahrensgestaltung 18
  2. Ausschluss und Ablehnung von Richtern 26
  3. Öffentliche Bekanntmachungen zum Verfahren 30
  4. Eingeschränkte Prozessakteneinsicht durch angemeldete Verbraucher 33

5. Elektronischer Rechtsverkehr 36
6. Streitgenossenschaft 40
  a) Aktive Streitgenossenschaft ... 41
  b) Passive Streitgenossenschaft .. 43
7. Einbeziehung Dritter ins Verfahren 44
8. Verfahrenstrennung / Verfahrensverbindung 47
9. Klagerücknahme / übereinstimmende Erledigungserklärung 50
10. Antragsänderung, -erweiterung und Widerklage 52
  a) Objektive Antragsänderung ... 53
  b) Subjektive Antragsänderung .. 61
  c) Widerklage 65
11. Darlegung und Beweisführung ... 68
  a) Strengbeweis und Freibeweis 69
  b) Allgemeine Darlegungs- und Beweislast 71
  c) Sekundäre Darlegungslast 74
  d) Sonderregelungen zur Darlegungs- und Beweislast 76
  e) Beweismittel 77
    aa) Zeugenbeweis 78
    bb) Urkundenvorlage 79
    cc) Sachverständigenbeweis 81

12. Mündliche Verhandlung 82
13. Rügeobliegenheit und Verspätung 83
  a) Verfahrensrügen im Sinne des § 295 ZPO 84
  b) Zurückweisung verspäteten Vorbringens nach § 296 ZPO 87
  c) Vorbringen nach Schluss der mündlichen Verhandlung nach § 296 a ZPO 90
14. Unterbrechung und Aussetzung .. 91
  a) Aussetzung der Individualklagen 92
    aa) Angemeldete Verbraucher ... 93
    bb) Unternehmer 95
    cc) Nicht angemeldete Verbraucher 96
  b) Unterbrechung der Musterfeststellungsklage 98
    aa) Tod einer Partei oder ihres Rechtsbeistands 99
    bb) Unterbrechungsgründe in der Person der angemeldeten Verbraucher 100
15. Säumnisverfahren 102
16. Anerkenntnis 107
III. Vorgreiflichkeit – EU-Vorlageverfahren nach Art. 267 AEUV 111

I. Allgemeine Verfahrensregeln und modifizierte Anwendung der ZPO

1 Von Beginn des Gesetzgebungsverfahrens[624] an verfolgte der Gesetzgeber das Ziel, mit der zivilprozessualen Musterfeststellungsklage kein „hochspezifisches zivilrechtliches Sondergebiet" zu begründen.[625] Die Musterfeststellungsklage sollte vielmehr in verbraucherrechtlichen Angelegenheiten allgemein angewendet werden können.[626] Aus diesem Grund ist die Musterfeststellungsklage als Ergänzung der Klagearten konzipiert und in das allgemeine Klagesystem der ZPO integriert.[627]

2 Bereits aus der systematischen Stellung im sechsten Buch der Zivilprozessordnung (§§ 606 ff. ZPO) sowie dem Umkehrschluss aus § 610 Abs. 5 S. 2 ZPO hätte gefolgert werden können, dass auf die Musterfeststellungsklage grundsätzlich die allgemeinen Verfahrensvorschriften Anwendung finden.[628] Gleichwohl wurde die **Anwendbarkeit der allgemeinen Verfahrensvorschriften** explizit in § 610 Abs. 5 S. 1 ZPO geregelt.[629]

3 Zwar weist die Musterfeststellungsklage in mancherlei Hinsicht Ähnlichkeiten mit dem Musterverfahren nach dem KapMuG sowie den Verbandsklagen nach dem UKlaG auf.[630] Letztlich handelt es sich bei der zivilprozessualen Musterfeststellungs-

---

624 Zur Entstehung des Gesetzes von den ersten Vorarbeiten der Bundesregierung im Jahr 2015 bis zur Verkündung im Bundesgesetzblatt am 17. Juli 2018, zu den unterschiedlichen Entwürfen sowie zu den Einzelheiten der parlamentarischen Beratungen vgl. ausführlich bei *Röthemeyer* HK-MFK Einf. Rn. 69 ff.
625 So schon im ersten Diskussionsentwurf des Bundesministeriums für Justiz und Verbraucherschutz – Entwurf eines Gesetzes zur Einführung einer Musterfeststellungsklage vom 31. Juli 2017, 11, abrufbar unter https://www.bmjv.de/SharedDocs/Gesetzgebungsverfahren/Dokumente/DiskE_Musterfeststellungsklage.pdf;jsessionid=AF06EA696C45735B39474B5D51742F9B.2_cid334?__blob=publicationFile&v=3 (zuletzt aufgerufen: 16.10.2018). Die Formulierung wurde später auch im Gesetzesentwurf der Bundesregierung vom 4. Juni 2018, BT-Drs. 19/2439, 16 sowie im gleichlautenden Gesetzesentwurf der Fraktionen der CDU/CSU und SPD vom 5. Juni 2018, BT-Drs. 19/2507, 15 verwendet.
626 Kritisch zu der fehlenden Begrenzung des sachlichen Anwendungsbereichs der Musterfeststellungsklage auf konkrete Rechtsgebiete *Balke/Liebscher/Steinbrück* ZIP 2018, 1321 (1327).
627 BT-Drs. 19/2507, 15.
628 BT-Drs. 19/2507, 15 und 25. Zur Anwendbarkeit der allgemeinen zivilprozessualen Vorschriften siehe auch *Waßmuth/Asmus* ZIP 2018, 657 (662).
629 Die Regelung in § 610 Abs. 5 S. 1 ZPO, wonach „*die im ersten Rechtszug für das Verfahren vor den Landgerichten geltenden Vorschriften entsprechend anzuwenden*" sind, fehlte ursprünglich in den Gesetzesentwürfen (vgl. BT-Drs. 19/2439 und BT-Drs. 19/2507). Die Formulierung wurde erst aufgrund der Beschlussempfehlung des Ausschusses für Recht und Verbraucherschutz vom 13. Juni 2018 (vgl. BT-Drs. 19/2741, 13 f. und 26) sowie aufgrund der Stellungnahme des Bundesrates vom 8. Juni 2018 (vgl. BR-Drs. 176/18 (Beschluss), 2) eingefügt.
630 *Waßmuth/Asmus* ZIP 2018, 657.

klage aber um eine selbstständige, in das Zivilprozessrecht eingebettete Klage.[631] Um den **Besonderheiten der Struktur der Musterfeststellungsklage** dennoch Rechnung zu tragen, sieht der Gesetzgeber die in § 610 ZPO statuierten Abweichungen von den allgemeinen Verfahrensregeln vor.[632]

Die von den allgemeinen zivilprozessualen Verfahrensregeln abweichenden Vorschriften gründen maßgeblich auf Erwägungen der **Prozessökonomie und der Verfahrensbeschleunigung**. Mit der Musterfeststellungsklage verfolgt der Gesetzgeber nämlich die Zielsetzung, *„tatsächliche oder rechtliche Fragen, die für eine Vielzahl von Ansprüchen oder Rechtsverhältnissen von Bedeutung sind, mit Wirkung für die angemeldeten Verbraucherinnen und Verbraucher gebündelt und verbindlich"*[633] zu klären. Durch die von dem Gesetzgeber vorgegebene Mindestanzahl der betroffenen Verbraucher soll zudem eine gewisse Breitenwirkung des Musterfeststellungsverfahrens gewährleistet werden. Die Regelungen über die Musterfeststellungsklage zielen demnach auf eine **besonders effiziente Verfahrensausgestaltung und eine abschließende Befriedung aller Streitigkeiten** ab. Die Ausrichtung auf bestimmte Feststellungsziele soll die hierfür erforderliche Konzentration auf die wesentlichen Streitfragen ermöglichen.[634] Letztlich will der Gesetzgeber mit der Musterfeststellungsklage Verbrauchern ein *„effektives Mittel der Rechtsverfolgung"*[635] bereitstellen.

1. Anzuwendende Verfahrensregeln

Gemäß § 610 Abs. 5 S. 1 ZPO sind – soweit sich aus den §§ 606 ff. ZPO nichts Abweichendes ergibt – die im ersten Rechtszug für das Verfahren vor den Landgerichten geltenden Regeln entsprechend anzuwenden. Dies bedeutet, dass die allgemeinen Prozessgrundsätze auch im Musterfeststellungsverfahren gelten und jedes Abweichen hiervon durch die Besonderheiten der Struktur der Musterfeststellungsklage gerechtfertigt sein muss.[636]

Parteien des Musterfeststellungsverfahrens sind die qualifizierte Einrichtung iSv § 606 Abs. 1 S. 1 ZPO und das beklagte Unternehmen. Die betroffenen Verbraucher erhalten dementgegen **keine formale Beteiligtenstellung**. Gleichwohl entfaltet ein rechtskräftiges Urteil **Bindungswirkung** für alle Verbraucher,[637] die sich (i) ordnungsgemäß (und damit verjährungshemmend) im Klageregister angemeldet und (ii) ihre Anmeldung nicht gemäß § 608 Abs. 3 ZPO wirksam zurückgenommen haben. Aus der fehlenden Parteistellung der angemeldeten Verbraucher, der zeitlich begrenzten Möglichkeit zur Rücknahme ihrer Anmeldungen zum Klageregister und der Bin-

---

631 BT-Drs. 19/2507, 15.
632 BT-Drs. 19/2507, 25.
633 BT-Drs. 19/2507, 16.
634 BT-Drs. 19/2507, 16.
635 BT-Drs. 19/2507, 16.
636 BT-Drs. 19/2507, 25.
637 Fölsch DRiZ 2018, 214 (216 f.) kritisiert, dass das rechtliche Gehör (Art. 103 Abs. 1 GG) der Verbraucher verletzt sei, da sie an die Feststellungen des Urteils gebunden seien, ohne dass sie sich im Musterverfahren oder ihrem späteren Individualverfahren zu den Feststellungszielen äußern könnten oder sonstige Beteiligungsrechte im Musterverfahren hätten. Anders als der Gesetzgeber meine, könne es zur Wahrung des rechtlichen Gehörs nicht ausreichen, dass es der freien Entscheidung des Verbrauchers unterliege, sich zum Musterverfahren an- bzw. wieder abzumelden und sich damit der Bindungswirkung zu unterwerfen oder wieder davon Abstand zu nehmen.

dungswirkung des rechtskräftigen Musterfeststellungsurteils für und gegen die angemeldeten Verbraucher folgen für das Musterverfahren einige prozessuale Besonderheiten, auf die nachfolgend näher eingegangen werden soll.

7 Abweichungen von den allgemeinen zivilprozessualen Regelungen ergeben sich überwiegend aus **§ 610 Abs. 5 S. 2 und Abs. 6 ZPO**. Teilweise wird auf den mutmaßlichen Willen des Gesetzgebers verwiesen, wonach es sich bei den nach § 610 Abs. 5 S. 2 ZPO auf das Musterfeststellungsverfahren nicht anwendbaren Normen um eine abschließende Aufzählung handele.[638] Die Regelung des § 610 Abs. 5 S. 2 ZPO ist an **§ 11 Abs. 1 S. 2 KapMuG** orientiert.[639] Für die Parallelvorschrift im KapMuG ist aber umstritten, inwieweit auch nicht ausdrücklich genannte Vorschriften aufgrund der Besonderheiten der Musterfeststellungsklage als Instrument des kollektiven Rechtsschutzes gleichsam unangewendet bleiben müssen.[640] Wie im Folgenden dargelegt wird, ist es auch im zivilprozessualen Musterfeststellungsverfahren interessengerecht, wenn die Gerichte – über die Regelung des § 610 Abs. 5 und 6 ZPO hinaus – einzelne Vorschriften der Zivilprozessordnung nicht anwenden, soweit dies andernfalls zu Ergebnissen führt, die mit der Struktur und Funktion der Musterfeststellungsklage nicht vereinbar sind.

2. Ausdrücklich ausgeschlossene Vorschriften

a) Kein obligatorisches Güteverfahren

8 Gemäß § 610 Abs. 5 S. 2 ZPO finden die Regelungen des § 278 Abs. 2 bis 5 ZPO über die obligatorische Güteverhandlung auf das Musterfeststellungsverfahren keine Anwendung. Der Gesetzgeber sah das nach § 278 ZPO vorgesehene persönliche Erscheinen der Parteien (Abs. 3), das Ruhen des Verfahrens bei ihrem Nichterscheinen (Abs. 4) und die Verweisung der Streitigkeit an einen Güterichter (Abs. 5) als **mit der Natur und dem Zweck der Musterfeststellungsklage nicht vereinbar** an.[641] Indem der Gesetzgeber jedoch § 278 Abs. 1 ZPO ausdrücklich von der Verweisung ausnimmt, stellt er klar, dass das Gericht gleichwohl in jeder Lage des Verfahrens auf eine gütliche Einigung des Rechtsstreits oder einzelner Streitpunkte bedacht sein soll.[642] Im Hinblick auf die An- und Abmeldefrist des § 608 Abs. 1 und Abs. 3 ZPO kann ein Vergleich aber frühestens im ersten Termin geschlossen werden (§ 611 Abs. 6 ZPO).[643]

b) Kein Klageverzicht

9 Der den Zivilprozess prägende **Dispositionsgrundsatz** gilt im Musterfeststellungsverfahren nur eingeschränkt. So kann die klagende Einrichtung nach § 610 Abs. 5 S. 2 ZPO bezüglich der geltend gemachten Feststellungsanträge keinen **Klageverzicht** ge-

---

[638] So jedenfalls *Waßmuth/Asmus* ZIP 2018, 657 (662). Den Gesetzesentwürfen lässt sich ein abschließender Charakter der Aufzählung hingegen nicht entnehmen, vgl. BT-Drs. 19/2439 und BT-Drs. 19/2507 bzw. die Beschlussempfehlung des Ausschusses für Recht und Verbraucherschutz, BT-Drs. 19/2741.
[639] *Waßmuth/Asmus* ZIP 2018, 657 (663).
[640] Für das KapMuG-Verfahren ist beispielsweise umstritten, ob der Erlass eines Versäumnisurteils nach §§ 330 ff. ZPO zulässig ist, vgl. etwa Kölner Komm KapMuG/*Vollkommer* § 11 Rn. 151 ff. sowie Wieczorek/Schütze/*Kruis* KapMuG § 11 Rn. 22.
[641] BT-Drs. 19/2507, 26.
[642] BT-Drs. 19/2507, 26; dazu auch *Waßmuth/Asmus* ZIP 2018, 657 (663).
[643] BT-Drs. 19/2507, 27.

mäß § 306 ZPO erklären. Denn ein Antrag auf Erlass eines Verzichtsurteils ist ein Sachantrag und führt zu einem klageabweisenden Sachurteil.[644] Da die Anmeldung zum Klageregister nur bis zum Ablauf des Tages des Beginns der mündlichen Verhandlung wirksam zurückgenommen werden kann, würde ein später von der qualifizierten Einrichtung erklärter Verzicht die angemeldeten Verbraucher binden. Für den anschließenden Individualprozess des angemeldeten Verbrauchers gegen die Beklagte des Musterfeststellungsverfahrens stünde damit das Nichtvorliegen der tatsächlichen oder rechtlichen Voraussetzungen des betreffenden Anspruchs oder Rechtsverhältnisses zwischen Verbraucher und Unternehmer fest (→ § 8 Rn. 46 ff.). Bei Zulässigkeit eines durch die klagende Einrichtung erklärten Verzichts auf die Feststellungsanträge wäre eine Anmeldung zum Klageregister für den Verbraucher folglich mit einem nicht unerheblichen Risiko verbunden, worunter letztlich die Attraktivität der Musterfeststellungsklage leiden würde. Die gesetzgeberische Zielsetzung, möglichst vielen Verbrauchern die Einbeziehung in die Feststellungen des Musterverfahrens zu ermöglichen, wäre mithin unterlaufen. Aufgrund der Struktur des Verfahrens soll der Verzicht nach dem Willen des Gesetzgebers daher ausgeschlossen sein.[645]

Nicht ausgeschlossen hat der Gesetzgeber die Möglichkeit eines **gerichtlichen Geständnisses** durch die klagende qualifizierte Einrichtung gemäß § 288 ZPO. Dieses betrifft im Gegensatz zum Verzicht nicht den prozessualen Anspruch als solchen, sondern nur Tatsachen. 10

Die Struktur des Musterfeststellungsverfahrens erfordert auch, dass eine Klageerweiterung nach Ablauf des Tages des Beginns der mündlichen Verhandlung in der ersten Instanz nur unter engen Voraussetzungen möglich ist (→ Rn. 52 ff.). Der **Dispositionsgrundsatz** gilt aber insoweit, als die Parteien das Verfahren ohne Entscheidung in der Sache – beispielsweise unter den Voraussetzungen des § 611 ZPO durch Vergleich (→ § 7) – beenden können. 11

c) Keine Übertragung auf den Einzelrichter

Die §§ 348 bis 350 ZPO sind gemäß § 610 Abs. 5 S. 2 ZPO im Musterfeststellungsverfahren nicht anwendbar. Die **Zuständigkeit des Einzelrichters kann somit nicht begründet werden**.[646] In Ansehung der Bedeutung des Musterfeststellungsurteils für die Vielzahl der angemeldeten Verbraucher erschien dem Gesetzgeber eine Zuständigkeit des Senats sachgerecht.[647] Im Musterfeststellungsverfahren ist der Senat des Oberlandesgerichts mit drei Mitgliedern (mit Einschluss des Vorsitzenden) besetzt, vgl. § 122 Abs. 1 GVG. 12

d) Keine Entscheidung im schriftlichen Verfahren

Nach § 610 Abs. 5 S. 2 ZPO kann **keine Entscheidung im schriftlichen Verfahren** gemäß § 128 Abs. 2 ZPO getroffen werden. Das Erfordernis einer mündlichen Verhandlung lässt sich damit begründen, dass es aufgrund des Informationsinteresses der Vielzahl der angemeldeten Verbraucher unbillig wäre, diese allein auf die nach § 607 13

---

644 Zöller/Vollkommer ZPO § 306 Rn. 5.
645 BT-Drs. 19/2057, 26.
646 Waßmuth/Asmus ZIP 2018, 657 (663).
647 BT-Drs. 19/2507, 26.

ZPO zu veröffentlichenden Bekanntmachungen zu verweisen. Die Bekanntmachungen gewähren nämlich nur einen ausschnittweisen Einblick in das Verfahren. Insoweit kommt dem Mündlichkeitsprinzip – ähnlich wie im Musterverfahren nach dem KapMuG – eine besondere Bedeutung zu.[648]

e) Keine Nebenintervention und Streitverkündung im Verhältnis zu Verbrauchern

14 Die Vorschriften über die **Nebenintervention und Streitverkündung** nach §§ 66 bis 74 ZPO sind gemäß § 610 Abs. 6 Nr. 1 und 2 ZPO im Musterfeststellungsverfahren **nur eingeschränkt anwendbar**.

15 Nach **§ 610 Abs. 6 Nr. 1 ZPO** finden die §§ 66 bis 74 ZPO keine Anwendung im Verhältnis zwischen den Parteien der Musterfeststellungsklage und Verbrauchern, die einen Anspruch oder ein Rechtsverhältnis angemeldet haben. Die Vorschriften sind nach **§ 610 Abs. 6 Nr. 2 ZPO** ferner nicht auf Verbraucher anwendbar, die behaupten, (i) entweder einen Anspruch gegen den Beklagten zu haben oder (ii) vom Beklagten in Anspruch genommen zu werden oder (iii) in einem Rechtsverhältnis zu dem Beklagten zu stehen. Im Unterschied zum KapMuG-Verfahren ist schließlich auch die Beiladung der angemeldeten Verbraucher im Rahmen des Musterfeststellungsverfahrens nicht vorgesehen.[649]

16 Durch § 610 Abs. 6 ZPO soll verhindert werden, dass im Klageregister angemeldete Verbraucher im Wege einer Nebenintervention oder Streitverkündung in den Rechtsstreit hineingezogen werden.[650] Die Kehrseite ist jedoch, dass die angemeldeten Verbraucher nach dem klaren Wortlaut des § 610 Abs. 6 ZPO dem Verfahren auch nicht beitreten und somit **keinen Einfluss auf die Prozessführung** durch die klagende qualifizierte Einrichtung nehmen können. Dies gilt, obwohl sie ein Interesse am Ausgang der Musterfeststellungsklage haben, weil die Entscheidung mittelbar auf die privatrechtlichen Verhältnisse der Verbraucher mit der Beklagten einwirkt. Dieses Interesse der Verbraucher hat der Gesetzgeber zwar gesehen.[651] Hieraus hat er aber nicht die Konsequenz gezogen, den angemeldeten Verbrauchern den Beitritt zu ermöglichen. Vielmehr betont der Gesetzgeber, dass sich aus der Musterfeststellungsklage für den Verbraucher keine nachteiligen Wirkungen ergeben sollen.[652] Insbesondere soll die kollektive Rechtsverfolgung nicht mit einem Prozesskostenrisiko für den Verbraucher einhergehen.[653] Diese Sichtweise verkennt jedoch, dass aufgrund der Bindungswirkung des Musterfeststellungsurteils mit der Abweisung der Feststellungsanträge auch für das Individualverfahren des angemeldeten Verbrauchers das Nichtbestehen der tatsächlichen oder rechtlichen Voraussetzungen für das Bestehen von Ansprüchen oder Rechtsverhältnissen zwischen dem Verbraucher und dem Unternehmer feststeht.

---

648 Zum Grundsatz der Mündlichkeit im KapMuG-Verfahren vgl. Kölner Komm KapMuG/*Kruis* § 11 Rn. 14.
649 *Schäfer/Dietsche* KAS 2018, 76 (80); kritisch zur Frage des rechtlichen Gehörs der Verbraucher *Fölsch* DRiZ 2018, 214 (216f.).
650 BT-Drs. 19/2507, 26; vgl. hierzu auch *Waßmuth/Asmus* ZIP 2018, 657 (663).
651 Vgl. BT-Drs. 19/2507, 26.
652 BT-Drs. 19/2507, 26.
653 BT-Drs. 19/2507, 15.

II. Verfahren unter Berücksichtigung der besonderen Struktur der Musterfeststellungsklage

Im Folgenden wird untersucht, inwieweit einzelne Vorschriften der ZPO, die nicht ausdrücklich vom Gesetzgeber für unanwendbar erklärt wurden, mit der besonderen Struktur der Musterfeststellungsklage vereinbar oder aufgrund dieser Struktur nur eingeschränkt anwendbar sind. 17

1. Verfahrensgestaltung

Abgesehen von den oben genannten, von der Anwendung im Musterfeststellungsverfahren ausdrücklich ausgeschlossenen Regelungen, enthalten die §§ 606 ff. ZPO kaum Vorschriften zur konkreten Gestaltung des Musterfeststellungsverfahrens. 18

§ 610 Abs. 2 ZPO sieht zB vor, dass eine **Verfahrensverbindung nach § 147 ZPO** möglich sein soll, wenn am selben Tag mehrere Musterfeststellungsklagen, deren Streitgegenstand denselben Lebenssachverhalt und dieselben Feststellungsziele betreffen, bei Gericht eingereicht werden. Diese Regelung geht auf eine Empfehlung des Ausschusses für Recht und Verbraucherschutz des Bundestags im Gesetzgebungsverfahren zurück. Diesem erschien es nicht sachgerecht, es in Fällen einer gleichzeitigen Klageerhebung vom Zufall abhängig zu machen, welche Klage zuerst zugestellt und damit zuerst rechtshängig wird und in der Folge eine Sperrwirkung für spätere Musterfeststellungsklagen entfaltet.[654] 19

Zudem wird in § 610 Abs. 4 ZPO beispielsweise geregelt, dass das Gericht spätestens im ersten Termin zur mündlichen Verhandlung **auf sachdienliche Klageanträge hinzuwirken** hat. Auch diese Regelung geht auf die Empfehlung des Ausschusses für Recht und Verbraucherschutz des Bundestages zurück. Ziel ist es, dem Gericht durch verfahrenslenkende Maßnahmen zu ermöglichen, das Verfahren möglichst effizient durchzuführen.[655] 20

Die Struktur des Musterfeststellungsverfahrens erfordert darüber hinaus eine von den §§ 275, 276 ZPO abweichende Konzeption der verfahrensleitenden Aufgabe des Oberlandesgerichts. Um einen raschen und effizienten Verfahrensablauf zu ermöglichen, empfiehlt es sich, dass das Oberlandesgericht in einem **frühen Termin** eine **Case Management Conference** abhält und mit den Parteien und deren Anwälten die weitere Fortführung des Verfahrens bespricht.[656] Dabei kann der Senat mit den Parteien erörtern, wie er weiter mit dem Verfahren umgehen wird, zB durch Verbindung des Verfahrens mit einer am selben Tag parallel eingereichten Musterfeststellungsklage nach § 147 ZPO oder durch abgesonderte Verhandlung zur Zulässigkeit der Klage gemäß § 280 Abs. 1 ZPO. 21

Aufgrund der oftmals zu erwartenden Komplexität der Musterverfahren dürfte es sich regelmäßig anbieten, den **Prozess nach Verfahrensabschnitten** zu untergliedern. Bei Zweifeln an der Zulässigkeit der Klage, die sich beispielsweise auf die Zuständig- 22

---

[654] BT-Drs. 19/2741, 25.
[655] BT-Drs. 19/2741, 25.
[656] AA *Röthemeyer* HK-MFK § 610 Rn. 45 f., der sich für ein schriftliches Vorverfahren und einen späteren Zeitpunkt für den ersten Termin ausspricht.

keit des Gerichts (→ § 3 Rn. 4 ff.), die besonderen Zulässigkeitsvoraussetzungen des § 606 Abs. 3 ZPO[657] (→ § 3 Rn. 29 ff.), die Partei- und Prozessfähigkeit des Klägers und die Statthaftigkeit der Feststellungsziele (→ § 3 Rn. 45 ff.) beziehen können, bietet sich eine möglichst frühzeitige **gesonderte mündliche Verhandlung zu Fragen der Zulässigkeit (§ 280 Abs. 1 ZPO)** an. Ausweislich der Gesetzesbegründung soll es die Zulässigkeit der Musterfeststellungsklage nicht berühren, wenn nach Ablauf der Zweimonatsfrist des § 606 Abs. 3 Nr. 3 ZPO so viele Verbraucher ihre Anmeldung zurücknehmen, dass nur noch weniger als 50 Verbraucher angemeldet sind.[658] Diese Frage ist aber nicht unumstritten.[659] Jedenfalls wenn die Zahl der angemeldeten Verbraucher bis zur mündlichen Verhandlung unter zehn sinkt, wird man die ebenfalls vom Gesetzgeber gewollte Breitenwirkung des Musterfeststellungsurteils anzweifeln können.[660]

23 Eine allgemeine Prozessvoraussetzung, die im Rahmen der Zulässigkeitsprüfung neben den oben bereits genannten Voraussetzungen eine Rolle spielt, ist das **erforderliche Rechtsschutzbedürfnis**. Die Musterfeststellungsklage ist zum Beispiel dann als unzulässig abzuweisen, wenn die begehrten Feststellungsziele wegen Verjährung des Sachverhalts nicht geeignet sind, eine relevante Entscheidung herbeizuführen.[661] Denn einer **offensichtlich unbegründeten Klage** fehlt es regelmäßig an dem erforderlichen Rechtsschutzinteresse.[662] Eine summarische Prüfung der Begründetheit gewährleistet als ungeschriebene Zulässigkeitsvoraussetzung die gesetzgeberische Zielsetzung, mit der zivilprozessualen Musterfeststellungsklage ein effektives und ressourcenschonendes Instrument der Rechtsverfolgung für die zügige Klärung von Tatsachen- und Rechtsfragen zur Verfügung zu stellen. Zudem ist eine frühzeitige Prüfung der Erfolgsaussichten der Klage geeignet, missbräuchlichen Musterklagen vorzubeugen. Vor diesem Hintergrund sieht auch die Empfehlung der EU-Kommission vom 11. Juni 2013 vor, dass möglichst früh im Verfahren von Amts wegen geprüft werden soll, ob der Fall nicht offensichtlich unbegründet ist und die Voraussetzungen für ein Verfahren des kollektiven Rechtsschutzes erfüllt sind.[663] Die Praxis, offensichtlich unbegründete Sammelklagen (*class actions*) bereits als unzulässig abzuweisen, entspricht im Übrigen der Rechtslage in zahlreichen Rechtssystemen, die kollektive Rechtsschutzinstrumente zur Verfügung stellen.

---

657 Missbrauchsgefahren werden im Hinblick auf das nach § 606 Abs. 3 Nr. 3 ZPO erforderliche Quorum insbesondere durch die von § 608 Abs. 2 S. 2 ZPO vorgesehene bloße Eintragung von Anmeldungen in das Klageregister ohne inhaltliche Prüfung der Forderungen eröffnet, vgl. dazu *Balke/Liebscher/Steinbrück* ZIP 2018, 1321 (1329).
658 BT-Drs. 19/2507, 23.
659 Vgl. Stellungnahme des DAV zum Gesetzesentwurf der Bundesregierung für ein Gesetz zur Einführung einer zivilprozessualen Musterfeststellungsklage, BR-Drs. 176/18, 11; *Schweiger/Meißner* CB 2018, 240 (243).
660 *Schweiger/Meißner* CB 2018, 240 (243).
661 *Schweiger/Meißner* CB 2018, 240.
662 So ist allgemein anerkannt, dass das Rechtsschutzbedürfnis bei objektiv sinnlosen Klagen zu verneinen ist, dh wenn der Kläger kein schutzwürdiges Interesse an dem begehrten Urteil haben kann, vgl. etwa *Zöller/Greger* ZPO vor § 253 Rn. 18; BeckOK ZPO/*Bacher* § 253 Rn. 30. Auch querulatorischen Klagen kann das Rechtsschutzbedürfnis fehlen, vgl. Musielak/Voit/*Foerste* ZPO § 253 Rn. 7.
663 Empfehlung der Kommission vom 11. Juni 2013 Gemeinsame Grundsätze für kollektive Unterlassungs- und Schadensersatzverfahren in den Mitgliedstaaten bei Verletzung von durch Unionsrecht garantierten Rechten (2013/396/EU) ABl. L 201/60 Rn. 8 f.

II. Berücksichtigung der besonderen Struktur der Musterfeststellungsklage

Das Gericht kann bei **Zulässigkeit** der Musterfeststellungklage oder bei Bejahung einzelner Prozessvoraussetzungen durch **Zwischenurteil** (§ 280 Abs. 2 ZPO) entscheiden. Erst in einem weiteren Verfahrensabschnitt findet dann die Befassung mit der Begründetheit der Musterfeststellungsanträge statt. Bei **Unzulässigkeit** der Musterfeststellungsklage erfolgt die **Abweisung** als unzulässig **durch ein Endurteil** (→ § 8 Rn. 5 ff.; zu Zwischenurteilen → § 8 Rn. 20 ff.). 24

In den Verhandlungen über die Zulässigkeit kann das Gericht zudem nach Erörterung mit den Parteien und entsprechend § 610 Abs. 4 ZPO auf die **Stellung sachdienlicher Klageanträge** hinwirken. 25

2. Ausschluss und Ablehnung von Richtern

Mangels spezieller Regelungen in den §§ 606 ff. ZPO ist hinsichtlich des Ausschlusses und der Ablehnung von Richtern im Musterfeststellungsverfahren auf die **allgemeinen Vorschriften der §§ 41 ff. ZPO** zurückzugreifen. 26

Ein persönliches Näheverhältnis gemäß § 41 Abs. 1 Nrn. 1 bis 3 ZPO, das kraft Gesetzes zum Ausschluss des betroffenen Richters führt, kann dabei nicht nur zwischen dem erkennenden Richter und den Prozessparteien, sondern auch **zwischen dem erkennenden Richter und einem angemeldeten Verbraucher** bestehen. Die angemeldeten Verbraucher sind zwar nicht Verfahrensbeteiligte. Deshalb erstreckt sich auch die Rechtskraft des Musterfeststellungsurteils nicht auf die Anmelder. Das rechtskräftige Musterfeststellungsurteil entfaltet aber **Bindungswirkung** für und gegen die angemeldeten Verbraucher in ihren Individualprozessen gegen die Beklagte, soweit diese die Feststellungsziele und den Lebenssachverhalt der Musterfeststellungsklage betreffen (§ 613 Abs. 1 S. 1 ZPO). Sachlich sind Rechtskraft und Bindungswirkung deckungsgleich, weil sich beide auf den aus Lebenssachverhalt und Klageantrag bestehenden Streitgegenstand des Musterverfahrens beziehen (vgl. → § 8 Rn. 51 f.). Deshalb kann es der Anwendbarkeit der §§ 41 ff. ZPO nicht entgegenstehen, dass der angemeldete Verbraucher nicht Prozesspartei ist. 27

Aufgrund der potentiell großen Anzahl der angemeldeten Verbraucher sind die Nähebeziehungen im Musterfeststellungsverfahren unübersichtlich und es besteht eine höhere Wahrscheinlichkeit eines Ausschlussgrundes nach § 41 Abs. 1 Nrn. 1 bis 3 ZPO.[664] Das Musterfeststellungsurteil hat besondere Bedeutung[665] für die Beurteilung der Sach- und Rechtslage in Bezug auf für das Musterfeststellungsverfahren typische Massen- und Streuschäden. Vor diesem Hintergrund kann zudem ein Ablehnungsgrund wegen der Besorgnis der Befangenheit gemäß § 42 ZPO auch dann vorliegen, wenn ein erkennender Richter oder eine ihm nahestehende Person **zur Gruppe der potentiell geschädigten Verbraucher** gehört, ohne Anmelder zum Musterfeststellungsverfahren zu sein.[666] Das Risiko, dass eine solche Situation zunächst unentdeckt bleibt und auch dem Richter nicht bekannt ist, ist hoch. Da die Mitwirkung eines 28

---

[664] Zu der vergleichbaren Situation im KapMuG-Verfahren vgl. Wieczorek/Schütze/*Kruis* KapMuG § 11 Rn. 32; Kölner Komm KapMuG/*Vollkommer* § 11 Rn. 57.
[665] Dazu von Schäfer/*Gurkmann* KAS 2018, 46 (71), der betont, dass Musterurteile in vielen Fällen auch ohne förmliche Bindung eine faktisch verbindliche Präzedenzwirkung entfalten würden.
[666] So ähnlich für den Fall des erkennenden Richters im KapMuG-Verfahren Kölner Komm KapMuG/*Vollkommer* KapMuG § 11 Rn. 59.

ausgeschlossenen Richters an der Entscheidung einen absoluten Revisionsgrund gemäß § 547 Nr. 2 ZPO darstellt, sollte aus Gründen der Prozessökonomie die **personelle Zusammensetzung des Senats frühzeitig öffentlich im Klageregister bekannt gemacht werden**.[667] Zudem sollten die beteiligten Richter ein ihnen bekanntes Näheverhältnis frühzeitig anzeigen.[668]

29 Um selbst prüfen und erkennen zu können, dass sich ein Ehegatte, Lebenspartner oder Verwandter im Sinne des § 41 Nr. 3 ZPO zum Klageregister angemeldet hat, muss der Richter **Zugang zu den entsprechenden Eintragungen im Klageregister** haben. Zwar hat der Gesetzgeber in § 609 Abs. 6 ZPO vorgesehen, dass die Parteien einen schriftlichen Auszug vom Klageregister anfordern können, der alle Personen umfasst, die sich bis zum Ablauf des Tages vor Beginn des ersten Termins zur Eintragung in das Klageregister angemeldet haben. In Bezug auf das Gericht sieht § 609 Abs. 5 ZPO hingegen nur vor, dass dieses einen Auszug über die Personen anfordern kann, die sich bis zum Ablauf der Zweimonatsfrist des § 606 Abs. 3 Nr. 3 ZPO nach der öffentlichen Bekanntmachung der Musterfeststellungsklage zum Klageregister angemeldet haben. Der Gesetzgeber wollte damit die Informationsrechte des Gerichts jedoch nicht beschränken. Die Gesetzesbegründung sieht vielmehr vor, dass das zuständige Gericht einen Auszug sämtlicher verfahrensrelevanter und im Klageregister gespeicherter Informationen bekommen soll.[669] Der Verordnungsgeber sollte daher bei Ausübung seiner Ermächtigung nach § 609 Abs. 7 ZPO klarstellen, dass auch das Gericht jederzeit einen Auszug über alle im Klageregister erfassten Personen erhalten kann. (zu den Informationsrechten → § 5 Rn. 80 ff.)

3. Öffentliche Bekanntmachungen zum Verfahren

30 Die öffentlichen Bekanntmachungen können von „jedermann" unentgeltlich im Klageregister eingesehen werden (§ 609 Abs. 3 ZPO). Sowohl die zum Klageregister angemeldeten Verbraucher als auch die nicht angemeldeten betroffenen Verbraucher können sich somit im Wege der öffentlichen Bekanntmachungen im Klageregister über die Musterfeststellungsklage (§ 607 Abs. 1 und 2 ZPO) und bestimmte Verfahrensschritte, wie **Terminbestimmungen, gerichtliche Hinweise und Zwischenentscheidungen** (§ 607 Abs. 3 ZPO), informieren.

31 Gemäß § 612 Abs. 1 und 2 ZPO sind weiterhin auch das **Musterfeststellungsurteil, die Einlegung eines Rechtsmittels sowie der Eintritt der Rechtskraft** im Klageregister öffentlich bekannt zu machen. Die Schriftsätze der Parteien werden hingegen im Klageregister nicht öffentlich zugänglich gemacht. Die Bekanntmachungen im Klageregister erfolgen auf Veranlassung des Gerichts unverzüglich durch das Bundesamt für Justiz, wobei durch Rechtsverordnung die Einzelheiten der elektronischen Registerführung bestimmt werden können (§ 609 Abs. 7 ZPO).

32 Die angemeldeten Verbraucher haben ferner gemäß § 609 Abs. 4 ZPO einen **Auskunftsanspruch** gegen das Bundesamt für Justiz hinsichtlich der zu ihrer Anmeldung

---

667 Für das KapMuG-Musterverfahren vgl. Kölner Komm KapMuG/*Vollkommer* § 11 Rn. 19.
668 Die beteiligten Richter müssen dies von Amts wegen anzeigen, vgl. auch für das KapMuG-Musterverfahren Kölner Komm KapMuG/*Vollkommer* § 11 Rn. 59.
669 BT-Drs. 19/2507, 25.

im Klageregister erfassten Angaben. Den Parteien hat das Bundesamt für Justiz nach Aufforderung einen schriftlichen Auszug aller im Klageregister erfassten Angaben über die Personen zu überlassen, die sich bis zum Vortag der ersten mündlichen Verhandlung zur Eintragung in das Klageregister angemeldet haben. Mit diesem Auszug können sich die Parteien einen Überblick über die mögliche Breitenwirkung der Musterfeststellungsklage verschaffen.[670]

4. Eingeschränkte Prozessakteneinsicht durch angemeldete Verbraucher

Während des Verfahrens werden den Anmeldern relevante Informationen über das Klageregister zugänglich gemacht. Da die angemeldeten Verbraucher an dem Musterfeststellungsverfahren nicht formal beteiligt sind, haben sie **keinen Anspruch auf Prozessakteneinsicht gemäß § 299 Abs. 1 ZPO**. Die Informationsrechte des angemeldeten Verbrauchers sind daher beschränkt.[671] Auch wenn Verbraucher ihre Anmeldung bis zum Ablauf des Tages des Beginns der mündlichen Verhandlung zurücknehmen können, kann es ihnen aufgrund der begrenzten öffentlich bekanntgemachten Informationen an einer hinreichenden Informationsgrundlage für eine fundierte Rücknahmeentscheidung fehlen.

Fraglich ist, inwieweit sich angemeldete Verbraucher auf ein **Einsichtsrecht in die Prozessakten nach § 299 Abs. 2 ZPO** berufen können. Nach dieser Norm können auch Dritte Einsicht in Prozessakten verlangen, wenn sie gegenüber dem Gerichtsvorstand glaubhaft machen, ein rechtliches Interesse an der Einsicht zu haben. Alternativ genügt auch das Einverständnis der Parteien.[672] Dritter ist, wer zum Zeitpunkt der Einsichtsforderung nicht Prozesspartei ist.[673] Die Entscheidung über das Vorliegen eines rechtlichen Interesses des Dritten steht im Ermessen des Gerichts[674] und setzt voraus, dass ein auf Rechtsnormen beruhendes Rechtsverhältnis des antragstellenden Dritten durch den Akteninhalt auch nur mittelbar berührt werden könnte.[675] Rein wirtschaftliche oder gesellschaftliche Interessen oder bloße Neugier am Prozess genügen nicht.[676] Soweit ein rechtliches Interesse glaubhaft gemacht wurde, überprüft das Gericht sodann im Rahmen einer Interessenabwägung die kollidierenden Grundrechtspositionen.[677]

Einerseits haben angemeldete Verbraucher, die die Rücknahme ihrer Anmeldung vor Ablauf des Tages des Beginns der mündlichen Verhandlung prüfen möchten, ein Interesse an der Akteneinsicht, um die Prozessführung durch die klagende qualifizierte Einrichtung und die Erfolgsaussichten der Klage auch auf Basis der ausgetauschten Schriftsätze beurteilen zu können. Andererseits dürfte die **praktische Handhabung problematisch** sein, wenn das Oberlandesgericht mit einer Vielzahl von Verbraucheranfragen zur Akteneinsicht belastet würde. In diesem Zusammenhang ist auch die ge-

---

670 *Schweiger/Meißner* CB 2018, 240 (245).
671 *Halfmeier* ZRP 2017, 201 (203).
672 Zöller/*Greger* ZPO § 299 Rn. 6 a; BeckOK ZPO/*Bacher* § 299 Rn. 26.
673 MüKoZPO/*Prütting* § 299 Rn. 19; Musielak/Voit/*Huber* ZPO § 299 Rn. 3.
674 Saenger/*Saenger* ZPO § 299 Rn. 9; Zöller/*Greger* ZPO § 299 Rn. 6.
675 Wieczorek/Schütze/*Assmann* ZPO § 299 Rn. 38; BeckOK ZPO/*Bacher* § 299 Rn. 27.
676 BGH NJW 1952, 579; Zöller/*Greger* ZPO § 299 Rn. 6 a.
677 Musielak/Voit/*Huber* ZPO § 299 Rn. 3 a; BeckOK ZPO/*Bacher* § 299 Rn. 32 f.

setzgeberische Entscheidung des § 609 ZPO zu beachten, wonach den Verbrauchern (ob Anmelder oder Betroffener) grundsätzlich nur ein eingeschränkter Informationszugang über öffentliche Bekanntmachungen im Klageregister gewährt wird. Sachgerechter erscheint es daher, wenn sich einzelne Verbraucher für Informationen zur Prozessakte, die über die öffentlich bekanntgemachten Informationen hinausgehen, an die klagende qualifizierte Einrichtung wenden, die die Verbraucherinteressen wahrnimmt.

5. Elektronischer Rechtsverkehr

36 Die Anmeldung der Verbraucher im Klageregister sowie die Rücknahme der **Anmeldung** sind nach § 608 Abs. 4 ZPO **in Textform gegenüber dem Bundesamt für Justiz** zu erklären. Das Anmeldeverfahren im Rahmen der zivilprozessualen Musterfeststellungsklage unterscheidet sich demnach von dem des Musterverfahrens nach dem KapMuG, bei welchem die Anmeldung gegenüber dem Oberlandesgericht zu erfolgen hat.[678] Die Textform beinhaltet auch die elektronische Form.[679]

37 Eine Vorschrift, die den elektronischen Rechtsverkehr zwischen den Beteiligten des Musterfeststellungsverfahrens regelt, existiert derzeit nicht. Etwas anderes gilt im Rahmen des Musterverfahrens nach dem KapMuG. Dort heißt es in § 12 Abs. 2 S. 1 KapMuG, dass Schriftsätze der Beteiligten sowie die Zwischenentscheidungen in einem **elektronischen Informationssystem** bekannt gegeben werden, welches nur den Beteiligten zugänglich ist. Zu beachten ist dabei, dass sich das KapMuG-Verfahren hinsichtlich der Beteiligten strukturell von der zivilprozessualen Musterfeststellungsklage unterscheidet. Im KapMuG-Verfahren gibt es nämlich keinen Verband, der das Musterverfahren führt. Vielmehr wird unter allen in Frage kommenden Individualklägern nach Ermessen des Gerichts der geeignetste ausgewählt und zum Musterkläger bestimmt (§ 9 Abs. 2 KapMuG). Die nicht zum Musterkläger bestimmten Individualkläger erhalten im Musterverfahren den Status eines Beigeladenen (§ 9 Abs. 3 KapMuG). Das KapMuG bestimmt in diesem Zusammenhang, dass neben dem Musterkläger und dem Musterbeklagten auch die Beigeladenen Beteiligte des Musterverfahrens sind (§ 9 Abs. 1 KapMuG). Im Unterschied zu den angemeldeten Verbrauchern im Rahmen der zivilprozessualen Musterfeststellungsklage erhalten die nicht zum KapMuG-Musterkläger ausgewählten Individualkläger damit echte Beteiligtenrechte. Die Beteiligungsrechte schließen insbesondere auch den Zugang zu dem elektronischen Informationssystem ein.

38 Im KapMuG-Verfahren gibt es ebenfalls „Teilnehmer", die keine formalen Beteiligten sind und aus diesem Grund keinen Zugang zu dem Informationssystem haben. Nach Auswahl des Musterklägers wird auch das KapMuG-Verfahren in einem Register bekannt gemacht, so dass gleichgelagerte Ansprüche angemeldet werden können. Diese Anmelder sind in § 9 Abs. 1 KapMuG nicht als Beteiligte genannt und haben entsprechend auch keine Beteiligtenrechte.[680] Im Vergleich zu den angemeldeten Verbrauchern im zivilprozessualen Musterfeststellungsverfahren haben sie eine noch schwä-

---

[678] *Waßmuth/Asmus* ZIP 2018, 657 (661).
[679] *Waßmuth/Asmus* ZIP 2018, 657 (661).
[680] Vgl. Prütting/Gehrlein/*Halfmeier* KapMuG § 9 Rn. 1 und § 10 Rn. 6.

chere Position, da sie trotz ihrer Anmeldung nicht von der Bindungswirkung eines Urteils im KapMuG-Verfahren profitieren.[681] Die einzige Wirkung ihrer Anmeldung ist, dass die Verjährung ihrer Individualansprüche gegen den KapMuG-Musterbeklagten gehemmt wird (§ 204 Abs. 1 Nr. 6 a BGB).[682] Ihre Verfahrensstellung ist daher am ehesten mit der von Individualklägern vergleichbar, die nicht Verbraucher sind und die nach dem neu eingefügten § 148 Abs. 2 ZPO eine Aussetzung ihres zum Zeitpunkt der Erhebung der Musterfeststellungsklage gegen den Musterbeklagten laufenden Individualverfahrens beantragen können. Für beide – den Anmelder im KapMuG-Verfahren und den Unternehmer – gilt nämlich, dass sie nicht an der Bindungswirkung der Ergebnisse des jeweiligen Musterverfahrens teilhaben, aber dass sie mit ihrem Individualverfahren bis zum Ende des Musterverfahrens abwarten können, um zumindest indirekt die Möglichkeit zu haben, von seinem Ausgang zu profitieren.[683]

Ausweislich der Materialien zum Gesetzgebungsverfahren gründen die begrenzten Informationsrechte der angemeldeten Verbraucher im Musterfeststellungsverfahren jedenfalls auf einer bewussten Entscheidung des Gesetzgebers (→ Rn. 33 ff. Prozessakteneinsicht). Da die angemeldeten Verbraucher – anders als die Beigeladenen im KapMuG-Verfahren – keinerlei Beteiligungsrechte im Prozess haben, erscheint die Zurverfügungstellung sämtlicher Schriftsätze im Wege eines elektronischen Registers jedenfalls nicht in gleichem Maße erforderlich. 39

6. Streitgenossenschaft

§ 610 Abs. 6 ZPO schließt für das Musterfeststellungsverfahren nur die Anwendung von §§ 66 ff. ZPO aus, nicht aber die Vorschriften der §§ 59, 60 ZPO zur aktiven und passiven Streitgenossenschaft. Diese sind daher anwendbar, soweit die besondere Struktur des Musterfeststellungsverfahrens nicht entgegensteht. 40

a) Aktive Streitgenossenschaft

Der Gesetzgeber hat in § 610 Abs. 2 ZPO die **Möglichkeit der Verbindung mehrerer Musterfeststellungsklagen**, die am selben Tag erhoben werden und deren Streitgegenstand denselben Lebenssachverhalt und dieselben Feststellungsziele betreffen, gemäß § 147 ZPO vorgesehen. Diese Verfahrensverbindung führt zur Streitgenossenschaft auf Klägerseite.[684] Durch § 610 Abs. 2 ZPO hat der Gesetzgeber daher unmissverständlich zum Ausdruck gebracht, dass er eine aktive Streitgenossenschaft für möglich hält, bei der mehrere qualifizierte Einrichtungen basierend auf demselben Lebenssachverhalt dieselben Feststellungsziele verfolgen. 41

Weniger eindeutig ist, ob der Gesetzgeber die Möglichkeit eröffnen wollte, dass mehrere qualifizierte Einrichtungen eine **gemeinsame Klage** erheben, aber jede der Einrichtungen mit der Klage **eigene Feststellungsziele** verfolgt. Einerseits steigt mit der Anzahl der beteiligten Parteien der Koordinierungsaufwand, so dass sich das Risiko 42

---

681 Vgl. Prütting/Gehrlein/*Halfmeier* KapMuG § 9 Rn. 1.
682 Prütting/Gehrlein/*Halfmeier* KapMuG § 10 Rn. 6.
683 BT-Drs. 19/2741, 24.
684 Zöller/*Greger* ZPO § 147 Rn. 7.

der Verfahrensverzögerung erhöht. Andererseits sollen nach dem erklärten Willen des Gesetzgebers durch das Musterfeststellungsverfahren zentrale Voraussetzungen für das Bestehen oder Nichtbestehen von Ansprüchen oder Rechtsverhältnissen festgestellt und Rechtsfragen geklärt werden.[685] Ein arbeitsteiliges Vorgehen mehrerer qualifizierter Einrichtungen kann unter Umständen diesem Ziel förderlich sein.

b) Passive Streitgenossenschaft

43 Auf der Beklagtenseite können mehrere Unternehmer Streitgenossen sein. Für jeden der Streitgenossen muss jedoch die **örtliche und internationale Zuständigkeit des Gerichts** gegeben sein. Bei reinen Inlandsfällen gilt § 32c ZPO. Demnach müssen sämtliche beklagten Unternehmer ihren allgemeinen Gerichtsstand im Gerichtsbezirk haben. Bei Sachverhalten mit Auslandberührung kommen vorrangige Regelungen wie etwa die EuGVVO oder das Luganer Übereinkommen zur Anwendung (→ § 3 Rn. 12 ff.).

7. Einbeziehung Dritter ins Verfahren

44 Gemäß § 610 Abs. 6 ZPO finden die Regeln der Nebenintervention und Streitverkündung im Verhältnis der Parteien zu Verbrauchern (angemeldet oder betroffen) keine Anwendung. Im Umkehrschluss lässt sich § 610 Abs. 6 ZPO entnehmen, dass in allen **nicht normierten Fallkonstellationen** eine Streitverkündung bzw. Nebenintervention möglich ist. Demnach könnte beispielsweise ein beklagtes Unternehmen einem Dritten aufgrund eines potentiellen Regressanspruchs den Streit verkünden.[686]

45 Nach der **Entscheidung des Bundesgerichtshofs vom 19. September 2017** in einem KapMuG-Musterverfahren[687] soll zwar lediglich das Ausgangsverfahren – und somit nicht das Musterverfahren – interventionsfähig sein. Diese Entscheidung dürfte aber **nicht ohne Weiteres auf das Verfahren der zivilprozessualen Musterfeststellungsklage** übertragbar sein.[688] Die zur Begründung der Entscheidung angeführte Argumentation, wonach den widerstreitenden Interessen der Beklagten und etwaigen Nebenintervenienten durch die Möglichkeit der Intervention im Ausgangsverfahren in ausreichendem Maße Rechnung getragen werden könnte, verfängt für das zivilprozessuale Musterfeststellungsverfahren nicht. Dort gibt es nämlich kein Ausgangsverfahren.[689] Um an der Bindungswirkung des Musterfeststellungsurteils partizipieren zu können, bedarf es lediglich der wirksamen Anmeldung des Verbrauchers zum Klageregister. Die vorherige Erhebung einer Individualklage ist zwar möglich, aber nicht zwingend erforderlich.

46 Im Ergebnis sprechen somit gute Argumente dafür, dass der Beklagte nach § 68 ZPO Dritte, die nicht unter den in § 610 Abs. 6 ZPO benannten Personenkreis fallen, beispielsweise im Wege einer Streitverkündung in das Verfahren einbeziehen kann.[690] Eine **Einbeziehung Dritter** widerspricht weder dem erklärten Ziel des Gesetzgebers,

---

685 BT-Drs. 19/2507, 15.
686 *Waßmuth/Asmus* ZIP 2018, 657 (663); *Schweiger/Meißner* CB 2018, 240 (246).
687 BGH NJW 2017, 3718.
688 So auch *Waßmuth/Asmus* ZIP 2018, 657 (663).
689 *Waßmuth/Asmus* ZIP 2018, 657 (663).
690 So auch *Schweiger/Meißner* CB 2018, 240 (246).

die angemeldeten Verbraucher aus dem Musterfeststellungsverfahren herauszuhalten, noch sind entgegenstehende Verbraucherschutzaspekte ersichtlich.[691] Im Übrigen erscheint es auch aus prozessökonomischen Erwägungen sinnvoll, einen Dritten, der zu dem Beklagten in einem haftungsrechtlich relevanten Rechtsverhältnis steht, in den Rechtsstreit einbeziehen zu können.

8. Verfahrenstrennung / Verfahrensverbindung

Eine **Verfahrenstrennung nach § 145 ZPO** steht im Ermessen des Gerichts und kann angeordnet werden, wenn diese durch sachliche Gründe gerechtfertigt ist. Eine Trennung eines Musterfeststellungsverfahrens ist unter diesen Voraussetzungen insbesondere dann denkbar, wenn Streitgenossen auf Beklagtenseite beteiligt sind und der abzutrennende Teil ein **selbstständiges Feststellungsziel** betrifft, das sich nur bei der Haftung des abzutrennenden Musterbeklagten auswirkt. 47

Eine **Verfahrensverbindung** zur gemeinsamen Verhandlung und Entscheidung gemäß **§ 147 ZPO** steht ebenfalls im Ermessen des Gerichts. Für den Fall, dass am selben Tag mehrere Musterfeststellungsklagen bei Gericht eingereicht werden, deren Streitgegenstand denselben Lebenssachverhalt und dieselben Feststellungsziele betreffen, sieht § 610 Abs. 2 ZPO ausdrücklich die Anwendung des § 147 ZPO vor. 48

Es bleibt offen, ob § 147 ZPO ebenfalls Anwendung finden kann, wenn eine **spätere Musterfeststellungsklage** erhoben wird, die denselben Lebenssachverhalt, aber andere Feststellungsziele betrifft. In jedem Fall müsste das Gericht bei seiner Ermessensentscheidung Erwägungen der **Prozessökonomie und der Verfahrensbeschleunigung** besonderes Gewicht verleihen. Unabhängig von § 147 ZPO ist aber eine rein tatsächliche Zusammenlegung nur zur gemeinsamen Verhandlung oder Beweisaufnahme möglich.[692] Dies lässt die Verfahren aber als selbstständige Verfahren fortbestehen.[693] 49

9. Klagerücknahme / übereinstimmende Erledigungserklärung

Im Unterschied zum KapMuG-Verfahren (§ 13 Abs. 4 und 5 KapMuG) sehen die §§ 606 ff. ZPO keine speziellen Regelungen zur **Rücknahme der Musterfeststellungsklage** oder **zur übereinstimmenden Erledigungserklärung** vor. Insbesondere der Regelung des § 610 Abs. 1 S. 2 ZPO, die den Wegfall der Sperrwirkung bei **Beendigung** der Musterfeststellungsklage **ohne Entscheidung in der Sache** anordnet, ist aber zu entnehmen, dass es der Struktur der Musterfeststellungsklage entspricht, die Klage durch Klagerücknahme oder beidseitige Erledigungserklärung zu beenden. Der Gesetzgeber hatte insbesondere diese beiden Arten der Verfahrensbeendigung bei Einführung der Vorschrift ausdrücklich vor Augen.[694] 50

Bei einer Rücknahme der Musterfeststellungsklage bzw. einer beidseitigen Erledigungserklärung droht **keine unangemessene Benachteiligung der angemeldeten Verbraucher**, denn durch die wirksame Anmeldung zum Klageregister wird die Verjäh- 51

---

691 *Waßmuth/Asmus* ZIP 2018, 657 (663).
692 *Zöller/Greger* ZPO § 147 Rn. 5; MüKoZPO/*Fritsche* § 147 Rn. 15; aA Saenger/*Wöstmann* ZPO § 147 Rn. 5.
693 BGH NJW 1957, 183.
694 BT-Drs. 19/2507, 25 f.; für die Zulässigkeit einer Klagerücknahme auch *Waßmuth/Asmus* ZIP 2018, 657 (663).

rung der Ansprüche der Verbraucher gehemmt (§ 204 Abs. 1 Nr. 1 a BGB). Die Hemmung der Verjährung endet erst sechs Monate nach der Beendigung des Verfahrens bzw. nach Rücknahme der Anmeldung zum Klageregister (§ 204 Abs. 2 S. 1 und 2 BGB). Nach einer etwaigen Klagerücknahme durch die klagende qualifizierte Einrichtung bzw. einer übereinstimmenden Erledigungserklärung ist der Verbraucher somit in der Lage, seine Ansprüche im Wege einer Individualklage durchzusetzen.

10. Antragsänderung, -erweiterung und Widerklage

52 Auch zur Antragsänderung, -erweiterung und Widerklage finden sich keine besonderen Regelungen in den §§ 606 ff. ZPO. Aufgrund der Besonderheiten der Struktur der Musterfeststellungklage sind insoweit teilweise Einschränkungen geboten.

a) Objektive Antragsänderung

53 Im Gegensatz zum § 15 KapMuG enthalten die §§ 606 ff. ZPO keine Sonderregelung zur Erweiterung der Musterfeststellungsklage. Die §§ 606 ff. ZPO schließen die Anwendbarkeit der §§ 263 ff. ZPO aber auch nicht aus, so dass auch im Rahmen der zivilprozessualen Musterfeststellungsklage die **Möglichkeit einer Klageänderung** grundsätzlich besteht.[695]

54 Eine Klageänderung ist jede **Änderung des Streitgegenstands**. Nach dem zweigliedrigen Streitgegenstandsbegriff liegt somit eine Klageänderung vor, wenn der Klageantrag und/oder der Klagegrund geändert werden.[696] Nach Eintritt der Rechtshängigkeit ist eine solche Änderung der Klage grundsätzlich nur dann zulässig, wenn der **Beklagte einwilligt** oder das Gericht die Klageänderung für **sachdienlich** hält (§ 263 ZPO).

55 Nach § 264 ZPO werden bestimmte Fälle von den Regeln der Klageänderung ausgenommen. Voraussetzung für die Anwendbarkeit des § 264 ZPO ist dabei stets das Gleichbleiben des Klagegrundes. Die Vorschrift bildet demnach eine Sonderregelung nur für die Fälle der Antragsänderung.[697]

56 Im Rahmen der zivilprozessualen Musterfeststellungsklage dürfte vor allem die Möglichkeit einer Erweiterung des Klageantrags durch eine **Ergänzung der Feststellungsziele** von Bedeutung sein. Für das KapMuG-Verfahren hat der Gesetzgeber eine spezielle Regelung geschaffen. Nach § 15 Abs. 1 KapMuG ist eine Erweiterung der Feststellungsziele nur dann möglich, wenn (i) die Entscheidung des zugrunde liegenden Rechtsstreits von den weiteren Feststellungszielen abhängt, (ii) die Feststellungsziele den gleichen Lebenssachverhalt betreffen, der dem Vorlagebeschluss zugrunde liegt, und (iii) das Oberlandesgericht die Erweiterung für sachdienlich erachtet. Eine Ergänzung der Feststellungsziele wird mithin ausdrücklich einer Sachdienlichkeitsprüfung durch das Gericht unterworfen und die Anwendbarkeit von § 264 ZPO ausgeschlossen.

57 Die §§ 606 ff. ZPO enthalten keine dem § 15 KapMuG entsprechende Regelung. Allerdings sollte auch im zivilprozessualen Musterfeststellungsverfahren eine Ergänzung

---

695 *Waßmuth/Asmus* ZIP 2018, 657 (663).
696 Vgl. MüKoZPO/*Becker-Eberhard* § 263 Rn. 7; BeckOK ZPO/*Bacher* § 263 Rn. 2.
697 Zöller/*Greger* ZPO § 264 Rn. 1.

II. Berücksichtigung der besonderen Struktur der Musterfeststellungsklage

der Feststellungsziele stets einer **gerichtlichen Sachdienlichkeitsprüfung** unterliegen. Denn bei einer Ergänzung der Feststellungsziele handelt es sich letztlich um eine nachträgliche Klagehäufung. Zwar stellt eine nachträgliche Anspruchs- oder Klagehäufung eigentlich keine Klageänderung dar. Auf sie finden die Vorschriften über die Klageänderung aber entsprechende Anwendung.[698] Durch die Anspruchshäufung wird nämlich die Verteidigung des Beklagten erschwert und die Erledigung des Rechtsstreits verzögert.[699] Es herrscht Missbrauchsgefahr durch immer neue Anträge.[700] Zudem ist die Befassung mit einem nachgeschobenen weiteren prozessualen Anspruch möglicherweise nicht sachdienlich.[701]

Von der **Sachdienlichkeit** einer Änderung der Klage ist grundsätzlich auszugehen, wenn die Zulassung der Klageänderung den sachlichen Streit zwischen den Parteien endgültig ausräumt und einen neuen Prozess vermeidet. Letztlich stehen somit stets prozessökonomische Erwägungen im Mittelpunkt.[702]

Aufgrund der **Besonderheiten des zivilprozessualen Musterfeststellungsverfahrens** erscheint eine allein an prozesswirtschaftlichen Erwägungen orientierte Beurteilung der Sachdienlichkeit jedoch nicht sachgerecht. Insbesondere stellt es sich als problematisch dar, wenn die Feststellungsziele erst nach der ersten mündlichen Verhandlung ergänzt werden.[703] Mit der Anmeldung zum Klageregister geben die Verbraucher nämlich grundsätzlich nur zum Ausdruck, dass sie die dann bekannten Feststellungsziele kollektiv klären lassen wollen.[704] Nur insoweit können sie die Bindungswirkung eines etwaigen späteren rechtskräftigen Urteils absehen (vgl. § 613 Abs. 1 ZPO). Gemäß § 608 Abs. 3 ZPO kann die Anmeldung zum Klageregister aber nur bis zum Ablauf des Tages des Beginns der mündlichen Verhandlung in der ersten Instanz zurückgenommen werden. Im Falle einer Änderung oder Ergänzung der Feststellungsziele nach der ersten mündlichen Verhandlung können die angemeldeten Verbraucher sich einer Bindungswirkung eines entsprechenden Urteils nicht mehr entziehen, obwohl sie die neuen Ziele überhaupt nicht kannten, als sie ihre Ansprüche zum Register anmeldeten. Mangels gesetzlich vorgesehenen Lösungsrechts wären die Verbraucher demnach in Bezug auf spätere Antragserweiterungen schutzlos gestellt. Vor diesem Hintergrund sollte eine Ergänzung der Feststellungsziele – jedenfalls nach der ersten mündlichen Verhandlung – **überaus restriktiv** gehandhabt und durch das Gericht in der Regel nicht als sachdienlich beurteilt werden.[705]

Auch aus **prozessökonomischen Erwägungen** kann sich eine Erweiterung der Feststellungsziele als nicht sachdienlich darstellen, denn mit einer – insbesondere wiederholten – Ergänzung der Feststellungsziele kann eine nicht unerhebliche Verzögerung des Musterfeststellungsverfahrens einhergehen. Diese kann insbesondere den Interessen der angemeldeten Verbraucher widersprechen, wenn die zusätzlichen Feststellungszie-

---

698 BGH NJW 2015, 1608 (1609) mwN; MüKoZPO/*Becker-Eberhard* § 263 Rn. 21.
699 Vgl. MüKoZPO/*Becker-Eberhard* § 263 Rn. 21.
700 *Schneider* BB 2018, 1986 (1992).
701 MüKoZPO/*Becker-Eberhard* § 263 Rn. 21.
702 BGH NJW 2007, 2414 (2415); Saenger/*Saenger* ZPO § 263 Rn. 10.
703 So auch *Röthemeyer* HK-MFK § 610 Rn. 40.
704 Vgl. BR-Drs. 176 /18 (Beschluss), 6.
705 So auch *Röthemeyer* HK-MFK § 610 Rn. 40.

le für ihren Individualanspruch nicht entscheidungsrelevant sind und den Prozess aus ihrer Sicht unnötig verzögern. Neue Feststellungsziele können, selbst wenn sie auf demselben Lebenssachverhalt beruhen, mit einer weiteren Musterfeststellungsklage geklärt werden, da insoweit keine Sperrwirkung nach § 610 Abs. 1 ZPO greift.[706] Während der Rechtshängigkeit der Musterfeststellungsklage sind die angemeldeten Verbraucher jedoch daran gehindert, ihre Rechte im Wege einer Individualklage geltend zu machen, vgl. § 610 Abs. 3 ZPO. Für einzelne Verbraucher kann es im Einzelfall aber unzumutbar sein, mit der individuellen Durchsetzung ihrer Rechte bis zur Beendigung des erweiterten Verfahrens abwarten zu müssen. Auf welche Weise die Interessen der angemeldeten Verbraucher in einer solchen Situation gewahrt werden können, wird innerhalb der §§ 606 ff. ZPO allerdings nicht normiert. Um eine Ausuferung der Verfahrensdauer durch die wiederholte Erweiterung von Feststellungszielen zu vermeiden, sollte das Gericht im Rahmen seiner Ermessensentscheidung zur Sachdienlichkeit einer Ergänzung der Feststellungsziele, somit insbesondere die widerstreitenden Interessen aller Betroffenen berücksichtigen.[707] Auch dies gebietet **ein sehr restriktives Verständnis des Begriffs der Sachdienlichkeit** in § 263 ZPO.

b) Subjektive Antragsänderung

61 Nach höchstrichterlicher Rechtsprechung handelt es sich bei der Parteierweiterung in erster Instanz um eine Klageänderung iSd § 263 ZPO. Ein Beitritt auf Seiten einer Partei hängt somit grundsätzlich von der Einwilligung der jeweils anderen Partei bzw. von der Sachdienlichkeit des Beitritts ab.[708] Die vorgenannten Gründe, die zur restriktiven Auslegung des Begriffs der Sachdienlichkeit bei Klageerweiterungen nach dem ersten Termin führen, gelten auch für die subjektive Antragsänderung entsprechend.

62 Bei einer **Parteierweiterung auf Seiten des Beklagten** stellen sich zudem Fragen der örtlichen bzw. internationalen Zuständigkeit. In reinen Inlandsfällen kommt einen Parteierweiterung auf einen weiteren Beklagten nur in Betracht, wenn dieser seinen allgemeinen Gerichtsstand im Bezirk des mit der Musterfeststellungsklage bereits befassten Oberlandesgerichts hat (§ 32 c ZPO). Im Anwendungsbereich der EuGVVO muss bei dem Gericht ein allgemeiner oder besonderer Gerichtsstand eröffnet sein. Von besonderer Relevanz ist insoweit der Gerichtsstand der passiven Streitgenossenschaft nach Art. 8 Nr. 1 EuGVVO. Nach dieser Vorschrift können mehrere Beklagte gemeinsam am allgemeinen Gerichtsstand des einen Beklagten verklagt werden, soweit eine Konnexität der Klagen besteht (→ § 3 Rn. 26).

63 Bedenken lassen sich auch für eine **Parteierweiterung auf Klägerseite** formulieren. Durch den Beitritt des neuen Klägers entsteht nachträglich eine Streitgenossenschaft mit Wirkung des § 60 ZPO. Dessen Anwendung ist im Gegensatz zu den Vorschriften

---

[706] Überholt insoweit *Waßmuth/Asmus* ZIP 2018, 657 (662 f.).
[707] Vgl. zur Ablehnung von nachträglichen Erweiterungen im KapMuG-Verfahren mangels Sachdienlichkeit auch *von Bermuth/Kremer* NZG 2012, 890 (894).
[708] BGH NJW 1989, 3225 (3225 f.); Musielak/Voit/*Foerste* ZPO § 263 Rn. 23; MüKoZPO/*Becker-Eberhard* § 263 Rn. 84; aA etwa Zöller/*Greger* ZPO § 263 Rn. 21 und Wieczorek/Schütze/*Assmann* ZPO § 263 Rn. 112, die beide statt den Normen zur Klageänderung die Vorschriften über die Streitgenossenschaft (§§ 59 ff. ZPO) für anwendbar halten.

zur Nebenintervention und Streitverkündung zwar nicht in § 610 Abs. 6 ZPO ausgeschlossen. Nach Ansicht des Bundesgerichtshofs ist aber die Sachdienlichkeit im Sinne des § 263 ZPO Zulässigkeitsvoraussetzung für die Parteierweiterung auf Klägerseite.[709] Da der Verbraucher seine Entscheidung zur Anmeldung und deren potentiellen Rücknahme auf Grundlage der ihm bis zur ersten mündlichen Verhandlung zur Verfügung stehenden Informationen treffen muss, ist eine Parteierweiterung nach der ersten mündlichen Verhandlung mit der Struktur der Musterfeststellungsklage nicht vereinbar. Die Struktur des Musterfeststellungsverfahrens erfordert es, das Kriterium der Sachdienlichkeit auch im Zusammenhang mit der Parteierweiterung auf Klägerseite sehr eng auszulegen, um Verzögerungen und Missbrauch zu verhindern.

Der Systematik der anderen speziellen Regelungen zum Musterfeststellungsverfahren, die eine Streitgenossenschaft auf Klägerseite mittelbar betreffen, ist nichts anderes zu entnehmen. Nach § 610 Abs. 2 ZPO kommt etwa eine Prozessverbindung gemäß § 147 ZPO, die auf ein **einheitliches Verfahren mit mehreren Klägern als Streitgenossen** hinausläuft,[710] dann in Betracht, wenn bei Gericht am selben Tag mehrere Musterfeststellungsklagen eingereicht werden, deren Streitgegenstand denselben Lebenssachverhalt und dieselben Feststellungsziele betreffen. Weitergehende Vorschriften zu der Bildung von Klägermehrheiten beinhalten die §§ 606 ff. ZPO nicht. Wird nach der Rechtshängigkeit der Musterfeststellungsklage eine andere Musterfeststellungsklage von einer anderen Klagepartei gegen dieselbe beklagte Partei erhoben, kann diese andere Klage allenfalls zulässig sein, soweit deren Streitgegenstand vom Streitgegenstand der ersten Musterfeststellungsklage abweicht (vgl. zur Sperrwirkung → § 8 Rn. 43 ff.). Eine Verfahrensverbindung gemäß § 147 ZPO ist für diese Konstellation in § 610 Abs. 2 ZPO jedoch nicht vorgesehen und wurde vom Gesetzgeber auch nicht in Erwägung gezogen.[711] 64

c) Widerklage

Die §§ 606 ff. ZPO enthalten keine besonderen Regelungen zur Widerklage, schließen diese aber auch nicht aus. 65

§ 606 Abs. 1 S. 1 ZPO regelt zwar nur, dass qualifizierte Einrichtungen Musterfeststellungsklage erheben können. Dass damit die Befugnis der beklagten Partei zur Widerklage ausgeschlossen werden sollte, folgt daraus jedoch nicht. Ziel der Eingrenzung der Klagebefugnis auf qualifizierte Einrichtungen war die Vermeidung eines Missbrauchs der Musterfeststellungsklage. Ein Ausschluss der Widerklage wurde in diesem Kontext weder diskutiert, noch war er beabsichtigt. Dies lässt sich auch § 606 Abs. 1 S. 1 ZPO entnehmen, der regelt, dass auch das **Nichtvorliegen von tatsächlichen und rechtlichen Voraussetzungen** für das Bestehen oder Nichtbestehen von Ansprüchen oder Rechtsverhältnissen Feststellungsziele sein können.[712] Es ist unwahrscheinlich, dass ein Verbraucherverband beantragt festzustellen, dass bestimmte An- 66

---

[709] Vgl. BGH NJW 1976, 239 (240) (der dort erwähnte § 264 ZPO ist heute § 263 ZPO, vgl. Hinweis in BGH NJW 1989, 3225).
[710] Zöller/*Greger* ZPO § 147 Rn. 7.
[711] Vgl. BT-Drs. 19/2741, 25.
[712] *Waßmuth*/*Asmus* ZIP 2018, 657 (663 f.); *Balke*/*Liebscher*/*Steinbrück* ZIP 2018, 1321 (1328).

sprüche der Verbraucher gegen das beklagte Unternehmen nicht bestehen.[713] Die Vorschrift ergibt daher nur Sinn, wenn diese Feststellungen von dem beklagten Unternehmen beantragt werden können.[714] Hierfür hat sich auch die Vorsitzende Richterin am Landgericht München I, Frau Dr. *Gesa Lutz*, in ihrer Stellungnahme zum Gesetzesentwurf für den Deutschen Bundestag ausgesprochen.[715] Das Unternehmen könnte dann beispielsweise die Feststellung begehren, dass bestimmte Ansprüche der angemeldeten Verbraucher schon kenntnisunabhängig verjährt sind (also das Vorliegen einer Voraussetzung für das Nichtbestehen eines Anspruchs) oder dass dem Unternehmen eine bestimmte Handlung nicht zugerechnet werden kann (also das Nichtvorliegen einer Voraussetzung für das Bestehen eines Anspruchs).

67 Dass solche Feststellungen zulässig sein müssen, gebietet bereits der **Grundsatz der Waffengleichheit**, der nicht nur zivilprozessual, sondern auch verfassungsrechtlich von Bedeutung ist.[716]

11. Darlegung und Beweisführung

68 Der Verweis in § 610 Abs. 5 S. 1 ZPO auf die **allgemeinen Vorschriften der ZPO** gilt grundsätzlich auch für die allgemeinen Prozessrechtsgrundsätze, insbesondere den Beibringungsgrundsatz, und damit für die Beweisführung.[717] Nach der Gesetzesbegründung zu § 610 ZPO sind Ausnahmen von den allgemeinen Vorschriften der ZPO nur erforderlich, „*soweit den Besonderheiten der Struktur der Musterfeststellungsklage Rechnung zu tragen ist*".[718] Der Gesetzgeber hat sich dazu entschieden, für das Musterfeststellungsverfahren keine neuen oder weitergehenden Beweisverfahren in Abweichung vom Beibringungsgrundsatz zu schaffen. Insbesondere wurde keine *discovery* nach anglo-amerikanischem Vorbild eingeführt.

a) Strengbeweis und Freibeweis

69 Mit dem Verweis auf die allgemeinen Vorschriften der Zivilprozessordnung geht auch für die zivilprozessuale Musterfeststellungklage die herkömmliche Unterscheidung zwischen Strengbeweis und Freibeweis einher. Im Rahmen des **Strengbeweises** stehen alle in den §§ 355 ff. ZPO vorgesehenen Beweismittel zur Verfügung.[719] Insoweit wurden in § 610 Abs. 5 ZPO keine Vorschriften ausgeschlossen.

70 Die Regelung in § 284 S. 2 ZPO eröffnet zudem die Möglichkeit der Beweiserhebung im Wege des **Freibeweises**. Mit Einverständnis der Parteien kann das Gericht somit die Beweise in der ihm geeignet erscheinenden Art aufnehmen, wobei das Einverständnis auf einzelne Beweiserhebungen beschränkt werden kann (§ 284 S. 2 und 3 ZPO).

---

713 So auch *Balke/Liebscher/Steinbrück* ZIP 2018, 1321 (1328).
714 AA *Röthemeyer* HK-MFK § 606 Rn. 9 sowie § 610 Rn. 60.
715 *Lutz* Stellungnahme für den Deutschen Bundestag – Ausschuss für Recht und Verbraucherschutz – zum Entwurf eines Gesetzes zur Einführung einer zivilprozessualen Musterfeststellungsklage BT-Drs.19/2439 und BT-Drs. 19/2507 sowie zum Entwurf eines Gesetzes zur Einführung von Gruppenverfahren BT-Drs. 19/243 vom 8. Juni 2018, 9.
716 *Waßmuth/Asmus* ZIP 2018, 657 (663 f.).
717 *Waßmuth/Asmus* ZIP 2018, 657 (663).
718 BT-Drs. 19/2507, 25.
719 Zöller/*Greger* ZPO § 284 Rn. 1; MüKoZPO/*Prütting* § 284 Rn. 26.

b) Allgemeine Darlegungs- und Beweislast

Die Beweislastverteilung im Musterfeststellungsverfahren richtet sich nach den materiell-rechtlichen Normen, die dem jeweiligen Feststellungsziel zugrunde liegen. Grundsätzlich gilt im Zivilprozess, dass jede Partei die für sie günstigen Umstände darzulegen hat.[720] Eine Partei genügt ihrer **Darlegungslast**, wenn sie Tatsachen vorträgt, die in Verbindung mit einem Rechtssatz geeignet sind, das geltend gemachte Recht als in ihrer Person entstanden erscheinen zu lassen. Das Gericht muss demnach anhand des Parteivortrags beurteilen können, ob die gesetzlichen Voraussetzungen der an eine Behauptung geknüpften Rechtsfolgen erfüllt sind.[721] Werden die Tatsachenbehauptungen von der Gegenseite bestritten, obliegt es der darlegungs- und beweisbelasteten Partei, den Beweis anzutreten.[722]

71

Nach den **allgemeinen Grundsätzen** muss die qualifizierte Einrichtung alle für die betroffenen Verbraucher rechtsbegründenden und das beklagte Unternehmen sämtliche rechtsvernichtenden, rechtshemmenden oder rechtshindernden Tatsachen beweisen.

72

Da die betroffenen Verbraucher selbst nicht Verfahrensbeteiligte sind, liegt die Verantwortung für die Ermittlung des Sachverhalts, dessen Darlegung und die Beibringung des Beweises für die beantragten Feststellungsziele vollständig bei der klagenden qualifizierten Einrichtung. Das Oberlandesgericht darf die Beweismittel nicht von Amts wegen erheben. **Haftungsfragen** bei negativem Prozessausgang, insbesondere wegen unvollständigen Vortrags oder unzureichender Beweisführung, sind auch im KapMuG-Verfahren noch umstritten und im Rahmen der neu eingefügten zivilprozessualen Musterfeststellungsklage ebenfalls zu klären (→ § 3 Rn. 101 ff.).[723]

73

c) Sekundäre Darlegungslast

Nach den Grundsätzen über die sog sekundäre Darlegungslast ist ein grundsätzlich zulässiges **einfaches Bestreiten** von Tatsachenbehauptungen **ausnahmsweise nicht ausreichend**, wenn die darlegungsbelastete Partei außerhalb des entscheidungserheblichen Geschehensablaufs steht und aus diesem Grund die maßgebenden Tatsachen nicht näher kennen kann.[724] Sofern dem Prozessgegner ergänzende Angaben zumutbar sind, muss er den Vortrag der primär darlegungsbelasteten Partei nun substantiiert bestreiten.[725] Die Verteilung der Beweislast wird von den Grundsätzen der sekundären Darlegungslast jedoch nicht berührt.

74

Um das im deutschen Prozessrecht geltende **Verbot des Ausforschungsbeweises**[726] nicht zu umgehen, muss das Instrument der sekundären Darlegungslast **restriktiv** gehandhabt werden. Insbesondere muss die primär darlegungsbelastete Partei für ihre Behauptung zunächst hinreichende Anhaltspunkte liefern, um ein substantiiertes Bestreiten überhaupt erst zu ermöglichen.[727] Bloße Behauptungen „ins Blaue hinein"

75

---

720 Siehe nur BGH NJW-RR 2010, 1378 (1379); NJW 2005, 2395 (2396); *Trittmann* FS Frankfurt 2014, 606 (609).
721 BGH NJW-RR 2013, 296 Rn. 10 mwN.
722 *Trittmann* FS 100 Jahre Rechtswissenschaft Frankfurt 2014, 606 (609 f.).
723 Dazu *Halfmeier* ZRP 2017, 201 (204).
724 BGH NJW 1983, 687 (688); Zöller/*Greger* ZPO § 138 Rn. 8 b; BeckOK ZPO/*Bacher* § 284 Rn. 84 ff.
725 BGH NJW 2005, 2614 (2615 f.); Musielak/Voit/*Stadler* ZPO § 138 Rn. 10.
726 Siehe hierzu Musielak/Voit/*Foerste* ZPO § 284 Rn. 18; MüKoZPO/*Prütting* ZPO § 284 Rn. 79.
727 BGH NJW-RR 2003, 69 (70); BeckOK ZPO/*Bacher* § 284 Rn. 37.

de Lind van Wijngaarden

sind dementgegen nicht geeignet, die Anwendung der Grundsätze über die sekundäre Darlegungslast zu begründen.

d) Sonderregelungen zur Darlegungs- und Beweislast

76 Das materielle Recht kann Abweichungen von der allgemeinen Beweislastverteilung regeln. **Beweiserleichterungen** können sich beispielsweise aus dem BGB oder dem ProdHaftG ergeben.[728] Für die zivilprozessuale Musterfeststellungsklage sind zudem besondere Beweiserleichterungen in den §§ 606 ff. ZPO geregelt. So normiert beispielsweise § 606 Abs. 1 S. 3 ZPO eine unwiderlegliche Vermutung, wonach Verbraucherzentralen und andere Verbraucherverbände, die überwiegend mit öffentlichen Mitteln gefördert werden, die Anforderungen an die qualifizierten Einrichtungen nach § 606 Abs. 1 S. 2 ZPO erfüllen.

e) Beweismittel

77 Für die Sachverhaltsermittlung sind die klagenden qualifizierten Einrichtungen auf die ihnen zugänglichen Informationsquellen angewiesen. Die §§ 606 ff. ZPO gewähren den qualifizierten Einrichtungen weder hoheitliche Ermittlungsbefugnisse, noch gilt im Musterfeststellungsverfahren eine dem § 33 g GWB vergleichbare Regelung zur Herausgabe von Beweismitteln.[729]

aa) Zeugenbeweis

78 Da die angemeldeten Verbraucher im Rahmen der zivilprozessualen Musterfeststellungsklage keine Beteiligten sind, können sie als Zeugen nach §§ 373 ff. ZPO vernommen werden.[730]

bb) Urkundenvorlage

79 Wie in vielen anderen Zivilprozessen dürfte auch bei zivilprozessualen Musterfeststellungklagen der Urkundenbeweis nach §§ 415 ff. ZPO ein überaus **wichtiges Beweismittel** sein. Im Unterschied zu Kollektivklagen in Common Law-Jurisdiktionen sind in Deutschland beklagte Unternehmen im Rahmen der zivilprozessualen Musterfeststellungsklage keiner umfänglichen *discovery* ausgesetzt, in deren Rahmen sie dem Gegner Zugriff auf sämtliche – auch sie selbst belastende – Dokumente gewähren müssen. Die neu in die ZPO eingefügten Normen zur Musterfeststellungsklage räumen den klagenden Verbraucherzentralen und -verbänden in dieser Hinsicht keine über die allgemeinen Vorschriften hinausgehenden Möglichkeiten ein.[731]

80 Zu diesen allgemeinen Vorschriften gehören insbesondere die §§ 422 ff. ZPO. Für eine Urkundenvorlagepflicht nach § 423 ZPO müsste das beklagte Unternehmen selbst auf eine in ihren Händen befindliche Urkunde Bezug genommen haben.[732] Zudem unterliegt der materiell-rechtliche Herausgabe- oder Vorlegungsanspruch nach § 422 ZPO strengen Voraussetzungen, die in der Praxis häufig nicht gegeben sind.[733]

---

728 Vgl. dazu *Trittmann* FS Frankfurt 2014, 606 (610 f.).
729 Vgl. *Halfmeier* ZRP 2017, 201 (204).
730 Schäfer/*Dietsche* KAS 2018, 76 (81).
731 Schäfer/*Gurkmann* KAS 2018, 46 (52).
732 Musielak/Voit/*Huber* ZPO § 423 Rn. 1; BeckOK ZPO/*Krafka* § 423 Rn. 3.
733 MüKoZPO/*Schreiber* § 422 Rn. 1 ff.

Schließlich schafft auch der im Rahmen der ZPO-Reform eingeführte § 142 Abs. 1 ZPO keine einer *discovery* vergleichbaren Verhältnisse.[734] Wenngleich es für die Anwendbarkeit von § 142 Abs. 1 ZPO genügt, dass *irgendeine* Prozesspartei auf die Urkunde Bezug nimmt,[735] wird eine umfassende Vorlagepflicht nicht begründet. Zum einen gilt auch für Dokumentenvorlagebegehren nach § 142 Abs. 1 ZPO das **Verbot des Ausforschungsbeweises**.[736] Sog *fishing expeditions* aufgrund von Behauptungen „ins Blaue hinein" sind und bleiben demnach unzulässig. Zum anderen erfordert eine klägerische Bezugnahme auf konkrete Dokumente die vorherige Kenntnis von der Existenz der jeweiligen Dokumente. Im Übrigen ist die Anordnung nach § 142 Abs. 1 ZPO in das Ermessen des Gerichts gestellt und wird in der gerichtlichen Praxis bislang nur überaus zurückhaltend angewendet.[737] Für die Musterfeststellungsklage kann nichts anderes gelten.

cc) Sachverständigenbeweis

Für den Sachverständigenbeweis gelten im Musterfeststellungsverfahren keine Besonderheiten. Im Gegensatz zum Verfahren nach dem KapMuG sind die Regelungen über den Auslagenvorschuss (§ 379 ZPO) für das zivilprozessuale Musterfeststellungsverfahren nicht ausgeschlossen. Im Rahmen einer zivilprozessualen Musterfeststellungsklage müsste die beweisbelastete Partei somit etwa für ein kostenintensives Sachverständigengutachten Vorschuss leisten (§ 379 ZPO iVm § 402 ZPO).[738] Für die klagenden Verbraucherzentralen und -verbände bedeutet dies ein höheres Kostenrisiko. 81

12. Mündliche Verhandlung

Im Musterfeststellungsverfahren kommt dem Mündlichkeitsgrundsatz **gesteigerte Bedeutung** zu. Eine Entscheidung im schriftlichen Verfahren nach § 128 Abs. 2 ZPO ist gemäß § 610 Abs. 5 S. 2 ZPO nicht zulässig. Der Ausschluss eines schriftlichen Verfahrens begünstigt dabei die angemeldeten Verbraucher, die andernfalls ausschließlich auf die nach § 607 ZPO zu veröffentlichenden Bekanntmachungen sowie Informationen seitens der qualifizierten Einrichtung verwiesen wären. 82

13. Rügeobliegenheit und Verspätung

In den §§ 606 ff. ZPO existieren keine besonderen Vorschriften betreffend Verfahrensfehlern und deren Heilung oder Präklusion. Da die allgemeinen Vorschriften nach § 610 Abs. 5 S. 2 ZPO nicht ausgeschlossen sind, sind die §§ 295 ff. ZPO insoweit auch im Rahmen des zivilprozessualen Musterfeststellungsverfahrens heranzuziehen. 83

---

734 Zöller/*Greger* ZPO § 142 Rn. 2; so selbst die Sichtweise von Anwälten aus dem Bereich der klassischen Klägervertreter wie *Tilp/Schiefer* NZV 2017, 14 (18).
735 BGH NJW 2007, 2989 (2991) Rn. 20.
736 Musielak/Voit/*Stadler* ZPO § 142 Rn. 1; Zöller/*Greger* ZPO § 142 Rn. 2.
737 Vgl. Musielak/Voit/*Stadler* ZPO § 142 Rn. 7; *Tilp/Schiefer* NZV 2017, 14 (18); JUVE Rechtsmarkt 06/18, Agenda Streitgespräch, 34 (37 – *van Wijngaarden*).
738 *Waßmuth/Asmus* ZIP 2018, 657 (663).

a) Verfahrensrügen im Sinne des § 295 ZPO

84   Nach § 295 Abs. 1 ZPO kann die Verletzung einer das Verfahren und insbesondere die Form einer Prozesshandlung betreffenden Vorschrift nicht mehr gerügt werden, wenn (i) die Partei auf die Befolgung der Vorschrift verzichtet oder (ii) wenn sie bei der nächsten auf die Verletzung folgenden mündlichen Verhandlung trotz Erscheinens den Mangel nicht gerügt hat, obwohl ihr der Mangel bekannt war oder bekannt sein musste. Die Rechtsfolge des **Verlustes des Rügerechts** besteht dann darin, dass die vormals rügefähige Handlung als rechtmäßig behandelt wird.

85   Im Musterfeststellungsverfahren tragen die angemeldeten Verbraucher das Risiko, dass die klagende qualifizierte Einrichtung Verfahrensfehler nicht rechtzeitig rügt. Wegen der Bindungswirkung des Feststellungsurteils für und gegen die angemeldeten Verbraucher können in einem solchen Fall **alle Rügen**, die bereits im Musterfeststellungsverfahren in zulässiger Weise hätten geltend gemacht werden können, im Folgeprozess nicht mehr erhoben werden (→ § 11 Rn. 7 ff.).

86   Ob die **Heilungswirkung ex tunc oder ex nunc** eintritt, hängt vom jeweiligen Zweck der verletzten Verfahrensnorm ab.[739] Verfahrensfehler, die einem Rügeverzicht nicht zugänglich sind (vgl. § 295 Abs. 2 ZPO) oder auf deren Rüge (noch) nicht verzichtet wurde, können allerdings grundsätzlich mit ex nunc Wirkung durch ordnungsgemäße Nachholung behoben werden.[740]

b) Zurückweisung verspäteten Vorbringens nach § 296 ZPO

87   Nach § 296 ZPO kann verspätetes Vorbringen während des gesamten Erkenntnisverfahrens zurückgewiesen werden.[741] Während sich § 296 Abs. 3 ZPO auf verspätete Prozesseinreden bezieht, sind Gegenstand des § 296 Abs. 1 und 2 ZPO **Angriffs- und Verteidigungsmittel**. Der Begriff der Angriffs- und Verteidigungsmittel ist terminologisch sehr weit. Letztlich erfasst § 296 ZPO aber nur die Tatsachenbehauptungen, das Bestreiten, die Beweismittel und Beweiseinreden zur Begründung (Angriffsmittel) oder Abwehr (Verteidigungsmittel) der Klage.[742] Sonstige Parteihandlungen sind keine Angriffs- und Verteidigungsmittel und können daher auch nicht nach § 296 ZPO zurückgewiesen werden.[743] Eine fehlerhafte Zurückweisung von Vorbringen kann in der Rechtsmittelinstanz zusammen mit dem auf diesem beruhenden Urteil oder aber – wenn gegen das Urteil kein Rechtsmittel vorgesehen ist – mit einer Anhörungsrüge angegriffen werden, sofern mit der Zurückweisung zugleich der Anspruch auf rechtliches Gehör (Art. 103 Abs. 1 GG) verletzt worden ist.[744]

88   Verspätete Angriffs- und Verteidigungsmittel können gemäß § 296 Abs. 2 ZPO **ausnahmsweise zugelassen** werden, wenn nach der freien Überzeugung des Gerichts ihre Zulassung die Erledigung des Rechtsstreits nicht verzögern würde, die Partei die Verspätung genügend entschuldigt oder die Verspätung nicht auf grober Nachlässigkeit

---

739   BeckOK ZPO/*Bacher* § 295 Rn. 10; Saenger/*Saenger* ZPO § 295 Rn. 18 ff.
740   BeckOK ZPO/*Bacher* § 295 Rn. 11.
741   MüKoZPO/*Prütting* § 296 Rn. 7.
742   Vgl. BGH NJW 1982, 1533 (1534); MüKoZPO/*Prütting* § 296 Rn. 40; Zöller/*Greger* ZPO § 282 Rn. 2.
743   MüKoZPO/*Prütting* § 296 Rn. 40.
744   BeckOK ZPO/*Bacher* § 296 Rn. 74.

beruht.⁷⁴⁵ Von einer relevanten Verzögerung ist dabei auszugehen, wenn der Rechtsstreit bei Zulassung des verspäteten Vorbringens länger dauern würde als bei dessen Zurückweisung.⁷⁴⁶

Wenn Angriffs- und Verteidigungsmittel im Musterfeststellungsverfahren als verspätet zurückgewiesen wurden, kann dies die Rechtsposition des angemeldeten Verbrauchers aufgrund der Bindungswirkung des Musterfeststellungsurteils für und gegen ihn beeinträchtigen. Auch insoweit stellen sich bisher noch ungeklärte Haftungsfragen (→ § 3 Rn. 101 ff.).⁷⁴⁷ 89

c) Vorbringen nach Schluss der mündlichen Verhandlung nach § 296 a ZPO

Gemäß § 296 a ZPO können nach dem Schluss der mündlichen Verhandlung keine Angriffs- und Verteidigungsmittel mehr vorgebracht werden. Unberührt bleiben die §§ 139 Abs. 5, 156, 283 ZPO. Soweit der Partei gemäß § 139 Abs. 5 ZPO bzw. § 283 ZPO eine Frist gesetzt worden ist und sie den nachgelassenen Schriftsatz innerhalb dieser eingereicht hat, muss das Gericht **ausnahmsweise das Tatsachenvorbringen berücksichtigen**, das nach dem Schluss der letzten mündlichen Verhandlung in den Prozess eingeführt wird.⁷⁴⁸ Geht der Schriftsatz nicht fristgemäß ein, steht es im Ermessen des Gerichts diesen zu berücksichtigen, vgl. § 283 S. 2 ZPO.⁷⁴⁹ Soweit keine Frist nach den §§ 139 Abs. 5, 283 ZPO gesetzt worden ist, muss das Gericht überprüfen, ob es die mündliche Verhandlung basierend auf dem Vorgebrachten wiedereröffnet, vgl. § 156 ZPO.⁷⁵⁰ Andernfalls sind die Angriffs- und Verteidigungsmittel nicht mehr zu berücksichtigen. Auch insoweit muss der angemeldete Verbraucher die Bindungswirkung des Musterfeststellungsurteils für und gegen sich geltend lassen und kann in einem späteren Individualprozess keine Angriffs- und Verteidigungsmittel mehr vorbringen, die bereits im Musterfeststellungsprozess hätten vorgetragen werden müssen. 90

14. Unterbrechung und Aussetzung

Da die §§ 606 ff. ZPO die in den §§ 239 – 252 ZPO normierten Formen des rechtlichen Verfahrensstillstands nicht ausschließen, gelten für die Musterfeststellungsklage die allgemeinen Grundsätze. Demnach ist bei Vorliegen der gesetzlich normierten Voraussetzungen eine **Unterbrechung** von Amts wegen zu beachten. Die Unterbrechung erfolgt kraft Gesetzes.⁷⁵¹ Dementgegen kann das Gericht – je nach der gesetzlichen Ausgestaltung ohne Antrag (von Amts wegen) oder nur auf Antrag – die **Aussetzung** des Verfahrens anordnen.⁷⁵² Ein **Ruhen** des Verfahrens erfordert ebenfalls eine Anordnung des Gerichts und ist nur bei Zweckmäßigkeit und auf Betreiben der Par- 91

---

745 Saenger/*Saenger* ZPO § 296 Rn. 42 ff.; Zöller/*Greger* ZPO § 296 Rn. 8 b.
746 Musielak/Voit/*Huber* ZPO § 296 Rn. 14.
747 Vgl. dazu *Halfmeier* ZRP 2017, 201 (204).
748 MüKoZPO/*Prütting* § 296 a Rn. 6.
749 MüKoZPO/*Prütting* § 296 a Rn. 6.
750 Zöller/*Greger* ZPO § 296 a Rn. 3.
751 MüKoZPO/*Stackmann* vor § 239 Rn. 5; Zöller/*Greger* ZPO vor § 239 Rn. 1.
752 Saenger/*Wöstmann* ZPO vor § 239 Rn. 5; MüKoZPO/*Stackmann* vor § 239 Rn. 6.

teien zulässig.[753] Hiervon zu unterscheiden ist die Aussetzung der Individualklage, die auf die Feststellungen des Musterfeststellungsbescheids aufbauen soll.

a) Aussetzung der Individualklagen

92 Im Hinblick auf Individualklagen, die von dem Ausgang einer zivilprozessualen Musterfeststellungsklage abhängen könnten, ist zwischen Klagen von zum Klageregister angemeldeten und nicht angemeldeten Verbrauchern sowie Klagen von Unternehmern zu unterscheiden.

aa) Angemeldete Verbraucher

93 Eine bereits vor Bekanntmachung der Angaben zur Musterfeststellungsklage im Klageregister erhobene **Individualklage**, welche die Feststellungsziele und den Lebenssachverhalt der Musterklage betrifft, ist nach Maßgabe des § 613 Abs. 2 ZPO **auszusetzen**, wenn sich der Verbraucher zum Klageregister anmeldet. Das Individualverfahren ist bis zur rechtskräftigen Entscheidung oder sonstigen Erledigung der Musterfeststellungsklage oder wirksamen Rücknahme der Anmeldung auszusetzen. Da § 613 Abs. 2 ZPO lediglich die gerichtliche Anordnung der Aussetzung, nicht jedoch deren Wirkung regelt, ist insoweit auf die allgemeinen zivilprozessualen Regelungen zurückzugreifen. Nach § 249 Abs. 1 ZPO bewirkt die Aussetzung, dass der Lauf einer jeden Frist aufhört und nach Beendigung der Aussetzung die volle Frist von neuem zu laufen beginnt. Zudem sind die während der Unterbrechung oder Aussetzung von einer Partei in Ansehung der Hauptsache vorgenommenen Prozesshandlungen gemäß § 249 Abs. 2 ZPO der anderen Partei gegenüber ohne rechtliche Wirkung. Eine kraft Gesetzes eintretende Unterbrechung von Individualklagen ist in den §§ 606 ff. ZPO nicht vorgesehen. Erhebt ein angemeldeter Verbraucher eine Individualklage während der Rechtshängigkeit der Musterfeststellungsklage, ist diese wegen der Sperrwirkung des § 610 Abs. 3 ZPO unzulässig.

94 Nicht ausdrücklich geregelt ist die Situation, dass der Verbraucher nach **Bekanntmachung der Musterfeststellungsklage** zunächst Individualklage erhebt und dann innerhalb der Anmeldefrist seinen Anspruch zum Klageregister anmeldet.[754] Dem Wortlaut des § 610 Abs. 3 ZPO nach tritt keine Sperrwirkung ein, weil die Klage nicht von einem „angemeldeten" Verbraucher erhoben wurde.[755] Der Wortlaut des § 613 Abs. 2 ZPO wiederum gebietet keine Aussetzung, weil die Klage nicht „vor Bekanntmachung" der Musterfeststellungsklage erhoben wurde. Allerdings ist dieses Verhalten des Klägers widersprüchlich. Zunächst erweckt er mit der Erhebung seiner Individualklage den Eindruck, er wolle unabhängig von der Musterfeststellungsklage seine Ansprüche durchsetzen. Dann signalisiert er durch seine Anmeldung zum Klageregister, dass er zugleich von den Vorteilen der Musterfeststellungsklage profitieren wolle. Nach dem Willen des Gesetzgebers soll aber die Justiz nicht mit Individualverfahren von angemeldeten Verbrauchern belastet werden, die zeitgleich zum Musterfeststel-

---

753 BeckOK ZPO/*Jaspersen* § 251 Rn. 3 ff.; MüKoZPO/*Stackmann* vor § 239 Rn. 7; Saenger/*Wöstmann* ZPO vor § 239 Rn. 6.
754 Vgl. *Waßmuth/Asmus* ZIP 2018, 657 (666) zum Diskussionsentwurf vom Juli 2017; auch in den späteren Entwürfen wurde diesbezüglich nichts ergänzt, vgl. BT-Drs. 2507 und BT-Drs. 19/2741.
755 *Röthemeyer* HK-MFK § 610 Rn. 36.

II. Berücksichtigung der besonderen Struktur der Musterfeststellungsklage

lungsverfahren geführt werden. Ab der Anmeldung zum Klageregister ist die Individualklage damit analog § 610 Abs. 3 ZPO unzulässig.[756]

bb) Unternehmer

Auf Antrag des Klägers, der nicht Verbraucher ist, kann das Gericht das Individualverfahren gemäß § 148 Abs. 2 ZPO aussetzen, wenn dieses von Feststellungszielen abhängt, die den Gegenstand eines anhängigen Musterfeststellungsverfahrens bilden. Anders als bei den Individualklagen angemeldeter Verbraucher (§ 613 Abs. 2 ZPO: „[…] *so setzt das Gericht das Verfahren* […] *aus*") steht die Aussetzung nach § 148 Abs. 2 ZPO („*Das Gericht kann* […] *anordnen, dass die Verhandlung* […] *auszusetzen sei*") im Ermessen des Gerichts. Da Unternehmer nicht an der Bindungswirkung des Musterfeststellungsurteils teilnehmen können, soll ihnen wenigstens die Möglichkeit gegeben werden, vom Ausgang des Musterfeststellungsverfahrens zu profitieren und im Wege der Aussetzung ihres Individualverfahrens zunächst den Ausgang des Musterfeststellungsverfahrens abzuwarten.[757]

95

cc) Nicht angemeldete Verbraucher

Auf Individualklagen von Verbrauchern, die sich nicht zum Klageregister angemeldet oder ihre Anmeldung wirksam zurückgenommen haben, ist **§ 613 Abs. 2 ZPO** mangels Anmeldung nicht anwendbar.[758]

96

Auch eine Aussetzung des Individualverfahrens des nichtangemeldeten Verbrauchers nach § 148 Abs. 2 ZPO kommt nicht in Betracht. § 148 Abs. 2 ZPO gilt ausdrücklich nur für Unternehmer. § 148 Abs. 2 ZPO geht auf die Beschlussempfehlung des Ausschusses für Recht und Verbraucherschutz vom 13. Juni 2018 zurück.[759] In der Begründung der Beschlussempfehlung heißt es, dass mit der Regelung des § 148 Abs. 2 ZPO dem Umstand Rechnung getragen werden solle, dass nur Verbraucher, nicht aber Unternehmer ihre Ansprüche zum Klageregister anmelden können.[760] Im Gegensatz zu Unternehmern steht es aber jedem Verbraucher frei, seinen Anspruch zum Klageregister anzumelden. Eine **analoge Anwendung des § 148 Abs. 2 ZPO** auf nicht angemeldete Verbraucher **scheidet** daher sowohl aufgrund des eindeutigen Wortlauts als auch aufgrund der insoweit fehlenden Schutzbedürftigkeit des Verbrauchers **aus**.

97

b) Unterbrechung der Musterfeststellungsklage

Die §§ 606 ff. ZPO enthalten **keine besonderen Regelungen** hinsichtlich eines rechtlichen Stillstandes der Musterfeststellungsklage. Da auch in § 610 Abs. 5 S. 2 ZPO ein Rückgriff auf die allgemeinen zivilprozessualen Vorschriften nicht ausgeschlossen wurde, sind die §§ 239 bis 252 ZPO auf die Musterfeststellungsklage grundsätzlich anwendbar.

98

---

[756] Im Ergebnis so auch *Röthemeyer* HK-MFK § 610 Rn. 36.
[757] BT-Drs. 19/2741, 24; krit. zu der Beschränkung der Klagebefugnis auf Verbraucher *Balke/Liebscher/Steinbrück* ZIP 2018, 1321 (1327).
[758] So auch *Schweiger/Meißner* CB 2018, 240 (245).
[759] BT-Drs. 19/2741, 8.
[760] BT-Drs. 19/2741, 24.

aa) Tod einer Partei oder ihres Rechtsbeistands

99 Aufgrund der Natur der Musterfeststellungsklage sind allerdings nicht alle gesetzlich geregelten Unterbrechungsgründe auf das Musterfeststellungsverfahren übertragbar. Da regelmäßig sowohl auf Kläger- als auch auf Beklagtenseite keine natürlichen Personen stehen dürften (vgl. § 606 Abs. 1 S. 1 ZPO), ist insoweit ein Fall des § 239 ZPO (Unterbrechung durch Tod der Partei) **unwahrscheinlich**. Freilich liegt der Fall anders, wenn etwa ein Einzelkaufmann Musterfeststellungsbeklagter ist. Hingegen liegt die Notwendigkeit der Unterbrechung der Musterfeststellungsklage auf der Hand, wenn bspw. auf Seiten des klagenden Verbandes oder des beklagten Unternehmens der bevollmächtigte Anwalt verstirbt (§ 244 ZPO).[761]

bb) Unterbrechungsgründe in der Person der angemeldeten Verbraucher

100 Unterbrechungs- und Aussetzungsgründe, die in der Person eines angemeldeten Verbrauchers eintreten, haben auf die Musterfeststellungsklage grundsätzlich **keinen Einfluss**, da diese nicht Verfahrensbeteiligte sind. Selbst im KapMuG-Verfahren, in dem die nicht zum Musterkläger ausgewählten Individualkläger beigeladen werden, haben Gründe, die in der Person der Beigeladenen liegen, keinen Einfluss auf den Musterverfahrensfortgang.[762]

101 Lediglich in dem Fall, dass aufgrund des Eintritts eines Unterbrechungsgrundes in der Person eines angemeldeten Verbrauchers die **Zulässigkeitsvoraussetzungen des § 606 Abs. 3 Nr. 2 ZPO nicht mehr erfüllt** werden, kann es unter Umständen zu einer Unterbrechung des Musterfeststellungsverfahrens kommen.

15. Säumnisverfahren

102 Die §§ 606 ff. ZPO sehen keine Sonderregelungen für den Fall der Säumnis einer Partei vor. Gemäß § 610 Abs. 5 S. 1 ZPO finden daher grundsätzlich die **allgemeinen Verfahrensregeln** einschließlich der §§ 330 ff. ZPO Anwendung.

103 Für das KapMuG-Verfahren wird teilweise vertreten, dass die Säumnisregeln wegen der Besonderheiten des KapMuG-Verfahrens nicht gelten sollten.[763] Auf Musterfeststellungsverfahren lassen sich diese Überlegungen nicht ohne Weiteres übertragen. Voraussetzungen für den Erlass eines echten Versäumnisurteils gegen den Kläger sind neben dessen Säumnis das Vorliegen der Sachurteilsvoraussetzungen und ein entsprechender Antrag des Beklagten.[764] Zudem dürfen keine Gründe für eine Zurückweisung des Antrags bzw. eine Vertagung der Verhandlung nach den §§ 335, 337 ZPO vorliegen.[765] Liegen die genannten Voraussetzungen vor, ergeht **ohne sachliche Prüfung** ein vorläufig vollstreckbares Versäumnisurteil.[766] Bei einem Feststellungsziel, das nur auf die Klärung einer Rechtsfrage gerichtet ist, scheidet eine Säumnisentscheidung hingegen aus.[767] Rechtsfragen können durch die Parteien nicht unstreitig gestellt werden und müssen immer vom Gericht entschieden werden.

---

761 So jedenfalls für das KapMuG-Verfahren Wieczorek/Schütze/*Kruis* KapMuG § 11 Rn. 39.
762 Wieczorek/Schütze/*Kruis* KapMuG § 13 Rn. 21.
763 Kölner Komm KapMuG/*Vollkommer* § 11 Rn. 151 ff.
764 Vgl. Saenger/*Kießling* ZPO § 330 Rn. 1; MüKoZPO/*Prütting* ZPO § 330 Rn. 23 ff.
765 Zöller/*Herget* ZPO § 330 Rn. 4; MüKoZPO/*Prütting* ZPO § 330 Rn. 29.
766 Musielak/Voit/*Stadler* ZPO § 330 Rn. 4; Zöller/*Herget* ZPO § 330 Rn. 6.
767 Vgl. zum KapMuG-Verfahren Kölner Komm KapMuG/*Vollkommer* § 11 Rn. 151.

II. Berücksichtigung der besonderen Struktur der Musterfeststellungsklage

Beantragt eine qualifizierte Einrichtung die Feststellung des Vorliegens von tatsächlichen Voraussetzungen für das Bestehen von Ansprüchen oder Rechtsverhältnissen und wird die Musterfeststellungsklage aufgrund der Säumnis der Klägerin mit einem echten Versäumnisurteil beschieden, so würde mit diesem Urteil das Nichtbestehen der tatsächlichen oder rechtlichen Voraussetzungen festgestellt werden. Bei Verstreichenlassen der Einspruchsfrist (§ 339 ZPO) erwächst das echte Versäumnisurteil in **formeller und materieller Rechtskraft**.[768] Für die angemeldeten Verbraucher hätte dies zur Folge, dass ohne sachliche Prüfung rechtskräftig – und mit Bindungswirkung für ihre späteren Individualklagen – über bestimmte Voraussetzungen ihrer Ansprüche gegen das beklagte Unternehmen entschieden würde. Über die Säumnis könnte die klagende qualifizierte Einrichtung somit zulasten der zum Klageregister angemeldeten Verbraucher **über den Streitgegenstand disponieren**. Dieses Ergebnis stünde aber im Widerspruch zu dem für das Musterfeststellungsverfahren in § 610 Abs. 5 S. 2 ZPO ausdrücklich geregelten Ausschluss des Klageverzichts (§ 306 ZPO), welcher auf der Erwägung gründet, dass der klagenden Einrichtung ein solches Disponieren nicht möglich sein soll (→ Rn. 9 ff.). 104

Eine Säumnissituation und die Frage, ob eine Säumnisentscheidung gegen die klagende qualifizierte Einrichtung ergehen sollte, ergeben sich insbesondere dann, wenn die klagende qualifizierte Einrichtung sich nicht hinreichend um das Musterfeststellungsverfahren kümmert. Die §§ 606 ff. ZPO sehen aber keine Möglichkeit vor, die klagende qualifizierte Einrichtung durch eine neue, aktive Klägerin im Interesse der angemeldeten Verbraucher zu ersetzen. 105

Im Rahmen des Gesetzgebungsverfahrens zum KapMuG war die Anwendbarkeit der Normen zur Säumnisentscheidung Gegenstand zahlreicher Diskussionen. Ungeachtet der Kritik[769] sah der Gesetzgeber von einer Regelung ab, wonach ein Versäumnisurteil gegen den KapMuG-Musterkläger grundsätzlich unzulässig ist. Begründet wurde dies damit, dass der Beigeladene durch sein Verhandeln das Versäumnisurteil gegen den nicht erschienenen Musterkläger abwenden könne.[770] Bei einer zivilprozessualen Musterfeststellungsklage ist die Situation jedoch anders gelagert. Den angemeldeten Verbrauchern kommen **keine Beteiligungsrechte** zu. Anders als die Beigeladenen im KapMuG-Verfahren können sie ein Säumnisurteil gegen die klagende Einrichtung somit nicht durch eigenes Verhandeln zur Sache abwenden. Die aufgezeigte Problematik war in den Entwürfen und Stellungnahmen zur Einführung der zivilprozessualen Musterfeststellungsklage jedoch anscheinend nicht Gegenstand der Diskussion.[771] 106

16. Anerkenntnis

Das **Anerkenntnis nach § 307 ZPO** wurde durch die Normen zur zivilprozessualen Musterfeststellungsklage nicht ausgeschlossen. In Bezug auf das KapMuG-Verfahren existieren jedoch Stimmen, die neben dem Ausschluss der Anwendbarkeit des § 306 107

---

768 MüKoZPO/*Prütting* ZPO § 330 Rn. 36; Musielak/Voit/*Stadler* ZPO vor § 330 Rn. 13.
769 Siehe zB die Stellungnahme der DSW eV zum KapMuG-Diskussionsentwurf, S. 4, abrufbar unter: http://www.gesmat.bundesgerichtshof.de/gesetzesmaterialien/15_wp/KapMuG/stellung_dsw.pdf.
770 BT-Drs. 15/5091, 29.
771 Vgl. Protokoll-Nr. 19/15; BT-Drs. 19/243; BT-Drs. 19/2439; BT-Drs. 19/2507.

ZPO in bestimmten Situationen einen analogen Ausschluss von § 307 ZPO befürworten.

108 Begründet wird diese Forderung damit, dass im KapMuG-Verfahren der Musterverfahrensantrag sowohl vom Kläger als auch vom Beklagten des Ausgangsverfahrens gestellt werden kann. Folglich könne auch der Beklagte des Ausgangsverfahrens Musterkläger werden, um anspruchsausschließende Umstände feststellen zu lassen.[772] Für diesen Fall müsse ausgeschlossen werden, dass der Musterbeklagte im KapMuG-Verfahren zulasten der nicht beteiligten Individualkläger die durch den Musterkläger veranlassten (negativen) Feststellungsziele anerkennen könne.[773]

109 Diese Problematik stellt sich auch für den Fall der Widerklage durch die Beklagte im zivilprozessualen Musterfeststellungsverfahren. Aufgrund der vom Gesetzgeber grundsätzlich gewollten **Einschränkung der Dispositionsbefugnis** der klagenden qualifizierten Einrichtung ist daher auch im Musterfeststellungsverfahren ein Anerkenntnis eines vom Beklagten in den Prozess eingeführten Feststellungsziels ausgeschlossen.

110 Weitere Einschränkungen ergeben sich im Hinblick auf Rechtsfragen, die Gegenstand eines Feststellungsziels sind. Den Parteien fehlt insoweit die Dispositionsbefugnis. Ein prozessuales Anerkenntnis eines Feststellungsziels, das nur eine Rechtsfrage betrifft, kommt daher nicht in Betracht.

III. Vorgreiflichkeit – EU-Vorlageverfahren nach Art. 267 AEUV

111 Im Rahmen des Musterfeststellungsverfahrens kann es erforderlich werden, einzelne Rechtsfragen in Bezug auf das Feststellungsziel dem EuGH zur Vorabentscheidung gemäß Art. 267 AEUV vorzulegen. Die **Vorlageberechtigung** des deutschen Oberlandesgerichts ergibt sich dabei – als „mitgliedstaatliches" bzw. „einzelstaatliches Gericht" – aus dem Art. 267 Abs. 2 bzw. 3 AEUV.

112 Eine **Vorlagepflicht** des Oberlandesgerichts besteht gemäß Art. 267 Abs. 3 AEUV nur für Verfahren, deren „*Entscheidungen selbst nicht mehr mit Rechtsmitteln des innerstaatlichen Rechts angefochten werden können*". Da das Musterfeststellungsurteil aber gemäß § 614 ZPO mit der Revision angreifbar ist (ausführlich hierzu → § 9 Rn. 2 ff.), kommt diesem Absatz dem Wortlaut nach unmittelbar keine Bedeutung zu.

113 In den übrigen Fällen liegt die Entscheidung über die Erforderlichkeit eines Vorlageverfahrens **im eigenen Ermessen des Oberlandesgerichts** nach Art. 267 Abs. 2 AEUV.[774] Die Pflicht zur Vorlage hat der EuGH jedoch auf Fälle ausgedehnt, in denen ein Gericht eine Unionsnorm für ungültig hält und diese deshalb trotz Entscheidungserheblichkeit nicht anwenden will.[775] Zur Gewährleistung der einheitlichen Anwendung des Unionsrechts und in Verbindung mit dem Effektivitätsgrundsatz verdichtet sich in diesem Fall die Befugnis zu einer Pflicht im Wege einer Ermessensreduktion auf Null.[776]

---

[772] Wieczorek/Schütze/*Kruis* KapMuG § 11 Rn. 25 ff.
[773] Wieczorek/Schütze/*Kruis* KapMuG § 11 Rn. 25 ff.
[774] Vgl. Streinz/*Ehricke* AEUV Art. 267 Rn. 35.
[775] Vgl. Callies/Ruffert/*Wegener* AEUV Art. 267 Rn. 33 mwN.
[776] Grabitz/Hilf/Nettesheim/*Karpenstein* Art. 267 Rn. 61 ff.

III. Vorgreiflichkeit – EU-Vorlageverfahren nach Art. 267 AEUV

In den Fällen, in denen das Ermessen nicht auf Null reduziert ist, muss in die Ausübung des **Ermessens der Gerichte** insbesondere einfließen, inwieweit eine Vorlage zum EuGH mit dem Zweck der zivilprozessualen Musterfeststellungsklage, also der zügigen Klärung von Tatsachen- und Rechtsfragen, vereinbar ist. 114

Als mögliche **Gegenstände** eines Vorabentscheidungsersuchens bezeichnet Art. 267 Abs. 1 AEUV die Auslegung der Verträge (lit. a) sowie die Auslegung und Gültigkeit der Handlungen der in Art. 13 Abs. 1 EUV aufgeführten Unionsorgane, Einrichtungen und sonstigen Stellen der Union (lit. b). Relevant dürfte im Rahmen der Feststellungsziele insbesondere lit. a) sein, wonach Fragen zur Auslegung sämtlicher in Art. 288 AEUV genannter Rechtsakte, d. h. zu Verordnungen, Richtlinien, Beschlüssen, Empfehlungen und Stellungnahmen vorgelegt werden können. 115

Der **EuGH** prüft daraufhin die **Erforderlichkeit der Vorlage** mit Rücksicht auf den Geist der Zusammenarbeit zwischen dem Gerichtshof und den nationalen Gerichten traditionell nur sehr zurückhaltend. Obwohl der EuGH von einer Vermutung für die Entscheidungserheblichkeit ausgeht, hat er in jüngerer Zeit vermehrt Vorlagebeschlüsse als unzulässig abgewiesen, die sich nicht auf die Auslegung oder Gültigkeit von Unionsrecht bezogen haben. Abgewiesen hat der Gerichtshof außerdem hypothetische Fragestellungen, mit denen nicht ein Rechtsstreit entschieden, sondern lediglich der EuGH zur Abgabe eines Rechtsgutachtens bewegt werden sollte.[777] 116

---

777 Vgl. Callies/Ruffert/*Wegener* AEUV Art. 267 Rn. 24.

§ 7 Verfahrensbeendigung durch Vergleich

Schrifttum: *Bamberger/Roth/Hau/Poseck*, Beck'scher Online-Kommentar BGB, 46. Edition 2018; *Bergmeister*Kapitalanleger-Musterverfahrensgesetz, 2009; *Gansel/Gängel*; Erste Hilfe zur Musterfeststellungsklage, 2018; *Habersack/Mülbert/Schlitt*, Handbuch der Kapitalmarktinformation, 2. Aufl. 2013; *Hess/Reuschle/Rimmelspacher*, Kölner Kommentar zum KapMuG, 2. Aufl. 2014; *Jauernig*, Bürgerliches Gesetzbuch: BGB, 17. Aufl. 2018; *Kilian*, Musterfeststellungsklage – Meinungsbild der Anwaltschaft, ZRP 2018; *Mekat*, Musterfeststellungsklage: Ist sie ein Meilenstein für Verbraucherrechte?, Mehrteiliges Interview zur Einführung der Musterfeststellungsklage; *Merkt/Zimmermann*, Die neue Musterfeststellungsklage: Eine erste Bewertung, VuR 2018, 363; *Musielak/Voit*, ZPO Kommentar, 15. Aufl. 2018; *Palandt*, Bürgerliches Gesetzbuch: BGB, 77. Aufl. 2018; *Rauscher/Krüger*, Münchener Kommentar zur Zivilprozessordnung mit Gerichtsverfassungsgesetz und Nebengesetzen, Bände 1 u. 2, 5. Aufl. 2016, Band 3, 5. Aufl. 2017; *Rosenberg/Schwab/Gottwald*, Zivilprozessrecht, 18. Aufl. 2018; *Röthemeyer*, Musterfeststellungsklage, Spezialkommentar zu den §§ 606-614 ZPO, 1. Aufl. 2018 ; *Säcker/Rixecker/Oetcker/Limperg*, Münchener Kommentar zum Bürgerlichen Gesetzbuch, Band 6, 7. Aufl. 2017, Band 12, 7. Aufl. 2018; *Saenger* ZPO, 7. Aufl. 2017;;*Schneider*, Die zivilprozessuale Musterfeststellungsklage – Kollektivrechtsschutz durch Verbraucherschutzverbände statt Class Actions, BB 2018, 1986; *Schweiger/Meißner*, Praktische Aspekte der Rechtsentwicklung bei Unterlassungs- und Musterfeststellungsklagen in Verbrauchersachen – Teil 1, Compliance Berater 07/2018; *Soergel*, Bürgerliches Gesetzbuch mit Einführungsgesetz und Nebengesetzen: BGB, Band 11/3, 13. Aufl. 2012; *Staudinger*, Kommentar zum Bürgerlichen Gesetzbuch, §§ 779-811 (Vergleich, Schuldversprechen, Anweisung, Schuldverschreibung), Neubearbeitung 2015; *Stein/Jonas*, Kommentar zur Zivilprozessordnung: ZPO, Band 7, 22. Aufl. 2012; *Trittmann/Merz*, Die Durchsetzbarkeit des Anwaltsvergleichs gemäß §§ 796a ff. ZPO im Rahmen des EuGVÜ/LugÜ, IPRax 2001; *Vorwerk/Wolf*, Beck'scher Online-Kommentar ZPO, 29. Edition 2018; *Waclawik*, Die Musterfeststellungsklage, NJW 2018, 2921;*Waßmuth/Asmus*, Der Diskussionsentwurf des BMJV zur Einführung einer Musterfeststellungsklage, ZIP 2018, 657; *Weinland*, Die neue Musterfeststellungsklage, 2018; *Wieczorek/Schütze*, ZPO Kommentar Band 13/1, 4. Aufl. 2018; *Zöller*, Zivilprozessordnung, 32. Aufl. 2018.

I. Normzweck 1	a) Nachweise über das Bestehen der angemeldeten Forderung .. 19
II. Formelle Anforderungen an das Zustandekommen des Vergleichs 3	b) Nachweise über Bindung des Verbrauchers 21
1. Kein Vergleich vor dem ersten Termin 4	c) Fälligkeit der Leistungen 22
2. Keine Durchführung einer Güteverhandlung 7	5. Verteilung der Vergleichskosten .. 24
	6. Sonstige mögliche Inhalte 26
III. Inhalt des Vergleichs 8	7. Teilvergleich 31
1. Grundsätze zur Ausgestaltung des Vergleichsinhalts 9	IV. Genehmigungsbedürftigkeit 33
2. Bedeutung der einzelnen fakultativen Vergleichsinhalte nach § 611 Abs. 2 ZPO („Soll-Inhalte") 12	1. Grundsätze der Genehmigungsbedürftigkeit 34
	2. Angemessenheitsprüfung 36
	a) Prüfungsumfang 38
3. Auf die angemeldeten Verbraucher entfallende Leistungen 14	b) Angemessene Kompensation der angemeldeten Verbraucher 43
a) Bestimmung etwaiger Leistungen 15	c) Sonstige berücksichtigungsfähige und -würdige Umstände 47
b) Ausgestaltung der Leistungspflicht des Musterbeklagten .. 17	3. Rechtsfolgen der Genehmigung ... 48
	V. Belehrungserfordernis 52
4. Benötigte Nachweise über die Leistungsberechtigung 18	VI. Austrittsrecht der angemeldeten Verbraucher 54

1. Austrittserklärung (Opt-Out)	59	IX. Wirkung des Vergleichs	75
a) Fehlender Anwaltszwang	60	1. Beendigung des Musterverfahrens	76
b) Wirkungen der Austrittserklärung	61	a) Verfahrensbeendigung durch Wirksamkeitsbeschluss	77
2. Form und Frist der Austrittserklärung	63	b) Wiedereröffnung ausgesetzter Verfahren	78
3. Widerruflichkeit der Austrittserklärung?	65	c) Beendigung der Verjährungshemmung	80
4. Gesetzliches Quorum zur Annahme der Wirksamkeit des Vergleichs	66	2. Persönliche Reichweite	81
		3. Vergleichswirkungen	83
VII. Feststellung der Wirksamkeit durch gerichtlichen Beschluss	67	X. Nichterfüllung des Vergleichs und Konsequenzen	85
VIII. Vergleichsvorschläge durch das Gericht	70	1. Vollstreckbarkeit des Vergleichs	86
1. Gerichtlicher Vergleichsvorschlag und Verfahren	71	a) Mustervergleich als Vollstreckungstitel?	87
2. Änderungen und Abweichungen des gerichtlichen Vergleichsvorschlags	72	b) Vollstreckung in Mitgliedstaaten der EU	88
3. Abstimmung mit Parteien	74	2. Individualverfahren aus in dem Vergleich enthaltenen Ansprüchen	90

I. Normzweck

Nach § 611 Abs. 1 ZPO kann ein gerichtlicher Vergleich mit Wirkung für und gegen die angemeldeten Verbraucher geschlossen werden. Mit der Vorschrift verfolgt der Gesetzgeber die Zielsetzung, den zum Klageregister angemeldeten Verbrauchern die **Teilnahme an einer vergleichsweisen Beilegung des Rechtsstreits** zu ermöglichen.[778] Vorbild für die Vorschriften ist der Prozessvergleich gemäß § 278 Abs. 6 ZPO.[779] 1

Nach § 611 Abs. 1 ZPO entfaltet der Vergleich im Musterverfahren **Wirkung für und gegen die angemeldeten Verbraucher**. Durch den Vergleichsabschluss können zentrale Streitfragen einvernehmlich gelöst und somit *„eine einfache Befriedung in gleichgelagerten Streitigkeiten"* erreicht werden.[780] Im Unterschied zu einem Musterfeststellungsurteil können die angemeldeten Verbraucher aus dem Vergleich konzeptionell auch Leistungsansprüche erhalten.[781] 2

II. Formelle Anforderungen an das Zustandekommen des Vergleichs

Die formellen Anforderungen an das Zustandekommen des Mustervergleichs betreffen insbesondere das zeitliche Verbot eines Vergleichsschlusses vor dem ersten Termin zur mündlichen Verhandlung (→ Rn. 4) sowie das Absehen von einer Güteverhandlung (→ Rn. 7). 3

---

[778] BT-Drs. 19/2439, S. 27.
[779] BT-Drs. 19/2439, S. 27; zum Anwaltsvergleich nach § 796 a ZPO siehe *Trittmann/Merz* IPRax 2001, 178.
[780] BT-Drs. 19/2439, S. 17.
[781] Zum Musterfeststellungsverfahren allgemein *Mekat*, Musterfeststellungsklage: Ist sie ein Meilenstein für Verbraucherrechte? , Mehrteiliges Interview zur Einführung der Musterfeststellungsklage, abrufbar unter: http://kanzleiforum.beck-shop.de/2018/10/08/musterfeststellungsklage-ist-sie-ein-meilenstein-fuer-verbraucherrechte/ (zuletzt abgerufen am 19.10.2018).

§ 7 Verfahrensbeendigung durch Vergleich

1. Kein Vergleich vor dem ersten Termin

4 Der Vergleich kann gemäß § 611 Abs. 6 ZPO **nicht vor dem ersten Termin**[782] geschlossen werden. Diese zeitliche Schwelle dürfte nach dem gesetzlichen Wortlaut der Regelung sowohl für den gerichtlich vorgeschlagenen Vergleich als auch für den außergerichtlich geschlossenen Vergleich durch die Parteien gelten.[783]

5 Der Sinn und Zweck der Regelung des § 611 Abs. 6 ZPO liegt darin, den Verbrauchern die Möglichkeit zu geben, sich bindend in **das Klageregister anzumelden**.[784] Da die hierfür geltende Frist nach § 608 Abs. 1 S. 1 ZPO bis zum Ablauf des Tages vor Beginn des ersten Termins zur mündlichen Verhandlung läuft, würde ein vor dem ersten Termin geschlossener Vergleich diese Anmeldungsmöglichkeit untergraben. Zudem erscheint das Verfahren zur Genehmigung des Vergleichs durch das Gericht erschwert, wenn das Gericht nicht in einem ersten Termin den Sach- und Streitstand mit den Parteien erörtern könnte. Ausreichend hierfür dürfte nach dem Wortlaut **jede Art des Termins zur mündlichen Verhandlung** sein, auch soweit das Gericht zunächst nur Hinweise geben oder prozessuale Vorfragen erörtern will.[785] Mithin genügt auch ein Termin zur Erörterung von Hinweisen oder eine Besprechung des prozessualen Fristenkalenders im Sinne einer sog Case Management Conference dem Begriff des „ersten Termins". (→ § 6 Rn. 21)

6 Diese zeitliche Schranke eines Vergleichsschlusses dürfte auch im Sinne der Parteien des Musterverfahrens sein. So wird das musterbeklagte Unternehmen regelmäßig ein Interesse an der Information haben, wie viele Verbraucher sich bindend zum Klageregister angemeldet haben. Bei der Aushandlung des Vergleichs dürfte es insoweit für beide Musterparteien von Bedeutung sein, wie viele Verbraucheransprüche durch den Vergleichsschluss erfasst sind.

2. Keine Durchführung einer Güteverhandlung

7 Der mündlichen Verhandlung im Verfahren vor den Landgerichten geht eine obligatorische Güteverhandlung voraus, § 278 Abs. 2 bis 4 ZPO. Im Musterfeststellungsprozess entschied sich der Gesetzgeber in § 610 Abs. 5 S. 2 ZPO bewusst gegen eine solche Güteverhandlung.[786] Nach der gesetzgeberischen Vorstellung beruht der **Ausschluss der obligatorischen Güteverhandlung** auf der Unvereinbarkeit des Verfahrens nach § 278 Abs. 2 bis 4 ZPO mit der Konzeption des Musterfeststellungsprozesses.[787] Insoweit erscheint aus Sicht des Gesetzgebers eine obligatorische Güteverhandlung mit einem persönlichen Erscheinen der Parteien, einem Ruhen des Verfahrens bei Nichterscheinen sowie der Verweisung an einen beauftragten oder ersuchten

---

782 Vgl. BT-Drs. 19/2439, S. 17 zum Terminsbegriff des § 220 ZPO.
783 Für eine Zulässigkeit eines außergerichtlichen Vergleichs auch vor dem ersten Termin Weinland MFK Rn. 166, 190.
784 S. BT-Drs. 19/2439, S. 28.
785 Zum Vergleichsschluss im Rechtsmittelverfahren Weinland MFK Rn. 167.
786 BT-Drs. 19/2439, S. 27; vgl. hierzu auch Weinland MFK Rn. 128.
787 Grund für diese gesetzgeberische Wertung ist insoweit nicht die Aussichtslosigkeit der Güteverhandlung, welche eine anerkannte Ausnahme zu den § 278 Abs. 2 bis 4 ZPO darstellt, vgl. Saenger/*Saenger* ZPO § 278 Rn. 10; MüKoZPO/*Prütting* § 278 Rn. 20 f.; Musielak/Voit/*Foerste* ZPO § 278 Rn. 3; Stein/Jonas/ *Thole* ZPO § 278 Rn. 24.

Richter mit Charakter und Funktionsweise der Musterfeststellungsklage nicht vereinbar.[788]

III. Inhalt des Vergleichs

Einführend werden die Grundsätze zur Ausgestaltung des Vergleichsinhalts geschildert (→ Rn. 9). Sodann wird die Bedeutung der in § 611 Abs. 2 ZPO aufgeführten Soll-Inhalte des Mustervergleichs dargestellt (→ Rn. 12 f.). Anschließend wird eine etwaige Bestimmung der auf die angemeldeten Verbraucher entfallenden Leistungen erörtert (→ Rn. 14 ff.). Praktische Bedeutung haben auch die sinnvollerweise zu fordernden Nachweise über die Leistungsberechtigung (→ Rn. 18 ff.). Die Verteilung der Vergleichskosten sollte auch geregelt werden (→ Rn. 24). Abschließend wird auf sonstige mögliche Inhalte (→ Rn. 26 ff.) sowie die Möglichkeit eines Teilvergleichs eingegangen (→ Rn. 31 f.).

1. Grundsätze zur Ausgestaltung des Vergleichsinhalts

Der Vergleichsinhalt steht grundsätzlich zur **Disposition der Parteien**.[789] Somit können die Parteien im Rahmen ihrer Vertragsfreiheit die Inhalte privatautonom entsprechend der zivilrechtlichen Vorschriften frei wählen.[790] Die Parteien sind dabei nicht durch die in § 611 Abs. 2 ZPO aufgeführten **Soll-Inhalte des Vergleichs** beschränkt, sondern können im Grundsatz jeden aus ihrer Sicht geeigneten Inhalt vereinbaren. Dementsprechend sind die gesetzlich aufgeführten Soll-Inhalte nicht bindend. In vielen Sachverhaltskonstellationen mag es für die Musterparteien schon nicht möglich oder sinnvoll sein, konkrete Leistungen zu bestimmen, da diese häufig auch von individuellen Faktoren der jeweiligen angemeldeten Verbraucher abhängen. Unter Umständen kann es sich auch anbieten, im Musterverfahren lediglich einen **Vergleich über Feststellungsziele** abzuschließen und die weitere Anspruchsgeltendmachung den Folgeverfahren zu überlassen.[791] Diese Möglichkeit ist unter dem KapMuG anerkannt, obwohl auch dort ein Katalog an Soll-Vorschriften besteht, welcher ebenfalls Leistungen an die Kapitalanleger vorsieht.[792] (Zur Bedeutung im Rahmen von Folgeverfahren → § 11 Rn. 17 ff.)

Von der Privatautonomie der Parteien dürften unter anderem auch Regelungen gedeckt sein, die sich nur auf **einzelne Gruppen der angemeldeten Verbraucher** beziehen. So könnten die Vergleichsparteien etwa Regelungen hinsichtlich der Anmelder treffen, die bereits vor dem Musterfeststellungsverfahren eine Individualklage erhoben haben. Eine solche Regelung könnte etwa in einer materiell-rechtlichen Verpflichtung bestehen, die nach § 613 Abs. 2 ZPO ausgesetzten Verfahren zu beenden. Ferner sind Regelungen für verschiedene **Untergruppen** der angemeldeten Verbrau-

---

788 So im Wesentlichen wörtlich der BT-Drs. 19/2439, S. 27.
789 BGHZ 14, 381 (387 f.); Palandt/*Sprau* BGB § 779 Rn. 6; Jauernig/*Stadler* BGB § 779 Rn. 1 f.; MüKoBGB/ Habersack § 779 Rn. 315.
790 Die gerichtliche Genehmigung dürfte keinen Einfluss auf das Pflichtenprogramm des Rechtsanwalts haben, vgl. *Weinland* MFK Rn. 168.
791 AA *Merkt/Zimmermann*, VuR 2018, 363 (370).
792 Kölner Komm KapMuG/*Reuschle* § 17 Rn. 8 ff.

cher denkbar, insbesondere wenn deren tatsächliche Betroffenheit durch den Sachverhalt unterschiedlich ausfällt.[793]

11 Zwar mögen die Inhalte des Vergleichs grundsätzlich der Parteiautonomie unterliegen; die Rechtsanwendung als solche steht indes nicht zur Disposition der Parteien.[794] **Reine Rechtsfragen** ohne Zusammenhang mit Feststellungszielen können die Parteien daher nicht vergleichsweise regeln. Solche von konkreten Tatsachen des Verfahrens losgelösten Regelungen wären für das Gericht und folglich auch für auf das Musterverfahren folgende etwaige Individualklagen nicht bindend.

2. Bedeutung der einzelnen fakultativen Vergleichsinhalte nach § 611 Abs. 2 ZPO („Soll-Inhalte")

12 Die in **§ 611 Abs. 2 ZPO** aufgeführten **Soll-Inhalte** können als Richtschnur für die Beteiligten verstanden werden. Bereits die Formulierung als Soll-Vorschrift lässt erkennen, dass der Gesetzgeber die inhaltliche Ausgestaltung des Vergleichs maßgeblich den Parteien überlassen wollte. Soweit das Gericht den Parteien einen Vergleich vorschlägt, kann § 611 Abs. 2 ZPO als Orientierungshilfe dienen.

13 Beruht der Vergleich auf einem gemeinsamen Vorschlag der Parteien, können die Soll-Inhalte ferner im Rahmen der Genehmigung des Vergleichs durch das Gericht, namentlich bei der **Prüfung der Angemessenheit,** relevant werden (vgl. § 611 Abs. 3 ZPO).[795] Nach der Gesetzesbegründung soll das Gericht § 611 Abs. 2 ZPO als Anhaltspunkt für die Beurteilung nehmen, ob sich der Vergleich unter Berücksichtigung des bisherigen Sach- und Streitstandes als angemessene gütliche Beilegung des Rechtsstreits oder der Ungewissheit über die angemeldeten Ansprüche oder Rechtsverhältnisse darstellt.[796] Zwingend ist diese Vorgehensweise jedoch nicht, so dass allein hierauf keine abschließende Beurteilung der Angemessenheit gründen sollte.

3. Auf die angemeldeten Verbraucher entfallende Leistungen

14 Gemäß § 611 Abs. 2 Nr. 1 ZPO sollen die Vergleichsparteien Regelungen darüber treffen, welche Leistungen die Verbraucher erhalten sollen. Insoweit ist fraglich, ob sich der Sachverhalt überhaupt dazu eignet, unabhängig von den konkreten Individualverhältnissen wie subjektiver Momente, individuellen Vermögenseinbußen oder anderen Faktoren, einen Vergleich mit konkreten Leistungen an die angemeldeten Verbraucher zu vereinbaren. Eine Vielzahl solcher Faktoren dürfte sich erst in einem Folgeverfahren klären lassen (→ § 11 Rn. 20 f.). In diesem Zusammenhang bestehen durchaus Schwierigkeiten im Rahmen der konkreten Bestimmung etwaiger Leistungen (→ Rn. 15) sowie der Ausgestaltung der Art und Weise einer etwaigen Leistungspflicht (→ Rn. 17).

---

793 So auch *Röthemeyer* HK-MFK § 611 Rn. 14.
794 Vgl. zum KapMuG-Verfahren Vorwerk/Wolf/*Wolf* KapMuG § 14 Rn. 24; Kölner Komm KapMuG/*Reuschle* § 17 Rn. 10; Wieczorek/Schütze/*Winter* KapMuG § 17 Rn. 26.
795 Vergleichbar im KapMuG-Verfahren Kölner Komm KapMuG/*Reuschle* § 17 Rn. 37 f.; Wieczorek/Schütze/*Winter* KapMuG § 17 Rn. 28.
796 Regierungsentwurf vom 4. Juni 2018, BT-Drs. 19/2439, S. 29 („*Um dem Gericht die Angemessenheitsprüfung zu ermöglichen, sollen nach Absatz 2 die Parteien bestimmte Inhalte zur Grundlage des Vergleichs machen. Die entsprechenden Angaben geben dem Gericht zugleich Anhaltspunkte bezüglich der wesentlichen formalen Inhalte, die der Vergleich enthält*").

a) Bestimmung etwaiger Leistungen

Soweit möglich sollten etwaige Leistungen aus dem Vergleich (zB Zahlung eines Geldbetrags) für die angemeldeten Verbraucher möglichst konkret formuliert werden. Als erster Anhaltspunkt kommt hierfür das nach § 609 Abs. 1 ZPO vorgesehene Klageregister in Betracht, denn nach § 608 Abs. 2 S. 2 ZPO sollen die Verbraucher bei der Anmeldung zum Klageregister auch Angaben zum Betrag ihrer anzumeldenden Forderung machen. Die Parteien werden sich jedoch kaum auf die **im Klageregister einsehbaren Angaben** zu der Höhe des Anspruchs verlassen können, da deren Richtigkeit bei der Anmeldung zum Klageregister gemäß § 608 Abs. 2 S. 3 ZPO inhaltlich nicht überprüft wird.[797] Darüber hinaus handelt es sich bei den Angaben zum Forderungsbetrag nach § 608 Abs. 2 S. 2 ZPO lediglich um eine Soll-Vorgabe, weshalb die Angaben nicht zwingend vorhanden sind. Aus diesem Grund dürfte es erforderlich sein, dass die Parteien eigenständig die Höhe der Forderungen festsetzen oder entsprechende Regelungen zur Leistungsbestimmung und -prüfung der Leistungshöhe treffen.[798]

15

Ergänzend zu § 611 Abs. 2 Nr. 1 und 2 ZPO erscheint es im Sinne der Verbraucher geboten, möglichst konkrete Leistungspflichten des Musterbeklagten zu bezeichnen, um den angemeldeten Verbrauchern ein etwaiges Vorgehen aus dem Vergleich zu erleichtern.[799] In Abhängigkeit von den Ansprüchen und der Anzahl der angemeldeten Verbraucher kann sich eine derartige Konkretisierung aber tatsächlich als problematisch erweisen.[800]

16

b) Ausgestaltung der Leistungspflicht des Musterbeklagten

Die Bestimmung der Modalitäten einer etwaigen Leistung durch den Musterbeklagten bleibt ebenfalls **grundsätzlich den Vergleichsparteien überlassen**. Die Möglichkeiten werden sich oft an der Art und Anzahl der Ansprüche der Anmelder orientieren. Denkbar wäre etwa die Vereinbarung einer pauschalen Zahlung an jeden nicht ausgetretenen Anmelder oder die Gründung einer Zweckgesellschaft zur Auszahlung der im Vergleich geregelten Beträge. Ebenfalls denkbar ist in diesem Zusammenhang die Verpflichtung zur Erbringung einer Leistung *in natura*, entweder durch die Musterfeststellungsbeklagte selbst oder durch von ihr beauftragte Dritte. Eine weitere Variante wäre zB eine Berechtigung der Anmelder, den Anspruch unter Vorlage entsprechender Nachweise außergerichtlich beim Musterbeklagten einzufordern. Die Musterparteien können grundsätzlich die Art der Leistungserbringung **im Rahmen ihrer zivilrechtlichen Privatautonomie frei** vereinbaren.

17

4. Benötigte Nachweise über die Leistungsberechtigung

Nach § 611 Abs. 2 Nr. 2 ZPO soll der Vergleich weiterhin Regelungen zu dem von den angemeldeten Verbrauchern zu erbringenden **Nachweis der Leistungsberechti-**

18

---

797 Zum KapMuG-Verfahren Wieczorek/Schütze/*Winter* KapMuG § 17 Rn. 29; Kölner Komm KapMuG/ *Reuschle* § 17 Rn. 39.
798 Zur Festsetzung von Pauschal- und Gesamtbeträgen Merkt/*Zimmermann*, VuR 2018, 363 (370).
799 Vgl. zu Formulierungsbeispielen Merkt/*Zimmermann*, VuR 2018, 363 (370).
800 Zum KapMuG-Verfahren auch Kölner Komm KapMuG/*Reuschle* § 17 Rn. 38; Habersack/Mülbert/ Schlitt/*Schmitz* Kapitalmarktinformation-HdB § 33 Rn. 394; Wieczorek/Schütze/*Winter* KapMuG § 17 Rn. 23.

gung enthalten. In diesem Zusammenhang dürfte sowohl ein Nachweis über das Vorliegen eines Anspruchs als auch ein Nachweis bezüglich der Bindung des Anmelders an den Vergleich erforderlich sein.[801]

a) Nachweise über das Bestehen der angemeldeten Forderung

19 Wie im Zusammenhang mit der Forderungshöhe erörtert, stellt sich die Frage, ob die bloßen Angaben im Klageregister ausreichend sind, um den **Nachweis über das Bestehen der angemeldeten Forderung** des jeweiligen Anmelders zu führen. In diesem Zusammenhang muss erneut bedacht werden, dass gemäß § 608 Abs. 2 S. 3 ZPO keine inhaltliche Prüfung der Angaben der angemeldeten Verbraucher vorgenommen wird. Insoweit dürfte regelmäßig ein zusätzlicher Nachweis für das tatsächliche Bestehen eines Anspruchs gegen das musterbeklagte Unternehmen erforderlich sein. In der Praxis wird es sich daher anbieten, im Vergleich Regelungen zu treffen, die dem Verbraucher bestimmte **Nachweispflichten** auferlegen und dem Musterbeklagten die Überprüfung des geltend gemachten Anspruchs ermöglichen.

20 In diesem Zusammenhang wird zu beachten sein, dass der Verbraucher grundsätzlich nicht indirekt dazu gezwungen werden sollte, den Anspruch nur unter Zuhilfenahme eines Rechtsanwalts geltend machen zu können. Denn bereits die vereinfachte Ausgestaltung der Anmeldung zum Klageregister offenbart den Willen des Gesetzgebers, dem Verbraucher zu ermöglichen, seinen Anspruch ohne fundierte rechtliche Kenntnisse, dh **ohne Hinzuziehung eines Rechtsanwalts**, geltend machen zu können.

b) Nachweise über Bindung des Verbrauchers

21 Die Vergleichsparteien sollten ferner Regelungen über den **Nachweis der Bindung der Verbraucher an den Vergleich** treffen. Ein solcher Nachweis belegt die Berechtigung des Verbrauchers, aus dem Vergleich etwaige Leistungen beanspruchen zu können. Es ist davon auszugehen, dass entsprechende Löschungs- bzw. Rücknahmevermerke im Klageregister vorgenommen werden, auch wenn eine genaue Regelung, durch formelles oder materielles Gesetz,[802] derzeit noch nicht besteht.

c) Fälligkeit der Leistungen

22 Der Vergleich sollte Regelungen zur Fälligkeit der Leistungen enthalten, § 611 Abs. 2 Nr. 3 ZPO. Eine **sofortige Fälligkeit** der Ansprüche aus dem Vergleich könnte im Einzelfall die Liquidität des Musterbeklagten bedrohen.[803] Denkbar wäre insoweit ein abgestufter **Fälligkeitsplan**, nach dem bestimmte Tranchen von Zahlungen zu jeweils festgelegten Zeitpunkten fällig werden.[804]

23 Erfüllt der Musterbeklagte seine Zahlungspflicht aus dem Vergleich nicht oder nicht rechtzeitig, so haben die angemeldeten, nicht ausgetretenen Verbraucher die Möglich-

---

801 Vgl. im KapMuG-Verfahren Kölner Komm KapMuG/*Reuschle* § 17 Rn. 39; Wieczorek/Schütze/*Winter* KapMuG § 17 Rn. 30.
802 Siehe Verordnungsermächtigung des Bundesministeriums der Justiz und für Verbraucherschutz, § 609 Abs. 7 ZPO.
803 Vgl. im KapMuG-Verfahren Wieczorek/Schütze/*Winter* KapMuG § 17 Rn. 31; Kölner Komm KapMuG/ *Reuschle* § 17 Rn. 40.
804 So auch *Röthemeyer* HK-MFK § 611 Rn. 16.

keit, den Anspruch aus dem Vergleich gegen den Musterbeklagten selbst einzuklagen (→ Rn. 90 ff.).

5. Verteilung der Vergleichskosten

Nach § 611 Abs. 2 Nr. 4 ZPO sollen die Parteien in ihrem Vergleich schließlich eine Regelung über die Aufteilung der Kosten des Verfahrens treffen. Als Ausgangspunkt kann die gesetzliche Regelung in § 98 ZPO zur **Verteilung der Vergleichskosten** herangezogen werden. Hiernach sind die Kosten eines abgeschlossenen Vergleichs zwischen den Parteien gegeneinander aufzuheben, soweit nicht ein anderes vereinbart wird.

24

Eine Belastung der angemeldeten Verbraucher mit den Verfahrenskosten ist in § 611 ZPO nicht vorgesehen. Ob eine **mittelbare Umlage der Kosten auf die Verbraucher** – etwa durch eine anteilige Kürzung der durch den Vergleich gewährten Leistungen – von den Gerichten für zulässig erachtet werden wird, bleibt abzuwarten. Es steht zu erwarten, dass die Oberlandesgerichte einer solchen Regelung im Rahmen der gerichtlichen Angemessenheitsprüfung mit erheblicher Skepsis begegnen dürften.[805]

25

6. Sonstige mögliche Inhalte

Neben den in § 611 Abs. 2 ZPO aufgezählten Soll-Inhalten wird ein Vergleich in der Praxis oftmals weitergehende Regelungen enthalten.[806]

26

Derartige Regelungen könnten etwa die Frage betreffen, welche **Sachverhaltsfeststellungen** aus dem bisherigen Musterfeststellungsverfahren von beiden Seiten anerkannt werden sollen oder welche **Folgen eine Nichterfüllung** des Vergleichs nach sich zieht.

27

Da die § 611 ff. ZPO keine ausdrückliche Regelung dazu enthalten, dass die angemeldeten, nicht ausgetretenen Verbraucher infolge des wirksamen Vergleichs ihre ursprünglichen Ansprüche gegen den Musterbeklagten verlieren, erscheint eine entsprechende **Abgeltungsklausel** ebenfalls geboten (auch bezeichnet als sog **Finalitätsklausel** oder **wechselseitiger Verzicht**).[807]

28

Grundsätzlich können die Vergleichsparteien auch Regelungen zu ausgetretenen oder **nicht angemeldeten Verbrauchern** treffen. Zwar können diesen – konzeptionell im Wege eines echten **Vertrags zugunsten Dritter** – Leistungen versprochen werden.[808] Aus praktischer Sicht spricht aber gegen eine Einbeziehung von nicht angemeldeten Verbrauchern (oder Unternehmern), dass diese umgekehrt auf Ansprüche nicht verzichten können. Ein Vergleich im Musterverfahren nach § 611 Abs. 1 ZPO kann insoweit nur eine Bindungswirkung des Vergleichs zugunsten und zulasten der *angemeldeten* Verbraucher erzeugen. Nachteilige, insbesondere verzichtende Regelungen für nicht angemeldete Verbraucher sind nach dem Grundsatz „**Kein Vertrag zulasten Dritter**" unzulässig.[809]

29

---

805 Ebenfalls skeptisch *Röthemeyer* HK-MFK § 611 Rn. 18 f.
806 So auch im KapMuG-Verfahren *Wolf/Lange* NJW 2012, 3751 (3754); *Sustmann/Schmidt-Bendun*, NZG 2011, 1207 (1211); Wieczorek/Schütze/*Winter* KapMuG § 17 Rn. 22 f.; Kölner Komm KapMuG/ *Reuschle* § 17 Rn. 37.
807 Vgl. *Weinland* MFK Rn. 185
808 Vgl. hierzu *Weinland* MFK Rn. 171; *Gansel/Gängel*, Erste Hilfe zur MFK, S. 37.
809 *Röthemeyer* HK-MFK § 611 Rn. 12.

30 Nach § 611 Abs. 5 S. 1 ZPO wird der gerichtlich genehmigte Vergleich nur wirksam, wenn weniger als 30 Prozent der angemeldeten Verbraucher ihren Austritt aus dem Vergleich erklärt haben.[810] In diesem Zusammenhang könnte für den Musterbeklagten ein weiterer Anreiz zum Vergleichsabschluss geschaffen werden, wenn sich die Parteien auf ein (höheres) **Sonderquorum** einigen, um eine große Akzeptanz durch die angemeldeten Verbraucher als Vorbedingung zu vereinbaren. Aufgrund der Privatautonomie der Parteien ist davon auszugehen, dass die Vereinbarung eines solchen erhöhten Sonderquorums grundsätzlich zulässig sein dürfte.[811]

7. Teilvergleich

31 Da der Inhalt des Vergleichs grundsätzlich zur Disposition der Parteien steht, dürfte auch ein Teilvergleich im Rahmen des § 611 ZPO zulässig sein.[812] Ein **Teilvergleich** könnte beispielsweise hinsichtlich bestimmter Anspruchs- oder Sachverhaltskomplexe oder bezüglich bestimmter Gruppen von Anmeldern in Betracht kommen.[813] Durch einen Teilvergleich kann der Fortgang des Musterfeststellungsverfahrens an Effizienz und Übersichtlichkeit gewinnen.

32 Auch bei einem Teilvergleich ist eine **Angemessenheitsprüfung** durch das Gericht durchzuführen (→ Rn. 36 ff.). In diesem Zusammenhang sollte das Gericht genau prüfen, ob der Teilvergleich eine bestimmte Gruppe angemeldeter Verbraucher übervorteilt. Im Übrigen dürfte das Verfahren nach § 611 ZPO bei einem Teilvergleich einem Vergleich über das gesamte Verfahren entsprechen. Wird ein Teil des Verfahrens einer vergleichsweisen Regelung zwischen den Parteien zugeführt, wird das Musterfeststellungsverfahren nur bezüglich dieses Teils beendet (**Teilbeendigung**) (→ Rn. 76).

IV. Genehmigungsbedürftigkeit

33 Die angemeldeten Verbraucher haben mangels formaler Beteiligtenstellung im Musterfeststellungsverfahren rechtlich **keine direkte Einflussmöglichkeit auf den Vergleichsinhalt**. Nach der ersten mündlichen Verhandlung kann die Anmeldung zum Klageregister aber nicht mehr wirksam zurückgenommen werden (§ 608 Abs. 3 ZPO), so dass die angemeldeten Verbraucher ohne Rücktrittsmöglichkeit an den Vergleich gebunden wären. Vor diesem Hintergrund sieht das Gesetz zwei Instrumente zum Schutz der Interessen der Verbraucher vor: Zum einen erfordert die Wirksamkeit des Vergleichs eine gerichtliche Angemessenheitsprüfung sowie die anschließende Genehmigung durch das Gericht (§ 611 Abs. 3 ZPO). Zum anderen sind die angemeldeten Verbraucher berechtigt, aus einem zwischen den Musterparteien geschlosse-

---

[810] Vgl. *Schneider* BB 2018, 1986 (1995).
[811] Vgl. zum Themenkomplex des Sonderquorums Habersack/Mülbert/Schlitt/*Schmitz* Kapitalmarktinformations-HdB § 33 Rn. 390, sowie allgemein Wieczorek/Schütze/*Winter* KapMuG § 17 Rn. 16; siehe auch BT-Drs. 17/10160, 26.
[812] *Röthemeyer* HK-MFK § 611 Rn. 21 f.
[813] Vgl. Verbraucherzentrale Bundesverband eV, Eine für alle – Musterfeststellungsklage einführen, Stellungnahme zum Diskussionsentwurf eines Gesetzes zur Einführung der Musterfeststellungsklage (abrufbar unter https://www.vzbv.de/sites/default/files/downloads/2017/09/29/17-09-28_musterfeststellungsklage_stn_v zbv.pdf), S. 15 (zuletzt abgerufen: 19.10.2018).

nen Vergleich auszutreten, um die Wirkung des Vergleichs für und gegen sie zu verhindern.[814]

1. Grundsätze der Genehmigungsbedürftigkeit

Bedeutung hat das Genehmigungsverfahren nach § 611 Abs. 3 ZPO insbesondere bei einem von den Parteien außergerichtlich geschlossenen Vergleich gemäß § 278 Abs. 6 S. 1 Alt. 1 ZPO.[815] Das Genehmigungsverfahren dient in diesem Zusammenhang als Korrektiv für die fehlende Einbindung des Gerichts in die Vergleichsverhandlungen der Parteien. Denn die Musterparteien verfügen aufgrund der Bindungswirkung nach § 611 Abs. 1 ZPO mit dem Vergleich auch über Rechtspositionen der angemeldeten Verbraucher. 34

§ 611 Abs. 3 ZPO ist seinem Wortlaut nach nicht auf den **außergerichtlichen Parteivergleich** begrenzt. Wird daher vom Oberlandesgericht ein **gerichtlicher Vergleichsvorschlag** im Sinne des § 278 Abs. 6 S. 1 Alt. 2 ZPO unterbreitet, ist bei Annahme des Vergleichs durch die Parteien ein gerichtliches Genehmigungsverfahren ebenfalls durchzuführen. In diesem Fall dürfte die Genehmigung aber nur geringe praktische Relevanz haben, da das Gericht einen genauen Einblick in die Regelungsinhalte des Vergleichs und die einzelnen Hintergründe des von ihm selbst vorgeschlagenen Vergleichs hat.[816] 35

2. Angemessenheitsprüfung

Nach § 611 Abs. 3 S. 2 ZPO setzt die Genehmigung des Vergleichs voraus, dass das Gericht den Vergleich unter Berücksichtigung des bisherigen Sach- und Streitstandes als angemessen erachtet (*„angemessene gütliche Beilegung des Streits"*). Ziel dieser Prüfung ist die Kontrolle des Vergleichsinhalts im Hinblick auf die **Interessen der von dem Vergleich betroffenen angemeldeten Verbraucher**, die selbst an dem Verfahren nicht als Partei beteiligt sind. Die gerichtliche Angemessenheitsprüfung[817] soll sicherstellen, dass der Verband keinen Vergleich mit Wirkung für und gegen die Verbraucher abschließt, der deren Interessen im Lichte der Prozesswirkung nicht gerecht wird. 36

Aus diesem Zweck der Angemessenheitsprüfung folgt gleichsam, dass das Gericht bei der Überprüfung der Vergleichsregelungen den Parteiwillen sowie die Interessen der angemeldeten Verbraucher als Ausgangspunkt zugrunde zu legen hat.[818] Insbesondere der **Wille der angemeldeten Verbraucher** dient damit praktisch als Beurteilungsgrundlage für Abschluss und Ausgestaltung des Vergleichs. 37

---

814 Bezüglich des KapMuG-Verfahrens vgl. *Wolf/Lange* NJW 2012, 3751 (3754); Assmann/Schütze/*Schütze/Reuschle*, KapitalanlegerR-HdB § 25 Rn. 66; Wieczorek/Schütze/*Winter* KapMuG § 17 Rn. 14 f.; Kölner Komm KapMuG/*Reuschle* § 17 Rn. 24 f.
815 Dies dürfte auch dann gelten, wenn der außergerichtliche Vergleich in Form eines Anwaltsvergleichs nach § 796 a ZPO erfolgt. Im Hinblick auf das Erfordernis der gerichtlichen Genehmigung in § 611 Abs. 3 ZPO dürfte der Anwaltsvergleich aber tendenziell nur selten zweckmäßig sein.
816 So auch *Röthemeyer* HK-MFK § 611 Rn. 23.
817 Vgl. *Weinland* MFK Rn. 173.
818 BT-Drs. 19/2439, S. 27. (*„Im Rahmen der inhaltlichen Angemessenheitsprüfung hat das Gericht zu untersuchen, ob die von den Parteien vorgeschlagene Regelung die vorgetragenen typischerweise zu erwartenden Streitigkeiten angemessen beilegt (Absatz 3 Satz 2). Die Entscheidung ergeht durch unanfechtbaren Beschluss, der im Klageregister öffentlich bekannt zu machen ist"*).

a) Prüfungsumfang

38 Die gerichtliche Prüfung umfasst den Vergleich als Ganzes und nicht lediglich einzelne Teile oder Regelungen. Der **Vergleich ist in seiner Gesamtheit** zu würdigen. Das Gericht hat dabei zu prüfen, inwieweit das Zusammenspiel der Regelungen eine angemessene vergleichsweise Beilegung des Rechtsstreits darstellt.[819]

39 Das Gericht hat hinsichtlich der Prüfung der Angemessenheit der Vergleichsinhalte gemäß § 611 Abs. 3 S. 2 ZPO einen **Beurteilungsspielraum** bei der Feststellung, ob es sich um eine *„angemessene gütliche Beilegung des Streits"* handelt.[820] Der Beurteilungsspielraum bedeutet allerdings nicht, dass das Gericht den Vergleich nur als angemessen bewerten darf, soweit es den Vergleich mit eben jenen Inhalten selbst vorgeschlagen hätte. Vielmehr ist im Grundsatz davon auszugehen, dass ein zwischen den Parteien frei ausgehandelter Vergleich **im Regelfall angemessen** ist, sofern der Vergleich in seiner Gesamtheit nicht offensichtlich unbillig ist.[821] Eine solche Handhabung der Angemessenheitsprüfung durch das Gericht entspricht auch dem Gesetzeszweck des § 611 Abs. 2 ZPO, wonach der Vergleichsinhalt grundsätzlich der Privatautonomie der Parteien überlassen sein soll.[822] Eine überstrenge Angemessenheitsprüfung würde diesen Zweck unterlaufen.

40 Über die Prüfung der Angemessenheit hinaus hat das Gericht keine weiteren direkten Einflussmöglichkeiten auf den Vergleichsinhalt. Insbesondere darf das Gericht einem offensichtlich angemessenen Vergleich nicht aufgrund eigener, gegenteiliger Auffassungen über die Sinnhaftigkeit bestimmter Inhalte die Genehmigung verweigern.[823] Ebenso darf es keine inhaltlichen Änderungen am Vergleichsvorschlag der Parteien vornehmen.[824]

41 Das Gericht kann den Vergleich lediglich im Ganzen genehmigen bzw. nicht genehmigen (**Grundsatz der Genehmigung im Ganzen**). Eine Teilgenehmigung dürfte nicht möglich sein, da dies dem Befriedungseffekt des Vergleichs entgegenstehen würde (**Verbot der Teilgenehmigung**).

42 Die gerichtliche Angemessenheitsprüfung erfolgt unter **Berücksichtigung des bisherigen Sach- und Streitstandes**. Welche Einzelumstände bei der Angemessenheitsprüfung berücksichtigt werden müssen, hängt mithin davon ab, in welchem Stadium des Musterverfahrens der Vergleich geschlossen wurde. In diesem Zusammenhang sollte das Gericht – soweit möglich – die bis zu diesem Zeitpunkt festgestellten Tatsachen und die Erfolgsaussichten der Klage mitberücksichtigen.[825] Dabei ist zu beachten, dass ein Vergleich nach seiner **Legaldefinition in § 779 Abs. 1 BGB** dadurch charakterisiert

---

[819] *Weinland* MFK Rn. 173 ff.
[820] Vgl. zum KapMuG-Verfahren Kölner Komm KapMuG/*Reusch* § 18 Rn. 4 f.; Wieczorek/Schütze/*Winter* KapMuG § 18 Rn. 4 f.; *Sustmann/Schmidt-Bendun* NZG 2011, 1207 (1211).
[821] Vgl. *Weinland* MFK Rn. 175 f.
[822] BT-Drs. 19/2439, S. 27: „§ 611 *ermöglicht es den Parteien, einen Vergleich mit Wirkung für und gegen die angemeldeten Verbraucher abzuschließen (Absatz 1). Das Verfahren richtet sich nach den allgemeinen Vorschriften, insbesondere nach § 278 ZPO"*.
[823] Vgl. zum KapMuG-Verfahren Wieczorek/Schütze/*Winter* KapMuG § 18 Rn. 14.
[824] Vgl. zum KapMuG-Verfahren Wieczorek/Schütze/*Winter* KapMuG § 18 Rn. 14 f.; *Söhner* ZIP 2013, 7 (13).
[825] Kritisch zur Frage, ob im Rahmen der Angemessenheitsprüfung Überlegungen zur Anspruchshöhe und Schadensbemessung zulässig sind *Schneider* BB 2018, 1986 (1995).

wird, dass ein „*Streit oder die Ungewissheit der Parteien über ein Rechtsverhältnis im Wege gegenseitigen Nachgebens beseitigt wird*". Diese Elemente der **Unsicherheit tatsächlicher und ggfs. rechtlicher Natur** und des **gegenseitigen Nachgebens** sind im Rahmen der gerichtlichen Bewertung angemessen zu berücksichtigen.

b) Angemessene Kompensation der angemeldeten Verbraucher

Grundsätzlicher Prüfungsrahmen ist der schadensersatzrechtliche **Grundsatz der Naturalrestitution**, mithin der **Ausgleich einer seitens der angemeldeten Verbraucher potentiell erlittenen Vermögenseinbuße**. Eine angemessene Kompensation erfordert freilich keinerlei volle Naturalrestitution. Insoweit ist zu berücksichtigen, dass eine Musterfeststellungsklage auch für unberechtigte Ansprüche erhoben werden kann und keine Vermutung für die Begründetheit der beschriebenen Ansprüche besteht. Der Vergleich sollte insoweit lediglich genügend Mittel vorsehen, um keinen vollen, sondern bloß einen angemessenen Teil der von den Anmeldern berechtigterweise gestellten Forderungen zu befriedigen. Der Vergleichsinhalt sollte diesbezüglich derart ausgestaltet werden, dass alle angemeldeten und nicht ausgetretenen Verbraucher durch den Vergleich eine **vor dem Hintergrund der Erfolgsaussichten der Musterfeststellungsklage angemessene Kompensation** erhalten. Insoweit sollte berücksichtigt werden, dass die Begründetheit der Ansprüche nicht feststeht und ein Vergleich durch ein gegenseitiges Nachgeben geprägt ist. Insoweit dürften im Rahmen der gerichtlichen Angemessenheitsprüfung je nach Prozesslage erhebliche Abschläge angemessen sein. 43

Bei der Angemessenheitsbeurteilung sollte auch die **Finanzkraft des Musterbeklagten** berücksichtigt werden. Ein offensichtlich insolvenzgefährdender Vergleich dürfte insoweit ebenfalls regelmäßig für den Musterfeststellungsbeklagten unangemessen sein. 44

Bei der Beurteilung der Höhe der Entschädigung wird schließlich zu bedenken sein, inwieweit der Sach- und Streitstand überhaupt schon tragfähige Rückschlüsse auf den **Ausgang der hypothetisch folgenden Individualprozesse** gestattet. Das Gericht wird häufig nur schwerlich absehen können, wie sich der aktuelle Sach- und Streitstand des Musterverfahrens auf die folgenden Individualprozesse auswirken dürfte.[826] Derartige Überlegungen dürften häufig aufgrund unzureichender Beurteilungsgrundlage ausscheiden. Ebenso sind die oben erwähnten Grundbedingungen eines Vergleichs der Ungewissheit und des gegenseitigen Nachgebens im Rahmen der Beurteilung der Angemessenheit zu berücksichtigen. 45

Das Gericht sollte stets im Auge behalten, dass es zwischen verschiedenen Anmeldergruppen nicht zu **sachwidrigen Ungleichbehandlungen** kommt.[827] Insbesondere sollte der Vergleich nicht etwa „Anmelder" übervorteilen, die anwaltlich vertreten sind. Der Wille des Gesetzgebers zielt eindeutig darauf, jedem angemeldeten Verbraucher, unabhängig davon, ob dieser anwaltlich vertreten ist, die Möglichkeit zu geben, seine Ansprüche geltend zu machen. 46

---

826 Vgl. *Röthemeyer* HK-MFK § 611 Rn. 32 ff.
827 Vgl. *Weinland* MFK Rn. 175.

c) Sonstige berücksichtigungsfähige und -würdige Umstände

47 Ob außerhalb des konkreten Musterverfahrens liegende Umstände – wie bspw. allgemeinpolitische Erwägungen oder parallele bzw. zu erwartende künftige Musterprozesse – bei der Bewertung der Angemessenheit des Vergleichsinhalts miteinbezogen werden dürfen, erscheint fraglich. Die Genehmigungsprüfung betrifft nach § 611 Abs. 3 ZPO lediglich den bis zum Zeitpunkt des Vergleichsschlusses bestehenden Sach- und Streitstand. Vor diesem Hintergrund dürften die im **konkreten Musterverfahren relevanten Interessen** alleine die der von dem klagenden Verband repräsentierten Verbraucher und des beklagten Unternehmens sein. Allgemeinpolitische Erwägungen oder Überlegungen zu anderen, von dem konkreten Musterfeststellungsverfahren nicht umfassten Streitgegenständen, dürften für die Genehmigung nicht von Belang sein.

3. Rechtsfolgen der Genehmigung

48 Die Genehmigung des Vergleichs ergeht nach § 611 Abs. 3 S. 3 ZPO durch **unanfechtbaren Beschluss des Gerichts**.[828] Anschließend kann der Vergleich von den Parteien nicht mehr widerrufen werden.[829]

49 Wird der Vergleichsinhalt unzutreffend im Genehmigungsbeschluss wiedergegeben, kann der Beschluss in entsprechender Anwendung des § 164 ZPO mit **Berichtigungsbehelf** abgeändert werden.[830] Die Änderung erfolgt auf Antrag der Parteien oder von Amts wegen. Der Antrag der Parteien muss die behaupteten Unrichtigkeiten darlegen und ggf. beweisen. Eine Änderung des Vergleichsinhalts jenseits einer Berichtigung von Protokollierungsfehlern ist nicht möglich.[831]

50 Den Parteien steht es frei, eine **auflösende oder aufschiebende Bedingung** im Vergleich zu vereinbaren. So könnten die Parteien etwa eine erhöhte Zustimmungsquote zur Bedingung für den Vergleich machen (sog **Sonderquorum**). Tritt die Bedingung nicht ein, wird der Vergleich materiell-rechtlich unwirksam und beendet aufgrund seiner **Doppelnatur** auf prozessualer Ebene dann auch nicht das Musterfeststellungsverfahren.[832]

51 Wird ein von den Parteien vorgeschlagener Vergleich vom Gericht nicht genehmigt, wird das Musterfeststellungsverfahren fortgesetzt. Im Fall der **Verfahrensfortsetzung** darf das Gericht auch nach Zurückweisung des Beschlusses einen neuen Vergleich gemäß § 278 Abs. 6 S. 1 Alt. 2 ZPO vorschlagen.[833] Ebenso dürfte es für die Parteien möglich sein, einen zurückgewiesenen Vergleich erneut – unter Berücksichtigung der Zurückweisungsbegründung – dem Gericht vorzulegen. In diesem Fall sollten die Parteien erläutern, warum nach ihrer Meinung der abgeänderte Vergleichsvorschlag nunmehr angemessen ist.

---

[828] Vgl. *Waclawik* NJW 2018, 2921 (2924).
[829] Vgl. zu den Rechtsfolgen, insbesondere der (Un-)Anfechtbarkeit im Rahmen der Versagung der Genehmigung *Röthemeyer* HK-MFK § 611 Rn. 36 ff.
[830] Musielak/Voit/*Foerste* ZPO § 278 Rn. 18.
[831] Zöller/*Schultsky* ZPO § 164 Rn. 2.
[832] MüKoZPO/*Wolfsteiner* § 794 Rn. 14 f.; Saenger/*Kindl* ZPO § 794 Rn. 3; Musielak/Voit/*Lackmann* ZPO § 794 Rn. 2 f.; MüKoZPO/*Prütting* § 278 Rn. 52.
[833] MüKoZPO/*Prütting* § 278 Rn. 42; Musielak/Voit/*Foerste* ZPO § 278 Rn. 17 a.

V. Belehrungserfordernis

Nach § 611 Abs. 4 S. 1 ZPO ist den zum Zeitpunkt der Genehmigung des Vergleichs angemeldeten Verbrauchern der genehmigte Vergleich zusammen mit einer Belehrung über dessen Wirkung, über das Recht zum Austritt aus dem Vergleich sowie über die einzubehaltende Form und Frist der Austrittserklärung zuzustellen.[834] Die von Amts wegen vorzunehmende **Zustellung** hat insbesondere Bedeutung für den Beginn der Monatsfrist der Austrittserklärung nach § 611 Abs. 4 S. 2 ZPO. Die Frist ist nach den allgemeinen Grundsätzen von § 222 Abs. 1 ZPO iVm §§ 187 ff. BGB zu berechnen.   52

Den Verbrauchern soll durch die Belehrung die erforderliche **Informationsgrundlage zur Entscheidung über die Wahrnehmung des Austrittsrechts** nach § 611 Abs. 4 S. 2 ZPO gegeben werden.[835] Aus diesem Grund dürfte insbesondere auch eine Belehrung darüber erforderlich sein, dass der angemeldete Verbraucher mit dem Vergleichsschluss seinen ursprünglich angemeldeten Anspruch verliert.   53

VI. Austrittsrecht der angemeldeten Verbraucher

Für die angemeldeten Verbraucher besteht nach § 611 Abs. 4 S. 2 ZPO ein **Austrittsrecht aus dem Vergleich**.   54

Das Austrittsrecht der Verbraucher entfaltet zunächst **individuelle Wirkung** für den austretenden Verbraucher. Denn durch den Austritt kann der einzelne angemeldete Verbraucher die Bindungswirkung des Vergleichs für und gegen sich ausschließen.[836]   55

Darüber hinaus kann sich der Austritt auch auf den Vergleich als solchen auswirken. Der Gesetzgeber hat sich in § 611 Abs. 5 ZPO nämlich dazu entschieden, einem vom **Verbraucherwillen nicht mehr getragenen Vergleich** die Wirksamkeit insgesamt zu verweigern. Treten **mehr als 30 Prozent** der angemeldeten Verbraucher aus dem Vergleich aus, wird der Vergleich entsprechend nicht wirksam. Der Grund hierfür besteht darin, dass einem Vergleich, der nicht von einem Großteil der angemeldeten Verbraucher befürwortet wird, keine hinreichend befriedende Funktion zukommen soll.[837]   56

Ein fehlendes Quorum muss per **Beschluss durch das Oberlandesgericht** festgestellt werden. Nach Bekanntmachung des Wirksamkeitsbeschlusses oder des ablehnenden Beschlusses haben die Parteien keine Möglichkeit mehr, die Unwirksamkeit des Vergleichs zu rügen, da der Beschluss gemäß § 611 Abs. 5 S. 2 ZPO unanfechtbar ist.[838]   57

Ob die **gesetzgeberische Absicht** einer **Förderung der Streitbeilegung durch Vergleichsschluss** tatsächlich Früchte tragen wird, bleibt abzuwarten.[839] Insbesondere die fehlende Bereitschaft zur vergleichsweisen Beendigung von KapMuG-Verfahren gibt   58

---

834 So auch im KapMuG-Verfahren: Habersack/Mülbert/Schlitt/*Schmitz* Kapitalmarktinformation-HdB § 33 Rn. 388; Kölner Komm KapMuG/*Reuschle* § 19 Rn. 8; Wieczorek/Schütze/*Winter* KapMuG § 19 Rn. 15.
835 Vgl. zum Inhalt der Belehrung *Weinland* MFK Rn. 178.
836 So auch im KapMuG-Verfahren Kölner Komm KapMuG/*Reuschle* § 19 Rn. 1; Wieczorek/Schütze/*Winter* KapMuG § 19 Rn. 1; Habersack/Mülbert/Schlitt/*Schmitz* KapitalanlageR-HdB § 33 Rn. 389; *Sustmann/Schmidt-Bendun* NZG 2011, 1207 (1211 f.).
837 Vgl. hierzu im Rahmen von KapMuG-Verfahren Wieczorek/Schütze/*Winter* KapMuG § 23 Rn. 6 f.
838 Vgl. die Lage im KapMuG-Verfahren Wieczorek/Schütze/*Winter* KapMuG § 23 Rn. 10 f.; *Sustmann/Schmidt-Bendun* NZG 2011, 1207 (1211 f.).
839 Abwartend *Röthemeyer* HK-MFK § 611 Rn. 2.

Anlass zu Skepsis. Im Bereich des KapMuG steht einer umfassenden vergleichsweisen Beendigung des Rechtsstreits oftmals entgegen, dass aufgrund der Austrittsmöglichkeit der angemeldeten Verbraucher für den Musterbeklagten zu befürchten steht, dass trotz des Vergleichs keine endgültige Erledigung eintritt.[840] Dieses Risiko besteht der Sache nach grundsätzlich auch für das zivilprozessuale Musterfeststellungsverfahren.[841] (Folgeverfahren → § 11 Rn. 17 ff. sowie → Rn. 47 ff.)

1. Austrittserklärung (Opt-Out)

59 Der Austritt nach § 611 Abs. 4 S. 2 ZPO erfordert eine Austrittserklärung. Rechtstechnisch handelt es sich bei der Austrittserklärung um eine **Willenserklärung**. Insoweit gelten die **Grundsätze der allgemeinen Rechtsgeschäftslehre**.

a) Fehlender Anwaltszwang

60 Für den Anmelder besteht bei der Erklärung des Austritts **kein Anwaltszwang nach § 78 ZPO**.[842] Da die angemeldeten Verbraucher rein prozessual weder Parteien des Verfahrens sind, noch eine parteiähnliche Stellung im Musterverfahren einnehmen, ist ihre Austrittserklärung keine zur Beendigung des Musterrechtsstreits führende Prozesshandlung.[843] Die Prozesshandlungsvoraussetzungen sind folglich nicht anwendbar.

b) Wirkungen der Austrittserklärung

61 Nach § 611 Abs. 4 S. 4 ZPO wird durch den Austritt aus dem Vergleich die **Wirksamkeit der Anmeldung nicht berührt**. Der Gesetzgeber ließ offen, wie mit den aus dem Vergleich ausgetretenen Anmeldern umzugehen ist. Grundsätzlich dürfte mit dem Wirksamwerden des Vergleichs das Musterfeststellungsverfahren insgesamt – dh für alle im Klageregister angemeldeten Verbraucher – beendet werden. Den aus dem Vergleich ausgetretenen Verbrauchern dürfte – soweit das Musterverfahren durch den Vergleich insgesamt beendet wird – lediglich die Geltendmachung ihrer Ansprüche im Wege der Individualklage verbleiben. Etwaige Wirkungen der Anmeldung – wie zB die Verjährungshemmung – bleiben nach dem Wortlaut des § 611 Abs. 4 S. 4 ZPO grundsätzlich unberührt.[844] Soweit das Musterfeststellungsverfahren fortgeführt wird (zB im Falle eines Teilvergleichs), wird der aus dem Vergleich ausgetretene Verbraucher von der Bindungswirkung späterer Musterfeststellungsurteile erfasst.

62 Für etwaige bis zum Vergleichsschluss **und vor Erklärung des Austritts getroffene gerichtliche Feststellungen im Musterverfahren** – zB in einem Zwischen- oder Teilurteil – dürfte die Regelung des § 611 Abs. 4 S. 4 ZPO so zu verstehen sein, dass die ausge-

---

840 Vgl. zur Austrittsmöglichkeit im KapMuG-Verfahren *Wolf/Lange* NJW 2012, 3751 (3754); *Sustmann/Schmidt-Bendun* NZG 2011, 1207 (1211); Kölner Komm KapMuG/*Reuschle* § 19 Rn. 3; Wieczorek/Schütze/*Winter* KapMuG § 19 Rn. 4.
841 Es bleibt abzuwarten, wie die Vergleichsneigung und die Durchführung von Folgeverfahren rechtstatsächlich ausfallen wird, vgl. *Schneider* BB 2018, 1986 (1995), *Weinland* MFK, Rn. 163 f; sa *Waclawik*. NJW 2018, 2921 (2924). Zur Frage, ob ein Vergleichsangebot als Schuldeingeständnis angesehen werden kann *Merkt/Zimmermann*, VuR 2018, 363 (370).
842 Dies würde ohnehin dem Grundgedanken der Musterfeststellungsklage widersprechen, nach dem die Geltendmachung von Ansprüchen für die Verbraucher vereinfacht werden soll, vgl. BT-Drs. 19/2439, S. 1 f.
843 BGH NJW 1983, 1433 (1433 f.); Saenger/*Kindl* ZPO § 794 Rn. 4 f.; Musielak/Voit/*Lackmann* ZPO § 794 Rn. 8; Stein/Jonas/*Münzberg* ZPO § 794 Rn. 25.
844 Vgl. zur Frage der Rechtsnachfolge *Röthemeyer* HK-MFK § 611 Rn. 8 ff.

tretenen Anmelder, auch nach dem Vergleichsschluss, hinsichtlich der dem Vergleich zeitlich vorgelagerten gerichtlichen Entscheidungen (zB Zwischen- und Teilurteile) als vom Musterfeststellungsverfahren Betroffene zu behandeln sind.

2. Form und Frist der Austrittserklärung

Der Austritt muss gemäß § 611 Abs. 4 S. 2 ZPO **innerhalb eines Monats nach Zustellung des Genehmigungsbeschlusses** erklärt werden.[845] Die **Monatsfrist** ist nach den allgemeinen Grundsätzen von § 222 Abs. 1 ZPO iVm §§ 187 ff. BGB zu berechnen. Da das Gesetz in § 611 Abs. 4 S. 1 ZPO von einer Zustellung an alle angemeldeten Verbraucher spricht, ist davon auszugehen, dass die Frist zur Erklärung des Austritts aus dem Vergleich auch erst mit Zustellung, dh für jeden angemeldeten Verbraucher individuell, zu laufen beginnt. Der **individuelle Fristablauf** kann je nach Sachverhalt dazu führen, dass einzelne angemeldete Verbraucher ihr Austrittsrecht ggf. noch nach einem Monat nach Versendung des Genehmigungsbeschlusses durch das Gericht geltend machen können.[846] 63

Die Erklärung des Austritts muss nach § 611 Abs. 4 S. 3 ZPO beim Prozessgericht des Musterfeststellungsverfahrens **schriftlich oder zu Protokoll der Geschäftsstelle** erklärt werden. Zur Fristwahrung ist der Zugang nach § 130 BGB entscheidend. 64

3. Widerruflichkeit der Austrittserklärung?

Der Gesetzgeber hat keine Aussage darüber getroffen, ob der angemeldete Verbraucher einen erklärten Austritt aus dem Vergleich widerrufen kann. Nach den allgemeinen Grundsätzen und im Hinblick auf die Rechtssicherheit dürfte nach Zugang der Erklärung ein **Widerruf nicht mehr möglich** sein (**Rechtsgedanke des § 130 Abs. 1 Satz 3 BGB**).[847] 65

4. Gesetzliches Quorum zur Annahme der Wirksamkeit des Vergleichs

Der Vergleich erfüllt die Wirksamkeitsvoraussetzung des § 611 Abs. 5 S. 1 ZPO, wenn weniger als 30 Prozent der Anmelder ihren Austritt aus dem Vergleich erklären.[848] Das Gericht hat diesbezüglich den Ablauf der individuell zu bestimmenden Monatsfrist abzuwarten, bevor es durch Beschluss die Wirksamkeit oder Unwirksamkeit des Vergleiches feststellen kann (zur Vereinbarung eines Sonderquorums → Rn. 30 sowie Rn. 50). Falls das maßgebliche Quorum nicht erreicht wird, ist der Vergleich für alle angemeldeten Verbraucher unwirksam; auch für solche, die keinen Austritt erklärt haben.[849] 66

---

845 Vgl. *Weinland* MFK Rn. 179 ff.
846 Zur Frage einer Widereinsetzung in den vorigen Stand analog §§ 233 ff. ZPO siehe *Röthemeyer* HK-MFK § 611 Rn. 45.
847 MüKoBGB/*Einsele* § 130 Rn. 40; Palandt/*Ellenberger* BGB § 130 Rn. 11.
848 Sa *Waclawik*. NJW 2018, 2921 (2924).
849 Vgl. *Waßmuth/Asmus* ZIP 2018, 657 (665).

VII. Feststellung der Wirksamkeit durch gerichtlichen Beschluss

67 Das Gericht stellt durch unanfechtbaren und öffentlich bekanntzumachenden Beschluss die Wirksamkeit des Vergleichs fest.[850] Die öffentliche Bekanntmachung dient insbesondere der **Information der angemeldeten Verbraucher**, dass der Vergleich wirksam ist und nunmehr Rechtswirkungen entfaltet. Den Vergleichsparteien und auch den angemeldeten Verbrauchern dürfte der Vergleichsinhalt ohnehin schon zuvor aufgrund der Belehrung durch das Gericht bekannt sein (vgl. § 611 Abs. 4 S. 1 ZPO). Mit Bekanntmachung des Wirksamkeitsbeschlusses ist schließlich auch der Vergleichsinhalt gemäß §§ 611 Abs. 5 S. 3, 609 Abs. 3 ZPO von jedermann unentgeltlich im Klageregister einsehbar.[851]

68 Mit der öffentlichen Bekanntmachung des Beschlusses entfaltet der Vergleich sowohl prozessuale als auch materiell-rechtliche Wirkung. Der **Wirksamkeitsbeschluss** hat – genau wie der vorangegangene Genehmigungsbeschluss (→ Rn. 48 ff.) – **konstitutive Wirkung**.[852]

69 Aufgrund der konstitutiven Wirkung des Wirksamkeitsbeschlusses sollte beachtet werden, dass eventuelle Verfahrensfehler nach Feststellung der Wirksamkeit nicht mehr gerügt werden können. Mögliche prozessuale Mängel, etwa das Fehlen der Voraussetzungen aus § 606 Abs. 1 S. 2 ZPO beim klagenden Verband, können somit nach der öffentlichen Bekanntmachung des Wirksamkeitsbeschlusses nicht zur Unwirksamkeit des Vergleichs führen. Eine Möglichkeit, den Vergleich nach der Feststellung der Wirksamkeit nachträglich angreifen zu können, würde den Normzweck unterlaufen, wonach der Wirksamkeitsbeschluss unanfechtbar wäre.[853]

VIII. Vergleichsvorschläge durch das Gericht

70 Der dem Gericht von den Parteien vorgeschlagene Vergleich ist nicht die einzige Möglichkeit des Vergleichsschlusses im Musterfeststellungsprozess. Das wird bereits aus der Anlehnung der Regelungen in § 611 ZPO an den Prozessvergleich gemäß § 278 Abs. 6 ZPO deutlich. Nach allgemeinen Grundsätzen hat das Gericht **in jeder Verfahrenslage auf eine gütliche Einigung der Parteien hinzuwirken**, vgl. § 278 Abs. 1 ZPO.[854] Gemäß § 278 Abs. 6 S. 1 Alt. 2 ZPO kann somit auch das Gericht proaktiv den Parteien einen Vergleichsvorschlag unterbreiten (**gerichtlicher Vergleichsvorschlag**). Hieraus ergibt sich ein leicht abgeändertes Verfahren.[855]

---

850 *Weinland* MFK Rn. 183 f., vgl. zu den Regelungen im KapMuG *Wolf/Lange* NJW 2012, 3751 (3754); Kölner Komm KapMuG/*Reuschle* § 23 Rn. 6; Wieczorek/Schütze/*Winter* KapMuG § 23 Rn. 6.
851 Nach § 609 Abs. 3 ZPO können öffentliche Bekanntmachungen von jedermann unentgeltlich im Klageregister eingesehen werden.
852 Vgl. zum KapMuG-Verfahren Kölner Komm KapMuG/*Reuschle* § 23 Rn. 4; *Stumpf/Müller* GWR 2011, 464 (466); Wieczorek/Schütze/*Winter* KapMuG § 23 Rn. 6 f.
853 Vgl. zum KapMuG-Verfahren: Kölner Komm KapMuG/*Reuschle* § 23 Rn. 7; Wieczorek/Schütze/*Winter* KapMuG § 23 Rn. 7.
854 Nach § 610 Abs. 5 Satz 2 ZPO ist lediglich die Anwendung von § 278 Abs. 2 bis 5 ZPO auf die Musterfeststellungsklage ausgeschlossen.
855 Vgl. zur Frage, ob ein außergerichtlicher Vergleich nach § 611 Abs. 6 ZPO möglich ist, *Schneider* BB 2018, 1986 (1995).

VIII. Vergleichsvorschläge durch das Gericht

1. Gerichtlicher Vergleichsvorschlag und Verfahren

Der Vorschlag des Gerichts muss durch **schriftlichen Vergleichsvorschlag** erfolgen.[856] Das Gericht darf bei der Unterbreitung des Vergleichsvorschlags den Parteien eine **Annahmefrist** setzen.[857] Die Parteien können durch Schriftsatz gegenüber dem Gericht den Vergleichsvorschlag annehmen. Nach der Ausgestaltung des § 278 Abs. 6 S. 1 Alt. 2 ZPO gilt die Annahme gleichsam als Angebot an die andere Partei zum Abschluss eines Vergleichs, wobei sich die zunächst annehmende Partei den Vergleichsinhalt des gerichtlich vorgeschlagenen Vergleichs zu eigen macht und sich in diesem Fall etwa auch die gerichtlich gesetzte Frist aneignet.[858] Die Annahme muss nach dem Wortlaut von § 278 Abs. 6 S. 1 Alt. 2 ZPO zwingend durch Schriftsatz erfolgen („*durch Schriftsatz gegenüber dem Gericht*"). Eine Annahme zu Protokoll, etwa in dem Termin, in welchem der Vergleichsvorschlag unterbreitet wurde, soll im Rahmen des § 278 Abs. 6 ZPO nicht genügen und entsprechend unwirksam sein.[859]

71

2. Änderungen und Abweichungen des gerichtlichen Vergleichsvorschlags

Nimmt eine der Parteien unter Erweiterung, Einschränkung oder sonstiger Änderung den vorgeschlagenen Vergleich an, gilt dies nach § 150 Abs. 2 BGB als **neues Angebot**. Der angenommene Vergleich ist der anderen Partei zur Stellungnahme zu übermitteln. Nehmen die Parteien sodann den Vergleich (auch mit abweichendem Inhalt von dem Vergleichsvorschlag des Gerichts) an, kommt ein gerichtlicher Vergleich zustande. Die Abweichungen vom ursprünglichen Vergleichsvorschlag des Gerichts können dessen Wirksamkeit nicht beeinträchtigen, weil in § 278 Abs. 6 S. 1, Alt. 1 ZPO lediglich eine Einigung der Parteien erforderlich ist.[860] Versäumt eine Partei die gerichtlich gesetzte und von der zunächst annehmenden Partei übernommene Frist, ist die den Vergleichsvorschlag zuerst annehmende Partei analog §§ 145, 148 BGB nicht mehr an ihre Annahme und ihren damit verbundenen Antrag auf Vergleichsschluss gebunden.[861]

72

Mit Annahme des gerichtlich vorgeschlagenen Vergleichs durch beide Parteien schließen sich die oben dargestellten Verfahrensschritte der gerichtlichen Genehmigung, Belehrung und ggf. Austritt sowie Feststellung der Wirksamkeit an.

73

3. Abstimmung mit Parteien

Auch bei einem gerichtlich vorgeschlagenen Vergleich sollte das Gericht den Vergleich in enger Abstimmung mit den Parteien erstellen, um alle Einzelumstände des Falles würdigen zu können. Insoweit dürfte das Recht zum Vergleichsvorschlag im Musterfeststellungsverfahren eher als Aufgabe des Gerichts verstanden werden, im

74

---

856 Zumindest aber durch Übertragung des gesamten Vergleichs in das unterzeichnete Protokoll entsprechend § 160a Abs. 2 ZPO den Parteien vorgelegt werden. Vgl. hierzu BGH NJW 2015, 2965 Rn. 15; Musielak/Voit/*Foerste* ZPO § 278 Rn. 17a.
857 BT-Drs. 14/163, 23; so auch im Vergleichsverfahren nach § 17 KapMuG, vgl. Wieczorek/Schütze/*Winter* KapMuG § 19 Rn. 12 f.
858 OLG Hamm NJW-RR 2012, 882; Musielak/Voit/*Foerste* ZPO § 278 Rn. 17a; *Siemon* NJW 2011, 426 (427 ff.).
859 BGH NJW 2015, 2965 Rn. 16 ff.; Musielak/Voit/*Foerste* ZPO § 278 Rn. 17a.
860 MüKoZPO/*Prütting* § 278 Rn. 42; Musielak/Voit/*Foerste* ZPO § 278 Rn. 17a.
861 Musielak/Voit/*Foerste* ZPO § 278 Rn. 17a; iErg anders LAG Bln-Bbg (6 Sa 19/13) BeckRS 2013, 69781.

Sinne des **jederzeitigen Bemühens um eine gütliche Lösung** (vgl. § 278 Abs. 1 ZPO) auf einen Vergleichsschluss hinzuwirken.[862]

IX. Wirkung des Vergleichs

75 Als Prozessvergleich kommt dem Vergleich im Musterverfahren eine Doppelnatur zu.[863] Zum einen ist er ein **materiell-rechtliches Rechtsgeschäft**, zum anderen eine den Prozess beendende **Prozesshandlung**.

1. Beendigung des Musterverfahrens

76 Durch den als wirksam festgestellten Vergleich wird das Musterfeststellungsverfahren beendet. Mit dem Vergleichsschluss erledigt sich – soweit der Vergleich den Streitgegenstand umfasst – mithin das Klagebegehren der anhängigen Musterfeststellungsklage.[864] Der Vergleich kann über das bloße Feststellungsurteil im Sinne der §§ 612, 613 ZPO hinausgehen, da er den angemeldeten, nicht ausgetretenen Verbrauchern gegebenenfalls einen direkten Leistungsanspruch gegen den Musterbeklagten verschafft (→ Rn. 2 bzw. Rn. 14 ff.). Soweit angemeldete Verbraucher aus dem Vergleich nach § 611 Abs. 5 ZPO austreten, bleiben sie freilich an etwaige frühere Entscheidungen wie Zwischen- oder Teilurteile gebunden (→ Rn. 62).

a) Verfahrensbeendigung durch Wirksamkeitsbeschluss

77 Zeitpunkt der Beendigung des Musterfeststellungsverfahrens ist die öffentliche Bekanntmachung des Beschlusses zur Feststellung der Wirksamkeit des Vergleichs. Dieser Beschluss kann – soweit auch eine abschließende Kostenregelung enthalten ist – als **verfahrensbeendender Beschluss** eingeordnet werden.[865]

b) Wiedereröffnung ausgesetzter Verfahren

78 Die Verfahrenskonzeption der zivilprozessualen Musterfeststellungsklage sieht keine unmittelbare Wirkung des Wirksamkeitsbeschlusses auf die nach § 613 Abs. 2 ZPO ausgesetzte Individualverfahren vor. Daher ist davon auszugehen, dass die ausgesetzten Verfahren vom jeweiligen Gericht wiederzueröffnen und individuell zu beenden sind. Nach einem **Antrag auf Wiedereröffnung** dürfte bezüglich der wiederzueröffnenden Individualverfahren häufig eine übereinstimmende Erledigungserklärung mit der Kostenfolge des § 91a Abs. 1 ZPO erfolgen.[866] Je nach Sachverhalt könnten aber auch andere Gestaltungen in Betracht kommen (zu Folgeverfahren → § 11 Rn. 47 ff.).

79 Eine unmittelbare Beendigungswirkung analog **§ 23 Abs. 3 KapMuG**, wonach mit dem wirksamen Vergleichsschluss auch gleichzeitig die ausgesetzten Ausgangsverfahren beendet werden, soweit die Beigeladenen nicht aus dem Vergleich ausgetreten

---

862 Siehe hierzu *Röthemeyer* HK-MFK § 610 Rn. 53.
863 Zum Musterfeststellungsverfahren siehe *Röthemeyer* HK-MFK § 611 Rn. 1 sowie allgemein BGH NJW 2015, 2965; NJW 2000, 1943; MüKoBGB/*Habersack* § 779 Rn. 31.
864 Ähnlich im KapMuG-Verfahren Wieczorek/Schütze/*Winter* KapMuG § 23 Rn. 18; Kölner Komm KapMuG/*Reuschle* § 23 Rn. 11; *Sustmann/Schmidt-Bendun* NZG 2011, 1207 (1212); *Wolf/Lange* NJW 2012, 3751 (3754).
865 Zur Frage des Streits über die Wirksamkeit des Mustervergleichs *Weinland* MFK Rn. 203 f.
866 Vgl. im KapMuG-Verfahren Kölner Komm KapMuG/*Reuschle* § 23 Rn. 16; Wieczorek/Schütze/*Winter* KapMuG § 23 Rn. 26 f.

sind,[867] dürfte abzulehnen sein. Denn insoweit bestehen im KapMuG-Verfahren durch die ausdrückliche gesetzliche Sonderregelung und den besonderen prozessualen Status der Beigeladenen erhebliche Unterschiede, die eine andere Handhabung gebieten.

c) Beendigung der Verjährungshemmung

Die wohl wichtigste Wirkung für die angemeldeten Verbraucher dürfte – neben den jeweiligen Vergleichsinhalten – sein, dass die Beendigung des Musterfeststellungsverfahrens durch Vergleich gleichsam das Ende der Verjährungshemmung aus § 204 Abs. 1 Nr. 1a BGB für den ursprünglichen Anspruch bedeutet. Da eine gesonderte Zustellung des Wirksamkeitsbeschlusses, wie etwa beim Genehmigungsbeschluss des Gerichts nach § 611 Abs. 4 S. 1 ZPO, an die angemeldeten, nicht ausgetretenen Verbraucher nicht gesetzlich vorgesehen ist, endet die **Hemmung der Verjährung** gemäß § 204 Abs. 2 S. 1 BGB **sechs Monate nach der öffentlichen Bekanntmachung** des Wirksamkeitsbeschlusses.[868] Freilich hat das Ende der Hemmungswirkung ohnehin nur Auswirkungen, soweit nach Vergleichsschluss die ursprünglichen Verbraucheransprüche überhaupt noch Bestand haben und nicht im Rahmen eines Anspruchsverzichts bzw. einer Abgeltungsklausel untergegangen sind.

80

2. Persönliche Reichweite

Die Wirkungen des Vergleichs erstrecken sich zunächst auf die **Parteien des Musterfeststellungsverfahrens** als Vergleichsparteien. Daneben werden von der Wirkung des Vergleichs gemäß § 611 Abs. 1 S. 1 ZPO die **im Klageregister angemeldeten und nicht ausgetretenen Verbraucher** erfasst.

81

Nicht von der Bindungswirkung des Mustervergleichs erfasst werden ausgetretene Verbraucher und solche Verbraucher, die sich erst gar nicht angemeldet hatten. Gleiches gilt freilich auch für potentiell betroffene Unternehmer, denen eine Anmeldung im Klageregister schon nicht offen steht, sondern die allein ein Aussetzungsrecht nach § 148 Abs. 2 ZPO haben (→ Folgeverfahren § 11 Rn. 47 ff.).

82

3. Vergleichswirkungen

Wie in § 611 Abs. 1 ZPO geregelt, wird der Vergleich mit Wirkung für und gegen die angemeldeten Verbraucher geschlossen (*„für und gegen den Verbraucher"*). Nach Sinn und Zweck sind hiermit die **prozessualen und materiell-rechtlichen Wirkungen für und gegen die angemeldeten Verbraucher** gemeint.[869]

83

Nach Wortlaut und Systematik des § 611 ZPO sind die angemeldeten Verbraucher an alle Vergleichsinhalte gebunden. Insbesondere kann nicht davon ausgegangen werden, dass die **kollektive Vergleichswirkung** die angemeldeten Verbraucher nur hinsichtlich der Soll-Inhalte nach § 611 Abs. 2 ZPO bindet. Ein Vergleich kann nur sinn-

84

---

867 Vgl. zum KapMuG-Verfahren Kölner Komm KapMuG/*Reuschle* § 23 Rn. 15; Wieczorek/Schütze/*Winter* KapMuG § 23 Rn. 26 f.; *Sustmann/Schmidt-Bendun* NZG 2011, 1207 (1212).
868 Insoweit dürfte den angemeldeten, nicht ausgetretenen Verbrauchern zumutbar sein, den öffentlich bekanntgemachten Beschluss aus dem Klageregister zur Kenntnis zu nehmen, vgl. hierzu im KapMuG-Verfahren Wieczorek/Schütze/*Winter* KapMuG § 23 Rn. 22 f.
869 *Weinland* MFK Rn. 185.

Mekat

voll zur Geltung und Umsetzung kommen, wenn sein Regelungsgehalt Gegenstand einer einheitlichen Betrachtung des Mustervergleichs als Ganzem ist. Dadurch soll letztlich auch ein „Rosinenpicken" in Bezug bezüglich einzelner Vergleichsbestimmungen vermieden werden.

X. Nichterfüllung des Vergleichs und Konsequenzen

85 Die §§ 606 ff. ZPO enthalten keine Regelung zu der Frage des Umgangs mit einer Nicht- oder Schlechtleistung des Musterbeklagten aus dem Vergleich. In diesem Zusammenhang sind zunächst entsprechende Vereinbarungen aus dem Vergleich einschlägig.

1. Vollstreckbarkeit des Vergleichs

86 Weil der Vergleich nach § 611 ZPO grundsätzlich dem Vergleich im Sinne des § 278 Abs. 6 ZPO nachempfunden ist, dürfte für die Vollstreckung aus dem Vergleich auf die **allgemeinen Grundsätze** zurückzugreifen sein.[870]

a) Mustervergleich als Vollstreckungstitel?

87 Die angemeldeten Verbraucher können gegen den Musterbeklagten nicht unmittelbar aus dem Vergleich vollstrecken. Als **Vollstreckungstitel iSv § 794 Abs. 1 Nr. 1 ZPO** ist der Vergleich grundsätzlich **nur für und gegen die am Vergleichsschluss beteiligten Parteien des Rechtsstreits**.[871] Zwar können die Parteien des Vergleichs einen Leistungsanspruch materiell-rechtlich zugunsten eines nicht am Vergleichsschluss mitwirkenden Dritten begründen (§ 328 BGB).[872] Der begünstigte Dritte tritt damit aber nicht in eine prozessuale Parteistellung ein und erlangt auch nicht das (prozessuale) Recht, den Vergleich zu vollstrecken.[873] Wird im Vergleich lediglich eine Verpflichtung zur Leistung an einen Dritten im Sinne des § 328 BGB begründet,[874] ohne dass die angemeldeten Verbraucher dem Vergleich als echte Partei beitreten, erlangen diese aus dem Vergleich **mangels Stellung als Titelgläubiger keinen Titel** im Sinne des § 794 Abs. 1 Nr. 1 ZPO. Vollstreckbar ist der Vergleich hinsichtlich Leistungen an den Dritten somit nur auf Antrag einer Partei.[875]

b) Vollstreckung in Mitgliedsstaaten der EU

88 Soweit Vermögenswerte im EU-Ausland belegen sind, stellt sich die Frage nach den Voraussetzungen des europäischen Zwangsvollstreckungsrechts. Voraussetzung für eine Vollstreckung nach Art. 59, 58 EuGVVO ist, dass der Vergleich im Musterverfahren nach § 611 ZPO als ein **gerichtlicher Vergleich** gemäß **Art. 2 lit. b EuGVVO** angesehen werden kann. Hierfür bedarf es eines Vergleichs, der *„von einem Gericht eines Mitgliedstaats gebilligt oder vor einem Gericht eines Mitgliedstaats im Laufe ei-*

---

870 Zur Vollstreckung von außergerichtlichen Einigungen im Rahmen eines Anwaltsvergleiches nach § 796a ZPO siehe *Trittmann/Merz* IPRax 2001, 178.
871 So auch *Weinland* MFK Rn. 187 ff. mit Ausführungen zur Frage der isolierten Vollstreckungsstandschaft.
872 BGH NJW 1983, 1433 (1434); Musielak/Voit/*Lackmann* ZPO § 794 Rn. 7; MüKoZPO/*Wolfsteiner* § 794 Rn. 29.
873 Vgl. *Röthemeyer* HK-MFK § 611 Rn. 61.
874 Vgl. *Röthemeyer* HK-MFK § 611 Rn. 12. Zu den Bestimmtheitsanforderungen vgl. MüKoZPO/*Wolfsteiner* § 794 Rn. 168; BeckOK ZPO/*Hoffmann* § 794 Rn. 48; Musielak/Voit/*Lackmann* ZPO § 794 Rn. 34.
875 Zöller/*Geimer* ZPO § 794 Rn. 6; MüKoZPO/*Wolfsteiner* § 794 Rn. 106.

nes Verfahrens geschlossen worden ist". Diese Definition dürfte auf den Mustervergleich nach § 611 Abs. 1 ZPO zutreffen.[876] Nach allgemeinem Verständnis erfasst diese Definition auch Fälle, in denen der Vergleich außergerichtlich geschlossen[877] und anschließend von einem Gericht gebilligt wurde.[878]

Nach Art. 59, 58 EuGVVO werden gerichtliche Vergleiche grundsätzlich nach **den für öffentliche Urkunden geltenden Vorschriften** vollstreckt. Hiernach ist eine Zwangsvollstreckung auch ohne gesonderte Vollstreckbarerklärung möglich, Art. 58 Abs. 1 S. 1 EuGVVO. Eine Versagung der Zwangsvollstreckung ist nur auf Antrag möglich, wenn die Zwangsvollstreckung der **öffentlichen Ordnung** (*ordre public*) im Vollstreckungsstaat *„offensichtlich widersprechen würde"*. Diese Vollstreckungshindernisse dürften allerdings nur in wenigen Ausnahmefällen einschlägig sein.[879] 89

2. Individualverfahren aus in dem Vergleich enthaltenen Ansprüchen

Die angemeldeten Verbraucher selbst sind im Falle der Nichterfüllung durch den Musterbeklagten darauf verwiesen, ihre Ansprüche aus dem Vergleich im Wege eines **Individualprozesses** geltend zu machen[880] (Folgeverfahren → § 11). 90

Bei den nach § 613 Abs. 2 ZPO ausgesetzten Individualklagen dürfte sodann eine **Wiedereröffnung des Individualverfahrens** angezeigt sein.[881] Die Wiedereröffnung müsste durch einen Antrag einer Partei auf Terminsbestimmung erfolgen. Häufig dürfte dies durch den Verbraucher geschehen, verbunden mit einer Klageänderung auf Erfüllung des Anspruchs aus dem geschlossenen Vergleich. 91

Wird der Antrag auf Wiedereröffnung des Verfahrens **vor Fälligkeit des Anspruchs aus dem Vergleich** gestellt, dürfte davon auszugehen sein, dass das Gericht die Klageänderung zwar zulässt, die Klage aber insgesamt als derzeit unbegründet abweist. Demnach sollte der Verbraucher die Fälligkeit des Anspruchs und eine etwaige endgültige Nichtleistung durch den Musterbeklagten abwarten, ehe er den Antrag auf Wiedereröffnung des Verfahrens stellt.[882] 92

Diejenigen Anmelder, die nicht vor der Musterfeststellungsklage eine Individualklage gegen den Musterbeklagten eingereicht haben, können **ohne Weiteres eine erstmalige Individualklage**, gerichtet auf Erfüllung der Leistungsverpflichtung des Musterbeklagten aus dem Vergleich, erheben. Auch in diesem Fall ist zu erwarten, dass die angemeldeten, nicht ausgetretenen Verbraucher ihre Betroffenheit vom Vergleich nachzuweisen haben (Folgeverfahren → § 11). 93

---

876 Vgl. zu den allgemeinen Voraussetzungen Art. 2 EuGVVO; MüKoZPO/*Gottwald* Brüssel Ia-VO Art. 59 Rn. 2.; Staudinger/*Rauscher* Brüssel Ia-VO Art. 2 Rn. 23; Musielak/Voit/*Stadler* Brüssel Ia-VO Art. 2 Rn. 11.
877 Vgl. zu niederländischen Kollektivvergleichen als außergerichtliche Einigung, die nicht unter Art. 58 EuGVVO fallen, *Stadler* JZ 2009, 121 (131).
878 MüKoZPO/*Gottwald* Brüssel Ia-VO Art. 59 Rn. 1 f.; Dickinson/Lein/*Kramer* Brussels I Art. 59 Rn. 14.35.
879 Siehe zu den Vollstreckungsvoraussetzungen Musielak/Voit/*Stadler* EuGVVO Art. 59 Rn. 4.
880 Vgl. zum KapMuG-Verfahren Wieczorek/Schütze/*Winter* KapMuG § 23 Rn. 31; *Sustmann/Schmidt-Bendun* NZW 2011, 1207 (1212).
881 Im Sinne des Rechtsgedankens aus § 23 Abs. 4 KapMuG. Vgl. auch Wieczorek/Schütze/*Winter* KapMuG § 23 Rn. 32; Kölner KommKapMuG/*Reuschle* § 23 Rn. 15 ff.
882 Siehe zum KapMuG-Verfahren Kölner Komm KapMuG/*Reuschle* § 23 Rn. 18; Wieczorek/Schütze/*Winter* KapMuG § 23 KapMuG Rn. 35.

§ 8 Verfahrensbeendigung durch Urteil

Schrifttum: *Balke/Liebscher/Steinbrück*, Der Gesetzentwurf zur Einführung einer Musterfeststellungsklage – ein zivilprozessualer Irrweg, ZIP 2018, 1321; *Bamberger/Roth/Hau/Poseck*, Beck'scher Online-Kommentar BGB, 46. Edition 2018; *Beck*, Musterfeststellungsklagen und einheitliche Tatsachenfeststellung, ZIP 2018, 1915; *Bergmeister*, Kapitalanleger-Musterverfahrensgesetz, 2009; *Geimer/Schütze* Europäisches Zivilverfahrensrecht: EuZVR, 3. Aufl. 2009; *Gansel/Gängel*; Erste Hilfe zur Musterfeststellungsklage, 2018; *Hanisch*, Das Kapitalanleger-Musterverfahrensgesetz: Anwendungsfragen und Rechtsdogmatik, 2011; *Haufe*, Das Kapitalanleger-Musterverfahrensgesetz: Streitgegenstand des Musterverfahrens und Bindungswirkung des Musterentscheids, 2012; *Hess/Reuschle/Rimmelspacher*, Kölner Kommentar zum KapMuG, 3. Aufl. 2018; *Kindl/Meller-Hannich/Wolf* Handkommentar zum Gesamten Recht der Zwangsvollstreckung, 3. Aufl. 2016; *Leser* Die Bindungswirkung des Musterentscheids nach dem KapMuG, 1. Aufl. 2014; *Mekat*, Musterfeststellungsklage: Ist sie ein Meilenstein für Verbraucherrechte?, Mehrteiliges Interview zur Einführung der Musterfeststellungsklage, *Merkt/Zimmermann*, Die neue Musterfeststellungsklage: Eine erste Bewertung, VuR 2018, 363; *Rauscher/Krüger*, Münchener Kommentar zur Zivilprozessordnung mit Gerichtsverfassungsgesetz und Nebengesetzen, Bände 1 u. 2, 5. Aufl. 2016, Band 3, 5. Aufl. 2017; *Röthemeyer*, Musterfeststellungsklage, Spezialkommentar zu den §§ 606-614 ZPO, 1. Aufl. 2018; *Säcker/Rixecker/Oetker/Limperg*, Münchener Kommentar zum Bürgerlichen Gesetzbuch, Band 6, 7. Aufl. 2017, Band 12, 7. Aufl. 2018; *Schlosser/Hess* Kommentar zum EU-Zivilprozessrecht: EuZPR, 4. Aufl. 2015; *Schneider*, Die zivilprozessuale Musterfeststellungsklage – Kollektivrechtsschutz durch Verbraucherschutzverbände statt Class Actions, BB 2018, 1986; *Schweiger/Meißner*, Praktische Aspekte der Rechtsentwicklung bei Unterlassungs- und Musterfeststellungsklagen in Verbrauchersachen – Teil 1, CB 2018, 240; *Stein/Jonas*, Kommentar zur Zivilprozessordnung: ZPO, Band 7, 22. Aufl. 2012; *Waclawik*, Die Musterfeststellungsklage, NJW 2018, 2921; *Waßmuth/Asmus*, ZIP 2018, 657; *Wieczorek/Schütze*, Zivilprozessordnung und Nebengesetze Großkommentar, Band 13/1; *Weinland*, Die neue Musterfeststellungsklage, 2018; *Windau*, Keine (Zulassung der) Rechtsbeschwerde gegen Zwischenurteile eines Oberlandesgerichts.

I. Verfahrensbeendigung durch Musterfeststellungsurteil	1
1. Gegenstand der Entscheidung	2
2. Bestandteile des Musterfeststellungsurteils	5
a) Rubrum	6
b) Tenor	8
c) Tatbestand	11
d) Entscheidungsgründe	14
e) Unterschriften	17
3. Verkündung und Bekanntmachung	18
II. Zwischenurteil über die Zulässigkeit der Musterfeststellungsklage	20
1. Anwendungsbereich eines Zwischenurteils	21
2. Zulässigkeitsvoraussetzungen	23
a) Klagebefugnis einer qualifizierten Einrichtung	24
b) Glaubhaftmachung der Betroffenheit von mindestens zehn Verbrauchern	27
c) Wirksame Anmeldung von mindestens 50 Verbrauchern im Klageregister	29
d) Musterverfahrensfähigkeit der Feststellungsziele	31
aa) Fehlende Musterverfahrensfähigkeit aufgrund individueller Typizität	33
bb) Fehlende Musterverfahrensfähigkeit von Feststellungen zu Kausalität und Schaden	34
cc) Fehlende Musterverfahrensfähigkeit von Feststellungen zu Verjährung und Verwirkung	35
dd) Musterverfahrensfähigkeit von Rechtsfragen?	36
III. Wirkungen des Musterfeststellungsurteils	38
1. Rechtskraftwirkung des Musterfeststellungsurteils	39
a) Allgemeine zivilprozessuale Grundsätze	39

I. Verfahrensbeendigung durch Musterfeststellungsurteil

b) Sachliche und persönliche Reichweite 41	3. Grenzen der Bindungswirkung ... 73
c) Sperrwirkung eines rechtskräftigen Musterfeststellungsurteils gegen spätere Klagen durch qualifizierte Einrichtungen 43	a) Abweichender Sachverhalt des Individualprozesses 74
	b) Unzulässige Feststellungsziele 76
	c) Entfallen, Veränderung oder Hinzutreten entscheidungsrelevanter Tatsachen 79
2. Bindungswirkung für angemeldete Verbraucher 46	d) Verzicht auf die Bindungswirkung der Feststellungen durch den Verbraucher? 83
a) Persönliche Reichweite der Bindungswirkung 47	4. Faktische Bedeutung des Musterfeststellungsurteils 85
b) Sachliche Reichweite der Bindungswirkung 51	IV. Anerkennungsfähigkeit und Vollstreckbarkeit 87
aa) Feststellungsziele 53	1. Anerkennungsfähigkeit nach europäischem Recht 87
bb) Feststellungsanträge des beklagten Unternehmens? ... 55	2. Anerkennungsfähigkeit nach internationalem Recht 90
cc) Lebenssachverhalt 59	a) Bilaterale oder multilaterale Anerkennungs- und Vollstreckungsverträge 91
dd) Umfang und Grenzen der Bindungswirkung 60	
c) Rechtsnatur der Bindungswirkung 65	b) USA 93
aa) Keine lediglich innerprozessuale Bindungswirkung 67	3. Vollstreckbarkeit nach nationalem, europäischem und internationalem Recht 96
bb) Unterschiede zur Interventionswirkung nach §§ 74, 68 ZPO 68	a) Deutsches Recht 96
	b) EuGVVO 98
cc) Unterschiede zur Rechtskraft 69	c) Völkerrechtliche Verträge 102
dd) Bindungswirkung eigener Art (sui generis) 72	

I. Verfahrensbeendigung durch Musterfeststellungsurteil

Die Entscheidung des Gerichts über die im Rahmen der Musterfeststellungsklage gestellten Anträge richtet sich – soweit keine Sondervorschriften bestehen – grundsätzlich nach den allgemeinen Regelungen der Zivilprozessordnung, § 610 Abs. 5 Satz 1 ZPO.[883]

1. Gegenstand der Entscheidung

Die Klärung der im Musterverfahren geltend gemachten Feststellungsziele erfolgt – dem zweistufigen Rechtsdurchsetzungskonzept des Gesetzgebers entsprechend – grundsätzlich durch **Erlass eines Musterfeststellungsurteils**.[884] Im Verhältnis zwischen dem Beklagten der Musterfeststellungsklage und der klagenden qualifizierten Einrichtung enthält das Urteil lediglich einen **Feststellungstenor**. Im Unterschied zum Richtlinienentwurf der EU-Kommission über eine europäische Sammelklage[885] sieht die Zivilprozessordnung gerade keine Entscheidung durch Leistungsurteil vor.[886]

Die im Urteil der Musterfeststellungsklage enthaltenen Feststellungen entfalten insoweit über die Parteien des Musterverfahrens hinaus **Bindungswirkung** für einen Rechtsstreit zwischen dem angemeldeten Verbraucher und dem beklagten Unterneh-

---

[883] *Waclawik* NJW 2018, 2921 (2923).
[884] Mit einer Einführung zum Musterfeststellungsverfahren *Mekat*, Musterfeststellungsklage: Ist sie ein Meilenstein für Verbraucherrechte?, Mehrteiliges Interview zur Einführung der Musterfeststellungsklage, abrufbar unter: http://kanzleiforum.beck-shop.de/2018/10/08/musterfeststellungsklage-ist-sie-ein-meilenstein-fuer-verbraucherrechte/ (zuletzt abgerufen am 19.10.2018).
[885] COM(2018) 184 final vom 11.4.2018.
[886] Kritisch dazu *Habbe/Gieseler* GWR 2018, 227 (230).

men, als dass die Entscheidung in dem Individualstreit die Feststellungsziele und den Lebenssachverhalt des Musterverfahrens betrifft, vgl. § 613 Abs. 1 S. 1 ZPO. Eine Bindungswirkung tritt hingegen weder gegenüber Unternehmen noch gegenüber Personen ein, die als (potentiell betroffene) Verbraucher keine Ansprüche angemeldet haben.[887]

4 Die erforderliche **Kostenentscheidung** richtet sich nach den allgemeinen Grundsätzen. (→ § 10 Rn. 23 ff.). Hinsichtlich der Kosten ist auf die Tenorierung der vorläufigen Vollstreckbarkeit zu achten. (→ § 12 Rn. 34 ff.).

2. Bestandteile des Musterfeststellungsurteils

5 Das Musterfeststellungsurteil besteht aus dem Rubrum (→ Rn. 6), dem Tenor (→ Rn. 8 ff.), dem Tatbestand (→ Rn. 11 ff.), den Entscheidungsgründen (→ Rn. 14 ff.) sowie abschließend den Unterschriften der Richter (→ Rn. 17).

a) Rubrum

6 Gemäß § 610 Abs. 5 ZPO iVm § 313 Abs. 1 ZPO ist wie bei jedem Endurteil ein **vollständiger Urteilskopf** erforderlich. Aufzuführen sind die qualifizierte Einrichtung und der/die Musterbeklagte(n) als Parteien, deren gesetzliche Vertreter und Prozessbevollmächtigte, das erkennende Oberlandesgericht, das Aktenzeichen, der Tag des Schlusses der mündlichen Verhandlung sowie die Namen der entscheidenden Richter.

7 Eine **Benennung der angemeldeten Verbraucher** ist im Rubrum **nicht angezeigt**.[888] Zudem bedarf es keines Verweises auf das Klageregister. Denn anders als im Kapitalanleger-Musterverfahren haben die angemeldeten Verbraucher im Musterfeststellungsprozess keinen Partei- oder Beigeladenenstatus.[889]

b) Tenor

8 Nach allgemeinen Grundsätzen muss das Oberlandesgericht alle in der Musterfeststellungsklage zur Entscheidung gestellten **Feststellungsziele** ausurteilen. Praktisch bestehen hier verschiedene Möglichkeiten der Tenorierung. Entsprechend der Tenorierungspraxis der Feststellungsziele in KapMuG-Verfahren ist anzunehmen, dass das Oberlandesgericht die getroffenen **tatsächlichen und rechtlichen Feststellungen** zu den jeweiligen Feststellungszielen vollständig in den Tenor aufnehmen wird. Zwar ist eine ergänzende Auslegung des Tenors durch die Entscheidungsgründe und den Tatbestand möglich.[890] Die Reichweite der Bindungswirkung wird aber für die damit anschließend zu befassenden Prozessgerichte und die angemeldeten Verbraucher durch eine umfassende Formulierung der Feststellungsziele besser ersichtlich.

9 Die Anträge in der Musterfeststellungsklage sind so zu formulieren, dass das Gericht sie möglichst wortgleich in den Tenor übernehmen kann. Dabei ist darauf zu achten, dass alle Feststellungsziele ausformuliert werden, auch wenn eine negative Feststel-

---

887 Vgl. *Waßmuth/Asmus* ZIP 2018, 657 (665).
888 Vgl. zur fehlenden Parteistellung *Röthemeyer* HK-MFK § 606 Rn. 2.
889 Im KapMuG-Verfahren ist die Vorschrift des § 14 Abs. 1 S. 1 KapMuG wegen der Beigeladenenstellung der angemeldeten Kapitalanleger erforderlich, um klarzustellen, dass die Beigeladenen im Urteil nicht anzuführen sind.
890 StRspr., siehe nur BGH NJW 1961, 917; NJW-RR 2011, 1382.

lung begehrt wird. Dies gilt sowohl für die Musterfeststellungsanträge der klagenden qualifizierten Einrichtung als auch für entsprechende Anträge des Beklagten (soweit diese für zulässig erachtet werden) (→ Rn. 53 ff. sowie § 3 Rn. 45 ff.).

Aus Gründen der besseren Übersichtlichkeit empfiehlt sich, **zwischen tatsächlichen und rechtlichen Feststellungen zu trennen.** Zum einen kann der spätere Prüfungsumfang des Rechtsmittelgerichts hinsichtlich der vorgebrachten Revisionsrügen einfacher bestimmt werden (→ § 9 Rn. 29 ff.). Zum anderen ermöglicht eine Trennung von tatsächlichen und rechtlichen Feststellungen in einem etwaigen Folgeprozess dem erkennenden Richter eine einfachere Zuordnung der Feststellungen zu den entsprechenden Anspruchsvoraussetzungen. 10

c) Tatbestand

Der Tatbestand des Musterfeststellungsurteils soll nach Maßgabe der **§ 610 Abs. 5 ZPO iVm § 313 Abs. 2 ZPO** den tatsächlichen Vortrag der Parteien dem „*wesentlichen Inhalt nach*" in gedrängter Form wiedergeben und diesen nach Unstreitigem und Streitigem untergliedern.[891] Dabei ist mit Blick auf die Bekanntmachung des Musterfeststellungsurteils im Klageregister der Tatbestand so präzise wie möglich zu formulieren. Das Urteil und somit auch der Tatbestand dürfte für die angemeldeten Verbraucher und sonstigen Betroffenen in Folgeverfahren von wesentlicher Bedeutung sein. Daneben hat der Tatbestand auch Bedeutung für die Rechtsmitteleinlegung (→ § 9 Rn. 29) und mögliche Rechtsbehelfe wie die Urteilsergänzung (§ 321 ZPO) oder -berichtigung (§ 319 ZPO) sowie den Antrag auf Tatbestandsberichtigung gemäß § 320 ZPO (→ § 9 Rn. 48 ff.). 11

Der Tatbestand des Musterfeststellungsurteils sollte auch Angaben zu den **besonderen Zulässigkeitsvoraussetzungen der Musterfeststellungsklage** gemäß § 606 Abs. 3 ZPO enthalten.[892] Die hierfür entscheidungsrelevanten Tatsachen sind im Tatbestand knapp zu behandeln. 12

Nach dem Wortlaut von § 606 Abs. 3 ZPO ist eine Musterfeststellungsklage nur zulässig, wenn sie von einer qualifizierten Einrichtung im Sinne von § 606 Abs. 1 S. 2 ZPO erhoben wird (Nr. 1), von den Feststellungszielen die Ansprüche oder Rechtsverhältnisse von mindestens zehn Verbrauchern abhängen (Nr. 2) und zwei Monate nach öffentlicher Bekanntmachung der Musterfeststellungsklage mindestens 50 Verbraucher ihre Ansprüche oder Rechtsverhältnisse zur Eintragung in das Klageregister wirksam angemeldet haben (Nr. 3). Die diesen Zulässigkeitsvoraussetzungen zugrunde liegenden tatsächlichen Angaben sind im Tatbestand aufzuführen. Gleiches gilt selbstredend für den wesentlichen Inhalt des sonstigen Parteivortrags, der nach allgemeinen Grundsätzen in den Tatbestand aufzunehmen ist. 13

d) Entscheidungsgründe

Das Musterfeststellungsurteil muss Entscheidungsgründe enthalten, die sich zu den **Erwägungen** äußern, **auf denen die Entscheidung in rechtlicher und tatsächlicher** 14

---

[891] Allgemein zum Tatbestand Musielak/Voit/*Musielak* ZPO § 313 Rn. 9; Saenger/*Saenger* ZPO § 313 Rn. 1 f.; BeckOK ZPO/*Elzer* § 313 Rn. 59 ff.
[892] Vgl. zur Zulässigkeitsprüfung durch das Oberlandesgericht *Gansel/Gängel*, MFK, S. 35.

Hinsicht beruht. Die Entscheidungsgründe haben nicht nur für das Musterfeststellungsverfahren in der ersten Instanz erhebliche Bedeutung, sondern insbesondere auch für ein sich möglicherweise anschließendes Rechtsmittelverfahren (→ § 9 Rn. 35 ff.) sowie etwaige Individualverfahren von angemeldeten Verbrauchern (→ § 11).

15 Nach allgemeinen Grundsätzen ist zwischen Ausführungen zur **Zulässigkeit** (siehe hierzu ausführlich unten im Rahmen eines etwaigen Zwischenurteils → Rn. 20 ff.) und zur Begründetheit der Musterfeststellungsklage zu trennen. Soweit Feststellungsanträge **unzulässig** oder die begehrten Feststellungsziele im Musterverfahren nicht statthaft sind (→ Rn. 31 ff. sowie § 3 Rn. 45 ff.), hat das Oberlandesgericht diese im Musterurteil als unzulässig abzuweisen.[893] Für solche Feststellungsziele, die als unzulässig abgewiesen werden, tritt inhaltlich keine Bindungswirkung ein (→ Rn. 64).

16 Im Fall der **Begründetheit** der Musterfeststellungsklage ist zu ermitteln, ob und inwieweit Feststellungen des Musterurteils auf etwaige spätere Folgeverfahren übertragen werden können. Die Ausführungen der Entscheidungsgründe werden im Rahmen der Folgeverfahren gründlich zu prüfen sein, wenn es um die Frage geht, ob diese tatsächlich von dem Musterverfahren auf das konkrete Individualverfahren übertragbar sind (**Bindungswirkung** → Rn. 46 ff. sowie § 11 Rn. 10 ff.). Im Hinblick auf die Ausrichtung des deutschen (prozessualen und materiellen) Rechts auf Individualrechtsschutz[894] bestehen verschiedene, weitreichende Begrenzungen der Übertragbarkeit etwaiger Feststellungen in einem Musterverfahren. Bei individuellen Momenten (zB Angaben zur konkreten Schadensermittlung oder subjektiven Elementen wie Kenntnis oder Irrtum) stellt sich die Frage, inwieweit diese in Folgeverfahren Wirkung entfalten. Rein individuelle Streitfragen können mangels Breitenwirkung dementsprechend nicht im Rahmen der zivilprozessualen Musterfeststellungsklage geklärt werden (vgl. zu den nicht feststellungsfähigen Fragen → Rn. 31 ff.).[895]

e) Unterschriften

17 Die Richter des Oberlandesgerichts haben nach den allgemeinen Vorschriften das Musterfeststellungsurteil zu unterzeichnen, § 610 Abs. 5 ZPO iVm § 315 ZPO iVm § 122 GVG.

3. Verkündung und Bekanntmachung

18 Die Verkündung des Musterfeststellungsurteils erfolgt grundsätzlich gemäß § 610 Abs. 5 ZPO iVm § 311 Abs. 2 S. 1 ZPO durch **Verlesung der Urteilsformel**. Weniger Relevanz dürfte die Verkündung durch Bezugnahme auf die Urteilsformel gemäß § 610 Abs. 5 ZPO iVm § 311 Abs. 2 S. 2 ZPO haben, da aufgrund der Bedeutung des Musterprozesses häufig mit der Anwesenheit der Parteien zu rechnen sein dürfte.[896]

---

[893] So auch bislang zum KapMuG BGH NZG 2012, 107.
[894] Siehe auch *Schneider* BB 2018, 1986 (1987).
[895] BT-Drs. 19/2507, 16.
[896] Allgemein zu den Modalitäten der Verkündung MüKoZPO/*Musielak* § 311 Rn. 4 f.; Saenger/*Saenger* ZPO § 311 Rn. 3 ff.; Zöller/*Feskorn* ZPO § 311 Rn. 2.

Im Anschluss an die Verkündung ist das Musterfeststellungsurteil nach § 612 Abs. 1 ZPO im Klageregister **öffentlich bekannt zu machen**.[897] Dort sind gemäß § 612 Abs. 2 ZPO auch die Einlegung eines Rechtsmittels sowie der Eintritt der Rechtskraft des Musterfeststellungsurteils bekannt zu geben. Zur effektiven Vorbereitung der Einlegung eines Rechtsmittels dürfte eine zeitnahe Akteneinsicht unmittelbar nach Urteilszustellung ratsam sein.

19

II. Zwischenurteil über die Zulässigkeit der Musterfeststellungsklage

Nach § 606 Abs. 1 S. 1 ZPO können qualifizierte Einrichtungen mit der Musterfeststellungsklage das Vorliegen oder Nichtvorliegen von *„tatsächlichen und rechtlichen Voraussetzungen für das Bestehen oder Nichtbestehen von Ansprüchen oder Rechtsverhältnissen (Feststellungsziele) zwischen Verbrauchern und einem Unternehmer begehren"*. In diesem Zusammenhang stellt sich – vergleichbar zu den parallelen Streitpunkten im KapMuG – die Frage, inwieweit bestimmte Feststellungsanträge als unzulässig abzuweisen sind. Über solche unzulässigen Anträge kann das Gericht **zur Verfahrensbeschleunigung** auch mit einem **Zwischenurteil** entscheiden (→ § 6 Rn. 24). Eine Abweisung als unzulässig kommt im Bereich der zivilprozessualen Musterfeststellungsklage nicht nur im Bereich der Klagebefugnis der qualifizierten Einrichtung in Betracht, sondern auch im Hinblick auf die Musterverfahrensfähigkeit der beantragten Feststellungsziele oder bei fehlendem Feststellungsinteresse.[898]

20

1. Anwendungsbereich eines Zwischenurteils

Zwischenurteile können nach allgemeinen Grundsätzen nicht über den Streitgegenstand selbst, sondern allein über **prozessuale Vorfragen** ergehen, § 303 ZPO. Durch eine solche Vorabentscheidung soll das Verfahren beschleunigt und auf die wesentlichen offenen Themen konzentriert werden.[899] Eine besondere Ausprägung des Zwischenurteils ist das **Zwischenurteil über die Zulässigkeit der Klage** nach § 280 ZPO.[900] Das Zwischenurteil über die Zulässigkeit ist nach § 280 Abs. 2 S. 1 ZPO wie ein Endurteil anfechtbar und auch der materiellen Rechtskraft fähig.[901] Eine vergleichbare Regelung besteht auch für das **Zwischenurteil über den Anspruchsgrund nach § 304 ZPO**.

21

Im Hinblick auf den zivilprozessualen Grundsatz der **Verfahrensbeschleunigung** kann es sich insbesondere im Rahmen der Durchführung des Musterfeststellungsverfahrens anbieten, ein Zwischenurteil zu erlassen (→ § 6 Rn. 18 ff.). Ein Zwischenurteil kann dazu dienen, den Verfahrensstoff abzuschichten und den Streitstoff geordnet abzuhandeln. Hierdurch können sich Arbeitserleichterungen für Gerichte und Parteien er-

22

---

897 Vgl. *Weinland* MFK Rn. 193.
898 Vgl. zum Zwischenurteil *Röthemeyer* HK-MFK § 606 Rn. 74.
899 Siehe zu Zwischenurteilen der Oberlandesgerichts bezüglich der Zeugnisverweigerung unter Hinweis auf die Entscheidung BGH BeckRS 2018, 18950; *Windau*, Keine (Zulassung der) Rechtsbeschwerde gegen Zwischenurteile eines Oberlandesgerichts, abrufbar unter http://www.zpoblog.de/zwischenurteil-oberlandesgericht-rechtsbeschwerde-kapmug-musterfeststellungsklage/ (zuletzt abgerufen am 19.10.2018), welcher darauf hinweist, dass sich die Thematik ggfs. auch im Rahmen von § 142 Abs. 2 ZPO stellen kann.
900 So auch *Weinland* MFK Rn. 60f.
901 Vgl. BeckOK ZPO/*Bacher* § 280 Rn. 1 f.; Musielak/Voit/*Foerste* ZPO § 280 Rn. 1; Zöller/*Feskorn* ZPO § 280 Rn. 1.

geben und gegebenenfalls überflüssige Streitpunkte vermieden werden. Insoweit handelt es sich um ein Mittel zur **Konzentration des Prozessstoffs**.[902]

2. Zulässigkeitsvoraussetzungen

23 Im Rahmen der Zulässigkeit der Musterfeststellungsklage kann das Vorliegen diverser Sachurteilsvoraussetzungen zwischen den Parteien streitig sein. Im Folgenden werden Unzulässigkeitsgründe im Musterverfahren behandelt, welche in der Praxis potentiell zu Streit führen können und für die sich der Erlass eines Zwischenurteils erwägen lässt.

a) Klagebefugnis einer qualifizierten Einrichtung

24 Nach § 606 Abs. 1 S. 2 ZPO muss ein klagender Verband die Voraussetzungen einer sog qualifizierten Einrichtung erfüllen (→ § 2 Rn. 2 ff.). Nach dieser Vorschrift muss die **qualifizierte Einrichtung** insbesondere:

1. als Mitglieder mindestens zehn Verbände, die im gleichen Aufgabenbereich tätig sind, oder mindestens 350 natürliche Personen haben (§ 606 Abs. 1 S. 2 Nr. 1 ZPO),
2. mindestens vier Jahre in der Liste nach § 4 des UKlaG oder dem entsprechenden Verzeichnis der Europäischen Kommission eingetragen sein (§ 606 Abs. 1 S. 2 Nr. 2 ZPO),
3. in Erfüllung ihrer satzungsmäßigen Aufgaben Verbraucherinteressen weitgehend durch nicht gewerbsmäßige, aufklärende oder beratende Tätigkeiten wahrnehmen (§ 606 Abs. 1 S. 2 Nr. 3 ZPO),
4. Musterfeststellungsklagen nicht zum Zwecke der Gewinnerzielung erheben (§ 606 Abs. 1 S. 2 Nr. 4 ZPO) und
5. nicht mehr als 5 Prozent ihrer finanziellen Mittel durch Zuwendungen von Unternehmen beziehen (§ 606 Abs. 1 S. 2 Nr. 5 ZPO).[903]

25 Das Oberlandesgericht kann im Fall ernsthafter Zweifel an den Voraussetzungen nach § 606 Abs. 1 S. 2 Nr. 4 oder 5 ZPO vom Kläger die **Offenlegung der finanziellen Mittel** verlangen. Hinsichtlich Verbraucherzentralen und anderer Verbraucherverbände, die überwiegend mit öffentlichen Mitteln gefördert werden, wird nach § 606 Abs. 1 S. 4 ZPO unwiderleglich vermutet, dass diese die og Voraussetzungen erfüllen (→ § 2 Rn. 7 sowie § 3 Rn. 33).

26 Soweit diese Voraussetzungen nicht erfüllt sind, ist die betreffende Musterfeststellungsklage insgesamt als unzulässig abzuweisen. Soweit nach § 610 Abs. 2 ZPO iVm § 147 ZPO die Klagen mehrerer Verbände gemeinsam verhandelt werden, sind – sofern die Voraussetzungen einer qualifizierten Einrichtung nicht vorliegen – die Anträge der entsprechenden Klägerin ggf. jeweils durch Teilurteil als unzulässig abzuweisen. Gemäß § 606 Abs. 2 Nr. 1 ZPO muss die Klageschrift die erforderlichen Angaben und Nachweise zur Prüfung durch das Gericht und den Beklagten enthalten.

---

902 BeckOK ZPO/*Elzer* § 303 Rn. 1; Musielak/Voit/*Foerste* ZPO § 280 Rn. 1; MüKoZPO/*Prütting* § 280 Rn. 1.
903 Siehe auch *Röthemeyer* HK-MFK § 606 Rn. 27 ff., *Weinland* MFK Rn. 45.

b) Glaubhaftmachung der Betroffenheit von mindestens zehn Verbrauchern

Nach § 606 Abs. 3 Nr. 2 ZPO ist eine Musterfeststellungsklage nur zulässig, wenn dargelegt wird, dass von den Feststellungszielen eine ausreichende Anzahl von Ansprüchen oder Rechtsverhältnissen von Verbrauchern abhängen (sog **Breitenwirkung**) (→ § 3 Rn. 44). In diesem Zusammenhang muss die klagende qualifizierte Einrichtung glaubhaft machen, dass von den in der Musterfeststellungsklage verhandelten Feststellungszielen die Ansprüche oder Rechtsverhältnisse von **mindestens zehn Betroffenen** abhängen.[904] Die Auswahl der zehn Betroffenen obliegt der qualifizierten Einrichtung. Die Substantiierung dieses Zulässigkeitserfordernisses hat nach §§ 606 Abs. 2 S. 3 ZPO iVm § 253 Abs. 2 ZPO zu erfolgen.[905] Diese Betroffenheit muss für jedes einzelne Feststellungsziel vorliegen.[906] 27

Besonderes Augenmerk ist auf das Vorbringen zu den ausgewählten zehn Verbrauchern zu legen und zu prüfen, ob tatsächlich glaubhaft gemacht wird, dass deren Ansprüche oder Rechtsverhältnisse von den vom klagenden Verband begehrten Feststellungszielen abhängen. 28

c) Wirksame Anmeldung von mindestens 50 Verbrauchern im Klageregister

Binnen zwei Monaten ab öffentlicher Bekanntmachung müssen sodann mindestens 50 betroffene Verbraucher ihre Ansprüche wirksam zum Klageregister angemeldet haben, § 606 Abs. 3 Nr. 3 ZPO. Die Anmeldung ist durch das Oberlandesgericht mittels Einsicht in das Klageregister nachzuprüfen (→ § 3 Rn. 44). Falls die Zahl der angemeldeten Verbraucher nach Ablauf der Zwei-Monatsfrist unter 50 sinkt, hat dies nach der Gesetzesbegründung[907] auf die Zulässigkeit der Musterfeststellungsklage keine Auswirkung (→ § 6 Rn. 22). 29

Ungeachtet der Abstraktheit der Musterfeststellungsziele und der fehlenden Beteiligung der betroffenen angemeldeten Verbraucher am Musterverfahren kann angesichts der klaren gesetzlichen Vorgaben – anders als etwa im KapMuG-Verfahren – eine Darlegung der einzelnen Lebenssachverhalte der angemeldeten Verbraucher in der Klageschrift nicht unterbleiben. Ein bloßer Verweis auf die Angaben des Klageregisters dürfte insoweit nicht ausreichen. Vielmehr müssen die Ausführungen des Musterklägers sowie die Angaben im Klageregister derart substantiiert sein, dass das Gericht und das musterbeklagte Unternehmen nachvollziehen und prüfen können, ob die individuellen Fälle tatsächlich unter den von dem Musterkläger behaupteten Sachverhalt fallen.[908] 30

d) Musterverfahrensfähigkeit der Feststellungsziele

Der Feststellungsantrag muss die nach § 606 Abs. 1 S. 1 ZPO begehrten Feststellungsziele enthalten. In diesem Zusammenhang sind sämtliche zur Begründung des Feststellungsziels dienenden tatsächlichen und rechtlichen Angaben zu machen und 31

---

904 Vgl. hierzu auch kritisch *Schäfer/Gurkmann* KAS 2018, 46 (68, 70) sowie *Waclawik* NJW 2018, 2921 (2923).
905 Zurückhaltend *Röthemeyer* HK-MFK § 606 Rn. 68; allgemein zu den Substantiierungserfordernissen bei der Klageerhebung BeckOK ZPO/*Bacher* § 253 Abs. 2 Rn. 22 f.
906 Vgl. *Waßmuth/Asmus* ZIP 2018, 657 (659).
907 Vgl. BT-Drs. 19/2507, 20; siehe auch *Röthemeyer* HK-MFK § 606 Rn. 75.
908 Vgl. zu den beschränkten Prüfungsmöglichkeiten *Röthemeyer* HK-MFK § 606 Rn. 72.

§ 8 Verfahrensbeendigung durch Urteil

die entsprechenden Beweismittel anzugeben.[909] Als Feststellungsziele kommen nach der **Legaldefinition in § 606 Abs. 1 S. 1 ZPO** das Vorliegen der *„tatsächlichen und rechtlichen Voraussetzungen für das Bestehen oder Nichtbestehen von Ansprüchen oder Rechtsverhältnissen"* in Betracht. Hiervon dürfte sowohl das Vorliegen einzelner Tatsachen als auch rechtlicher Tatbestandsmerkmale umfasst sein.[910]

32 Nach der Systematik der Musterfeststellungsklage als Musterverfahren kommen – parallel zum kapitalanlegerrechtlichen Musterverfahren des KapMuG – nur solche Feststellungsziele in Betracht, die über den Mustersachverhalt hinaus **Bedeutung für eine Vielzahl von Einzelfällen** haben (sog **Breitenwirkung**). Anhalts- und Ausgangspunkt für diese Beurteilung kann die Rechtsprechung des Bundesgerichtshofs zu der Reichweite der **Bindungswirkung von Musterentscheiden nach dem KapMuG** sein, die – nach sorgfältiger Prüfung der unterschiedlichen Definitionen der Feststellungsziele in § 606 Abs. 1 S. 1 ZPO und § 2 Abs. 1 S. 1 KapMuG – im Grundsatz überwiegend auf die zivilprozessuale Musterfeststellungsklage nach § 606 ZPO übertragbar sein dürfte.[911]

aa) Fehlende Musterverfahrensfähigkeit aufgrund individueller Typizität

33 Aufgrund der Konzeption des Musterfeststellungsverfahrens als Instrument des kollektiven Rechtsschutzes ist ein Feststellungsziel dann nicht zulässig, wenn dieses der Natur der Sache nach nicht auf eine Vielzahl von Fällen übertragbar ist (sog **Merkmale individueller Typizität**).[912] Die generelle Übertragbarkeit der begehrten Feststellungen soll abstrakt sicherstellen, dass es sich um potentiell im Individualverfahren entscheidungserhebliche Feststellungen handelt.[913] Insoweit fehlt es an der erforderlichen Breitenwirkung, falls es sich um nicht übertragbare Individualelemente handelt.[914] Dies ist in jedem Einzelfall zu prüfen (→ § 3 Rn. 45 ff.). In derartigen Fällen ist das entsprechende Feststellungsziel unstatthaft und als unzulässig abzuweisen.

bb) Fehlende Musterverfahrensfähigkeit von Feststellungen zu Kausalität und Schaden

34 Im Rahmen des KapMuG ist ganz überwiegend anerkannt, dass Feststellungen zur **Kausalität** zwischen Pflichtwidrigkeit einerseits und eingetretenem Schaden andererseits nicht von der Bindungswirkung erfasst werden und daher keine Bedeutung für Individualprozesse von Verbrauchern haben.[915] Gleiches gilt auch für den konkreten **Schadenseintritt und -umfang**, welcher ebenfalls individuell für jeden einzelnen Betroffenen zu bestimmen ist.[916] Im Hinblick auf die Anlehnung der zivilprozessualen Musterfeststellungsklage an das KapMuG-Musterverfahren und die konzeptionelle Ähnlichkeit der Definition der Feststellungziele in beiden Regelungsinstrumenten

---

909 Zur Tatsachenfeststellung im Musterfeststellungsverfahren *Beck* ZIP 2018, 1915 (1917 ff.).
910 Zum Begriff *Weinland* MFK Rn. 63 f.; vgl. zum KapMuG-Verfahren Wieczorek/Schütze/*Großerichter* KapMuG § 2 Rn. 10 ff.; Kölner Komm KapMuG/*Kruis* § 2 Rn. 39.
911 So auch die Stellungnahme des DeutschenAnwaltVereins, Nr. 14/2017, 7; vgl. auch schon BT-Drs. 19/2439, S. 22: „Die Ausrichtung des Streitgegenstands auf Feststellungsziele ist an die Regelung in § 2 Absatz 1 KapMuG angelehnt".
912 So zB für das KapMuG Wieczorek/Schütze/*Großerichter* KapMuG § 2 Rn. 16; Kölner Komm KapMuG/ *Kruis* § 2 Rn. 32 jeweils mwN; vgl. hierzu auch *Röthemeyer* HK-MFK § 606 Rn. 18.
913 Wieczorek/Schütze/*Großerichter* KapMuG § 2 Rn. 15; Kölner Komm KapMuG/*Kruis* § 2 Rn. 23.
914 Vgl. zur Musterverfahrensfähigkeit *Weinland* MFK Rn. 65 ff.
915 BGH NZG 2008, 593; WM 2008, 124.
916 Siehe zum Musterverfahren nach dem KapMuG BGH NZG 2008, 592 (Ls. 4 und 594).

sollten diese Erwägungen auch im Rahmen der zivilprozessualen Musterfeststellungsklage Anwendung finden. Eine gerichtliche Klärung dieser Fragen wird allein im Folgeverfahren erfolgen können (Folgeverfahren → § 11 Rn. 29 ff.).

cc) Fehlende Musterverfahrensfähigkeit von Feststellungen zu Verjährung und Verwirkung

Weitere typischerweise individuelle Umstände, die nicht kollektiv und ohne Betrachtung des Einzelfalls entschieden werden können, sind beispielsweise Fragen der **Verjährung**[917] oder **Verwirkung**.[918] Hier werden regelmäßig individuelle, in der Person des Anspruchsinhabers verwirklichte Faktoren relevant, wie beispielsweise die Kenntnis oder die grob fahrlässige Unkenntnis des Anspruchs.[919] Umgekehrt können allgemein bekannte Sachverhalte, wie zB das Vorhandensein öffentlicher Bekanntmachungen oder Pressemitteilungen grundsätzlich feststellungsfähig sein.[920] Inwieweit letztlich individuelle Fragen von dem konkreten Feststellungsziel umfasst sind, dürfte von der Betrachtung des jeweiligen Einzelfalls abhängen. Eine abschließende Entscheidung über diese Einwendungen dürfte dem Folgeverfahren vorbehalten bleiben (siehe hierzu im Rahmen der Folgeverfahren → § 11 Rn. 29 ff.).

35

dd) Musterverfahrensfähigkeit von Rechtsfragen?

Für die Musterverfahrensfähigkeit von Rechtsfragen findet sich eine eigene Definition in § 2 Abs. 1 S. 1 KapMuG (*"oder die Klärung von Rechtsfragen"*).[921] Trotz der anderen Formulierung in § 606 Abs. 1 S. 1 ZPO (*"tatsächlichen und rechtlichen Voraussetzungen"*) soll im zivilprozessualen Musterfeststellungsverfahren nach der Gesetzesbegründung grundsätzlich auch die **Klärung von Rechtsfragen** möglich sein.[922] Nach dem Wortlaut der gesetzlichen Vorschrift muss es sich um die *"rechtlichen Voraussetzungen"* eines Anspruchs oder Rechtsverhältnisses handeln. Die Klärung abstrakter Rechtsfragen ohne Bezug zur Entscheidung des Mustersachverhalts dürfte hingegen keine Grundlage im Wortlaut des § 606 Abs. 1 S. 1 ZPO finden.[923] Diese Lesart steht auch in Einklang mit der überwiegenden Praxis zum KapMuG. Dort wird eine feststellungsfähige Rechtsfrage **nicht als abstrakte Rechtsfrage ohne Entscheidungsbezug**, sondern nur als relevante Klärung eines Teils einer Rechtsstreitigkeit zugelassen.

36

---

917 Siehe hierzu *Schweiger/Meißner* CB 2018, 240 (243).
918 BGH WM 2008, 1353; Vgl. zum gesamten Themenkomplex unter dem KapMuG .MAH BankR/*Frhr. von Buttlar* § 8 Rn. 657 mwN.
919 BGH NJW 2015, 236.
920 *Lutz* Stellungnahme für den Deutschen Bundestag vom 8. Juni 2018, 9 (abrufbar unter: https://www.bundestag.de/blob/559384/0f4950431726f7ebbf31cc980c1a3f60/lutz-data.pdf; zuletzt abgerufen am 19.10.2018).
921 Siehe zur Rechtskraftwirkung und Bindungswirkung von Rechtsfragen im Rahmen des KapMuG-Verfahrens Wieczorek/Schütze/*Kruis* KapMuG § 22 Rn. 56 f.; zur Frage der Klärung europarechtlicher Vorschriften vgl. Wieczorek/Schütze/*Großerichter* KapMuG § 2 Rn. 6 mwN.
922 BT-Drs. 19/2439, 22: „*Über § 256 ZPO hinaus können dabei auch einzelne Elemente oder Vorfragen eines Rechtsverhältnisses oder einer Anspruchsgrundlage festgestellt werden. Des Weiteren können reine Rechtsfragen mit Bedeutung für eine Vielzahl von betroffenen Rechtsverhältnissen geklärt werden. Dies dient insoweit nicht zuletzt der Fortentwicklung des Rechts.*"; vgl. *Waßmuth/Asmus* ZIP 2018, 657 (658) zum Diskussionsentwurf des BMJV.
923 So auch *Waclawik* NJW 2018, 2921 (2922).

Dementsprechend kann nicht die Feststellung eines Anspruchs selbst, sondern nur von dessen Voraussetzungen begehrt werden (→ § 3 Rn. 46 ff.).[924]

37 Dagegen dürfte die **Klärung von Fragen verfahrensrechtlicher Natur** nach dem Wortlaut des § 606 Abs. 1 S. 1 ZPO zwar nicht grundsätzlich ausscheiden. Im Einzelfall ist aber sehr sorgfältig zu prüfen, inwieweit die konkrete Rechtsfrage tatsächlich eine rechtliche Voraussetzung für das Bestehen oder Nichtbestehen von Ansprüchen oder Rechtsverhältnissen im Sinne des Wortlauts von § 606 Abs. 1 S. 1 ZPO ist. Vor diesem Hintergrund verbleibt nur ein eingeschränkter Anwendungsbereich zur Klärung verfahrensrechtlicher Streitfragen.

III. Wirkungen des Musterfeststellungsurteils

38 Hinsichtlich der Wirkungen des Musterfeststellungsurteils lassen sich die Rechtskraftwirkung zwischen den Verfahrensparteien (siehe nachfolgend 1.), die Bindungswirkung zwischen dem beklagten Unternehmen und den angemeldeten Verbrauchern (siehe nachfolgend 2. → Rn. 46 ff. und 3. → Rn. 73 ff.) sowie eine etwaige faktische Bedeutung jenseits des von der Bindungswirkung umfassten Personenkreises unterscheiden (siehe nachfolgend 4. → Rn. 85 f.).

1. Rechtskraftwirkung des Musterfeststellungsurteils
a) Allgemeine zivilprozessuale Grundsätze

39 Eine ausdrückliche Anordnung der Rechtskraftwirkung, wie etwa für Musterentscheide nach dem KapMuG,[925] findet sich in den §§ 606 ff. ZPO nicht. Dies ist allerdings vor dem Hintergrund der Einbettung der Musterfeststellungsklage in das Klagesystem der ZPO[926] konsequent. Die **Reichweite der Rechtskraft** bezüglich des Streitgegenstandes ist daher nach den allgemeinen Grundsätzen der Zivilprozessordnung zu bestimmen.[927]

40 Die Rechtskraft erstreckt sich nach dem herrschenden Verständnis von § 322 ZPO nur auf die **Urteilsformel**, nicht hingegen auf einzelne Tatbestandselemente der anspruchsbegründenden Normen und auch nicht auf die tatsächlichen Feststellungen des Urteils.[928] Nur wenn die Urteilsformel allein nicht ausreicht, um den Inhalt und die Reichweite der Entscheidung zu erfassen, können **subsidiär Tatbestand und Entscheidungsgründe** und ggf. auch das Parteivorbringen ergänzend herangezogen werden.[929] In diesem Zusammenhang ist allerdings als Besonderheit des Musterfeststellungsurteils zu beachten, dass auch tatsächliche Feststellungen zu den Feststellungszielen und somit dem Streitgegenstand gehören können (vgl. § 606 Abs. 1 S. 1 ZPO) und insoweit der Rechtskraft fähig sind.

---

924 Vgl. *Röthemeyer* HK-MFK § 606 Rn. 8; zum KapMuG-Verfahren BGH WM 2008, 1353; Vorwerk/Wolf/ Lange Einl. Rn. 28.
925 Gemäß § 22 Abs. 2 KapMuG ist der Beschluss der Rechtskraft insoweit fähig, als über die Feststellungsziele des Musterverfahrens entschieden ist.
926 Vgl. BT-Drs. 19/2439, S. 15 f.
927 Zur eindeutigen Entscheidung des Gesetzgebers zur subsidiären Anwendung der Vorschriften der ZPO vgl. BT-Drs. 19/2439, S. 16.
928 Vgl. BGH NJW 2008, 2716.
929 Vgl. BGH NJW 2008, 2716 (2717); Musielak/Voit/*Musielak* ZPO § 322 Rn. 57; Saenger/*Saenger* ZPO § 322 Rn. 22.

b) Sachliche und persönliche Reichweite

Ein **positives Feststellungsurteil** stellt grundsätzlich das Bestehen des betreffenden Anspruchs oder Rechtsverhältnisses fest. Im Fall der Klageabweisung wird das Nichtbestehen des Rechtsverhältnisses festgestellt.[930] Ein **negatives Feststellungsurteil** stellt umgekehrt das Nichtbestehen des Rechtsverhältnisses fest. Im Fall der Abweisung einer negativen Feststellungsklage als unbegründet wird grundsätzlich inzident das Bestehen des Rechtsverhältnisses festgestellt. Die genaue Reichweite der Rechtskraft ist in diesem Fall durch Auslegung der Entscheidungsgründe zu ermitteln.[931]

41

In diesem Zusammenhang ist zu betonen, dass nach allgemeinen Grundsätzen die Rechtskraft unmittelbar nur Wirkung für die an dem Verfahren **beteiligten Musterverfahrensparteien** hat. Der Verband kann mithin nach rechtskräftigem Abschluss des Musterverfahrens nicht später erneut Feststellung derselben Feststellungsziele und Lebenssachverhalte begehren. Die Rechtskraft entfaltet dementgegen keine Wirkung gegenüber den an dem Musterverfahren nicht beteiligten Verbrauchern. Diese können allein von einer Bindungswirkung betroffen sein.[932]

42

c) Sperrwirkung eines rechtskräftigen Musterfeststellungsurteils gegen spätere Klagen durch qualifizierte Einrichtungen

Nicht unproblematisch ist das Verhältnis zu etwaigen Klagen durch andere Verbände nach rechtskräftigem Abschluss des Musterfeststellungsverfahrens. Das Musterfeststellungsurteil steht nach Sinn und Zweck der Vorschriften des sechsten Buches der ZPO einer **später hinsichtlich desselben Lebenssachverhalts und derselben Feststellungsziele erhobenen Musterfeststellungsklage gegen denselben Beklagten** entgegen. Die Ansicht, ein klagebefugter Verband könne eine weitere Musterfeststellungsklage erheben, deren Feststellungsziele denselben zugrunde liegenden Lebenssachverhalt betreffen,[933] dürfte der Konzeption der Musterfeststellungsklage als kollektives Rechtsschutzinstrument nicht gerecht werden.[934] Mangels einschlägiger Rechtskraftvorschriften in den §§ 606 ff. ZPO ist dies aus den Vorschriften zur Rechtshängigkeit herzuleiten. Nach § 610 Abs. 1 S. 1 ZPO kann ab dem Tag der Rechtshängigkeit[935] der Musterfeststellungsklage gegen den Beklagten keine andere Musterfeststellungsklage erhoben werden, soweit deren Streitgegenstand denselben Lebenssachverhalt und dieselben Feststellungsziele betrifft (sog **Sperrwirkung**) (→ § 3 Rn. 63 ff.).

43

Wie weit diese Sperrwirkung in der Praxis tatsächlich gehen wird, ist nicht vollständig klar. Denn die Regelung zur Sperrwirkung unterlag bis zum Erlass des Gesetzes mehreren Änderungen. Ursprünglich sollte die Sperrwirkung andere Musterfeststel-

44

---

930 BeckOK ZPO/*Gruber* § 322 Rn. 51; Saenger/*Saenger* ZPO § 322 Rn. 37; MüKoZPO/*Gottwald* § 322 Rn. 180.
931 BGH NJW 1983, 2032 (2033); NJW 1986, 2508 (2509); MüKoZPO/*Gottwald* § 322 Rn. 181; Zöller/*Schultzky* ZPO § 311 Rn. 11; kritisch aber iErg zustimmend Musielak/Voit/*Musielak* ZPO § 322 Rn. 61 f.
932 AA möglicherweise *Geissler* GWR 2018, 189 (191): dort wird ohne weitere Differenzierung zwischen Rechtskraft und Bindungswirkung ausgeführt, dass „*sich die Rechtskraft auf die Verbraucher, die einen entsprechenden Anspruch angemeldet haben* [erstreckt]".
933 So *Schweiger/Meißner* CB 2018, 241 (246).
934 So auch *Röthemeyer* HK-MFK § 606 Rn. 81; § 610 Rn. 17.
935 Vgl. *Waclawik* NJW 2018, 2921 (2923).

lungsklagen erfassen, deren Feststellungsziele den „*gleichen*"[936] Lebenssachverhalt betreffen. Später wurden daraus Klagen, deren Feststellungsziele „*denselben*"[937] zugrunde liegenden Lebenssachverhalt betreffen. Schon früh gab es Kritik, dass diese Formulierung zu erheblicher Rechtsunsicherheit bei der Frage führe, ob bereits vorhandene Literatur und Rechtsprechung, die sich mit der Auslegung des „*gleichen*" zugrunde liegenden Lebenssachverhalts nach § 204 Abs. 1 Nr. 6a BGB beschäftigt hatte, übertragbar sei.[938] Nach allen Entwürfen hätte die Sperrwirkung des § 610 Abs. 1 ZPO jedenfalls auch dann gegolten, wenn *andere* Feststellungsziele im Rahmen *desgleichen* bzw. *desselben* Lebenssachverhalts beabsichtigt werden.[939] Erst auf Beschlussempfehlung des Ausschusses für Recht und Verbraucherschutz wurde die Sperrwirkung auf solche Musterfeststellungsklagen begrenzt, die **sowohl** „*denselben Lebenssachverhalt*" **als auch** „*dieselben Feststellungsziele*"[940] betreffen. Dies wird aber kritisiert, da der Gesetzgeber dadurch einen fehlgehenden Anreiz geschaffen habe, bewusst von vornherein nicht alle Feststellungsziele in einer Musterfeststellungsklage abzuhandeln, sondern mehrere Musterfeststellungsverfahren mit unterschiedlichen Feststellungszielen hintereinanderzuschalten.[941] Es bleibt auch abzuwarten, wie die gerichtliche Praxis mit teilweise überlappenden Musterfeststellungsklagen umgehen wird.

45 Nach § 610 Abs. 1 S. 2 ZPO entfällt die Sperrwirkung für weitere Musterfeststellungsklagen gemäß § 610 Abs. 1 S. 1 ZPO erst, wenn die zunächst eingereichte Musterfeststellungsklage **ohne Entscheidung in der Sache** beendet wird. Wird im Umkehrschluss die zuerst eingereichte Musterfeststellungsklage mit rechtskräftigem Musterfeststellungsurteil beendet, besteht die Sperrwirkung für weitere Musterfeststellungsklagen auch nach rechtskräftiger Entscheidung fort. Für diese Lösung spricht nicht nur der Wortlaut des § 610 Abs. 1 S. 1 ZPO, sondern auch die Gesetzesbegründung, wonach die erzeugte Sperrwirkung auch nach rechtskräftigem Abschluss des Musterfeststellungsverfahrens erhalten bleibt.[942]

---

936 So der Diskussionsentwurf des BMJV „Entwurf eines Gesetzes zur Einführung einer Musterfeststellungsklage" vom 31. Juli 2017, 4 (damals noch § 611 Abs. 1 ZPO-E), abrufbar unter https://www.bmjv.de/SharedDocs/Gesetzgebungsverfahren/Dokumente/DiskE_Musterfeststellungsklage.pdf;jsessionid=AF06E-A696C45735B39474B5D51742F9B.2_cid334?__blob=publicationFile&v=3 (zuletzt abgerufen: 19.10.2018).
937 So der Gesetzesentwurf der Bundesregierung vom 4. Juni 2018, BT-Drs. 19/2439, sowie der gleichlautende Gesetzesentwurf der Fraktionen der CDU/CSU und SPD vom 5. Juni 2018, BT-Drs. 19/2507.
938 *Balke/Liebscher/Steinbrück* ZIP 2018, 1321 (1329).
939 Vgl. *Waßmuth/Asmus* ZIP 2018, 657 (663).
940 Vgl. Beschlussempfehlung und Bericht des Ausschusses für Recht und Verbraucherschutz (6. Ausschuss) vom 13. Juni 2018, BT-Drs. 19/2741. Der Ausschuss führt dazu in seiner Begründung (S. 25) aus: „*Nach dem Fraktionsentwurf kann dann, wenn bereits eine Musterfeststellungsklage erhoben wurde, keine andere Musterfeststellungsklage mehr erhoben werden, wenn die Feststellungsziele denselben zugrunde liegenden Lebenssachverhalt betreffen. Diese Regelung erscheint zu weitgehend. Denn sie bedeutet, dass der Vortrag eines umfassenden Lebenssachverhalts weitere Musterfeststellungsklagen auch dann blockieren kann, wenn der entsprechende Feststellungsantrag eng gefasst ist. Um diese Folge zu vermeiden, verlangt nunmehr Absatz 1, dass der Streitgegenstand denselben Lebenssachverhalt und dieselben Feststellungsziele betrifft*".
941 So *Balke/Liebscher/Steinbrück* ZIP 2018, 1321 (1329).
942 BT-Drs. 19/2439, 26 f.: „*Diese Sperrwirkung bleibt auch nach rechtskräftigem Abschluss des Musterfeststellungsverfahrens erhalten. Sie entfällt nur dann, wenn die Musterfeststellungsklage ohne Entscheidung in der Sache beendet wird, zum Beispiel wenn sie als unzulässig verworfen, zurückgenommen oder übereinstimmenden für erledigt erklärt wird*". Zur Frage der Sperrwirkung eines Vergleichs *Röthemeyer* HK-MFK § 610 Rn. 20 f.

III. Wirkungen des Musterfeststellungsurteils

2. Bindungswirkung für angemeldete Verbraucher

Da es sich bei der zivilprozessualen Musterfeststellungsklage um ein neu eingefügtes Instrument des Kollektivrechtsschutzes handelt, stellt sich im Rahmen der praktischen Handhabung die Frage nach der persönlichen und sachlichen Reichweite der Bindungswirkung einer Entscheidung des Oberlandesgerichts (→ 47 ff., → 51 ff.) sowie deren Rechtsnatur (→ Rn. 65 ff.).

46

a) Persönliche Reichweite der Bindungswirkung

Voraussetzung für den Eintritt der Bindungswirkung ist, dass der Betroffene seinen Anspruch oder sein Rechtsverhältnis wirksam **angemeldet**, §§ 606 Abs. 1, 608 ZPO, und er die **Anmeldung nicht frist- und formgerecht zurückgenommen** hat, § 613 Abs. 1 S. 2 Nr. 1 ZPO (sog **Opt-In**).[943] Im Unterschied zur üblichen Rechtskraftwirkung für die Prozessbeteiligten gemäß § 322 ZPO erfasst die Bindungswirkung in persönlicher Hinsicht die angemeldeten Verbraucher, die nicht Prozessparteien des Musterverfahrens sind, vgl. § 613 Abs. 1 ZPO. Die persönliche Reichweite der gesetzlichen Bindungswirkung erstreckt sich nur auf Verbraucher iSv § 29 c Abs. 2 ZPO. Der Verbraucher muss sich nicht explizit auf die Bindungswirkung berufen, wie es noch der Diskussionsentwurf gemäß § 614 Abs. 1 ZPO-E vorgesehen hatte.[944]

47

Die Bindungswirkung tritt **unabhängig** davon ein, ob der Betroffene bereits **vor der Bekanntmachung** der Musterfeststellungsklage im Klageregister einen **Individualprozess initiiert** hatte oder nicht.

48

Eine Einschränkung der persönlichen Reichweite der Bindungswirkung entsteht durch die Möglichkeit der **wirksamen Rücknahme der Anmeldung**, § 613 Abs. 1 S. 2 ZPO. Dafür muss die Rücknahme der Anmeldung gegenüber dem Bundesamt für Justiz in Textform erklärt werden, § 608 Abs. 4 ZPO. Für die Erklärung selbst gelten die allgemeinen Voraussetzungen einer Willenserklärung. Insbesondere ist ein Anwaltszwang nach der Begründung des Regierungsentwurfes ausdrücklich nicht vorgesehen.[945] Allerdings kann die Rücknahme der Anmeldung gemäß § 608 Abs. 1 ZPO nur **bis zum Ablauf des Tages der ersten mündlichen Verhandlung** erklärt werden.

49

Die angemeldeten Verbraucher sind an das Urteil gebunden, **ohne** dass ihnen **umfassende Beteiligungs- und Informationsrechte** wie den Parteien zustehen[946] (→ § 2 Rn. 12 ff.; → § 6 Rn. 6, 39). Denn die Verbraucher erlangen – im Unterschied zu den

50

---

943 Vgl. *Röthemeyer* HK-MFK § 613 Rn. 3 ff.
944 DiskE des BMJV „Entwurf eines Gesetzes zur Einführung einer Musterfeststellungsklage" vom 31. Juli 2017, 5, abrufbar unter https://www.bmjv.de/SharedDocs/Gesetz gebungsverfahren/Dokumente/DiskE_Musterfeststellungsklage.pdf;jsessionid=AF06EA696 C45735B39474B5D51742F9B.2_cid334?__blob=publicationFile&v=3 (zuletzt abgerufen: 19.10.2018), hiernach lautete § 614 Abs. 1 ZPO RefE wie folgt: „*Das rechtskräftige Musterfeststellungsurteil bindet das zur Entscheidung einer Streitigkeit zwischen einem Anmelder und dem Beklagten berufene Gericht, soweit die Entscheidung von den Feststellungszielen abhängt, wenn sich der Anmelder auf die Bindungswirkung des Musterfeststellungsurteils beruft. Dies gilt nicht, wenn der Anmelder 1. seine Anmeldung gemäß § 609 Absatz Abs. 3 Satz 1 zurückgenommen hat oder 2. nach Bekanntmachung der Angaben zur Musterfeststellungsklage im Klageregister eine Klage gegen den Beklagten des Musterfeststellungsverfahrens erhoben hat, die den gleichen zugrunde liegenden Lebenssachverhalt wie die Musterfeststellungsklage betrifft*".
945 BT-Drs. 19/2439, 17 und 25.
946 Zur passiven Rolle des Anmelders *Röthemeyer* HK-MFK § 606 Rn. 59.

Anlegern nach dem KapMuG[947] – gerade keine formale Stellung als Beteiligte des Musterverfahrens. Die Beteiligungsrechte stehen prozessual allein dem klagenden Verband zu, welchem es obliegt, die Interessen der angemeldeten Verbraucher wahrzunehmen. Der in der Zivilprozessordnung geltende Beibringungs- und Verhandlungsgrundsatz wird gleichwohl nicht eingeschränkt (→ § 6 Rn. 68 ff.).[948] Auch der Anspruch auf rechtliches Gehör dürfte im Ergebnis nicht verletzt sein,[949] denn die Verbraucher haben die Möglichkeit der Nichtanmeldung oder einer Rücknahme der Anmeldung, so dass sie bis zum Ende der ersten mündlichen Verhandlung über die Bindungswirkung disponieren können. Schließlich würde die Gewährung von umfassenden Beteiligungs- und Informationsrechten den Musterprozess erheblich verzögern, was mit dem Sinn und Zweck der Musterfeststellungsklage nicht vereinbar ist (→ § 6 Rn. 4).

b) Sachliche Reichweite der Bindungswirkung

51 Gemäß § 613 Abs. 1 ZPO bindet das rechtskräftige Musterfeststellungsurteil das zur Entscheidung eines Rechtsstreits zwischen einem wirksam angemeldeten Verbraucher und dem Beklagten berufene Gericht in einem späteren Individualverfahren, soweit die Entscheidung im Individualverfahren die **Feststellungsziele und den Lebenssachverhalt der Musterfeststellungsklage** betrifft. Die Reichweite der Bindungswirkung erstreckt sich in sachlicher Hinsicht demnach auf das Feststellungsziel und auf den Lebenssachverhalt, die nach § 610 Abs. 1 S. 1 ZPO gemeinsam den Streitgegenstand der zivilprozessualen Musterfeststellungsklage bilden. Die Bindungswirkung gilt dabei auch für den Fall der **Klageabweisung**.

52 Im Diskussionsentwurf aus dem Jahr 2017 hatte das Bundesministerium der Justiz und für Verbraucherschutz noch erwogen, dass sich der Verbraucher ausdrücklich auf die Bindungswirkung berufen muss.[950] Der Gesetzgeber hat sich jedoch gegen diese Option entschieden und stattdessen vorgesehen, dass die Bindungswirkung für angemeldete Verbraucher gilt, **unabhängig davon, ob sie sich darauf berufen**.[951] Ziel der umfassenden Bindungswirkung ist es, das Verfahren besonders effizient abzuschließen und die Streitigkeit beizulegen.[952]

---

947 Siehe §§ 9, 14 KapMuG: die Anleger sind als Beigeladene auch Beteiligte des Musterverfahrens und dürfen als solche in gewissem Umfang Prozesshandlungen vornehmen.
948 Anders die *Bundesrechtsanwaltskammer* Stellungnahme Nr. 32 Oktober 2017 zu Ziffer 6.
949 So iErg der BT-Drs. 19/2439, 28, vgl. auch die Diskussion zu § 22 KapMuG Wieczorek/Schütze/*Kruis* KapMuG § 22 Rn. 48; *Leser* Die Bindungswirkung des Musterentscheids nach dem KapMuG, 48 ff.; siehe zur Thematik vertiefend *Halfmeier/Wimalasena* JZ 2012, 649 (656).
950 DiskE des BMJV „Entwurf eines Gesetzes zur Einführung einer Musterfeststellungsklage" vom 31. Juli 2017, 20 (abrufbar unter https://www.bmjv.de/SharedDocs/Gesetzgebungs; zuletzt abgerufen: 19.10.2018).
951 BT-Drs. 19/2439, 28 (ohne weitere Begründung für diese Alternative).
952 Vgl. BT-Drs. 19/2439, 28: „*Einem Musterfeststellungsurteil kommt gemäß § 613 erhebliche Bedeutung insoweit zu, als die getroffenen Feststellungen für einen Folgerechtsstreit zwischen einem angemeldeten Verbraucher und dem Beklagten der Musterfeststellungsklage Bindungswirkung entfalten (Absatz 1 Satz 1). Dies gilt auch für den Fall, dass die Musterfeststellungsklage abgewiesen wird. Auf diese Weise ist das Verfahren besonders effizient und ermöglicht eine abschließende Beilegung aller Streitigkeiten*".

III. Wirkungen des Musterfeststellungsurteils

aa) Feststellungsziele

Gemäß § 613 Abs. 1 S. 1 ZPO bezieht sich die Bindungswirkung sowohl auf die Feststellungsziele als auch auf den zugrunde liegenden Lebenssachverhalt.[953] Die Regelung des § 606 Abs. 1 ZPO definiert den Begriff der **Feststellungsziele** als „*die Feststellung des Vorliegens oder Nichtvorliegens von tatsächlichen und rechtlichen Voraussetzungen für das Bestehen oder Nichtbestehen von Ansprüchen oder Rechtsverhältnissen*". 53

Mit einer Musterfeststellungsklage können auch **mehrere Feststellungsziele** verfolgt werden,[954] wie dem Wortlaut des § 613 Abs. 1 S. 1 ZPO unmittelbar zu entnehmen ist.[955] Diese Frage war im Rahmen von KapMuG-Verfahren noch umstritten, ist aber vom Gesetzgeber im Bereich der zivilprozessualen Musterfeststellungsklage ausdrücklich geregelt worden. 54

bb) Feststellungsanträge des beklagten Unternehmens?

Zu der Frage, ob auch **Feststellungsziele seitens des beklagten Unternehmens** in das Verfahren eingeführt werden können, enthalten die §§ 606 ff. ZPO keine Regelung.[956] Im Interesse der prozessualen Waffengleichheit und einer möglichst erschöpfenden Behandlung der sich im Rahmen des Musterverfahrens stellenden Themen sind entsprechende Anträge des beklagten Unternehmens zuzulassen (→ § 6 Rn. 65 ff.).[957] Hierfür lässt sich anführen, dass § 606 Abs. 1 S. 1 ZPO ausdrücklich auch die „*Feststellung des Vorliegens oder Nichtvorliegens von tatsächlichen und rechtlichen Voraussetzungen für das Bestehen oder Nichtbestehen von Ansprüchen oder Rechtsverhältnissen*" erlaubt (Hervorhebung durch Verf.).[958] Aus der von dem Gesetzgeber gewählten Formulierung lässt sich entnehmen, dass auch die Musterfeststellungsbeklagte (insbesondere negative) Feststellungsziele formulieren kann (→ § 6 Rn. 66).[959] 55

Praktische Beispiele für solche Anträge finden sich beispielsweise im Bereich der Beweislast oder hinsichtlich des Zeitpunkts des Verjährungsbeginns, soweit nicht auf individuelle Faktoren Bezug genommen wird.[960] 56

Gleichwohl werden auch Bedenken gegen die Zulässigkeit einer solchen **Widerklage** bzw. solchen **Gegenanträgen** geäußert.[961] Das Argument, dass dem beklagten Unter- 57

---

953 Im Rahmen der Einführung des KapMuG war umstritten, ob von der Bindungswirkung gemäß § 22 KapMuG auch der Lebenssachverhalt erfasst sei oder nur die Feststellungsziele; vgl. dazu etwa *Leser* Die Bindungswirkung des Musterentscheids nach dem KapMuG, 168 ff.; *Haufe* KapMuG, 224 ff.
954 Uneinigkeit bestand über diesen Punkt etwa bei der Einführung des KapMuG; vgl. dazu die Neufassung des § 2 KapMuG, vgl. auch Kölner Komm KapMuG/*Kruis* § 2 Rn. 27 mwN und *Wolf/Lange* NJW 2012, 3751 (3752).
955 *Röthemeyer* HK-MFK § 606 Rn. 11.
956 *Meller-Hannich* DB 2018, M4 (M5) schreibt hierzu bspw.: „*offen ist, inwieweit ihm [dem Beklagten] eine Verteidigung oder ein Gegenangriff durch Widerklage mit einem Inhalt, der über das vom Kläger Festgelegte hinausgeht, überhaupt möglich ist.*"; vgl. *Schneider* BB 2018, 1986 (1988).
957 Vgl. *Waßmuth/Asmus*, ZIP 2018, 657 (663); *Schneider* BB 2018, 1986 (1988); kritisch *Balke/Liebscher/Steinbrück* ZIP 2018, 1321 (1328).
958 *Balke/Liebscher/Steinbrück* ZIP 2018, 1321 (1328).
959 Anders *Röthemeyer* HK-MFK § 606 Rn. 9, 52.
960 *Lutz* Stellungnahme für den Deutschen Bundestag vom 8. Juni 2018, (abrufbar unter: https://www.bundestag.de/blob/559384/0f4950431726f7ebbf31cc980c1a3f60/lutz-data.pdf) S. 9 (zuletzt abgerufen: 19.10.2018).
961 *Balke/Liebscher/Steinbrück* ZIP 2018, 1321 (1328); *Waclawik* NJW 2018, 2921 (2926).

nehmen keine Ansprüche gegen den Verband zustehen, dürfte aber nicht verfangen. Denn der klagende Verband macht selbst ebenfalls keine eigenen Ansprüche geltend.

58 Eine weitere offene Frage ist, ob Feststellungsanträge des beklagten Unternehmens auch gegen Dritte möglich sind.[962] Eine **Drittwiderklage** erfordert nach allgemeinen Grundsätzen, dass ein tatsächlich und rechtlich enger Zusammenhang zwischen Klage und Widerklage besteht und zudem keine schutzwürdigen Interessen des Widerbeklagten entgegenstehen (sog Konnexität).[963] Im Hinblick auf den ausschließlichen Gerichtsstand des § 32 c ZPO könnte darüber hinaus zweifelhaft sein, inwieweit eine Drittwiderklage im Musterfeststellungsverfahren überhaupt konzeptionell möglich ist.[964] Gegen einzelne Dritte dürfte eine Bindungswirkung mangels Breitenwirkung nicht zugeschnitten sein, denn die Bindungswirkung nach § 613 ZPO beruht auf dem Konzept der Erstreckung auf eine Vielzahl von Fällen. Ggf. lassen sich durch die Instrumente der **Streitverkündung und Nebenintevention** auch praktisch schon einige Fälle ausreichend lösen.[965] Es wird abzuwarten sein, wie die gerichtliche Praxis mit diesen Fallgestaltungen umgeht. Jedenfalls dürfte eine isolierte Drittwiderklage gegen angemeldete Verbraucher im Hinblick auf die gesetzgeberische Entscheidung zum Verbot einer entsprechenden Streitverkündung (§ 610 Abs. 6 ZPO) ausscheiden (Streitverkündung und Nebenintervention → § 6 Rn. 14 ff.).[966]

cc) Lebenssachverhalt

59 Der **Lebenssachverhalt** wird nach allgemeinen Grundsätzen im Wege einer **natürlichen Betrachtungsweise** bestimmt.[967] Unter den Begriff des Lebenssachverhalts fallen alle Tatsachen, die bei einer natürlichen, vom Standpunkt der Parteien ausgehenden und den Sachverhalt seinem Wesen nach erfassenden Betrachtung zu dem zur Entscheidung gestellten **Tatsachenkomplex** gehören.[968] Die zur Bestimmung des Streitgegenstands ergangene Rechtsprechung[969] dürfte im Grundsatz auf die Musterfeststellungsklage übertragbar sein. Die konkrete Handhabung durch die Oberlandesgerichte in der Praxis der zivilprozessualen Musterfeststellungsklage bleibt abzuwarten.[970]

---

962 *Weinland* MFK Rn. 60 f.
963 *Musielak/Voit/Heinrich* ZPO § 33 Rn. 26 f.; BeckOK ZPO/*Toussaint* § 33 Rn. 11; Saenger/*Bendtsen* ZPO § 33 Rn. 3.
964 Insoweit ließe sich erwägen, ob § 36 Abs. 1 Nr. 3 ZPO in solchen Fallgestaltungen zugunsten des Musterklägers und/oder des Musterfeststellungsbeklagten Anwendung finden kann, vgl. hierzu allgemein Saenger/*Bendtsen* ZPO § 33 Rn. 5 f.
965 Vgl. hierzu *Schneider* BB 2018, 1986 (1993); *Waclawik* NJW 2018, 2921 (2923); *Weinland* MFK Rn. 151.
966 S. auch *Weinland* MFK Rn. 61; vgl. zu den Einschränkungen der Nebenintervention auch *Röthemeyer* HK-MFK § 610 Rn. 58 f.
967 Vgl. BGH NJW 2003, 2317 (2318); NJW 2007, 83 (84); siehe hierzu auch *Schneider* BB 2018, 1986 (1992).
968 BGH NJW 2018, 1259 (1261). Auf die Risiken bei der Antragsformulierung hinweisend *Weinland* MFK Rn. 73.
969 Beispielsweise bilden Ausführungsplanung und Entwurfsplanung sowie Bauüberwachung eines Architekten jeweils verschiedene Lebenssachverhalte, vgl. BGH NJW-RR 2008, 762 (763).
970 Vgl. *Schneider* BB 2018, 1986 (1992).

III. Wirkungen des Musterfeststellungsurteils

dd) Umfang und Grenzen der Bindungswirkung

Der **Umfang der Bindungswirkung** umfasst insbesondere den Tenor und die zugrunde liegenden Tatsachen des Musterfeststellungsurteils.[971] Dass der Tenor einschließlich der Feststellungen bindend ist, kann unmittelbar dem Wortlaut des § 613 Abs. 1 S. 1 ZPO sowie dem Willen des Gesetzgebers[972] entnommen werden. 60

Grundvoraussetzung der Bindungswirkung aus § 613 Abs. 1 ZPO ist, dass die Entscheidung im Individualprozess des angemeldeten Verbrauchers die Feststellungsziele und den Lebenssachverhalt der Musterfeststellungsklage betrifft (**Kongruenz von Muster- und Individualverfahren**). Soweit die Individualklage des angemeldeten Verbrauchers sich nicht mit dem Streitgegenstand des Musterfeststellungsverfahrens deckt, besteht mithin keine Bindungswirkung. Die gerichtliche Bindung hängt folglich zu einem großen Teil davon ab, wie präzise die Formulierung des Streitgegenstands im Musterverfahren erfolgt ist. Vor diesem Hintergrund ist im Folgeverfahren im Rahmen einer Kongruenzprüfung zu ermitteln, ob und wieweit eine Bindungswirkung im Individualverfahren des angemeldeten Verbrauchers besteht.[973] 61

Um die Erfolgsaussichten im Individualprozess zu erhöhen, kann es für den Verbraucher bzw. dessen Prozessvertreter ratsam sein, schon im Verfahrensstadium der Anmeldung Einsicht in das Klageregister zu nehmen und den dort vorgetragenen (§ 607 Abs. 1 Nr. 4 ZPO) Lebenssachverhalt mit dem Vorbringen der eigenen potentiellen Klage zu vergleichen. 62

Der sachlichen Reichweite sind jedoch auch **Grenzen** gesetzt. So besteht beispielsweise **keine umfassende Tatsachenbindung**. Jenseits der den Feststellungszielen zugrunde liegenden Lebenssachverhalte tritt nach dem Wortlaut von § 613 Abs. 1 S. 1 ZPO keine Bindungswirkung ein. Der präzisen Formulierung der Feststellungsziele und den diesen zugrunde liegenden Lebenssachverhalten kommt demnach eine maßgebliche Bedeutung zu. 63

Daneben muss es sich freilich um **musterverfahrensfähige Feststellungen** handeln. Von dieser Prüfung ist das Gericht des jeweiligen Folgeverfahrens nicht freigestellt. Vielmehr muss in jedem Einzelfall ermittelt werden, ob die Feststellungen im Musterverfahren Bindungswirkung für den jeweiligen Individualprozess entfalten (→ § 11 Rn. 7 ff.). Keine Bindungswirkung besteht insbesondere bei Merkmalen mit der bereits erläuterten **individuellen Typizität**, da sie an das individuelle Verhalten im jeweiligen Einzelsachverhalt anknüpfen (siehe hierzu → Rn. 33). Hinsichtlich sämtlicher beantragter Rechts- oder Tatsachenfeststellungen sollte vom beratenden Rechtsanwalt frühzeitig geprüft werden, ob diese **Bindungswirkung** entfalten und in dem **Folgeprozess** berücksichtigungsfähig sind. Entsprechend des jeweiligen Prüfungsergebnisses wären eine fehlende Musterverfahrensfähigkeit oder fehlende Bindungswirkung gerichtlicher Feststellungen frühzeitig mit dem jeweiligen Gericht in dem Individualprozess zu erörtern. 64

---

971 So auch zu § 22 KapMuG auch Wieczoreck/Schütze/*Kruis* KapMuG § 22 Rn. 16; Kölner Komm KapMuG/*Hess* § 22 Rn. 4, 11; *Hanisch* Das KapMuG, 372 ff.; aA zur Musterfeststellungsklage *Weinland* MFK Rn. 196.
972 Vgl. BT-Drs. 19/2439, 28.
973 Vgl. zu dieser Frage *Waclawik* NJW 2018, 2921 (2922).

c) Rechtsnatur der Bindungswirkung

65 Die Sonderstellung des Rechtsinstituts der Bindungswirkung im Zivilprozessrecht bereitet – wie auch im Rahmen von § 22 KapMuG[974] – Schwierigkeiten bei ihrer **dogmatischen Einordnung** und ihrer praktischen Handhabung. Normativer Anknüpfungspunkt für die Bindungswirkung der Musterfeststellungsklage ist § 613 ZPO. Anders als für das KapMuG-Verfahren gemäß § 22 KapMuG iVm § 325 a ZPO sind die Bestimmungen zur Musterfeststellungsklage vollständig in der ZPO normiert (§§ 606 ff. ZPO) und anders ausgestaltet, so dass die dortige Handhabung konzeptionell nicht auf die zivilprozessuale Musterfeststellungsklage übertragbar ist.

66 Die durch das Musterfeststellungsurteil erzeugte Bindungswirkung ist nicht unmittelbar mit anderen Arten von Urteilswirkungen gleichzustellen und daher im Ergebnis eine prozessuale Wirkung **eigener Art** (**Bindungswirkung sui generis**). Die wesentlichen Unterschiede werden nachfolgend kurz skizziert.

aa) Keine lediglich innerprozessuale Bindungswirkung

67 Im Rahmen der **Bindungswirkung von Entscheidungen des Rechtsmittelgerichts** gemäß §§ 563 Abs. 2, 577 Abs. 4 S. 4 ZPO hat das Ausgangsgericht die rechtliche Beurteilung, die der Rechtsmittelentscheidung zugrunde liegt, nach der Zurückverweisung bei seiner erneuten Entscheidung zugrunde zu legen.[975] Auch ist im Rahmen der **Selbstbindung des Gerichts** gemäß § 318 ZPO das Gericht an die von ihm selbst erlassenen End- und Zwischenurteile gebunden. Zu beachten ist in dieser Hinsicht allerdings, dass – in Abweichung zu den von § 318 ZPO und §§ 563 Abs. 2, 577 Abs. 4 S. 4 ZPO erfassten Konstellationen – der Musterfeststellungsprozess ein eigenständiger Prozess ist und kein Vor-, Zwischen- oder Rechtsmittelverfahren darstellt. Die Bindungswirkung für die Individualverfahren der angemeldeten Verbraucher geht mithin über die Parteien und den konkreten Rechtszug des Musterfeststellungsverfahrens hinaus, so dass die Grundsätze der innerprozessualen Bindungswirkung zur Bestimmung der Rechtsnatur der Bindungswirkung nicht einschlägig sind.[976]

bb) Unterschiede zur Interventionswirkung nach §§ 74, 68 ZPO

68 Die Bindungswirkung weist auf den ersten Blick Ähnlichkeiten mit der **Interventionswirkung** auf. Auch im Rahmen der Interventionswirkung nach §§ 74, 68 ZPO erfasst die Bindung eine Nicht-Partei, nämlich den Dritten, dem der Streit verkündet wird. Hauptunterschied zu § 613 ZPO ist aber, dass die Interventionswirkung des § 68 ZPO nie zulasten des Streitverkünders, sondern immer nur zu dessen Gunsten wirkt.[977] Anders ist dies nach § 613 ZPO, wonach die Bindungswirkung unabhängig von dem Ausgang der Entscheidung zugunsten und zulasten der angemeldeten Verbraucher eintritt.

---

[974] S. dazu etwa Kölner Komm KapMuG/*Hess* § 22 Rn. 14.
[975] Gleiches gilt gemäß § 577 Abs. 4 S. 4 ZPO im Rechtsbeschwerdeverfahren.
[976] So für § 22 KapMuG Kölner Komm KapMuG/*Hess* § 22 Rn. 4; MüKoZPO/*Gottwald* § 325 a Rn. 5.
[977] BGH NJW 1987, 2874; NJW 1997, 2386; Thomas/Putzo/*Hüßtege* ZPO § 68 Rn. 1; Zöller/*Althammer* ZPO § 33 Rn. 6; Musielak/Voit/*Weth* ZPO § 68 Rn. 5.

cc) Unterschiede zur Rechtskraft

Rechtskraft und Bindungswirkung sind zwei unterschiedliche zivilprozessuale Rechts- 69
institute. Zwar knüpft die Bindungswirkung gemäß § 613 Abs. 1 ZPO an ein „*rechtskräftiges Urteil*" an und setzt somit den Eintritt der Rechtskraft voraus. Ungeachtet dieser Verknüpfung ist die Reichweite beider Rechtsinstitute aber unterschiedlich.

Die Bindungswirkung isd § 613 Abs. 1 ZPO bezieht sich **in persönlicher Hinsicht** auf 70
das Rechtsverhältnis zwischen den angemeldeten Verbrauchern und dem Musterbeklagten. Hingegen erfasst die Rechtskraft in persönlicher Hinsicht nicht die angemeldeten Verbraucher, weil diese nicht am Prozess beteiligt sind. Erfasst werden nur die unmittelbaren Prozessparteien, dh der klagende Verband und das musterbeklagte Unternehmen. Damit ist die Rechtskraft in persönlicher Hinsicht deutlich enger als die Bindungswirkung nach § 613 ZPO.

Sachlich zeichnet sich eine weitgehende Deckungsgleichheit von Rechtskraft und Bin- 71
dungswirkung ab. Die Bindungswirkung bezieht sich auf den aus Lebenssachverhalt und Feststellungszielen bestehenden Streitgegenstand des Musterverfahrens. Nach allgemeinen Grundsätzen erfasst die Rechtskraft in sachlicher Hinsicht ebenfalls den Lebenssachverhalt und die Feststellungsziele, die zusammen den Streitgegenstand bilden.[978] Unzulässigerweise tenorierte Feststellungsziele entfalten jedoch aufgrund fehlender Musterverfahrensfähigkeit keine Bindungswirkung. Dementsprechend bestehen Abweichungen zwischen dem sachlichen Umfang beider Rechtsinstitute.

dd) Bindungswirkung eigener Art (sui generis)

Mangels Vergleichbarkeit mit den Konzepten der innerprozessualen Bindungswir- 72
kung,[979] der Interventionswirkung[980] und der Rechtskraft ist für die Bindungswirkung von Entscheidungen über eine zivilprozessuale Musterfeststellungsklage – ähnlich der überwiegenden Meinung bezüglich der vergleichbaren Frage in KapMuG-Verfahren[981] – von einer **Bindungswirkung eigener Art (sui generis)** auszugehen. Die Bindungswirkung ist jedoch im Vergleich zum KapMuG-Verfahren strukturell anders ausgestaltet. Die Wirkung des Musterentscheids nach § 22 KapMuG betrifft allein die Prozessbeteiligten sowie die ausgesetzten Verfahren, nicht auch die zukünftigen Verfahren der zur Musterfeststellungsklage angemeldeten Verbraucher. Zudem finden die Ausnahmen der Bindungswirkung nach § 22 Abs. 3 KapMuG im Rahmen des § 613 ZPO keine Entsprechung. Insoweit dürfte davon auszugehen sein, dass es sich um eine wissentliche Entscheidung des Gesetzgebers zur Verwendung eines **Rechtsinstituts sui generis** handelt.

3. Grenzen der Bindungswirkung

Praktische Relevanz, insbesondere mit Blick auf potentielle Verteidigungsmöglichkei- 73
ten, erlangt die Bindungswirkung in den Folgeverfahren der angemeldeten Verbrau-

---

[978] Vgl. § 322 ZPO, dazu etwa Musielak/Voit/*Musielak* ZPO § 322 Rn. 14.
[979] So jedenfalls für § 22 KapMuG: MüKoZPO/*Gottwald* § 325 a Rn. 7; Zöller/*Althammer* ZPO § 325 a Rn. 2. ff.
[980] So das gesetzliche Regelungskonzept zu § 22 KapMuG nach BT-Drs. 15/5091, 16; dazu auch Kölner Komm KapMuG/*Hess* § 22 Rn. 10.
[981] So für § 22 KapMuG Saenger/*Saenger* ZPO § 325 a Rn. 5; Wieczorek/Schütze/*Kruis* KapMuG § 22 Rn. 16; *Gebauer* ZZP 2006, 159 (163).

cher. Besondere Beachtung in dieser Hinsicht ist dem Vorbringen der Parteien im Anschlussprozess zu widmen. Nachfolgend werden mögliche Streitpunkte dargestellt.

a) Abweichender Sachverhalt des Individualprozesses

74 Das Vorbringen im anschließenden Individualprozess darf nicht in **Widerspruch zu bindenden Urteilsfeststellungen** des Musterfeststellungsverfahrens stehen. Als Folge der Bindungswirkung ist – innerhalb der entschiedenen Feststellungziele und zugehörigen Lebenssachverhalte – ein entgegenstehender Vortrag sowohl seitens der angemeldeten Verbraucher als auch seitens des Musterbeklagten nach § 613 Abs. 1 ZPO unbeachtlich.

75 Ein angemeldeter Verbraucher oder ein Musterbeklagter könnte sich im Rahmen eines Anschlussprozesses jedoch darauf berufen, dass eine Bindungswirkung nicht besteht, weil ein **anderer Lebenssachverhalt** vorliegt. In diesem Fall ist darzulegen und zu beweisen, dass der dem Individualprozess zugrunde liegende Lebenssachverhalt von dem des Musterfeststellungsurteils abweicht.

b) Unzulässige Feststellungsziele

76 Das Vorbringen im Anschlussprozess kann darauf gestützt werden, dass die neuen Feststellungen nicht von den Feststellungszielen des Musterprozesses umfasst sind. Die Bindungswirkung erstreckt sich nämlich nicht auf Feststellungen, die nicht geeignet sind, **einheitliche Anwendung** in den Folgeprozessen zu finden.[982] Im Einzelfall ist deshalb vom Rechtsanwalt zu prüfen, ob die konkreten Feststellungen des Musterfeststellungsgerichts zur Anwendung in Folgeverfahren geeignet sind. Gelingt dem von der Bindungswirkung negativ Betroffenen die Darlegung der fehlenden Feststellungsfähigkeit, **besteht insoweit keine Bindungswirkung** des Musterfeststellungsurteils im Individualprozess.

77 Soweit die Feststellungsziele allein Unternehmer betreffen und nicht für Verbraucher relevant sind, ist ebenfalls die Musterverfahrensfähigkeit zweifelhaft.[983]

78 Solche unzulässigen Feststellungsziele können etwa die **Kausalität** zwischen Pflichtwidrigkeit einerseits und eingetretenem Schaden andererseits betreffen (→ Rn. 34). Auch die Feststellung über die Verletzung von Individualvereinbarungen wird von der Bindungswirkung nicht erfasst.[984] Wegen der Fülle der in Betracht kommenden Konstellationen ist in diesem Zusammenhang eine **Einzelfallbetrachtung** erforderlich. Zentraler Anknüpfungspunkt für die Würdigung der Feststellungsfähigkeit dürfte dabei die Verknüpfung des Einzelsachverhalts mit dem Sachverhalt sein, welcher dem Musterfeststellungsprozess zugrunde liegt (→ Rn. 35). Maßgebliche Bedeutung entfaltet die Reichweite der Bindungswirkung naturgemäß im Rahmen der Führung etwaiger Folgeverfahren (→ § 11 Rn. 7 ff.).

---

982 Vgl. zur parallelen Konstellation im KapMuG-Verfahren, BGH BeckRS 2009, 00068, Rn. 12.
983 Vgl. *Schweiger/Meißner* CB 2018, 240 (243).
984 BGH BeckRS 2009, 00068, Rn. 12.

c) Entfallen, Veränderung oder Hinzutreten entscheidungsrelevanter Tatsachen

Eine nachträgliche Änderung der Tatsachengrundlage dürfte sich ebenfalls auf die Reichweite der Bindungswirkung im Individualprozess auswirken. Der von der Bindungswirkung Beschwerte könnte im Individualprozess vortragen, dass sich die Umstände, auf denen das Musterfeststellungsurteil beruht, nach Erlass des Urteils verändert haben. 79

Bezüglich desselben Streitgegenstands erstreckt sich die Rechtskraft auf die Prozessparteien und diejenigen Tatsachen, die **bis zum Schluss der mündlichen Verhandlung** hätten vorgetragen werden können.[985] Wegen der weitgehenden sachlichen Kongruenz der Rechtskraft mit der Bindungswirkung (→ Rn. 71) dürfte dies auch für die bindenden Feststellungen des Musterfeststellungsurteils gelten. Die Bindungswirkung erfasst somit diejenigen Tatsachen, die bis zum Schluss der mündlichen Verhandlung der Musterfeststellungsklage hätten vorgetragen werden können. Danach können – vorbehaltlich eines etwaigen Schriftsatznachlasses – gemäß § 296a ZPO Angriffs- und Verteidigungsmittel nicht mehr vorgebracht werden (→ § 6 Rn. 90). Dies stellt eine **zeitliche Grenze der Rechtskraft** dar. Insoweit folgt hieraus gleichermaßen eine **zeitliche Grenze der Bindungswirkung**.[986] 80

Die bis zu diesem Zeitpunkt objektiv vorhandenen und erkennbaren, aber nicht vorgetragenen Tatsachen, die allein für die Feststellungsziele relevant sind, sind von der Rechtskraft umfasst und könnten daher von einer **Präklusion von Alttatsachen** umfasst sein. Mit dem Vortrag zu solchen Alttatsachen, die zum Schluss der mündlichen Verhandlung des Vorprozesses schon vorhanden waren, sind die Parteien insoweit ausgeschlossen, als sie bei natürlicher Betrachtung zu dem im Vorprozess vorgetragenen Lebenssachverhalt gehören.[987] 81

Hingegen können nach allgemeinen Rechtskraftgrundsätzen in einem Folgeprozess **neue Tatsachen**, die nicht von den Feststellungszielen erfasst sind, grundsätzlich berücksichtigt werden.[988] Insoweit tritt keine Präklusion ein. Da die Bindungswirkung an die Rechtskraft der Entscheidung anknüpft, erscheint es nur sachgerecht, entsprechende neue Tatsachen auch im Folgeverfahren zu berücksichtigen. Nach dem Schluss der mündlichen Verhandlung eingetretene Tatsachen können somit Eingang in die Folgeverfahren finden. Hinsichtlich der bis zum Schluss der mündlichen Verhandlung vorhandenen Tatsachen wirken Rechtskraft- und Bindungswirkung jedoch grundsätzlich weiter fort. 82

d) Verzicht auf die Bindungswirkung der Feststellungen durch den Verbraucher?

Auswirkungen auf die Bindungswirkung der Musterfeststellungen im Individualprozess könnte auch ein **Verzicht durch den angemeldeten Verbraucher** haben. Im Individualprozess dürfte der Verbraucher auf die für ihn günstigen Feststellungen des Musterfeststellungsurteils verzichten können. Dies könnte bspw. aus prozesstaktischen 83

---

[985] Siehe allgemein BGH NJW 2017, 893; Zöller/*Vollkommer* ZPO vor § 322 Rn. 70.
[986] Vgl. zur zeitlichen Grenze der Rechtskraft MüKoZPO/*Gottwald* § 322 Rn. 136; BGH NJW 2004, 1252 (1253); BayVerfGH BayVBl 2015, 321 Rn. 31; *Stein/Jonas/Leipold* ZPO Rn. 232 ff.; Zöller/*Vollkommer* ZPO vor § 322 Rn. 53.
[987] BGH BeckRS 2016, 112456 Rn. 17; NJW 2004, 294 (296).
[988] Siehe allgemein MüKoZPO/*Gottwald* § 322 Rn. 149.

Gründen ratsam sein, etwa wenn nachträglich die **Bindungswirkung als entbehrlich** für die Beweisführung erachtet wird. Eine solche Situation mag bspw. bei eindeutiger Beweislage hinsichtlich individuell geprägter Merkmale in Betracht kommen, um anderenfalls langwierige Streitigkeiten über die Reichweite der Bindungswirkung zu vermeiden.

84 Als Ausfluss der materiell-rechtlichen **Privatautonomie** gemäß Art. 2 Abs. 1 GG bzw. der prozessrechtlichen Dispositionsmaxime ist der Verzicht auf eine vorteilhafte (Prozess-) Position im eigenen Verfahren möglich.[989] Etwas anderes gilt nur bei Bestehen besonderer staatlicher Interessen, die ein solches Verhalten verhindern sollen. Anders als etwa im Fall der Unmöglichkeit des Verzichts auf einen Anspruch iSd § 306 ZPO durch den klagenden Verband im Musterfeststellungsprozess[990] gemäß § 610 Abs. 3 ZPO besteht im Folgeprozess keine entsprechende Schutzbestimmung, die eine Preisgabe der Bindungswirkung durch den Verbraucher selbst im Folgeprozess verhindern soll. Während beim Verzicht durch den Verband ein Interesse des Staates am Schutz des Verbrauchers vor Fremdbestimmung im Musterfeststellungsprozess besteht, ist ein solches Schutzinteresse im Rahmen des Individualprozesses, bei dem die beschriebenen Gefahren nicht existieren, nicht vorhanden.

4. Faktische Bedeutung des Musterfeststellungsurteils

85 Für nicht angemeldete Verbraucher und Unternehmer besteht keine rechtliche Wirkung des Musterfeststellungsurteils. Dies folgt aus § 613 Abs. 1 S. 1 ZPO. Das deutsche Recht kennt – anders als das Common Law – auch **kein System formeller Präjudizienbindung**. Eine *Doctrine of Precedent* bzw. *Stare Decisis* ist dem deutschen Recht fremd.[991] Nichtsdestotrotz dürfte die Entscheidung des Oberlandesgerichts eine **informelle Leitbildfunktion** für Untergerichte haben.[992] Praktische Bedeutung haben dementsprechend obergerichtliche Entscheidungen vor allem für Parallelverfahren und Folgesachen von nicht angemeldeten Verbrauchern oder Unternehmen in Bezug auf anspruchsbegründende Tatbestandselemente (zur Bedeutung im Rahmen von Folgeverfahren → § 11 Rn. 42 ff.).[993]

86 Die Nichtanmeldung kann im Einzelfall für den betroffenen Verbraucher eine taktisch ratsame Vorgehensweise sein. Ist für den Verbraucher die Beweisführung nicht mit erheblichen Hindernissen verbunden, kann die durch die Durchführung des Musterfeststellungsprozesses – einschließlich eines Rechtsmittelverfahrens – entstehende Verzögerung bei der Anspruchsdurchsetzung vermieden werden. In diesem Fall kann es sich anbieten, von der Anmeldung in das Klageregister abzusehen.

---

989 Maunz/Dürig/*Di Fabio* GG Art. 2 Rn. 101.
990 Vgl. BT-Drs. 19/2439, S. 26 f.
991 Vgl. *Diedrich* Präjudizien im Zivilrecht, 204 ff., 307 ff., 345 ff.; *Maultzsch* Streitentscheidung und Normbildung durch den Zivilprozess, 30 ff., 73 ff.; *Rösler* ZZP 2013, 295.
992 Bisweilen auch als sog Orientierungsfunktion bezeichnet, vgl. *Gansel/Gängel*, MFK, S. 33.
993 Für § 22 KapMuG so auch Kölner Komm KapMuG/*Hess* § 22 Rn. 9; aA MüKoZPO/*Gottwald* § 325 a Rn. 9.

IV. Anerkennungsfähigkeit und Vollstreckbarkeit

1. Anerkennungsfähigkeit nach europäischem Recht

Die Anerkennung des Feststellungsurteils in anderen EU-Mitgliedstaaten richtet sich nach Art. 36 EuGVVO[994] und erfolgt grundsätzlich als automatische Wirkungserstreckung. Voraussetzung für die Wirkungserstreckung ist, dass eine „*Entscheidung*" iSv Art. 2 lit. a) EuGVVO vorliegt, wozu auch das Musterfeststellungsurteil gehören dürfte.[995] Zwar ließe sich anführen, dass das Musterfeststellungsurteil keine abschließende Entscheidung für die angemeldeten Verbraucher darstellt.[996] Für die Gleichstellung mit einer „*Entscheidung*" spricht aber, dass der Begriff autonom und **weit auszulegen** ist und selbst vorläufige Entscheidungen einschließt.[997] Außerdem handelt es sich zivilprozessual bei dem Musterfeststellungsurteil um ein „echtes" Urteil. Nach der gesetzgeberischen Konzeption ist auch ein KapMuG-Musterentscheid anerkennungsfähig.[998] Letztlich entspricht ein solches Verständnis auch der Grundkonzeption des Musterfeststellungsprozesses, wonach dieser kein vor- oder zwischengeschaltetes Verfahren darstellt, sondern mit der Rechtskraft des Musterfeststellungsurteils prozessual abgeschlossen ist.

87

Versagungsgründe nach **Art. 45 Abs. 1 EuGVVO**, welche einer europaweiten Anerkennung entgegenstehen können, sind nur in engen Einzelfällen vorgesehen. Solche Anerkennungshindernisse sind insbesondere der *ordre public*-Vorbehalt (lit. a), die Verletzung des rechtlichen Gehörs bei Verfahrenseinleitung (lit. b), die Unvereinbarkeit mit einer Entscheidung im Vollstreckungsstaat (lit. c) und eine frühere anerkennungsfähige Entscheidung aus einem Nichtvertragsstaat (lit. d).[999]

88

Relevant erscheint insbesondere lit. c), wenn in einem Mitgliedstaat bereits eine Entscheidung ergangen ist, mit welcher das Musterfeststellungsurteil unvereinbar ist. Fraglich ist, ob auch ein früheres Individualverfahren eine solche Unvereinbarkeit auslösen kann oder ob es sich um ein kollektives Rechtsschutzinstrument handeln muss. Der EuGH spricht davon, dass sich die Rechtsfolgen nicht gegenseitig ausschließen dürfen.[1000] Insbesondere ein Urteil in einem Kollektivverfahren dürfte der Anerkennung des Musterfeststellungsurteils entgegenstehen. Unschädlich wäre jeden-

89

---

994 Verordnung (EU) Nr. 1215/2012 des Europäischen Parlaments und des Rates vom 12. Dezember 2012 über die gerichtliche Zuständigkeit und die Anerkennung und Vollstreckung von Entscheidungen in Zivil- und Handelssachen („Brüssel Ia-VO"), veröffentlicht im Amtsblatt der Europäischen Gemeinschaften L 351/01, 1.
995 Vgl. *Weinland* MFK Rn. 115.
996 So für den Musterentscheid nach KapMuG: MüKoZPO/*Gottwald* § 325 a Rn. 16 neben vielen anderen, Nachweise bei Kölner Komm KapMuG/*Hess* § 22 Rn. 35 in Fn. 103.
997 Vgl. bereits den Wortlaut von Art. 2 a) Halbs. 2 EuGVVO; EuGH C-456/11, ECLI:EU:C:2012:719 – Gothaer Allgemeine Versicherung ua; EuZPR/*Kropholler/v. Hein* Art. 32 EuGVVO Rn. 20; Schlosser/Hess/*Hess* EuZPR Art. 2 EuGVVO Rn. 2.
998 Zur Anerkennung des KapMuG-Musterentscheids vgl. Kölner Komm KapMuG/*Hess* § 22 Rn. 33 ff.; vgl. dazu BT-Drs. 15/5091, 34.
999 Vgl. dazu etwa Schlosser/Hess/*Hess* EuZPR Art. 45 EuGVVO Rn. 2 ff.; Zöller/*Geimer* EuGVVO Art. 45 Rn. 7 ff.; MüKoZPO/*Gottwald* Brüssel Ia-VO Art. 45 Rn. 12 ff.; zu Art. 45 Abs. 1 lit. E EuGVVO siehe Musielak/Voit/*Stadler* EuGVVO nF Art. 45 Rn. 16 ff.; MüKoZPO/*Gottwald* Brüssel Ia-VO Art. 45 Rn. 61 ff.
1000 EuGH C-145/86, ECLI:EU:C:1988:61 – Hoffmann/Krieg.

falls nach der Rechtsprechung des EuGH, wenn das ausländische Gericht (entgegen Art. 29 EuGVVO) die inländische Rechtshängigkeit nicht beachtet hat.[1001]

2. Anerkennungsfähigkeit nach internationalem Recht

90 Außerhalb von Europa hängt die Wirkungserstreckung von einer Anerkennung der deutschen Feststellungsentscheidung im Ausland ab, die völkervertraglich festgelegt sein kann oder sich aus dem autonomen Recht des Anerkennungsstaates ergibt.

a) Bilaterale oder multilaterale Anerkennungs- und Vollstreckungsverträge

91 Umfassende **bilaterale Anerkennungs- und Vollstreckungsverträge**, die nicht durch die EuGVVO und das LugÜ ersetzt wurden, bestehen – soweit ersichtlich – nur noch mit Israel[1002] und mit Tunesien[1003] (wo ggfs. zu prüfen ist, ob ein rechtsstaatliches Verfahren gewährleistet ist).[1004] Im völkerrechtlichen Übereinkommen mit Israel wird der Begriff der gerichtlichen Entscheidung weit definiert, so dass das Musterfeststellungsurteil grundsätzlich darunter fallen könnte (vgl. Art. 2 des Übereinkommen, zudem Versagungsgründe in Art. 5). Die praktische Handhabung der bilateralen Anerkennungs- und Vollstreckungsverträge durch die gerichtliche Praxis bleibt jedoch abzuwarten.

92 Andere multilaterale Anerkennungsverträge (zB der Haager Konferenz) betreffen allesamt nicht die Anerkennung und Vollstreckung von Zivilurteilen. Auch das sog *Judgments Project* der Haager Konferenz ist bislang noch ergebnisoffen.[1005]

b) USA

93 Speziell im Hinblick auf das Verhältnis zu den USA ist festzustellen, dass sich die Anerkennung für ausländische „Sammelklagen" nach dem **Prozessrecht des jeweiligen Bundesstaates** richtet.[1006] Die Rechtsprechungspraxis ist noch immer stark geprägt von der über einhundert Jahre zurückliegenden Grundsatzentscheidung des *Supreme Court* in *Hilton v. Guyot*. Danach wird ein ausländisches Urteil unter folgenden Voraussetzungen anerkannt: (1) Das Verfahren muss vor einem international sowie sachlich zuständigen Gericht (2) unter Wahrung des verfahrensrechtlichen *ordre public* in einem ordnungsgemäßen Verfahren geführt worden sein, (3) nachdem die Klage ordnungsgemäß zugestellt wurde und (4) die Entscheidung nicht zugunsten nationaler Eigeninteressen ergangen ist.[1007]

94 Etliche U.S.-amerikanische Bundesstaaten haben darauf aufbauend den *Uniform Foreign Money-Judgments Recognition Act* (1962) bzw. den *Uniform Foreign-Country*

1001 Schlosser/Hess/*Hess* EuZPR Art. 45 EuGVVO Rn. 34; Zöller/*Geimer* ZPO Art. 45 EuGVVO Rn. 51; Geimmer/Schütze/*Geimer* EuZVR Art. 34 Brüssel I-VO Rn. 158.
1002 BGBl. 1980 II S. 925, 1531, mit AVAG idF vom 3.12.2009, BGBl. I S. 3830.
1003 BGBl. 1969 II S. 889, mit AusfG vom 29.4.1969, BGBl. I S. 333.
1004 Vgl. hierzu insgesamt MüKoZPO/*Gottwald* § 328 Rn. 44 ff.
1005 Vgl. dazu den Projektstand auf der Homepage der Haager Konferenz für Internationales Privatrecht, abrufbar unter http://www.hcch.net/de/projects/legislative-projects/judgments (zuletzt abgerufen: 19.10.2018).
1006 Vgl. *Schack* Einführung in das US-amerikanische Zivilprozessrecht, 77.
1007 Vgl. Hilton et al. V Guyon et al., 159 U.S. 113, 202 (1895); allgemein zur Anerkennung in den US-Bundesstaaten vgl. *Born/Ruthledge* International Civil Litigation, 1081 f., 1090 ff.; Geimer/Schütze/*Schütze*, EuZVR E. 1 Rn. 253 ff.

Money Judgments Recognition Act (2005) des *American Law Institute* übernommen, so etwa Kalifornien und New York.[1008] Danach kann die Anerkennung versagt werden, wenn kein vollständiger und fairer Prozess im Ausland stattgefunden hat; die beklagte Partei nicht ordnungsgemäß zum Prozess geladen wurde bzw. freiwillig erschienen ist oder kein zwischen den Parteien bindendes ausländisches Urteil vorliegt (vgl. §§ 3, 4 UFMJRA). Die Rechtsakte betreffen jedoch allein Zahlungstitel (*money judgments*), so dass eine Anwendung auf Musterfeststellungsurteile zweifelhaft erscheint.

Nach den oben dargestellten Grundsätzen ist – unbeachtet der Prüfung des einschlägigen Rechts im jeweiligen Bundesstaat – davon auszugehen, dass ein deutsches Musterfeststellungsurteil in den USA grundsätzlich anerkannt werden könnte. Dabei steht ein noch anhängiges Rechtsmittelverfahren dem zunächst nicht entgegen, kann aber bei der Vollstreckung in den USA Beachtung finden. Es erscheint aber durchaus möglich, dass sich der Musterbeklagte auf den allgemeinen Fairnessgedanken des *due process* berufen kann und im Fall von schwerwiegenden Verfahrensverstößen der Entscheidung die Anerkennungsfähigkeit nehmen könnte. 95

3. Vollstreckbarkeit nach nationalem, europäischem und internationalem Recht

a) Deutsches Recht

Nach **nationalem Recht** ist der Hauptausspruch mit dem Feststellungstenor nach §§ 705 ff. ZPO selbst nicht vollstreckbar, sondern allein der Kostenausspruch. 96

Nach erfolgreicher Musterfeststellungsklage können die betroffenen Verbraucher **Leistungsklage** in einem **Individualverfahren** erheben. Ein stattgebender Leistungstenor eines solchen Individualurteils ist dann nach Eintritt der Rechtskraft vollstreckbar. Das Entwurfskonzept geht aber davon aus, dass sich nach Erlass des Musterfeststellungsurteils „*in den meisten Fällen Anmelder und Beklagte außergerichtlich einigen*".[1009] Anreize für Unternehmen, einen Vergleichsabschluss einzugehen, sind bei geringen Schadensersatzsummen aber wohl überschaubar (vgl. auch die Erfahrungen mit dem KapMuG), weshalb meist eine Leistungsklage notwendig werden dürfte.[1010] 97

b) EuGVVO

Das **Musterfeststellungsurteil** selbst ist über Art. 39 EuGVVO nicht in anderen Mitgliedstaaten vollstreckbar, weil der Hauptausspruch nach § 705 ZPO in Deutschland ebenfalls nicht vollstreckt werden kann und dies Voraussetzung für eine europaweite Vollstreckbarkeit ist.[1011] Folglich geht es auf der Sekundärebene vor allem darum, ob und wo der angemeldete Verbraucher eine auf das Musterurteil aufbauende **Leistungsklage** erheben kann und wie diese dann vollstreckbar ist. 98

1008 New York in CPLR §§ 5301 ff., Kalifornien in CCP §§ 1713-1713.8.
1009 Vgl. DiskE des BMJV „Entwurf eines Gesetzes zur Einführung einer Musterfeststellungsklage" vom 31. Juli 2017, 13 abrufbar unter https://www.bmjv.de/SharedDocs/Gesetzgebungsverfahren/Dokumente/DiskE_Musterfeststellungsklage.pdf;jsessionid=AF06EA696C45735B39474B5D51742F9B.2_cid334?__blob=publicationFile &v=3 (zuletzt abgerufen: 19.10.2018).
1010 Vgl. *Schneider* BB 2018, 1986; (1995); *Weinland* MFK, Rn. 163.
1011 So bereits der Wortlaut von Art. 39 EuGVVO: „*Eine in einem Mitgliedstaat ergangene Entscheidung, die in diesem Mitgliedstaat vollstreckbar ist* […].*"

99 Der Regelfall wird sein, dass ein deutscher angemeldeter Verbraucher in Deutschland eine Leistungsklage gegen einen deutschen Musterbeklagten erhebt. Das Urteil aus diesem Prozess wäre dann nach **Art. 39 ff.** EuGVVO in den europäischen Mitgliedstaaten vollstreckbar.[1012] Eine Vollstreckbarerklärung ist im Rahmen der nach dem eindeutigen Wortlaut von Art. 39 EuGVVO hierfür nicht erforderlich. Vielmehr reicht die Vollstreckbarkeit im Ursprungsstaat.[1013] Das zuständige Vollstreckungsorgan prüft neben den allgemeinen Zwangsvollstreckungsvoraussetzungen für inländische Sachverhalte, ob die EuGVVO einschlägig ist, die notwendigen Urkunden nach Artt. 42, 53 EuGVVO vorliegen und die zugrunde liegende Entscheidung im Ursprungsland vollstreckbar ist.[1014]

100 Denkbar ist auch, dass ein **Musterfeststellungsverfahren gegen** einen **ausländischen Musterbeklagten** vor einem deutschen Gericht geführt wird. Dazu findet sich im Regierungsentwurf folgende Anmerkung: *„Die sachliche Zuständigkeit für Musterfeststellungsverfahren wird unabhängig vom Streitwert den Landgerichten* [nunmehr Oberlandesgerichten] *zugewiesen. Die einschlägigen und vorrangigen Bestimmungen des Unionsrechts zur internationalen Zuständigkeit bleiben hiervon unberührt"*. Dem entspricht auch der Wortlaut des § 32 c ZPO, wonach dieser Gerichtsstand nur ausschließlich ist, soweit der allgemeine Gerichtsstand des Musterbeklagten im Inland belegen ist. Vor diesem Hintergrund kommt eine Musterfeststellungsklage grundsätzlich auch gegen ausländische Musterfeststellungsbeklagte in Betracht (→ § 3 Rn. 12 ff.).

101 In der Literatur wird bisweilen erwartet, dass die angemeldeten Verbraucher gar nicht selbst eine Leistungsklage auf zweiter Stufe erheben werden, sondern dass sie ihre Ansprüche an die klagebefugten Einrichtungen des Musterprozesses oder an ein **Inkassounternehmen** abtreten, um die endgültige Durchsetzung der Schadensersatzansprüche in der zweiten Stufe nicht selbst organisieren zu müssen.[1015] Entsprechend würde sich die soeben aufgeworfene Frage der internationalen Zuständigkeit nicht mehr aus Verbrauchersicht stellen, der Verbrauchergerichtsstand also in diesen Fällen folglich ausscheiden.[1016]

c) Völkerrechtliche Verträge

102 Die Vollstreckbarkeit nach **internationalem Recht** richtet sich nach völkerrechtlichen Verträgen bzw. dem autonomen Recht des Anerkennungsstaates. Etwa im Verhältnis zu Israel[1017] dürfte das Musterfeststellungsurteil selbst nicht vollstreckt werden können, weil es in Deutschland hinsichtlich des Feststellungstenors nicht vollstreckbar ist

---

1012 Gemäß Art. 42 Abs. 1 EuGVVO muss der Vollstreckungsbehörde im ersuchten Zielstaat eine (ggf. übersetzte) Ausfertigung des deutschen Leistungsurteils sowie die Bescheinigung über die Vollstreckbarkeit vorlegt werden. Die Vollstreckbarkeitsbescheinigung ist nach Art. 53 EuGVVO von dem deutschen Gericht zu erlassen, das das Leistungsurteil erlassen hat. Die Vollstreckung im Zielstaat richtet sich gemäß Art. 41 EuGVVO grundsätzlich nach dem nationalen Recht des Zielstaates.
1013 HK-ZV/*Mäsch* Art. 39 Brüssel Ia-VO Rn. 1; Musielak/Voit/*Stadler* EuGVVO nF Art. 39 Rn. 1.
1014 MüKoZPO/*Gottwald* Brüssel Ia-VO Art. 39 Rn. 3 ff.; HK-ZV/*Mäsch* Art. 39 Brüssel Ia-VO Rn. 3.
1015 *Stadler* VuR 2018, 83 (86); *Geissler* GWR 2018, 189 (190).
1016 Nach einer Abtretung ginge der Verbrauchergerichtsstand verloren, vgl. EuGH C-419/11, ECLI:EU:C:2013:165 – Feichtner; vgl. Schlosser/Hess/*Hess* EuZPR Art. 17 EuGVVO Rn. 5.
1017 BGBl. 1980 II S. 925, 1531, mit AVAG idF vom 3.12.2009, BGBl. I S. 3830.

(vgl. Art. 10 Nr. 1 des bilateralen Übereinkommens).[1018] Ähnliche Regelungen finden sich auch in den autonomen Vollstreckungsregeln anderer Staaten.[1019]

[1018] Vgl. hierzu insgesamt MüKoZPO/*Gottwald* § 328 Rn. 44 ff.
[1019] Vgl. Geimer/Schütze/*Schütze* EuZVR, Abschnitt E.1. (beispielsweise in Australien (Rn. 137), Hong Kong (Rn. 169), diverse Staaten Kanadas wie Alberta (Rn. 185), Südkorea (Rn. 191) oder Mexiko (Rn. 204).

§ 9 Rechtsmittel

Schrifttum: *Bausch*, Haftungsfalle Tatbestandsberichtigung – Zu den rechtlichen und praktischen Hürden der Tatbestandsberichtigung aus anwaltlicher Sicht, AnwBl 2011, 126; *Krüger/Rauscher*, Münchener Kommentar zur Zivilprozessordnung mit Gerichtsverfassungsgesetz und Nebengesetzen, Band 2, §§ 355-945 b, 5. Aufl. 2016; *Merkt/Zimmermann*, Die neue Musterfeststellungsklage: Eine erste Bewertung, VuR 2018, 363; *Musielak/Voit*, Kommentar zur ZPO, 15. Aufl. 2018; *Saenger*, Zivilprozessordnung, Handkommentar, 7. Aufl. 2017; *Stackmann*, Der Angriff auf defizitäre Feststellungen im zivilprozessualen Ersturteil, NJW 2013, 2929; *Stackmann*, Fehlervermeidung im Berufungsverfahren, NJW 2008, 3665; *Toussaint*, Anfechtung des Musterfeststellungsurteils nach dem neuen § 614 ZPO, FD-ZVR 2018, 408457; *Vorwerk/Wolf*, Beck'scher OnlineKommentar zur Zivilprozessordnung, 29. Edition (1.6.2018); *Waclawik*, Die Musterfeststellungsklage, NJW 2018, 2921; *Weinland*, Die neue Musterfeststellungsklage, *Windau*, Keine (Zulassung der) Rechtsbeschwerde gegen Zwischenurteile eines Oberlandesgerichts; *Zöller*, Kommentar zur ZPO, 32. Aufl. 2018.

I. Revision gegen das Musterfeststellungsurteil, § 614 ZPO 1	cc) Gegenrügen des Revisionsbeklagten 39
1. Einführung 3	dd) Präklusion, § 296 ZPO 40
2. Zulässigkeit der Revision 7	c) Sachliche Richtigkeit des angefochtenen Urteils 41
a) Statthaftigkeit der Revision ... 8	
b) Form 9	aa) Verletzung revisiblen Rechts durch das Urteil des Oberlandesgerichts 42
c) Frist 11	
d) Beschwer des Revisionsklägers 15	
aa) Beteiligte und Betroffene im Revisionsverfahren 15	bb) Ursächlichkeit der Rechtsverletzung für die angefochtene Entscheidung 44
bb) Beschwer und Beschwerdewert 18	cc) Umfassende Prüfung sachlicher Richtigkeit innerhalb der Anträge 46
e) Zulassung des Rechtsmittels .. 22	
f) Zuständiges Rechtsmittelgericht und Postulationsfähigkeit 24	II. Berichtigungsanträge 47
	1. Tatbestandsberichtigung, § 320 Abs. 1 ZPO 48
3. Begründetheit der Revision 26	a) Bedeutung und Voraussetzungen des Tatbestandsberichtigungsantrags 48
a) Abgrenzung von Rechtsfragen und Tatfragen 29	
b) Verfahrensmängel 32	b) Anfechtung der Zurückweisung oder des Antrags auf Tatbestandsberichtigung 53
aa) Verfahrensmängel und neue, streitige Tatsachen 32	
(1) Von Amts wegen zu berücksichtigende Verfahrensmängel 35	2. Protokollberichtigung, § 164 Abs. 1 ZPO 54
	3. Urteilsberichtigung, § 319 Abs. 1 ZPO 55
(2) Rügepflichtige Verfahrensmängel 36	4. Urteilsergänzung, § 321 Abs. 1 ZPO 56
bb) Ursächlichkeit der Verfahrensmängel für das Musterfeststellungsurteil 38	

I. Revision gegen das Musterfeststellungsurteil, § 614 ZPO

1 Mit Zustellung des in vollständiger Form abgefassten Musterfeststellungsurteils beginnen die Prüfungspflichten des Prozessbevollmächtigten. Werden im Urteil Rechtsfehler festgestellt, kommt allein das Rechtsmittel der Revision in Betracht (→ Rn. 2 ff.). Daneben sind auch Berichtigungsanträge – insbesondere hinsichtlich des Tatbestands und der Urteilsformel – zu erwägen (→ Rn. 47 ff.).

I. Revision gegen das Musterfeststellungsurteil, § 614 ZPO

Nach einer Einführung in das allein gegen das Musterfeststellungsurteil statthafte Rechtsmittel der Revision (→ Rn. 3 f.) werden die Anforderungen an deren Zulässigkeit (→ Rn. 7 ff.) und Begründetheit im Musterfeststellungsprozess erläutert (→ Rn. 26 ff.).

2

1. Einführung

Als eine der letzten Änderungen im Gesetzgebungsverfahren zur Einführung der zivilprozessualen Musterfeststellungsklage wurde die erstinstanzliche Zuständigkeit der Oberlandesgerichte begründet, vgl. § 119 Abs. 3 GVG. Ebenso wurde § 614 ZPO eingefügt, wonach gegen Musterfeststellungsurteile allein das **Rechtsmittel der Revision** statthaft ist.[1020]

3

Gemäß § 705 S. 2 ZPO hindert die Revision den Eintritt der **formellen Rechtskraft**.[1021] Durch die Einlegung des Rechtsmittels wird das ohnehin aufwändige Verfahren allerdings weiter verzögert. Zudem entstehen zusätzliche, nicht unerhebliche Kosten (siehe zu gerichtlichen und außergerichtlichen Kosten → § 10 Rn. 7 ff.).

4

Hat die Revision **Erfolg**, entscheidet der Bundesgerichtshof entweder in der Sache selbst (§ 563 Abs. 3 ZPO) oder das Urteil des Oberlandesgerichts wird aufgehoben und die Sache zur neuen Verhandlung und Entscheidung an das Oberlandesgericht zurückverwiesen (§ 563 Abs. 1 S. 1 ZPO). Nach einer Zurückverweisung und einer neuen Entscheidung durch das Oberlandesgericht kann gegen das zweite Musterfeststellungsurteil erneut Revision eingelegt werden.

5

Die Einlegung eines Rechtsmittels gegen das Musterfeststellungsurteil ist gemäß § 612 Abs. 2 S. 1 ZPO **im Klageregister öffentlich bekannt zu machen** (→ § 4 Rn. 51).

6

2. Zulässigkeit der Revision

Die Sachurteilsvoraussetzungen der Revision im Musterfeststellungsverfahren richten sich nach den allgemeinen Vorschriften der ZPO. Die Revision ist demnach zulässig, wenn sie statthaft ist (→ Rn. 8), form- und fristgerecht eingereicht wurde (→ Rn. 9 f. und → Rn. 11 ff.), der Revisionskläger beschwert ist (→ Rn. 15 ff.) und die Revision von dem Oberlandesgericht zugelassen wird (→ Rn. 22 f.). Für die Entscheidung im Rechtsmittelverfahren ist der Bundesgerichtshof zuständig. Vor dem Bundesgerichtshof müssen sich die Parteien von einem bei dem Bundesgerichtshof zugelassenen Rechtsanwalt vertreten lassen (→ Rn. 24 f.).

7

a) Statthaftigkeit der Revision

Gemäß § 614 S. 1 ZPO ist die Revision das statthafte Rechtsmittel gegen Musterfeststellungsurteile, hiervon sind grundsätzlich auch Teil- und Zwischenurteile umfasst.[1022] Das Rechtsmittel der Berufung kommt nicht in Betracht, da die Berufung

8

1020 Vgl. dazu BR-Drs. 176/18, 2 f.
1021 Vgl. Musielak/Voit/*Lackmann* ZPO § 705 Rn. 7; BeckOK ZPO/*Kessal-Wulf* § 542 Rn. 1.
1022 Siehe *Röthemeyer* HK-MFK § 614 Rn. 3 sowie *Weinland* MFK Rn. 199; vgl. zu Zwischenurteilen bezüglich der Zeugnisverweigerung unter Hinweis auf die Entscheidung BGH BeckRS 2018, 18950 *Windau*, Keine (Zulassung der) Rechtsbeschwerde gegen Zwischenurteile eines Oberlandesgerichts, abrufbar unter

mangels einer zur Verfügung stehenden Tatsacheninstanz über dem Oberlandesgericht nicht statthaft ist.[1023]

b) Form

9   Hinsichtlich der Form der Rechtsmitteleinlegung und -begründung gegen das Musterfeststellungsurteil gelten keine Besonderheiten. Die Revision wird gemäß § 549 Abs. 1 S. 1 ZPO durch Einreichung einer Revisionsschrift beim Bundesgerichtshof eingelegt. Die **Revisionsschrift** muss nach § 549 Abs. 1 S. 2 ZPO die Bezeichnung des Urteils, gegen das die Revision gerichtet ist, sowie eine Erklärung, dass gegen dieses Urteil Rechtsmittel eingelegt wird, enthalten. Der Gegenseite ist eine Ausfertigung bzw. beglaubigte Abschrift der Revisionsschrift durch das Gericht zuzustellen, § 550 Abs. 2 ZPO.

10 Gemäß § 551 Abs. 1 ZPO ist die Revision zu begründen. Die **Revisionsbegründung** ist – soweit sie nicht bereits in der Revisionsschrift enthalten ist – in einem gesonderten Schriftsatz beim Revisionsgericht einzureichen, § 551 Abs. 2 S. 1 ZPO.

c) Frist

11 Auch hinsichtlich der Frist der Revisionseinlegung und -begründung gelten die allgemeinen Vorschriften. Für die **Einlegung der Revision** gilt eine **Notfrist von einem Monat**, § 548 ZPO. Die Einlegungsfrist ist als Notfrist im Sinne von § 224 Abs. 1 ZPO nicht verlängerbar; allein eine Wiedereinsetzung in den vorigen Stand ist möglich, § 233 Abs. 1 Satz 1 ZPO. Fristbeginn ist die Zustellung des in vollständiger Form abgefassten Urteils an die Parteien des Musterfeststellungsverfahrens, spätestens aber fünf Monate nach dessen Verkündung.[1024] Die Verkündung erfolgt nach den allgemeinen Vorschriften (→ § 8 Rn. 18 f.).

12 Die Frist für die **Revisionsbegründung** beträgt **zwei Monate**, § 551 Abs. 2 S. 2 ZPO. Sie beginnt ebenfalls mit der Zustellung des in vollständiger Form abgefassten Urteils, spätestens aber fünf Monate nach der Verkündung, § 551 Abs. 2 S. 3 ZPO.

13 Auf Antrag kann die Begründungsfrist **verlängert** werden. Ohne Einwilligung des Revisionsbeklagten ist eine Verlängerung der Begründungsfrist nach § 551 Abs. 2 S. 6 Hs. 1 ZPO um bis zu zwei Monate möglich, wenn der Rechtsstreit dadurch nicht verzögert wird oder der Revisionskläger erhebliche Gründe darlegen kann.[1025] Im Rahmen von Musterfeststellungsverfahren kommt als „erheblicher Grund" insbesondere die Führung von Vergleichsverhandlungen in Betracht. Freilich kann auch wegen sonstiger Gründe im Einzelfall eine Fristverlängerung beantragt werden.[1026]

14 Praktisch bedeutsam ist auch die Möglichkeit einer **Fristverlängerung nach § 551 Abs. 2 S. 6 Hs. 2 ZPO**. So gehört es im Rahmen der Fehlersuche zum standardmäßi-

---

http://www.zpoblog.de/zwischenurteil-oberlandesgericht-rechtsbeschwerde-kapmug-musterfeststellungsklage/ (zuletzt abgerufen am 19.10.2018).
1023 BeckOK ZPO/*Wulf* § 511 Rn. 25; MüKoZPO/*Rimmelspacher* § 511 Rn. 19; Musielak/Voit/*Ball* ZPO § 511 Rn. 2.
1024 Für Details siehe Zöller/*Heßler* ZPO § 517 Rn. 4 ff., sowie Saenger/*Wöstmann* ZPO § 517 Rn. 2 ff.
1025 Vgl. Zöller/*Heßler* ZPO § 520 Rn. 19 f.; MüKoZPO/*Krüger* § 551 Rn. 14 f.
1026 Vgl. Musielak/Voit/*Ball* ZPO § 520 Rn. 8; MüKoZPO/*Krüger* § 551 Rn. 14.

gen Vorgehen, schon vor Begründung der Revision Akteneinsicht zu beantragen.[1027] Werden die Prozessakten dem Revisionskläger nicht rechtzeitig vorgelegt, kann die Frist (erneut) um bis zu zwei Monate nach Übersendung verlängert werden.[1028]

d) Beschwer des Revisionsklägers

aa) Beteiligte und Betroffene im Revisionsverfahren

Die Revision findet als Fortsetzung des ursprünglichen Musterfeststellungsprozesses mit den bisherigen Verfahrensparteien statt.[1029] Verfahrensparteien sind weiterhin die qualifizierte Einrichtung nach § 606 Abs. 1 S. 2 ZPO und das beklagte Unternehmen nach § 606 Abs. 1 S. 1 ZPO (→ § 2 Rn. 1 ff.). 15

Die **angemeldeten Verbraucher** haben im Rechtsmittelverfahren – wie bereits im Musterfeststellungsprozess – **keine formale Parteistellung** inne. Eine Beiladung wie im Verfahren nach dem KapMuG findet auch im Rechtsmittelverfahren nicht statt. 16

Im Revisionsverfahren bestehen die in § 608 Abs. 3 ZPO normierten Grenzen an die Rücknahme der Anmeldung fort (→ § 5 Rn. 78 f.), denn die angemeldeten Verbraucher können ihre Anmeldung zum Klageregister nur bis zum Ablauf des Tages des Beginns der mündlichen Verhandlung vor dem Oberlandesgericht zurücknehmen, §§ 613 Abs. 1 S. 2, 608 Abs. 3 ZPO. Eine Rücknahme der Anmeldung für den Fall der Einlegung eines Rechtsmittels ist in den §§ 606 ff. ZPO nicht vorgesehen. § 608 Abs. 3 ZPO spricht ausdrücklich vom erstinstanzlichen Verfahren, so dass der Gesetzgeber den durch etwaige Rechtsmittel eventuell verzögerten Eintritt der Rechtskraft im Blick hatte. Um mögliche Verzögerungen für den Verbraucher abzufedern, wurde als Kompensation der Instanzenzug verkürzt.[1030] 17

bb) Beschwer und Beschwerdewert

Zulässigkeitsvoraussetzung der Revision ist das Vorliegen einer **Beschwer**, dh die Partei muss durch die angefochtene Entscheidung in der Hauptsache (und nicht nur im Kostenpunkt) beschwert sein und gerade diese Beschwer durch das Rechtsmittel beseitigen wollen.[1031] Anderenfalls fehlt es an dem erforderlichen Rechtsschutzinteresse.[1032] 18

Nach der ständigen Rechtsprechung wird die Beschwer der klagenden Partei formell und die Beschwer der Beklagten materiell bestimmt.[1033] Die klagende qualifizierte Einrichtung ist demnach beschwert, wenn das Musterfeststellungsurteil von ihren Feststellungsanträgen abweicht, ihrem Begehren also nicht voll entsprochen worden ist (sog **formelle Beschwer**).[1034] Dagegen ist das beklagte Unternehmen grundsätzlich 19

1027 Vgl. *Stackmann* NJW 2008, 3665.
1028 Vgl. Musielak/Voit/*Ball* ZPO § 551 Rn. 4; MüKoZPO/*Krüger* § 551 Rn. 15; Zöller/*Heßler* ZPO § 551 Rn. 4.
1029 Vgl. Zöller/*Heßler* ZPO § 511 Rn. 4; BeckOK ZPO/*Wulf* § 511 Rn. 26.
1030 BR-Drs. 176/18, 2 f.
1031 BGH NJW 1969, 1486; NJW 1983, 172; NJW-RR 1987, 124; NJW 1988, 827; NJW 1988, 2540; NJW-RR 1989, 254; NJW 1990, 2683; NJW-RR 2007, 1365.
1032 Vgl. MüKoZPO vor § 511 Rn. 13; siehe auch Zöller/*Heßler* ZPO vor § 511 Rn. 11.
1033 BeckOK ZPO/*Kessal-Wulf* § 542 Rn. 11 mwN; Zöller/*Heßler* ZPO vor § 511 Rn. 12 ff.
1034 BGHZ NJW 1999, 1339; NJW 2004, 2019 (2020); NJW-RR 2007, 765 Rn. 5.

nach dem Betrag oder dem Wert der Verurteilung beschwert (sog **materielle Beschwer**).[1035]

20 Fraglich ist, wie die **Höhe der materiellen Beschwer** des Beklagten bei einem Musterfeststellungsurteil zu ermitteln ist. Für die allgemeine Feststellungsklage ist der Wert des Rechts oder Rechtsverhältnisses entscheidend, dessen Bestehen oder Nichtbestehen festgestellt werden soll.[1036] Zur Bestimmung der Höhe der materiellen Beschwer bei einer positiven Feststellungsklage nach § 256 ZPO wird nach ständiger Rechtsprechung in der Regel von dem geschätzten Wert einer entsprechenden Leistungsklage ausgegangen und ein Abschlag von 20 % aufgrund der fehlenden Vollstreckbarkeit vorgenommen.[1037] Aufgrund der Ähnlichkeit der Musterfeststellungsklage zur „allgemeinen" positiven Feststellungsklage dürften diese Überlegungen grundsätzlich übertragbar sein. Demnach dürfte der für die Beschwer des beklagten Unternehmens maßgebliche Streitwert grundsätzlich in Höhe von 80 % der zu erwartenden individuellen Leistungsklagen der angemeldeten Verbraucher liegen.

21 Nach der Vorschrift § 48 Abs. 1 S. 1 und 2 GKG gilt die Streitwertobergrenze von EUR 250.000 nicht nur für die Zuständigkeit des Prozessgerichts, sondern auch für die **Zulässigkeit des Rechtsmittels**.[1038]

e) Zulassung des Rechtsmittels

22 Die Revision ist grundsätzlich vom Oberlandesgericht nur dann zuzulassen, wenn die Rechtssache grundsätzliche Bedeutung hat, §§ 543 Abs. 2 S. 1 Nr. 1, Abs. 1 Nr. 1 ZPO. Für die Musterfeststellungsklage hat der Gesetzgeber in § 614 S. 2 ZPO normiert, dass die Sache **stets grundsätzliche Bedeutung** iSv § 543 Abs. 2 Nr. 1 ZPO hat.

23 Falls die Revision entgegen § 614 S. 2 ZPO durch das Oberlandesgericht nicht zugelassen werden sollte, muss der Revisionskläger fristgerecht den Weg über die Nichtzulassungsbeschwerde nach entsprechender Anwendung des § 544 ZPO beschreiten.[1039] Der § **26 Nr. 8 EGZPO**, nach welchem eine solche Beschwerde nur zulässig ist, wenn der Wert der mit der Revision geltend zu machenden Beschwer EUR 20.000 übersteigt, **findet** nach dem Willen des Gesetzgebers **keine Anwendung**.[1040]

f) Zuständiges Rechtsmittelgericht und Postulationsfähigkeit

24 Gemäß § 133 Var. 1 GVG ist der **Bundesgerichtshof** das zuständige Rechtsmittelgericht für die Revision in Zivilsachen.

1035 Vgl. Zöller/*Heßler* ZPO vor § 511 Rn. 12 ff.; vgl. BeckOK ZPO/*Kessal-Wulf* § 542 Rn. 11.
1036 Zöller/*Herget* ZPO § 3 Rn. 16 „Feststellungsklagen".
1037 BGH BeckRS 2000, 4657; NJW-RR 1997, 1562; NJW-RR 1991, 509; vgl. auch bei Prütting/Gehrlein/ *Gehrlein* ZPO § 3 Rn. 128 sowie Zöller/*Herget* ZPO § 3 Rn. 16 „Feststellungsklagen".
1038 § 48 Abs. 1 S. 1 GKG stellt auf Gebühren ab, „*nach den für die Zuständigkeit des Prozessgerichts oder die Zulässigkeit des Rechtsmittels geltenden Vorschriften über den Wert des Streitgegenstands, soweit nichts anderes bestimmt ist*".
1039 Vgl. Röthemeyer HK-MFK § 614 Rn. 1 f. sowie auch *Weinland* MFK Rn. 200 ff. und *Waclawik* NJW 2018, 2921 (2923 f.); eingehend zum Thema *Toussaint* FD-ZVR 2018, 408457 (unter III.).
1040 In BT-Drs. 19/2741, 26 steht hierzu: „*Festgelegt wird, dass die Sache stets grundsätzliche Bedeutung im Sinne des § 543 Absatz 2 Nummer 1 hat, so dass eine Revision ungeachtet des § 26 Nummer 8 EGZPO stets zulässig ist*".

Gemäß § 78 Abs. 1 S. 3 ZPO müssen sich die Parteien vor dem Bundesgerichtshof durch einen bei diesem zugelassenen Rechtsanwalt vertreten lassen (sog **BGH-Anwalt**). Derzeit (Stand Oktober 2018) sind 42 Rechtsanwälte beim Bundesgerichtshof zugelassen.[1041] Gemäß § 172 b S. 1 BRAO sind diese verpflichtet, ihre Kanzlei am Sitz des Bundesgerichtshofs, also in Karlsruhe, einzurichten und zu unterhalten.

3. Begründetheit der Revision

Das Rechtsmittel der Revision ist begründet, wenn das Musterfeststellungsurteil Fehler im Hinblick auf die Rechtsanwendung enthält und sich diese im Fall von **Rechtsfehlern** auf die Entscheidung zum Nachteil des Revisionsklägers ausgewirkt haben bzw. im Fall von **Verfahrensfehlern** ausgewirkt haben könnten.[1042]

Der Prüfungsumfang wird durch die äußeren Schranken der Revisionsanträge und die Reichweite der sog **Anfallwirkung** begrenzt.[1043] Das Revisionsgericht überprüft das Musterfeststellungsurteil also nur „soweit es ihm angefallen ist".[1044] Dies bedeutet, dass das Musterfeststellungsurteil in der Revisionsinstanz nur insoweit eine rechtliche Prüfung erfahren kann, als das Oberlandesgericht über die Sache entschieden hat, die Revision zugelassen ist und der Revisionsführer die Entscheidung angefochten hat.[1045]

Im Folgenden wird die Abgrenzung zwischen Rechtsfragen und Tatfragen erläutert, welche auch im Musterverfahren im Hinblick auf die Statthaftigkeit von tatsächlichen und rechtlichen Feststellungszielen von Bedeutung ist (→ Rn. 29 f). Sodann wird die Verfahrensrüge zusammen mit der praktisch besonders relevanten beschränkten Angreifbarkeit von Tatsachenfeststellungen dargestellt (→ Rn. 32 ff.). Schließlich wird die Sachrüge erläutert (→ Rn. 41 ff.).

a) Abgrenzung von Rechtsfragen und Tatfragen

Das **Rechtsmittel der Revision begründet keine weitere Tatsacheninstanz.** Der für das Musterfeststellungsverfahren relevante Prozessstoff in der Revisionsinstanz wird **allein durch das Musterfeststellungsurteil** bestimmt. Tatsachenfeststellungen des Oberlandesgerichts – zB in Form von auf Tatsachen gerichteten Feststellungszielen – sind mithin grundsätzlich bindend, so dass neue, streitige Tatsachen nicht in das Revisionsverfahren vor dem Bundesgerichtshof eingeführt werden können.[1046] Umgekehrt ist ebenso möglich, dass im Fall von Fehlern bei der Tatsachenfeststellung der Bundesgerichtshof die Sache zur erneuten Verhandlung an das Oberlandesgericht zurückverweist (→ Rn. 5).

1041 Für eine vollständige Liste siehe http://www.rak-bgh.de/ > „Rechtsanwälte bei dem Bundesgerichtshof". Eine um Kontaktdaten ergänzte Liste ist unter http://www.bundesgerichtshof.de/DE/Home/home_node.html > „Externe Verfahrensbeteiligte" erhältlich (beide Links zuletzt aufgerufen: 19.10.2018).
1042 Vgl. *Waclawik* NJW 2018, 2921 (2924) sowie allgemein *Saenger/Koch* ZPO § 546 Rn. 4 f.
1043 Vgl. BGH NJW-RR 1990, 518 (519): „Der Umfang der Anfallwirkung innerhalb der durch die Revisionsanträge gezogenen äußeren Schranken (§ 559 I ZPO) ist nicht anders zu bestimmen als im Berufungsverfahren [...]".
1044 BeckOK ZPO/*Kessal-Wulf* § 557 Rn. 1.
1045 Vgl. BeckOK ZPO/*Kessal-Wulf* § 557 Rn. 1 ff.; MüKoZPO/*Krüger* § 557 Rn. 2.
1046 Vgl. Zöller/*Heßler* ZPO § 546 Rn. 1; MüKoZPO/*Krüger* § 546 Rn. 3.

30 Nach der Rechtsprechung des Bundesgerichtshofs bezieht sich hingegen eine **Rechtsfrage** auf die Heranziehung und Interpretation des Gesetzes sowie die Subsumtion des festgestellten Sachverhalts.[1047] Rechtsfragen können dabei prozessualer (Verfahrensrügen → Rn. 32 ff.) oder materiell-rechtlicher Natur sein (Sachrügen → Rn. 41 ff.). Die Feststellung des Sachverhalts selbst ist dagegen eine **Tatfrage**.[1048]

31 Da sich Rechts- und Tatsachenfragen wechselseitig beeinflussen, nimmt der Bundesgerichtshof keine scharfe Abgrenzung vor. Eine Orientierung erfolgt praktisch vielmehr nach dem **Sinn und Zweck** der Revision, also der Wahrung der Rechtseinheit sowie der Erzielung einer gerechten Einzelfallentscheidung.[1049] Überprüft werden demnach regelmäßig sowohl Rechtsfragen, die für zukünftige Entscheidungen anderer Fälle sog Leitbildfunktion haben können, als auch für die Wahrung der Einzelfallgerechtigkeit relevante Fragen wie die von dem Oberlandesgericht vorgenommene Beweiswürdigung oder die Auslegung von Willenserklärungen.[1050]

b) Verfahrensmängel

aa) Verfahrensmängel und neue, streitige Tatsachen

32 Ein Verfahrensmangel liegt vor, wenn verfahrensleitende – also den Verfahrensablauf regelnde – Normen verletzt sind.[1051] Verfahrensfehler müssen gerügt werden, sofern sie nicht von Amts wegen zu beachten sind (§ 557 Abs. 3 S. 2 ZPO).

33 Um eine Verletzung von Verfahrensvorschriften feststellen zu können, ist es notwendig, nicht nur die angeblich verletzte Verfahrensnorm zu benennen, sondern auch die tatsächlichen Umstände festzustellen, die diese Verfahrensverletzung begründen sollen.[1052] Wie eingangs erläutert, sind tatsächliche Umstände in der Revision aber nur begrenzt überprüfbar. Die **Überprüfung** im Rahmen der Revision ist grundsätzlich **auf** solche **Tatsachen beschränkt**, die sich entsprechend § 559 Abs. 1 S. 1 ZPO entweder **aus dem Musterfeststellungsurteil**[1053] **oder den Sitzungsprotokollen** ergeben.[1054] Zudem prüft das Revisionsgericht nach § 559 Abs. 1 S. 2 ZPO Tatsachen, die im Rahmen der fristgerechten Begründung von Verfahrensrügen nach § 551 Abs. 3 S. 1 Nr. 2 lit. b) ZPO vorgebracht wurden.[1055] Diese sog **Rügetatsachen** nach § 551 Abs. 3 S. 1 Nr. 2 lit. b) ZPO müssen sich nicht zwangsläufig aus dem Musterfeststellungsur-

---

1047 Vgl. MüKoZPO/*Krüger* § 546 Rn. 3; bzgl. der Subsumtion gilt eine Besonderheit für unbestimmte Rechtsbegriffe und Generalklauseln wie die „Sittenwidrigkeit" iSv § 138 Abs. 1 BGB; solche sind nur eingeschränkt überprüfbar – vgl. MüKoZPO/*Krüger* § 546 Rn. 18 ff. sowie Zöller/*Heßler* ZPO § 546 Rn. 12.
1048 Vgl. MüKoZPO/*Krüger* § 546 Rn. 3.
1049 Vgl. BGH NJW 1954, 1682; NJW 1960, 625; MüKoZPO/*Krüger* § 546 Rn. 3.
1050 Vgl. MüKoZPO/*Krüger* § 546 Rn. 3, 13 ff., 15 ff.; MüKoZPO/*Krüger* § 546 Rn. 9 f.
1051 Vgl. MüKoZPO/*Rimmelspacher* § 529 Rn. 28; eine Aufzählung von relevanten Verfahrensfehlern findet sich bei MüKoZPO/*Prütting* § 295 Rn. 2.
1052 Vgl. insoweit auch Zöller/*Heßler* ZPO § 551 Rn. 10: „*Verfahrensmängel* [sind] *solche, zu deren Begründung außerhalb des Urteils liegende Tatsachen herangezogen werden müssen*".
1053 Nach dem Wortlaut des § 559 Abs. 1 S. 1 ZPO ist die Überprüfung auf „*dasjenige Parteivorbringen, das aus dem Berufungsurteil oder dem Sitzungsprotokoll ersichtlich ist*" (Hervorhebung durch Verf.) beschränkt. Mangels Berufungsinstanz im Musterfeststellungsverfahren ist „*Berufungsurteil*" als „*Musterfeststellungsurteil*" zu lesen, denn nach Sinn und Zweck der Norm soll jedenfalls das der Revisionsinstanz vorausgehende Parteivorbringen entscheidend sein.
1054 Vgl. Zöller/*Heßler* ZPO § 559 Rn. 2 f.; vgl. auch Prütting/Gehrlein/*Ackermann* ZPO § 559 Rn. 2 f.
1055 Zöller/*Heßler* ZPO § 557 Rn. 10; vgl. zur Frist MüKoZPO/*Krüger* § 551 Rn. 8 ff.

teil oder den Sitzungsprotokollen ergeben, sondern können **auch neue Tatsachen** sein.[1056]

Nach ständiger höchstrichterlicher Rechtsprechung dürfen **darüber hinaus entgegen § 559 Abs. 1 S. 1 ZPO in Ausnahmefällen auch neue Tatsachen**, die den Verfahrensmangel begründen, berücksichtigt werden.[1057] Neu sind neben den nicht im Musterfeststellungsurteil oder den Sitzungsprotokollen enthaltenen Tatsachen insbesondere solche, die erst nach der letzten mündlichen Verhandlung der Ausgangsinstanz eingetreten sind.[1058] Ausnahmsweise sind solche neuen Tatsachen zulässig, wenn sie vom Bundesgerichtshof von Amts wegen zu berücksichtigen sind. Dies sind Tatsachen, welche die Zulässigkeit der Revision, allgemeine Prozessvoraussetzungen sowie die **Prozessfortsetzungsbedingungen** betreffen.[1059] Zudem können nach allgemeinen Grundsätzen neue Tatsachen auch dann beachtet werden, wenn diese **offenkundig** oder **unbestritten** sind.[1060] 34

(1) Von Amts wegen zu berücksichtigende Verfahrensmängel

Unter die von Amts wegen durch den Bundesgerichtshof zu berücksichtigenden Punkte (sog absolute Verfahrensmängel) fallen ua die Sachurteilsvoraussetzungen, die inhaltliche Bestimmtheit des Tenors und der Gründe des Urteils bzw. Widersprüche zwischen diesen und die Beachtung des Grundsatzes *ne ultra petita* (Entscheidung nicht über das Beantragte hinaus) nach § 308 Abs. 1 ZPO.[1061] Ferner sind die absoluten Revisionsgründe § 547 Nr. 4 und Nr. 6 ZPO zugleich absolute Verfahrensmängel.[1062] Dass diese Verfahrensmängel von Amts wegen zu berücksichtigen sind, bedeutet auch, dass der Revisionskläger noch nach Schluss der Revisionsbegründungsfrist zu diesen vortragen kann.[1063] 35

(2) Rügepflichtige Verfahrensmängel

Bei einer Verfahrensrüge muss der Revisionskläger die angeblichen Verfahrensmängel und ihre Auswirkungen auf das Urteil darlegen und diejenigen Tatsachen genau bezeichnen, aus denen sich der Mangel ergeben soll, § 551 Abs. 3 S. 1 Nr. 2 lit. b) ZPO.[1064] Rügepflichtige Verfahrensmängel sind alle Verfahrensmängel, die nicht schon von Amts wegen zu beachten sind (vgl. § 557 Abs. 3 S. 2 ZPO). Hierzu zählen zB die Verletzung von Vorschriften zum Beweisverfahren, die absoluten Revisionsgründe nach § 547 Nr. 1–3, 5 ZPO und die Verletzung des rechtlichen Gehörs.[1065] Diese Verfahrensfehler müssen als Teil der Revisionsbegründung innerhalb der entsprechenden Begründungsfrist in der Revisionsschrift oder mit gesondertem 36

1056 MüKoZPO/*Krüger* § 559 Rn. 29; Prütting/Gehrlein/*Ackermann* ZPO § 559 Rn. 3.
1057 BeckOK ZPO/*Kessal-Wulf* § 559 Rn. 7; MüKoZPO/*Krüger* § 559 Rn. 24.
1058 Vgl. MüKoZPO/Krüger § 559 Rn. 24; vgl. Zöller/*Heßler* ZPO § 559 Rn. 1, 7; BeckOK ZPO/*Kessal-Wulf* § 559 Rn. 7.
1059 Vgl. MüKoZPO/Krüger § 559 Rn. 27; vgl. BeckOK ZPO/*Kessal-Wulf* § 559 Rn. 7 f.; Musielak/Voit/*Ball* ZPO § 559 Rn. 9.
1060 Vgl. Zöller/*Heßler* ZPO § 559 Rn. 8; MüKoZPO/*Krüger* § 559 Rn. 25 ff.
1061 BeckOK ZPO/*Kessal-Wulf* § 557 Rn. 8, sowie MüKoZPO/*Krüger* § 557 Rn. 23 f. jeweils mit weiteren Beispielen; zusätzliche Bsp. auch bei Zöller/*Heßler* ZPO § 557 Rn. 7 ff.
1062 MüKoZPO/*Krüger* § 557 Rn. 23.
1063 Zöller/*Heßler* ZPO § 557 Rn. 9.
1064 Vgl. Zöller/*Heßler* ZPO § 551 Rn. 14 f.; MüKoZPO/*Krüger* § 551 Rn. 22.
1065 Vgl. MüKoZPO/*Krüger* § 557 Rn. 28; vgl. Musielak/Voit/*Ball* ZPO § 551 Rn. 12.

Schriftsatz gemäß § 551 Abs. 2 S. 1 iVm Abs. 3 Nr. 2 lit. b) ZPO gerügt werden.[1066] Unterbleibt eine Rüge, ist der Bundesgerichtshof an das mangelhafte Verfahren gebunden.[1067] Gleichfalls ist der Bundesgerichtshof in der Revision in entsprechender[1068] Anwendung des § 559 Abs. 2 ZPO grundsätzlich auch an Feststellungen des Oberlandesgerichts gebunden, dass eine Behauptung wahr oder unwahr sei, sofern die Feststellung nicht im Rahmen einer Verfahrensrüge angegriffen wird oder von Amts wegen zu überprüfen ist.[1069] Wurde zB eine unwahre Behauptung zu Unrecht als wahr festgestellt, weil das Oberlandesgericht Beweisanträge ignoriert oder nicht vorgetragene Tatsachen verwertet hat, kann die Bindungswirkung des Bundesgerichtshofs an diese Tatsache mit einer Verfahrensrüge wegen Verstoßes gegen Beweisvorschriften zunichte gemacht werden.[1070] Eine solche Verfahrensrüge eröffnet im Bereich der Musterfeststellungsklage im Fall der Zurückverweisung den Raum für eine erneute Auseinandersetzung mit Tatsachenfragen.

37 Bezüglich des Zeitpunkts einer Verfahrensrüge sind die Grundsätze zu Verfahrensrügen nach § 295 ZPO zu beachten. Gemäß § 534 ZPO und § 556 ZPO kann ein Rügerecht, welches eine Partei bereits in der Vorinstanz nach § 295 ZPO verloren hat, in der Folgeninstanz nicht wieder aufleben. Aus einer Zusammenschau des § 534 ZPO und des § 556 ZPO sowie ihrer entsprechenden Anwendung folgt, dass eine Verletzung einer das Musterfeststellungsverfahren vor dem Oberlandesgericht betreffenden Verfahrensvorschrift im Revisionsverfahren nicht mehr gerügt werden kann, wenn die jeweilige Musterverfahrenspartei ihr Rügerecht schon vor dem Oberlandesgericht nach § 295 ZPO verloren hatte.[1071]

bb) Ursächlichkeit der Verfahrensmängel für das Musterfeststellungsurteil

38 Bei Verstößen gegen Verfahrensvorschriften werden die **Anforderungen an** die Feststellung der **Kausalität zwischen** dem resultierenden **Verfahrensfehler und dem Musterfeststellungsurteil** im Vergleich zur Sachrüge, also der fehlerhaften Anwendung materiellen Rechts, **gemildert**.[1072] Während bei Sachrügen (→ Rn. 44) die angefochtene Entscheidung auf dem Verstoß gegen die materiell-rechtliche Norm beruhen muss, **genügt** bei Verfahrensfehlern schon die **Möglichkeit**, dass im Fall der Einhaltung der Verfahrensvorschriften eine andere Entscheidung getroffen worden wäre.[1073] Beim Vorliegen eines Verfahrensfehlers, welcher gleichzeitig einen absoluten Revisionsgrund darstellt, wird die Kausalität sogar fingiert.[1074]

1066 Vgl. Musielak/Voit/*Ball* § 551 Rn. 12; MüKoZPO/*Krüger* § 557 Rn. 28.
1067 Zöller/*Heßler* ZPO § 557 Rn. 11.
1068 Auch hier gilt das bereits zu § 559 Abs. 1 S. 1 ZPO Gesagte, wonach aufgrund der Besonderheit des Musterfeststellungsverfahrens, dass es keine Berufungsinstanz gibt, die Norm ihrem Sinn und Zweck entsprechend gelesen werden muss. „Berufungsgericht" in § 559 Abs. 2 ZPO muss als Vorinstanz des Revisionsgerichts verstanden werden und dürfte daher im Musterfeststellungsverfahren als „Gericht erster Instanz" (also das örtlich zuständige Oberlandesgericht) zu lesen sein.
1069 Vgl. MüKoZPO/*Krüger* § 559 Rn. 8 ff. und 13 ff.; Zöller/*Heßler* ZPO § 559 Rn. 11.
1070 Vgl. Saenger/*Koch* ZPO § 559 Rn. 21 f.; Zöller/*Heßler* ZPO § 559 Rn. 11.
1071 Zum Sinn und Zweck der Vorschrift MüKoZPO/*Krüger* § 556 Rn. 1; MüKoZPO/*Rimmelspacher* § 534 Rn. 1.
1072 Zöller/*Heßler* ZPO § 545 Rn. 1; Saenger/*Koch* ZPO § 546 Rn. 5.
1073 Zöller/*Heßler* ZPO § 545 Rn. 1; Saenger/*Koch* ZPO § 546 Rn. 5.
1074 Vgl. Zöller/*Heßler* ZPO § 547 Rn. 1.

cc) Gegenrügen des Revisionsbeklagten

Im Fall mangelnder Beschwer kann der Revisionsbeklagte grundsätzlich keine eigenen Revisionsrügen geltend machen. Ihm sind aber bis zum Schluss der mündlichen Verhandlung sog **Gegenrügen** erlaubt. Das sind (Verfahrens-)Rügen, die der Revisionsbeklagte für den Fall einbringen kann, dass die Revision Erfolg hat.[1075] Mit ihnen kann er Feststellungen des Berufungsgerichts angreifen, die sich für ihn zunächst nicht negativ ausgewirkt haben, ihn also nicht beschweren, aber bei anderer Beurteilung der Rechtslage durch das Revisionsgericht zu einer für ihn nachteiligen Entscheidung führen könnten.[1076] Die Gegenrüge muss den Anforderungen des § 551 Abs. 3 S. 1 Nr. 2 lit. b) ZPO entsprechen, also die Tatsachen bezeichnen, die den Verfahrensmangel ergeben.[1077] Hierzu kann der Revisionsbeklagte – parallel zu den sog Rügetatsachen (→ Rn. 33) – ebenfalls neue Tatsachen vortragen.[1078]

39

dd) Präklusion, § 296 ZPO

Werden rügepflichtige vorinstanzliche Verfahrensfehler nicht (rechtzeitig) gerügt, ist – wie bereits erwähnt – auch der Bundesgerichtshof an die resultierenden Feststellungen gebunden.[1079] Die Verfahrensgrundsätze der Prozessökonomie und Beschleunigung haben im Musterfeststellungsverfahren einen besonderen Stellenwert (→ § 6 Rn. 4). Diesem Sinn und Zweck entspricht es auch, dass ein einmal nach § 295 ZPO verlorenes Rügerecht in der Folgeinstanz nicht wieder aufleben kann (Rügepfl. Verfahrensmängel → Rn. 36 f.).

40

c) Sachliche Richtigkeit des angefochtenen Urteils

Eine für die Revision notwendige Rechtsverletzung iSd § 545 Abs. 1 ZPO kann nicht nur auf die Verletzung einer Verfahrensvorschrift (→ Rn. 32 f.), sondern auch auf die **fehlerhafte Anwendung materiellen Rechts** gestützt werden.[1080] Letztere muss mit der sog **Sachrüge** geltend gemacht werden.[1081] Eine Sachrüge ist begründet, wenn eine Verletzung revisiblen Rechts vorliegt (siehe nachfolgend unter aa)) und diese Verletzung kausal für die Entscheidung ist (→ Rn. 44 f.). Die Überprüfung durch das Rechtsmittel der Revision ist freilich durch die Revisionsanträge begrenzt (→ Rn. 46).

41

aa) Verletzung revisiblen Rechts durch das Urteil des Oberlandesgerichts

Unter Recht iSv § 545 Abs. 1 ZPO fallen alle **Gesetze im materiellen Sinne**. Diese beinhalten insbesondere auch Gemeinschaftsrecht, Bundesgesetze, Landesgesetze, Gewohnheitsrecht, Völkerrecht, ratifizierte und verkündete Staatsverträge, allgemeine

42

1075 BGH NJW 1993, 933; NJW 1988, 1321; MDR 1976, 138; siehe auch Zöller/*Heßler* ZPO § 557 Rn. 12; das Einbringen von Gegenrügen ist auch ohne Erhebung einer (Eventual-)Anschlussrevision, § 554 ZPO, möglich, vgl. BeckOK ZPO/*Kessal-Wulf* § 557 Rn. 6.
1076 Vgl. Musielak/Voit/*Ball* ZPO § 557 Rn. 19; BeckOK ZPO/*Kessal-Wulf* § 557 Rn. 6.
1077 MüKoZPO/*Krüger* § 557 Rn. 33.
1078 MüKoZPO/*Krüger* § 559 Rn. 29.
1079 Vgl. zu §§ 296, 294 a ZPO im Musterfeststellungsverfahren *Weinland* MFK Rn. 122 sowie allgemein zur Thematik BGH NJW 1981, 1727; Zöller/*Heßler* ZPO § 557 Rn. 11.
1080 Zöller/*Heßler* ZPO § 545 Rn. 1.
1081 Vgl. Zöller/*Heßler* ZPO § 545 Rn. 1 iVm § 551 Rn. 10 f.

Geschäftsbedingungen sowie Satzungen juristischer Personen des öffentlichen Rechts.[1082]

43 Dieses Recht ist gemäß § 546 ZPO verletzt, wenn das Oberlandesgericht dieses nicht oder nicht richtig angewendet hat.

bb) Ursächlichkeit der Rechtsverletzung für die angefochtene Entscheidung

44 Wird die **Verletzung von revisiblem Recht** iSv § 546 ZPO festgestellt, ergibt sich aus §§ 545 Abs. 1, 546, 561 ZPO, dass diese Rechtsverletzung **kausal für das Musterfeststellungsurteil** des Oberlandesgerichts gewesen sein muss.[1083] Die Revision ist nur begründet, wenn das angefochtene Urteil auch auf der „*Verletzung des Rechts beruht*", § 545 Abs. 1 ZPO (Hervorhebung durch Verf.). Bei materiell-rechtlichen Fehlern ist dies zu bejahen, wenn das Musterfeststellungsurteil ohne den Gesetzesverstoß im Ergebnis für den Revisionskläger günstiger ausgefallen wäre.[1084]

45 Einen **Sonderfall** der Zurückweisung stellt in diesem Zusammenhang § 561 ZPO dar. Die Vorschrift regelt, dass aus prozessökonomischen Gründen eine **Revision** auch dann **zurückzuweisen** ist, wenn zwar eine Verletzung revisiblen Rechts vorliegt und auch ihre Kausalität für das angefochtene Urteil festgestellt wurde, sich das Urteil selbst aber aus anderen Gründen als richtig darstellt.[1085] Dies ist der Fall, **sofern** zwar das **Urteil fehlerhaft, im Ergebnis aber richtig** ist.[1086]

cc) Umfassende Prüfung sachlicher Richtigkeit innerhalb der Anträge

46 Wie bereits erläutert, ist das **Revisionsverfahren** grundsätzlich durch die Parteianträge und die sog **Anfallwirkung** begrenzt (→ Rn. 27). Der Bundesgerichtshof ist als Revisionsgericht an die gestellten Anträge gebunden und kann nicht mehr zusprechen als vom Kläger beantragt (*ne ultra petita*).[1087] Insbesondere kann ein nicht angefochtener Teil des Musterfeststellungsurteils nicht im Wege der Revision abgeändert werden, soweit sich die Revisionsanträge bzw. Anschlussrevision hierauf nicht erstrecken. **Innerhalb der gestellten Anträge** hat die **Prüfung** der Anwendung **des materiellen Rechts** durch den Bundesgerichtshof aber **umfassend** und von Amts wegen zu erfolgen.[1088] Der Bundesgerichtshof ist also **nicht an die zu einer Sachrüge vorgetragene Begründung gebunden**, § 557 Abs. 3 S. 1 ZPO. Deswegen kann eine Partei auch noch nach Ablauf der Begründungsfrist zu den streitentscheidenden Rechtsfragen Stellung nehmen und bisher nicht vorgebrachte Rechtsverletzungen rügen.[1089]

1082 Vgl. Saenger/*Koch* ZPO § 545 Rn. 3 ff.; Musielak/Voit/*Ball* ZPO § 545 Rn. 2 ff.; Zöller/*Heßler* ZPO § 545 Rn. 1 ff.
1083 Vgl. Prütting/Gehrlein/*Ackermann* ZPO § 561 Rn. 1; Zöller/*Heßler*, ZPO § 545 Rn. 1.
1084 Vgl. Zöller/*Heßler* ZPO § 546 Rn. 6 ff.; Saenger/*Koch* ZPO § 545 Rn. 12.
1085 Vgl. Prütting/Gehrlein/*Ackermann* ZPO § 561 Rn. 1, 3; Musielak/Voit/*Ball* ZPO § 561 Rn. 1 ff.
1086 Prütting/Gehrlein/*Ackermann* ZPO § 561 Rn. 1; Musielak/Voit/*Ball* ZPO § 561 Rn. 1 ff.
1087 Zöller/*Heßler* ZPO § 557 Rn. 1; Musielak/Voit/*Ball* ZPO § 557 Rn. 7.
1088 Vgl. Zöller/*Heßler* ZPO § 557 Rn. 15, wonach bei Vorliegen einer zulässigen Verfahrensrüge oder einer ausreichend begründeten Sachrüge „*das Revisionsgericht das Berufungsurteil insoweit umfassend auf sachliche Richtigkeit nachzuprüfen*" hat.
1089 MüKoZPO/*Krüger* § 557 Rn. 37; Zöller/*Heßler* ZPO § 557 Rn. 15.

II. Berichtigungsanträge

Im Folgenden werden der Tatbestandsberichtigungsantrag (→ Rn. 48), die Berichtigung des Sitzungsprotokolls (→ Rn. 54) sowie die Urteilsberichtigung und -ergänzung (→ Rn. 55 und → Rn. 56 ff.) dargestellt und ihre Besonderheiten im Musterfeststellungsprozess aufgezeigt.   47

1. Tatbestandsberichtigung, § 320 Abs. 1 ZPO

a) Bedeutung und Voraussetzungen des Tatbestandsberichtigungsantrags

Mit dem Tatbestandsberichtigungsantrag wird den Parteien ein Mittel zur Verfügung gestellt, nachträglich den richtigen Inhalt ihres Vorbringens in den Tatbestand des Urteils aufnehmen zu lassen.[1090] Bedeutung erlangt eine derartige **Korrektur des Tatbestandes** aufgrund der umfassenden Bindung des Bundesgerichtshofs an die Tatsachenfeststellungen des Oberlandesgerichts im Rechtsmittelverfahren.   48

Die Richtigkeit des Tatbestands des Urteils ist wegen § 314 S. 1 ZPO iVm § 610 Abs. 5 S. 1 ZPO außerdem von großer Wichtigkeit, denn er liefert Beweis für das Parteivorbringen in der mündlichen Verhandlung der Folgeinstanz, insbesondere also über den Lebenssachverhalt. Zwar ist grundsätzlich nach § 314 S. 2 ZPO der Gegenbeweis unter Vorlage der Sitzungsprotokolle möglich. Voraussetzung ist jedoch, dass es sich bei den Tatsachen um protokollierte Angaben iSv §§ 160 Abs. 3 Nr. 1–3, 162 ZPO handelt und sich die geforderte Darstellung unzweideutig aus dem Protokoll ergibt. Ist das Protokoll jedoch fehlerhaft oder wie in der Praxis häufig unvollständig, so gehen die Darstellungen im Urteil denen des Protokolls nach der Beweisregel des § 314 S. 1 ZPO vor.[1091] Die Beweiskraft des Tatbestands bezieht sich auf das im Tatbestand dargestellte oder konkret in Bezug genommene Parteivorbringen. Eine negative Beweiskraft kommt dem Tatbestand nach allgemeinen Grundsätzen nicht zu.[1092]   49

Zudem bindet § 559 Abs. 2 ZPO den Bundesgerichtshof an die in Tatbestand und Begründung des Musterfeststellungsurteils getroffenen tatsächlichen Feststellungen des Oberlandesgerichts. Zeitlich und systematisch ist also der Tatbestandsberichtigungsantrag – wie auch die anderen im Folgenden genannten Anträge – der Revision in der Regel zeitlich vorgeschaltet.[1093]   50

Ein Antrag auf Tatbestandsberichtigung ist auf die relevanten Punkte zu beschränken. Ziel sollte es sein, dem zuständigen Richter eine effiziente Bearbeitung des Antrags zu ermöglichen.[1094] Ein zweckmäßig formulierter Antrag besteht demnach aus (i) einem wörtlichen Zitat der fehlerhaften nachteiligen Tatsachenfeststellung im Ur-   51

1090 Vgl. MüKoZPO/*Musielak* § 320 Rn. 1; BeckOK ZPO/*Elzer* § 320 Rn. 2.
1091 Vgl. BeckOK ZPO/*Elzer* § 314 Rn. 33; MüKoZPO/*Musielak* § 314 Rn. 1, 6; Musielak/Voit/*Musielak* ZPO § 314 Rn. 7.
1092 BGH NJW 2004, 1876 (1879); NJW 2004, 2152 (2155 f.); Zöller/*Feskorn* ZPO § 320 Rn. 5 mwN; Musielak/Voit/*Musielak* ZPO § 314 Rn. 3; BeckOK ZPO/*Elzer* § 314 Rn. 22.
1093 Vgl. *Stackmann* NJW 2009, 1537 (1540); BeckOK ZPO/*Elzer* § 320 Rn. 2; Saenger/*Saenger*, ZPO § 320 Rn. 1.
1094 Vgl. *Stackmann* NJW 2009, 1537; *Bausch* AnwBl 2011, 126 (128).

teil unter Angabe der Seitenzahl, (ii) aus einer präzisen Begründung der Fehlerhaftigkeit sowie (iii) einem knappen Änderungsvorschlag.[1095]

52 Für einen Antrag auf Tatbestandsberichtigung gilt eine **Frist von zwei Wochen**, § 320 Abs. 1 ZPO. Der Fristlauf beginnt nach § 320 Abs. 2 S. 1 ZPO mit der Zustellung des in vollständiger Form abgefassten Urteils. Nach § 174 Abs. 4 ZPO erfolgt die Dokumentation der Zustellung des in vollständiger Form abgefassten Urteils durch Unterzeichnung des Empfangsbekenntnisses durch den Prozessbevollmächtigten. Dabei sollte das übersandte Urteil vor Unterzeichnung unbedingt auf Vollständigkeit überprüft werden.[1096]

b) Anfechtung der Zurückweisung oder des Antrags auf Tatbestandsberichtigung

53 Im Hinblick auf die fehlende weitere Tatsacheninstanz – nur das auf Rechtsfehlerkontrolle beschränkte Rechtsmittel der Revision ist statthaft – dürfte dem Tatbestandsberichtigungsantrag im Bereich der zivilprozessualen Musterfeststellungsklage praktisch besondere Relevanz zukommen. Die Anfechtung einer Zurückweisung oder des stattgebenden Berichtigungsbeschlusses scheidet jedoch nach § 320 Abs. 4 S. 4 ZPO grundsätzlich aus. Denn hiernach handelt es sich um einen **unanfechtbaren Beschluss**. Nur in drei Ausnahmefällen ist nach der allgemeinen zivilprozessualen Rechtsprechung eine sofortige Beschwerde nach § 567 Abs. 1 S. 2 ZPO möglich, nämlich wenn der Antrag auf Tatbestandsberichtigung ohne Sachprüfung verworfen wird, entgegen § 320 Abs. 3 ZPO über den Antrag ohne mündliche Verhandlung entschieden wird oder über den Antrag ein nicht an dem Urteil beteiligter Richter entschieden hat.[1097] Die sofortige Beschwerde nach § 567 Abs. 1 S. 2 ZPO dürfte im Musterfeststellungsverfahren jedoch keine Anwendung finden, da es sich nicht um eine erstinstanzliche Entscheidung eines Amts- oder Landgerichts handelt. Insoweit dürfte allein die Rechtsbeschwerde nach § 574 ZPO verbleiben, welche mangels gesetzlicher Anordnung (§ 574 Abs. 1 Nr. 1 ZPO) die Zulassung durch das Oberlandesgericht (§ 574 Abs. 1 Nr. 2 ZPO) voraussetzt, woran es in der Praxis regelmäßig fehlen dürfte. Es bleibt abzuwarten, wie die gerichtliche Praxis mit solchen Fällen umgehen wird.

2. Protokollberichtigung, § 164 Abs. 1 ZPO

54 Beruht ein Fehler im Urteil auf einem Fehler im Sitzungsprotokoll, so sollte zusätzlich ein Antrag auf Berichtigung des fehlerhaften Protokolls nach § 164 Abs. 1 ZPO gestellt werden. Eine Protokollberichtigung ist grundsätzlich jederzeit möglich. Erfolgversprechend ist dies aber nur, wenn die tatsächlichen Umstände nachgewiesen werden können.[1098] Regelmäßig ist hierbei eine Unterstützung seitens der anderen Prozesspartei nicht zu erwarten. Deswegen muss sich das Gericht und ggf. ein hinzugezogener Protokollführer an den tatsächlichen Hergang erinnern können.[1099] Praktisch

---

1095 Vgl. *Bausch* AnwBl 2011, 126 (128).
1096 Vgl. *Stackmann* NJW 2009, 1537 (1540); vgl. Zöller/*Schultzky* ZPO § 174 Rn. 20 f.
1097 Vgl. Zöller/*Feßkorn* ZPO § 320 Rn. 17 mwN.
1098 Vgl. *Stackmann* NJW 2009, 1537 (1538).
1099 Vgl. *Stackmann* NJW 2009, 1537 (1540); vgl. Saenger/*Saenger* ZPO § 164 Rn. 3.

sollte der Antrag auf Berichtigung eines Protokollfehlers deshalb so zeitnah wie möglich erfolgen.

3. Urteilsberichtigung, § 319 Abs. 1 ZPO

Nach § 319 Abs. 1 ZPO iVm § 610 Abs. 5 S. 1 ZPO können **offensichtliche Fehler** im Musterfeststellungsurteil, die sich zulasten einer Partei auswirken könnten, von Amts wegen und grundsätzlich ohne Frist korrigiert werden. Zuständig ist der Zivilsenat, der das Urteil erlassen hat. Dieser muss über die Berichtigung jedoch nicht in der Besetzung entscheiden, die über das Urteil entschieden hat.[1100] Zweckdienlich kann es sein, das weitere Vorgehen mit dem zuständigen Spruchkörper vorab durch einen Telefonanruf abzustimmen.[1101] Bevor ein entsprechender Beschluss gemäß § 319 Abs. 2 S. 1 ZPO ergeht, ist die andere Seite anzuhören.[1102]   55

4. Urteilsergänzung, § 321 Abs. 1 ZPO

Ein Antrag auf Urteilsergänzung nach § 321 Abs. 2 ZPO iVm § 610 Abs. 5 S. 1 ZPO setzt eine Entscheidungslücke voraus und ist ebenfalls **innerhalb von zwei Wochen nach Zustellung** zu stellen, § 321 Abs. 2 ZPO.   56

Ein Urteil ist dann unvollständig, wenn ein geltend gemachter Haupt- oder Nebenanspruch oder ein Kostenpunkt übergangen wurde.[1103] Die Abgrenzung zwischen einer Richtigstellung und einer Ergänzung des Urteils kann dabei fließend sein. In einem solchen Fall kann es sich daher anbieten, die Anträge auf Tatbestandsberichtigung und Urteilsergänzung zu kombinieren.[1104]   57

Für den nach Ansicht der Parteien relevanten Vortrag kann das Oberlandesgericht auf die Gerichtsakte verweisen und den Antrag auf Urteilsergänzung zurückweisen,[1105] denn nach § 313 Abs. 2, 3 ZPO iVm § 610 Abs. 5 S. 1 ZPO kann sich das Oberlandesgericht beim Verfassen des Urteils auf den seiner Ansicht nach wesentlichen Inhalt beschränken. Die Parteien werden dadurch geschützt, dass aus § 314 S. 1 ZPO – wie sich auch schon aus allgemeinen Grundsätzen ergibt – keine negative Beweiskraft für nicht festgestellte Tatsachen erwächst.[1106]   58

1100 BGHZ 78, 22 (23); 106, 370 (373); vgl. MüKoZPO/*Musielak* § 319 Rn. 14; BeckOK ZPO/*Elzer* § 319 Rn. 42.
1101 So *Stackmann* NJW 2009, 1537.
1102 Saenger/*Saenger* ZPO § 319 Rn. 17; MüKoZPO/*Musielak* § 319 Rn. 15.
1103 Vgl. Saenger/*Saenger* ZPO § 321 Rn. 3; Zöller/*Feskorn* ZPO § 320 Rn. 6.
1104 Vgl. Saenger/*Saenger* ZPO § 321 Rn. 4; zur Abgrenzung der Berichtigungsanträge siehe BeckOK ZPO/*Elzer* § 319 Rn. 9; Zöller/*Feskorn* ZPO § 320 Rn. 5.
1105 Ausführlich hierzu: *Bausch* AnwBl 2011, 126 (127f.); *Stackmann* NJW 2013, 2929 (2929f.); Zöller/*Feskorn* ZPO § 320 Rn. 7.
1106 BGH NJW 2004, 1876 (1879); siehe auch *Stackmann* NJW 2013, 2929 (2929f.); Zöller/*Feskorn* ZPO § 320 Rn. 6.

§ 10 Kosten

Schrifttum: *Beck*, Musterfeststellungsklage und einheitliche Tatsachenfeststellung, ZIP 2018, 1915; *Bundesrechtsanwaltskammer*, Stellungnahme Nr. 21 zum Gesetzentwurf der Bundesregierung zur Einführung einer zivilprozessualen Musterklage, Juni 2018; *Bundesrechtsanwaltskammer*, Stellungnahme Nr. 32 zum Diskussionsentwurf eines Gesetzes zur Einführung einer Musterfeststellungsklage, Oktober 2017; *DAV*, Stellungnahme Nr. 20/18 zum Gesetzesentwurf der Bundesregierung für ein Gesetz zur Einführung einer zivilprozessualen Musterfeststellungsklage (Stand 9.5.2018, BR-Drs. 176/18); *Gansel/Gängel*, Erste Hilfe zur Musterfeststellungsklage, C. H. Beck, 2018; *Halfmeier*, Musterfeststellungsklage: Nicht gut, aber besser als nichts, ZRP 2017, 201; *Hess/Reuschle/Rimmelspacher* (Hrsg.), Kölner Kommentar zum KapMuG, 2. Aufl. 2014; *Kilian*, Musterfeststellungsklage – Meinungsbild der Anwaltschaft, ZRP 2018, 72; *Krüger/Rauscher* (Hrsg.) Münchener Kommentar Zivilprozessordnung, Band 1, 5. Aufl. 2016; *Meller-Hannich*, Sammelklagen, Gruppenklagen, Verbandsklagen – bedarf es neuer Instrumente des kollektiven Rechtsschutzes im Zivilprozess?, NJW-Beil. 2018, 29; *Röthemeyer*, Musterfeststellungsklage, Spezialkommentar zu den §§ 606-614 ZPO, 1. Aufl. 2018; *Schäfer*, Gesetzesentwurf zur „Musterfeststellungsklage", Sammelband, Konrad Adenauer Stiftung 2018; *Saenger*, Zivilprozessordnung, 7. Aufl. 2017; *Stadler*, Kollektiver Rechtsschutz quo vadis?, JZ 2018, 793; *Vorwerk/Wolf*, Beck'scher OnlineKommentar zur Zivilprozessordnung, 29. Edition (1.6.2018); *Waclawik*, Die Musterfeststellungsklage, NJW 2018, 2921; *Waßmuth/Asmus*, Der Diskussionsentwurf des BMJV zur Einführung einer Musterfeststellungsklage, ZIP 2018, 657; *Zöller*, Zivilprozessordnung, 32. Aufl. 2018.

I. Kosten im Musterfeststellungsverfahren 1	2. Anwaltliche Vertretung der Beklagten 12
II. Gerichtskosten 6	3. Anwaltliche Vertretung von Verbrauchern 13
1. Streitwertbemessung 7	
2. Wertobergrenze 8	IV. Kostenerstattung 23
3. Keine Härtefallregelung in Form einer Streitwertminderung 9	V. Fragen der Prozessfinanzierung 27
III. Anwaltliche Vergütung im Musterverfahren 10	1. Rechtsschutzversicherung 27
1. Anwaltliche Vertretung der klagebefugten Einrichtung 11	2. Prozessfinanzierung 28

I. Kosten im Musterfeststellungsverfahren

1 Ziel der Musterfeststellungsklage ist ein effektiver Schutz von Verbrauchern gegen Unternehmen, insbesondere im Hinblick auf Streu- und Massenschäden, deren individuelle Geltendmachung wegen unverhältnismäßigen Aufwands häufig unterbleibt. Mit der Musterfeststellungsklage soll eine Regelung geschaffen werden, die es Verbrauchern erleichtern soll, ihre Ansprüche gegenüber Unternehmen durchzusetzen. Dem Verbraucher soll eine **kostengünstige Möglichkeit zur Durchsetzung seiner Rechte** zur Verfügung gestellt werden.

2 Das deutsche Zivilprozessrecht, das auf dem Grundsatz des individuellen Rechtsschutzes beruht, gewährt ungehinderten Zugang zum Gericht. Das Zivilprozessrecht wird zudem flankiert durch steuerfinanzierte Prozesskostenhilfe. Ein Zivilprozess ist mit Prozesskosten und Zeitaufwand verbunden; beides kann Barrieren darstellen.

II. Gerichtskosten

Dies gilt insbesondere für Streuschäden, deren Höhe so gering ist, dass sich eine Rechtsverfolgung für den Geschädigten vor dem Hintergrund einer Aufwand-Nutzen-Abwägung nicht lohnt.[1107]   3

Kosten und persönlicher Aufwand zur Durchsetzung eines erlittenen materiellen Schadens werden laut einer empirischen Erhebung überhaupt erst ab einer Schadenssumme von EUR 1.950 von einer knappen Mehrheit der Bürger nicht mehr gescheut.[1108] Nur jeder vierte würde bei einem Streitwert unter EUR 1.000 einen Prozess anstrengen.[1109]   4

Von den Streuschäden sind die sog Massenschäden zu unterscheiden. Massenschäden haben eine mittlere bis große Höhe und treten in Groß-Schadensereignissen oder jedenfalls in so großer Zahl auf, dass eine individuelle Realisierung Schwierigkeiten mitsichbringt, etwa durch Überlastung der Gerichte, widersprüchliche Entscheidungen oder die Dauer der Verfahren. Ein weiterer Aspekt, der einen Verbraucher von der Einreichung einer Klage abhalten könnte, ist der Kostenvorschuss, den er sowohl an seinen Anwalt, als auch an das Gericht zu leisten hat. Jedenfalls für Verbraucher, die nicht rechtsschutzversichert sind, könnte eine solche Vorschusszahlung ein Hindernis bei der Durchsetzung ihrer Rechte darstellen, zumal der Ausgang des Verfahrens und damit die Verteilung der Kosten regelmäßig ungewiss ist.   5

Bei der Beurteilung der Frage, ob die Durchsetzung eines Anspruches mithilfe der Musterfeststellungsklage für den Verbraucher „kostengünstig" ist, hängt die Antwort insbesondere auch von der Frage ab, ob es sich eher um einen Streuschaden oder um einen Massenschaden handelt.

II. Gerichtskosten

Den Gerichtskostenvorschuss zahlt die Klagepartei der Musterfeststellungsklage, also die qualifizierte Einrichtung. Der Kostenerstattungsanspruch richtet sich im Obsiegensfall gegen die Gegenseite, also das beklagte Unternehmen. An den Gerichtskosten für die Musterfeststellungsklage selbst ist ein Verbraucher, der sich im Klageregister anmeldet, nicht beteiligt.   6

1. Streitwertbemessung

Der Streitwert der Musterfeststellungsklage bestimmt sich gemäß § 48 Abs. 1 S. 1 des GKG nach den für die Zuständigkeit des Prozessgerichts geltenden Vorschriften.[1110] Das bedeutet, dass das Gericht den Streitwert nach freiem Ermessen bestimmt (§ 3 ZPO). Mit der Musterfeststellungsklage wird ein Feststellungsinteresse verfolgt (§ 606 ZPO). Bei einer Feststellungsklage wird für den Fall einer positiven Feststellung üblicherweise ein Abschlag von 20% gegenüber dem Wert einer entsprechenden   7

1107 Zum Begriff vgl. *Stadler* JZ 2018, 793 (794 ff.).
1108 Vgl. hierzu *Hirsch*: Paralleljustiz? Der Verbraucher hat die Wahl, FAZ v. 19. Februar 2015: „[...] *würde es nach einer aktuellen Allensbach-Umfrage nur jeder Fünfte bei Streitigkeiten auf jeden Fall auf einen Prozess ankommen lassen. 32 Prozent würden selbst dann den Gang zum Gericht vermeiden und nachgeben, wenn sie überzeugt sind, im Recht zu sein. Erst ab einem Streitwert von 1.950 Euro würde eine knappe Mehrheit Klage erheben"*.
1109 *Schäfer/Lüblinghoff* KAS 2018, 33 (41).
1110 BT-Drs. 19/2507, 28.

Leistungsklage vorgenommen. Bei der negativen Feststellungsklage erfolgt hingegen kein Feststellungsabschlag.[1111] Nach dem Wortlaut der Gesetzesbegründung ist es indes nicht vorgesehen, auf die Summe aller angemeldeten Einzelansprüche abzustellen.[1112] Maßgeblich ist vielmehr das **Interesse der Allgemeinheit** an den mit der Musterfeststellungsklage verfolgten Feststellungszielen.[1113] Da das Musterfeststellungsverfahren, anders als das UKlaG, nicht in erster Linie auf das Allgemeininteresse (wie etwa eine künftige Verhaltensänderung) abstellt, sondern auf die Durchsetzung individueller Ansprüche abzielt, ist die Begründung für eine Orientierung des Streitwertes an dem Interesse der Allgemeinheit wenig überzeugend.[1114]

2. Wertobergrenze

8   Der Streitwert der Musterfeststellungsklage wird – wie auch bei Verbandsklageverfahren üblich – auf EUR 250.000 begrenzt (§ 48 Abs. 1 S. 2 GKG). Die Gerichtskosten für eine Musterfeststellungsklage betragen damit maximal EUR 8.416,00 (Oberlandesgericht als Eingangsinstanz) und EUR 10.520,00 (Revision).[1115]

3. Keine Härtefallregelung in Form einer Streitwertminderung

9   Der Diskussionsentwurf zur Musterfeststellungsklage[1116] sah in Anlehnung an identische Regelungen (§ 12 Abs. 4 UWG, § 144 PatG, § 142 MarkG) in § 615 ZPO zunächst eine Härtefallregelung zur Bemessung des Streitwertes für die begünstigte Partei vor. Bei Glaubhaftmachung der ansonsten eintretenden wirtschaftlichen Gefährdung im Einzelfall sollte das Gericht die Möglichkeit haben, einen „der Wirtschaftslage der Partei" angepassten Streitwert anzuordnen. Dieser angepasste Streitwert sollte nicht nur als Berechnungsgrundlage der Gerichtskosten für die begünstigte Partei herangezogen werden, sondern auch für die Berechnung der Gebühren des Rechtsanwalts und eines etwaigen Anspruchs auf Kostenerstattung der Gegenseite. Bei Obsiegen der begünstigten Partei hätte die beklagte Partei allerdings die Rechtsanwaltsgebühren nach vollem Streitwert zu erstatten. Dieser Regelung hat die Bundesrechtsanwaltskammer in ihrer Stellungnahme ausdrücklich widersprochen.[1117] Eine situationsangepasste Streitwertminderung ist nicht mehr vorgesehen.

III. Anwaltliche Vergütung im Musterverfahren

10 Die zivilprozessuale Musterfeststellungsklage bringt mit der Vertretung von Musterfeststellungsklägern und Verbrauchern ein neues anwaltliches Betätigungsfeld mit derzeit noch ungewissem Volumen. Allerdings hat der Gesetzgeber nicht direkt zum

---

1111 Zum Ganzen siehe Zöller/*Herget* ZPO § 3 Rn. 16, dort unter „Feststellungsklage".
1112 Vgl. auch *Röthemeyer* HK-MFK § 48 GKGRn. 3.
1113 BT-Drs. 19/2507, 28.
1114 So im Ergebnis auch *Röthemeyer* HK-MFK § 48 GKG Rn. 3.
1115 Bei einem unbeschränkten Streitwert bis an die Kappungsgrenze von EUR 60 Mio. beträgt der Gerichtskostenvorschuss demgegenüber EUR 329.208 (1. Instanz), EUR 438.944,00 (2. Instanz) und EUR 548.680,00 (Revision), also mehr als das 60-fache.
1116 DiskE des BMJV „Entwurf eines Gesetzes zur Einführung einer Musterfeststellungsklage" vom 31. Juli 2017, abrufbar unter https://www.bmjv.de/SharedDocs/Gesetzgebungsverfahren/Dokumente/DiskE_Mus terfeststellungsklage.pdf;jsessionid=AF06EA696C45735B39A14B5D51742F9B.2_cid334?__blob=publica tionFile&v=3 (zuletzt abgerufen: 19.10.2018)
1117 *BRAK* Stellungnahme Nr. 32 vom Oktober 2017 Ziff. 7.

Ausdruck gebracht, dass er die anwaltliche Betätigung in diesem Bereich fördern will.[1118] Der Verbraucher kann seinen Anspruch durch einfache Anmeldung zum Klageregister, für die ausdrücklich keine anwaltliche Vertretung erforderlich ist, geltend machen. Allerdings wird durchaus darauf hingewiesen, dass bei der Anmeldung Fehler passieren können, die zu einem Verlust des Anspruches führen können – etwa dann, wenn mangels wirksamer Eintragung zum Klageregister die erwünschte Verjährungshemmung nicht eingetreten ist, oder weil der Verbraucher sich bei einer „falschen" Musterfeststellungsklage registriert hat.[1119] Geht es um Streuschäden, kann sich der Verbraucher möglicherweise die anwaltliche Beratung sparen. Nimmt der Verbraucher jedoch vor Anmeldung seines Anspruches anwaltliche Beratung in Anspruch – wie dies bei Ansprüchen mittleren bis größeren Umfangs ratsam wäre –, so hat der Anwalt Anspruch auf Gebühren.

1. Anwaltliche Vertretung der klagebefugten Einrichtung

Die gesetzlichen Gebühren des Vertreters einer klagebefugten Einrichtung richten sich nach dem Gebührenstreitwert. Die Streitwertbegrenzung auf EUR 250.000,00 (§ 48 S. 2 GKG) begrenzt die gesetzlichen Gebühren der Anwälte auf knapp EUR 7.000 für die Eingangsinstanz. Bei den Vertretern der klagebefugten Einrichtungen dürfte es sich in der Regel um Spezialisten handeln, die bereits Erfahrungen auf den vorhandenen Gebieten des kollektiven Rechtsschutzes haben. Es wird bezweifelt, dass es den klagebefugten Einrichtungen gelingen wird, einen Spezialisten zu finden, der bereit ist, das komplexe Verfahren auf der Basis gesetzlicher Gebühren zu führen. Insofern wird prognostiziert, dass die Streitwertbegrenzung zu einer Risikominimierung führt. Denn sollte die qualifizierte Einrichtung unterliegen, ist ihr Kostenrisiko überschaubar. Möglicherweise entsteht hier ein Spielraum für die klagebefugten Einrichtungen, *„die für qualifizierte Beratung ggf. oberhalb der gesetzlichen Gebühren erforderlichen Mittel bereit zu stellen"*.[1120] Ein Anreiz für Anwälte, dieses Verfahren für die klagebefugte Einrichtung zu führen, könnte sein, angemeldete Verbraucher in den sich ggf. anschließenden Individualverfahren zu vertreten.

11

2. Anwaltliche Vertretung der Beklagten

Dass die Verteidigung in einem Musterfeststellungsverfahren bei komplexen Schadensfällen auf der Basis einer RVG-Vergütungsvereinbarung nicht darstellbar ist, dürfte kein Geheimnis sein.[1121] Allein die Aufklärung des Sachverhaltes wird in solchen Fällen ein erhebliches Gebührenvolumen erfordern. Am Ende des Verfahrens erhält der obsiegende Unternehmer nur einen Bruchteil der Gebühren erstattet, die eingesetzt werden müssen, um eine Musterfeststellungsklage abzuwehren. Die Anwaltsgebühren werden sich in aller Regel an dem wirtschaftlichen Risiko des Gesamtkomplexes und nicht an dem Streitwert der einzelnen Musterfeststellungsklage orientieren.

12

1118 *Waclawik* NJW 2018, 2921 (2925).
1119 *Gansel/Gängel*, Erste Hilfe zur Musterfeststellungsklage, 11.
1120 *Röthemeyer* HK-MFK § 48 GKG Rn. 2.
1121 *Röthemeyer* HK-MFK § 48 GKG Rn. 2; *Waclawik* NJW 2018, 2921 (2925).

3. Anwaltliche Vertretung von Verbrauchern

13 Anmeldungen zum Klageregister und Rücknahmen unterliegen keinem Anwaltszwang. Informierte Verbraucher werden Anmeldungen und Rücknahmen jedenfalls bei Streuschäden kostenlos und ohne anwaltliche Beratung selbst erledigen.[1122] Im Vergleich zu einer Klage sind Aufwand und Kosten für die Anmeldung also deutlich reduziert: neben seinem Namen, den Namen der Parteien, dem Gericht und dem Aktenzeichen der Musterfeststellungsklage muss der Verbraucher den Gegenstand und den Grund des Anspruches oder Rechtsverhältnisses, ggf. den Betrag der Forderung sowie die Versicherung der Richtigkeit und Vollständigkeit seiner Angaben angeben. Eine inhaltliche Prüfung der Anmeldung vor Eintragung in das Klageregister erfolgt nicht (§ 608 Abs. 2 S. 3 ZPO). Da eine anwaltliche Vertretung nicht erforderlich ist, besteht in diesem Stadium des Verfahrens kein Kostenrisiko.[1123]

14 Bereits für die Entscheidung, ob die für einen bestimmten Anspruch notwendigen Voraussetzungen im Rahmen des Musterfeststellungsverfahrens geklärt werden können, dürfte allerdings anwaltliche Beratung gefragt sein.[1124] Für rechtsschutzversicherte Verbraucher wird jedenfalls bei Massenschäden eine anwaltliche Beratung zur Klärung der Vorgehensweise nahegelegt.[1125] Denn die **Bestimmung eines konkreten Streitgegenstandes** oder die **Bestimmung des Streitverhältnisses** sowie die Frage der Vorgreiflichkeit einer bestimmten Entscheidung dürften von Verbrauchern ohne anwaltliche Beratung nur schwer vorzunehmen sein.

15 Berät der Anwalt einen Mandanten **außergerichtlich** zu der Frage, ob für einen bestimmten Anspruch das Musterfeststellungsverfahren vorgreiflich ist, ist die Anmeldung von Ansprüchen und Rechtsverhältnissen zum Klageregister mit der **Geschäftsgebühr** abgegolten. Da nach der Gesetzesbegründung eine Berücksichtigung des Beratungsaufwandes im Rahmen der Bestimmung der konkreten Gebühr möglich sein soll,[1126] dürften sich in diesem Zusammenhang jedenfalls bei mittleren Streitwerten neue Diskussionen über die anwaltliche Rahmengebühr ergeben.[1127] Dass der Gesetzgeber die Anmeldung von Ansprüchen oder Rechtsverhältnissen als gebührenrechtliche Nebengeschäfte bei Beratung zu einem individuellen Anspruch eingestuft hat, steht nicht in einem angemessenen Verhältnis zu der möglichen Bedeutung einer solchen Beratung, die nicht zuletzt auch haftungsträchtig ist.[1128]

16 Bereits für die Entscheidung, ob die für einen bestimmten Anspruch notwendigen Voraussetzungen im Rahmen des Musterfeststellungsverfahrens geklärt werden können, dürfte anwaltliche Beratung gefragt sein. Das widerspricht der Ankündigung, dass die Musterfeststellungsklage gerade für diejenigen Verbraucher besonders geeignet sein soll, die Kosten und Mühe einer Individualklage scheuen.[1129] Die Bestim-

---

1122 BT-Drs. 19/2439, 16; vgl. auch *Waclawik* NJW 2018, 2921 (2925); *Gansel/Gängel*, Erste Hilfe zur Musterfeststellungsklage, 14.
1123 BT-Drs. 19/2439, 17.
1124 Vgl. *Gansel/Gängel*, Erste Hilfe zur Musterfeststellungsklage, 12; *Schäfer/Lübbl* KAS 2018, 33 (42).
1125 *Gansel/Gängel*, Erste Hilfe zur Musterfeststellungsklage, 12.
1126 BT-Drs. 19/2507, 28.
1127 *Waclawik* NJW 2018, 2921 (2925); ähnlich *Meller-Hannich* NJW-Beilage 2018, 29 (31).
1128 *Waclawik* NJW 2018, 2921 (2925).
1129 Pressemitteilung der Verbraucherzentrale Bundesverband vom 12.9.2018, abrufbar unter https://www.adac.de/rund-ums-fahrzeug/abgas-diesel-fahrverbote/abgaskandal-rechte/musterfeststellungsklage/

mung des Streitgegenstands oder die Bestimmung des Streitverhältnisses sind keine ganz einfachen Fragestellungen. Dies allein den betroffenen Verbrauchern zu überlassen, wäre wohl unverantwortlich. Dies dürfte einer der Gründe sein, weshalb klagebefugte Einrichtungen ihren Mitgliedern vermutlich eine Erstberatung anbieten werden.

Endet die Musterfeststellungsklage mit einer Klagestattgabe zugunsten der klagebefugten Einrichtung, führt das nicht dazu, dass das beklagte Unternehmen zu einer Leistung an die registrierten Verbraucher verpflichtet ist. Sie berechtigt auch den registrierten Verbraucher nicht, eine Zahlung oder eine sonstige Leistung zu verlangen. Die Notwendigkeit des individuellen Folgeprozesses erfordert, dass der Kläger prüft oder prüfen lässt, inwieweit die Musterfeststellungsklage überhaupt vorgreiflich für den Streit um seinen individuellen Schaden ist (→ § 5 Rn. 69). 17

Diese Prüfung erfolgt sinnvollerweise vor der Anmeldung zur Musterfeststellungsklage. Selbst wenn die Registrierung kostenlos ist, kann die falsche Registrierung ungewünschte Rechtsfolgen nach sich ziehen. Denn die Anmeldung des Anspruchs oder Rechtsverhältnisses in das Klageregister hemmt nur die Verjährung derjenigen Ansprüche, die ein Gläubiger zu dem zur Klage geführten Klageregister **wirksam angemeldet** hat, wenn dem angemeldeten Anspruch **derselbe Lebenssachverhalt** zugrunde liegt wie den Feststellungszielen der Musterfeststellungsklage.[1130] Ob dies der Fall ist, wird erst im Folgeprozess geprüft (→ § 11 Rn. 2 ff.). 18

Wenn eine solche Prüfung nicht bereits vor Anmeldung erfolgt ist, stellt sich möglicherweise erst nach Abschluss des Musterfeststellungsverfahrens und im Rahmen der im Anschluss zu führenden Individualklage heraus, dass der Anspruch nicht wirksam angemeldet war. Ein Anwalt muss sich bei der außergerichtlichen Beratung umfänglich mit dem zugrundeliegenden Lebenssachverhalt auseinandersetzen. Für eine solche Prüfung erhält der Anwalt im Rahmen seiner außergerichtlichen Tätigkeit eine Geschäftsgebühr mindestens in Höhe der Regelgebühr von 1,3 (Nr. 2300 VV RVG). 19

Auch bei der Frage, ob ein Verbraucher einem Vergleich im Rahmen des Musterfeststellungsverfahrens zustimmt oder von seinem Recht zur Rücknahme der Anmeldung Gebrauch macht (→ § 7 Rn. 54 ff.), kann jedenfalls dann gebührenrechtlich eine neue Angelegenheit darstellen, wenn die außergerichtliche Vollmacht auf die Prüfung und Anmeldung der Ansprüche zum Klageregister beschränkt war. 20

Erteilt der Mandant seinem Anwalt bei Beauftragung direkt den **Klageauftrag**, prüft der Anwalt jedoch vor Einreichung der Klage, ob die Anmeldung zum Klageregister eine einfachere Möglichkeit der Rechtsdurchsetzung birgt, gehört die Anmeldung zum Klageregister für Musterfeststellungsverfahren zu dem Verfahren, für das der Rechtsanwalt bereits einen **Klageauftrag** hat (Ergänzung zu § 19 Abs. 1 S. 1 Nr. 1 a RVG).[1131] Es handelt sich nicht um ein besonderes behördliches Verfahren im Sinne von § 19 Abs. 1 S. 2 Nr. 1 RVG und eröffnet keinen gesonderten Gebührenrechts- 21

(zuletzt abgerufen am 19.10.2018): „Die Klage des vzbv ist vor allem für all diejenigen betroffenen Käufer eine vielversprechende Option, die sich gegen eine Individualklage entschieden haben, etwa weil sie die möglichen Kosten und Mühen scheuen oder nicht über eine Rechtsschutzversicherung verfügen".
1130 *Meller-Hannich* NJW-Beilage 2018, 29 (31); BeckOK BGB/*Henrich* § 204 Rn. 3 a.
1131 BT-Drs. 19/2507, 28.

§ 10 Kosten

zug.[1132] Weder für die Anmeldung zum Klageregister noch für deren Rücknahme fällt eine gesonderte Gebühr an. Beides ist mit der allgemeinen Verfahrensgebühr (Nr. 3100 VV) abgegolten. Problematisch erscheinen in diesem Zusammenhang zwei Punkte: Zum einen kann ein Rechtsanwalt grundsätzlich für die entstandenen oder voraussichtlich entstehenden Gebühren und Auslagen einen angemessenen Vorschuss fordern (§ 9 RVG). Die Vorschusshöhe richtet sich nach dem Gesamtbetrag der voraussichtlich entstehenden Gebühren. Der Anwalt kann – muss aber nicht – bereits **bei Erteilung des Klageauftrages** die gesamten entstehenden Gebühren von seinem Mandanten als **Vorschuss** verlangen, auch wenn er in einem ersten Schritt lediglich die Ansprüche zum Klageregister anmeldet.

22 Als weiteres Problem tritt hinzu, dass das Musterfeststellungsverfahren sich über mehrere Jahre hinweg ziehen kann. Erst nach Abschluss des Musterfeststellungsverfahrens kann eine individuelle Klage eingereicht werden, für die möglicherweise schon Jahre vorher der Vorschuss bezahlt wurde. Sollte der Kläger den Anwalt wechseln wollen, sind komplizierte Verrechnungen vorprogrammiert.

IV. Kostenerstattung

23 Die Kostenerstattung im Musterfeststellungsverfahren folgt den Regelungen der ZPO. Eine Regelung wie § 17 KapMuG, die die anteilige Verteilung der im Musterverfahren angefallenen Kosten auf die einzelnen folgenden Prozessverfahren regelt,[1133] fehlt. Da das Gesetz zu der Frage, wer die Kosten des Musterfeststellungsverfahrens zu tragen hat, keine Regelung bereit hält, kommen insoweit die Regeln der §§ 91 ff. ZPO zur Anwendung. Eine Entscheidung in dem Musterfeststellungsverfahren ergeht durch Urteil (§ 612 ZPO) und richtet sich ebenfalls nach den allgemeinen Vorschriften der ZPO.[1134] Eine Kostenentscheidung über die Kosten des Musterfeststellungsverfahrens zwischen den beiden am Musterfeststellungsverfahren beteiligten Parteien wird somit ergehen. Der angemeldete Verbraucher ist an den Kosten des Musterfeststellungsverfahrens nicht beteiligt.

24 Zu den erstattungsfähigen Kosten gehören nicht nur die Gerichtskosten und die Anwaltskosten, sondern auch etwaige Kosten für die Beweisaufnahme. Der Gesetzentwurf zur Musterfeststellungsklage sieht keine Vorschriften zur Beweiserhebung vor. Es verbleibt im Rahmen der zivilprozessualen Musterfeststellungsklage bei den in der Zivilprozessordnung vorgesehenen Vorgaben zur Beweisaufnahme (§ 355 ff. ZPO), nämlich Zeugen-, Urkunden- und Sachverständigenbeweis. Unabhängig von der Verpflichtung der beweisführenden Partei, einen Kostenvorschuss einzuzahlen, folgt die Verpflichtung zur Erstattung solcher Auslagen dem Kostenausspruch im Feststellungsurteil.

25 Insbesondere auf die Kosten der Sachverständigen soll an dieser Stelle hingewiesen werden. Im Gegensatz zum Verfahren nach dem KapMuG sind nämlich die Regelun-

---

1132 BT-Drs. 19/2507, 29.
1133 Kölner Komm KapMuG/*Kruis* § 24 Rn. 1.
1134 BT-Drs. 19/2507, 27.

gen über den Auslagenvorschuss (§ 379 ZPO) für das zivilprozessuale Musterfeststellungsverfahren nicht ausgeschlossen. Im Rahmen einer zivilprozessualen Musterfeststellungsklage müsste die beweisführende Partei somit etwa für ein kostenintensives Sachverständigengutachten Vorschuss leisten (§ 379 ZPO iVm § 402 ZPO).[1135] Bei komplexen technischen Sachverhalten erreichen die Kostenvorschüsse für Sachverständige den oberen fünfstelligen Bereich. Erstattet werden diese Kosten bei einer streitigen Entscheidung von der unterliegenden Partei (→ § 6 Rn. 5).

Falls die Musterfeststellungsklage durch einen wirksamen Vergleich beendet wird, bindet dieser Vergleich nicht nur die Parteien des Feststellungsprozesses, sondern auch die hinter der Musterfeststellungsklage stehenden, wirksam angemeldeten Verbraucher, soweit diese keinen Austritt erklärt haben. Dieser Vergleich soll auch die Aufteilung der Kosten zwischen den Parteien aufnehmen (§ 611 Abs. 2 ZPO). Der Formulierung „zwischen den Parteien" ist zu entnehmen, dass die angemeldeten Verbraucher an diesen Kosten nicht beteiligt werden sollen. Andererseits bleibt fragwürdig, ob in einem solchen Vergleich auch die außergerichtlichen Kosten der angemeldeten Verbraucher geregelt werden können, sofern solche Kosten für die außergerichtliche Beratung entrichtet wurden. Allerdings handelt es sich bei diesen Kosten nicht um Kosten des Rechtsstreits (Vergleichskosten → § 7 Rn. 24 f.). 26

V. Fragen der Prozessfinanzierung

1. Rechtsschutzversicherung

Nach allgemeiner Prognose wird bei Massenschäden weiterhin der individuelle Rechtsschutz dem kollektiven Rechtsschutz jedenfalls dann vorgezogen werden, wenn ein Verbraucher eine Rechtsschutzversicherung hat oder mit der Bewilligung von Prozesskostenhilfe rechnen kann.[1136] 27

2. Prozessfinanzierung

Um der Gefahr vorgeschobener Verbandsgründungen, etwa durch Anwaltskanzleien, zu entgehen, sind Musterfeststellungsklagen zum Zwecke der Gewinnerzielung untersagt (§ 606 Abs. 1 Nr. 4 ZPO).[1137] Durch dieses zusätzliche Erfordernis soll eine kommerzielle Klageindustrie verhindert werden.[1138] Dies ist das ausdrücklich betonte Ziel des Gesetzgebers. Ausdrücklich nicht erwünscht ist eine ausufernde Klageindustrie nach US-amerikanischem Vorbild. Ebenfalls soll ausgeschlossen werden, dass Unternehmen durch die Zuwendung finanzieller Mittel verdeckt Einfluss auf die qualifizierte klagebefugte Einrichtung nehmen und das Instrument der Musterfeststellungsklage zur Schädigung eines Wettbewerbers nutzen (§ 606 Abs. 1 S. 2 Nr. 5 ZPO). Die 28

1135 *Waßmuth/Asmus* ZIP 2018, 657 (663).
1136 *Schäfer/Lübbinghoff* KAS 2018, 33 (41); vgl. etwa auch *Geuther/Gavrilis*, Verbraucher gegen Unternehmen, https://www.deutschlandfunk.de/musterfeststellungsklage-verbraucher-gegen-unternehmen.724.de.h tml?dram:article_id=420233 (zuletzt aufgerufen am 19.10.2018), zur Aussage von Johannes Fechner: „[...] wer es sich leisten kann und will, der soll ruhig gern weiterhin zu diesen spezialisierten Kanzleien gehen. Aber das kostet Gerichtskosten, das kostet Anwaltsgebühren, und nicht jeder hat eine Rechtsschutzversicherung oder ist prozesskostenhilfeberechtigt".
1137 BT-Drs. 19/2439, 16.
1138 BT-Drs. 19/2439, 23.

allgemeine Finanzierung und die Finanzierung des konkreten Rechtsstreits sind dem Gericht auf Anforderung offenzulegen.[1139] (→ § 3 Rn. 32 ff.).

29 Für Anbieter, die einem geschädigten Verbraucher das Kostenrisiko für eine prozessuale Durchsetzung von Ansprüchen abnimmt, sich aber im Gegenzug Ansprüche des Geschädigten abtreten lassen und dafür im Erfolgsfall etwa 1/3 der erstrittenen Summe erhalten[1140], dürfte die Musterfeststellungsklage kein attraktives Geschäftsfeld bieten, weder auf Seiten der geschädigten Verbraucher, noch auf Seiten der qualifizierten Einrichtungen. Des Weiteren wäre ein gesetzlicher Rahmen für diese Finanzierung wünschenswert.

1139 BT-Drs. 19/2439, 23.
1140 *Stadler* JZ 2018 793 (801 f.).

§ 11 Folgeverfahren

Schrifttum: *Axmann/Degen*, Kanzlei-Homepages und elektronische Mandatsbearbeitung – Anwaltsstrategien zur Minimierung rechtlicher Risiken, NJW 2006, 1457; *Baumbach/Lauterbach/Albers/Hartmann*, Zivilprozessordnung: ZPO, 76. Aufl. 2018; *Breidenbach/Glatz*, Rechtshandbuch Legal Tech, München 2018; *Buchholtz*, Legal Tech: Chancen und Risiken der digitalen Rechtsanwendung, JuS 2017, 955; *Busch/Reinhold*, Standardisation of Online Dispute Resolution Services: Towards a More Technological Approach, EuCML 2015, 50; *Cuypers*, Gerichtliche Zuständigkeit bei fehlgeschlagener Kapitalanlage, WM 2007, 1446; *Deutsches Steuerberaterinstitut eV*, Steuerberater Branchenhandbuch, 200. Ergänzungslieferung 2018; *Epping/Hillgruber*, Beck'scher OnlineKommentar Grundgesetz, 37. Edition, Stand: 15.5.2018; *Feuerich/Weyland*, BRAO, 9. Aufl. 2016; *Grupp*, Legal Tech – Impulse für die Streitbeilegung und Rechtsdienstleistung, AnwBl. 2014, 660; *Heckelmann*, Zulässigkeit und Handhabung von Smart Contracts, NJW 2018, 504; *Hess/Reuschle/Rimmelspacher*, Kölner Kommentar zum KapMuG, 2. Aufl. 2014; *Jauernig*, BGB, 17. Aufl., 2018; *Kähler*, Verfahrensaussetzung bei zu erwartender Leitentscheidung?, NJW 2004, 1132; *Krüger/Rauscher*, Münchener Kommentar zur ZPO, Band 1, 5. Aufl. 2016; *Lüke*, Der Musterentscheid nach dem neuen Kapitalanleger-Musterverfahrensgesetz, ZZP 119 (2006), 131; *Maier-Reimer/Wilsing*, Das Gesetz über Musterverfahren in kapitalmarktrechtlichen Streitigkeiten, ZGR 2006, 79; *Musielak/Voit*, ZPO, 15. Aufl., 2018; *Netzer*, Legal Tech und kollektive Rechtsverfolgung: Die geplante Musterfeststellungsklage – (k)ein Fall für den digitalen Zivilprozess?, AnwBl. 2018, 280; *Pickel*, ZPO digital: Vision des Schreckens oder Chance für moderne Juristen? Die Digitalisierung des Zivilprozesses erfordert mehr als der Elektronische Rechtsverkehr ermöglicht, AnwBl Online 2018, 388; *Rennert*, Die Auswirkungen der Entscheidungen des Bundesverwaltungsgerichts auf die verfassungsmäßige Ordnung und den Grundrechtsschutz, Grußwort anlässlich der 24. Jahresarbeitstagung Verwaltungsrecht des Deutschen Anwaltsinstituts (DAI) am 26. Januar 2018 in Leipzig; *Sachs*, Grundgesetz, 8. Aufl., 2018; *Saenger*, ZPO, 7. Aufl. 2017; *Schroeder*, Die lex mercatoria arbitralis: Strukturelle Transnationalität und transnationale Rechtsstrukturen im Recht der internationalen Schiedsgerichtsbarkeit, München 2007; *Siegmund*, Das beA von A bis Z, NJW 2017, 3134; *Staudinger*, Kommentar zum Bürgerlichen Gesetzbuch: Staudinger BGB – Buch 2: Recht der Schuldverhältnisse, §§ 238-345, Neubearbeitung 2015; *Vorwerk/Wolf*, Beck'scher OnlineKommentar ZPO, 29. Edition, Stand: 1.7.2018.

I. Grundsätzliches zum Folgeverfahren ... 2	a) Rechtsnatur der Bindungswirkung nach § 611 ZPO ... 17
1. Notwendigkeit von Folgeverfahren aufgrund des Zweiphasenmodells ... 2	b) Sachliche Reichweite der Bindungswirkung ... 19
2. Eigenschaften des Folgeverfahrens ... 5	c) Persönliche Reichweite der Bindungswirkung ... 22
II. Folgeverfahren und Bindungswirkung ... 7	d) Vergleich mit den Regelungen des KapMuG ... 23
1. Bindungswirkung eines Musterfeststellungsurteils ... 8	3. Geltendmachung der Bindungswirkung im Folgeverfahren ... 25
a) Bindungswirkung und Rechtskraft ... 8	4. Zusammenfassung ... 26
b) Wirkung für und gegen den Verbraucher ... 10	III. Berücksichtigung von individuellen Verteidigungsmitteln ... 29
c) Sachlicher und persönlicher Geltungsbereich ... 13	1. Grundsatz ... 29
d) Parallelen zum KapMuG ... 15	2. Diskussion einzelner Verteidigungsmittel ... 31
2. Bindungswirkung eines Vergleichs ... 17	3. Präklusion von Verteidigungsmitteln ... 36
	IV. Szenarioanalyse ... 37

1. Folgeverfahren nach Musterfeststellungsurteil 38
   a) Angemeldeter Verbraucher mit ausgesetztem Verfahren ... 39
   b) Angemeldeter Verbraucher ohne vorher eingeleitetes Verfahren 40
   c) Verbraucher mit zurückgenommener Anmeldung 41
   d) Dritte: Nicht angemeldeter Verbraucher und Unternehmer 45
2. Folgeverfahren nach Vergleich im Musterfeststellungsverfahren 47
   a) Angemeldeter Verbraucher mit ausgesetztem Verfahren ... 48
   b) Angemeldeter Verbraucher ohne vorher eingeleitetes Verfahren 51
   c) Verbraucher mit zurückgenommener Anmeldung 55
   d) Aus dem Vergleich ausgetretener Verbraucher 58
   e) Dritte: Unbeteiligte Verbraucher und Unternehmer 59
3. Grafische Übersicht: Folgeverfahren und Bindungswirkung 60
V. Einsatz von Legal Tech? 61
VI. Vorläufiges Fazit und Ausblick 67

1 Das Folgeverfahren schließt sich als zweite Phase der Anspruchsdurchsetzung an das eigentliche Musterfeststellungsverfahren an (→ Rn. 2 ff.). Im Folgeverfahren sind kraft Gesetzes die tatsächlichen und rechtlichen Feststellungen des Tenors des rechtskräftigen Musterfeststellungsurteils und des Musterfeststellungsvergleichs in Bezug auf den Lebenssachverhalt des Musterfeststellungsverfahrens bindend, dh der Entscheidungshoheit des im Folgeverfahren zuständigen Gerichts entzogen. Hierdurch soll die vom Gesetzgeber beabsichtigte Konzentrations- und Beschleunigungswirkung erzielt werden (→ Rn. 7 ff.). Dagegen finden individuelle Verteidigungsmittel im Folgeverfahren uneingeschränkt Berücksichtigung (→ Rn. 29 ff.). Für die zweiphasige Anspruchsdurchsetzung mithilfe der Musterfeststellungsklage lassen sich insgesamt neun Szenarien unterscheiden, die voneinander getrennt zu analysieren sind (→ Rn. 37 ff.). In der Diskussion um Massenverfahren – und damit auch in der Diskussion um die Musterfeststellungsklage – kommt häufig die Frage auf, ob und inwieweit Legal Tech bei der Bewältigung des immensen Arbeitsanfalls bei Gericht und bei den Parteivertretern helfen kann. Sie stellt sich auch für das Folgeverfahren (→ Rn. 61 ff.). Das Kapitel schließt mit einem vorläufigen Fazit und Ausblick (→ Rn. 67 ff.).

I. Grundsätzliches zum Folgeverfahren

1. Notwendigkeit von Folgeverfahren aufgrund des Zweiphasenmodells

2 Die Regelung der zivilrechtlichen Musterfeststellungsklage sieht vor, dass die individuellen Ansprüche von angemeldeten Verbrauchern in zwei Phasen durchgesetzt werden: In einer ersten Phase werden in dem Verfahren zwischen qualifizierten Einrichtungen und einem Unternehmen tatsächliche bzw. rechtliche Voraussetzungen von Ansprüchen oder Rechtsverhältnissen mit Wirkung für und gegen die angemeldeten Verbraucher festgestellt. Diese Phase stellt das eigentliche Musterfeststellungsverfahren dar.

3 Wenn die Musterfeststellungsanträge ganz oder teilweise abgewiesen werden und die abgewiesenen Anträge für das Bestehen von Ansprüchen notwendige Voraussetzung sind, wird sich an das Musterfeststellungsverfahren jedenfalls bei interessengerechter anwaltlicher Beratung der Verbraucher kein Folgeverfahren anschließen. Dies folgt

aus der Bindungswirkung auch gegen den Verbraucher (§ 613 Abs. 1 S. 1 ZPO), da ein Folgeverfahren wegen der Bindung des Prozessgerichts an das Musterfeststellungsurteil in diesen Fällen von vornherein aussichtslos ist.

Wenn die qualifizierte Einrichtung im Musterfeststellungsverfahren dagegen erfolgreich war, steht damit aber auch noch nicht zwingend fest, dass Ansprüche der angemeldeten Verbraucher gegen das Unternehmen überhaupt bestehen und – wenn ja – in welcher Höhe. Soweit ein Musterfeststellungsurteil oder ein Musterfeststellungsvergleich nicht alle Anspruchsvoraussetzungen und potentielle Gegenrechte des Unternehmens abschließend regelt, müssen diese Fragen in der zweiten Phase der Anspruchsdurchsetzung – im Folgeverfahren – geklärt werden. 4

2. Eigenschaften des Folgeverfahrens

Das Folgeverfahren ist ein selbstständiges zivilrechtliches Erkenntnisverfahren. Es beginnt in erster Instanz streitwertabhängig nach allgemeinen Regeln entweder beim jeweils örtlich zuständigen Amts- oder Landgericht. § 32 c ZPO und § 119 Abs. 3 GVG, welche die ausschließliche Zuständigkeit des Oberlandesgerichts des allgemeinen Gerichtsstandes des beklagten Unternehmens für die erste Instanz der Musterfeststellungsklage begründen, gelten nicht im Folgeverfahren. 5

Das Folgeverfahren wird durch die Bindungswirkung des Musterfeststellungsurteils oder des Musterfeststellungsvergleichs charakterisiert: Die verbindlich festgestellten Tatsachen bzw. Rechtsfragen unterfallen dann nicht mehr der Entscheidungskompetenz des für das Folgeverfahren zuständigen Gerichts. Ähnlich wie bei einem in Rechtskraft erwachsenen Teil- oder Grundurteil muss das erkennende Gericht diese Feststellungen seiner Entscheidung zugrunde legen.[1141] Gleichzeitig unterliegt das Urteil des Gerichts im Folgeverfahren weiteren Rechtsmitteln im Instanzenzug, also Berufung und Revision, soweit die sonstigen Zulässigkeitsvoraussetzungen, insbesondere die Beschwer, vorliegen. Die Phasenfolge von Musterfeststellungsklage und Folgeverfahren wird deshalb aller Voraussicht nach zu einer deutlichen Verzögerung bei der individuellen Rechtsdurchsetzung zumindest in den Fällen führen, in denen keine außergerichtliche Beilegung des Streites im Verhältnis zwischen Verbraucher und Unternehmen erzielt werden kann. Da die individuelle Rechtsdurchsetzung also ohne eine gütliche Einigung die Durchführung beider Phasen voraussetzt, wird abzuwarten bleiben, ob sich die Einsparungserwartungen des Gesetzgebers[1142] auch tatsächlich realisieren werden und das Ziel, die *„Rechtsdurchsetzung für Verbraucherinnen und Verbraucher zu verbessern"*[1143], tatsächlich erreicht werden kann. 6

II. Folgeverfahren und Bindungswirkung

Die Bindungswirkung des Ergebnisses des Musterfeststellungsverfahrens für die Folgeverfahren ist die Schnittstelle zwischen der ersten und der zweiten Phase der An- 7

1141 Vgl. BT-Drs. 19/2439, 28; zur Bindung des Gerichts an Teil- und Grundurteile siehe statt vieler MüKoZPO/*Musielak* § 318 Rn. 5.
1142 Der Gesetzgeber erwartet jährliche Einsparungen für Bürger und Unternehmen in Höhe von insgesamt EUR 3,7 Mio. vgl. BT-Drs. 19/2439, 31.
1143 BT-Drs. 19/2439, 1.

spruchsdurchsetzung. Sie entscheidet, welche tatsächlichen und rechtlichen Aspekte des Rechtsstreits zwischen dem Verbraucher und dem Unternehmen keiner besonderen Feststellung im Folgeverfahren mehr erfordern und einer abweichenden Feststellung durch den Richter im Folgeverfahren entzogen sind. Die §§ 611, 613 ZPO sind insoweit Kernstücke des Gesetzesentwurfs, als sie diese Bindungswirkung für das Musterfeststellungsurteil (→ Rn. 8) und für den Musterfeststellungsvergleich (→ Rn. 17 ff.) ausgestalten.

1. Bindungswirkung eines Musterfeststellungsurteils

a) Bindungswirkung und Rechtskraft

8 Das Musterfeststellungsurteil bindet gemäß § 613 Abs. 1 S. 1 ZPO das im Folgeverfahren zuständige Gericht, soweit der Streitgegenstand des Musterfeststellungsverfahrens reicht. Der Gesetzestext spricht insoweit etwas ungenau von den „Feststellungszielen" und dem Lebenssachverhalt der Musterfeststellungsklage. Damit soll aber der durch Antrag und Lebenssachverhalt beschriebene zweigliedrige Streitgegenstand gemeint sein (→ § 3 Rn. 68).

9 Die Bindungswirkung in § 613 Abs. 1 ZPO ist eine Spezialnorm zu § 325 Abs. 1 ZPO (Rechtsnatur der Bindungswirkung → § 8 Rn. 65 ff.).[1144] Eine Ähnlichkeit zur Rechtskrafterstreckung – und nicht nur der einfachen Rechtskraftbindung nach § 322 ZPO – besteht darin, dass das Musterfeststellungsurteil seine Wirkungen nicht nur im Verhältnis zwischen der qualifizierten Institution und dem beklagten Unternehmen entfaltet, sondern auch im Verhältnis zwischen dem wirksam angemeldeten Verbraucher und dem beklagten Unternehmen. Der angemeldete Verbraucher ist aber trotz Registrierung im Klageregister nach §§ 609, 608 Abs. 1 ZPO nicht an dem Musterfeststellungsverfahren beteiligt,[1145] kann also weder eigene Anträge stellen noch selbst zur Sache vortragen. Im Unterschied zur Feststellungsklage nach § 256 ZPO ist bei der Musterfeststellungsklage auch die Feststellung von Tatsachen zulässig.[1146] Dementsprechend erwächst die Feststellung dieser Tatsache dann auch gemäß §§ 613 Abs. 1 S. 1, 606 Abs. 1 S. 1 ZPO in Rechtskraft bzw. bindet das Folgegericht.

b) Wirkung für und gegen den Verbraucher

10 Der Wortlaut des § 613 Abs. 1 S. 1 ZPO ist umfassend und erfasst den gesamten Streitgegenstand der Musterfeststellungsklage ohne jede inhaltliche Einschränkung. Daraus folgt, dass das Musterfeststellungsurteil für und gegen den angemeldeten Verbraucher wirkt.[1147] Dies ist insoweit bemerkenswert, als der Diskussionsentwurf

---

1144 Vgl. zur Gestaltung im KapMuG *Lüke* ZZP 2006, 119 (131 ff.); *Maier-Reimer/Wilsing* ZGR 2006, 79; *Cuypers* WM 2007, 1446 (1453).
1145 Vgl. BT-Drs. 19/2439, 27 zu § 611 ZPO: „*Mangels unmittelbarer Beteiligung der angemeldeten Verbraucher an der Musterfeststellungsklage* [...]."
1146 Zur Unzulässigkeit der Feststellung reiner Tatsachen siehe BGH NJW 1979, 2099 (2101); NJW 1982, 1878 (1879).
1147 BT-Drs. 19/2439, 28 zu § 613 ZPO.

II. Folgeverfahren und Bindungswirkung

noch zwei Alternativen vorsah[1148] und der Referentenentwurf noch explizit regelte, dass das Musterfeststellungsurteil nur dann Bindungswirkung für das Folgeverfahren entfalten sollte, wenn sich der angemeldete Verbraucher im Folgeverfahren auf die Bindungswirkung beruft, vgl. § 614 Abs. 1 ZPO-DiskE:

„Der Anspruch der betroffenen Anmelder auf Gewährung rechtlichen Gehörs erfordert allerdings, dass sich die Bindungswirkung lediglich dann ergibt, wenn sich die Anmelder auf das Musterfeststellungsurteil berufen (Absatz 1 Satz 1). Denn mangels Beteiligung am Musterfeststellungsverfahren können die Anmelder keinen Einfluss auf Gestaltung und Fortgang des Musterfeststellungsverfahrens nehmen."[1149]

11 Es liegt auf der Hand, dass in der Rechtspraxis das Musterfeststellungsurteil nur *für* den Verbraucher Bindungswirkung entfaltet hätte, wenn sich die Regelung des Referentenentwurfes im Gesetzgebungsverfahren durchgesetzt hätte. Es kann offensichtlich nicht im Interesse des Verbrauchers liegen, sich auf die Bindungswirkung eines nachteiligen Musterfeststellungsurteils zu berufen. Ein Musterfeststellungsurteil, das die Feststellungsziele zu wesentlichen Teilen verneint, hätte allein aus diesem Grund keine Bindungswirkung entfaltet. Der Verbraucher hätte also eine Leistungsklage erheben können, ohne rechtlich an das Musterfeststellungsurteil gebunden zu sein.

12 Die Entscheidung des Gesetzgebers, die Bindungswirkung in beide Richtungen auszugestalten, ist konsequent und auch im Ergebnis sachgerecht. Sie ist erstens konsequent, weil der Anschluss an eine Musterfeststellungsklage allein in der Entscheidungshoheit des Verbrauchers liegt. Er kann sich anmelden, aber auch während des laufenden Verfahrens (in bestimmten zeitlichen Grenzen) wieder austreten. Wenn er aus Gründen des rationalen Desinteresses[1150] schon kein eigenes Verfahren einzuleiten bereit ist und sich lediglich einer Musterfeststellungsklage anschließt, soll er an den Ausgang des Verfahrens gebunden sein, unabhängig davon, ob es für oder gegen ihn ausgeht. Die Entscheidung ist zweitens auch sachgerecht, weil der Entwurf nach dem Willen des Gesetzgebers die Streitbeilegung in Massenfällen vereinfachen und beschleunigen soll.[1151] Dazu gehört aber auch die Erstreckung der Bindungswirkung in den Fällen, in denen aufgrund einer obergerichtlichen Entscheidung[1152] bereits vor Einleitung eines Folgeverfahrens feststeht, dass die Klage des Verbrauchers im Folgeverfahren gegen das Unternehmen abgewiesen werden wird.

1148 DiskE des BMJV „Entwurf eines Gesetzes zur Einführung einer Musterfeststellungsklage" vom 31. Juli 2017, 5, abrufbar unter https://www.bmjv.de/SharedDocs/Gesetzgebungsverfahren/Dokumente/DiskE_M usterfeststellungsklage.pdf;jsessionid=AF06EA696C45735B39474B5D51742F9B.2_cid334?__blob=publi cationFile&v=3 (zuletzt aufgerufen: 19.10.2018): *„Das rechtskräftige Musterfeststellungsurteil bindet das zur Entscheidung einer Streitigkeit zwischen einem Anmelder und dem Beklagten berufene Gericht [...], [wenn sich der Anmelder auf die Bindungswirkung beruft]".*
1149 DiskE des BMJV „Entwurf eines Gesetzes zur Einführung einer Musterfeststellungsklage" vom 31. Juli 2017, 25, abrufbar unter https://www.bmjv.de/SharedDocs/Gesetzgebungsverfahren/Dokumente/DiskE_ Musterfeststellungsklage.pdf;jsessionid=AF06EA696C45735B39474B5D51742F9B.2_cid334?__blob=pu blicationFile&v=3 (zuletzt aufgerufen: 19.10.2018).
1150 Die Überwindung des rationalen Desinteresses ist ein Hauptmotiv des Gesetzesentwurfes, siehe BT-Drs. 19/2439, 1.
1151 Vgl. BT-Drs. 19/2439, 16.
1152 Wegen der Vorschrift des § 614 ZPO dürfte es sich praktisch ausnahmslos um eine Entscheidung des Bundesgerichtshofes handeln.

§ 11 Folgeverfahren

c) Sachlicher und persönlicher Geltungsbereich

13 In **sachlicher Hinsicht** entfaltet ein rechtskräftiges Musterfeststellungsurteil Bindungswirkung für Folgeverfahren nur insoweit, als Folgeverfahren und Musterfeststellungsverfahren denselben Lebenssachverhalt betreffen. Weiterhin ist die Bindungswirkung auf die Entscheidung über die Feststellungsziele beschränkt. Das bedeutet im Umkehrschluss, dass die rechtliche Begründung des erkennenden Gerichts, das das rechtskräftige Urteil in dem Musterfeststellungsverfahren gesprochen hat, im Grundsatz nicht an der Bindungswirkung teilnimmt. (Zur Bindungswirkung im Rahmen der Urteilswirkungen → § 8 Rn. 46 ff.).

14 In **persönlicher Hinsicht** erfasst die Bindungswirkung nur den „*angemeldeten Verbraucher*" im Sinne des § 608 ZPO.[1153] Um von der Bindungswirkung zu profitieren, muss der Verbraucher also spätestens am Tag vor der ersten mündlichen Verhandlung in dem Musterfeststellungsverfahren die fraglichen Ansprüche oder Rechtsverhältnisse zum Klageregister angemeldet haben (§ 608 Abs. 1 ZPO) und darf diese Anmeldung nicht fristgerecht zurückgenommen haben (§ 608 Abs. 3 ZPO).

d) Parallelen zum KapMuG

15 Die Ausgestaltung der Bindungswirkung des Musterfeststellungsurteils zeigt Parallelen zum Verfahren nach dem KapMuG: Auch der Musterentscheid nach dem KapMuG hat gemäß § 22 KapMuG normative Bindungswirkung im Folgeverfahren. Ähnlich wie der neue § 613 ZPO ist § 22 KapMuG eine Sondervorschrift zum § 322 ZPO, da der Umfang der Rechtskraftbindung nach § 22 Abs. 2 KapMuG nicht nur den Subsumtionsschluss des Urteils, sondern auch tatsächliche Feststellungen erfasst.[1154]

16 In persönlicher Hinsicht muss für die Bindungswirkung, anders als im zivilprozessualen Musterfeststellungsverfahren, zwischen unterschiedlichen Arten von Beteiligten differenziert werden. In den Musterverfahren nach dem KapMuG gibt es die Möglichkeit für die Beigeladenen, die Musterpartei aktiv im Prozess zu unterstützen. Diejenigen Beigeladenen, die von dieser Möglichkeit keinen Gebrauch machen, sind an die Feststellungen im Musterentscheid vollumfänglich gebunden. Die aktiv beteiligten Beigeladenen werden in drei Fällen gemäß § 22 Abs. 3 KapMuG nicht an die Feststellungen des Musterentscheids gebunden, ua wenn sie aufgrund eines Widerspruchs der Musterpartei Angriffs- und Verteidigungsmittel nicht vorbringen konnten. Diese Art der Differenzierung der Bindungswirkung kommt im Musterfeststellungsverfahren mangels unterschiedlicher Gruppen von Beteiligten nicht in Betracht. Sämtliche Verbraucher, auch die nach § 608 ZPO angemeldeten Verbraucher, sind nicht am Musterfeststellungsverfahren beteiligt. Beteiligte am Musterfeststellungsverfahren sind nur die qualifizierte Einrichtung und das beklagte Unternehmen (→ § 2 Rn. 1 ff.).

1153 Siehe zur Terminologie auch § 609 Abs. 4 ZPO: „*Nach § 608 angemeldete Verbraucher*".
1154 Kölner Komm KapMuG/*Hess* § 22 Rn. 6.

2. Bindungswirkung eines Vergleichs
a) Rechtsnatur der Bindungswirkung nach § 611 ZPO

Auch der Vergleich entfaltet – wie das Musterfeststellungsurteil – eine kollektive Bindungswirkung für und gegen die angemeldeten Verbraucher im Sinne des § 608 ZPO. Dies regelt § 611 Abs. 1 ZPO. Diese Vorschrift ist zur Erstreckung der Bindungswirkung auf die Verbraucher erforderlich, da die angemeldeten Verbraucher weder unmittelbar Partei des Musterfeststellungsverfahrens noch des Vergleiches sind, der zwischen der qualifizierten Einrichtung und dem beklagten Unternehmen geschlossen wird. Wegen des Verbotes des Vertrags zulasten Dritter[1155] erfordert die Geltung „*für und gegen*" den angemeldeten Verbraucher eine eigene rechtliche Grundlage, da es sich nicht um ein lediglich vorteilhaftes Rechtsgeschäft wie bei § 328 BGB handelt. In diesem Sinne ist § 611 Abs. 1 ZPO eine eigenständige Ermächtigung der qualifizierten Einrichtung und des beklagten Unternehmens zum Abschluss von vor- und nachteilhaften Rechtsgeschäften für Dritte.[1156] Die Rechte dieser Dritten werden dadurch gewahrt, dass (i) das Gericht den Vergleich gemäß § 611 Abs. 3 ZPO genehmigen, (ii) ein Quorum von mindestens 70 % der angemeldeten Verbraucher am Vergleich teilnehmen, und (iii) diese Tatsache erneut durch das Gericht festgestellt werden muss, bevor der Vergleich wirksam werden kann.

Zudem kann jeder einzelne Verbraucher innerhalb einer Frist aus dem Vergleich austreten, die einen Monat ab der Zustellung des gerichtlich genehmigten Vergleichs läuft (§ 611 Abs. 4 ZPO). Daher wird auch ohne eine unmittelbare Beteiligung des Verbrauchers an der Verhandlung und an dem Abschluss des Vergleichs durch die Ausgestaltung des Verfahrens gewährleistet, dass ein hinreichend sorgfältiger Verbraucher von dem Inhalt des Vergleichs Kenntnis nehmen, sich individuell über seine Rechte und Handlungsalternativen beraten lassen sowie bei Unzufriedenheit mit dem Verhandlungsergebnis austreten kann. Somit ist weitgehend sichergestellt, dass ein Verbraucher nicht gegen seinen Willen an einem für ihn ungünstigen bzw. als ungünstig empfundenen Vergleich festgehalten wird (→ § 7 Rn. 54 ff.).

b) Sachliche Reichweite der Bindungswirkung

In sachlicher Hinsicht entfalten sämtliche Regelungen des Vergleichs Bindungswirkung. Der Parteiautonomie der Beteiligten am Vergleich (also der qualifizierten Einrichtung und des beklagten Unternehmens) sind vom Gesetzgeber insoweit keine Grenzen gesetzt worden. § 611 Abs. 2 ZPO ist lediglich als Sollvorschrift ausgestaltet und besagt vereinfacht, dass die gegenüber den am Vergleich teilnehmenden Verbrauchern zu erbringenden Leistungen und die Kostenteilung zwischen qualifizierter Institution und beklagtem Unternehmen geregelt werden sollen.

Nach der Vorstellung des Gesetzgebers werden die Gerichte im Regelfall nur Vergleiche genehmigen, bei denen ua die Leistungen an die Verbraucher enthalten sind, weil sie sonst die Angemessenheit des Vergleichs nicht prüfen können.[1157] Gleichwohl er-

---

1155 BVerfGE 73, 270 f.; BGH NJW 1970, 2157; NJW 1995, 3183 (3184); Staudinger/*Klumpp* BGB § 328 Rn. 53; MüKoBGB/*Gottwald* § 328 Rn. 258; Jauernig/*Stadler* BGB § 328 Rn. 7.
1156 Es dürfte sich um eine Ermächtigung *sui generis* handeln, da diese Form der Ermächtigung nicht in das System des allgemeinen Teils des Bürgerlichen Gesetzbuches passt.
1157 In diese Richtung auch BT-Drs. 19/2439, 27 unten.

scheint häufig zweifelhaft, ob und inwieweit tatsächlich konkrete Leistungen an die Verbraucher im Vergleich festgelegt werden können bzw. sollten. Aus Gründen, die nachfolgend noch näher erläutert werden, wird es sich bei den streitigen Ansprüchen der Verbraucher oft um Schadensersatzansprüche handeln, bei denen im Folgeverfahren jedenfalls die Kausalität und der Schaden im Einzelfall und für jeden Verbraucher individuell festzustellen sind (→ § 8 Rn. 34). Solche Fragen lassen sich nicht in der Musterfeststellungsklage klären, weil sie aus der Sphäre des in der ersten Phase nicht unmittelbar beteiligten Verbrauchers stammen (→ § 3).

21 Die qualifizierte Institution und das beklagte Unternehmen haben nämlich zur Vereinbarung von konkreten Leistungspflichten des beklagten Unternehmens gegenüber dem Verbraucher verschiedene Möglichkeiten. Sie können etwa einen Pauschalbetrag für jeden Verbraucher bzw. für bestimmte Verbrauchergruppen ansetzen oder sie können sich darauf beschränken, eine Einigung über die Feststellungsziele zu erzielen und die Verbraucher auf das Folgeverfahren zu verweisen. Dieser Vorgehensweise ist zwangsläufig ein gewisser Grad an Unfairness inhärent, weil unterschiedliche Sachverhalte (konkrete Schadenshöhen) unterschiedlich behandelt werden (gleiche Entschädigungsbeträge). Sie birgt das Risiko, dass Verbraucher aus dem Vergleich austreten und ihre Ansprüche individuell in der Erwartung weiterverfolgen, einen höheren Betrag als den Vergleichsbetrag zu erzielen. Dieses Szenario liefe aber dem gesetzgeberischen Ziel zuwider, die Streitbeilegung zu konzentrieren und zu beschleunigen. Aus diesen Gründen kann sich die zweite Vorgehensweise anbieten. Wenn sich der Vergleich auf eine Regelung hinsichtlich der Feststellungsziele beschränkt, tritt zumindest insoweit eine Konzentration der Folgeverfahren ein, jedenfalls für alle Verbraucher, die nicht aus dem Vergleich austreten (Leistungsbestimmung im Vergleich → § 7 Rn. 14 ff.).

c) Persönliche Reichweite der Bindungswirkung

22 Das Gericht im Folgeverfahren ist schließlich nur dann an den Vergleich gebunden, wenn der klagende Verbraucher nicht form- und fristgerecht gemäß § 611 Abs. 4 S. 2, 3 ZPO seinen Austritt aus dem Vergleich erklärt hat.[1158] Das beklagte Unternehmen ist als Partei des Mustervergleichs ohne weitere Voraussetzung an den Inhalt auch im Folgeprozess mit dem teilnehmenden Verbraucher gebunden.

d) Vergleich mit den Regelungen des KapMuG

23 Der Gesetzgeber orientierte sich bei der Vorschrift des § 611 ZPO an den Vergleichsregelungen in §§ 17 ff. KapMuG. Wie bei § 611 ZPO muss das Gericht den Vergleich gemäß § 18 KapMuG genehmigen. Zudem bietet § 17 Abs. 1 KapMuG ebenfalls die Möglichkeit des Austrittes aus dem Vergleich. Gemäß § 17 Abs. 1 S. 4 KapMuG wird der genehmigte Vergleich erst wirksam, wenn weniger als 30 Prozent der angemeldeten Verbraucher ihren Austritt erklären. Anders als im Musterfeststellungsverfahren regelt der Gesetzgeber jedoch in § 17 Abs. 1 S. 1 KapMuG ausdrücklich, dass durch

---

[1158] § 611 Abs. 4 S. 4 ZPO stellt klar, dass der Austritt aus dem Vergleich nicht die Wirksamkeit der Anmeldung zum Musterfeststellungsverfahren berührt. Dies ist im Zusammenhang mit der Bindungswirkung des Vergleichs irrelevant und stellt ua sicher, dass die aus dem Vergleich ausgetretenen Verbraucher bei Scheitern des Vergleichs von einem späteren Musterfeststellungsurteil profitieren.

den Vergleich das Musterfeststellungsverfahren und auch die Ausgangsverfahren zugleich beendet werden. Zwar ist zu vermuten, dass der Abschluss eines Vergleichs auch im Musterfeststellungsverfahren auf Beendigung der ausgesetzten Verfahren abzielt. Der Gesetzgeber entschied sich dennoch gegen eine ausdrückliche Erwähnung des weiteren Schicksals der Folgeverfahren im § 611 ZPO.[1159]

In den Verfahren nach KapMuG sind die vereinbarten Leistungen ebenfalls als Soll-Vorschrift vorgegeben (§ 17 Abs. 2 KapMuG). Dies bedeutet jedoch nicht, dass die Vergleiche im Rahmen des KapMuG lediglich auf Leistung gerichtet sind.[1160] Auch tatsächliche Feststellungen wie die Richtigkeit von Angaben in Prospekten und Ad-hoc-Mitteilungen sowie konkrete Subsumtionsschlüsse unter Tatbestandsmerkmale können durchaus Gegenstand des Vergleichs sein.[1161] Da die Vergleichsvorschriften des KapMuG dem Gesetzgeber dem Anschein nach als Vorbild fungierten, kann angenommen werden, dass Vergleiche über tatsächliche Feststellungen auch im Musterfeststellungsverfahren möglich sein werden.

24

3. Geltendmachung der Bindungswirkung im Folgeverfahren

Für die Bindungswirkung des Musterfeststellungsvergleichs und des Musterfeststellungsurteils ist praktisch erforderlich, dass eine der Parteien des Folgeverfahrens die Tatsache des Abschlusses eines Musterfeststellungsvergleiches oder des Erlasses eines Musterfeststellungsurteils in das Folgeverfahren einführt, damit diese Tatsache Bestandteil des Sach- und Streitstandes wird. Zwar ergibt sich die Bindungswirkung und ihr Umfang aus dem Gesetz; wie die Rechtskraft ist die Bindungswirkung auch von Amts wegen zu berücksichtigen. Das Vorliegen eines Musterfeststellungsvergleichs bzw. eines Musterfeststellungsurteils ist dem Gericht des Folgeverfahrens aber nicht zwingend bekannt, wenn sie nicht von einer Partei in den Prozess eingeführt wird. Zumindest die Partei, die Vorteile aus dem Musterfeststellungsverfahren für sich ableitet, ist daher gut beraten, sich ausdrücklich auf die Bindungswirkung zu berufen.

25

4. Zusammenfassung

Die Bindungswirkung von Vergleichen und Urteilen im Musterfeststellungsverfahren ist ähnlich, obwohl sie in zwei verschiedenen Vorschriften geregelt wird, die auch noch unterschiedlich ausgestaltet sind.[1162]

26

Gemeinsam ist beiden Formen der Bindungswirkung, dass sie gegenüber den Verbrauchern durch Gesetz angeordnet werden müssen. Dies ist der Zweistufigkeit der Rechtsdurchsetzung im Musterfeststellungsverfahren geschuldet, die zur Folge hat, dass die Verbraucher an den Rechtsakten nicht beteiligt sind, die Bindungswirkung entfalten sollen. Gemeinsam ist Vergleichen und Urteilen auch, dass sie nach dem Willen des Gesetzgebers eine Art von Bindungswirkung für und gegen den Verbrau-

27

1159 BT-Drs. 19/2439, 27 f.
1160 Kölner Komm KapMuG/*Reuschle* § 17 Rn. 8 ff.
1161 Kölner Komm KapMuG/*Reuschle* § 17 Rn. 8.
1162 Zudem ist die Bindungswirkung des Musterfeststellungsurteils eine Urteilswirkung sui generis, während die Bindungswirkung des Musterfeststellungsvergleichs eine von der Rechtsgeschäftslehre so nicht vorgesehene Erstreckung einer privatautonomen Vereinbarung ist.

cher entfalten. Dies ist konsequent, da die Bindungswirkung das Ziel des Gesetzes zur Einführung der Musterfeststellungsklage fördert, die Streitbeilegung zu konzentrieren und zu beschleunigen.

28 Es ist jedoch zweifelhaft, ob beklagte Unternehmen einen Vergleich unter den Bedingungen des § 611 ZPO schließen wollen werden. Ein Vergleich ist insbesondere dann relevant, wenn er Rechtssicherheit herstellen kann. Dies ist aus Sicht des beklagten Unternehmens aber nicht der Fall. Das beklagte Unternehmen muss sich trotz Vergleichsabschlusses darauf einstellen, eine Vielzahl von Folgeverfahren in unterschiedlichen Konstellationen zu führen. Zunächst beendet der Vergleich keine Rechtsstreitigkeiten mit nicht angemeldeten Verbrauchern und mit dem Unternehmen. Zudem besteht im Moment des Vergleichsschlusses noch Ungewissheit, wie viele angemeldete Verbraucher zukünftig noch während der Monatsfrist aus dem Vergleich austreten werden. Selbst das Zustandekommen des Vergleiches ist noch unsicher, solange nicht klar ist, wie viele Verbraucher von ihrem Austrittsrecht Gebrauch machen. Dies bedeutet, dass das Unternehmen nach der Vorstellung des Gesetzgebers in einem oftmals langwierigen und mühsamen Prozess einen Vergleich verhandeln soll, bei dem es unsicher ist, ob er schließlich zustande kommen wird. Der Vergleich wird womöglich auch nur mit einem Teil der möglichen Anspruchsinhaber geschlossen, da sich nicht alle möglicherweise Geschädigten der Musterfeststellungsklage anschließen werden. Das beklagte Unternehmen muss sich darauf einstellen, auch nach dem Vergleichsschluss (Folge-) Verfahren mit nicht angemeldeten, mit nicht mehr angemeldeten und mit ausgetretenen Verbrauchern sowie mit Unternehmen führen zu müssen. Da im Vorfeld nicht feststeht, wie groß die Anzahl derartiger Verfahren ist, dürften aus Sicht des Unternehmens nur in Ausnahmefällen hinreichende Anreize vorliegen, um einen Vergleich zu schließen.

III. Berücksichtigung von individuellen Verteidigungsmitteln
1. Grundsatz

29 Individuelle Verteidigungsmittel und Anspruchsvoraussetzungen, die im Rechtsverhältnis zwischen dem beklagten Unternehmen und dem angemeldeten Verbraucher begründet sind, können im Musterfeststellungsverfahren auf der ersten Stufe nicht berücksichtigt werden. In *formeller Hinsicht* liegt dies daran, dass der angemeldete Verbraucher nicht Partei des Musterfeststellungsverfahrens ist und die qualifizierte Einrichtung keine eigene Kenntnis von den Details der Rechtsverhältnisse zwischen dem angemeldeten Verbraucher und dem beklagten Unternehmen hat. In *inhaltlicher Hinsicht* sind diese individuellen Besonderheiten auch nicht feststellungsfähig, da sie regelmäßig nicht die „*Ansprüche oder Rechtsverhältnisse von mindestens zehn Verbrauchern*" betreffen, was aber gemäß § 606 Abs. 3 Nr. 2 ZPO schon Zulässigkeitsvoraussetzung für die Anträge im Musterfeststellungsverfahren ist. Umgekehrt können dann aber auch Verteidigungsmittel nicht berücksichtigt werden, wenn sie sich nur auf die Feststellungsziele einzelner Verbraucher auswirken. Ansonsten müsste das Gericht bei Erfolg dieser individuellen Verteidigungsmittel eine Feststellung aussprechen, die nicht in zulässiger Weise bei Verfahrenseinleitung hätte beantragt werden können. Dies zeigt, dass diese Feststellung ein aliud und kein Minus zum beantragten

Feststellungsziel sein muss. Dass individuelle Tatsachen im Musterfeststellungsverfahren nicht feststellungsfähig sein dürfen, zeigt im Übrigen die folgende Korrekturüberlegung: Ließe man individuelle Verteidigungsmittel im Musterfeststellungsverfahren zu, machte man möglicherweise den Konzentrationseffekt insgesamt zunichte und behandelte die Musterfeststellungsklage wie eine reine subjektive Klagehäufung nach §§ 59, 60 ZPO. Zu einer vorgelagerten Klärung von Sach- und Rechtsfragen, die alle oder eine Vielzahl der angemeldeten Verbraucher betreffen, käme es gerade nicht.

Wenn also die individuellen Verteidigungsmittel des beklagten Unternehmens gegen die Inanspruchnahme durch den angemeldeten Verbraucher nicht im Musterfeststellungsverfahren berücksichtigt werden können, müssen sie uneingeschränkt im Folgeverfahren Berücksichtigung finden. Ansonsten würde der grundrechtlich geschützte Anspruch des Unternehmens auf rechtliches Gehör in unzulässiger Weise verkürzt. Denn dieser Anspruch aus Art. 103 Abs. 1 GG beinhaltet auch die unbeschränkte Äußerung zum Vortrag der Gegenseite,[1163] was für den Beklagten die Geltendmachung von Verteidigungsrechten umfassen dürfte.[1164] 30

2. Diskussion einzelner Verteidigungsmittel

Der Gesetzgeber hat die Musterfeststellungsklage primär für Fälle *„unrechtmäßiger* *Verhaltensweisen"* von *„Anbietern"* im Massengeschäft vorgesehen, in denen Verbrauchern möglicherweise *„Schadensersatz- oder Erstattungsansprüche"* zustehen.[1165] 31

Soweit es sich bei den beklagten Unternehmen um **Konsumgüterhersteller, einen Hersteller von Medikamenten, Medizinprodukten oder Nahrungsmitteln** handelt, wird es sich primär um deliktische Schadensersatzansprüche handeln, da Kaufverträge über Konsumgüter regelmäßig nicht mit dem Hersteller, sondern mit anderen Absatzmittlern zustande kommen. Im Rahmen der deliktischen Anspruchsgrundlagen wird jedenfalls der **Schaden** des Kunden, der über die reine Störung des Äquivalenzinteresses vermittelt durch den Mangelschaden hinausgehen muss, sowie die individuelle **haftungsbegründende** und die **haftungsausfüllende Kausalität** im Folgeverfahren durch den Kunden dargelegt und bewiesen werden. Diese Tatbestandsmerkmale sind nur individuell in jedem Einzelfall feststellbar, schon allein, weil sie keinen Bezug zu der Sphäre des beklagten Unternehmens haben – im Gegensatz zu der Frage, ob eine Pflichtverletzung oder ein Verschulden vorliegt. 32

Wenn es sich bei dem beklagten Unternehmen beispielsweise um eine **Bank, eine Versicherung, einen sonstigen Finanzdienstleister oder einen Energieversorger** handelt, kommen neben den deliktischen Anspruchsgrundlagen auch **vertragliche Ansprüche** in Betracht, zB Ansprüche des Kunden gegen die eigene Bank auf vertraglichen Schadensersatz oder auf Rückzahlung von Anlagebeträgen bzw. unberechtigt erhobenen Gebühren. Bei **Schadensersatzansprüchen** wären zwingend wieder **Kausalität** und **Existenz** bzw. **Höhe** eines **Schadens** im Folgeverfahren zu klären. Bei Erstattungsan- 33

1163 Sachs/*Degenhart* GG Art. 103 Rn. 30.
1164 Siehe zur Geltendmachung von Verteidigungsmitteln als Prozessgrundrecht exemplarisch auch BGH WM 2018, 1252.
1165 BT-Drs. 19/2439, 14.

sprüchen aus **Bereicherungsrecht** kann sich insbesondere die Frage der **Entreicherung** stellen, da diese zwingend im Zeitpunkt der letzten mündlichen Verhandlung bei der Durchsetzung des Leistungsanspruchs festzustellen ist. Diese Frage wäre damit auch im Musterfeststellungsverfahren schon nicht feststellungsfähig.

34 Unabhängig von der Einordnung der Anspruchsgrundlage ist in der Regel die Frage der **Anspruchsverjährung** im Folgeverfahren zu prüfen. Denn die Entstehung des Anspruches (im Regelfall wohl mit Vertragsschluss oder Besitzerwerb) hängt wiederum von individuellen Gegebenheiten aus der Sphäre des Kunden ab. Dies gilt umso mehr, wenn – wie bei § 199 BGB – subjektive Umstände in der Person des Kunden für den Verjährungsbeginn maßgeblich sind. Zudem ist die Verjährung nur für den Lauf des Musterfeststellungsverfahrens gehemmt, § 204 Abs. 1 Nr. 1 lit. a) BGB. Sie beginnt gemäß § 204 Abs. 2 S. 1 BGB sechs Monate nach Erlass des Urteils im Musterfeststellungsverfahren wieder zu laufen, so dass auch insoweit die rechtzeitige Erhebung der Klage im Folgeverfahren entscheidend für die Beurteilung der Verjährungseinrede sein kann.

35 Aufgrund der vergleichsweise kurzen Restlaufzeit der regelmäßig zu erwartenden dreijährigen Verjährungsfrist im konkreten Fall dürfte die Berufung auf **Verwirkung** bis auf seltene Ausnahmefälle ohne Erfolg bleiben. Der einzelne Verbraucher müsste hier beim Unternehmen die berechtigte Erwartung erweckt haben, trotz der noch laufenden Verjährungsfrist den Anspruch nicht mehr durchsetzen zu wollen. Dies erscheint insbesondere vor dem Hintergrund nur im absoluten Ausnahmefall vorstellbar, dass der Verbraucher immerhin durch die Anmeldung seiner Ansprüche zur Eintragung in das Klageregister gemäß § 608 Abs. 1 ZPO einen ersten Schritt zur Anspruchsdurchsetzung ergriffen hat, der die Bildung eines Vertrauenstatbestandes auf Seiten des beklagten Unternehmens regelmäßig ausschließen dürfte.[1166]

3. Präklusion von Verteidigungsmitteln?

36 Eine Präklusion von Verteidigungsrechten des Unternehmens kommt nach alledem nur in Bezug auf Verteidigungsmittel in Betracht, die bereits in der ersten Phase, also im eigentlichen Musterfeststellungsverfahren, in zulässiger Weise gegen die Feststellungsziele hätten geltend gemacht werden können. Wenn das Unternehmen einen Einwand gegen ein zulässiges Feststellungsziel nicht im Musterfeststellungsverfahren erhoben hat oder dort nicht mit dem Einwand durchgedrungen ist, kann es diesen Einwand nicht im Folgeverfahren gegen eine Feststellung des Musterfeststellungsurteils geltend machen. Der Berücksichtigung derartiger Einwände durch das Folgegericht steht die Bindungswirkung des Musterfeststellungsurteils nach § 613 ZPO entgegen (→ Rn. 8). Mit allen anderen Einwendungen gegen den Anspruch kann das beklagte Unternehmen nicht präkludiert sein. Eines Vorbehaltes der Geltendmachung von Gegenrechten – zB analog dem Vorbehalt der Geltendmachung von Einwendungen im Nachverfahren beim Urkundsprozess – bedarf es mangels entsprechender ge-

---

1166 Vgl. zum Erfordernis eines zurechenbar gesetzten Vertrauenstatbestandes BGH NJW-RR 1995, 106 (109); NJW-RR 2006, 235 (236); NJW 2008, 2254 (2255 Rn. 22); MüKoBGB/*Schubert* § 242 Rn. 368; Jauernig/*Mansel* BGB § 242 Rn. 60.

IV. Szenarioanalyse

setzlicher Anordnung einer Präklusionswirkung ebenfalls weder durch das Gericht noch durch das beklagte Unternehmen.

IV. Szenarioanalyse

Es lassen sich insgesamt neun Konstellationen für das Folgeverfahren unterscheiden, wobei die erste Differenzierung daran ansetzt, ob ein Musterfeststellungsurteil (→ Rn. 39 ff.) oder ein Musterfeststellungsvergleich (→ Rn. 47 ff.) vorliegt.

37

1. Folgeverfahren nach Musterfeststellungsurteil

Beim Folgeverfahren nach **Musterfeststellungsurteil** kommt es darauf an, ob der Kläger ein angemeldeter Verbraucher mit einem nach § 613 Abs. 2 ZPO ausgesetzten Verfahren ist (→ Rn. 39), ein angemeldeter Verbraucher ohne vorher eingeleitetes Verfahren (→ Rn. 40), ein vormals angemeldeter Verbraucher mit zurückgenommener Anmeldung (→ Rn. 41 ff.) oder ein nicht angemeldeter Verbraucher bzw. Unternehmer (→ Rn. 45 f.).

38

a) Angemeldeter Verbraucher mit ausgesetztem Verfahren

Ein wirksam angemeldeter Verbraucher, der bereits vor der Anmeldung seiner Ansprüche ein Klageverfahren gegen das beklagte Unternehmen eingeleitet hatte, kann das nach § 613 Abs. 2 ZPO ausgesetzte Verfahren nach Abschluss des Musterfeststellungsverfahrens wieder aufnehmen. Die Klage wird dann als Folgeverfahren weitergeführt.[1167] Das Gericht und der Verbraucher sind an den Ausgang des Musterfeststellungsverfahrens gemäß § 613 Abs. 1 S. 1 ZPO gebunden. Da die Bindung auch gegen den Verbraucher wirkt, sind gegebenenfalls die früheren Anträge anzupassen. Bei aus Sicht des Verbrauchers negativem Ausgang des Musterfeststellungsverfahrens kann auch die Klagerücknahme im Kosteninteresse zweckmäßig sein. Auf jeden Fall aber muss das einmal eingeleitete Verfahren aufgenommen und erledigt werden. Es wird durch die Entscheidung im Musterfeststellungsverfahren unter keinen Umständen mitbeendet.

39

b) Angemeldeter Verbraucher ohne vorher eingeleitetes Verfahren

Der wirksam angemeldete Verbraucher, der vor der Anmeldung seiner Ansprüche noch kein eigenes Verfahren gegen das Unternehmen eingeleitet hatte, nimmt ebenfalls an der Bindungswirkung des § 613 Abs. 1 S. 1 ZPO teil. Er muss ebenfalls auf der Basis des Ausgangs des Musterfeststellungsverfahrens seine Prozessrisiken bewerten. Aus seiner Sicht vorteilhaft ist allerdings, dass er bei negativem Ausgang des Musterfeststellungsverfahrens nichts mehr tun muss, da kein noch anhängiges Verfahren zu erledigen ist. Der Verbraucher muss lediglich entscheiden, ob er auf der

40

1167 Der Wortlaut ordnet die zwingende Aussetzung ohne Ermessen des Gerichts an („[...] ist [...] auszusetzen."). Dies erscheint dann nicht sachgerecht, wenn die Klage unschlüssig ist. Dann kann sie keinen Erfolg haben, selbst wenn die Musterfeststellungsanträge vollständig im Sinne der Verbraucher entschieden werden, und ist damit entscheidungsreif. Daher dürfte im konkreten Fall eine teleologische Reduktion der Vorschrift geboten sein, da die Aussetzung nicht zur Prozessverschleppung führen darf, vgl. BLAH/*Hartmann* ZPO Einf. §§ 148 – 155 Rn. 8 (Aussetzung nicht bei Entscheidungsreife). Dies gilt umso mehr, als der Gesetzgeber mit der Musterfeststellungsklage die Konzentration und Beschleunigung der Streitbeilegung fördern wollte, vgl. BT-Drs. 19/2439, 16.

Grundlage des Musterfeststellungsurteils und der übrigen noch darzulegenden individuellen Tatsachen eine hinreichende Durchsetzungswahrscheinlichkeit für seine Ansprüche sieht. Wenn diese Prüfung aus Sicht des Verbrauchers positiv ausgeht, muss er eine Leistungsklage im Folgeverfahren erheben, da anders als im soeben betrachteten Szenario kein ausgesetztes Verfahren aufgenommen werden kann. Zu beachten ist allerdings in diesem Zusammenhang, dass bei Anmeldung des Verbrauchers und anschließender Erhebung einer Individualklage, letztere als unzulässig zu betrachten ist. Diese Annahme fußt nicht nur auf der Widersprüchlichkeit des Verhaltens des Anmelders, sondern auch in der dadurch entstehenden Mehrbelastung für die Justiz (zur Unterbrechung und Aussetzung → § 6 Rn. 91 ff.). Der Verbraucher ist daran gehalten, entweder in umgekehrter zeitlicher Abfolge und unter Aussetzung des Individualprozesses, an der Bindungswirkung der Musterfeststellungsklage zu partizipieren, oder nach seiner Anmeldung den Ausgang des Musterfeststellungsverfahrens abzuwarten und erst danach Individualklage mit den bindenden Feststellungen zu erheben (Wirkungen der Anmeldung → § 5 Rn. 44 ff.).

c) Verbraucher mit zurückgenommener Anmeldung

41 Verbraucher können ihre Anmeldung bis zum Ablauf des ersten Tages der mündlichen Verhandlung in erster Instanz zurücknehmen, § 608 Abs. 3 ZPO. Aufgrund der Rücknahme nimmt dieser Verbraucher nicht an der **rechtlichen Bindungswirkung** des Musterfeststellungsurteils teil, § 613 Abs. 1 S. 2 ZPO. Das heißt mit anderen Worten, dass der Verbraucher einerseits nicht von den Feststellungen des rechtskräftigen Urteils profitiert, sich diese aber andererseits auch nicht zu seinem Nachteil auswirken können.

42 Dennoch wird dem Musterfeststellungsurteil eine **faktische Bedeutung** zukommen, wenn es vor dem Urteil in dem individuellen Folgeverfahren ergeht. Diese folgt daraus, dass im Regelfall eine höchstrichterliche Entscheidung über die Feststellungsziele ergehen dürfte und in jedem Fall eine Entscheidung des am Sitz des beklagten Unternehmens zuständigen Oberlandesgerichts ansteht. Zwar sind Richter im deutschen Rechtssystem wegen der Unabhängigkeit eines jeden einzelnen Richters nicht an Präjudizien höherrangiger Gerichte gebunden (Art. 97 Abs. 1 GG).[1168] Obwohl keine normative Bindung besteht, setzt die höchstrichterliche Rechtsprechung dennoch Maßstäbe, an denen sich die Instanzgerichte orientieren und von denen sie in der Regel nur dann abweichen, wenn dies aus Sicht des entscheidenden Richters im konkreten Einzelfall zwingend geboten erscheint.[1169] Die höchstrichterliche Rechtsprechung hat daher generell eine ausschließlich faktische Bedeutung (sog *„persuasive authority"*).[1170] Der Verbraucher, der seine Anmeldung zur Musterfeststellungsklage zurückgenommen hat, kann zwar rechtlich betrachtet seinen Rechtsstreit völlig unbelastet von dem Ausgang des Musterfeststellungsverfahrens führen und ein erstinstanzliches Verfahren vor dem zuständigen Amts- oder Landgericht einleiten. Praxisnah dürfte

---

1168 BeckOK GG/*Morgenthaler* Art. 97 Rn. 11.
1169 Exemplarisch *Rennert* Grußwort anlässlich der 24. Jahresarbeitstagung Verwaltungsrecht des Deutschen Anwaltsinstituts (DAI), 6.
1170 Zum Wirkungsmechanismus in der Schiedsgerichtsbarkeit siehe *Schroeder* Die lex mercatoria arbitralis, 183 ff.

IV. Szenarioanalyse

jedoch ein zur Entscheidung berufenes Gericht sich an einer dann vorliegenden bzw. während des Prozessverlaufs ergehenden obergerichtlichen bzw. höchstrichterlichen Entscheidung im Musterklageverfahren orientieren.

Eine solche obergerichtliche bzw. höchstrichterliche Entscheidung im Musterfeststellungsverfahren wird wahrscheinlich im Regelfall auch noch während des laufenden Individualverfahrens des Verbrauchers gegen das Unternehmen ergehen. Das Musterfeststellungsverfahren sollte zur Erreichung des gesetzgeberischen Ziels der Konzentration und Beschleunigung der Streitbeilegung straff geführt werden (→ § 6 Rn. 18 ff.). Außerdem ist es im fraglichen Moment bereits in erster Instanz beim Oberlandesgericht anhängig, während der Prozess des Verbrauchers erst noch in erster Instanz beim Landgericht anhängig zu machen ist. Im Ergebnis lässt sich daher festhalten, dass ein Verbraucher, der seinen Antrag zurücknimmt, für das eigentliche Verfahren der Rechtsdurchsetzung wegen der faktischen Bedeutung häufig praktisch ähnlich gestellt sein dürfte, als wenn er seine Anmeldung nicht zurückgenommen hätte. Dies gilt jedenfalls in allen Fällen, in denen sich die Entscheidung im Musterfeststellungsverfahren nicht so stark verzögert, dass der Individualprozess das Musterfeststellungsverfahren überholt.

43

Dieses Ergebnis kann aber nicht durch eine Aussetzung des Verfahrens sichergestellt werden. Die Aussetzung eines Verfahrens eines nicht mehr angemeldeten Verbrauchers sieht das Gesetz nicht vor. Der Wortlaut des neu eingeführten § 148 Abs. 2 ZPO („[...] auf Antrag eines Klägers, der nicht Verbraucher ist [...]") schließt eine Anwendung dieser Vorschrift auf den nicht angemeldeten Verbraucher zwingend aus, da wegen des abschließenden Charakters der Aussetzungstatbestände eine Analogie nicht in Betracht kommt.[1171] Auch eine Vorgreiflichkeit im Sinne der allgemeinen Aussetzungsnorm des § 148 Abs. 1 ZPO aufgrund der faktischen Bedeutung erscheint zumindest unklar, da sich diese nicht allein mit Zweckmäßigkeitsüberlegungen begründen lässt.[1172] Zwar hat der Bundesgerichtshof es für zulässig erachtet, unabhängig von den Voraussetzungen des § 148 ZPO in Massenverfahren ein oder mehrere Pilotverfahren auszuwählen und diese vorab zu entscheiden.[1173] Dieses Verfahren löst aber das hier beschriebene Problem nicht. Es ist auch nicht absehbar, ob der Bundesgerichtshof es auch noch unter dem Regime der Musterfeststellungsklage für zulässig erachten wird. Die Aussetzung zur höchstrichterlichen Klärung einer Rechtsfrage ist jedenfalls unzulässig.[1174] Daneben besteht die Möglichkeit, das Verfahren durch übereinstimmenden Antrag der Parteien ruhend zu stellen, § 251 ZPO. Die Anordnung des Ruhens dürfte stets im Sinne dieser Vorschrift zweckmäßig sein (→ § 6 Rn. 91).

44

d) Dritte: Nicht angemeldeter Verbraucher und Unternehmer

Die faktische Bedeutung eines Musterfeststellungsurteils betrifft auch solche Streitparteien, die von Anfang an Dritte der Musterfeststellungsklage sind, entweder weil

45

1171 BLAH/*Hartmann* ZPO Einf. §§ 148 – 155 Rn. 3 – Aussetzung nur in den gesetzlich vorgesehenen Fällen.
1172 *Kähler* NJW 2004, 1132 (1137); BLAH/*Hartmann* ZPO Einf. §§ 148 – 155 Rn. 8.
1173 BGH NJW 2015, 1312 (1314).
1174 Vgl. BGH NJW 2005, 1947 (1947 f.); Musielak/Voit/*Stadler* ZPO § 148 Rn. 5; MüKoZPO/*Fritzsche* § 148 Rn. 8; Saenger/*Wöstmann* ZPO § 148 Rn. 4; BeckOK ZPO/*Wendtland* § 148 Rn. 8.

sie als Verbraucher von vornherein ihre Ansprüche nicht zum Klageregister angemeldet haben oder weil sie als Unternehmer bereits nicht anmeldebefugt waren.

46 Für diese Dritten gilt entsprechend das für den nicht mehr angemeldeten Verbraucher Gesagte: Ergeht vor dem rechtskräftigen Abschluss seines Individualverfahrens das Musterfeststellungsurteil, wird dieses bei praxisnaher Betrachtung ebenfalls als Orientierungspunkt dienen. Für den Unternehmer hat der Gesetzgeber des Gesetzes zur Einführung der Musterfeststellungsklage auch mit der Einführung des bereits angesprochenen § 148 Abs. 2 ZPO einen Mechanismus geschaffen, um diese faktische Bedeutung im Individualverfahren zu sichern: Mit dieser Vorschrift kann das Gericht in einem Individualverfahren eines Dritten, der nicht Verbraucher iSd § 29 c Abs. 2 ZPO ist (also Unternehmer im Sinne des § 14 BGB), das Verfahren gegen das beklagte Unternehmen bis zum rechtskräftigen Abschluss des Musterfeststellungsverfahrens aussetzen. Dies zeigt eine gewisse Ambivalenz des Gesetzgebers auf: Einerseits wäre die Aussetzung nach § 148 Abs. 2 ZPO nicht sinnvoll, wenn der Gesetzgeber nicht von einer faktischen Bedeutung eines rechtskräftigen bzw. höchstrichterlichen Musterfeststellungsurteils ausginge.[1175] In diesem Fall fehlte es nämlich an der zumindest mittelbaren Entscheidungsrelevanz, ohne dass eine Aussetzung nicht prozessökonomisch erscheint, sondern eine reine Prozessverschleppung darstellt. Andererseits lässt der Gesetzgeber aber auch nicht zu, dass der nicht (mehr) angemeldete Verbraucher sein Individualverfahren bis zum rechtskräftigen Abschluss des Musterverfahrens aussetzen lässt. Gleichzeitig aber will der Gesetzgeber offensichtlich auch nicht so weit gehen, dass er die Teilnahme von Unternehmen an der Musterfeststellungsklage ermöglicht, obwohl er ihnen die Möglichkeit gibt, durch einen Aussetzungsantrag einen faktischen Einfluss des Musterfeststellungsurteils auf ein unternehmerisches Individualverfahren abzuwarten.

2. Folgeverfahren nach Vergleich im Musterfeststellungsverfahren

47 Bei Folgeverfahren nach einem **Vergleich** im Musterfeststellungsverfahren lassen sich ebenfalls verschiedene Szenarien unterscheiden: Es kann sich bei dem Kläger zunächst um einen angemeldeten Verbraucher mit einem ausgesetzten Verfahren handeln (→ Rn. 48 ff.). Der Kläger kann aber auch ein angemeldeter Verbraucher sein, der vor der Anmeldung noch kein eigenes Verfahren eingeleitet hat (→ Rn. 51 ff.). Weiterhin ist die Bindungswirkung in den Fällen zu untersuchen, in denen der Verbraucher seine Anmeldung wirksam zurückgenommen hat (→ Rn. 55 ff.), form- und

---

1175 In diesem Zusammenhang ist auch noch auf die Begründung des Diskussionsentwurfes hinzuweisen, in welcher der Gesetzgeber im Kontext der Abwägung der Alternativen zur Bindungswirkung des Musterfeststellungsurteils „für und gegen den Verbraucher" oder „nur für den Verbraucher" folgende Erwägungen anstellte: *„Im Hinblick auf Alternative 1 ist anzumerken, dass auch ohne ausdrückliche Bindungswirkung eine Klageabweisung im Musterfeststellungsverfahren Präzedenzwirkung entfalten würde. Dies würde eine Bindungswirkung letztlich faktisch gleich kommen. Bei Klageabweisung würde regelmäßig kaum Anreiz für spätere Individualklagen bestehen. Für Alternative 2 spricht der Gesichtspunkt eines effizienten Verfahrens. Denn dieses würde zu einer abschließenden Befriedung aller Streitigkeiten führen."* (DiskE des BMJV „Entwurf eines Gesetzes zur Einführung einer Musterfeststellungsklage" vom 31. Juli 2017, 20, abrufbar unter https://www.bmjv.de/SharedDocs/Gesetzgebungsverfahren/Dokumente/DiskE_ Musterfeststellungsklage.pdf;jsessionid=AF06EA696C45735B39474B5D51742F9B.2_cid334?__blob=pu blicationFile&v=3 (zuletzt aufgerufen: 19.10.2018). Dies zeigt, dass der Gesetzgeber die faktische Bedeutung (zumindest in diesem Zusammenhang) erkannt hat.

fristgerecht aus dem Vergleich ausgetreten ist (→ Rn. 58) oder in denen ein von vornherein unbeteiligter Dritter das Verfahren einleitet (→ Rn. 59).

a) Angemeldeter Verbraucher mit ausgesetztem Verfahren

Der Verbraucher, der sich am Vergleich festhält und bereits vor der Anmeldung seiner Ansprüche im Musterfeststellungsverfahren ein eigenes Klageverfahren eingeleitet hatte, steht nun vor folgenden Alternativen: 48

Enthält der Vergleich eine **konkrete Leistungspflicht des Unternehmens** an den Verbraucher, so wird er zunächst das Unternehmen außergerichtlich zur Erbringung der Leistung auffordern, sobald diese fällig ist. Verweigert das Unternehmen die Leistung oder erbringt es sie nicht wie geschuldet, kann der Verbraucher sein ausgesetztes Verfahren wieder aufnehmen. Er muss nun aber seine Anträge umstellen und auf Leistung aus dem Vergleich klagen. Regelmäßig dürfte der Vergleich, insoweit er individuelle Ansprüche der Verbraucher enthält, als echter Vertrag zugunsten Dritter mit eigenem Forderungsrecht des Verbrauchers anzusehen sein. Dies ergibt sich aus dem Vertragszweck, der im Rahmen der Auslegung nach § 328 Abs. 2 BGB maßgeblich ist.[1176] Denn die qualifizierte Einrichtung soll und kann die Abwicklung des Vergleichs für die angemeldeten Verbraucher nicht sicherstellen. Erfüllt das Unternehmen die Leistungspflicht aus dem Vergleich, muss das ausgesetzte Verfahren noch beendet werden. Als Mittel stehen hier Kostenvergleich, Erledigung und Klagerücknahme zur Verfügung. Welches zweckmäßig ist, kann nur auf Grundlage der Umstände des Einzelfalls beurteilt werden. 49

Enthält der Vergleich lediglich eine **Einigung über die Feststellungsziele**, wird der Verbraucher prüfen, ob er nach objektiven Kriterien den Umfang seines Anspruchs beziffern kann. Wenn dies der Fall ist, kann er versuchen, im Verhältnis zu dem Unternehmen direkt Vergleichsverhandlungen aufzunehmen, um seinen individuellen Streit beizulegen. Gelingt dies nicht, wird der Verbraucher den Rechtsstreit wieder aufnehmen und weiter auf Leistung klagen. Aus dem Vergleichsinhalt ergibt sich gegebenenfalls die Notwendigkeit zur Umstellung der Anträge; jedenfalls bindet der Regelungsgehalt des Vergleichs das Folgegericht zugunsten und zulasten des Verbrauchers. 50

b) Angemeldeter Verbraucher ohne vorher eingeleitetes Verfahren

Ein angemeldeter Verbraucher, der vor Anmeldung zur Musterfeststellungsklage noch kein Verfahren eingeleitet hat, steht vor einer ähnlichen Entscheidung: 51

Enthält der Vergleich eine Leistungspflicht des Unternehmens, wird der Verbraucher zunächst das Unternehmen zur Erbringung der Leistung auffordern. Nur wenn das Unternehmen die Leistung verweigert oder sie nicht wie geschuldet erbringt, muss der Verbraucher ein Folgeverfahren einleiten. Dieses Folgeverfahren ist dann eine Leistungsklage aus dem Vergleich, der in Bezug auf die Leistungsansprüche des Verbrauchers als echter Vertrag zugunsten Dritter mit eigenem Forderungsrecht des Verbrauchers anzusehen ist (eingeschränkte Möglichkeiten der Zwangsvollstreckung aus dem Vergleich → § 7 Rn. 86 ff.). 52

1176 Siehe nur BGH NJW 1971, 1702 (1703).

53 Enthält der Vergleich keine Leistungspflicht des Unternehmens, kann der Verbraucher ebenfalls versuchen, auf der Basis der Regelungen des Musterfeststellungsvergleiches den individuellen Rechtsstreit mit den beklagten Unternehmen vergleichsweise beizulegen. Wenn dies scheitert, kann der Verbraucher eine Leistungsklage gegen das Unternehmen erheben.

54 In beiden Fällen ist das Gericht im Folgeverfahren an den Vergleichsinhalt gebunden, da der Vergleich gemäß § 611 ZPO Wirkung für und gegen den Verbraucher entfaltet.

c) Verbraucher mit zurückgenommener Anmeldung

55 Ein Verbraucher, der seine Anmeldung zurückgenommen hat, kann zwar ebenfalls eine Leistungsklage erheben. Diese ist dann aber rechtlich unabhängig von den Regelungen des Musterfeststellungsvergleiches. Deshalb kann sich weder der Verbraucher noch das Unternehmen jeweils zu seinen Gunsten auf die Vergleichsinhalte berufen. Denn dieser Vergleich entfaltet keinerlei Bindungswirkung, da die Bindungswirkung gemäß § 611 Abs. 1 ZPO nur im Verhältnis zu den „angemeldeten" Verbrauchern besteht. Mit Rücknahme der Anmeldung verliert der Verbraucher aber gerade diese Eigenschaft.

56 Eine faktische Bedeutung kann der Vergleich – anders als das Musterfeststellungsurteil – nicht entfalten. Denn diese faktische Bedeutung beruht beim Musterfeststellungsurteil allein darauf, dass ein Oberlandesgericht Tatsachen festgestellt und Rechtsfragen entschieden hat, die sich auch in dem Folgeverfahren stellen werden. Diese Konstellation existiert beim Musterfeststellungsvergleich in dieser Form nicht, da beim Musterfeststellungsvergleich lediglich eine privatautonome Regelung zwischen Beteiligten eines anderen Verfahrens vorliegt und keine Entscheidung eines Oberlandesgerichts im Zuständigkeitsbereich des allgemeinen Gerichtsstandes des beklagten Unternehmens.

57 Es wäre auch verfehlt, aus der Zustimmung des beklagten Unternehmens zum Musterfeststellungsvergleich irgendwelche Schlussfolgerungen für das Folgeverfahren des nicht mehr angemeldeten Verbrauchers zu ziehen. Erstens ist die Entscheidung, einen Musterfeststellungsvergleich abzuschließen, das Ergebnis einer Gesamtabwägung im Rahmen eines komplexen Entscheidungsfindungsprozesses unter Beteiligung des Gerichts, der qualifizierten Einrichtung und einer Vielzahl von angemeldeten Verbrauchern mit Austrittsrecht. Die Zustimmung zum Vergleich und zur Erbringung einer Vergleichszahlung wird in der Regel ohne Anerkenntnis einer Rechtspflicht abgegeben. Erst recht beinhaltet der Vergleichsschluss mit der qualifizierten Einrichtung über die behaupteten Ansprüche der Verbraucher kein Schuldeingeständnis oder Anerkenntnis des beklagten Unternehmens gegenüber dem gesamten Rechtsverkehr. Zweitens hat der nicht mehr angemeldete Verbraucher mit der Rücknahme seiner Anmeldung selbst dafür gesorgt, dass die rechtliche Bindungswirkung des Vergleichs ihm gegenüber nicht eintritt.

d) Aus dem Vergleich ausgetretener Verbraucher

Ein aus dem Vergleich durch Erklärung gemäß § 611 Abs. 4 S. 2 ZPO ausgetretener Verbraucher ist ebenfalls nicht an den Vergleichsinhalt gebunden. Ansonsten wäre der Austritt wirkungslos. Daran ändert auch die Vorschrift des § 611 Abs. 4 S. 5 ZPO nichts. Zwar besagt diese Vorschrift, dass der Austritt aus dem Vergleich die Wirksamkeit der Anmeldung nicht beeinträchtigt. Damit ist aber nicht gemeint, dass die Bindungswirkung des § 611 Abs. 1 ZPO auch die aus dem Vergleich ausgetretenen Verbraucher erfasst, obwohl der Wortlaut der konkreten Vorschrift dies nicht eindeutig ausschließt.[1177] Hier greift jedoch § 611 Abs. 5 S. 3 ZPO als Spezialvorschrift, welche die rechtliche Bindungswirkung auf die Verbraucher beschränkt, die nicht den Austritt aus dem Vergleich erklärt haben. Eine faktische Bedeutung des Vergleichs muss aus den oben (→ Rn. 56) genannten Gründen ausscheiden.

e) Dritte: Unbeteiligte Verbraucher und Unternehmer

Auch von vornherein nicht angemeldete Verbraucher und dritte Unternehmen partizipieren nicht an der Bindungswirkung eines Vergleichs. Der von vornherein nicht angemeldete Verbraucher wird aus freier Willensentscheidung und das dritte Unternehmen qua gesetzgeberischer Grundentscheidung von der Wirkung des geschlossenen Vergleichs ausgenommen. Eine Heranziehung des Vergleiches scheidet daher aus den oben (→ Rn. 56) genannten Gründen aus.

3. Grafische Übersicht: Folgeverfahren und Bindungswirkung

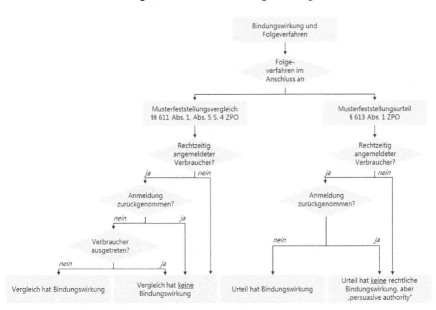

[1177] § 611 Abs. 1 ZPO spricht nur vom „*angemeldeten Verbraucher*" und differenziert nicht weiter.

V. Einsatz von Legal Tech?

61 Während das Musterfeststellungsverfahren ein Verfahren des kollektiven Rechtsschutzes ist, hat das Folgeverfahren das Potential, ein eigenständiges Massenverfahren im Sinne einer Vielzahl von gleichgerichteten, in ihrem prozessualen Schicksal aber individuellen Gerichtsverfahren zu werden. Zur Bewältigung derartiger Massenverfahren versprechen sich einige Autoren Hilfestellung von den Möglichkeiten der Digitalisierung unter der Bezeichnung von Legal Tech.[1178]

62 Legal Tech ist ein schillernder Begriff, der so verschiedene Phänomene wie die Mandatsakquise von Anwälten im Internet,[1179] die Erleichterung von Schriftsatzerstellung durch spezialisierte Software,[1180] das elektronische Anwaltspostfach (BeA),[1181] den digitalisierten Zivilprozess,[1182] online dispute resolution[1183] oder autonome „smart contracts"[1184] umfassen soll, um nur einige der diskutierten Einsatzbereiche zu nennen.

63 Das Folgeverfahren dreht sich wie gesehen vor allem um die individualisierten Tatbestandsmerkmale von Anspruchsgrundlagen im Verhältnis zwischen dem Verbraucher und dem Unternehmer. Die Parallelität und Ähnlichkeit der einzelnen Verfahren bietet sowohl Klägerkanzleien, die eine Vielzahl von Verbrauchern vertreten, als auch den anwaltlichen Beratern auf Unternehmensseite die Möglichkeit, die Effizienz in der Mandatsbearbeitung durch den Einsatz automatisierter Schriftsatzerstellungssoftware zu steigern.

64 Bereits vor der Einführung der Musterfeststellungsklage haben anwaltliche Vertreter auf Kläger- und Beklagtenseite Lösungen zur automatisierten Schriftsatzerstellung in Massenverfahren verwendet. Während die Standardisierung auf Seiten der Beklagten regelmäßig keine größeren Probleme aufweist – das beklagte Unternehmen muss den Sachvortrag kaum individualisieren und kann regelmäßig individualisierten Vortrag aus der Sphäre des Klägers zulässig mit Nichtwissen bestreiten – birgt dieses Vorgehen auf der Klägerseite gewisse Risiken. Nicht selten stellt sich bei Individualprozessen in Massenverfahren in der mündlichen Verhandlung im Beisein der klagenden Partei heraus, dass der Tatsachenvortrag richtig gestellt werden muss. Teilweise werden auch umfangreiche Schriftsätze eingereicht, die für den konkreten Einzelfall unerheblichen Tatsachenvortrag enthalten, der dann aber von der Seite der Beklagten aus anwaltlicher Vorsicht nicht unwidersprochen bleiben kann, wenn er nicht zutrifft. Dies füllt die Akte – zum Leidwesen des zur Entscheidung berufenen Gerichts. Der Einsatz von Automatisierungslösungen kann deshalb paradoxerweise dazu führen, dass Klageverfahren für Verbraucher weniger effektiv geführt werden, eben weil der Vortrag nicht hinreichend individualisiert ist oder das Verfahren aufgrund des unnötig umfangreichen Streitstoffs länger als erforderlich dauert. Der Rechtsanwalt, der ein Klageverfahren mit Unterstützung von Automatisierungslösungen führt, muss si-

---

1178 Siehe zB *Netzer* AnwBl. 2018, 280; *Grupp* AnwBl. 2014, 660.
1179 *Axmann/Degen* NJW 2006, 1457.
1180 *Netzer* AnwBl 2018, 280 (281).
1181 *Siegmund* NJW 2017, 3134.
1182 *Pickel* AnwBl Online 2018, 388.
1183 *Buchholtz* JuS 2017, 955; *Busch/Reinhold* EuCML 2015, 50.
1184 *Heckelmann* NJW 2018, 504 (504 ff.); Breidenbach/Glatz/*Glatz* Rechtshandbuch Legal Tech, 109 ff.

cherstellen, dass der Vortrag auf den Einzelfall passt und dass er die Vorgaben des § 138 ZPO einhält. Ansonsten verstößt er auch gegen seine Pflicht zur gewissenhaften Berufsausübung aus § 3 BRAO.[1185]

Beim Einsatz von Automatisierungslösungen ist weiterhin zu berücksichtigen, dass die Effizienzgewinne – gemessen an dem Gesamtaufwand für die Führung eines Massenverfahrens – derzeit noch bescheiden sind. Ein wesentlicher Teil des Zeitaufwandes für Massenverfahren entfällt auf die Ausfertigung und Einreichung von Schriftsätzen auf der einen Seite und auf die Aktenführung, also die Erfassung und Archivierung von Schriftverkehr mit Gericht und Gegner. Der Weg zum elektronischen Zivilprozess mag noch lang sein und zunächst über die elektronische Aktenführung führen sowie als ersten Schritt die Einführung eines verpflichtenden – und funktionierenden – elektronischen Postfachs bei allen Anwälten und Gerichten voraussetzen. Für die mittlere Zukunft ist der Schritt zum elektronischen Zivilprozess aber unerlässlich, wenn die Effizienzgewinne, die sich der Gesetzgeber von der Einführung der Musterfeststellungsklage versprochen hat, auch tatsächlich gehoben werden sollen. 65

Schließlich kann auch Legal Tech nach dem heutigen Stand nicht die individuelle Beratung des rechtsuchenden Verbrauchers und die Wahrnehmung von Terminen zur mündlichen Verhandlung ersetzen oder vereinfachen. Beides sind anwaltliche Dienstleistungen, die zumindest derzeit noch nach den Erwartungen des Rechtsverkehrs von einem Anwalt persönlich erbracht werden müssen. Trotz technologischer Fortschritte ist insoweit noch kein Umbruch in Sicht.[1186] 66

VI. Vorläufiges Fazit und Ausblick

Das Folgeverfahren ist das Verfahren zur eigentlichen Durchsetzung der Ansprüche der Verbraucher. Nur hier wird über Leistungsansprüche entschieden. Aus Sicht des Folgeverfahrens ist die Musterfeststellungsklage dementsprechend lediglich eine Vorstufe zum nachfolgenden Verfahren. Dieses Massenverfahren schließt sich nur dann nicht an das Musterfeststellungsverfahren an, wenn sich entweder im Musterfeststellungsverfahren herausstellt, dass keine Ansprüche der Verbraucher bestehen können oder wenn bis auf wenige Ausnahmen alle Ansprüche der Verbraucher im Vergleichswege abgegolten werden können. Letzteres ist – wie gezeigt – aufgrund der komplexen Konstruktion des Vergleichsschlusses und der vielfältigen Ausstiegsmöglichkeiten für Verbraucher häufig nicht zu verwirklichen. Das Musterfeststellungsverfahren hat damit das Potential, als reines Vorschaltverfahren zu einem Massenverfahren zu enden. 67

Die Interaktion des Folgeverfahrens mit der Musterfeststellungsklage ist relativ komplex, wie sich anhand der Diskussion der einzelnen Szenarien gezeigt hat. Das Musterfeststellungsurteil entfaltet neben der rechtlichen Bindungswirkung auch noch eine faktische Bedeutung bzw. *persuasive authority* gegenüber allen Verbrauchern und Unternehmern, die eine Klage mit Bezug zum Lebenssachverhalt der Musterfeststel- 68

1185 Feuerich/Weyland/*Brüggemann* BRAO § 3 Rn. 9; Steuerberater Branchenhandbuch *Schoberth/Rohe/Naumann* Rn. 78 („*Der Anwalt hat die Interessen des Mandanten umfassend wahrzunehmen*"). Durch einen pauschalen Vortrag kann der Anwalt ggf. auch gegen seine vertraglichen Pflichten ggü. dem Mandanten verstoßen und sich schadensersatzpflichtig machen.
1186 Vgl. *Grupp* AnwBl. 2014, 660 (663 ff.).

lungsklage erhoben haben. In diesem Zusammenhang hat sich gezeigt, dass die Lösung des Gesetzgebers zu kurz greift, die Option einer Aussetzung von Drittverfahren, die nicht an der rechtlichen Bindungswirkung teilhaben, nur für Unternehmer als Kläger anzubieten. Vor dem Hintergrund des gesetzgeberischen Ziels der Konzentration und Beschleunigung der Streitbeilegung wäre zu überlegen, generell eine ausdrückliche Aussetzungsmöglichkeit vorzusehen, wenn die Streitgegenstände eines Individualverfahrens und einer Musterfeststellungsklage überlappen.

69 Die Bindungswirkung ist denklogisch auf Anspruchsvoraussetzungen und Rechtsverhältnisse beschränkt, die feststellungsfähig sind. Dementsprechend muss die Auseinandersetzung über individuelle Anspruchsvoraussetzungen wie Kausalität und individueller Schaden stets im Folgeverfahren geklärt werden. Aus dieser Feststellung folgt aber eigentlich, dass die Musterfeststellungsklage zur Bewältigung von Massenschäden nicht geeignet ist, weil konstitutive Voraussetzungen der Berechtigung einzelner Verbraucher nur im individuellen Folgeverfahren geklärt werden kann und somit der Konzentrationseffekt der Musterfeststellungsklage gegenüber der Verlängerung des Rechtswegs für den einzelnen Verbraucher in den Hintergrund tritt.

70 Die Aufteilung der Anspruchsdurchsetzung in zwei Phasen mit jeweils eigenem Rechtszug wird im Ergebnis die Anspruchsdurchsetzung **aus der Sicht der Verbraucher** deutlich verzögern. Wenn erst die Musterfeststellungsklage vor dem zuständigen Oberlandesgericht und dann vor dem Bundesgerichtshof verhandelt werden muss und dann das Folgeverfahren durch drei Instanzen ebenfalls zum Bundesgerichtshof führt, gehen mehrere Jahre ins Land. Eine Beschleunigung der Streitbeilegung wird in einer solchen Konstellation zweifellos nicht erreicht. Ob diese Nachteile bei der Rechtsdurchsetzung durch den Vorteil aufgewogen werden, in der ersten Phase der Musterfeststellungsklage ohne Kosten und persönlichen Aufwand die Verjährung hemmen und einige streitentscheidende Vorfragen klären lassen zu können, erscheint zweifelhaft.

71 Auch **aus Unternehmenssicht** ist das Fazit mit Blick auf das Folgeverfahren uneinheitlich. Konzentration und Beschleunigung werden durch das Musterfeststellungsverfahren eigentlich nur dann erreicht, wenn sich viele Verbraucher beteiligen und die Feststellungsanträge abgewiesen werden. Im Regelfall dürfte aber auch aus Sicht des Unternehmens vor allem eine Verzögerung der Streitbeilegung die Folge der Musterfeststellungsklage sein, weil praktisch eine Massenklage mit vorgeschaltetem Musterfeststellungsverfahren geführt wird. Die zweiphasige Anspruchsdurchsetzung in der Musterfeststellungsklage erhöht zudem auch die Komplexität des Verfahrens aus Unternehmenssicht. Zunächst steht das Musterfeststellungsverfahren parallel zu den Verfahren, die unabhängig zu der Musterfeststellungsklage eingereicht werden und in denen sich die Kläger nicht zur Musterfeststellungsklage anmelden. Daneben besteht noch die Möglichkeit, die Anmeldung zur Musterfeststellungsklage zurückzunehmen oder aus einem Musterfeststellungsvergleich auszutreten. Diese unterschiedlichen Möglichkeiten des „*opt-in*" und des späteren „*opt-out*" sorgen im Ergebnis dafür, dass sich das Unternehmen mit einer Vielzahl unterschiedlicher Gruppen von Anspruchsstellern auseinandersetzen muss, die unterschiedlich an der rechtlichen Bindungswirkung der Ergebnisse des Musterfeststellungsverfahrens teilhaben.

§ 12 Formulare – Musterfeststellungsklage

Schrifttum: BVI-Stellungnahme zum Gesetzentwurf der Bundesregierung zur Einführung einer zivilprozessualen Musterfeststellungsklage; *Geissler*, Die geplante (deutsche) Musterfeststellungsklage und die (europäische) Sammelklage: Fluch oder Segen für die deutsche Industrie?, GWR 2018, 189; *Halfmeier*, Musterfeststellungsklage: Nicht gut, aber besser als nichts, ZRP 2017, 201; *Kranz*, Der Diskussionsentwurf zur Muster-Feststellungsklage – ein stumpfes Schwert?, NZG 2017, 1099; *Stadler*, Musterfeststellungsklagen im deutschen Verbraucherrecht?, VuR 2018, 83; Stellungnahme zum Regierungsentwurf eines Gesetzes zur Einführung einer zivilprozessualen Musterfeststellungsklage der deutschen Kreditwirtschaft (DK); Stellungnahme des deutschen Anwaltvereins (DAV) durch die Ausschüsse Bank-und Kapitalmarktrecht, Zivilrecht und Zivilverfahrensrecht zum Gesetzentwurf der BR für ein Gesetz zur Einführung einer zivilprozessualen Musterfeststellungsklage (Stand 9.5.2018, BR-Drs. 176/18); *Würtenberger/Freischem*, Stellungnahme der GRUR zum Diskussionsentwurf eines Gesetzes zur Einführung einer Musterfeststellungsklage, GRUR 2017, 1101.

I. Formular – Musterfeststellungsklage 1	III. Formular – Gerichtliche Entscheidung ... 34
1. Formular 1	1. Formular 34
2. Erläuterungen 2	2. Erläuterung 35
[1] Ausschließliche sachliche Zuständigkeit 2	[1] Musterfeststellungsurteil 35
[2] Zuständigkeitskonzentration 3	[2] Feststellung besonderer Zulässigkeitsvoraussetzungen 40
[3] Sachlicher Anwendungsbereich der Musterfeststellungsklage 4	[3] Kostenentscheidung 48
[4] Musterfeststellungskläger 7	[4] Rechtsmittel 49
[5] Postulationsfähigkeit 9	3. Weitere Hinweise 50
[6] Beklagter 10	IV. Formular – Gerichtlicher Vergleich ... 52
[7] Streitwert 11	1. Formular 52
[8] Sperrwirkung 12	2. Erläuterung 53
[9] Feststellungsziele 14	[1] Vergleichsbeteiligte 53
[10] Personenkreis 15	[2] Vergleichsinhalt 54
[11] Glaubhaftmachung 18	[3] Zeitpunkt 55
[12] Lebenssachverhalt 19	[4] Zustandekommen 56
II. Formular – Musterfeststellungsklageerwiderung 20	[5] Genehmigungsbedürftigkeit 57
1. Formular 20	[6] Ordnungsgemäße Zustellung 58
2. Erläuterungen 21	[7] Wirksamkeit 59
[1] Ausschließliche sachliche Zuständigkeit 21	V. Checklisten 61
[2] Zuständigkeitskonzentration 22	1. Checkliste: Ist die Musterfeststellungsklage sinnvoll für den Streitgegenstand? 61
[3] Sachlicher Anwendungsbereich der Musterfeststellungsklage 23	2. Checkliste: Anforderungen an den Kläger 62
[4] Personenkreis 25	3. Checkliste: Wesentliche Prüfungspunkte des Oberlandesgerichts ... 63
[5] Postulationsfähigkeit 26	4. Checkliste: Wesentliche Prüfungspunkte für das mit nachgeschalteten Individualklagen der angemeldeten Verbraucher befasste Gericht 64
[6] Weitere Zulässigkeitserfordernisse 27	
[7] Feststellungsziele 32	
[8] Musterfeststellungskläger 33	

I. Formular – Musterfeststellungsklage

1. Formular

1 Oberlandesgericht[1] Düsseldorf[2]
Cecilienallee 3
40474 Düsseldorf

Musterfeststellungsklage[3]

des Fluggastrechteschutzclub eV, vertreten durch den Vorstand, Musterstraße 11, 11111 Musterstadt,

Klägerin,[4]

– Prozessbevollmächtigte: Rechtsanwälte[5] –

gegen

die ABC Airline Deutschland GmbH, vertreten durch die Geschäftsführung, Musterstraße 1, 40474 Düsseldorf,

Beklagte,[6]

wegen: Musterfeststellung zur Verneinung außergewöhnlicher Umstände im Rahmen einer Personenbeförderung mit dem Flugzeug

Streitwert:[7] 132.600 Euro

Namens und in Vollmacht des Musterfeststellungsklägers erhebe[8] ich Musterfeststellungsklage und **beantrage**[9] wie folgt zu erkennen:

Es wird festgestellt, dass

1. der von der Beklagten am 10.6.2018 durchgeführte Flug ABC648 von Düsseldorf (DUS) nach New York, USA (JFK) mit einer Zwischenlandung in Paris, Frankreich (CDG) um sechs Stunden und zwölf Minuten verspätet abflog (Feststellungsziel 1);
2. diese Verspätung im Umfang von mindestens drei Stunden nicht auf einem außergewöhnlichen Umstand iSd Art. 5 Abs. 3 VO (EG) Nr. 261/2004 (Fluggastrechte-Verordnung) beruhte (Feststellungsziel 2); und
3. die Beklagte den Fluggästen dieses Fluges, bei denen es sich um Verbraucher handelt, eine Ausgleichszahlung gemäß Art. 7 Abs. 1 Satz 1 lit. c) der VO Nr. 261/2004 in Höhe von 600 Euro zu leisten hat (Feststellungsziel 3).

Begründung

Der Musterfeststellungskläger begehrt die Feststellung des Vorliegens der tatsächlichen und rechtlichen Voraussetzungen für das Bestehen eines Anspruchs aus Art. 5 Abs. 1; 7 Abs. 1 VO (EG) Nr. 261/2004 (Fluggastrechte-Verordnung).

A. Klagevoraussetzungen

Der Musterfeststellungskläger ist eine qualifizierte Einrichtung im Sinne von § 606 Abs. 1 S. 1 ZPO.

Der Musterfeststellungskläger hat bei Klageerhebung mindestens 350 natürliche Personen als Mitglieder,

Beweis: Notariell beglaubigte Mitgliederliste des Musterfeststellungsklägers

ist seit mindestens vier Jahren in der Liste nach § 4 des UKlaG eingetragen

Beweis: Bundesanzeiger vom 2.1.2014

und widmet sich satzungsgemäß der Wahrnehmung der Interessen und Rechte von Flugpassagieren und insbesondere dem Verbraucherschutz.

Beweis: § 2 der Satzung des Fluggastrechteschutzclubs eV

Darüber hinaus generiert der Musterfeststellungskläger seine Mittel ausschließlich aus Mitgliedsbeiträgen

Beweis: Jahresabschlussbericht Fluggastrechteschutzclub eV

und erhebt die Musterfeststellungsklage nicht zum Zwecke der Gewinnerzielung.

Beweis: § 1 der Satzung des Fluggastrechteschutzclubs

B. Sachverhalt

Am 10.6.2018 befanden sich insgesamt 366 Passagiere auf dem von der Beklagten durchgeführten Flug ABC648 von Düsseldorf nach John F. Kennedy, New York, USA, mit einer Zwischenlandung in Paris (Frankreich). Von den Flugreisenden reisten mindestens 221 Personen zu rein privaten Zwecken, darunter die Verbraucher Oskar Winninger, Johannes Bauer, Luisa Gottlieb, Charlotte Roth, Elisabeth Krüger, Stephan Rieger, Nora Hansen, Maximilian Loosen, Eugen Kwasniewski, Ali Öztürk[10].

Beweis[11]: Flugtickets der Verbraucher und eidesstattliche Versicherungen

Bei der Zwischenlandung in Paris kollidierte das Flugzeug nach der Schilderung der Beklagten in ihrem außergerichtlichen Schreiben vom 9.7.2018 mit einem Vogel. Das Flugzeug wurde daraufhin einer Kontrolle unterzogen, bei der jedoch keine Schäden festgestellt wurden. Gleichwohl veranlasste die Beklagte, dass ein weiterer Techniker mit einem Privatflugzeug nach Paris gebracht wurde, um das Flugzeug wieder in Betrieb zu setzen, da der Eigentümer des Flugzeugs die durch den qualifizierten Fachmann einer anderen Gesellschaft vorgenommene Autorisierung nicht anerkannte. Der zu diesem Zweck eingeflogene Fachmann kontrollierte die bereits gereinigte Kollisionsstelle erneut, ohne Spuren an den Motoren oder anderen Flugzeugteilen zu finden. Das Einfliegen des zweiten Fachmanns und die Sicherheitsüberprüfung durch diesen verursachte eine weitere Verspätung von drei Stunden und vier Minuten, so dass das Flugzeug mit einer Verspätung von insgesamt sechs Stunden und zwölf Minuten von Paris abflog und mit derselben Verspätung an seinem Zielort New York eintraf.[12]

C. Rechtliche Würdigung

Dieser Vorfall stellt – anders als die Beklagte außerprozessual gemeint hat – keinen außergewöhnlichen Umstand iSd Art. 5 Abs. 3 der VO (EG) Nr. 261/2004 (Fluggastrechte-VO) dar.

Ein Umstand ist nur dann außergewöhnlich, wenn er ein Geschehen betrifft, das wie die im 14. Erwägungsgrund der VO (EG) Nr. 261/2004 aufgezählten Vorkommnisse nicht Teil der normalen Ausübung der Tätigkeit des betroffenen Luftfahrtunternehmens ist und aufgrund seiner Natur oder Ursache von ihm tatsächlich nicht zu beherrschen ist.

...

Rechtsanwalt

2. Erläuterungen

[1] **Ausschließliche sachliche Zuständigkeit.** Die Oberlandesgerichte sind nach § 119 Abs. 3 S. 1 GVG unabhängig vom Streitwert erstinstanzlich zuständig für Musterfeststellungsverfahren.

[2] **Zuständigkeitskonzentration.** Örtlich ausschließlich zuständig ist das Gericht des allgemeinen Gerichtsstands des Beklagten, sofern sich dieser im Inland befindet (§ 32c ZPO). Allerdings kann nach § 119 Abs. 3 S. 2 GVG durch Rechtsverordnung der Landesregierung eine Zuweisung an ein Oberlandesgericht erfolgen, sofern dies für eine sachdienliche Förderung oder schnellere Erledigung der Verfahren zweckmäßig ist. Bei Redaktionsschluss lagen (noch) keine Zuweisungen vor; hierauf wird je-

doch in Zukunft zu achten sein. Die sachliche sowie örtliche Unzuständigkeit des Gerichts ist für die Hemmung der Verjährung nach allgemeinen Grundsätzen unschädlich.[1187] Im Übrigen gilt § 281 ZPO. § 32 c ZPO greift allerdings nicht ein, wenn der Beklagte seinen **Sitz im Ausland** hat. Folglich gelten insofern die allgemeinen Regeln des Internationalen Zivilverfahrensrechts.

4 **[3] Grundkonstellation.** Die Musterfeststellungsklage soll das vom Gesetzgeber erkannte Problem erfassen, dass in einem durch standardisierte Massengeschäfte geprägten Wirtschaftsleben unrechtmäßige Verhaltensweisen von Anbietern häufig eine Vielzahl gleichartig potentiell geschädigter Verbraucher hinterlassen. Gerade wenn der erlittene Nachteil im Einzelfall gering sei, würden – so die Gesetzesbegründung – Schadensersatz- oder Erstattungsansprüche oft nicht individuell verfolgt, da der erforderliche Aufwand aus Sicht des Geschädigten unverhältnismäßig erscheint („rationales Desinteresse").[1188] Da das Gesetz über die nachfolgend beschriebenen Voraussetzungen hinaus keine Anforderungen an den Verfahrensinhalt stellt, dürfte der praktische Anwendungsbereich der Musterfeststellungsklage denkbar weit sein.

5 **Statthaftigkeit.** Die Beschränkung auf verbraucherrechtliche Angelegenheiten (durch die Verwendung der Begrifflichkeit „Verbraucher" für den anmeldungsfähigen Personenkreis) wirft die Frage auf, ob auch außervertragliche Ansprüche erfasst werden.[1189] Der materiell-rechtliche Verbraucherbegriff des § 13 BGB knüpft an den Abschluss eines Rechtsgeschäfts an. Der prozessrechtliche Verbraucherbegriff in § 29 c Abs. 2 ZPO ist jedoch weiter: Dieser setzt eine natürliche Person voraus, die bei dem Erwerb des Anspruchs oder der Begründung des Rechtsverhältnisses nicht überwiegend im Rahmen ihrer gewerblichen oder selbstständigen beruflichen Tätigkeit handelt. Auch wenn die Verortung des Verbraucherbegriffs in dem besonderen Gerichtsstand für Haustürgeschäfte irreführend sein mag, verdeutlicht der Gesetzgeber durch die Schaffung eines prozessualen Verbraucherbegriffs seine Intention, auch nichtvertragliche Ansprüche als Gegenstand von Musterfeststellungsklagen zulassen zu wollen. Daneben spricht auch der Hauptzweck, die Rechtsdurchsetzung für Verbraucher zu verbessern und zu vereinfachen,[1190] für eine Anwendbarkeit auf nichtvertragliche Ansprüche. Praxisrelevante Anwendungsgebiete der Musterfeststellungsklage könnten damit zB Produkthaftung, kartellrechtliche Schadensersatzansprüche und Großschadensereignisse sein.

6 **Besonderes Feststellungsinteresse.** Zwar gilt § 256 ZPO über den allgemeinen Verweis in § 610 Abs. 5 S. 1 ZPO. Ein darüber hinausgehendes besonderes Feststellungsinteresse ist für die Musterfeststellungsklage aber nicht erforderlich. Zum einen können über § 256 ZPO hinaus auch einzelne Elemente oder Vorfragen eines Rechtsverhältnisses oder einer Anspruchsgrundlage festgestellt und reine Rechtsfragen mit Bedeutung für eine Vielzahl von betroffenen Rechtsverhältnissen geklärt werden.[1191] Zum anderen ergibt sich das Feststellungsinteresse bereits aus der Klärung von Streit-

---

1187 BGH NJW 1978, 1058; Palandt/*Ellenberger* BGB § 204 Rn. 5.
1188 Vgl. BT-Drs. 19/2507,1, 15; kritisch: *Stadler* VuR 2018, 83 (84).
1189 Bejahend *Halfmeier* ZRP 2017, 201 (202).
1190 BT-Drs. 19/2507, 1, 13.
1191 BT-Drs. 19/2507, 21.

fragen, die von allgemeiner Bedeutung sind, was zu einer Entlastung der Amtsgerichte führen soll (einer Belastung von 450 Musterfeststellungsklagen pro Jahr soll eine Entlastung der Amtsgerichte um 11 250 Individualklagen gegenüberstehen).[1192] Fallkonstellationen, in denen das Klagebedürfnis fehlt (zB bei fehlendem Bestreiten der Ansprüche durch den Musterfeststellungsbeklagten) oder die Klage ganz offensichtlich aussichtslos ist, können über das allgemeine Rechtschutzbedürfnis gelöst werden.

[4] **Musterfeststellungskläger.** Kläger im Musterfeststellungsverfahren können ausschließlich qualifizierte Einrichtungen sein, die in der Liste nach § 4 UKlaG oder in dem Verzeichnis der Europäischen Kommission nach Art. 4 Abs. 3 der Richtlinie 2009/22/EG des Europäischen Parlaments und des Rates vom 23. April 2009 über Unterlassungsklagen zum Schutz der Verbraucherinteressen eingetragen sind. Ferner müssen Musterfeststellungskläger die zusätzlichen Voraussetzungen des § 606 Abs. 1 S. 2 ZPO erfüllen, namentlich: 7

- Sie müssen als Mitglieder mindestens zehn im gleichen Aufgabenbereich tätige Verbände oder mindestens 350 natürliche Personen haben;
- mindestens 4 Jahre in einer der oben genannten Listen eingetragen sein; und
- satzungsmäßig durch nicht gewerbsmäßige aufklärende oder beratende Tätigkeiten Verbraucherinteressen wahrnehmen, wobei die gerichtliche Geltendmachung in der gelebten Praxis nur eine untergeordnete Rolle spielen darf.[1193]
- Sie dürfen ferner Musterfeststellungsklagen nicht zum Zwecke der Gewinnerzielung erheben und
- nicht mehr als 5 % ihrer finanziellen Mittel durch Zuwendungen von Unternehmen beziehen.

Zweck dieser Beschränkung ist der Schutz vor Missbrauch und die immer wieder geäußerte „Angst vor amerikanischen Verhältnissen".[1194] Gemäß § 606 Abs. 1 S. 4 ZPO besteht eine **unwiderlegliche Vermutung** dahin gehend, dass der Musterfeststellungskläger die besonderen Voraussetzungen erfüllt, wenn es sich hierbei um Verbraucherzentralen und andere Verbraucherverbände handelt, die überwiegend mit öffentlichen Mitteln gefördert werden. 8

[5] **Postulationsfähigkeit.** Im Rahmen der Musterfeststellungsklage müssen sich die Parteien nach § 78 Abs. 1 S. 1 ZPO durch einen Rechtsanwalt vertreten lassen. 9

[6] **Beklagter** ist stets ein (einzelner) Unternehmer. § 606 Abs. 1 S. 1 ZPO spricht von Rechtsverhältnissen zwischen Verbrauchern und „einem Unternehmer". Eine Personenmehrheit auf Beklagtenseite ist damit nicht zwingend ausgeschlossen, setzt aber einen gemeinsamen Gerichtsstand voraus (→ § 6 Rn. 43). 10

[7] **Streitwert.** Der Streitwert darf 250.000 Euro nicht übersteigen (§ 48 Abs. 1 S. 2 GKG). Die Bestimmung erfolgt nach freiem Ermessen gemäß § 3 ZPO iVm §§ 48 ff. GKG. Maßgeblich soll bei der Festsetzung nicht die wirtschaftliche Bedeutung für die angemeldeten Verbraucher sein, sondern das Interesse der Allgemeinheit an den ver- 11

1192 BT-Drs. 19/2507, 3.
1193 BT- Drs. 19/2507, 22.
1194 BT-Drs. 19/2507, 15.

folgten Feststellungszielen.[1195] Dieses Interesse wird oftmals schwer zu quantifizieren sein. Im Beispielsfall orientiert sich die Streitwertangabe daher an der maximal zu erzielenden Entschädigung. Der Streitwert ist nicht zwingend in der Klageschrift zu nennen, vgl. § 253 Abs. 3 Nr. 2 ZPO iVm § 119 Abs. 3 S. 1 GVG; in der Praxis entspricht die Angabe des Streitwerts aber den üblichen Gepflogenheiten.

12 **[8] Sperrwirkung.** Ab dem Tag der Rechtshängigkeit kann gegen den Beklagten keine andere Musterfeststellungsklage und keine Klage durch einen angemeldeten Verbraucher erhoben werden, soweit deren Streitgegenstand denselben Lebenssachverhalt **und** dieselben Feststellungsziele betrifft (§ 610 Abs. 1 und 3 ZPO). Unterstellt man, dass die klagebefugten Verbände ein Interesse an der Durchführung eines Musterfeststellungsklageverfahrens haben, wird dieses Prioritätsprinzip zu einem Wettlauf der Musterfeststellungskläger führen.[1196] Zum **Lebenssachverhalt** sind nach der etwas schwerfälligen Formel der Rechtsprechung alle Tatsachen zu rechnen, die bei einer natürlichen, vom Standpunkt der Parteien ausgehenden, den Sachverhalt seinem Wesen nach erfassenden Betrachtungsweise zu dem zur Entscheidung gestellten Tatsachenkomplex gehören, den der Kläger zur Stützung seines Rechtsschutzbegehrens dem Gericht zu unterbreiten hat.[1197] Unterschiedlich geartete Sachmängel, unterschiedliche Ursachen für Einbußen bei der Urlaubsfreude etc führen demgemäß nicht zu einem unterschiedlichen Lebenssachverhalt. Die Sperrwirkung bleibt auch nach rechtskräftigem Abschluss des Musterfeststellungsverfahrens bestehen. Sie **entfällt** nur dann, wenn die Musterfeststellungsklage ohne Entscheidung in der Sache beendet wird, zB bei einer als unzulässig verworfenen Klage, bei einer Klagerücknahme oder einer übereinstimmenden Erledigungserklärung.[1198]

13 **Kollision mit UKlaG und KapMuG.** Mangels entsprechender Kollisionsregeln ist das Verhältnis der Musterfeststellungsklage zu Klagen nach dem UKlaG oder KapMuG problematisch, da Überschneidungen grundsätzlich denkbar sind. Hier könnte aufgrund des Spezialitätsprinzips von der Nachrangigkeit der allgemeinen Musterfeststellungsklage auszugehen sein.[1199] Wie die Gerichte mit dieser Frage in der Praxis umgehen werden, wird sich zeigen (→ Anwendungsbereich § 2 Rn. 48 ff.).

14 **[9] Feststellungsziele.** Im Rahmen der Musterfeststellungsklage kann die Feststellung des Vorliegens oder Nichtvorliegens von tatsächlichen und rechtlichen Voraussetzungen für das Bestehen oder Nichtbestehen von Ansprüchen oder Rechtsverhältnissen begehrt werden. Anders als bei der individualen Feststellungsklage können also die tatsächlichen und rechtlichen Anspruchselemente festgestellt werden. Mit Blick auf den Mustercharakter erscheint es empfehlenswert, die Feststellungsziele nach den Tatbestandsvoraussetzungen der geltend gemachten Anspruchsgrundlage(n) aufzugliedern und sowohl in tatsächlicher als auch in rechtlicher Hinsicht auszuformulie-

---

1195 BT-Drs. 19/2507, 28.
1196 Kritisch: DAV-StN S. 5; GRUR-StN 2017, 1101 (1102).
1197 BGH NJW 2007, 2560 (2561); NJW 1999, 3126 (3127); NJW 1992, 1172 (1173).
1198 BT-Drs. 19/2507, 26.
1199 Ebenso: DK-StN S. 6 f.; Indizien in BT-Drs. 19/2507,13, 15, 20: „[soll] bereits vorhandene Klagearten ergänzen", „*sich widerspruchsfrei in das Zivilprozessrecht [einfügen]*" und „*damit die bereits etablierten Verfahren außergerichtlicher Streitbeilegung um den Aspekt prozessualer Durchsetzung [ergänzen], ohne die etablierten Verfahren zu beschränken oder zu verdrängen*".

ren. Die Feststellungsziele sollten so ausgewählt werden, dass diesen für eine Vielzahl von gleichgelagerten Rechtsstreitigkeiten Bedeutung zukommt. Im Beispielsfall dürfte ein Folgestreit über die individuellen Anspruchsvoraussetzungen eher unwahrscheinlich sein, weil die Entschädigungshöhe im Einzelfall festgestellt wird und die Anspruchsberechtigung unstreitig bleiben dürfte. In der Praxis wird sich freilich mehrheitlich eine Vielzahl einzelner Folgeverfahren mit den Verbrauchern anschließen, in denen die weiteren Anspruchsvoraussetzungen geklärt werden müssen (→ § 11).

[10] Personenkreis. Klagebefugt sind die qualifizierten Einrichtungen im Sinne des § 606 Abs. 1 S. 2 ZPO lediglich **für betroffene Verbraucher** (nicht hingegen für Unternehmer) mit einem **Unternehmer auf der Beklagtenseite**. 15

Verbraucher. Die angemeldeten Verbraucher sind keine unmittelbaren Prozessbeteiligten im Musterfeststellungsverfahren und können selbst auch keine Prozesshandlungen vornehmen. Sie kommen daher als Zeugen in Betracht.[1200] 16

Klageregisteranmeldung. Nach § 606 Abs. 3 Nr. 3 ZPO hängt die Zulässigkeit der Klage davon ab, ob zwei Monate nach öffentlicher Bekanntmachung der Musterfeststellungsklage mindestens **50 Verbraucher** ihre Ansprüche oder Rechtsverhältnisse zur Eintragung in das Klageregister wirksam angemeldet haben.[1201] Sollte die Zahl der angemeldeten Verbraucher nach Ablauf des Stichtages unter die geforderten 50 sinken, bleibt die Musterfeststellungsklage weiterhin zulässig; die Zulässigkeit entfällt rückwirkend nicht wieder. Wenn jedoch die Zahl der Anmelder unter die in § 606 Abs. 3 Nr. 1 ZPO geforderten zehn sinkt, fehlt der Musterfeststellungsklage die erforderliche Breitenwirkung und sie wird unzulässig (→ § 6 Rn. 22). Die Erhebung der Musterfeststellungsklage hemmt für einen Anspruch, den ein Gläubiger wirksam zum Klageregister anmeldet (sog **opt-in Verfahren**), die Verjährung. Die Anmeldung kann ohne Hinzuziehung eines Anwalts erfolgen. Die Anmeldung ist kostenfrei und die kollektive Rechtsverfolgung bzgl. der Prozesskosten risikofrei.[1202] Problematisch erscheint die gleichsam rückwirkende **Verjährungshemmung** durch Klageregisteranmeldung eigentlich bereits verjährter Ansprüche nach § 204 Abs. 1 Nr. 1 a BGB (→ § 3 Rn. 56 ff.). Sie setzt überdies eine wirksame Eintragung und denselben zugrundeliegenden Lebenssachverhalt voraus; ob diese Voraussetzungen im Einzelfall vorliegen, wird ein Laie im Zweifelsfall nicht beurteilen können. Die **Anmeldung** ist wirksam, wenn sie frist- und formgerecht erfolgt, also bis zum Ablauf des Tages vor Beginn des ersten Termins zur mündlichen Verhandlung und in Textform gegenüber dem Bundesamt für Justiz erfolgt (§ 608 Abs. 1, 4 ZPO). Darüber hinaus muss sie Angaben über den Namen und die Anschrift des Verbrauchers, die Bezeichnung des Gerichts und des Beklagten, das Aktenzeichen der Musterfeststellungsklage, Gegenstand und Grund des Anspruchs oder des Rechtsverhältnisses sowie die Versicherung der Rich- 17

1200 BT-Drs. 19/2507, 16.
1201 Kritisch bzgl. der Anzahl der Verbraucher: höhere Anzahl forderm DK-StN (500); ebenso BVI-StN; Automobilbranche und Reisewirtschaft (bei 50 Verbrauchern liege nicht zwingend ein Massengeschäft vor); Mieterbund (Anzahl von 50 zu hoch); Befürchtung massiven Werbens um potentielle Geschädigte *Geissler* GWR 2018, 189 (191); kritisch bzgl. Verbrauchereigenschaft *Meller-Hannich* StN S. 6; DAV-StN S. 9; *Halfmeier* ZRP 2017, 201 (202): „Gerechtigkeitsproblem".
1202 BT-Drs. 19/2507, 15.

tigkeit und Vollständigkeit der Angaben enthalten. Die Anmeldung soll daneben Angaben zum Betrag der Forderung aufweisen.

18 **[11] Glaubhaftmachung.** Die Klageschrift muss bereits bei Einreichung Angaben und Nachweise dahin gehend enthalten, dass von den Feststellungszielen die Ansprüche oder Rechtsverhältnisse von mindestens **zehn Verbrauchern** abhängen. § 606 Abs. 3 Nr. 2 ZPO lässt insoweit die im Freibeweis ausreichende Glaubhaftmachung genügen, erfordert also keinen Strengbeweis. Der Umfang der Darlegungslast wird von der Rechtsprechung im Einzelfall unter Berücksichtigung der jeweiligen Umstände bestimmt.[1203]

19 **[12] Lebenssachverhalt.** Die Musterfeststellungsklage soll eine kurze Darstellung des vorgetragenen Lebenssachverhaltes für den Zweck der Bekanntmachung im Klageregister enthalten (§ 253 Abs. 2 ZPO bleibt unberührt). Ist der Sachverhalt komplexer als im Beispielsfall (dieser ist angelehnt an EuGH Urt. v. 4.5.2017 C-315/15 Pešková ua/Travel Service a.s.; EuZW 2017, 571), so empfiehlt es sich, zu diesem Zweck eine kurze Zusammenfassung voranzustellen.

II. Formular – Musterfeststellungsklageerwiderung

1. Formular

20 Oberlandesgericht[1] Düsseldorf[2]

Cecilienallee 3

40474 Düsseldorf

In dem

Musterfeststellungsverfahren[3]

Fluggastrechteschutzclub eV ./. ABC Airline Deutschland GmbH[4]

Az. 3 U 123/18

zeige ich an, dass ich die Beklagte vertrete.[5]

Es wird beantragt, die Musterfeststellungsklage kostenpflichtig abzuweisen.

Begründung

Die Musterfeststellungsklage ist bereits unzulässig[6] und daneben auch unbegründet, denn die rechtlichen Voraussetzungen für die von der Musterfeststellungsklägerin begehrten Feststellungsziele[7] liegen nicht vor.

A. Die Musterfeststellungsklage ist unzulässig, weil der Musterfeststellungskläger nicht klagebefugt[8] ist, denn bei dem Fluggastrechteschutzclub eV handelt es sich nicht um eine den Anforderungen entsprechende qualifizierte Einrichtung im Sinne des § 606 Abs. 1 ZPO. Der Fluggastrechteschutzclub eV bezieht mehr als 5 Prozent seiner finanziellen Mittel durch Zuwendungen von Unternehmen.

Beweis: Parteivernehmung des Vorstandsvorsitzenden

Sie erhebt die Klage zudem mit dem Hauptzweck der Gewinnerzielung. Hinter dem Kläger steht namentlich eine US-amerikanische Klägerkanzlei, die den Kläger nur vorschiebt. ...

Daneben wird bestritten, dass es sich bei den in der Klageschrift genannten Passagieren um Verbraucher handelt.

1203 BT-Drs. 19/2507, 23.

III. Formular – Gerichtliche Entscheidung

Für das Feststellungsziel 1 fehlt dem Musterfeststellungskläger zudem das Feststellungsinteresse, weil die diesbezüglichen Tatsachen zwischen den Parteien unstreitig sind.

B. Die Musterfeststellungsklage ist zudem unbegründet, weil die Kollision des Flugzeugs mit einem Vogel als außergewöhnlicher Umstand einzustufen ist. Den Fluggästen des streitgegenständlichen Fluges stehen daher keine Entschädigungsansprüche zu.

...

Rechtsanwalt

2. Erläuterungen

[1] Ausschließliche sachliche Zuständigkeit. Siehe Anm. unter → Rn. 2.	21
[2] Zuständigkeitskonzentration. Siehe Anm. unter → Rn. 3.	22
[3] Grundkonstellation. Siehe Anm. unter → Rn. 4.	23
Statthaftigkeit. Siehe Anm. unter → Rn. 5. Auf Beklagtenseite wird stets zu prüfen sein, ob Einwendungen gegen die grundsätzliche Statthaftigkeit der Musterfeststellungsklage erhoben werden können (→ § 8 Rn. 15).	24
[4] Personenkreis. Siehe Anm. unter → Rn. 7, 10.	25
[5] Postulationsfähigkeit. Siehe Anm. unter → Rn. 9. Nach § 610 Abs. 5 ZPO ist kein schriftliches Vorverfahren durchzuführen. Eine Verteidigungsanzeige ist daher entbehrlich.	26
[6] Glaubhaftmachung. Siehe Anm. unter → Rn. 18. Auf Beklagtenseite ist zu prüfen, ob der Vortrag des Klägers zu den Zulässigkeitsvoraussetzungen (ggf. mit Nichtwissen) bestritten werden kann.	27
Klageregisteranmeldung. Nach § 606 Abs. 3 Nr. 3 ZPO hängt die Zulässigkeit der Klage davon ab, dass zwei Monate nach öffentlicher Bekanntmachung der Musterfeststellungsklage mindestens 50 **Verbraucher** ihre Ansprüche oder Rechtsverhältnisse zur Eintragung in das Klageregister wirksam angemeldet haben. Der Beklagtenvertreter sollte diese Frist nachhalten, um das Nichterreichen der erforderlichen Anmeldungen dem Gericht anzuzeigen.	28
Besonderes Feststellungsinteresse. Siehe Anm. unter → Rn. 14.	29
Rechtshängigkeitssperre. Siehe Anm. unter → Rn. 12.	30
Keine Kollision mit UKlaG und KapMuG. Siehe Anm. unter → Rn. 13.	31
[7] Feststellungsziele. Wenngleich der Inhalt der möglichen Feststellungsziele denkbar weit ist, muss der Beklagtenvertreter hierauf besonderes Augenmerk richten und ausufernde, unbestimmte und ungeeignete Feststellungsziele beanstanden.	32
[8] Musterfeststellungskläger. Siehe Anm. unter → Rn. 7.	33

III. Formular – Gerichtliche Entscheidung

1. Formular

Oberlandesgericht Düsseldorf	34
Aktenzeichen 3 U 123/18	

§ 12 Formulare – Musterfeststellungsklage

IM NAMEN DES VOLKES

Musterfeststellungsurteil[1]

In dem Musterfeststellungsverfahren

des Fluggastrechteschutzclub e.V, gesetzlich vertreten durch den Vorstand, bestehend aus den Herren Andreas Meier und Thomas Müller, Musterstraße 11, 11111 Musterstadt,

Klägers,

– Prozessbevollmächtigte: Rechtsanwälte –

gegen

die ABC Airline Deutschland GmbH, gesetzlich vertreten durch ihre Geschäftsführer, die Herren Peter Brecht und Anton Berg, Musterstraße 1, 40474 Düsseldorf,

Beklagte[4],

– Prozessbevollmächtigter: Rechtsanwalt –

hat das Oberlandesgericht Düsseldorf – 3. Zivilsenat – durch die Vorsitzende Richterin ... und die Richterinnen am Oberlandesgericht ... und ..., auf die mündliche Verhandlung vom 20.8.2018 für Recht erkannt:

1. Es wird festgestellt, dass
   a) der von der Beklagten am 10.6.2018 durchgeführte Flug ABC648 von Düsseldorf (DUS) nach New York, USA (JFK) mit einer Zwischenlandung in Paris, Frankreich (CDG) um sechs Stunden und zwölf Minuten verspätet abflog (Feststellungsziel 1);
   b) diese Verspätung im Umfang von mindestens drei Stunden nicht auf einem außergewöhnlichen Umstand iSd Art. 5 Abs. 3 VO (EG) Nr. 261/2004 (Fluggastrechte-Verordnung) beruhte (Feststellungsziel 2); und
   c) die Beklagte den Fluggästen dieses Fluges, bei denen es sich um Verbraucher handelt, eine Ausgleichszahlung gemäß Art. 7 Abs. 1 Satz 1 lit. c) der VO Nr. 261/2004 in Höhe von 600 Euro zu leisten hat (Feststellungsziel 3).
2. Die Kosten des Rechtsstreits trägt die Beklagte.
3. Das Urteil ist vorläufig vollstreckbar.

Tatbestand

Die Parteien streiten im Musterfeststellungsverfahren über das Vorliegen außergewöhnlicher Umstände im Sinne des Art. 5 Abs. 3 der VO (EG) Nr. 261/2004 im Rahmen einer Flugverspätung. Am 10.6.2018 befanden sich insgesamt 366 Passagiere auf dem Flug ABC648, durchgeführt durch die Beklagte, von Düsseldorf (DUS) nach New York, USA (JFK) mit einer Zwischenlandung in Paris Frankreich (CDG).

Der Musterfeststellungskläger behauptet, er habe bei Klageerhebung mindestens 350 natürliche Personen als Mitglieder, sei seit Januar 2014 in der Liste nach § 4 des UKlaG eingetragen, widme sich satzungsgemäß der Wahrnehmung der Interessen und Rechte von Flugpassagieren und insbesondere dem Verbraucherschutz und generiere seine Mittel ausschließlich aus Mitgliedsbeiträgen.

Der Musterfeststellungskläger behauptet ferner, von den Flugreisenden seien mindestens 221 Personen zu rein privaten Zwecken gereist. ...

Der Musterfeststellungskläger ist der Auffassung, dass es sich bei den geschilderten Vorkommnissen nicht um außergewöhnliche Umstände iSd Art. 5 Abs. 3 VO (EG) Nr. 261/2004 handelt und ein Ausgleichsanspruch nach Art. 7 VO (EG) Nr. 261/2004 dem Grunde nach besteht.

Der Musterfeststellungskläger beantragt festzustellen, dass

1. der von der Beklagten am 10.6.2018 durchgeführte Flug ABC648 von Düsseldorf (DUS) nach New York, USA (JFK) mit einer Zwischenlandung in Paris, Frankreich (CDG) um sechs Stunden und zwölf Minuten verspätet abflog (Feststellungsziel 1);
2. diese Verspätung im Umfang von mindestens drei Stunden nicht auf einem außergewöhnlichen Umstand iSd Art. 5 Abs. 3 VO (EG) Nr. 261/2004 (Fluggastrechte-Verordnung) beruhte (Feststellungsziel 2); und

3. die Beklagte den Fluggästen dieses Fluges, bei denen es sich um Verbraucher handelt, eine Ausgleichszahlung gemäß Art. 7 Abs. 1 Satz 1 lit. c) der VO Nr. 261/2004 in Höhe von 600 Euro zu leisten hat (Feststellungsziel 3).

Die Beklagte beantragt,

die Musterfeststellungsklage abzuweisen.

Die Beklagte behauptet, der Musterfeststellungskläger beziehe mehr als fünf Prozent seiner finanziellen Mittel durch Zuwendungen von Unternehmen. Dieser habe die Klage zudem mit dem Hauptzweck der Gewinnerzielung erhoben. Hinter dem Musterfeststellungkläger stehe eine US-amerikanische Klägerkanzlei, die den Kläger nur vorschiebe. ...

Entscheidungsgründe

Die Musterfeststellungsklage ist zulässig[2] und begründet.

Das angerufene Gericht ist sachlich und örtlich zuständig. ...

Die Musterfeststellungsklage ist statthaft. ...

Der Musterfeststellungskläger erfüllt auch die Voraussetzungen nach § 606 Abs. 1 ZPO. Bei dem Fluggastrechteschutzclub eV handelt es sich um eine qualifizierte Einrichtung iSd § 606 Abs. 1 ZPO. Die Offenlegung der finanziellen Mittel ließ weder auf eine Musterfeststellungsklagerhebung zum Zwecke der Gewinnerzielung schließen noch auf eine Fremdfinanzierung durch Unternehmen.

Die Musterfeststellungsklage ist auch begründet. Die Feststellungsziele waren antragsgemäß festzustellen. ...

Die Kostenentscheidung[3] beruht auf § 91 ZPO.

[Rechtsmittelbelehrung][4]

2. Erläuterung

[1] Musterfeststellungsurteil. Das Gericht entscheidet durch Urteil. Eine Bestimmung wie § 16 Abs. 1 S. 1 KapMuG fehlt für die Musterfeststellungsklage. Damit gelten gemäß § 610 Abs. 5 S. 1 ZPO die §§ 300 ff. ZPO. Mit Rücksicht auf die besonderen Wirkungen der Musterfeststellungsklage empfiehlt sich die eindeutige Bezeichnung des Urteils als „Musterfeststellungsurteil". 35

Ausgestaltung. Das Musterfeststellungsverfahren ist als zweistufiges Klageverfahren ausgestaltet.[1204] Eine Musterfeststellungsklage mit einem nicht vollstreckbaren Feststellungsurteil wird erforderlichenfalls gefolgt von der Erhebung zahlreicher individueller Leistungsklagen der registrierten Verbraucher. Steht aber aufgrund des Feststellungsurteils auch die individuelle Schadenshöhe fest (wie im Beispielsfall), mag die individuelle Umsetzung des Urteils aber durchaus auch unstreitig und gleichsam „automatisch" erfolgen können. 36

Bindungswirkung. Das Musterfeststellungsurteil bindet die Gerichte, die die Folgerechtsstreitigkeiten der Verbraucher zu entscheiden haben, die sich wirksam angemeldet und ihre Anmeldung nicht zurückgenommen haben. Voraussetzung für die Bindungswirkung ist, dass die Folgeentscheidung die Feststellungsziele und den Lebenssachverhalt der Musterfeststellungsklage betrifft. Dies gilt selbstverständlich auch für die Klageabweisung. Die Bindungswirkung tritt auch ein, wenn der angemeldete Ver- 37

1204 Kritisch: *Kranz* NZG 2017, 1099 (1101); *Stadler* VuR 2018, 83 (84).

braucher bereits vor Bekanntmachung der Musterfeststellungsklage im Klageregister Individualklage erhoben hatte (§ 613 Abs. 2 ZPO).

38 Die **Zustellung** des Urteils erfolgt nach den allgemeinen Vorschriften der ZPO (§ 317 Abs. 1 ZPO) an die Parteien des Rechtsstreits (nicht hingegen an die angemeldeten Verbraucher).[1205]

39 Der Anspruch der Verbraucher auf **rechtliches Gehör** wird durch das Musterklageverfahren nicht verletzt, weil der Verbraucher selbst entscheidet, ob er sich an der Musterfeststellungsklage beteiligen will. Außerdem werden hierdurch seine prozessualen Möglichkeiten der Rechtsverfolgung gerade erweitert.[1206]

40 **[2] Feststellung besonderer Zulässigkeitsvoraussetzungen.** Es empfiehlt sich, die besonderen Zulässigkeitsvoraussetzungen in den Entscheidungsgründen positiv festzustellen. Über die entsprechenden Tatsachen muss erforderlichenfalls Beweis erhoben werden. Auch die Statthaftigkeit sollte im Urteil kurz angesprochen werden (→ § 8 Rn. 15).

41 **Anwendungsbereich.** Die Regelungen zur Musterfeststellungsklage finden keine Anwendung im arbeitsgerichtlichen Verfahren und in den öffentlich-rechtlichen Gerichtsbarkeiten. Die Generalverweise in den Fachgerichtsgesetzen werden entsprechend angepasst. Im Übrigen verbleibt es bei der bisherigen Rechtslage (§ 173 S. 1 VwGO, § 155 S. 1 FGO, § 202 S. 1 SGG).

42 **Ausschließliche sachliche Zuständigkeit.** Siehe Anm. unter → Rn. 2.

43 **Zuständigkeitskonzentration.** Siehe Anm. unter → Rn. 3.

44 **Musterfeststellungskläger.** Siehe Anm. unter → Rn. 7.

45 **Haftungsfrage.** Ungeklärt ist die Haftung der qualifizierten Einrichtungen gegenüber den einzelnen Verbrauchern aufgrund eines schlecht geführten Verfahrens, insbesondere unter Berücksichtigung des Umstands, dass die angemeldeten Verbraucher keine Möglichkeit der Einflussnahme hinsichtlich des Verfahrensgangs haben (→ § 3 Rn. 95 ff.).

46 **Beklagter.** Siehe Anm. unter → Rn. 10.

47 **Besonderes Feststellungsinteresse.** Siehe Anm. unter → Rn. 6.

48 **[3] Kostenentscheidung.** Die Kostenentscheidung erfolgt nach den allgemeinen Regeln.

49 **[4] Rechtsmittel.** Als Rechtsmittel ist gemäß § 614 ZPO die Revision statthaft. Nach dieser gesetzlichen Vermutung hat die Sache stets grundsätzliche Bedeutung iSv § 543 Abs. 2 Nr. 1 ZPO. Die Rechtsbehelfsbelehrung ist freilich nach § 232 Satz 2 ZPO nicht zwingend.

1205 BT-Drs. 19/2507, 27.
1206 BT-Drs. 19/2507, 16; aA *Meller-Hannich* StN S. 7 f.

3. Weitere Hinweise

Bekanntmachung. Das Urteil ist nach seiner Verkündung im Klageregister öffentlich bekannt zu machen, ebenso die Einlegung eines Rechtsmittels und der Eintritt der Rechtskraft (§ 612 Abs. 1, 2 ZPO).

Anwendbarkeit allgemeiner Vorschriften. Grundsätzlich sind die im ersten Rechtszug für das Verfahren vor den Landgerichten geltenden Vorschriften entsprechend anzuwenden, soweit sich aus den Vorschriften des 6. Buches der ZPO nicht etwas anderes ergibt. Nach § 610 Abs. 5 ZPO ist kein schriftliches Vorverfahren durchzuführen. Ebenso wenig erfolgt eine Güteverhandlung nach § 278 Abs. 2 bis 5 ZPO. Auch die Vorschriften zum Verzicht isd § 306, über das Verfahren vor dem Einzelrichter (§§ 348 bis 350 ZPO) sowie die über die Beteiligung Dritter (§§ 66 bis 74 ZPO) kommen grundsätzlich nicht zur Anwendung (→ § 6 Rn. 14 ff.).

IV. Formular – Gerichtlicher Vergleich

1. Formular

Oberlandesgericht Düsseldorf

Aktenzeichen 3 U 123/18

Beschluss

In dem Musterfeststellungsverfahren

des Fluggastrechteschutzclub eV, gesetzlich vertreten durch den Vorstand, bestehend aus den Herren Andreas Meier und Thomas Müller, Musterstraße 11, 11111 Musterstadt,

Klägers,

– Prozessbevollmächtigte: Rechtsanwälte –

gegen

die ABC Airline Deutschland GmbH, gesetzlich vertreten durch ihre Geschäftsführer, die Herren Peter Brecht und Anton Berg, Musterstraße 1, 40474 Düsseldorf,

Beklagte,

– Prozessbevollmächtigter: Rechtsanwalt –

hat das Oberlandesgericht Düsseldorf – 3. Zivilsenat – durch die Vorsitzende Richterin ... und die Richterinnen am Oberlandesgericht ... und ..., auf die mündliche Verhandlung am 20.8.2018 beschlossen:

Es wird gemäß §§ 278 Abs. 6, 611 Abs. 5 S. 2 ZPO festgestellt, dass zwischen den Parteien[1] nachstehender Vergleich wirksam zustande gekommen ist:
1. Die Beklagte verpflichtet sich hiermit, an die im Klageregister angemeldeten Verbraucher, die nicht ihren Austritt aus dem Vergleich erklärt haben, jeweils 450 EUR bis spätestens zum 30.9.2018 zu zahlen. Ab dem 1.10.2018 ist dieser Betrag mit fünf Prozent p.a zu verzinsen.
2. [Wechselseitiger Anspruchsverzicht]
3. Die Kosten des Verfahrens trägt die Beklagte.

Begründung

Der Inhalt[2] und die Wirksamkeit des Vergleichs waren nach § 611 Abs. 5 S. 2 ZPO festzustellen, weil die Voraussetzungen hierfür vorliegen.

Der Senat hat am [...] über die Sache mündlich verhandelt, so dass der Abschluss eines gerichtlichen Vergleichs gemäß § 611 Abs. 6 ZPO zulässig ist.[3]

§ 12 Formulare – Musterfeststellungsklage

Mit Schriftsatz vom [...] hat der Musterfeststellungskläger dem Gericht einen gerichtlichen Vergleichsvorschlag unterbreitet. Diesen hat die Beklagte mit Schriftsatz vom [...] angenommen.[4] Dadurch ist der Vergleich zustande gekommen.

Mit Beschluss vom [...] hat der Senat den Vergleich gemäß § 611 Abs. 3 ZPO genehmigt[5], weil es diesen unter Berücksichtigung des bisherigen Sach- und Streitstandes als angemessene gütliche Beilegung des Streits und der Ungewissheit über die angemeldeten Ansprüche oder Rechtsverhältnisse erachtet. Auf die Begründung wird ergänzend Bezug genommen.

Gemäß § 611 Abs. 4 ZPO ist den zu diesem Tag angemeldeten Verbrauchern der genehmigte Vergleich verbunden mit einer ordnungsgemäßen Belehrung über dessen Wirkung, über ihr Recht zum Austritt aus dem Vergleich sowie über die für den Austritt einzuhaltende Form und Frist zugestellt worden.[6]

Der genehmigte Vergleich ist gemäß § 611 Abs. 5 S. 1 ZPO wirksam geworden, weil weniger als 30 % der angemeldeten Verbraucher ihren Austritt aus dem Vergleich erklärt haben. Ausweislich der zu den Gerichtsakten gelangten Postzustellungsurkunden erfolgte die letzte Zustellung an einen der angemeldeten Verbraucher am [...]. Die Frist für den Austritt aus dem Vergleich endete damit spätestens am [...]. Bis zu diesem Tag haben 20 der insgesamt 65 zum Zeitpunkt der Genehmigung des Vergleichs angemeldeten Verbraucher ihren Austritt aus dem Vergleich erklärt. Dies entspricht einer Quote von 30,7 %. Allerdings war die Austrittserklärung des Verbrauchers Peter Müller verfristet. Diesem wurde der genehmigte Vergleich am [...] zugestellt. Seine Austrittserklärung ging demgegenüber erst am [...] bei Gericht ein. Sie erfolgte daher nicht innerhalb der in § 611 Abs. 4 ZPO vorgesehenen Monatsfrist, über die der Verbraucher ordnungsgemäß belehrt wurde. Damit haben nur 19 Verbraucher wirksam ihren Austritt aus dem Vergleich erklärt. Da dies einer Quote von 29 % entspricht, sind die Voraussetzungen des § 611 Abs. 5 Satz 1 ZPO erfüllt.[7]

2. Erläuterung

53 **[1] Vergleichsbeteiligte.** Die Einigung über den Vergleichsinhalt erfolgt zwischen dem Musterfeststellungskläger und dem Beklagten ohne aktive Einflussnahme der ins Klageregister eingetragenen Verbraucher in Bezug auf die inhaltliche Ausgestaltung. Diese Zweiparteienkonstellation erleichtert Vergleichsverhandlungen erheblich. Der Anspruch auf **rechtliches Gehör** wird dadurch nicht verletzt, weil der Verbraucher seinen Austritt aus dem Vergleich erklären kann.

54 **[2] Vergleichsinhalt.** Der Vergleich soll Regelungen enthalten über die auf die angemeldeten Verbraucher entfallenden Leistungen und den von diesen zu erbringenden Nachweis der Leistungsberechtigung sowie die Fälligkeit der Leistungen und die Aufteilung der Kosten zwischen den Parteien (§ 611 Abs. 2 ZPO).

55 **[3] Zeitpunkt.** Der Abschluss eines gerichtlichen Vergleichs vor dem ersten Termin ist gemäß § 611 Abs. 6 ZPO unzulässig, damit dem Vergleich eine möglichst weitreichende befriedende Wirkung zukommt.[1207]

56 **[4] Zustandekommen.** Für die gerichtliche Feststellung des Vergleichs im Musterfeststellungsklageverfahren dürfte ergänzend § 278 Abs. 6 ZPO gelten. Dessen Wortlaut ist zu eng und missverständlich. In der Praxis werden Vergleiche nach § 278 Abs. 6 ZPO häufig dadurch geschlossen, dass sich die Parteien außergerichtlich einigen und den Vergleichsinhalt dann wechselseitig gegenüber dem Gericht bestätigen und um dessen Protokollierung bitten. Die Parteien unterbreiten also nicht „dem Gericht

---

1207 BT-Drs. 19/2507, 27; kritisch: DK-StN S. 5.

einen schriftlichen Vergleichsvorschlag", so wie dies § 278 Abs. 6 S. 1 ZPO vorsieht (→ § 7).

[5] Genehmigungsbedürftigkeit. Der Vergleich bedarf der vorherigen Genehmigung durch das Gericht in Form eines unanfechtbaren Beschlusses (§ 611 Abs. 3 ZPO). Die Genehmigung wird erteilt, wenn das Gericht ihn unter Berücksichtigung des bisherigen Sach- und Streitstandes als **angemessene** gütliche Beilegung des Streits oder der Ungewissheit über die angemeldeten Ansprüche oder Rechtsverhältnisse erachtet. Diese im deutschen Zivilprozess neu geschaffene Inhaltskontrolle eines privatautonomen Vergleichs durch ein Gericht rechtfertigt sich vor dem Hintergrund der weitreichenden Wirkung des Vergleichs für und gegen alle angemeldeten Verbraucher. 57

[6] Ordnungsgemäße Zustellung. § 611 Abs. 4 ZPO sieht vor, dass der vom Gericht genehmigte Vergleich den zum Zeitpunkt seiner Genehmigung angemeldeten Verbrauchern zugestellt wird. Dem muss eine Belehrung über die Wirkung des Vergleichs sowie das Recht der Verbraucher zum Austritt aus diesem beigefügt werden. Die Frist beträgt einen Monat nach Zustellung des genehmigten Vergleichs. Der Austritt muss bei dem betreffenden Gericht schriftlich oder zu Protokoll der Geschäftsstelle erklärt werden. Hierauf muss bei der Zustellung ebenfalls hingewiesen werden. 58

[7] Wirksamkeit. Die Wirksamkeit des Vergleichs für und gegen die angemeldeten Verbraucher setzt neben der Genehmigung durch das Gericht voraus, dass weniger als 30 % der angemeldeten Verbraucher ihren Austritt aus dem Vertrag erklärt haben und eine öffentliche Bekanntmachung des Vergleichs im Klageregister erfolgt (nach § 611 Abs. 5 ZPO).[1208] 59

Einzelfallproblematik. Der Beispielsfall mag verdeutlichen, welche Schwierigkeiten sich im Einzelfall ergeben können. Jedenfalls in Zweifelsfällen wird das Gericht die von § 611 Abs. 5 S. 1 ZPO geforderte Austrittsquote von weniger als 30 % im Einzelnen nachprüfen müssen. In jedem Falle empfiehlt es sich, die Voraussetzungen des Zustandekommens und die Wirksamkeit des Vergleichs in die Beschlussbegründung aufzunehmen. 60

V. Checklisten

1. Checkliste: Ist die Musterfeststellungsklage sinnvoll für den Streitgegenstand?

- Viele Verbraucher betroffen? (50 ist die Mindestanzahl. Wegen des Registrierungserfordernisses dürfte die Schwelle für die Sinnhaftigkeit aber – je nach „Belastung" der Verbraucher durch den Streitgegenstand und dem dadurch gegebenen Interesse – bei einem Vielfachen liegen) 61
- Verbraucher sind tendenziell gewillt, sich ins Klageregister einzutragen (Schwelle von 50 Verbrauchern muss zwei Monate nach öffentlicher Bekanntmachung der Musterfeststellungsklage erreicht werden)
- Etwaige Individualklagen hängen von den gleichen Feststellungszielen ab

---

1208 Problem laut *Halfmeier* ZRP 2017, 201 (203): Die Beurteilung des Vergleichs ohne Gewährung eines Einblicks in die Prozessakten.

- Feststellungsziele und Anspruchsdurchsetzung haben in der Sache Aussicht auf Erfolg
- Sachverhalt nicht zu kompliziert, um eine schnelle Entscheidung herbeiführen zu können sowie nachgeschaltete individuelle Leistungsklagen mit hohem Prozesskostenrisiko zu vermeiden
- Beklagter ist liquide (um später eventuelle Individualklagen auf Leistung bei Obsiegen des Klägers (bzw. der Verbraucher) erfüllen zu können)

2. Checkliste: Anforderungen an den Kläger

62
- Kläger im Musterfeststellungsverfahren können ausschließlich **qualifizierte Einrichtungen** sein, die in der Liste nach § 4 UKlaG oder in dem Verzeichnis der Europäischen Kommission nach Art. 4 Abs. 3 der RL 2009/22/EG des Europäischen Parlaments und des Rates vom 23. April 2009 über Unterlassungsklagen zum Schutz der Verbraucherinteressen eingetragen sind. Ferner müssen Musterfeststellungskläger die zusätzlichen Voraussetzungen des § 606 Abs. 1 S. 2 ZPO erfüllen, namentlich:
  – Sie müssen als Mitglieder mindestens zehn im gleichen Aufgabenbereich tätige Verbände oder mindestens 350 natürliche Personen haben;
  – mindestens vier Jahre in einer der oben genannten Listen eingetragen sein; und
  – satzungsgemäß durch nicht gewerbsmäßige aufklärende oder beratende Tätigkeiten Verbraucherinteressen wahrnehmen, wobei die gerichtliche Geltendmachung in der gelebten Praxis nur eine untergeordnete Rolle spielen darf.[1209]
  – Sie dürfen ferner Musterfeststellungsklagen nicht zum Zwecke der Gewinnerzielung erheben und
  – nicht mehr als fünf Prozent ihrer finanziellen Mittel durch Zuwendungen von Unternehmen beziehen.
  Alternativ:
  – Für Verbraucherzentralen und andere Verbraucherverbände besteht gemäß § 606 Abs. 1 S. 4 ZPO eine unwiderlegliche Vermutung dahin gehend, dass sie die besonderen Voraussetzungen nach Satz 4 erfüllen.
- Der Kläger muss liquide sein
- Der Kläger muss eine substantiierte Klageschrift einreichen: Angaben und Nachweise dahin gehend, dass
  – es sich um eine qualifizierte Einrichtung handelt
  – von den Feststellungszielen die Ansprüche oder Rechtsverhältnisse von mindestens zehn Verbrauchern abhängen
  – und sie soll eine kurze Darstellung des vorgetragenen Lebenssachverhalts enthalten
- Der Kläger sollte (zB durch geeignete Öffentlichkeitsarbeit) dafür Sorge tragen, dass auch tatsächlich zwei Monate nach Bekanntmachung der Musterfeststellungsklage mindestens 50 Verbraucher ihre Ansprüche oder Rechtsverhältnisse zur Eintragung in das Klageregister wirksam angemeldet haben

---

1209 BT-Drs. 19/2507, 22.

V. Checklisten

3. Checkliste: Wesentliche Prüfungspunkte des Oberlandesgerichts

- Klärung der Zuständigkeit (Zuständigkeitskonzentration erfolgt? Wenn nein, dann ist das Oberlandesgericht am allgemeinen Gerichtsstand des Beklagten zuständig gemäß § 119 Abs. 3 S. 1 GVG, § 32 c ZPO) 63
- Klageschrift entspricht den Anforderungen nach § 606 Abs. 2 S. 1 ZPO
- Veranlassung der öffentlichen Bekanntmachung der Erhebung der Musterfeststellungsklage innerhalb von **14 Tagen**
    - Inhaltliche Anforderungen an die Bekanntmachung
    - Bezeichnung der Parteien
    - Bezeichnung des Gerichts und des Aktenzeichens der Musterfeststellungsklage
    - Feststellungsziele
    - Kurze Darstellung des vorgetragenen Lebenssachverhalts
    - Zeitpunkt der Bekanntmachung im Klageregister
    - Befugnis der Verbraucher, Ansprüche oder Rechtsverhältnisse, die von den Feststellungszielen abhängen, zur Eintragung in das Klageregister anzumelden, Form, Frist und Wirkung der Anmeldung sowie ihrer Rücknahme
    - Wirkung eines Vergleichs, Befugnis der angemeldeten Verbraucher zum Austritt aus dem Vergleich sowie Form, Frist und Wirkung des Austritts
    - Verpflichtung des Bundesamts für Justiz, nach rechtskräftigem Abschluss des Musterfeststellungsverfahrens jedem angemeldeten Verbraucher auf dessen Verlangen einen schriftlichen Auszug über die Angaben zu überlassen, die im Klageregister zu ihm und seiner Anmeldung erfasst sind
- Bei Zweifeln an den von der klagenden Einrichtung verfolgten Zwecken (keine Gewinnerzielungsabsicht) und der Beschaffung von finanziellen Mitteln hat das Gericht die Offenlegung der Mittel der Finanzierung zu verlangen (§ 606 Abs. 1 S. 3 ZPO)
- Unverzügliche **Veranlassung der öffentlichen Bekanntmachung** von Terminbestimmungen (spätestens eine Woche vor dem jeweiligen Terminstag gemäß § 217 ZPO), Hinweise und Zwischenentscheidungen im Klageregister, wenn dies zur Information der Verbraucher erforderlich ist sowie der Beendigung des Verfahrens (§ 607 Abs. 3 ZPO)
- Nichtanwendung bestimmter Vorschriften gemäß § 610 Abs. 5 ZPO:
    - Ein schriftliches Vorverfahren nach § 128 Abs. 2 ZPO ist ausgeschlossen
    - Zudem kann die klagebefugte Einrichtung keinen Verzicht nach § 306 ZPO erklären
    - Keine obligatorische Güteverhandlung gemäß § 278 Abs. 2 bis 5 ZPO
    - Eine Befassung allein durch einen Einzelrichter ist nicht möglich (Ausschluss der §§ 348 bis 350 ZPO)
    - Die Regeln über die Beteiligung Dritter finden ebenfalls keine Anwendung auf Verbraucher (§§ 66 bis 74 ZPO)
- Anforderung des Klageregisterauszugs beim Bundesamt für Justiz und formlose Übermittlung einer **Abschrift** des Klageregisterauszugs (zum Zeitpunkt des Ab-

laufs der Eintragungsfrist für die Verbraucher) an die Parteien (§ 609 Abs. 5 S. 2 ZPO)
- Überprüfung, ob bereits eine andere Musterfeststellungsklage mit demselben Lebenssachverhalt und denselben Feststellungszielen **rechtshängig** ist (bei Einreichung am selben Tag gilt § 147 ZPO)
- Spätestens im ersten Termin zur mündlichen Verhandlung (ggfs. in Form eines Case Management Hearing) Hinwirken auf sachdienliche Klageanträge
- Nach der Verkündung des Musterfeststellungsurteils ist dieses öffentlich im Klageregister bekannt zu machen, genauso wie die Einlegung eines Rechtsmittels und der Eintritt der Rechtskraft (§ 612 ZPO)

4. Checkliste: Wesentliche Prüfungspunkte für das mit nachgeschalteten Individualklagen der angemeldeten Verbraucher befasste Gericht

64
- Gericht **kann**, wenn die Entscheidung des Rechtsstreits von Feststellungszielen abhängt, die den Gegenstand eines anhängigen Musterfeststellungsverfahrens bilden, auf Antrag des Klägers, **der nicht Verbraucher** ist, anordnen, dass die Verhandlung bis zur Erledigung des Musterfeststellungsverfahrens **auszusetzen** sei (§ 148 Abs. 2 ZPO)
- Hat ein Verbraucher vor der Bekanntmachung der Angaben zur Musterfeststellungsklage im Klageregister eine Klage gegen den Beklagten erhoben, die die Feststellungsziele und den Lebenssachverhalt der Musterfeststellungsklage betrifft, und meldet er seinen Anspruch oder sein Rechtsverhältnis zum Klageregister an, so **setzt** das Gericht das Verfahren bis zur rechtskräftigen Entscheidung oder sonstigen Erledigung der Musterfeststellungsklage oder wirksamen Rücknahme der Anmeldung **aus** (§ 613 Abs. 2 ZPO)
- Das Gericht ist an das rechtskräftige Musterfeststellungsurteil, soweit dessen Entscheidung die Festsetzungsziele und den Lebenssachverhalt der Musterfeststellungsklage betrifft, **gebunden** (§ 613 Abs. 1 ZPO)

Anhang: Materialien

I. Gesetzgebungsverfahren (Auswahl) ...
II. Stellungnahmen von Verbänden und Sachverständigen ....
III. Literaturauswahl zur Musterfeststellungsklage und verwandten Verfahrensthemen ....
IV. Gesetzestext ....

I. Gesetzgebungsverfahren (Auswahl)

BMJV, Diskussionsentwurf der Bundesregierung: Entwurf eines Gesetzes zur Einführung einer zivilprozessualen Musterfeststellungsklage, 31. Juli 2017; abrufbar unter https://www.bmjv.de/SharedDocs/Gesetzgebungsverfahren/DE/Musterfeststellungsklage.html

Bundesregierung, Entwurf eines Gesetzes zur Einführung einer zivilprozessualen Musterfeststellungsklage, BT-Drs. 19/2439; 9.5.2018

Bundesrat, Empfehlungen der Ausschüsse; BR-Drs. 176/1/18, 25.5.2018

Bundesregierung, Entwurf eines Gesetzes zur Einführung einer zivilprozessualen Musterfeststellungsklage, BT-Drs. 19/2439, 4.6.2018

Bayern, Änderungsvorschläge, BR-Drs. 176/2/18, 5.6.2018

Fraktionen der CDU/CSU und SPD, Entwurf eines Gesetzes zur Einführung einer zivilprozessualen Musterfeststellungsklage, BT-Drs. 19/2507, 5.6.2018

Bundestag, Erste Beratung zu BT-Drs. 19/2439; BT-PlPr 19/36, S. 3403D – 3404B, 7.6.2018

Bundestag, Erste Beratung zu BT-Drs. 19/2507; BT-PlPr 19/37, S. 3590D – 3604C, 7.6.2018

Bundesrat, Erster Durchgang zu BR-Drs. 176/18; R-PlPr 968, S. 170A – 173B, 8.6.2018

Bundestag, Unterrichtung über Stellungnahme des Bundesrats und Gegenäußerung der Bundesregierung, BT-Drs. 19/2701, 13.6.2018

Bundestag, Beschluss über nachträgliche Überweisung der Stellungnahme des Bundesrats sowie der Gegenäußerungen der Bundesregierung an die Ausschüsse, BT-PlPr 19/38, S. 3667A, 13.6.2018;

Bundestag – Ausschuss für Recht und Verbraucherschutz, Beschlussempfehlung und Bericht des Ausschusses für Recht und Verbraucherschutz (6. Ausschuss), BT-Drs. 19/2741, 13.6.2018

Bundestag, Zweite Beratung zu BT-Drs. 19/2439 und BT-Drs. 19/2507; BT-PlPr 19/39, S. 3743C – 3754A, 14.6.2018

Bundestag, Dritte Beratung zu BT-Drs. 19/2507; BT-PlPr 19/39, S. 3743C – 3753 B, 14.6.2018

Bundestag, Erledigterklärung zu BT-Drs. 19/2439; BT-PlPr 19/39, S. 3753 D, 14.6.2018

Bundesrat, Unterrichtung durch Bundestag zur Erledigterklärung der Drucksachen 19/2439 und 19/2741; BR-Drs 176/18, 15.6.2018

Bundesrat, Nichtanrufung des Vermittlungsausschusses, BR-PlPr 969, S. 211D – 213B; 6.7.2018

Bundesgesetzblatt, Verkündung des Gesetzes vom 12.7.2018 – Bundesgesetzblatt Teil I 2018 Nr. 26, S. 1151; 17.7.2018

II. Stellungnahmen von Verbänden und Sachverständigen

Allgemeine Deutsche Automobilclub e.V. (ADAC), Gesetzentwurf zur Einführung einer Musterfeststellungsklage – Stellungnahme des ADAC e.V., 24.4.2018 (https://www.bmjv.de/SharedDocs/Gesetzgebungsverfahren/Stellungnahmen/2018/Downloads/04242018_Stellungnahme_ADAC_MFK.pdf;jsessionid=690AD30FCC8D81B34799AC54469E6DAD.1_cid324?__blob=publicationFile&v=1);

Arbeitsgemeinschaft Mittelstand, Positionspapier der AG Mittelstand zur geplanten Einführung einer Musterfeststellungsklage, 23.3.2018 (https://www.bmjv.de/SharedDocs/Gesetzgebungsverfahren/Stellungnahmen/2018/Downloads/03232018_Stellungnahme_mittelstandsverbund_MFK.pdf;jsessionid=690AD30FCC8D81B34799AC54469E6DAD.1_cid324?__blob=publicationFile&v=1);

Augenhofer, Susanne, Stellungnahme zum Entwurf eines Gesetzes zur Einführung einer zivilprozessualen Musterfeststellungsklage (BT-Drs. 19/2439 und 19/2507) sowie zum Entwurf eines Gesetzes zur Einführung von Gruppenverfahren (BT-Drs. 19/243), 11.6.2018 (S. 44–51, https://www.bundestag.de/blob/563216/db76946a8a37e01bca309848c81b4f14/wortprotokoll-data.pdf);

Bitkom, Stellungnahme zum Gesetzentwurf der Bundesregierung: Entwurf eines Gesetzes zur Einführung einer zivilprozessualen Musterfeststellungsklage, 27.3.2018 (https://www.bmjv.de/SharedDocs/Gesetzgebungsverfahren/Stellungnahmen/2018/Downloads/03272018_Stellungnahme_Bitkom_MFK.pdf;jsessionid=690AD30FCC8D81B34799AC54469E6DAD.1_cid324?__blob=publicationFile&v=1);

Bund der Versicherten e. V. (BdV), Stellungnahme zum „Entwurf eines Gesetzes zur Einführung einer zivilprozessualen Musterfeststellungsklage" (RegE), 11.6.2018 (S. 52–54, https://www.bundestag.de/blob/563216/db76946a8a37e01bca309848c81b4f14/wortprotokoll-data.pdf);

Bundesrechtsanwaltskammer (BRAK), Stellungnahme Nr. 21/2018 zum Gesetzentwurf der Bundesregierung zur Einführung einer zivilprozessualen Musterfeststellungsklage, Juni 2018 (https://www.bmjv.de/SharedDocs/Gesetzgebungsverfahren/Stellungnahmen/2018/Downloads/06062018_Stellungnahme_BRAK_MFK.pdf;jsessionid=690AD30FCC8D81B34799AC54469E6DAD.1_cid324?__blob=publicationFile&v=1);

Bundesrechtsanwaltskammer (BRAK), Stellungnahme Nr. 32/2017 zum Diskussionsentwurf eines Gesetzes zur Einführung einer Musterfeststellungsklage, 1.10.2017 (https://www.brak.de/zur-rechtspolitik/stellungnahmen-pdf/stellungnahmen-deutschland/2017/oktober/stellungnahme-der-brak-2017-32.pdf);

II. Stellungnahmen von Verbänden und Sachverständigen

Bundesverband der Deutschen Industrie e.V. (BDI), Stellungnahme zum Gesetzentwurf der Bundesregierung zur Einführung einer zivilprozessualen Musterfeststellungsklage, 7.6.2018 (https://www.bmjv.de/SharedDocs/Gesetzgebungsverfahren/Stellungnahmen/2018/Downloads/06072018_Stellungnahme_BDI_MFK.pdf;jsessionid=690AD30FCC8D81B34799AC54469E6DAD.1_cid324?__blob=publicationFile&v=1);

Bundesverband Deutscher Inkasso-Unternehmen e.V. (BDIU), Stellungnahme zum Gesetzesentwurf der Bundesregierung zur Einführung einer zivilprozessualen Musterfeststellungsklage, 5.6.2018 (https://www.bmjv.de/SharedDocs/Gesetzgebungsverfahren/Stellungnahmen/2018/Downloads/06052018_Stellungnahme_BDIU_MFK.pdf;jsessionid=690AD30FCC8D81B34799AC54469E6DAD.1_cid324?__blob=publicationFile&v=1);

Bundesverband E-Commerce und Versandhandel Deutschland e.V. (bevh), Stellungnahme zum Entwurf eines Gesetzes zur Einführung einer zivilprozessualen Musterfeststellungsklage, 16.4.2018 (https://www.bmjv.de/SharedDocs/Gesetzgebungsverfahren/Stellungnahmen/2018/Downloads/04162018_Stellungnahme_bevh_MFK.pdf;jsessionid=690AD30FCC8D81B34799AC54469E6DAD.1_cid324?__blob=publicationFile&v=1);

Bundesverband Musikindustrie (BVMI), Stellungnahme zum Referentenentwurf des Bundesministeriums der Justiz und für Verbraucherschutz – Entwurf eines Gesetzes zur Einführung einer Musterfeststellungsklage, 16.4.2018 (https://www.bmjv.de/SharedDocs/Gesetzgebungsverfahren/Stellungnahmen/2018/Downloads/04162018_Stellungnahme_BVMI_MFK.pdf;jsessionid=690AD30FCC8D81B34799AC54469E6DAD.1_cid324?__blob=publicationFile&v=2);

Bundesverband privater Anbieter sozialer Dienste e.V. (bpa), Stellungnahme zum Entwurf eines Gesetzes zur Einführung einer zivilprozessualen Musterfeststellungsklage, 27.3.2018 (https://www.bmjv.de/SharedDocs/Gesetzgebungsverfahren/Stellungnahmen/2018/Downloads/03272018_Stellungnahme_BDWI_MFK.pdf;jsessionid=690AD30FCC8D81B34799AC54469E6DAD.1_cid324?__blob=publicationFile&v=1);

Deutscher Anwaltsverein (DAV), Enttäuschende Überarbeitung zum Musterfeststellungsgesetz, BB 2018, 1474, 14.6.2018;

Deutscher Anwaltsverein (DAV), Stellungnahme des Deutschen Anwaltsvereins durch die Ausschüsse Bank- und Kapitalmarktrecht, Zivilrecht und Zivilverfahrensrecht zum Gesetzentwurf der Bundesregierung für ein Gesetz zur Einführung einer zivilprozessualen Musterfeststellungsklage (Stand 9.5.2018, BR-Drs. 176/18), SN 20/18, 24.5.2018 (https://www.bmjv.de/SharedDocs/Gesetzgebungsverfahren/Stellungnahmen/2018/Downloads/05242018_Stellungnahme_DAV_MFK.pdf;jsessionid=690AD30FCC8D81B34799AC54469E6DAD.1_cid324?__blob=publicationFile&v=2);

Deutscher Anwaltsverein (DAV), Stellungnahme des Deutschen Anwaltsvereins durch die Ausschüsse Zivilverfahrensrecht und RVG und Gerichtskosten zum (inoffiziellen) Referentenentwurf des Bundesministeriums der Justiz und für den Verbraucherschutz für ein Gesetz zur Einführung einer Musterfeststellungsklage, SN 14/17, 26.02. 2017

Anhang: Materialien

(S. 93-106, https://www.bundestag.de/blob/563216/db76946a8a37e01bca309848c8 1b4f14/wortprotokoll-data.pdf);

Deutscher Bauernverband (DBV), Stellungnahme zum Entwurf eines Gesetzes zur Einführung einer zivilprozessualen Musterfeststellungsklage (Bearbeitungsstand 16.3.2018), 11.4.2018 (https://www.bmjv.de/SharedDocs/Gesetzgebungsverfahren/St ellungnahmen/2018/Downloads/04122018_Stellungnahme_Bauernverband_MFK.pd f;jsessionid=690AD30FCC8D81B34799AC54469E6DAD.1_cid324?__blob=publicat ionFile&v=2);

Deutscher Gewerkschaftsbund (DGB), Stellungnahme des Deutschen Gewerkschaftsbundes zum Gesetzentwurf der Bundesregierung – Entwurf eines Gesetzes zur Einführung einer zivilprozessualen Musterfeststellungsklage, 22.5.2018 (https://www.b mjv.de/SharedDocs/Gesetzgebungsverfahren/Stellungnahmen/2018/Downloads/0522 2018_Stellungnahme_DGB_MFK.pdf;jsessionid=690AD30FCC8D81B34799AC544 69E6DAD.1_cid324?__blob=publicationFile&v=1);

Deutscher Industrie- und Handelskammertag (DIHK), Stellungnahme zum Entwurf eines Gesetzes zur Einführung einer zivilprozessualen Musterfeststellungsklage, 11.6.2018 (https://www.bundestag.de/blob/559452/5de7952364bf4a87198302742c 5404b3/wernicke_dihk-data.pdf);

Deutscher Notarverein, Diskussionsentwurf zur Einführung einer Musterfeststellungsklage, 27.9.2017 (https://www.dnotv.de/stellungnahmen/einfuehrung-einer-mus terfeststellungsklage/);

Deutscher Reiseverband e.V. (DRV), Stellungnahme des DRV zum Gesetzentwurf eines Gesetzes zur Einführung einer Musterfeststellungsklage, 3.4.2018 (https://www.b mjv.de/SharedDocs/Gesetzgebungsverfahren/Stellungnahmen/2018/Downloads/0403 2018_Stellungnahme_DRV_MFK.pdf?__blob=publicationFile&v=1);

Deutscher Verbraucherschutzverein, Stellungnahme zum Diskussionsentwurf eines „Gesetzes zur Einführung einer Musterfeststellungsklage", 27.7.2017 (https://www.d eutscher-verbraucherschutzverein.de/politik/Stellungnahme_GesetzZurEinfuehrungEi nerMusterfeststellungsklage.html);

Die Deutsche Kreditwirtschaft (DK), Stellungnahme zum Regierungsentwurf eines Gesetzes zur Einführung einer zivilprozessualen Musterfeststellungsklage, 31.5.2018 (https://www.bmjv.de/SharedDocs/Gesetzgebungsverfahren/Stellungnahmen/2018/Do wnloads/05312018_Stellungnahme_DK_MFK.pdf;jsessionid=690AD30FCC8D81B3 4799AC54469E6DAD.1_cid324?__blob=publicationFile&v=2);

Gesamtverband der Deutschen Versicherungswirtschaft e. V. (GDV), Stellungnahme zum aktuellen Entwurf des Bundesministeriums der Justiz und für Verbraucherschutz für ein Gesetz zur Einführung einer Musterfeststellungsklage (Stand des Entwurfs: 16.3.2018), 12.4.2018 (https://www.bmjv.de/SharedDocs/Gesetzgebungsverfahren/St ellungnahmen/2018/Downloads/04122018_Stellungnahme_GDV_MFK.pdf;jsessioni d=690AD30FCC8D81B34799AC54469E6DAD.1_cid324?__blob=publicationFile& v=1);

II. Stellungnahmen von Verbänden und Sachverständigen

Handelsverband Deutschland (HDE), Stellungnahme zu dem Regierungsentwurf der Bundesregierung zur Einführung einer zivilprozessualen Musterfeststellungsklage, 22.5.2018 (https://www.bmjv.de/SharedDocs/Gesetzgebungsverfahren/Stellungnahme n/2018/Downloads/06062018_Stellungnahme_HDE_MFK.pdf;jsessionid=690AD30F CC8D81B34799AC54469E6DAD.1_cid324?__blob=publicationFile&v=1);

Huber, Stefan, Stellungnahme zum Diskussionsentwurf des Bundesministeriums der Justiz und für Verbraucherschutz zur Einführung einer Musterfeststellungsklage, zur Anhörung des Rechtsausschusses des Landtags Nordrhein-Westfalen am 24.1.2018 (https://www.landtag.nrw.de/Dokumentenservice/portal/WWW/dokumentenarchiv/D okument/MMST17-296.pdf;jsessionid=DE960DC2B1247040260F9AAE24A39A8E. ifxworker);

Meller-Hannich, Caroline, Stellungnahme zum Entwurf eines Gesetzes zur Einführung einer zivilprozessualen Musterfeststellungsklage BT-Drs. 19/2439 und 19/2507 sowie zum Entwurf eines Gesetzes zur Einführung von Gruppenverfahren BT-Drs. 19/243, Universität Halle-Wittenberg, 7.6.2018 (S. 80–92, https://www.bundestag.de /blob/563216/db76946a8a37e01bca309848c81b4f14/wortprotokoll-data.pdf);

Netzwerk Compliance e.V., Anhörung der Verbände zum überarbeiteten Gesetzentwurf über die Einführung der Musterfeststellungsklage am 28. März 2018 im Bundesministerium der Justiz und für Verbraucherschutz, 29.3.2018 (https://www.bmjv. de/SharedDocs/Gesetzgebungsverfahren/Stellungnahmen/2018/Downloads/04062018 _Stellungnahme_Netzwerk_Compliance_MFK.pdf?__blob=publicationFile&v=2);

Schmidt-Kessel, Martin, Stellungnahme zum Entwurf eines Gesetzes zur Einführung einer zivilprozessualen Musterfeststellungsklage zur Anhörung im Rechtsausschuss des Bundestags am 11.6.2018 (S. 107–137, https://www.bundestag.de/blob/563216/d b76946a8a37e01bca309848c81b4f14/wortprotokoll-data.pdf)

Verband der Automobilindustrie (VDA), Position zum BMJV-Entwurf eines Gesetzes zur Einführung einer Musterfeststellungsklage, April 2018 (https://www.bmjv.de/Sha redDocs/Gesetzgebungsverfahren/Stellungnahmen/2018/Downloads/04162018_Stellu ngnahme_VDA_MFK.pdf;jsessionid=690AD30FCC8D81B34799AC54469E6DAD.1 _cid324?__blob=publicationFile&v=1);

Verband der Chemischen Industrie e.V. (VCI), VCI-Position zu Sammelklagen im Verbraucherrecht (Langfassung), 13.4.2018 (https://www.vci.de/themen/recht-steuer n/kollektiver-rechtsschutz/vci-position-zu-sammelklagen-im-verbraucherrecht-langfas sung.jsp);

Verband Forschender Arzneimittelhersteller (vfa), Grundsätzliche Anmerkungen zum Entwurf des Bundesministeriums der Justiz und für Verbraucherschutz (BMJV) für ein „Gesetz zur Einführung einer zivilprozessualen Musterfeststellungsklage", 17.4.2018 (https://www.bmjv.de/SharedDocs/Gesetzgebungsverfahren/Stellungnahme n/2018/Downloads/04172018_Stellungnahme_VfA_MFK.pdf;jsessionid=690AD30F CC8D81B34799AC54469E6DAD.1_cid324?__blob=publicationFile&v=2);

Verband Privater Bauherren e.V. (VPB), Stellungnahme zum Referentenentwurf eines Gesetzes zur Einführung einer zivilprozessualen Musterfeststellungsklage, 6.4.2018 (https://www.bmjv.de/SharedDocs/Gesetzgebungsverfahren/Stellungnahmen/2018/Downloads/04062018_Stellungnahme_VPB_MFK.pdf;jsessionid=690AD30FCC8D81B34799AC54469E6DAD.1_cid324?__blob=publicationFile&v=1);

Verbraucherzentrale Bundesverband (vzbv), Stellungnahme zum Gesetzentwurf der Bundesregierung zur Einführung einer zivilprozessualen Musterfeststellungsklage vom 9. Mai 2018, 1.6.2018 (https://www.bmjv.de/SharedDocs/Gesetzgebungsverfahren/Stellungnahmen/2018/Downloads/06012018_Stellungnahme_vzbv_MFK.pdf;jsessionid=690AD30FCC8D81B34799AC54469E6DAD.1_cid324?__blob=publicationFile&v=1);

Wettbewerbszentrale, Anmerkungen zur Klagebefugnis bei der geplanten Musterfeststellungsklage, 19.4.2018 (https://www.bmjv.de/SharedDocs/Gesetzgebungsverfahren/Stellungnahmen/2018/Downloads/04192018_Stellungnahme_wettbewerbszentrale_MFK.pdf;jsessionid=690AD30FCC8D81B34799AC54469E6DAD.1_cid324?__blob=publicationFile&v=1);

OLG Stuttgart, 70. Jahrestagung der Präsidentinnen und Präsidenten der Oberlandesgerichte, des KG und des BGH, 30.5.2018 (http://www.olg-stuttgart.de/pb/,Lde/Startseite/Medien/Ergebnisse+der+70_+Jahrestagung+der+Praesidentinnen+und+Praesidenten+der+Oberlandesgerichte_+des+Kammergerichts+und+des+Bundesgerichtshofs+vom+28_+bis+30_+Mai+2018+in+Stuttgart/?LISTPAGE=1178276).

III. Literaturauswahl zur Musterfeststellungsklage und verwandten Verfahrensthemen

Augenhofer, Susanne, Deutsche und europäische Initiativen zur Durchsetzung des Verbraucherrechts, Verbraucherzentrale Bundesverband e.V., (abrufbar unter https://www.vzbv.de/sites/default/files/downloads/2018/05/08/19-05-08_vzbv_gutachten_augenhofer.pdf);

Balke, Michaela/Liebscher, Thomas/Steinbrück, Ben, Der Gesetzentwurf zur Einführung einer Musterfeststellungsklage – ein zivilprozessualer Irrweg, ZIP 2018, 1321;

Basedow, Jürgen, Trippelschritte zum kollektiven Rechtsschutz, EuZW 2018, 609;

ders., Rechtsdurchsetzung und Streitbeilegung, JZ 2018, 1;

Baumbach, Adolf/Lauterbach, Wolfgang, Kommentar zur Zivilprozessordnung, 76. Aufl. 2018;

Bauer, Joachim, Prinzip Menschlichkeit – Warum wir von Natur aus kooperieren, 1. Aufl. 2006;

BB-Info, Bundesregierung: Entwurf für Musterfeststellungsklage, BB 2018, 1346;

Beck, Lukas, Musterfeststellungsklagen und einheitliche Tatsachenfeststellung, ZIP 2018, 1915;

BeckOK ZPO, Beck'scher Online-Kommentar ZPO, Stand in Abhängigkeit von der jeweiligen Norm;

Bellinghausen, Rupert, Kollektiver Rechtsschutz in Deutschland – neue Instrumente nötig?, AnwBl 2018, 476;

III. Literatur zur Musterfeststellungsklage und verwandten Verfahrensthemen

Berlin, Christof, Alternative Streitbeilegung in Verbraucherkonflikten – Qualitätskriterien, Interessen, Best Practice, 2014;

Brand, Peter-Andreas, US-Sammelklagen und kollektiver Rechtsschutz in der EU, NJW 2012, 1116;

Bruns, Alexander, Instrumentalisierung des Zivilprozesses im Kollektivinteresse durch Gruppenklagen?, NJW 2018, 2753;

Bultmann, Friedrich, 30 Jahre Praxis der AGB-Verbandsklage – Gutachten im Auftrag des Bundesverbandes der Verbraucherzentrale, 2008;

Czerwenka, Beate/Korte, Matthias/Kübler, Bruno M. (Hrsg.), Festschrift zu Ehren von Marie Luise Graf-Schlicker, RWS Verlag, 2018;

Dehe, Dörthe/Fischer, Peter, Schnelles Geld zum Greifen nah, ZKM 2018, 40;

Deiß, Johannes, Regierungsentwurf zur Einführung einer Musterfeststellungsklage, DB 2018, 1262;

Dose, Michael, Die 9. GWB-Novelle und der Verbraucherschutz, VuR 2017, 297;

Duve, Christian/Pfitzner, Tanja, Braucht das Kapitalmarkt ein neues Gesetz für Massenverfahren?, BB 2005, 673;

Eidenmüller, Horst/Engel, Martin, Die Schlichtungsfalle: Verbraucherrechtsdurchsetzung nach der ADR-Richtlinie und der ODR-Verordnung der EU, ZIP 2013, 1704;

Fechner, Johannes, Zehn Maßnahmen für einen bürgernahen Sozialstaat, ZRP 2018, 63;

Fölsch, Peter, Der Regierungsentwurf zur Einführung der Musterfeststellungsklage, DRiZ 06/2018, 214;

Franke, Tobias/Henke, Sebastian/Singbartl, Jan, Das Verbraucherstreitbeilegungsgesetz – Auswirkungen auf den kollektiven Rechtsschutz, VuR 2016, 333;

Freudenberg, Tobias, Jetzt wird (Rechts-)Politik gemacht, ZRP 2018, 61;

Fries, Martin, Verbraucherrechtsdurchsetzung, 2016;

Gansel, Timo/Gängel, Andreas, Erste Hilfe zur Musterfeststellungsklage: Rechtzeitig Ansprüche anmelden und effektiv durchsetzen, C.H. Beck, 2018;

Geissler, Dennis, Die geplante (deutsche) Musterfeststellungsklage und die (europäische) Sammelklage, GWR 2018, 189;

Geuther, Gudula, Zwischen kurzem Sprung und Klageindustrie, DRiZ 2018, 160;

Giesen, Lennart, Streitverkündung und Nebenintervention im Kapitalanlager-Musterverfahren, NJW 2017, 3691;

Greger, Reinhard, Streiten – oder streiten lassen? Erfolg des „Rundum-sorglos-Modells" – Innovative Formen und rechtliche Grenzen der Konfliktlösung, AnwBl. 2017, 932;

Greger, Reinhard/Unberath, Hannes/Steffek, Felix, Kommentar zum Recht der alternativen Konfliktlösung – Mediationsgesetz, Verbraucherstreitbeilegungsgesetz, 2. Aufl. 2016;

Gsell, Beate, Kollektive Klagerechte und ihre Bedeutung im Mietrecht, WuM 2018, 537;

Gsell, Beate/Meller-Hannich, Caroline/Stadler, Astrid, Musterfeststellungsklagen in Verbrauchersachen, NJW-Aktuell 2016, 14;

Gurkmann, Jutta/Wernicke, Stephan, Musterklage einführen?, DRiZ 2018, 92;

Habbe, Julia/Gieseler, Konrad, Einführung von Musterfeststellungsklagen in Verbraucherangelegenheiten – Effizienzsteigerung oder Systembruch?, BB 2016, 3018;

dies., Der Vorschlag der EU-Kommission zur Einführung von Musterklagen aus deutscher Perspektive, GWR 2018, 227;

dies., Einführung einer Musterfeststellungsklage – Kompatibilität mit zivilprozessualen Grundlagen, BB 2017, 2188;

Habersack, Mathias/Müllbert, Peter O./Schlitt, Michael (Hrsg.), Handbuch der Kapitalmarktinformation – Strategien zur Schadensverhütung und Haftungsvermeidung, 2. Aufl. 2013;

Haentjes, Willi, Kollektiver Rechtsschutz, AnwBl 2017, 747;

Halfmeier, Axel, Störungsbeseitigung durch Verbandsklage: EU-Vorschläge folgen der deutschen Rechtsprechung, zpoblog.de (abrufbar unter: http://www.zpoblog.de/eu-sammelklage-verbandsklage-folgenbeseitigungsanspruch-unterlassung/);

ders., Musterfeststellungsklage: Nicht gut, aber besser als nichts, ZRP 2017, 201;

ders., Die neue Datenschutzverbandsklage, NJW 2016, 1126;

ders., Das VSBG verstärkt die Anreize zum Rechtsbruch, VuR-Sonderheft zur Verbraucherschlichtung, 2016, 17;

ders., 50 Jahre Verbraucherverbandsklage – Möglichkeiten und Grenzen kollektiver Rechtsschutzinstrumente: Bilanz und Handlungsbedarf, 25.9.2015;

ders., Vorglühen zur Musterfeststellungsklage, VuR 2015, 441;

ders., Begriffe und Perspektiven des Verbandsklagerechts, Konferenzband: Rechtliche Instrumente zur Durchsetzung von Barrierefreiheit 2013, 113;

Halfmeier, Axel/Rott, Peter, Verbandsklage mit Zähnen? – Zum Vorschlag einer Richtlinie über Verbandsklagen zum Schutz der Kollektivinteressen der Verbraucher, VuR 2018, 243;

dies., Reform of the Injunctions Directive and Compensation for Consumers, 2018;

Hess, Burkhard/Reuschle, Fabian/Rimmelspacher, Bruno, Kölner Kommentar zum KapMuG, 2. Aufl. 2014;

Hodges, Christopher, US Sammelklagen: Wunsch und Wirklichkeit, EUI Working Papers, LAW 2017/9;

Höland, Armin/Meller-Hannich, Caroline, Nichts zu klagen? Der Rückgang der Klageeingangszahlen in der Justiz – Mögliche Ursachen und Folgen, 2016;

Keßler, Jürgen, Verbraucherrecht wirksam durchsetzen – Ansatzpunkt für eine Stärkung kollektiver Rechtsdurchsetzung, Friedrich-Ebert-Stiftung, 2016;

ders., Verbraucherschutz reloaded – Auf dem Weg zu einer deutschen Kollektivklage?, ZRP 2016, 2;

Kilian, Matthias, Musterfeststellungsklage – Meinungsbild der Anwaltschaft, ZRP 2018, 72;

Klocke, Matthias, Rechtsfortbildung im und am Unterlassungsklagegesetz, VuR 2013, 203;

Koch, Raphael, Grund und Grenzen kollektiver Rechtsdurchsetzung, DZWIR 2016, 351;

Kranz, Dagmar, Der Diskussionsentwurf zur Musterfeststellungsklage – ein stumpfes Schwert?, NGZ 2017, 1099;

Krausbeck, Elisabeth, Kollektiver Rechtsschutz im Zivilprozess – Zusammenfassung und Bewertung des Gutachtens für den Deutschen Juristentag 2018 vor dem Hintergrund von Musterfeststellungsklage und „New Deal", VuR 2018, 287;

Krausbeck, Elisabeth, Der Diskussionsentwurf eines Gesetzes zur Einführung einer Musterfeststellungsklage für Verbraucherstreitigkeiten, DAR 2017, 567;

Kutschaty, Thomas, „Wir brauchen eine verbraucherrechtliche Musterfeststellungsklage", ZRP 2017, 27;

Löwe, Walter, Flickschusterei bei den gesetzlichen Änderungen der AGB-Verbandsklagebefugnis, ZIP 2003, 12;

Mekat, Martin, Musterfeststellungsklage: Ist sie ein Meilenstein für Verbraucherrechte?, Mehrteiliges Interview zur Einführung der Musterfeststellungsklage (abrufbar unter: http://kanzleiforum.beck-shop.de/2018/10/08/musterfeststellungsklage-ist-sie-ein-meilenstein-fuer-verbraucherrechte/);

Meller-Hannich, Caroline, Verhandlungen des 72. Deutschen Juristentages, Leipzig 2018, Band I: Gutachten / Teil A: Sammelklagen, Gruppenklagen, Verbandsklagen – Bedarf es neuer Instrumente des kollektiven Rechtsschutzes im Zivilprozess?, C.H. Beck, 2018;

dies., Effektivität kollektiver Rechtsschutzinstrumente, Brömmelmeyer (Hrsg.): Die EU-Sammelklage, 2018;

dies., Kollektiver Rechtsschutz – Neue Instrumente im Zivilprozess, DRiZ 2018, 298;

dies., Sammelklagen, Gruppenklagen, Verbandsklagen – bedarf es neuer Instrumente des kollektiven Rechtsschutzes im Zivilprozess?, NJW-Beilage, 9.5.2018;

dies., Musterfeststellungsklage im Bundestag beschlossen, DB 2018, 1677;

dies., Kollektiver Rechtsschutz in der Dieselaffaire, BRJ 2017, 119;

dies., Kollektiver Rechtsschutz in der Abgaskrise, DAR 2017, 121;

dies., Das Kapitalanleger-Musterverfahrensgesetz (KapMuG) – Eine Zwischenbilanz, ZBB 2011, 180;

Meller-Hannich, Caroline/ Höland, Armin, Kollektiver Rechtsschutz im Verbraucherrecht, DRiZ 2011, 164;

dies., Die Europäische Sammelklage, GPR 2011, 168;

dies., Abschlussbericht – Evaluierung der Effektivität kollektiver Rechtsschutzinstrumente für Verbraucher im nationalen Recht und rechtliche Bewertung ausgewählter Ansätze zu ihrer Fortentwicklung, Angewandte Wissenschaft Heft 523, 2010, (abrufbar unter: https://www.bmel.de/SharedDocs/Downloads/Service/AnWis/Heft523.pdf;j sessionid=DFE35D232894CB21BBA27DAD552EF184.1_cid367?__blob=publicatio nFile);

Mengden, Martin, David gegen Goliath im Kartellschadensersatzrecht – Lassen sich Musterfeststellungsklage bzw. EU-Verbandsklage als kollektive Folgeklage einsetzen?, NZKart 2018, 398;

Merkt, Hanno/Zimmermann, Jennifer, Die neue Musterfeststellungsklage: Eine erste Bewertung, VuR 2018, 363;

Möllers, Thomas M.J./Pregler, Bernhard, Zur Zulässigkeit von Nebenansprüchen im Rahmen des KapMuG, NZG 2011, 337;

Metz, Rainer, Musterfeststellungsklage: Endlich, VuR 2018, 281;

Musielak, Hans-Joachim/Voit, Wolfgang, Zivilprozessordnung und Gerichtsverfassungsgesetz, Kommentar, 15. Aufl. 2018;

Münchener Kommentar zur ZPO, 5. Aufl. 2016;

Musielak/Voit (Hrsg.), Kommentar zur ZPO, 15. Auflage 2018

Netzer, Felix, Legal Tech und kollektive Rechtsverfolgung, AnwBl. 2018, 280;

Nürnberg, Maurice, Verbraucherschlichtung – Neue Entwicklung im Bereich der außergerichtlichen Streitbeilegung in Verbrauchersachen und das Verhältnis zur Zivilgerichtsbarkeit, 2016;

Paulus, David, Keine unechten Sammelklagen in Verbrauchersachen, NJW 2018, 987;

Peter, Matthias, Zivilprozessuale Gruppenvergleichsverfahren: Einvernehmliche Streitbeilegung im kollektiven Rechtsschutz, 2018;

Prütting, Hanns, Discovery im deutschen Zivilprozess? AnwBl. 2008, 153;

Reuschle, Fabian, Das Kapitalanleger-Musterverfahrensgesetz, NZG 2004, 590;

Röthemeyer, Peter, Musterfeststellungsklage – Spezialkommentar zur den §§ 606-614 ZPO, 2018;

Roder, Matthias/Röthemeyer, Peter/Braun, Felix, Verbraucherstreitbeilegungsgesetz, 2017;

Salger, Carsten Das Musterfeststellungsklagegesetz – Stärkung des kollektiven Rechtsschutzes in Deutschland, jurisPR-BKR 10/2018 Anm. 1;

Schaumburg, Ellen, Die neue Verbandsklage, DB 2002, 723;

III. Literatur zur Musterfeststellungsklage und verwandten Verfahrensthemen

Schäfer, Hans-Bernd, Musterfeststellungsklage: Ein Schritt in die richtige Richtung, Wirtschaftsdienst 2018, 456;

Schäfer, Matthias (Hrsg.), Der Gesetzesentwurf zur „Musterfeststellungsklage" – Ein Sammelband aktueller Beiträge, Konrad-Adenauer-Stiftung e.V., 2018;

Schmidt-Räntsch, Jürgen, Änderungen bei der Klagebefugnis von Verbänden durch das Schuldrechtsmodernisierungsgesetz., DB 2002, 1595;

Schneider, Burkhard, Die zivilprozessuale Musterfeststellungsklage – Kollektivrechtsschutz durch Verbraucherschutzverbände statt Class Actions?, BB 2018, 1986;

Schneider, Burkhard/Heppner, Heiko, KapMuG Reloaded – das neue Kapitalanleger-Musterverfahrensgesetz, BB 2012, 2703;

Schulte-Nölke, Hans (Hrsg.), Neue Wege zur Durchsetzung des Verbraucherrechts, 2017;

Schweiger, Matthias/Meißner, Alexander, Praktische Aspekte der Rechtsentwicklung bei Unterlassungs- und Musterfeststellungsklagen in Verbrauchersachen – Teil 1, CB 2018, 240;

Simon, Hans-Peter, Der Gesetzesentwurf vom 11.5.2018 zur Einführung einer Musterfeststellungsklage; *Simon, Erika,* Gesetzesentwurf zur Musterfeststellungsklage, NWB 23/2018, 1665;

Stadler, Astrid, Kollektiver Rechtsschutz quo vadis?, JZ 2018, 793;

dies., Musterfeststellungsklagen im deutschen Verbraucherrecht?, VuR 2018, 83;

dies., Die Umsetzung der Kommissionsempfehlung zum kollektiven Rechtsschutz, ZfPW 2015, 61;

dies., Die Bündelung von gleichgerichteten Ansprüchen durch Inkassozession – Geschäftsmodelle zur Prozessfinanzierung auf dem Prüfstand, JZ 2014, 613;

dies., The Commission's Recommendation on common principles of collective redress and private international law issues, NiPR 2013, 483;

dies., Von den Tücken der grenzüberschreitenden Verbands-Unterlassungsklage, VuR 2010, 83;

dies., Die Sammelklage nach US-amerikanischem Vorbild – Ein Modell für Europa?, Tagung des Verbraucherzentrale Bundesverbandes „Gemeinsam stark – Neue Klagerechte für Verbraucher", 2008;

Tamm, Marina/Tonner, Klaus, Verbraucherrecht, 2. Aufl. 2016;

Thiery, Claus/Schlingmann, Matthias Musterfeststellungsklage: „Wilder Westen" oder alles halb so wild, DB 2018, 2550;

Thomas, Heinz/Putzo, Hans (Hrsg.), Kommentar zur Zivilprozessordnung, 39. Aufl. 2018;

Tilp, Andreas/Schiefer, Marc, VW Dieselgate – die Notwendigkeit zur Einführung einer zivilrechtlichen Sammelklage, NZV 2017, 14;

Toussaint, Guido, Anfechtung des Musterfeststellungsurteils nach dem neuen § 614 ZPO, FD-ZVR 2018, 408457;

Trittmann, Rolf/Merz, Christian, Die Durchsetzbarkeit des Anwaltsvergleiches gemäß §§ 769 a ff. ZPO im Rahmen des EuGVÜ/LügÜ, IPRax, 2001, 178;

Vollkommer, Gregor, Musterprozess statt „Musterfeststellungsklage", MDR 2018, 497;

ders., Rechtskräftige Teilfeststellungen des Musterentscheids und Aufnahme der Ausgangsverfahren, NJW 2015, 3004;

Waclawik, Erich, Die Musterfeststellungsklage, NJW 2018, 2921;

Wagner, Gerhard, Rechtsstandort Deutschland im Wettbewerb: Impulse für Justiz und Schiedsgerichtsbarkeit, 2017;

Waßmuth, Guido/Asmus, Thomas, Der Diskussionsentwurf des BMJV zur Einführung einer Musterfeststellungsklage, ZIP 2018, 657;

Weber, Franziska/van Boom, Willem, Neue Entwicklungen in puncto Sammelklagen – in Deutschland, in den Niederlanden und an der Grenze, VuR 2017, 290;

Weiden, Henrike, Aktuelle Berichte – Juni 2018, GRUR 2018, 589;

Weigel, Michael, CLASS ACTIONS für deutsche Unternehmen und Kreditinstitute in USA, Deutschland und Europa, Das neue KapMuG, WM-Seminar, 20.11.2012;

Weinland, Alexander, Die neue Musterfeststellungsklage, 2018;

Wernicke, Stephan, Recht ist kein Investitionsobjekt – zu den Risiken der Musterfeststellungsklage, BB 2017, I;

Wiedulwilt, Simon, Schadensersatzklagen durch Verbraucherorganisationen – EU-Kommission will den Zivilprozess in Europa weitreichend ändern – parallele deutsche Pläne, AnwBl 2018, 337;

Windau, Benedikt, Vier Thesen zur Musterfeststellungsklage; zpoblog.de (abrufbar unter: https://www.zpoblog.de/musterfeststellungsklage-thesen-klagebefugnis-rechtsmittel-bindungswirkung-uwg-uklag/);

ders., Die Musterfeststellungsklage kommt – aber mit Änderungen, zpoblog.de (abrufbar unter: https://www.zpoblog.de/die-musterfeststellungsklage-kommt-aber-mit-aenderungen/);

ders., Der Regierungsentwurf zur Musterfeststellungsklage – etwas Licht, viel Schatten, zpoblog.de (abrufbar unter: https://www.zpoblog.de/regierungsentwurf-musterfeststellungsklage-bindungswirkung-vergleich-klagebefugnis-verbandsklage/);

ders., Der Diskussionsentwurf zur Musterfeststellungsklage: Ein Überblick, zpoblog.de (abrufbar unter: https://www.zpoblog.de/der-diskussionsentwurf-zur-musterfeststellungsklage-ein-ueberblick/);

ders., Keine (Zulassung der) Rechtsbeschwerde gegen Zwischenurteile eines Oberlandesgerichts, zpoblog.de (abrufbar unter: http://www.zpoblog.de/zwischenurteil-oberlandesgericht-rechtsbeschwerde-kapmug-musterfeststellungsklage/);

Winkelmeier-Becker, Elisabeth/Dietsche, Hans-Jörg, Die Verbesserung des kollektiven Rechtsschutzes für Verbraucher in der rechtspolitischen Diskussion – Überlegungen zu möglichen Instrumenten und einer Musterfeststellungsklage, ZG 2018, 47;

Woopen, Herbert, Kollektiver Rechtsschutz – Ziele und Wege, NJW 2018, 133;

Wundenberg, Malte, Class actions: Möglichkeit der Etablierung und ihre Grenzen im deutschen Kapitalmarktrecht, ZEuP 2007, 1097;

Würtenberger, Gert/Freischem, Stephan, Stellungnahme der GRUR zum Diskussionsentwurf eines Gesetzes zur Einführung einer Musterfeststellungsklage, GRUR 2017, 1101;

Zoller, Michael, Die Haftung bei Kapitalanlagen – Telekom, der 2. Börsengang in Abgrenzung zum 3. Börsengang, GWR 2017, 215;

Zöller, Richard (Hrsg.), Kommentar zur Zivilprozessordnung, 32. Aufl. 2018.

IV. Gesetzestext

Gesetz zur Einführung einer zivilprozessualen Musterfeststellungsklage
Vom 12. Juli 2018

Der Bundestag hat das folgende Gesetz beschlossen:

Artikel 1 Änderung des Gerichtsverfassungsgesetzes

Dem § 119 des Gerichtsverfassungsgesetzes in der Fassung der Bekanntmachung vom 9. Mai 1975 (BGBl. I S. 1077), das zuletzt durch Artikel 13 Absatz 1 des Gesetzes vom 10. Juli 2018 (BGBl. I S. 1102) geändert worden ist, wird folgender Absatz 3 angefügt:

„(3) In Zivilsachen sind Oberlandesgerichte ferner zuständig für die Verhandlung und Entscheidung von Musterfeststellungsverfahren nach Buch 6 der Zivilprozessordnung im ersten Rechtszug. Ein Land, in dem mehrere Oberlandesgerichte errichtet sind, kann durch Rechtsverordnung der Landesregierung einem Oberlandesgericht die Entscheidung und Verhandlung für die Bezirke mehrerer Oberlandesgerichte oder dem Obersten Landesgericht zuweisen, sofern die Zuweisung für eine sachdienliche Förderung oder schnellere Erledigung der Verfahren zweckmäßig ist. Die Landesregierungen können die Ermächtigung durch Rechtsverordnung auf die Landesjustizverwaltungen übertragen."

Artikel 2 Änderung der Zivilprozessordnung

Die Zivilprozessordnung in der Fassung der Bekanntmachung vom 5. Dezember 2005 (BGBl. I S. 3202; 2006 I S. 431; 2007 I S. 1781), die zuletzt durch Artikel 11 Absatz 15 des Gesetzes vom 18. Juli 2017 (BGBl. I S. 2745) geändert worden ist, wird wie folgt geändert:
1. In der Inhaltsübersicht wird die Angabe zu Buch 6 wie folgt gefasst:
„Buch 6 Musterfeststellungsverfahren
§ 606 Musterfeststellungsklage
§ 607 Bekanntmachung der Musterfeststellungsklage
§ 608 Anmeldung von Ansprüchen oder Rechtsverhältnissen
§ 609 Klageregister; Verordnungsermächtigung
§ 610 Besonderheiten der Musterfeststellungsklage
§ 611 Vergleich
§ 612 Bekanntmachungen zum Musterfeststellungsurteil
§ 613 Bindungswirkung des Musterfeststellungsurteils; Aussetzung
§ 614 Rechtsmittel
§§ 615 bis 687 (weggefallen)".

2. § 29 c wird wie folgt geändert:
   a) Nach Absatz 1 wird folgender Absatz 2 eingefügt:
   „(2) Verbraucher ist jede natürliche Person, die bei dem Erwerb des Anspruchs oder der Begründung des Rechtsverhältnisses nicht überwiegend im Rahmen ihrer gewerblichen oder selbständigen beruflichen Tätigkeit handelt."
   b) Die bisherigen Absätze 2 und 3 werden die Absätze 3 und 4.
3. Nach § 32 b wird folgender § 32 c eingefügt:
   „§ 32 c Ausschließlicher Gerichtsstand bei Musterfeststellungsverfahren
   Für Klagen in Musterfeststellungsverfahren nach Buch 6 ist das Gericht des allgemeinen Gerichtsstands des Beklagten ausschließlich zuständig, sofern sich dieser im Inland befindet."
4. § 148 wird wie folgt geändert:
   a) Der Wortlaut wird Absatz 1.
   b) Folgender Absatz 2 wird angefügt:
   „(2) Das Gericht kann ferner, wenn die Entscheidung des Rechtsstreits von Feststellungszielen abhängt, die den Gegenstand eines anhängigen Musterfeststellungsverfahrens bilden, auf Antrag des Klägers, der nicht Verbraucher ist, anordnen, dass die Verhandlung bis zur Erledigung des Musterfeststellungsverfahrens auszusetzen sei."
5. Buch 6 wird wie folgt gefasst:
   „Buch 6 Musterfeststellungsverfahren

   § 606 Musterfeststellungsklage

   (1) Mit der Musterfeststellungsklage können qualifizierte Einrichtungen die Feststellung des Vorliegens oder Nichtvorliegens von tatsächlichen und rechtlichen Voraussetzungen für das Bestehen oder Nichtbestehen von Ansprüchen oder Rechtsverhältnissen (Feststellungsziele) zwischen Verbrauchern und einem Unternehmer begehren. Qualifizierte Einrichtungen im Sinne von Satz 1 sind die in § 3 Absatz 1 Satz 1 Nummer 1 des Unterlassungsklagegesetzes bezeichneten Stellen, die
   1. als Mitglieder mindestens zehn Verbände, die im gleichen Aufgabenbereich tätig sind, oder mindestens 350 natürliche Personen haben,
   2. mindestens vier Jahre in der Liste nach § 4 des Unterlassungsklagegesetzes oder dem Verzeichnis der Europäischen Kommission nach Artikel 4 der Richtlinie 2009/22/EG des Europäischen Parlaments und des Rates vom 23. April 2009 über Unterlassungsklagen zum Schutz der Verbraucherinteressen (ABl. L 110 vom 1.5.2009, S. 30) eingetragen sind,
   3. in Erfüllung ihrer satzungsmäßigen Aufgaben Verbraucherinteressen weitgehend durch nicht gewerbsmäßige aufklärende oder beratende Tätigkeiten wahrnehmen,
   4. Musterfeststellungsklagen nicht zum Zwecke der Gewinnerzielung erheben und
   5. nicht mehr als 5 Prozent ihrer finanziellen Mittel durch Zuwendungen von Unternehmen beziehen.
   Bestehen ernsthafte Zweifel daran, dass die Voraussetzungen nach Satz 2 Nummer 4 oder 5 vorliegen, verlangt das Gericht vom Kläger die Offenlegung seiner finanziellen Mittel. Es wird unwiderleglich vermutet, dass Verbraucherzentralen und andere Verbraucherverbände, die überwiegend mit öffentlichen Mitteln gefördert werden, die Voraussetzungen des Satzes 2 erfüllen.
   (2) Die Klageschrift muss Angaben und Nachweise darüber enthalten, dass
   1. die in Absatz 1 Satz 2 genannten Voraussetzungen vorliegen;
   2. von den Feststellungszielen die Ansprüche oder Rechtsverhältnisse von mindestens zehn Verbrauchern abhängen.
   Die Klageschrift soll darüber hinaus für den Zweck der Bekanntmachung im Klageregister eine kurze Darstellung des vorgetragenen Lebenssachverhaltes enthalten. § 253 Absatz 2 bleibt unberührt.
   (3) Die Musterfeststellungsklage ist nur zulässig, wenn
   1. sie von einer qualifizierten Einrichtung im Sinne des Absatzes 1 Satz 2 erhoben wird,
   2. glaubhaft gemacht wird, dass von den Feststellungszielen die Ansprüche oder Rechtsverhältnisse von mindestens zehn Verbrauchern abhängen und
   3. zwei Monate nach öffentlicher Bekanntmachung der Musterfeststellungsklage mindestens 50 Verbraucher ihre Ansprüche oder Rechtsverhältnisse zur Eintragung in das Klageregister wirksam angemeldet haben.

   § 607 Bekanntmachung der Musterfeststellungsklage

   (1) Die Musterfeststellungsklage ist im Klageregister mit folgenden Angaben öffentlich bekannt zu machen:

IV. Gesetzestext

1. Bezeichnung der Parteien,
2. Bezeichnung des Gerichts und des Aktenzeichens der Musterfeststellungsklage,
3. Feststellungsziele,
4. kurze Darstellung des vorgetragenen Lebenssachverhaltes,
5. Zeitpunkt der Bekanntmachung im Klageregister,
6. Befugnis der Verbraucher, Ansprüche oder Rechtsverhältnisse, die von den Feststellungszielen abhängen, zur Eintragung in das Klageregister anzumelden, Form, Frist und Wirkung der Anmeldung sowie ihrer Rücknahme,
7. Wirkung eines Vergleichs, Befugnis der angemeldeten Verbraucher zum Austritt aus dem Vergleich sowie Form, Frist und Wirkung des Austritts,
8. Verpflichtung des Bundesamts für Justiz, nach rechtskräftigem Abschluss des Musterfeststellungsverfahrens jedem angemeldeten Verbraucher auf dessen Verlangen einen schriftlichen Auszug über die Angaben zu überlassen, die im Klageregister zu ihm und seiner Anmeldung erfasst sind.

(2) Das Gericht veranlasst innerhalb von 14 Tagen nach Erhebung der Musterfeststellungklage deren öffentliche Bekanntmachung, wenn die Klageschrift die nach § 606 Absatz 2 Satz 1 vorgeschriebenen Anforderungen erfüllt.

(3) Das Gericht veranlasst unverzüglich die öffentliche Bekanntmachung seiner Terminbestimmungen, Hinweise und Zwischenentscheidungen im Klageregister, wenn dies zur Information der Verbraucher über den Fortgang des Verfahrens erforderlich ist. Die öffentliche Bekanntmachung von Terminen muss spätestens eine Woche vor dem jeweiligen Terminstag erfolgen. Das Gericht veranlasst ferner unverzüglich die öffentliche Bekanntmachung einer Beendigung des Musterfeststellungsverfahrens; die Vorschriften der §§ 611, 612 bleiben hiervon unberührt.

§ 608 Anmeldung von Ansprüchen oder Rechtsverhältnissen

(1) Bis zum Ablauf des Tages vor Beginn des ersten Termins können Verbraucher Ansprüche oder Rechtsverhältnisse, die von den Feststellungszielen abhängen, zur Eintragung in das Klageregister anmelden.
(2) Die Anmeldung ist nur wirksam, wenn sie frist- und formgerecht erfolgt und folgende Angaben enthält:
1. Name und Anschrift des Verbrauchers,
2. Bezeichnung des Gerichts und Aktenzeichen der Musterfeststellungsklage,
3. Bezeichnung des Beklagten der Musterfeststellungsklage,
4. Gegenstand und Grund des Anspruchs oder des Rechtsverhältnisses des Verbrauchers,
5. Versicherung der Richtigkeit und Vollständigkeit der Angaben.
Die Anmeldung soll ferner Angaben zum Betrag der Forderung enthalten. Die Angaben der Anmeldung werden ohne inhaltliche Prüfung in das Klageregister eingetragen.
(3) Die Anmeldung kann bis zum Ablauf des Tages des Beginns der mündlichen Verhandlung in der ersten Instanz zurückgenommen werden.
(4) Anmeldung und Rücknahme sind in Textform gegenüber dem Bundesamt für Justiz zu erklären.

§ 609 Klageregister; Verordnungsermächtigung

(1) Klageregister ist das Register für Musterfeststellungsklagen. Es wird vom Bundesamt für Justiz geführt und kann elektronisch betrieben werden.
(2) Bekanntmachungen und Eintragungen nach den §§ 607 und 608 sind unverzüglich vorzunehmen. Die im Klageregister zu einer Musterfeststellungsklage erfassten Angaben sind bis zum Schluss des dritten Jahres nach rechtskräftigem Abschluss des Verfahrens aufzubewahren.
(3) Öffentliche Bekanntmachungen können von jedermann unentgeltlich im Klageregister eingesehen werden.
(4) Nach § 608 angemeldete Verbraucher können vom Bundesamt für Justiz Auskunft über die zu ihrer Anmeldung im Klageregister erfassten Angaben verlangen. Nach rechtskräftigem Abschluss des Musterfeststellungsverfahrens hat das Bundesamt für Justiz einem angemeldeten Verbraucher auf dessen Verlangen einen schriftlichen Auszug über die Angaben zu überlassen, die im Klageregister zu ihm und seiner Anmeldung erfasst sind.
(5) Das Bundesamt für Justiz hat dem Gericht der Musterfeststellungsklage auf dessen Anforderung einen Auszug aller im Klageregister zu der Musterfeststellungsklage erfassten Angaben über die Personen zu übersenden, die bis zum Ablauf des in § 606 Absatz 3 Nummer 3 genannten Tages zur Eintragung in das Klageregister angemeldet sind. Das Gericht übermittelt den Parteien formlos eine Abschrift des Auszugs.

(6) Das Bundesamt für Justiz hat den Parteien auf deren Anforderung einen schriftlichen Auszug aller im Klageregister zu der Musterfeststellungsklage erfassten Angaben über die Personen zu überlassen, die sich bis zu dem in § 608 Absatz 1 genannten Tag zur Eintragung in das Klageregister angemeldet haben.
(7) Das Bundesministerium der Justiz und für Verbraucherschutz wird ermächtigt, durch Rechtsverordnung ohne Zustimmung des Bundesrates die näheren Bestimmungen über Inhalt, Aufbau und Führung des Klageregisters, die Einreichung, Eintragung, Änderung und Vernichtung der im Klageregister erfassten Angaben, die Erteilung von Auszügen aus dem Klageregister sowie die Datensicherheit und Barrierefreiheit zu treffen.

§ 610 Besonderheiten der Musterfeststellungsklage

(1) Ab dem Tag der Rechtshängigkeit der Musterfeststellungsklage kann gegen den Beklagten keine andere Musterfeststellungsklage erhoben werden, soweit deren Streitgegenstand denselben Lebenssachverhalt und dieselben Feststellungsziele betrifft. Die Wirkung von Satz 1 entfällt, sobald die Musterfeststellungsklage ohne Entscheidung in der Sache beendet wird.
(2) Werden am selben Tag mehrere Musterfeststellungsklagen, deren Streitgegenstand denselben Lebenssachverhalt und dieselben Feststellungsziele betrifft, bei Gericht eingereicht, findet § 147 Anwendung.
(3) Während der Rechtshängigkeit der Musterfeststellungsklage kann ein angemeldeter Verbraucher gegen den Beklagten keine Klage erheben, deren Streitgegenstand denselben Lebenssachverhalt und dieselben Feststellungsziele betrifft.
(4) Das Gericht hat spätestens im ersten Termin zur mündlichen Verhandlung auf sachdienliche Klageanträge hinzuwirken.
(5) Auf die Musterfeststellungsklage sind die im ersten Rechtszug für das Verfahren vor den Landgerichten geltenden Vorschriften entsprechend anzuwenden, soweit sich aus den Vorschriften dieses Buches nicht Abweichungen ergeben. Nicht anzuwenden sind § 128 Absatz 2, § 278 Absatz 2 bis 5 sowie die §§ 306 und 348 bis 350.
(6) Die §§ 66 bis 74 finden keine Anwendung im Verhältnis zwischen den Parteien der Musterfeststellungsklage und Verbrauchern, die
1. einen Anspruch oder ein Rechtsverhältnis angemeldet haben oder
2. behaupten, entweder einen Anspruch gegen den Beklagten zu haben oder vom Beklagten in Anspruch genommen zu werden oder in einem Rechtsverhältnis zum Beklagten zu stehen.

§ 611 Vergleich

(1) Ein gerichtlicher Vergleich kann auch mit Wirkung für und gegen die angemeldeten Verbraucher geschlossen werden.
(2) Der Vergleich soll Regelungen enthalten über
1. die auf die angemeldeten Verbraucher entfallenden Leistungen,
2. den von den angemeldeten Verbrauchern zu erbringenden Nachweis der Leistungsberechtigung,
3. die Fälligkeit der Leistungen und
4. die Aufteilung der Kosten zwischen den Parteien.
(3) Der Vergleich bedarf der Genehmigung durch das Gericht. Das Gericht genehmigt den Vergleich, wenn es ihn unter Berücksichtigung des bisherigen Sach- und Streitstandes als angemessene gütliche Beilegung des Streits oder der Ungewissheit über die angemeldeten Ansprüche oder Rechtsverhältnisse erachtet. Die Genehmigung ergeht durch unanfechtbaren Beschluss.
(4) Den zum Zeitpunkt der Genehmigung angemeldeten Verbrauchern wird der genehmigte Vergleich mit einer Belehrung über dessen Wirkung, über ihr Recht zum Austritt aus dem Vergleich sowie über die einzuhaltende Form und Frist zugestellt. Jeder Verbraucher kann innerhalb einer Frist von einem Monat nach Zustellung des genehmigten Vergleichs seinen Austritt aus dem Vergleich erklären. Der Austritt muss bei dem Gericht schriftlich oder zu Protokoll der Geschäftsstelle erklärt werden. Durch den Austritt wird die Wirksamkeit der Anmeldung nicht berührt.
(5) Der genehmigte Vergleich wird wirksam, wenn weniger als 30 Prozent der angemeldeten Verbraucher ihren Austritt aus dem Vergleich erklärt haben. Das Gericht stellt durch unanfechtbaren Beschluss den Inhalt und die Wirksamkeit des genehmigten Vergleichs fest. Der Beschluss ist im Klageregister öffentlich bekannt zu machen. Mit der Bekanntmachung des Beschlusses wirkt der Vergleich für und gegen diejenigen angemeldeten Verbraucher, die nicht ihren Austritt erklärt haben.
(6) Der Abschluss eines gerichtlichen Vergleichs vor dem ersten Termin ist unzulässig.

§ 612 Bekanntmachungen zum Musterfeststellungsurteil
(1) Das Musterfeststellungsurteil ist nach seiner Verkündung im Klageregister öffentlich bekannt zu machen.
(2) Die Einlegung eines Rechtsmittels gegen das Musterfeststellungsurteil ist im Klageregister öffentlich bekannt zu machen. Dasselbe gilt für den Eintritt der Rechtskraft des Musterfeststellungsurteils.

§ 613 Bindungswirkung des Musterfeststellungsurteils; Aussetzung
(1) Das rechtskräftige Musterfeststellungsurteil bindet das zur Entscheidung eines Rechtsstreits zwischen einem angemeldeten Verbraucher und dem Beklagten berufene Gericht, soweit dessen Entscheidung die Feststellungsziele und den Lebenssachverhalt der Musterfeststellungsklage betrifft. Dies gilt nicht, wenn der angemeldete Verbraucher seine Anmeldung wirksam zurückgenommen hat.
(2) Hat ein Verbraucher vor der Bekanntmachung der Angaben zur Musterfeststellungsklage im Klageregister eine Klage gegen den Beklagten erhoben, die die Feststellungsziele und den Lebenssachverhalt der Musterfeststellungsklage betrifft, und meldet er seinen Anspruch oder sein Rechtsverhältnis zum Klageregister an, so setzt das Gericht das Verfahren bis zur rechtskräftigen Entscheidung oder sonstigen Erledigung der Musterfeststellungsklage oder wirksamen Rücknahme der Anmeldung aus.

§ 614 Rechtsmittel
Gegen Musterfeststellungsurteile findet die Revision statt. Die Sache hat stets grundsätzliche Bedeutung im Sinne des § 543 Absatz 2 Nummer 1."

Artikel 3 Änderung des Arbeitsgerichtsgesetzes
In § 46 Absatz 2 Satz 2 des Arbeitsgerichtsgesetzes in der Fassung der Bekanntmachung vom 2. Juli 1979 (BGBl. I S. 853, 1036), das zuletzt durch Artikel 5 Absatz 4 des Gesetzes vom 8. Oktober 2017 (BGBl. I S. 3546) geändert worden ist, werden nach den Wörtern „über den Urkunden- und Wechselprozess (§§ 592 bis 605 a der Zivilprozessordnung)" ein Komma und die Wörter „über die Musterfeststellungsklage (§§ 606 bis 613 der Zivilprozessordnung)" eingefügt.

Artikel 4 Änderung des Gerichtskostengesetzes
In § 48 Absatz 1 Satz 2 des Gerichtskostengesetzes in der Fassung der Bekanntmachung vom 27. Februar 2014 (BGBl. I S. 154), das zuletzt durch Artikel 2 Absatz 7 des Gesetzes vom 18. Juli 2017 (BGBl. I S. 2739) geändert worden ist, werden nach dem Wort „In" die Wörter „Musterfeststellungsklagen nach Buch 6 der Zivilprozessordnung und in" eingefügt.

Artikel 5 Änderung des Rechtsanwaltsvergütungsgesetzes
In § 19 Absatz 1 Satz 2 Nummer 1 a des Rechtsanwaltsvergütungsgesetzes vom 5. Mai 2004 (BGBl. I S. 718, 788), das zuletzt durch Artikel 2 Absatz 8 des Gesetzes vom 18. Juli 2017 (BGBl. I S. 2739) geändert worden ist, werden nach dem Wort „Schutzschriften" die Wörter „und die Anmeldung von Ansprüchen oder Rechtsverhältnissen zum Klageregister für Musterfeststellungsklagen sowie die Rücknahme der Anmeldung" eingefügt.

Artikel 6 Änderung des Bürgerlichen Gesetzbuchs
§ 204 des Bürgerlichen Gesetzbuchs in der Fassung der Bekanntmachung vom 2. Januar 2002 (BGBl. I S. 42, 2909; 2003 I S. 738), das zuletzt durch Artikel 1 des Gesetzes vom 20. Juli 2017 (BGBl. I S. 2787) geändert worden ist, wird wie folgt geändert:
1. Nach Absatz 1 Nummer 1 wird folgende Nummer 1 a eingefügt:
„1 a. die Erhebung einer Musterfeststellungsklage für einen Anspruch, den ein Gläubiger zu dem zu der Klage geführten Klageregister wirksam angemeldet hat, wenn dem angemeldeten Anspruch derselbe Lebenssachverhalt zugrunde liegt wie den Feststellungszielen der Musterfeststellungsklage,".

2. Nach Absatz 2 Satz 1 wird folgender Satz eingefügt:
„Die Hemmung nach Absatz 1 Nummer 1a endet auch sechs Monate nach der Rücknahme der Anmeldung zum Klageregister."

Artikel 7 Änderung der Verwaltungsgerichtsordnung

In § 173 Satz 1 der Verwaltungsgerichtsordnung in der Fassung der Bekanntmachung vom 19. März 1991 (BGBl. I S. 686), die zuletzt durch Artikel 2 des Gesetzes vom 10. Juli 2018 (BGBl. I S. 1122, 1124) geändert worden ist, werden nach dem Wort „ausschließen" ein Semikolon und die Wörter „Buch 6 der Zivilprozessordnung ist nicht anzuwenden" eingefügt.

Artikel 8 Änderung der Finanzgerichtsordnung

In § 155 Satz 1 der Finanzgerichtsordnung in der Fassung der Bekanntmachung vom 28. März 2001 (BGBl. I S. 442, 2262; 2002 I S. 679), die zuletzt durch Artikel 5 Absatz 3 des Gesetzes vom 8. Oktober 2017 (BGBl. I S. 3546) geändert worden ist, werden nach dem Wort „anzuwenden" ein Semikolon und die Wörter „Buch 6 der Zivilprozessordnung ist nicht anzuwenden" eingefügt.

Artikel 9 Änderung des Sozialgerichtsgesetzes

In § 202 Satz 1 des Sozialgerichtsgesetzes in der Fassung der Bekanntmachung vom 23. September 1975 (BGBl. I S. 2535), das zuletzt durch Artikel 5 Absatz 5 des Gesetzes vom 8. Oktober 2017 (BGBl. I S. 3546) geändert worden ist, werden nach dem Wort „ausschließen" ein Semikolon und die Wörter „Buch 6 der Zivilprozessordnung ist nicht anzuwenden" eingefügt.

Artikel 10 Änderung des Gesetzes gegen Wettbewerbsbeschränkungen

In § 33h Absatz 6 Satz 3 des Gesetzes gegen Wettbewerbsbeschränkungen in der Fassung der Bekanntmachung vom 26. Juni 2013 (BGBl. I S. 1750, 3245), das zuletzt durch Artikel 10 Absatz 9 des Gesetzes vom 30. Oktober 2017 (BGBl. I S. 3618) geändert worden ist, werden die Wörter „Satz 2 und 3 des Bürgerlichen Gesetzbuchs" durch die Wörter „Satz 3 und 4 des Bürgerlichen Gesetzbuchs" ersetzt.

Artikel 11 Inkrafttreten

(1) Dieses Gesetz tritt vorbehaltlich des Absatzes 2 am 1. November 2018 in Kraft.

(2) Am Tag nach der Verkündung treten in Kraft:
1. Artikel 1,
2. in Artikel 2 Nummer 5 § 609 Absatz 7 der Zivilprozessordnung.

Stichwortverzeichnis

Fette Ziffern verweisen auf Kapitel (§§), magere auf Randnummern.
Beispiel: § 2 Rn. 10 = 2 10

Abgeltungsklausel 7, 28
Abgrenzung zu anderen Prozessinstrumenten 1, 64 ff.
– AGB 2, 61 ff.
– Aussetzung wegen Vorgreiflichkeit 1, 67
– DSGVO 2, 57 ff.
– Einziehungsklage 1, 71 ff.
– freiwilliger Musterprozess 1, 73 ff.
– Inkassozession 1, 75 ff.
– KapMuG 2, 55 ff., 12, 13, 31
– Nebenintervention 1, 70
– Streitgenossenschaft 1, 68 ff.
– UKlaG 2, 50 ff., 12, 13, 31
– UWG 2, 52 ff.
– Verfahrensverbindung 1, 66
Abgrenzung zu US-amerikanischen Class Actions 1, 60 ff.
– Discovery 1, 62
– Erfolgshonorare 1, 63
– Prozessfinanzierung 1, 63
– punitive damages/Strafschadensersatz 1, 63
– Unterschiede im Recht 1, 62
– Unterschiede in der Praxis der Rechtsdurchsetzung 1, 63
– unterschiedliche Wirtschafts- und Gesellschaftssysteme 1, 61
AGB 2, 61 ff.
Akteneinsicht 6, 33
Anerkenntnis 6, 107, 11, 57
Angriffs- und Verteidigungsmittel 2, 12
Anmelderbegriff 5, 45
Anmeldung 2, 16, 5, 1 ff, 12, 17, 28
– Adressat 5, 15
– Anforderungen, formelle und inhaltliche 5, 14 ff
– Angabeerfordernisse 5, 18

– Angaben, zwingende; Bedeutung 5, 19
– Anmelderbegriff 5, 45
– Ansprüche oder Rechtsverhältnisse 5, 9 ff
– Anspruchshöhe 5, 24 ff
– anwaltliche Vertretung 5, 33 ff, 7, 20
– Auskunfts- und Auszugsrechte 5, 37
– Aussetzung anhängiger Verfahren 5, 65 ff
– Aussetzung des Individualprozesses 3, 87
– Befugnis 5, 7 ff
– Bindungswirkung, Bedeutung 8, 47
– Bindungswirkung, freiwillige Unterwerfung 12, 39
– Bindungswirkung, Verknüpfung 5, 46 ff
– Breitenwirkung, Bedeutung 5, 2 ff
– Einsichtsrecht der Parteien 5, 83 ff
– Eintragungsverweigerung, Rechtsbehelf 5, 43
– Erfordernisse, Bestimmtheit 5, 23
– fehlerhafte; Behandlung 5, 40 ff
– Feststellungsziele, Bedeutung der Abhängigkeit 5, 13
– Form 2, 17, 5, 15
– Frist 5, 16 ff
– Gegenstand 5, 9 ff
– Gegenstand, Abhängigkeit von den Feststellungszielen 5, 11 ff
– Gegenstand des Anspruchs 5, 20 ff
– Grund des Anspruchs 5, 20 ff
– Individualdurchsetzung 5, 4
– Informationsrechte 5, 80 ff
– Informationsübermittlung an das Gericht 5, 87
– Inhalt 2, 16
– inhaltliche Prüfung 5, 38

297

- Klageregister, Eintragung 5, 36
- Konstitutive Bedeutung für Verfahrensaussetzung 5, 70 ff
- mangelhafte 5, 39 ff
- Rechtsfolgen 2, 18
- Rechtsverhältnis, Bestimmtheit 5, 10
- Rücknahme 2, 17, 5, 78 ff.
- Sperrwirkung für Individualklagen 5, 75
- Unrichtigkeit der Angaben, Folgen 5, 31 ff
- Vergleichsgestaltung, Bedeutung 7, 15 ff
- Verjährung, Hemmung 3, 84 ff., 86, 5, 5 ff, 12, 17
- Verjährungshemmung 5, 50 ff
- Versicherung der Richtigkeit und Vollständigkeit 5, 29 ff., 30 ff
- Verzicht auf die Betragshöhe, Folgen 5, 26 ff
- Widersprüchliches Verhalten 6, 94
- Wirksamkeitserfordernisse 12, 17
- Wirkungen 5, 44 ff
- Wirkungen einer fehlerhaft eingetragenen 5, 76 ff

Antragsänderung 6, 52
- objektive 6, 53
- Sachdienlichkeit 6, 57 ff
- subjektive 6, 61

Antragserweiterung 6, 52

Anwaltliche Vergütung
- Anwaltshaftung 10, 15
- Beklagtenvertreter 10, 12
- Geschäftsgebühr bei außergerichtlicher Vertretung 10, 15 ff
- klagebefugte Einrichtung, Vertretung der 10, 11
- Rechtsschutzversicherung 10, 14
- Reichweite des Auftrags 10, 21 ff
- Verbrauchervertreter 10, 13 ff
- Vorschusspflicht 10, 21 ff
- Zweckmäßigkeit 10, 15 ff

Anwaltliche Vertretung 10, 10 ff
- Anmeldung 5, 33 ff
- Austritt aus dem Vergleich 7, 60
- Geschäftsgebühr 10, 19 ff
- Geschäftsgebühr für Anmeldung 5, 35
- Legal Tech 11, 64
- Rechtsmittelverfahren 9, 25
- Vergleich 7, 20

Anwaltshaftung 10, 15

Anwendungsbereich 2, 1 ff., 12, 13
- Abgrenzung 2, 48, 12, 13, 31
- Abgrenzung zu sonstigen Prozessinstrumenten 1, 64 ff.
- Arbeitsgerichtsbarkeit 12, 41
- Grundkonstellation 12, 4
- klagebefugte Verbände 2, 2 ff.
- Musterkläger, keine Bestimmung 2, 1 ff.
- öffentlich-rechtliche Gerichtsbarkeit 12, 41
- sachlicher 2, 32 ff.
- temporaler 2, 66

Anwendungsmöglichkeiten 1, 29 ff.
- Arbeitsgerichtsbarkeit 1, 30
- Öffentliches Recht 1, 31

Arbeitsgerichtsbarkeit 1, 30, 12, 41

Aufbewahrungsfrist 4, 62

Ausforschung 6, 80

Ausforschungsbeweis 6, 80

Auskunftsanspruch 2, 19
- der Parteien 5, 83 ff

Auskunftserteilung 5, 80 ff

Auslandssachverhalt 2, 25
- qualifizierte Einrichtung 2, 23 ff.
- Verbraucher 2, 23

Ausschluss der obligatorischen Güteverhandlung 7, 7

Aussetzung 6, 91

Aussetzungsbeschluss
- Anfechtbarkeit 3, 94

Stichwortverzeichnis

Aussetzung von Individualverfahren
- Aussetzungsbeschluss, Anfechtbarkeit 3, 94
- Einzelkaufleute 3, 92
- Klein- und mittelständische Unternehmen 3, 92
- Unternehmerklagen 3, 91 ff.
- Vorgreiflichkeit 3, 91 ff.

Austritt aus dem Vergleich
- anwaltliche Vertretung 7, 60
- Bedeutung für das Quorum 7, 66
- Erklärung 7, 59 ff
- Form 7, 64
- Frist 7, 63
- Rechtsnatur der Erklärung 7, 59
- Widerruflichkeit 7, 65
- Wirkung der Erklärung 7, 61
- Wirkung vor dem Austritt getroffener Feststellungen 7, 62

Austritt aus dem Vergleich
- Opt-Out 7, 59

Auszugserteilung 5, 80 ff

Bekanntmachung 4, 1 ff.
- Angaben, bekanntzumachende 4, 42 ff.
- Bedeutung für Verbraucher 4, 46 ff.
- Benachrichtigung der Verbraucher 4, 49
- Beweisbeschlüsse 4, 47
- Eilrechtsschutz 4, 74
- Erforderlichkeit 4, 47
- Fehlerkorrektur 4, 44
- Folgen für den Beklagten 4, 29 ff.
- Fortentwicklung 4, 3
- Frist zur Stellungnahme vor Veranlassung 4, 40
- gerichtliche Überprüfung, vorherige 4, 32
- Hinweise 4, 1, 45
- Inhalt 4, 41 ff.
- Initialwirkung 4, 4
- Klageregister 4, 1
- Klagerücknahme 4, 53

- Lebenssachverhalt, Darstellung 4, 43
- Prüfung der Klagebefugnis 4, 34
- Prüfung der Zulässigkeitsvoraussetzungen 4, 35 ff.
- Prüfung durch das Gericht, vorherige 4, 28 ff.
- Prüfungsmaßstab der Bekanntmachungsentscheidung 4, 73
- Prüfungsmaßstab des Gerichts 4, 29 ff.
- Rechtshängigkeit 4, 3
- Rechtsmittel 4, 51
- Rechtsmitteleinlegung 9, 6
- Rechtsschutz durch den Beklagten 2, 29
- Rechtsschutzmöglichkeiten 4, 72 ff.
- Schlüssigkeitsprüfung 4, 37
- Schlüssigkeits- und Zulässigkeitsprüfung 4, 36 ff.
- Terminbestimmungen 4, 1, 45
- übereinstimmende Erledigungserklärung 4, 53
- unzureichende Rechtsschutzmöglichkeiten 4, 75
- Urteil 4, 51, 8, 19, **12**, 50
- Veranlassung 4, 29 ff.
- Veranlassung der Bekanntmachung 4, 39
- Verfahrensbeendigung 4, 1, 3, 50 ff.
- Verfahrenseinleitung 4, 1
- Verfahrensereignisse 6, 30 ff
- Verfahrensereignisse, bekanntzumachende 4, 45 ff.
- Vergleich 4, 52
- Verhinderung der 4, 71
- Voraussetzungen 4, 18 ff.
- Vorbedingung von besonderen Zulässigkeitsvoraussetzungen 4, 4
- Wichtigkeit des Ereignisses 4, 47
- Wirksamkeit des Vergleichs 7, 67
- Wirkung 4, 54 ff.
- Zeitpunkt 4, 41 ff., 44, 48, 50
- Zeitrahmen 4, 1
- Zweck 4, 2

299

– Zwischenentscheidungen **4**, 1, 45
Beklagtenmehrheit **2**, 30 ff.
Beklagter **2**, 29, **12**, 15
– Begriffsbestimmung **2**, 29
– Beklagtenmehrheit **2**, 30 ff.
– Streitverkündung, Möglichkeit **2**, 29
Berichtigung des Musterfeststellungsurteils **9**, 47 ff.
Berichtigungsanträge **9**, 47 ff
Beurteilungsspielraum **7**, 39
Beweisaufnahme
– Kosten **10**, 24 ff
Beweislast **6**, 71 ff
Beweismittel **6**, 77 ff
Bindungswirkung **8**, 46 ff
– Abgrenzung zur Interventionswirkung **8**, 68
– Abgrenzung zur Rechtskraft **8**, 69 ff, **11**, 9
– Abgrenzung zur Selbstbindung des Gerichts **8**, 67
– Anmeldung, wirksame; Bedeutung **8**, 47
– Einwendungen im Individualverfahren **8**, 52
– Feststellungsziele, Deckungsgleichheit mit Folgeprozess **8**, 74 ff
– Feststellungsziele, Kongruenz mit Streitgegenstand des Individualverfahrens **8**, 61
– Folgeverfahren, Bedeutung **11**, 8 ff, 10 ff, 15 ff
– Geltendmachung in Folgeverfahren **11**, 25
– Grenzen **8**, 63 ff, 73 ff
– keine Erstreckung auf unzulässige Feststellungsziele **8**, 76 ff
– Klageabweisung **8**, 51
– Leitbildfunktion **11**, 68 ff
– Parallelen zum KapMuG **11**, 15 ff
– persönliche Reichweite **8**, 47 ff, **11**, 14

– Rechtsnatur **8**, 65 ff
– Rücknahme der Anmeldung **8**, 49
– sachliche Reichweite **8**, 51, **11**, 13
– Streitgegenstand, Bedeutung **8**, 51
– sui generis **8**, 72
– Umfang **8**, 60 ff, **11**, 13 ff
– unbeteiligte Verbraucher und Unternehmer **11**, 59
– Veränderung entscheidungsrelevanter Tatsachen **8**, 79 ff
– Verzicht auf Bindungswirkung **8**, 83 ff
– Zeitpunkt der Klageerhebung **8**, 48
Bundesamt für Justiz **4**, 11 ff.
– Aufbewahrungsfrist für Informationen **4**, 62
– Bekanntmachung **4**, 41
– elektronischer Rechtsverkehr **6**, 36 ff
– Empfangszuständigkeit für Anmeldungen **5**, 15
– Empfangszuständigkeit für Rücknahmen der Anmeldung **5**, 78
– Kompetenzen bei der Bekanntmachung **4**, 44
Bundesgerichtshof **9**, 24
Case Management Conference **6**, 21
Certification **6**, 23
Checkliste
– Anforderungen an den Kläger **12**, 62
– Sinnhaftigkeit der Klage für den Streitgegenstand **12**, 61
– wesentliche Prüfungspunkte des Gerichts des Individualprozesses **12**, 64
– wesentliche Prüfungspunkte des OLG **12**, 63
Class Action **1**, 60 ff
Darlegungslast **6**, 71 ff
Darlegungs- und Beweislast **6**, 71 ff

Stichwortverzeichnis

Darlegung und Beweisführung **6**, 68 ff
- Ausforschung **6**, 80
- Beweislast **6**, 71 ff
- Beweismittel **6**, 77 ff
- Darlegungslast **6**, 71 ff
- Freibeweis **6**, 70
- Sachverständigenbeweis **6**, 81
- sekundäre Darlegungslast **6**, 74 ff
- Sonderregelungen **6**, 76
- Strengbeweis **6**, 69
- Urkundenvorlage **6**, 79
- Zeugenbeweis **6**, 78

Datensparsamkeit **4**, 9

Deliktsgerichtsstand **3**, 23 ff

Dispositionsgrundsatz **6**, 11

Drittwiderklage **8**, 58

DSGVO **2**, 57 ff.
- Datenschutzrechtliche Verbandsklage **2**, 57 f
- Erhebung einer Musterfeststellungsklage **2**, 59
- Unterlassungsanspruch **2**, 58

Einsichtsrecht
- Gericht **5**, 87

Einziehungsklage **1**, 71 ff.

Elektronischer Rechtsverkehr **6**, 36 ff

Erwiderung
- Formular **12**, 20 ff.

EuGVVO **2**, 25, **7**, 88

Europäischer Kollektiver Rechtsschutz
- Historie **1**, 33 ff.
- Maßnahmen der EU-Kommission **1**, 33 ff.
- Mechanismen **1**, 35 ff.
- Resonanz in Deutschland **1**, 36
- Richtlinienvorschlag zur EU-Verbrauchersammelklage **1**, 37 ff.

EU-Verbrauchersammelklage **1**, 37 ff.
- Anwendungsbereich **1**, 37, 40
- Klagebefugnis **1**, 41
- kritische Resonanz **1**, 42
- New Deal for Consumers **1**, 37

- Richtlinienvorschlag **1**, 37 ff.
- Zwecksetzung **1**, 38 ff.

EU-Verbrauchersammelklagen
- Art der Rechte von Verbänden **1**, 39 ff.

EU-Vorlageverfahren **6**, 111 ff
- Erforderlichkeit **6**, 116
- Ermessen des nationalen Gerichts **6**, 113 ff
- Ermessensausübung zur Vorlage **6**, 114
- Gegenstand **6**, 115
- Vorlagepflicht **6**, 112

EuGVVO **3**, 11 ff.

falsa demonstratio **3**, 56

Feststellungsziele **3**, 45 ff., **8**, 53 ff, **12**, 14, 32
- Ansprüche, Art **3**, 60 ff.
- anspruchsausschließende Voraussetzungen **2**, 42
- anspruchsbegründende Voraussetzungen **2**, 42
- Auslegung einer Erklärung **3**, 52 f.
- Bedeutung **2**, 38
- Beispiele **3**, 51
- Beklagter **8**, 55
- Bestimmung **2**, 34
- Beweislast **8**, 56
- Bindungswirkung, Bestimmung der Reichweite **2**, 38
- Breitenwirkung **2**, 33, **12**, 14
- Definition **2**, 32
- Einwendungen **2**, 36
- Entscheidungserheblichkeit **4**, 26 ff.
- Ergänzung **6**, 56
- falsa demonstratio **3**, 56
- fehlende Feststellungsfähigkeit **4**, 25
- Formulierung **3**, 2 ff.
- Fragen mit Breitenwirkung **3**, 46
- gesetzliche Vorgaben **3**, 46 ff.
- Kausalität **2**, 45 ff.

301

- keine Abtrennung unzulässiger Feststellungsziele durch das Gericht **4, 39**
- Kenntnis **3, 56**
- Mangelbegriff, subjektiver **3, 52 f.**
- Mehrheit **2, 35, 3, 60, 8, 54**
- Mehrheit von Rechtsordnungen **3, 62**
- Merkmale individueller Typizität **2, 45 ff., 8, 64**
- Mitverschulden **3, 57**
- objektiver Fehlerbegriff **3, 52**
- rechtliche Feststellungen **12, 14**
- rechtliche Feststellungsziele **3, 47 ff.**
- Rechtsfolgen **2, 47**
- Rechtsverhältnisse **2, 33**
- Rechtswidrigkeit **3, 54**
- reine Rechtsfragen **2, 44, 3, 49**
- Schaden **2, 45 ff., 3, 55**
- Streitgegenstand **3, 45**
- Tatsachen, Bedeutung für Folgeverfahren **11, 9**
- Tatsachen, Verknüpfung mit Anspruchsvoraussetzungen **2, 43**
- tatsächliche **2, 41, 3, 47 ff.**
- tatsächliche Feststellungen **12, 14**
- Verjährung **2, 45, 3, 58, 8, 56**
- Verknüpfung mit Anspruchsvoraussetzungen **12, 14**
- Verschulden **3, 54**
- Verschuldensgrad **3, 54**
- Verwirkung **2, 45, 3, 59**
- Voraussetzungen, individuelle **3, 50**

Finalitätsklausel **7, 28**

Finanzierung **2, 7**

Folgenbeseitigungsanspruch **2, 51**

Folgeverfahren **11, 1 ff**
- Anerkenntnis bei vorherigem Vergleichsschluss **11, 57**
- angemeldeter Verbraucher mit ausgesetztem Verfahren **11, 39, 48 ff**
- angemeldeter Verbraucher ohne vorher eingeleitetes Verfahren **11, 40, 51 ff**
- Anschluss zum Vergleich **11, 47 ff.**
- ausgetretene Verbraucher **11, 58**
- Bindungswirkung, Bedeutung **11, 6, 7 ff**
- Bindungswirkung, Darstellung der Bedeutung **11, 60**
- Bindungswirkung, Geltendmachung **11, 25**
- Durchführung bei erfolgreicher Musterfeststellungsklage **11, 4**
- Eigenschaften **11, 5**
- Geltendmachung, Erfordernis **11, 25**
- Gesetzeszweck, Vereinbarkeit **11, 6**
- Grundzüge **11, 2 ff**
- individuelle Anspruchsvoraussetzungen **11, 29 ff**
- individuelle Verteidigungsmittel **11, 29 ff**
- Legal Tech **11, 61 ff**
- nach Musterfeststellungsurteil **11, 38 ff**
- negativer Ausgang des Musterfeststellungsverfahrens **11, 3**
- nicht angemeldete Verbraucher **11, 45 ff**
- Rechtskraft, Bedeutung **11, 9**
- unbeteiligte Verbraucher und Unternehmer **11, 59**
- Unternehmer **11, 45 ff**
- Verbraucher mit zurückgenommener Anmeldung **11, 41 ff, 55**
- Vergleichsschluss, Einigung über die Feststellungsziele **11, 50**
- Verteidigungsmittel **11, 31**
- Zweistufigkeit der Rechtsdurchsetzung **11, 1**

Freibeweis **6, 69 f, 70**

Früher erster Termin **6, 21**

Gerichtskosten **10, 7 ff**

Gerichtsstand
- Erfüllungsort **3, 18 ff**
- passive Streitgenossenschaft **3, 26 ff**
- Versicherungssachen **3, 16**

Gesetzeszweck
- Stärkung des Gerichtsstandortes der BRD **2**, 27

Gesetzgebungsentwicklung **1**, 3 ff., 50 ff.
- 19. Legislaturperiode **1**, 51 ff.
- Beschleunigung des Inkrafttretens **1**, 52
- Koalitionsvertrag 2018 **1**, 51 ff.
- Materialien **1**, 3 ff., 12, 19

Gesetz zur Einführung der zivilprozessualen Musterfeststellungsklage
- Gesetzesbeschluss **1**, 54
- Grundzüge der neu eingeführten Regelungen **1**, 54 ff.
- Konzentrationsermächtigung der Bundesländer **1**, 57 ff.
- US-amerikanische Verhältnisse, Vermeidung **1**, 60 ff.

Gewinnerzielungsabsicht **2**, 6

Glaubhaftmachung **2**, 40

Gruppenverfahren **1**, 48

Haftung
- Auftragsverhältnis **3**, 97 f.
- GoA **3**, 100
- Prozessverhältnis **3**, 99

Haftung der qualifizierten Einrichtung **2**, 8, **3**, 95 ff., **6**, 73, 89, **12**, 45
- Haftungsfälle **3**, 101
- Haftungsprivileg **3**, 102 ff.
- Konstellationen **3**, 101
- Rechtsverhältnis mit Anmeldern **3**, 96 ff.
- Regress **3**, 105

Individualverfahren
- Ausschluss bei Anmeldung **3**, 83 ff.
- Aussetzung **3**, 87 ff, **6**, 92 ff
- Aussetzung bei Anmeldung **3**, 83 ff.
- nach Vergleich **7**, 90 ff

Inkassozession **1**, 75 ff.

Internationaler Sachverhalt **2**, 28

Interventionswirkung
- Abgrenzung zur Bindungswirkung **8**, 68

KapMuG **1**, 44 ff., **2**, 55 ff.
- Anmeldung **2**, 56
- Anwendungsbereich **2**, 56
- Einleitung durch Vorlagebeschluss **2**, 56
- Musterkläger, Bestimmung **2**, 56
- Streitverkündung, Ausschluss **2**, 56

Klagebefugnis **1**, 41, **12**, 15
- Beschränkung auf qualifizierte Einrichtungen, Kritik **3**, 35 ff.
- Beschränkung auf Verbände zur Verfahrensbeschleunigung **2**, 10
- Liste qualifizierter Einrichtungen **3**, 33
- Missbrauch des Klagerechts **2**, 9
- Voraussetzungen **3**, 32 ff.
- Zweifel an der Erfüllung der Voraussetzungen **3**, 34

Klageerhebung
- Formalia **3**, 30
- Formular **12**, 1 ff.
- Klagebefugnis **12**, 15
- Lebenssachverhalt **12**, 19
- öffentliche Wirksamkeit **4**, 6
- Postulationsfähigkeit **12**, 9
- Statthaftigkeit **12**, 5, 24

Klageerwiderung
- Abgrenzung zu sonstigen Prozessinstrumenten **12**, 31
- Feststellungsinteresse **12**, 29
- Feststellungsziele **12**, 32
- Musterfeststellungskläger **12**, 33
- Sperrwirkung **12**, 30
- Zulässigkeitsvoraussetzungen, besondere **12**, 28
- Zulässigkeitsvoraussetzungen, Glaubhaftmachung **12**, 27

Klagerecht
- Missbrauch **1**, 23

303

Klageregister **4**, 2 ff.
- Anmeldung **2**, 16
- Aufbewahrungsfrist **4**, 62
- Ausgestaltung **4**, 15 ff.
- Auskunft **4**, 7 ff., 10, 68, **5**, 80 ff, **6**, 32
- Auskunftsanspruch der Parteien **5**, 83 ff
- Auszug **4**, 7 ff., 10, 69 ff.
- Auszugsberechtigung **4**, 70
- Auszugserteilung **5**, 80 ff
- Bedeutung für Vergleich **7**, 15 ff
- Bundesamt für Justiz **4**, 11 ff.
- Einsicht **4**, 63 ff.
- Einsichtsberechtigung **4**, 64
- Einsichtsrecht des Gerichts **5**, 87
- Eintragung **4**, 7 ff., 8
- Führung **4**, 11 ff.
- Führung, elektronische **4**, 12 ff.
- Funktion **4**, 3
- Gegenstand des Einsichtsrechts **4**, 66 ff.
- Grundsatz der Datensparsamkeit **4**, 9
- Informationen, zentrale Erfassung **4**, 5
- Informationsberechtigte **5**, 80 ff
- Inhalt, beschränkt einsehbarer **5**, 81
- Inhalt, frei einsehbarer **5**, 80
- Musterfeststellungsurteil **6**, 31
- qualifizierte Einrichtung, Angaben und Nachweise **4**, 20
- qualifizierte Einrichtung, Voraussetzungen **4**, 21
- Rechtskraft, Eintritt **6**, 31
- Rechtsmittel, Einlegung **6**, 31
- Rechtsmitteleinlegung **9**, 6
- Verordnungsermächtigung **4**, 14 ff.

Klagerücknahme **6**, 50

Klageschrift
- Anforderungen des § 253 Abs. 2 ZPO **3**, 42 ff.
- Angaben, zwingende **3**, 41 ff.

Klageverzicht **6**, 9

Koalitionsvertrag 2018 **1**, 51 ff.

Kollektiver Rechtsschutz in Deutschland **1**, 44 ff.
- Formen **2**, 48
- Gruppenverfahren, Vorschläge zur Einführung **1**, 48
- Historie **1**, 44 ff.
- KapMuG **1**, 44 ff.
- Musterfeststellungsklage **1**, 50 ff.

Kollektive Vergleichswirkung **7**, 84

Kosten **10**, 1 ff
- Beweisaufnahme **10**, 24 ff
- Erstattung **10**, 23
- Gerichtskosten **10**, 7 ff
- Geschäftsgebühr **10**, 15 ff
- Kostenentscheidung **10**, 23
- Prozessfinanzierung **10**, 27 ff
- Prozesskostenhilfe als Alternative **10**, 2
- Rechtsschutzversicherung **10**, 14, 27 ff
- Schwelle zur Entstehung des rationalen Desinteresses **10**, 4 ff
- Streitwert **12**, 11
- Streitwertbemessung **10**, 7
- Streitwertminderung als Härtefallregelung **10**, 9
- Verfahrensgebühr **10**, 21
- Vergleich **10**, 26
- Vergütung, anwaltliche **10**, 10 ff
- Vertretung des Beklagten, anwaltliche **10**, 12
- Vertretung des Klägers, anwaltliche **10**, 11
- Vertretung von Verbrauchern, anwaltliche **10**, 13
- Vorschusspflicht **10**, 21 ff
- Wertobergrenze **10**, 8

Kostenentscheidung **8**, 4, **10**, 23, **12**, 48

Kostenrisiko
- Verbraucher **1**, 21

Stichwortverzeichnis

Lebenssachverhalt 8, 59
– Bestimmung 8, 59
Legal Tech 11, 61 ff
– Begriff 11, 62
– Effizienzgewinne 11, 65 ff
– Sinnhaftigkeit des Einsatzes bei Individualverfahren 11, 63 ff
Mindesteintragungsdauer 2, 6
Mündliche Verhandlung 6, 82
– zur Zulässigkeit 6, 22
Musterfeststellungsklage
– Sinnhaftigkeit aus Unternehmerperspektive 11, 71
– Sinnhaftigkeit aus Verbraucherperspektive 11, 70
Musterfeststellungsurteil
– Folgeverfahren 11, 38 ff
– Klageregister 6, 31
Musterfeststellungsverfahren 6, 1 ff
– Anerkenntnis 6, 107 ff
– Antragsänderung 6, 52 ff
– Antragserweiterung 6, 52 ff
– Ausschluss und Ablehnung von Richtern 6, 26 ff
– Aussetzung 6, 91
– Bekanntmachungen 6, 30 ff
– Besonderheiten 6, 59
– Beweismittel 6, 77 ff
– Case Management Conference 6, 21
– Darlegungs- und Beweislast 6, 71 ff
– Darlegung und Beweisführung 6, 68 ff
– Dispositionsgrundsatz 6, 11
– Dritte, Einbeziehung in Verfahren 6, 44 ff
– elektronischer Rechtsverkehr 6, 36 ff
– Endurteil 6, 24
– früher erster Termin 6, 21 ff
– gerichtliches Geständnis 6, 10
– Gestaltung 6, 18
– Güteverhandlung 7, 7

– Individualklagen, Auswirkungen 6, 92 ff
– kein Güteverfahren 6, 8
– Klagerücknahme 6, 50
– Klageverzicht 6, 9
– mündliche Verhandlung 6, 82
– mündliche Verhandlung zur Zulässigkeit 6, 22
– Nebenintervention 6, 14 ff
– nicht angemeldete Verbraucher, Auswirkungen 6, 96
– offensichtlich unbegründete Klage 6, 23
– Parteierweiterung 6, 62 ff
– Präklusion 6, 83
– Prozessakteneinsicht 6, 33 ff
– Prozessökonomie 6, 4
– Rechtsschutzbedürfnis 6, 23
– Rügeobliegenheit 6, 83
– Säumnis 6, 102 ff
– schriftliches Verfahren 6, 13
– Senatszuständigkeit 6, 12
– Streitgenossenschaft 6, 40, 64
– Streitverkündung 6, 14 ff
– übereinstimmende Erledigungserklärung 6, 50
– unanwendbare Vorschriften 6, 7 ff
– Unterbrechung 6, 91, 98
– Verbindung 6, 47 ff
– Verbraucherstellung 6, 6
– Verfahrensbeschleunigung 6, 4
– Verfahrensbeteiligte 6, 6
– Verfahrensdurchführung 6, 1 Ff
– Verfahrensmanagement durch das Gericht 6, 20
– Verfahrensregeln, allgemeine 6, 1 ff, 5 ff
– Verfahrenstrennung 6, 47 ff
– Verfahrensverbindung 6, 19
– Vorbringen nach Schluss der mündlichen Verhandlung 6, 90
– Vorlage an EuGH 6, 111 ff
– Widerklage 6, 52 ff, 65 ff
– ZPO, modifizierte Anwendung 6, 3 ff, 17 ff

305

- Zurückweisung verspäteten Vorbringens 6, 87 ff
- Zwischenurteil zur Zulässigkeit 6, 24

Musterprozess
- freiwilliger 1, 73 ff.

Nebenintervention 1, 70, 6, 14 ff, 8, 58

New Deal for Consumers 1, 37

Parteierweiterung 6, 62
- Beklagtenseite 6, 62
- Klägerseite 6, 63

Postulationsfähigkeit 12, 9

Präklusion 6, 83

Prangerwirkung 4, 30 f
- Rechtsschutzmöglichkeiten 4, 71

Protokollberichtigung 9, 54

Prozessfinanzierung 10, 27 ff, 28 f

Prozessökonomische Erwägungen 6, 60

Prozessrisiko, Verminderung 1, 20 ff

Prozessstandschaft
- dogmatische Einordnung 3, 21
- gewillkürte 3, 19 ff

punitive damages/Strafschadsenersatz 1, 63

Opt-Out 7, 59

Qualifizierte Einrichtung 12, 33
- Anforderungen 2, 3 ff., 12, 7
- ausländische 2, 23 ff.
- Finanzierung 12, 8
- Finanzierung aus öffentlichen Mitteln 2, 7
- Förderung durch öffentliche Mittel 4, 22
- Haftung 2, 8
- Handeln im Verbraucherinteresse 2, 5
- keine Gewinnerzielungsabsicht 2, 6
- Klägerstellung 2, 1
- Liste 3, 33

- Liste nach § 4 UKlaG 2, 4
- Mindesteintragungsdauer 2, 6
- Offenlegung von Finanzmitteln 8, 25
- Vertretung von Verbraucherinteressen 12, 15

Rationales Desinteresse
- Kosten 10, 4
- Schwelle zur Entstehung 10, 4 ff

Rechtshängigkeit
- Auswirkungen auf Nicht-Verbraucher 3, 64
- Bedeutung für Unternehmer 3, 88
- gleichzeitige Anhängigkeit 3, 77
- Hemmung der Verjährung 3, 64
- Sperrwirkung 3, 63
- Streitgegenstände, Teilidentität 3, 78
- Verbindung von Musterfeststellungsklagen 3, 75 ff.
- Wirkung 3, 63 ff

Rechtskraft 8, 39 ff
- Abgrenzung zur Bindungswirkung 8, 69 ff, 11, 9
- Eintritt 6, 31
- Reichweite 8, 39 ff
- Reichweite, Herleitung aus der Urteilsformel 8, 40
- Reichweite, persönliche 8, 41 ff
- Reichweite, sachliche 8, 41 ff
- Sperrwirkung 8, 43 ff

Rechtsmittel 12, 49
- Einlegung 6, 31
- Klageregister 9, 6

Rechtsmittelverfahren 9, 1 ff
- anwaltliche Vertretung 9, 25
- Bekanntmachung 9, 6
- Berichtigung des Musterfeststellungsurteils 9, 47 ff.
- Frist 9, 11 ff
- keine Rücknahme der Anmeldung 9, 17
- Protokollberichtigung 9, 54

Stichwortverzeichnis

- Revision, erfolgreiche; Folgen **9**, 5
- Revision, Statthaftigkeit **9**, 2 ff
- Revision, Zulässigkeit **9**, 7 ff
- Streitwert **9**, 21
- Urteilsberichtigung **9**, 55
- Urteilsergänzung **9**, 56 ff
- Wirkungen der Einlegung **9**, 4
- Zulässigkeit **9**, 22 Ff

Rechtsschutzbedürfnis **6**, 23

Rechtsschutzversicherung **10**, 14, 27 ff

Registerführung **4**, 14

Revision **9**, 2 ff
- Abgrenzung Rechts-/Tatfragen **9**, 28 ff
- Anfallwirkung **9**, 27
- Begründetheit **9**, 26
- Begründung **9**, 10
- Begründungsfrist, Verlängerung **9**, 13
- Berücksichtigungsfähigkeit neuer Tatsachen **9**, 34
- Beschränkung auf den Parteiantrag **9**, 35
- Beschwer **9**, 15 ff, 18 ff
- Beschwer, formelle **9**, 19
- Beschwer, materielle **9**, 19
- Beschwer, materielle; Höhe und Berechnung **9**, 20
- Beschwerdewert **9**, 18 ff
- Beteiligte **9**, 15 ff
- Betroffene **9**, 15
- Form **9**, 9
- Frist **9**, 11 ff
- Fristverlängerung bei Akteneinsichtsverlangen **9**, 14
- Gegenrügen des Revisionsbeklagten **9**, 39
- Präklusion **9**, 40
- Prüfungsumfang **9**, 46
- Rechtsmittelgericht, zuständiges **9**, 24 ff
- Rechts- und Verfahrensfehler **9**, 26
- Rügerecht, Verlust **9**, 36 ff
- Sachrüge **9**, 41 ff

- Statthaftigkeit **9**, 8
- Ursächlichkeit von Verfahrensmängeln **9**, 38
- Verfahrensmängel **9**, 32 ff
- Verfahrensmängel, rügepflichtige **9**, 36 ff
- Verfahrensrüge, Zeitpunkt **9**, 37
- Verletzung revisiblen Rechts **9**, 42 ff
- Verletzung revisiblen Rechts, Ursächlichkeit **9**, 44
- Zulässigkeit **9**, 7 ff, 22 ff
- Zurückweisung bei Ergebnisrichtigkeit **9**, 45

Richtlinienvorschlag zur EU-Verbrauchersammelklage **1**, 37 ff.

Rücknahme der Anmeldung **5**, 78 ff
- Adressat **5**, 78
- Bedeutung für Bindungswirkung **5**, 78 ff
- Folgen für Bindungswirkung **5**, 49
- Form **2**, 17, **5**, 78
- Frist **2**, 17, **5**, 78 ff
- Verjährungshemmung **5**, 78
- Wirkung **5**, 78
- Zeitpunkt **5**, 78 ff

Rügeobliegenheit **6**, 83

Ruhen des Verfahrens **11**, 44

Sachdienlichkeit **6**, 58
- Anträge **6**, 20

Sachverständigenbeweis **6**, 81

Säumnis **6**, 102 ff

Säumnisverfahren **6**, 102 Ff

Schlüssigkeitsprüfung **4**, 37

Selbstbindung des Gerichts
- Abgrenzung zur Bindungswirkung **8**, 67

Sonderquorum **7**, 30

Sperrwirkung **2**, 39, **3**, 65 ff., **8**, 43 ff, **12**, **12**, 30
- Eingang weiterer Musterfeststellungsklagen nach Anhängigkeit **3**, 82

307

- Entfallen 8, 45, 12, 12
- Erledigungserklärung, übereinstimmende 3, 70
- Individualklagen, kein Ausschluss 3, 89
- Klagerücknahme 3, 70
- rechtskräftige Entscheidung 3, 70
- Reichweite 8, 43 ff
- Streitgegenstand, identischer 3, 65 ff.
- Unzulässigkeit, teilweise 3, 72
- Windhundprinzip 2, 9, 3, 73

Strafschadensersatz/punitive damages 1, 63

Streitgegenstand 2, 38, 3, 66
- Änderung 6, 54 ff, 56
- Bestimmung 3, 68
- Folgeverfahren, Bedeutung 11, 8
- Klageanträge 3, 69
- Klageumfang, Bestimmung 2, 39
- Lebenssachverhalt 8, 59
- zweigliedriger Gegenstandsbegriff 3, 68

Streitgenossenschaft 1, 68 ff., 2, 11, 6, 40, 64
- aktive 6, 41
- passive 3, 26 ff, 6, 43

Streitverkündung 2, 29, 6, 14 ff, 8, 58
- beschränkte Anwendung der §§ 66 ff. ZPO 2, 13

Streitwert 12, 11
- Bemessung 10, 7
- Minderung als Härtefallregelung 10, 9

Strengbeweis 6, 69

Tatbestandsberichtigung 9, 48 ff
- Antragsfrist 9, 52
- Formulierung des Antrags 9, 51
- Verhältnis zur Revision 9, 50
- Voraussetzungen 9, 48 ff
- Zweck 9, 48 ff

Tatbestandsberichtigungsantrag
- Anfechtung bei Zurückweisung 9, 53

Teilvergleich 7, 31 ff

Tenor
- Inhalt 8, 8 ff

Typizität, individuelle
- Merkmale 8, 64

Übereinstimmende Erledigungserklärung 6, 50

UKlaG 2, 50 ff.
- Folgenbeseitigungsanspruch 2, 51
- Unterlassungsanspruch 2, 50

Unterbrechung 6, 91
- sonstige Unterbrechungsgründe 6, 100 ff
- Tod einer Partei oder des Rechtsbeistands 6, 99

Unterlassungsanspruch
- DSGVO 2, 58

Unternehmer
- Aussetzung 3, 91 ff., 4, 57 ff., 61
- Begriffsbestimmung 11, 46
- keine Anmeldemöglichkeit 2, 22
- Möglichkeit der Verfahrensaussetzung 2, 22

Urkundenvorlage 6, 79

Urteil 8, 1 ff
- Anerkennungsfähigkeit 8, 87 ff
- Anerkennungsfähigkeit nach EU-Recht 8, 87 ff
- Anerkennungsfähigkeit nach internationalem Recht 8, 90 ff
- Ausgestaltung 12, 36
- ausschließliche sachliche Zuständigkeit 12, 42
- Begründetheit 8, 16
- Bekanntmachung 4, 50, 6, 31, 12, 50
- besondere Zulässigkeitsvoraussetzungen 8, 12 ff, 12, 40
- Bestandteile 8, 5 ff
- Bezeichnung 12, 35 ff.

Stichwortverzeichnis

- Bindungswirkung **8**, 3, 46 ff, **12**, 37
- Entscheidungsgründe **8**, 14 ff
- Feststellungen, Art **8**, 10
- Folgeverfahren, Bedeutung **11**, 8
- Formular **12**, 34
- Gegenstand **8**, 2 ff
- Individualprozesse, Bedeutung **8**, 16
- Kostenentscheidung **8**, 4, **12**, 48
- Lebenssachverhalt **8**, 59
- Leitbildfunktion **8**, 85 ff, **11**, 41 ff
- Musterfeststellungskläger **12**, 44
- Rechtskraft **8**, 39 ff
- Rechtsmittel **12**, 49
- Rubrum **8**, 6 ff
- Tatbestand **8**, 11
- Tenor **8**, 2, 8 ff
- Unterschriften der Richter **8**, 17
- Verkündung und Bekanntmachung **8**, 18 ff
- Versagung der Anerkennung in der EU **8**, 88 ff
- Versäumnisurteil **6**, 103 ff
- Vollstreckbarkeit **8**, 87 ff, 96 ff
- Vollstreckbarkeit nach deutschem Recht **8**, 96 ff
- Vollstreckbarkeit nach EU-Recht **8**, 98 ff
- Vollstreckbarkeit nach internationalem Recht **8**, 102
- Wirkungen **8**, 38
- Zuständigkeitskonzentration **12**, 43
- Zustellung **12**, 38
- Zwischenurteil **6**, 24, **8**, 20 ff

Urteilsberichtigung **9**, 55

Urteilsergänzung **9**, 56 ff
- Frist **9**, 56
- Verhältnis zur Tatbestandsberichtigung **9**, 57
- Voraussetzungen **9**, 57
- Zurückweisung des Antrags **9**, 58

US-amerikanische Class Actions
- Discovery **6**, 79 ff

UWG **2**, 52 ff.

Verbandsklage
- datenschutzrechtliche **2**, 57 f

Verbraucher **12**, 15 ff.
- als Kläger **2**, 20 ff.
- Angriffs- und Verteidigungsmittel **2**, 12
- Anmeldebefugnis **5**, 7 ff
- Anmeldung im Klageregister **2**, 16
- Auskunftsanspruch **2**, 19
- ausländische **2**, 23, **3**, 29
- Austrittsrecht beim Vergleich, Belehrung **7**, 53
- Begriffsbestimmung **11**, 46
- Beteiligungsrechte **8**, 50
- Informationsrechte **8**, 50
- Informationsrechte bei Anmeldung **5**, 80 ff
- nicht angemeldete **2**, 20
- Prozessstellung **5**, 44
- prozessualer Verbraucherbegriff **5**, 8
- Rechtsmittelverfahren, keine Prozessstellung **9**, 16
- Rolle im Prozess **2**, 12
- Vernehmung als Zeuge **2**, 13
- Zeugenstellung **6**, 78
- zivilprozessualer Verbraucherbegriff **2**, 15

Verbrauchergerichtsstand **3**, 17

Verfahren **11**, 44

Verfahrensaussetzung **5**, 65 ff, **11**, 44, 46
- Anmeldungen, Bedeutung des Zeitpunkts **5**, 68
- Antragserfordernis **4**, 61
- Bedeutung der Anmeldung, konstitutive **5**, 70 ff
- Bedeutung für Unternehmer **2**, 22, **4**, 57 ff.
- Voraussetzungen **5**, 66 ff
- Vorgreiflichkeit **5**, 69
- Zeitpunkt **4**, 56 ff.

Verfahrensbeendigung
- Bekanntmachung **4**, 50

309

Verfahrensdurchführung
- Geltende Vorschriften **12**, 51

Verfahrenseinleitung **3**, 1

Verfahrensgebühr **10**, 21

Verfahrensrügen **6**, 83 ff
- erfasste **6**, 84 ff
- Heilung **6**, 86

Verfahrenstrennung **6**, 47

Verfahrensverbindung **2**, 11, **3**, 75, 76, 79, **6**, 19, 47
- Prozessvertretung **3**, 81
- Wirkungen **3**, 80

Vergleich **7**, 1 ff
- Abgeltungsklausel **7**, 28
- Angemessenheitsprüfung **7**, 13, 36 ff, **11**, 20
- Ausgestaltung **7**, 9 ff
- außergerichtlicher **7**, 35
- Austritt, Bedeutung in Folgeverfahren **11**, 58
- Austritt, Wirkung **7**, 55 f
- Austrittserklärung **7**, 59 ff
- Austrittsfrist **7**, 52
- Austrittsrecht **7**, 52, 54, **11**, 18
- Austrittsrecht des Verbrauchers **12**, 53
- Bedeutung, faktische **11**, 56
- Bedingungen **7**, 50
- Bekanntmachung **4**, 50
- Belehrung **7**, 52
- Belehrung, Bedeutung **7**, 52 ff
- Beschränkung auf Feststellungsziele **7**, 9
- Beteiligte **12**, 53
- Bindung, Nachweis **7**, 21
- Bindungswirkung, Rechtsnatur **11**, 17
- Bindungswirkung, sachliche; Reichweite **11**, 19
- Bindungswirkung in Folgeverfahren **11**, 17 ff
- Einigung über Feststellungsziele **11**, 50
- EuGVVO **7**, 88
- Fälligkeit der Leistungen **7**, 22 ff
- Feststellungsziele, Einigung **11**, 50
- Folgeverfahren **11**, 47 ff
- Formular **12**, 52 ff.
- Genehmigung **7**, 33, **12**, 57
- Genehmigung, Rechtsfolgen **7**, 48
- Genehmigung durch Gericht **7**, 33 ff
- Genehmigungsbeschluss **12**, 60
- Genehmigungsverweigerung, Folgen **7**, 51
- gerichtlicher Vergleichsvorschlag **7**, 35, 70 ff
- Gestaltungsspielraum der Parteien **7**, 9
- Hinwirken des Gerichts auf gütliche Lösung **7**, 74
- Individualprozess, Bedeutung **7**, 45
- Individualverfahren, Wiedereröffnung **7**, 91 ff
- Informationsgrundlage zur Entscheidung über die Wahrnehmung des Austrittsrechts **7**, 53
- Inhalt **7**, 8 ff, 9, 26 ff, **12**, 54
- Inhaltsabänderung, nachträgliche **7**, 49
- keine Güteverhandlung **7**, 7
- keine Vollstreckungsstandschaft **7**, 87
- Kosten **10**, 26
- Kostenregelung **7**, 24
- Kostenumlage **7**, 25
- Leistungen, Bestimmung **7**, 15 ff
- Leistungen an Verbraucher **7**, 14
- Leistungsberechtigung, Anforderungen an den Nachweis **7**, 19 ff
- Leistungsberechtigung, Durchsetzung **7**, 23
- Leistungsberechtigung, Festlegung **7**, 18
- Leistungsberechtigung in Folgeverfahren **11**, 21, 49, 52 ff
- Leistungspflicht, Ausgestaltung **7**, 17
- nicht angemeldete Verbraucher **7**, 29

Stichwortverzeichnis

- Nichterfüllung 7, 85 ff
- Nichterfüllung, Folgen 7, 27
- Nichterfüllung, Folgeprozess 7, 90 ff
- Normzweck 7, 1 ff
- persönliche Reichweite 11, 22
- Quorum, fehlendes; Feststellung 7, 57
- Quorum als Wirksamkeitsvoraussetzung 7, 66
- reine Rechtsfragen 7, 11
- Rügefähigkeit von Verfahrensfehlern, nachträgliche 7, 69
- Schranken, zeitliche 7, 4 ff
- Soll-Inhalte 7, 9
- Soll-Inhalte, Bedeutung 7, 12 ff
- Sonderquorum 7, 30
- Streitbeilegung, Förderung 7, 58
- Teilvergleich 7, 31 ff
- Verbrauchergruppen, Berücksichtigung 7, 10
- Vergleichsvorschlag, gerichtlicher; Annahme 7, 73
- Vergleichsvorschlag, Modifizierung 7, 72
- Vergleich zum KapMuG 11, 23
- Vollstreckbarkeit 7, 86 ff
- Vollstreckung in der EU 7, 88 ff
- Wirksamkeit 12, 59
- Wirksamkeit, gerichtliche Feststellung 7, 67
- Wirksamkeitsbeschluss, Wirkung 7, 68
- Wirkung 7, 2, 75 ff
- Zeitpunkt, zulässiger 12, 55
- Zustandekommen 7, 3 ff, 12, 56
- Zustellung 7, 52, 12, 58

Vergleich, Wirkungen 7, 75 ff, 83 ff
- persönliche Reichweite 7, 81 ff
- Verfahrensbeendigung 7, 76 ff
- Verjährungshemmung, Beendigung 7, 80
- Wiedereröffnung ausgesetzter Verfahren 7, 78

Vergleichsgenehmigung 7, 33 ff
- Angemessenheitsmaßstab 7, 43
- Angemessenheitsprüfung 7, 36 ff
- Beurteilungsspielraum 7, 39
- Genehmigungsverweigerung, Folgen 7, 51
- Grundsätze 7, 34 ff
- Insolvenz des Musterbeklagten 7, 44
- Nachgeben, gegenseitiges 7, 42
- Prüfungsumfang 7, 38 ff
- Rechtsfolge 7, 48 ff
- Sach- und Streitstand, Bedeutung 7, 42
- Teilgenehmigung 7, 41
- Umstände, Berücksichtigungsfähige und -würdige 7, 47
- Ungleichbehandlung zwischen Verbrauchergruppen 7, 46
- Vergleichsinhalt, keine Modifizierung 7, 40
- Vergleichsvorschlag, gerichtlicher 7, 35

Verjährung 6, 51
- Anmeldung und Rücknahme, Auswirkungen 3, 90
- Hemmung 3, 83 ff., 84
- Hemmung, kein Eintritt 3, 86

Verjährungshemmung
- Anmeldung, Rücknahme 5, 78
- Anmeldungserfordernis 5, 5 ff
- Beendigung 5, 63 ff
- Rückwirkung 5, 56 ff
- Rückwirkung, Folgen 5, 58 ff
- Umfang 5, 52 ff
- Verzicht auf Anmeldung der Betragshöhe, Bedeutung 5, 26 ff
- Voraussetzungen 5, 52 ff, 53 ff

Vernehmung als Zeuge 2, 13

Verspätetes Vorbringen 6, 87 ff

Verteidigungsmittel 11, 31

Verteidigungsmittel in Folgeverfahren 11, 31 ff
- Entreicherung 11, 33

311

- Kausalität **11**, 32
- Präklusion **11**, 36
- Schaden **11**, 32
- sektorspezifische Beispiele **11**, 32 ff
- Szenarioanalyse **11**, 37 ff
- Verjährung **11**, 34
- Verwirkung **11**, 35

Verwirkung **2**, 45, **3**, 59

Verzichtsklausel **7**, 28

Vollstreckungsstandschaft **7**, 87

Vollstreckungstitel **7**, 87

Vorschusspflicht **10**, 21 ff

Wertobergrenze **10**, 8

Widerklage **6**, 52, 65 ff, **8**, 57
- ausschließlicher Gerichtsstand des Beklagten **8**, 58
- Drittwiderklage **8**, 58
- negative Feststellung **2**, 36

Wiederaufnahme des ausgesetzten Verfahrens **11**, 39

Windhundprinzip **2**, 9, **3**, 73

Zeuge
- Vernehmung **2**, 13

Zeugenbeweis **6**, 78

Zulässigkeit **3**, 29 ff.
- Abhängigkeit von Verbraucheransprüchen **2**, 40
- ausländische Verbraucher, Beteiligung **3**, 29
- besonderes Feststellungsinteresse **12**, 6
- besondere Zulässigkeitsvoraussetzungen **3**, 31, 44, **4**, 23 ff., 55, **12**, 17, 28
- Breitenwirkung, Glaubhaftmachung **12**, 18, 27
- Feststellungsinteresse **12**, 29
- Feststellungsziele, Modifizierung durch Gericht **4**, 39
- Lebenssachverhalt, Darstellung **12**, 19
- Postulationsfähigkeit **12**, 9

- sachliche **12**, 2, 4, 21
- Statthaftigkeit **12**, 5, 24
- Zuständigkeitskonzentration **12**, 3, 21

Zulässigkeitsprüfung **4**, 36 ff.

Zurückweisung verspäteten Vorbringens **6**, 87 ff

Zuständigkeit **3**, 4 ff.
- Auslandsbezug **3**, 10 ff.
- Auslandssachverhalte außerhalb des Anwendungsbereichs der EuGVVO **3**, 28
- ausschließliche sachliche **12**, 2, 21
- Deliktsgerichtsstand **3**, 23 ff
- EuGVVO **3**, 11 ff.
- Gerichtsstand der passiven Streitgenossenschaft **3**, 26 ff
- Gerichtsstand des Erfüllungsortes **3**, 18 ff
- Gerichtsstand für Versicherungssachen **3**, 16
- internationale Sachverhalte **3**, 37 ff.
- Konzentration **3**, 7 ff., **12**, 3, 21
- Niederlassung in Deutschland **3**, 15
- örtliche **3**, 9 ff., **11**, 5
- sachliche **3**, 5 ff.
- Sitz des Beklagten **3**, 14
- Verbrauchergerichtsstand **3**, 17

Zustellung
- Vergleich **7**, 52

Zwecksetzung des Gesetzgebers **1**, 2 ff.
- Allgemeinanliegen **1**, 27 ff.
- Auflösung von Wettbewerbsverzerrungen **1**, 18
- Ausdrücklich benannte Zwecke **1**, 7 ff.
- Bagatell- und Streuschäden **1**, 11 ff.
- Entlastung der Gerichte **1**, 25
- Geeignetheit zur Überwindung des rationalen Desinteresses **1**, 15
- Gesetzgeberische Intention **1**, 3 ff.
- kalkulierter Rechtsbruch **1**, 9 ff.
- Kostenrisiko für Verbraucher **1**, 21 ff.

- Prozessrisiko, Verminderung **1**, 20 ff.
- rationales Desinteresse **1**, 8 ff.
- Rechtsakzeptanz **1**, 28
- Rechtsfrieden **1**, 28
- Risiko der qualifizierten Einrichtung **1**, 22
- Schutz der Unternehmen **1**, 14
- Schutz von KMU **1**, 19
- Stärkung außergerichtlicher Streitbeilegung **1**, 26
- Transparenz **1**, 27
- Verbraucherschutz **1**, 16 ff.
- Verfahrensbeschleunigung **1**, 24
- Verhinderung des Missbrauchs des Klagerechts **1**, 23
- Vermeidung US-amerikanischer Verhältnisse **1**, 23
- Wettbewerb zwischen Unternehmen **1**, 9

Zwischenurteil **6**, 24, **8**, 20 ff, 23 ff
- besondere Zulässigkeitsvoraussetzungen **8**, 29 ff
- Breitenwirkung der Feststellungsziele **8**, 31 ff
- Entscheidung über Zulässigkeitsvoraussetzungen **8**, 23 ff
- Gegenstand **8**, 20 ff
- Glaubhaftmachung der Breitenwirkung **8**, 27
- Kausalität **8**, 34
- Klagebefugnis **8**, 24
- Merkmale individueller Typizität **8**, 33
- reine Rechtsfragen **8**, 36
- Schaden **8**, 34
- verfahrensrechtliche Fragen **8**, 37
- Verjährung **8**, 35
- Verwirkung **8**, 35
- Zweck **8**, 20 ff